Coleção Mundo Indígena /// Crônicas de caça e criação /// Awá Guajá /// Uirá Garcia /// Hedra edições

Crônicas de caça
e criação

edição brasileira© Hedra 2022

coordenação da coleção Luísa Valentini
edição Jorge Sallum
coedição Suzana Salama
assistência editorial Paulo Henrique Pompermaier
revisão Luiza Brandino e Renier Silva
capa Lucas Kroëff

ISBN 978-65-89705-76-5
conselho editorial Adriano Scatolin,
Antonio Valverde,
Caio Gagliardi,
Jorge Sallum,
Ricardo Valle,
Tales Ab'Saber,
Tâmis Parron

Grafia atualizada segundo o Acordo Ortográfico da Língua
Portuguesa de 1990, em vigor no Brasil desde 2009.

Direitos reservados em língua
portuguesa somente para o Brasil

EDITORA HEDRA LTDA.
Av. São Luís, 187, Piso 3, Loja 8 (Galeria Metrópole)
01046–912 São Paulo SP Brasil
Telefone/Fax +55 11 3097 8304
editora@hedra.com.br

www.hedra.com.br

Foi feito o depósito legal.

Crônicas de caça e criação

Uirá Garcia

2ª edição

São Paulo   2022

Uirá Garcia é antropólogo e professor da Universidade Federal de São Paulo (UNIFESP), com mestrado e doutorado em Antropologia Social pela Universidade de São Paulo (USP) e pós-doutorado na Universidade de Campinas (UNICAMP). É membro do Centro de Estudos Ameríndios (CEstA) da (USP), e do Núcleo de Antropologia Simétrica (NAnsi) do Programa de Pós-Graduação em Antropologia Social do Museu Nacional (UFRJ). Seu principal tema de estudo são os Awá-Guajá, com foco nas temáticas da caça, ecologia, parentesco, sistemas de conhecimento e teoria antropológica.

Crônicas de caça e criação é uma pesquisa etnográfica sobre os Awá Guajá, povo de língua tupi-guarani que vive ao noroeste do Maranhão. Um dos últimos povos indígenas a serem contatados, é organizado principalmente por caçadores que passaram a viver em aldeias após o contato com a FUNAI. O livro fala sobre as relações que os Guajá estabelecem com seu território — assim como suas concepções cartográficas, formas de pensar a pessoa humana, construção dos parentescos, caça como atividade central da vida e a relação dos humanos com os *karawara*, entidades que habitam esferas celestiais. Para apreender e transmitir tal sistema de vida, o antropólogo passou treze meses entre os Guajá, momento em que frequentou as aldeias Juriti, Tiracambu e Awá.

Mundo Indígena reúne materiais produzidos com pensadores de diferentes povos indígenas e pessoas que pesquisam, trabalham ou lutam pela garantia de seus direitos. Os livros foram feitos para serem utilizados pelas comunidades envolvidas na sua produção, e por isso uma parte significativa das obras é bilíngue. Esperamos divulgar a imensa diversidade linguística dos povos indígenas no Brasil, que compreende mais de 150 línguas pertencentes a mais de trinta famílias linguísticas.

Sumário

Introdução, *por Uirá Garcia* 11
Como ler as palavras guajá 23

CRÔNICAS DE CAÇA E CRIAÇÃO. 25
Fuga e transformação 27
Habitar 61
Existir 117
Humanidades 179
Alianças, parentes e outras relações 229
«Riku» 277
Andar junto 337
Manual de caça 393
«*karawara*» 455

Agradecimentos 525
Referências bibliográficas 529
Índice dos capítulos 545

*Para Juwi'ia, Kaaui'ia,
Takwaria, Aparana'ĩa, Jumã'a,
Jahara, Panỹpinũhua,
Aparanỹa e Kiripi'ia*

Para Rita e Tomé

Introdução
Caminhando com os Guajá

Tudo começa na floresta, em meio à umidade que persiste entre dezembro e junho, durante um inverno qualquer no início da década de 1990. Contam que o episódio se passou nas cabeceiras do rio Caru, no igarapé Mão de Onça, mas bem poderia ter se dado pelo Pindaré, Turiaçu ou até mesmo em algum afluente do longínquo rio Gurupi. Pakwa'ĩa ainda era uma menina, com menos de dez anos, e se lembra de quando sua mãe, Panyxĩa, e seu pai, Kamara,[1] por causa da chuva ou de descuido, deixaram apagar o toco de madeira em brasa que carregavam em suas andanças. Este tição de fogo, *jamakaipẽ*, feito com madeira de sapucaia, garantia o preparo da comida, aquecia os corpos e espantava os *ajỹ*[2] durante a noite. Formavam uma família pequena, composta pelo casal e seus dois filhos: um menino de colo, Juma'ã — hoje um homem belo e forte —, e a mais velha, Pakwa'ĩa, hoje mãe de três meninas e que agora me conta esta história.

Àquela época, a família de Pakwa'ĩa vivia nas matas do Caru, *haka'a*,[3] caçando macaco capelão[4] e comendo mel. Também comiam bacaba, pequi e babaçu; caçavam queixadas, caitidus, antas e diversos macacos, além de comerem muito jabotis, jabotas, capiningas, cotias e pacas, dentre tantos outros animais que aqui encontraremos. Panyxĩa e Kamara sabiam que alguns de seus parentes próximos e os afins, distantes em geral, estavam morrendo em virtude do *catarro*[5] trazido pelos brancos, os *karai*. Enquanto alguns fugiram apavorados, outros, sem muita opção ou movidos por um fio de esperança, procuraram fazer contato. Kamara ainda estava receoso sobre esse encontro e preferiu não aparecer com sua família, mesmo com todas as ofertas de

---

1. Apesar de ser *awa* ou "humano", é assim que os outros o chamam: *kamará* ou "estrangeiro".
2. Seres-espectros da floresta que matam ou fazem adoecer as pessoas.
3. *Haka'a*, em português "minha mata".
4. *Alouatta belzebul*.
5. *Ju'u* ou "tosse".

objetos e outros itens que ele encontrava nos locais onde os brancos iam procurá-lo. Segundo Kamara, foram os Guajá que apareceram aos brancos e se quisessem nunca teriam feito contato. Algumas famílias morreram quando fugiam dos *karai*, como o próprio irmão de Kamara; outras se separaram, enquanto outras ainda estão sem contato — conta-me uma Pakwa'ĩa muito interessada nos *awa mihua*, essa *gente do mato* que até hoje vive isolada.

O tal tição se apagara, e a família se viu sem o seu fogo, *tata*, e da mesma maneira que ocorreu aos Yuquí/ Sirionó da Bolívia (Holmberg, 1969; Balée, 1991), os Parakanã ocidentais (Fausto, 2001), dentre tantos outros povos do mundo, os Guajá em seus anos de fuga perderam a arte de fazer fogo. Porém, mesmo não sabendo produzi-lo, cultivavam a brasa mantendo o tição vivo aonde quer que fossem. Isto era suficiente para moquear as carnes que chegavam às aldeias, cozinhar o fruto de *pinawã*, "bacaba", ou a macia carne do *myrakya*, "peixe elétrico poraquê", em embalagens confeccionadas com folhas frescas da palmeira *jahara*, "açaí". pois também não dominavam a arte de produção da cerâmica. O estoque de carne moqueada ainda era suficiente para alguns dias, porém quando este terminasse a pequena Pakwa'ĩa e sua família poderiam passar momentos difíceis. Sem ter como produzir fogo, Kamara se lembrou de um antigo local onde passara junto com outros grupos uma temporada de verão. Rememorou haver perto de lá uma roça de milho,[6] muito provavelmente plantada pelos *karai* (não indígenas), e, embora não se interessasse em consumir aquele alimento, sabia que os *karai* gostavam muito dele, e certamente haveria brancos por perto.

Muitos chamariam a aldeia em que esta família estava de *acampamento*, seja porque as casas eram tapiris[7] — que consistiam em algumas palhas amarradas em troncos de árvores ou em alguma estrutura de paus —, seja por não haver roças perto, assemelhadas a um típico acampamento de caça, pelo que muitas vezes a aldeia durava menos do que uma estação. Lembro aqui que seus vizinhos — e inimigos históricos — Ka'apor costumavam dizer que os Guajá viviam como "macacos", comendo frutos, e que essas aldeias não passavam de um "amontoado de casas de palha de açaí ou pindó sobre paus dobrados ou partidos a pauladas porque eles não têm terçados" (Ribeiro, 1996, p. 262). Trata-se de uma atualização típica de uma famosa relação

---

6. Ou *waxia*.
7. Ou *tapa'ĩ*.

ameríndia, em que povos com alguma agricultura costumam hostilizar seus vizinhos que não se interessam pelo plantio. "Macacos", não por coincidência, era o termo empregado pelos Tukano, do Alto Rio Negro, para se referir a seus vizinhos do grupo linguístico makú (Silverwood-Cope, 1990). Esta era a aldeia da família de Pakwa'ĩa ou seu *haripa* ou "minha casa", como dizem os Guajá. Se a literatura antropológica definiu este tipo de ocupação como *acampamento*, *retiro de caça* e coisas do gênero, Pakwa'ĩa a apresentou a mim como *sua casa*.

Embora não conhecessem a agricultura e não erguessem aldeias fixas, enganam-se os que pensam que o nomadismo Guajá fosse algum tipo de *mobilidade pioneira*, sempre à procura de novos e inexplorados sítios para ocupar um novo manancial de caça e coleta. Ao contrário, quanto mais conhecido o espaço, mais preferível era para permanecer. *Harakwaha* seria a objetivação da ideia de *território*. Podemos traduzi-lo como *meu domínio* ou *meu lugar*, e se trata da área de um grupo, que poderia variar de uma pequena família, como a de Pakwa'ĩa, a até 30 pessoas que por algum motivo estivessem juntas. O *harakwaha*, por sua vez, é um conjunto de sítios, cada um com uma história, boa ou ruim, para recordar: antigas aldeias, vestígios de animais caçados, restos de ossos humanos que devem ser evitados, "aquela árvore de maçaranduba onde matei dois veados..." assim a memória é desencadeada pela relação com o espaço, como veremos no segundo capítulo.

Um desses locais que outrora conhecera e agora jazia abandonado era a roça de milho que Kamara decidiu observar, a fim de procurar a casa de algum branco e conseguir novamente fogo para sua brasa. Receoso em levar junto sua mulher, filha e o pequeno Juma'ã, ainda de colo, o homem decidiu deixá-los bem instalados na pequena aldeia perto de um açaizal, recém-construída com a ajuda de seu irmão, que neste momento já havia partido para outra região e nunca mais aparecera. A aldeia, além de um tapiri e um moquém, possuía uma tímida clareira e estava no alto de um monte com um igarapé logo abaixo, cujas águas sua esposa, Panyxĩa, usava para cuidar das crianças, na expectativa de que seu marido voltasse com fogo. Comiam ali bacaba ou *pinawã*, babaçú ou *hwa'ĩ* e o restante da carne de um macaco prego moqueado, o *ka'i*. Enquanto isso Kamara caminhava pelas serras, *wytyra*, que compõem as florestas da bacia do rio Pindaré. Embora os Guajá os tivessem evitado durante um longo período de tempo, os brancos nunca estiveram distantes. A região pré-amazônica, além de ser densamente povoada, recebeu sistematicamente colonos oriundos de vários estados do nordeste do Brasil, com uma migração intensa a partir da segunda metade da década de 1960. Os Guajá, cujo problema até então consistia nos conflitos intestinos com os Ka'apor e Tenetehara, passaram então a conviver com uma ameaça ainda maior.

Kamara, que na época estava com os seus 40 anos, sabia de tudo isso, e provavelmente seu pai tenha vivido os mesmos problemas: pelo oeste e parte do sul de sua área, os *karai* — não indígenas — e os Tenetehara, e a leste e norte os outros *kamara*, indígenas Ka'apor e Tenetehara. Como sua família necessitava de fogo e os outros *awa*, "gente", estavam a alguns dias de caminhada, resolveu ir ao encontro do grupo de brancos que, ele sabia, morava perto daquela roça de milho. Da descrição do encontro em si não tenho muitos detalhes, até porque, disse-me Pakwa'ïa, o que ela sabe está em sua lembrança de uma menina de sete anos. Hoje eu sei que esse antigo morador se chamava Seu Olímpio e vivia em um dos limites da Terra Indígena. Kamara conseguiu o fogo de que precisava, na forma de um isqueiro, e ainda recebeu desse Seu Olímpio uma pequena panela e uma faca bem gasta, porém com algum corte. Alguns anos depois, em 1997, a família de Kamara viria a ser oficialmente contatada pela Fundação Nacional do Índio (Funai), ironicamente após o órgão ter decidido extinguir a Frente de Atração por alegar não haver mais *Guajás isolados*.

Estas são as pessoas pelas quais este livro se interessa. Elas fazem parte de um coletivo ameríndio que conseguiu resistir aos encontros com o Brasil. Porém, nos últimos anos, um pequeno e último contingente que vivia sem contato oficial vem aparecendo por não ter mais para onde fugir.

CAMINHANDO COM OS GUAJÁ: TRAJETO E PESQUISA

Este livro está baseado em um período de 13 meses de trabalho de campo, em viagens a três diferentes aldeias ocorridas entre os anos de 2007 e 2013. Em algumas das viagens eu permanecia cerca de três meses no campo, enquanto nas últimas, já no período de pós-doutorado, as incursões duravam por volta de um mês. As aldeias onde a pesquisa se desenvolveu — Juriti, Tiracambu, e Awá — situam-se nas Terras Indígenas (TI) Carú e Awá, e uma distância de 150 quilômetros separa as pessoas da TI Carú e Awá, embora estas áreas sejam contíguas.

Se historicamente esses dois conjuntos populacionais experimentam pouco contato, muitas pessoas que hoje se encontram separadas viveram juntas no "tempo do mato": *ka'ape mỹna*, "antigamente na floresta".[8] As antigas Frentes de Atração — como é costume até hoje nas atuais Frentes de Proteção — recrutavam indígenas para ajudar como intérpretes nos contatos. Um dos chamarizes para os homens que auxiliavam a Funai era a possibilidade de conseguirem novas esposas nos contatos. Tais encontros colaboraram diretamente para uma redistribuição das pessoas nas atuais quatro aldeias, quando casais se formavam por meio desse trânsito. Na busca por parentes do mato, homens, casais e mesmo famílias inteiras se mudavam para as novas aldeias que surgiam (como Juriti e Tiracambu), e a partir daí ocorriam novas configurações políticas. O resultado podemos ver hoje: parentes entre si espalhados por todas as aldeias, seja por relações anteriores, seja por essa reengenharia particular posterior ao contato.

Os Guajá são matéria de meu interesse de estudo desde os anos de mestrado, e a pesquisa etnográfica propriamente foi iniciada durante o trabalho de doutorado na Universidade de São Paulo (USP). Nesta época pude realizar uma investigação mais geral sobre o estudo das práticas de conhecimento relativas aos animais e à caça entre os Guajá, em diálogo com a teoria antropológica amazônica recente. Para tanto me interessei pelos regimes de subjetivação e sistemas de ação, particularmente em objetos de análise, tais como parentesco/pessoa, caça/território e cosmologia. Tais abordagens desdobraram a investigação em um tema tributário — desenvolvido durante meu pós-doutorado na Universidade Estadual de Campinas (Unicamp) — que pode ser definido como a tentativa de formulação de uma *teoria etnográfica da caça guajá*. Em linhas gerais, a forma como tais pessoas percebem e executam as atividades de caça, por ocupar um lugar proeminente na sociabilidade humana, nos informaria sobre a maneira como o próprio mundo e suas relações são compostos. Esta pesquisa foi um passo na tentativa de pensar a caça e os conhecimentos que a cercam, pelas vias da percepção e da relação entre caça e cosmologia. Tal preferência teórica não foi apenas uma

---

[8]. Este é o caso da família da matriarca Amỹ Paranawãja da aldeia Tiracambu, cujos filhos são germanos ou *hapihiara*, de outros das aldeias Awá e Juriti.

opção pessoal, mas procurou seguir as pistas que os próprios Guajá sugeriam ao definirem a atividade de caça como arte do *escutar*, do *imitar*, do *enganar*, a partir de uma dimensão acústica da caça.

Ao lado disso, um ponto a ser lembrado é que talvez seja impossível para nós, antropólogos, trabalharmos com qualquer povo indígena no Brasil atual sem nos envolvermos com os problemas e soluções que afetam diretamente suas relações territoriais e sociocosmológicas, algo próximo àquilo que Ramos (1990) denominou *Ethnology Brazilian Style*. Uma combinação entre pesquisa acadêmica e envolvimento político, à revelia dos próprios anseios dos etnólogos. A relação de confiança entre antropólogos e as comunidades nas quais estamos inseridos, sobretudo no Brasil contemporâneo quando os povos indígenas e seus direitos continuam a experimentar entraves, tem como resultado muitas vezes o paralelismo entre a ação (indigenista) e a reflexão (antropológica). O caso de minha pesquisa de pós-doutorado finalizada em 2014, na qual me interesso pela relação entre caça e sonoridades, pareceu-me prototípico neste tópico.

Se meus interesses iniciais visavam ao aprofundamento de questões teóricas e etnográficas que mereciam ser melhor examinadas, sobretudo o que chamei de *dimensão acústica da caça*, essas mesmas questões acabaram por revelar — dentro do contexto de rápida transformação ambiental por que passam os territórios guajá — detalhes sobre a mudança de vida dessas populações. A relação entre *conhecimento* e *acústica* para os Guajá é direta, e o processo de degradação ambiental é lembrado como repleto de *iau* ou "barulho", produzindo-se desequilíbrio ecológico[9] em um mundo em que a ideia — e a palavra — *nũ*, "escutar", é sinônimo de *entender* ou *conhecer*. Um *saber ouvir*, em todas as suas dimensões, é uma importante forma de conhecimento para este povo. Os grupos chamados *mihua* ou "isolados", como veremos neste livro, por sua vez viveriam uma vida silenciosa na qual sua sobrevivência dependeria de não serem vistos ou ouvidos.

Mesmo contatados e com seus territórios homologados, os Guajá têm experimentado pressões de grileiros, pecuaristas, pequenos agricultores, madeireiros e narcotraficantes que ocupam suas terras — o último resquício de floresta no estado do Maranhão. Pessoas de diferentes aldeias apontam de maneira muito direta os efeitos do desmatamento e da existência de uma ferrovia na borda de uma de suas terras. Os Guajá empreendem uma interessante crítica à poluição

---

9. Nos termos também de uma *ecologia acústica*, cf. Feld, 1994.

ambiental e sonora que se instalou em seu horizonte lembrando o barulho que espanta os animais em geral — e os de caça, especificamente — e assusta suas crianças; o trepidar da terra com a passagem do trem; a poeira e poluentes diversos que escapam das cargas de minério de ferro perto dos rios e floresta no decorrer da ferrovia que se espalha ao longo da TI Caru; a chegada cada vez mais frequente de criadores de gado, madeireiros e pequenos caçadores para perto dos acessos da TI, o que faz as pessoas se perguntarem até quando as crianças se alimentarão de maneira farta com *awa nimi'ũa* ou "comida de gente". "Os animais se foram!" e "Meus filhos estão com fome!" são lamentos cada vez mais comuns ouvidos em aldeias como Juriti, Tiracambu e Awá. Um dos maiores desafios teóricos que me foi imposto pela etnografia foi conjugar os esforços de pesquisa à delicada situação em que se encontravam (e ainda se encontram) meus interlocutores.

Balancear a pesquisa frente à situação política dos Guajá com as três terras indígenas onde vivem sendo incluídas no grupo das mais desmatadas da Amazônia Legal (Greenpeace, 2014) fez com que eu me envolvesse de forma colaborativa com organizações como a ONG inglesa Survival International e, de maneira mais pontual, com o Conselho Indigenista Missionário (CIMI) e a ONG ambientalista Greenpeace. A própria Coordenação Geral de Índios Isolados e Recém-Contatados (CGIIRC) da Funai, pela urgência da situação, me convidou junto com a colega e linguista Marina Magalhães[10] para facilitarmos junto às comunidades um programa de apoio permanente aos Guajá, batizado de Programa Awá, cuja primeira grande ação foi a (até agora) bem-sucedida desintrusão da TI Awá durante o primeiro semestre de 2014. Neste momento está em curso a criação da primeira associação indígena Guajá na esperança de que as comunidades ganhem autonomia e desenvolvam seus próprios projetos.

AWA: PARENTESCO, CAÇA E COSMOLOGIA

O conteúdo do livro discute as formas de relação de pessoas que se definem como *awa* ("humanos") com o seu mundo, articulando-se os campos do parentesco, caça e cosmologia. Em diálogo com boa parte da literatura Tupi (clássica e contemporânea) e com um escopo

---

10. Docente do departamento de linguística da UNB e estudiosa da língua guajá.

mais amplo de autores e etnografias, o trabalho pretende ser uma contribuição etnográfica e teórica para a etnologia das terras baixas sul-americanas.

No primeiro capítulo, apresento a história recente permeada pelos contatos, fugas, mortes na floresta e recomeços em novas aldeias. Trata-se de histórias que os Guajá não nos deixam esquecer e que são constantemente rememoradas quando as pessoas falam de si, da família ou dos amigos. O objetivo deste capítulo é discutir esses caminhos de fugas e transformações que marcaram a vida das pessoas em um passado recente.

O segundo capítulo se dedica às formas de relação no espaço e como os Guajá concebem seu território, com destaque para a noção de *harakwaha*. Neste capítulo faço a passagem da geografia para a cosmografia, em que se apresenta a divisão do mundo em diversos patamares e como tais níveis de existência se articulam.

No terceiro capítulo, faço uma descrição dos componentes que marcam a *awatea* — "humanidade", "gente de verdade" — as concepções sobre o corpo e a vitalidade, além de uma antropologia interessada nas alegrias, tristezas, sonhos, onomástica, comensalidade, enfim, elementos que compõem a própria existência.

No quarto capítulo, mostro as chamadas *relações de alteridade* com outros povos indígenas, além de apresentar as diferenças experimentadas entre as pessoas das diversas comunidades Guajá. O objetivo do capítulo é refletir criticamente sobre as formas de relações humanas apontando para a ideia de que não podemos falar em uma *totalidade* Awá Guajá, ou em algo como um *grupo* que se veja como unidade. Veremos que a própria ideia de *grupo* ou *coletivo* representada no pronome exclusivo *aria*, "nós" — como é confirmado por tantos casos ameríndios — variará de acordo com o espectro de relações que as pessoas travam entre si.

O quinto capítulo faz uma descrição do sistema de aliança, com algumas observações sobre o parentesco Guajá de uma maneira geral. Neste capítulo apresento a hipótese de que o casamento é uma relação de *criação*, pensada como uma relação *riku*, tal como outras relações no mundo.

No sexto capítulo, articulo a ideia de *riku* com outras relações homólogas, mas que não seriam propriamente do plano do parentesco humano. Neste capítulo procuro dialogar com as ideias de *donos* e *criaturas*, tal como discutidas em outros contextos amazônicos.

INTRODUÇÃO

Os capítulos sétimo e oitavo são uma descrição das atividades de caça que, além de articularem alguns temas dos capítulos anteriores, sugerem que a caça se relaciona não só com a ecologia, mas também com o parentesco, a guerra e a cosmologia. A partir da apresentação das técnicas e relações entre caçadores e presas, os capítulos discutem o engajamento particular dos Guajá em tal atividade, a caça feminina, a parafernália de caça e as relações humano-animais.

No nono capítulo, esboço a relação dos Guajá com os *karawara*, seres que já terão aparecido em vários momentos do livro. Os *karawara* podem ser pensados como subjetividades que povoam os patamares celestes e são, ao mesmo tempo, o destino *post mortem* dos humanos. O capítulo apresenta a complexidade desses seres que mobilizam uma ontologia própria, relacionando de maneira muito original a caça e o xamanismo. Neste capítulo indico como a cosmologia está intimamente ligada às atividades de caça, sendo os *karawara*, ao mesmo tempo, caçadores e xamãs magníficos.

ETNOGRAFIA

Durante o livro apresentarei experiências que me permitiram compreender aos poucos os conhecimentos e o mundo Guajá. São histórias vividas por eles, outras que me contaram sobre diversas pessoas, e outras tantas que experimentamos juntos em nossa convivência, traduzidas aqui não sem uma dose de especulação baseada na observação. Em muitas ocasiões me sentia o *nativo*, pois por diversas vezes, e não foram poucas, eles é que me sabatinavam a respeito do meu mundo. Num primeiro momento, essa intensa curiosidade me provocava certa decepção: a de achar que não estava conseguindo conhecê-los, pois só queriam saber de mim, e eu pensava não estar aprendendo nada sobre *eles*. No entanto, isso fez com que nos aproximássemos, tanto pela confiança mútua que impera nesses jogos de perguntas e respostas, quanto por conseguir perceber quão desgastante é ser entrevistado sobre temas tão diferentes que aparecem em conversas quando nos interessamos por tudo aquilo relacionado ao mundo de outra pessoa.

Das desventuras de campo que experimentam os etnógrafos, pude viver diversas. Minha barba e os pelos do meu peito faziam de mim um parente dos capelães, e todos adoravam me lembrar às gargalhadas como minha face peluda era como a desses primatas. Também desempenhei o papel de *bicho-papão* ou *dono da injeção*, para conforto dos pais que educavam seus filhos. Era muito comum em minha presença que, se uma criança fizesse pirraças e malcriações ou berrasse aos prantos não querendo dormir, os pais chamassem atenção dizendo que eu estava vendo tudo e que ficaria bravo com ela, ou mesmo que lhe aplicaria uma injeção.

Não residi com os Guajá em suas casas, tampouco fui convidado por eles a fazê-lo. As casas nas aldeias são pequenas e divididas por famílias, formadas apenas por um casal e filhos, não há espaço para estrangeiros. Não sei se por incapacidade minha ou por decoro dos meus amigos, a possibilidade de dormir em casas nas aldeias nunca me foi colocada.[11]

Acabei me instalando, quando havia espaço, ora na antiga sede do posto indígena, ora em alguma casa ou depósito em suas imediações, o que certamente me impediu de conviver de maneira mais íntima com as pessoas. Por outro lado, nas aldeias atravessei diversas madrugadas em conversas e cantorias antes de me recolher e passei muitas noites em acampamentos que fizemos, convivendo em suas moradas na mata — *ka'a ripa* — onde, nesses casos, vivia e dormia junto às pessoas que me eram mais próximas. Por tais motivos, meu trabalho diário se baseou fundamentalmente no *movimento*.

As próprias condições de campo me forçaram a trabalhar durante as caminhadas. Pelo fato das pessoas todo o tempo estarem caminhando à procura de caças, mel, frutos, eu sempre me oferecia para ir junto. Quando aprendemos esse jeito de trabalhar, passei a ser convidado para as muitas caminhadas que faziam as famílias de que fiquei mais próximo. É como se para mim as coisas que ocorriam na floresta fossem, enfim, mais fáceis de pesquisar do que o dia a dia da aldeia. Enquanto para eles, por incrível que pareça, minha presença era mais tolerável durante as caminhadas na mata do que na clareira, em suas casas. Com isso, minha etnografia literalmente se desenrolou nos caminhos, no trecho. E até hoje, sempre que retorno às aldeias, recebo convites para sairmos para o mato.

Um ponto importante é que, embora tenha mencionado as aldeias Tiracambu e Awá como os locais de pesquisa, durante os anos de doutorado me baseei, quase todo o tempo, na aldeia Juriti. Na mi-

---

11. Mesmo visitantes de outras aldeias quando vão a encontros ficam sem espaço para dormir nas casas e se instalam em áreas públicas da aldeia (como depósitos e galpões) ou mesmo dormem nas imediações do posto.

INTRODUÇÃO

nha primeira estada na aldeia Juriti, quando me encaminhava para a aldeia Tiracambu após um mês, fui impedido de prosseguir viagem devido a um incidente que envolveu os Guajajara e a Funai, por isso retornei à aldeia Juriti para mais um período. Em minha segunda viagem a campo, a pedido das pessoas dessa aldeia, voltei e por lá fui ficando. Pude conhecer de maneira mais íntima as pessoas das aldeias Tiracambu e Awá somente após o término da minha tese de doutorado e início de uma nova pesquisa, de pós-doutorado. Ambas as aldeias, Tiracambu e Awá, encontram-se na mesma região, na bacia do Pindaré, e são praticamente vizinhas — enquanto a Juriti está instalada na bacia do Caru. O deslocamento desta última para as outras duas implica sair da área indígena, passar por cidades e, muitas vezes, depender de caronas da Funai e SESAI. Apesar de ter trabalhado durante os anos de pós-doutorado com amigos das aldeias Awá e Tiracambu, tenho a impressão de que minha perspectiva sobre os Guajá passa muito pelo que vivi na aldeia Juriti. Como fui muito bem recebido pelas pessoas de lá e considerando que durante o doutorado sair implicava muitas dificuldades, resolvi naquela época focar ali mesmo minha pesquisa, muito por vontade e um pouco, talvez, por comodidade. E esta sobreinterpretação da socialidade Guajá, fornecida pela aldeia Juriti, parece ter permanecido em muitas passagens deste livro. Mesmo assim, e dialogando com os trabalhos de Forline (1997) e Cormier (2003), além de O'Dweyer (2010), Yokoy (2014), e Diniz, Hernando & Coelho (2013), este livro busca uma *perspectiva Guajá*, mesmo que tais perspectivas estejam sempre apoiadas nos dois ou três interlocutores que nos toleram de maneira mais paciente.

Posso afirmar que a alegria por experimentar a vida junto a tantos amigos está aqui retratada. Assim como os altos e baixos que o etnógrafo encontra no campo, o leitor também encontrará passagens de razoável profundidade etnográfica, enquanto outras são apresentadas apenas — quase — como observações de campo.[12]

---

12. Nas palavras de Marcio Goldman, que tem publicado trabalhos que tratam conceitualmente o tema da etnografia: "(...) é preciso escolher entre dar conta de pouca coisa muito bem — como fazem as ciências propriamente ditas — e dar conta não muito bem de muita coisa — que é o que, afinal de contas, nós fazemos. Ou seja, uma escolha entre *explicar muito, porém mal, ou explicar pouca coisa, porém muito bem* (Veyne, 1978, p. 118), entre a explicação histórica ou humana (*sublunar*, nas palavras de Veyne), que é na verdade uma explicitação, e a científica ou praxeológica. O máximo a que uma teoria etnográfica pode pois aspirar é explicar razoavelmente (no sentido de explicitar) um número relativamente grande de coisas." (Goldman, 2006, p. 170).

Os *Caçadores, cantores, andarilhos,* o *povo do cocal,* a *gente da floresta* e tantas outras ideias os traduzem, e tratarei de algumas delas de modo a compor a narrativa da minha experiência com essas pessoas, que me receberam (e continuam a receber) de maneira elegante e carinhosa. Por fim, este livro é uma etnografia, uma vez que são privilegiados os processos de produção de vida e os mecanismos de ação dos Guajá em seu mundo. A experiência etnográfica, com seus *efeitos, pontos de vista* e *possibilidades metafóricas da linguagem,* é perseguida durante todo o trabalho, como poderá ser percebido ao longo da leitura. A mim parece que o desafio do etnógrafo não reside em defender que *eles* — nossos interlocutores — concebem as coisas e agem de uma maneira diferente da *nossa,* mas, sobretudo, em escapar das armadilhas conceituais que sobrecodificam os chamados *discursos nativos* e perceber quanto nossos interlocutores não são o que nossos mecanismos de análise e explanação nos fazem pensar que sejam. Se faz parte do tipo de pesquisa desenvolvida pela antropologia discorrer sobre discursos nativos da maneira mais honesta possível — com situações como as que vivi e em que colocamos nossas vidas nas mãos de outras pessoas (Strathern, 2014) —, minha própria experiência junto aos Guajá assume a forma textual com vistas a apresentar suas ideias. Este livro é resultado de uma transformação que experimentei ao viver, literalmente, correndo atrás ou, outras vezes, caminhando junto dos Guajá, e que agora tenho a oportunidade de compartilhar.

Como ler as palavras guajá

A língua guajá foi inicialmente estudada por Péricles Cunha em 1988 e mais recentemente por Marina Magalhães, em 2007. Pertence ao subgrupo VIII da família linguística tupi-guarani, que inclui também o takunyapé, o ka'apor, o waiampi, o wayampipukú, o emérillon, o amanayé, o anambé, o turiwára e o zo'é. A grafia dos termos em guajá aqui utilizadas baseia-se fundamentalmente no trabalho de Magalhães que realiza uma análise morfológica e sintática dessa língua. Todas as palavras na língua guajá, bem como em outras línguas indígenas, estão em itálico e as traduções entre aspas. Utilizei uma convenção fonética cujos valores dos sons aproximados são:

VOGAIS

/a/ vogal central baixa, como *a* em português
/e/ vogal anterior média não arredondada, como *e* em português
/i/ vogal anterior alta não arredondada, como *i* em português
/y/ vogal central alta não arredondada, como encontrada em outras línguas tupi
/o/ vogal posterior média arredondada, como *o* em português
/u/ vogal posterior alta arredondada, como *u* em português

Todas as vogais podem ser nasalizadas; para tanto, utilizo o *til* em todos os casos — ã, ẽ, ĩ, ỹ, õ, ũ —, e geralmente a presença de uma vogal nasal acarreta a nasalização das vogais e consoantes que lhes são próximas.

CONSOANTES

/p/	oclusiva bilabial surda, como *p* em português
/t/	oclusiva alveolar surda, como *t* em português
/x/	oclusiva dental palatalizada, como *t* de *tia*, diante das vogais
/k/	oclusiva velar surda, como *c* em *casa* em português
/kw/	oclusiva velar surda labializada, como *quarto* em português
/m/	nasal bilabial, como *m* em português
/n/	nasal dental, como *n* em português
/j/	palatal equivalente aos ditongos com *i*, como *sai* ou *meia*[1]
/r/	vibrante simples, *tepe*, como *para* em português
/h/	fricativa glotal, como *heaven* em inglês
/w/	contínua bilabial sem fricção, como em *power* em inglês
/'/	oclusão glotal

Assim como as vogais, muitas consoantes podem ser nasalizadas, e são aqui identificadas com um *til*.

A ausência de acento na ortografia da língua deve-se à previsibilidade das sílabas tônicas já que, de maneira regular, todas as palavras são oxítonas. Isto é: terminam em sílabas tônicas — exceto as finalizadas em vogal *a* depois de outra vogal, ou depois das consoantes *r*, *n* e *j*. Assim, *awa* e *mukuri* são pronunciadas como "awá" e "mukurí", mas *mihua*, *jakarea*, *Maira*, *amỹna* e *takaja* são pronunciadas como "mihúa", "jakaréa", "Maíra", "amỹna" e "takája".

Quanto à grafia dos povos indígenas, acompanho a convenção da Associação Brasileira de Antropologia, sem flexionar os nomes.

Crônicas de caça e criação

Fuga e transformação

Os Guajá são um pequeno grupo de caçadores habilidosos, habitantes da porção oriental da Amazônia, mais exatamente o noroeste do estado do Maranhão. Constituíam, em 2013, uma população de 480 pessoas. Andarilhos, desconheciam a navegação, ocupavam predominantemente áreas isoladas próximas a babaçuais no interior da floresta onde, de maneira dispersa, conseguiram se manter *isolados* até o fim da década de 1980, e existem pessoas em isolamento voluntário até os dias atuais. Sempre ocuparam os topos e ramificações das serras do Tiracambu e da Desordem, que formam parte da região oeste maranhense, drenadas pelos rios Turiaçu,[1] Caru e Pindaré,[2] e rios menores como o Turi, Turizinho, rio do Sangue, rio do Peixe, além de inúmeros igarapés formadores e tributários, como Juriti, Mão de Onça, Maronata, Presídio, Bandeira, Mutum, Aprígio, igarapé do Furo, do Milho, Guariba, Aparitiua, dentre outros ainda menores. Por ali os Guajá procuraram refúgio a fim de escapar da sede durante fugas, quando resistiam ao contato.[3]

Habitantes do que restou de floresta no estado do Maranhão, eles se encontram na macrorregião da Amazônia Oriental e são falantes de uma variante do tupi-guarani em um subgrupo desta família linguística composto por nove línguas: emerillon, wayãpi, zo'e, guajá, anambé, ka'apor, takunyapé, turiwára e amanayé (Rodrigues, 1984/85). Em sua história, não tiveram aldeias permanentes e até o contato organizavam-se em pequenos coletivos, formados por uma ou duas famílias nucleares, dispersos sobre um território também ocupado por outros povos indígenas: Tenetehara e Ka'apor. Não dominavam cultivo agrícola algum, nem mesmo milho ou mandioca, até o contato, e tal situação se modificou sobretudo na década de 1990, quando a população mais jovem era *ensinada* por funcionários da

---

1. Bacia do Turiaçu.
2. Bacia do Mearim.
3. Para detalhes sobre a hidrografia e topografia, ver O'Dweyer, 2010, p. 86.

Funai a cultivar mandioca, basicamente para a produção de farinha puba, além de milho, macaxeira, abóbora e arroz. Portanto, as roças para os Guajá pertencem aos *karai*, aos não indígenas.

Antes de tudo, os Guajá são exímios caçadores. A caça é sua principal atividade, um tema que interessa a todos, e é nessa atividade que as pessoas depositam grande parte de seu tempo. Caçam diversas espécies de aves e mamíferos; detêm uma técnica extremamente apurada para a caça de mamíferos arborícolas, em especial cinco tipos de macacos.[4] A caça em geral, e a de macacos, especificamente, é uma atividade que mobiliza toda uma aldeia: homens, mulheres e crianças. Com a atividade da caça e o nomadismo, de tempos em tempos aparecem nos meios de comunicação nacionais e internacionais como os *últimos nômades caçadores-coletores do Brasil*.

O objetivo deste capítulo é apresentar essa história recente, baseada em contatos e fugas, mortes na floresta e recomeços nas novas aldeias. Histórias que os Guajá não nos deixam esquecer e são constantemente rememoradas quando as pessoas falam de si, da família ou dos amigos.

Os Guajá provavelmente fazem parte de um histórico conjunto populacional Tupi oriental, assemelhando-se em diversos aspectos não apenas a seus vizinhos mais próximos, os Ka'apor e Tenetehara, mas a outras sociedades do leste amazônico como os Asurini, Araweté, Parakanã e Aikewara, por exemplo. "Um complexo populacional que se estendia desde as matas do médio Xingu até as bacias dos rios Capim, Acará, Gurupi e Pindaré" (Viveiros de Castro, 1986, pp. 137–139). São povos que historicamente ocuparam a *terra firme* e que, ao sofrerem pressões de outros povos,[5] foram forçados à dispersão. Populações como os Wayãpi, Assurini, Parakanã, Tenetehara, Zo'e, Ka'apor, Amanajós, Anambé, dentre outros, fugiram ou desapareceram.[6]

"Humanos", como encontrado entre tantos povos ameríndios, é a tradução para *awa* e funciona como um marcador enunciativo de uma condição de pessoa (Viveiros de Castro, 2002, p. 371). Nos dias atuais, a depender da aldeia, se autorreferem como *Awá, Guajá*[7] e *Awá Guajá*, mais utilizado nos últimos anos; é difícil precisar uma

---

4. Macaco-prego, cuxiú, capelão ou guariba, cairara e mão-de-ouro ou macaco-de-cheiro.
5. As chamadas *sociedades de várzea* cujo domínio da cerâmica e técnicas de domesticação de planta era notório. Ver Heckenberger *et al.*, 1998; Neves, 1999.
6. Viveiros de Castro, 1986, p. 139; Gallois, 2013; Forline, 1997, p. 29.
7. Nome que apareceu no contato com o Estado brasileiro.

designação *oficial*. O fato é que no momento atual, em que ocorrem mutirões para tirar carteiras de identidade, as pessoas escolheram o nome *Awá Guajá* para constar em seus documentos.

Em outras situações, no entanto, como em reuniões com não indígenas ou *karai*, ou então com os Guajajara ou *kamara*, podem fazer uso de *Guajá* como nome do povo. Noto aqui que a autodenominação *awa* é também utilizada por outros povos de variante Tupi-Guarani, como os Ka'apor e Asurini. Embora Balée afirme que sua autodenominação é *Ka'apor*, o termo *awa* também funcionaria nesse contexto como sinônimo de pessoa, sobretudo com a conotação *alguém*. O termo *awa*, lembra o autor, "está relacionado com os termos inflexivos referentes a *pessoa* e *povo* em várias outras línguas tupi-guarani" (Balée, 1998). Os Asurini do Xingu também se autodenominam *awaete*, "gente-de-verdade".

Awá, nesse caso, teria o mesmo significado que entre os Guajá: "humanos", e o sufixo *ete* seria um enfatizador traduzível, no caso, Asurini e outros Tupi-Guarani por "verdadeiro" ou "muito" (Müller, 1993). Na língua guajá, o sufixo enfatizador também seria *te*,[8] tributários do conhecido sufixo intensificador ou autentificador tupi *ete*. *Awatea* refere-se, grosso modo, à humanidade próxima, "gente-de-verdade", em oposição, por exemplo, a *awa mihua*, ou "gente-braba", designativo atribuído aos pequenos grupos que vivem em isolamento na mata, os chamados *isolados*.

Em linhas gerais, pessoas que partilham língua e hábitos semelhantes, porém distantes no parentesco, no espaço e na história, não são reconhecidas como *awatea*, ou "gente-de-verdade". Apesar de hoje em dia serem utilizadas as formas *Guajá*, *Awá Guajá* e *Awá*, uma vez que variam nas próprias aldeias, a depender da Terra Indígena e do contexto enunciativo, por uma economia textual opto por utilizar a maior parte do tempo o termo *Guajá*, acompanhando outros autores.[9]

CAÇADORES

Watama'a aria, "nós somos caçadores": afirmações desse tipo são comuns entre as pessoas de diferentes aldeias. Tal condição é expressa pelo vocábulo *watama'a*,[10] cuja tradução literal é "aquele que

---

8. Tal o *ete* asurini.
9. Balée, 1994, 2013; Cormier, 2003, Forline, 1997.
10. *Aria*, "nós" que exclui o interlocutor (exclusivo), muito comum em diversas línguas indígenas.

caminha". Como veremos aqui, *andar* e *caçar* são formas que podem ser expressas pelo mesmo verbo, *wata*. Os Guajá caçam na mata, dormem na mata e passam longas temporadas na floresta, mesmo na época das chuvas. As aldeias, tal como experimentam hoje, são resultado de uma reengenharia social empreendida pelo contato, cujo resultado foi a reunião de diversos grupos locais anteriormente dispersos. Muitas das famílias que hoje vivem juntas não se conheciam pessoalmente antes do contato oficial. As cinco aldeias existentes foram criadas a partir desta máquina estatal de contato que marcou a ocupação da Amazônia indígena brasileira durante a ditadura militar, sobretudo no seu fim no decorrer da década de 1980, quando a maior parte dos Guajá foram contatados.

Trata-se de um desses grupos Tupi-Guarani do leste amazônico, caracterizados por uma baixa complexidade material e ritual em que elementos como a fala e o canto, cosmologia e escatologia, dentre outros, tomam o lugar de uma economia de símbolos e práticas rituais (Viveiros de Castro, 1986, p. 23). Uma gente para a qual é mais fácil produzir uma *lista de ausências* de elementos *típicos* (Viveiros de Castro, 1986, p. 47) dos povos indígenas ameríndios do que evocar uma parafernália material que os distinga de outros povos. No que concerne à cultura material, os Guajá não produzem cerâmica ou cestaria; seu artesanato tradicional se resume a pequenos cocares e braceletes com penas de tucano utilizados em um momento ritual específico; a redes e tipoias de fibras de tucumã;[11] suas casas, até o contato, eram tapiris na floresta; não praticavam agricultura; arcos e flechas são os únicos artefatos produzidos em profusão cotidianamente. Com exceção das belas redes de tucum, que abrigavam por vezes uma família inteira em uma única peça — o casal e seus filhos pequenos —, e uma estrutura com moquém, uma aldeia Guajá não possuía pátio central, espaços diferenciados de acordo com sexo ou classe de idades, caminhos e saídas para as roças ou jardins, e era constituída por pouquíssimas pessoas, às vezes reunidas em uma única casa.

Quanto aos marcadores sociais, os Guajá não se diferenciam muito dos outros Tupi-Guarani orientais como, por exemplo, os Araweté. Elementos como a divisão do trabalho fluida, simplicidade dos sistemas de prestação e contraprestação cerimoniais ou profanos, morfologia espacial aparentemente caótica, repertório mínimo de papéis

---

11. Ou *tucum*.

sociais e ausência de qualquer segmentação global[12] parecem compor o quadro das relações cotidianas Guajá. A diferença destes para outros Tupi do leste amazônico está, sem dúvida, em uma secular ausência de agricultura em sua história, além do papel preponderante das mulheres nas atividades de caça, como veremos aqui.

Sabemos sobre outras populações da mesma região que, movidas por diferentes fatores, abandonaram as aldeias e se estabeleceram na mata, com a vida baseada em caça e coleta e um ou outro cultivo agrícola. Nos trabalhos de Viveiros de Castro sobre os Araweté (1986) e de Fausto sobre os Parakanã (2001), encontra-se que nem o abandono da aldeia permitiu que essas pessoas deixassem totalmente a agricultura.[13] Os Araweté mantiveram o milho, enquanto os Parakanã Ocidentais, mesmo em um *trekking* permanente, resistiram com o cultivo da mandioca em seu sistema de vida. Os Guajá, diversamente, pelo menos durante todo o século XX, não se familiarizaram com nenhum item de roça, e não há menção de conhecimento sobre agricultura em sua história; nem mesmo os velhos se lembram de um dia seus *avós* terem plantado o que quer que fosse.

Em contraponto a este passado, as pessoas hoje em dia estão sendo instruídas pelos funcionários dos antigos postos indígenas[14] para plantar principalmente roças de mandioca para produção de farinha, alimento pelo qual têm grande apreço e não conheciam até o contato. Muitos contam que os mais velhos, ao se aproximarem da Funai, se recusavam a comer *taramỹ* ou farinha, pois pensavam tratar-se de *wy*, ou terra. Apesar de todas as aldeias praticarem agricultura hoje em dia com a ajuda de mão-de-obra contratada pela Funai, a *lógica* de ação ainda é baseada na caça, e pelo menos nas aldeias em que vivi as pessoas ainda estão dispostas a trocar uma colheita coordenada pela Funai pela mera suspeita da existência de uma vara de porcos, ou um bando de capelães, muitas vezes acarretando perdas significativas na produção agrícola. Por essas características, dentre outras que ainda veremos no decorrer do livro, os Guajá são considerados por correntes ecológicas na antropologia parte de um grupo de pessoas, cada vez mais raro no mundo contemporâneo, definidas, um tanto genericamente, como *caçadores-coletores* (Lee and Daly, 1999).

---

12. *Idem*.
13. Da mesma forma os Huaorani do Equador. Ver Rival, 2002.
14. Doravante, PIN.

Tais observações remetem a uma discussão clássica da etnologia americanista referente à existência e pertinência da ideia de povos caçadores-coletores na América do Sul tropical. Na história da etnologia sul-americana, por exemplo, dentre tantos outros coletivos como os Nambikwara e os povos de língua maku, duas sociedades, ambas Tupi-Guarani, foram constantemente citadas como paradigmáticas quando o tema era caça e coleta: Aché e Sirionó. Por terem sido algo como um *modelo* nessa discussão, os Aché despertaram o interesse de sociobiologistas pela busca de revelar como o grupo conservara *características do Paleolítico* em pleno século XX (Hill & Hawkes, 1983). Tais pesquisadores classificaram os Aché algo como sobreviventes da pré-história, a despeito da revolução neolítica, e de a agricultura ser amplamente praticada na Amazônia (Roosevelt, 1992, p. 202). Em diversas análises[15] estão presentes como fiéis representantes desses pequenos bandos de caçadores nômades, dotados de uma estrutura social quase amorfa. Sirionó, Aché e também Guajá desenvolveriam aquilo que Clastres criticamente denominou *economia da miséria* (2004 [1976], p. 178).

A Amazônia e outras terras baixas sul-americanas eram vistas como universos puramente naturais, onde os povos mais aptos a ocupar esse ecossistema seriam os chamados caçadores-coletores (Balée, 1992). De alguma forma, uma vez que durante milhares de anos da história humana em algum momento a humanidade viveu de caça e coleta, gradativamente substituídas pela agricultura há cerca de dez a cinco mil anos,[16] cientistas com diferentes orientações, como se estivessem à procura de nossas origens, "consideram que a pesquisa sobre caçadores-coletores modernos, tais como os da Amazônia, poderia elucidar padrões de utilização de recursos por parte de nossos antepassados pré-agrícolas" (Balée, 1992). Tal ideia é utilizada pela ciência a fim de ilustrar quase que uma espécie de *elo perdido* e sustenta que a humanidade, em algum período de sua história, foi por completo formada por povos caçadores-coletores (Ingold, 2003, p. 123).

---

15. Lévi-Strauss, 1970, pp. 121–139; Service, 1971; Viveiros de Castro, 1986, p. 106; Balée, 1999; Fausto, 2001), os Sirionó (assim como os Aché.
16. Neves, 1988 *apud* Balée, 1992.

FUGA E TRANSFORMAÇÃO

POVO DO COCAL

Os Guajá estão inseridos em uma área onde espécies botânicas utilizadas como recursos primários só se tornaram dominantes e/ ou frequentes em regiões onde havia intervenção humana direta, sobretudo na agricultura, e boa parte dos espaços supostamente *naturais* pode ter tido um passado agrícola, conectando povos sem agricultura a uma cultura de capoeira (Balée, 1992). E, também, as matas amazônicas estão longe de serem *primordiais*, diferentemente das "teorias adaptacionistas em ecologia cultural, que assinalam que grupos indígenas da Amazônia se adaptam às condições e respondem aos limites meio-ambientais" — a floresta e outros *habitats* amazônicos não são somente de origem *natural*. Em suas estimativas, o autor considerava que *pelo menos 11,8% da mata de terra firme na Amazônia brasileira é antropogênica* (Balée, 1987). Como um exemplo, Balée seleciona justamente o caso dos Guajá:

> Os Guajá são um dos últimos grupos forrageiros da América do Sul[...] Tradicionalmente, procuravam comida em grupos de cinco a dez pessoas em uma mata dominada, na sua maior parte, por árvores das famílias da Castanheira-do-Pará, beru, faveira e abiu. Nunca derrubaram ou queimaram a mata, fazendo seus acampamentos temporários exclusivamente em cocais[...] Os cocais onde os Guajá acampam e percorrem contêm, praticamente sempre, vestígios de aldeias e roças antigas de outros grupos indígenas da região, como os Urubu-Kaapor, que habitam na fronteira leste de suas terras.[17]

Por terem sofrido um processo de *perda* do domínio agrícola devido a efeitos de guerras, epidemias e colonização, adotaram um estilo de vida baseado na caça e coleta (Balée, 1994; 1999). O termo *regressão agrícola*, trabalhado por Balée, é utilizado a fim de ilustrar a transição de uma organização econômica ligada à horticultura para a caça e coleta, dois *modos de produção* complementares e compreendidos na história como dois momentos diversos: um, marcado por menos pressões externas, o que favoreceria a sedentarização; e outro, em razão das tais pressões, marcado pela mobilidade territorial, trazendo mudanças à antiga vida sedentária que, deixada para trás, poderia ser retomada de acordo com acontecimentos futuros. Embora alguns desses caçadores-coletores na América do Sul permaneçam com um conjunto de plantas semidomesticadas, há a hipótese de que os vegetais cultivados nessa transição *desaparecem* gradualmente; somente

---

[17]. Balée, 1987, p. 2.

alguns gêneros são mantidos, embora seu cultivo caia consideravelmente — como é o caso do milho entre os Sirionó (Balée, 1994, p. 210).

É inescapável em análises como esta a atmosfera de arcaísmo, sugerida de maneira indireta pela ideia de regressão. Rival, por exemplo, a critica, ao afirmar que a tal *passagem* de um estado a outro é algo como uma *estratégia*, porém muito mais ampla e dinâmica do que uma resposta à Conquista portuguesa ou espanhola na América do Sul (Rival, 2002, p. 13). Embora noções como *forrageio ótimo* (Ingold, 2002, pp. 27–39) não terem sido operativas para esse autor como foi para outros (Hawkes, Hill & O'Conell, 1982), a ideia de *regressão agrícola* supervalorizaria o *sedentarismo* em detrimento do tipo de vida que povos como os Guajá levavam, baseadas em muitos deslocamentos pelo território. É como se, uma vez que as pessoas pudessem optar, decidiriam não mais andar, numa correlação direta entre ausência total de agricultura e mobilidade territorial. De acordo com a crítica de Rival:

Balée, portanto, correlaciona a ausência de agricultura com a mobilidade [territorial]. Povos que cultivam intensivamente não possuem grande mobilidade territorial; de modo inverso, povos que caçam e coletam são altamente móveis. Embora eu concorde com sua insistência da mobilidade ser considerada uma estratégia adaptativa histórica, ao invés de somente uma imposição ambiental, lamento que o autor negligencie dinâmicas históricas pré-conquista desencadeadas por conflitos entre populações nativas altamente móveis e outras menos móveis.[18]

As plantas selvagens das quais dependem os Guajá são, por assim dizer, semidomesticadas, uma vez que estão em áreas de capoeira, ou capoeiras velhas, áreas antropizadas. Balée procura paralelos entre o conjunto Tupi-Guarani contemporâneo e sustenta três pontos: (1) os grupos TG forrageiros contemporâneos passaram por um processo de regressão agrícola perdendo o domínio de todas as plantas domesticáveis, inclusive do milho; (2) entre as plantas utilizadas, as diversas espécies de palma ocupam papel central, tanto na alimentação quanto como matéria-prima; e (3) algumas dessas palmas,[19] presentes no território Guajá, são, devido a predominância e frequência, indícios de presença pretérita de horticultura[20].

---

18. Rival, 2002, p. 13, livre tradução.
19. Jerivá e Mucajá [no Paraguai], na região sudoeste do Brasil [no Paraná], onde habitavam os Hetá, assim como Babaçu, Inajá e Tucumã.
20. Balée, 1994, p. 218.

De acordo com esse autor, grupos amazônicos que baseiam suas atividades no forrageio são capazes de viver na floresta tropical sem o cultivo de roças graças a alguns recursos essenciais, como palmas e frutos, principalmente. Estes são subprodutos de ocupação humana remota, e um padrão baseado na caça e coleta está diretamente ligado à distribuição desses recursos no ambiente. A crítica que fazemos é a mesma de Rival, pois nessas florestas bioculturais a intencionalidade desses atos é sempre atribuída a uma *inteligência* passada, resultado de um conjunto de manejos anteriores (Rival, 2002, p. 13).

Não cabe a este livro advogar contra modelos da ecologia política e da ecologia histórica, e, independentemente das teses regressivas ou involutivas ou da pertinência em pensar uma mudança do *modo de produção forrageiro* para a agricultura, o objetivo aqui é apresentar etnograficamente os processos de transformação pelo qual vêm passando os Guajá. Esta suposta passagem entre modos de produção tem sido experimentada pelas aldeias de uma maneira bastante particular, como veremos mais abaixo; e, mais do que pensar uma mudança no modo de produção, o que aparece aqui são formas de se alimentar e agir como um novo tipo de gente. Uma gente que sabe falar a língua dos *karai* ou "não indígenas", bastante interessada em uma nova humanidade encontrada a partir do contato e que faz uma leitura criativa do que seja o, assim chamado, *trabalho na roça*.

Desde o contato, a Funai operou uma transformação radical na vida das pessoas. Além de uma sedentarização dos pequenos coletivos, podemos falar em uma espécie de *kit pacificação*, a partir do qual a farinha de mandioca, as espingardas e os cachorros foram, muito rapidamente, incorporados à vida nas aldeias e de muitas maneiras, como veremos nesse livro, ganharam um papel de destaque.[21] Junto a esse processo de mudança, a ideia de que podem plantar sua própria comida, frente a um passado de caça e coleta, aparece como um elemento central e controverso, como veremos mais abaixo.

---

21. As armas de fogo, por exemplo, que foram introduzidas nas comunidades entre os anos de 1970–1980 por funcionários da Funai e toda sorte de agentes que participaram dos primeiros contatos, tornam-se hoje uma ferramenta fundamental na caça, ao passo que, devido à lei federal do Estatuto do Desarmamento (Lei 10826, de 22 de dezembro de 2003), a mesma Funai que introduziu armas e munições nas aldeias é impedida de fornecer tais itens às comunidades, não importando quão isoladas elas sejam.

ECOLOGIA E FERROVIA

A população Guajá é estimada em 420 pessoas[22] que vivem em cinco aldeias — Juriti, Tiracambu, Awá, Aldeia Nova e Cocal/ Guajá — distribuídas por três áreas indígenas. Algumas aldeias adotam nomes análogos aos postos da Funai, por isso não seriam nomes elaborados pelas comunidades, mas adequados pelos postos. Apesar de ter conhecido todas elas, meu trabalho de campo foi realizado nas aldeias Tiracambu, Awá e Juriti, e durante os anos de doutorado passei a maior parte do tempo de pesquisa na aldeia Juriti.

A área indígena Awá, onde se situa a aldeia Juriti, representa a única área demarcada exclusivamente para os Guajá; a TI Alto Turiaçú foi pensada inicialmente com uma área Ka'apor, e a área Caru, para usufruto dos Guajajara. Atualmente, pela necessidade de estabelecer uma convivência menos belicosa,[23] os Guajá e Guajajara da TI Caru procuram estabelecer alianças políticas, principalmente frente às reivindicações dirigidas à Funai/ SESAI. No entanto, ao mesmo tempo algumas pessoas das aldeias Guajá observam que tais alianças caracterizam uma tentativa de controle dos Guajajara sobre as decisões dos Guajá, inclusive com propostas de alguns Guajajara chefiarem postos indígenas de aldeias Guajá.

Desde os últimos 150 anos estima-se que estejam nos arredores dos rios Pindaré, Turiaçu e Gurupi, tendo este último rio sua área de predominância na porção oeste do Maranhão. Essa região em que vivem tem como limite o Rio Gurupi a oeste, o Oceano Atlântico ao norte, o alto curso dos rios Pindaré, Grajaú e Gurupi ao Sul e, a leste, a margem esquerda do Rio Mearim; nenhum desses rios é tributário do Amazonas. Além dos Guajá, vivem na região os Ka'apor ou Urubu, Tembé e Guajajara (Balée, 1994, p. 10), dividindo-se em três áreas contíguas: ao sul, a Terra Indígena (TI) Caru, com 172.600 hectares ocupados conjuntamente com os Guajajara; ao norte, a TI Alto Turiaçu, com 530.500 hectares, em companhia dos Ka'apor e alguns Tembé; e, entre as duas, a TI Awá, com 118.000 hectares (Cormier, 2000, p. 11). Além dessas três, alguns indivíduos habitam a Terra Indígena Arariboia (Guajajara) e a TI Alto Rio Guamá (dos Tembé), contígua à TI Alto Turiaçu (Cormier, 2000, p. 11).

---

22. Segundo o último censo que realizei em 2013.
23. Parte dos dois povos divide o mesmo território há décadas.

A porção de floresta amazônica no MA é um cenário com alto grau de pressão antrópica, e a vida desses coletivos se desenrola na única região de floresta tropical que ainda resta no estado, formando um conjunto de terras indígenas e uma Unidade de Conservação que estão na lista das mais desmatadas da Amazônia Continental. De acordo com estudos recentes (Martins & Oliveira, 2011), as áreas indígenas são as únicas áreas de floresta que restaram a ser preservadas, ao lado da Reserva Biológica do Gurupi, no estado do Maranhão.

Trata-se, na Amazônia, de uma região com uma das porções mais expressivas em termos de riqueza de espécies e endemismos, onde se localiza mais da metade do Centro de Endemismo Belém (Martins & Oliveira, 2011, p. 20) e se abrigam animais ameaçados de extinção, como a ararajuba,[24] o gavião real,[25] o araçari,[26] e a jacupiranga,[27] além de duas espécies de primatas da Amazônia oriental, o *Cebus kaapori*, "Cairara Ka'apor", e o *Chiropotes satanás*, "Cuxiú-preto", todos ameaçados de extinção. De acordo com o ICMBio, das 46 espécies listadas por pesquisadores como ameaçadas de extinção na Amazônia, mais de 50% estão presentes no Centro de Endemismo Belém.

Além dos Guajá, Tenetehara e Ka'apor, todos povos de língua tupi, no oeste do Maranhão, mais ao sul, há ainda os Ramkokamekra-Canela e Apaniekra-Canela, os Krikatí e Pukobyê, falantes de línguas do tronco macro-jê; de modo geral, em toda a região oeste do estado do Maranhão há porções ocupadas por povos indígenas. Tal região é composta por cidades antigas como Pindaré-Mirim, pelo surgimento de novas aglomerações ao longo das Rodovias BR-316, Belém-Teresina, e BR-010, Belém-Brasília, e pelo rápido crescimento de outras, como é o caso de Santa Inês. Trata-se de uma região onde migrantes do nordeste do país e do próprio Maranhão promoveram uma ocupação à base de unidades de produção familiar, sobretudo a partir da agricultura de corte e queima, que até hoje é praticada com intensidade. Trata-se de uma grande área, compreendida pelas microrregiões do Gurupi, Pindaré, Imperatriz, Alto Mearim e Grajaú, marcada por um rápido crescimento populacional e uma avassaladora ocupação territorial (Diniz, 2005).

---

24. *Guarouba guarouba*.
25. *Harpia harpyja*.
26. *Pteroglossus bitorquatus bitorquatus*.
27. *Penelope pileata*.

Todo o território Guajá incide na macrorregião onde foi implantado o Projeto Carajás (PGC),[28] cuja ferrovia para transportar sobretudo minério de ferro foi inaugurada em 1985, fazendo com que o contato com grupos que viviam isolados ou *arredios*, segundo a terminologia da época, fosse acelerado. Na ocasião, os contatos com os grupos Guajá ainda estavam sendo iniciados, e centenas de indivíduos sem contato morreram vitimados por doenças e assassinatos provenientes do *boom* populacional que houve na região, propiciado pela construção da ferrovia. A Estrada de Ferro Carajás (EFC) cortou o território tradicional Guajá, provocando não apenas a perda de suas terras, mas a dispersão e a morte dos animais de caça e o fim de boa parte das florestas do oeste maranhense. Foi esse mesmo fenômeno, aliado à concomitante ocupação da região, dado o crescimento de vilas e povoados, que produziu a divisão de muitos grupos locais, pelo que alguns remanescentes experimentam até os dias de hoje uma vida sem contato com outros grupos.

O Projeto Carajás, que não afetou apenas os Guajá, mas cerca de 40 comunidades indígenas diferentes (Treece, 1987), tem importância direta na configuração socioespacial dos povos indígenas da região atualmente. O impacto da estrada de ferro, inaugurada em 1985, é sentido pelos Guajá não apenas pela presença física da ferrovia e o *boom* populacional decorrente que continua se intensificando devido ao projeto atual de duplicação da ferrovia, mas também pelos transtornos ecológicos que modificaram as atividades de caça (Garcia, 2014 B). O impacto social, com o adensamento populacional, forçou por um lado a fuga e dispersão às cegas de muitos grupos locais que ali viviam, e por outro, nos últimos 20 anos, a concentração de pessoas até então separadas em grandes aldeias com até 200 habitantes, como é o caso da aldeia Awá, na TI Caru — algo que os Guajá não conheciam em sua história até então. As poucas iniciativas de ajustes ao impacto do contato e ao desastre ambiental, há tempos anunciado para a Amazônia Oriental, foram mal administradas. Escândalos de desvios de verba do *Programa Awá*, projeto financiado pela mineradora até

---

28. O Projeto Carajás, oficialmente conhecido como Programa Grande Carajás (PGC), é um projeto de exploração mineral iniciado em 1980 na mais rica área mineral do planeta, pela Vale (antiga CVRD). Estende-se por 900 mil quilômetros quadrados, uma área que corresponde a um décimo do território brasileiro, é cortada pelos rios Xingu, Tocantins e Araguaia e engloba terras do sudeste do Pará, norte de Tocantins e sudoeste do Maranhão. Foi criado pela empresa estatal brasileira Companhia Vale do Rio Doce, durante o governo Figueiredo, quando Eliezer Batista era seu presidente.

então estatal Companhia Vale do Rio Doce (CVRD), durante as décadas de 1980 e 1990, criado a fim de mitigar os impactos de suas ações na região, deram a tônica da atuação da Funai até meados dos anos 2000.

Dado o impacto que a construção da estrada de ferro Carajás traria, e trouxe, às comunidades indígenas em sua área de influência, foi estipulado que parte dos recursos do projeto, de 300 milhões de dólares, seria aplicada em programas de assistência para esses povos, em forma de um convênio entre a Funai e a antiga CVRD. Uma das principais exigências com relação à construção da ferrovia era a manutenção da integridade dos territórios indígenas afetados e o desenvolvimento de iniciativas que garantissem a qualidade de vida de seus habitantes. Além dos Guajá e Guajajara, a ferrovia causou impacto em diversas outras comunidades, como os Xikrin, Gavião, Ka'apor e Suruí, pelo que a CVRD foi obrigada a manter projetos de compensação.

No caso específico dos Guajá, esse convênio foi um fracasso, visto que mais de 20 anos se passaram para que a TI Awá, onde se encontra a aldeia Juriti, fosse homologada: tempo suficiente para causar inúmeros transtornos decorrentes das invasões e exploração ilegal desse território. Enquanto isso, os programas de saúde que vieram com as frentes de contato não se preocuparam com os riscos evidentes diante da fragilidade das pessoas contatadas. A intenção parecia ser contatar a qualquer custo, de qualquer maneira, no ritmo desejado pelas empreiteiras. Os primeiros contatos, sem os cuidados necessários, resultaram na morte de vários indivíduos, e entre 1976 e 1980 morreram aproximadamente dois terços dos residentes do PIN Guajá[29] por doenças introduzidas, principalmente malária e a gripe. A contratação de terceiros também não foi realizada sob critérios satisfatórios. Muitos funcionários novos e temporários da Funai não foram submetidos a exames médicos, situação que muitas vezes trouxe enfermidades e óbitos.

Fora isso, muitos observadores comentaram que os recursos que outrora deveriam ser destinados aos objetivos originais do convênio foram aplicados em infraestrutura para a própria Funai. Tempos depois foram criados outros convênios entre a Funai e a antiga CVRD, desenvolvidos com interrupções e uma quantidade de recursos menor do que o montante original. Passavam-se períodos em que a CVRD apenas fazia pequenas caridades às comunidades Guajá. Um

---

29. O primeiro a ser criado, ainda em 1976.

dos últimos episódios, que veio à tona nos anos de 2001 e 2002, foi um grande desvio de recursos da compensação por parte de um funcionário da antiga CVRD e o até então chefe do núcleo de apoio da Frente de Atração em Santa Inês. Até ser descoberta a fraude a saúde Guajá ficou bastante comprometida, e o dinheiro que deveria ser posto à disposição dos indígenas desapareceu. Apesar de os fatos terem sido parcialmente apurados pela Justiça, com a demissão do funcionário da CVRD envolvido no esquema e a condenação do servidor da Funai, os Guajá nunca recuperaram o montante desviado. Até os dias de hoje, todo os recursos que entram por meio da Funai para as aldeias Guajá são oriundos desse convênio.

Em decorrência desse megaempreendimento, a população regional cresceu junto com o número de povoados ao longo da estrada de ferro. Tal pressão demográfica aumentou o número de invasões nas áreas indígenas adjacentes e intensificou o movimento dos trens da, agora, Vale, espantando a caça e interferindo diretamente na vida de várias comunidades Awá Guajá e Guajajara, já que a ferrovia margeia o perímetro sul da área indígena Caru, junto ao rio Pindaré, como pôde ser observado no mapa acima. Frente a tantos problemas, em várias ocasiões a estrada de ferro Carajás foi fechada por um conjunto de povos insatisfeitos com o atendimento da SESAI, Funai, Vale ou demandas mais abrangentes ligadas aos indígenas.

O epílogo dessa história ainda não pode ser vislumbrado, mas os desdobramentos não poderiam ser mais sinistros. Desde 2010 foi iniciada a duplicação da EFC, levada a cabo por grandes empreiteiras, como a Camargo Correa, empreendimento que passa beirando toda a extensão sul da terra indígena Caru, e um novo convênio de compensação, além de um gigantesco Plano Básico Ambiental (PBA) está em curso incidindo nas aldeias Guajá e Guajajara da TI Caru, e na TI Rio Pindaré, dos Guajajara. Os recursos são volumosos, apesar de estarem aquém do real impacto dessa obra na vida das pessoas. Além disso, como podemos ver no mapa da região, a TI Caru faz parte de um grupo maior de áreas que deveriam ser protegidas, tal como vem sugerindo o grupo de trabalho coordenado por Marlúcia Martins que congrega pesquisadores do Museu Paraense Emílio Goeldi, e outras instituições governamentais e não governamentais, através do que vem sendo chamado de Mosaico do Gurupi, uma área de gestão territorial. Diversas características particulares de diversidade e endemismos, como já ressaltei, justificaria pensar as TIS e a Reserva Biológica (REBIO) do Gurupi de maneira conjunta. E mais, nesse mosaico, como se pode notar no mapa, a TI Awá é estratégica por ser o *corredor* que ligaria os dois blocos de áreas protegidas, mais ao norte e mais ao sul. O PBA da duplicação de uma estrada de ferro voltado para uma única área indígena, quando a estrada beira todo um Mosaico é, além de incompleto e mesquinho, prejudicial ao funcionamento de todo um ecossistema que está entre os mais ameaçados da zona tropical. Como investir em uma única área (Caru) quando as outras quatro (Awá, Alto Turiaçú, Alto Rio Guamá e REBIO do Gurupi) estão desguarnecidas e completamente invadidas?

BREVE HISTÓRICO

Caçadores, habitantes das terras firmes do noroeste maranhense, os Guajá se encontram nas franjas da floresta amazônica, em uma região de ocupação Tupi-Guarani que vai desde as matas do Xingu, sobe pelo Tocantins, atravessa os rios Capim, Acará e Gurupi e chega até o Pindaré. Gomes (1982), por exemplo, defende que uma das hipóteses mais prováveis é a dos Guajá terem chegado na região na *esteira* dos Ka'apor, grupo historicamente inimigo, que também migrava para a região do rio Turiaçu. Até o século XIX poderiam ser encontrados na porção leste do estado do Pará e provavelmente atravessaram o Rio Gurupi chegando ao atual Maranhão no final daquele século,[30] e lá encontraram os Tenetehara, possíveis descendentes dos Tupi da costa maranhense. Sabe-se também que estão desde o século XIX pelas cabeceiras dos rios Pindaré, Turiaçu e seus tributários (Gomes, 1982). Há outros relatos que afirmam existirem grupos Guajá nas imediações do Pindaré e Turiaçu há pelo menos 150 anos. Isso é discutido por Gomes (1985) e retomado por Cormier (2003) ao defenderem que a menção mais antiga ao nome deste povo data de 1853, notificado pelo presidente da província do Maranhão, quando eles foram vistos às margens de afluentes do Caru e Gurupi.

De acordo com o missionário José Noronha (1856), pelo menos 18 grupos indígenas diferentes ocuparam as bacias Tocantins-Araguaia na região de encontro entre o baixo Tocantins e a *boca* do Araguaia (Balée, 1994, p. 25), na atual região em que hoje estão municípios como Imperatriz (MA), Marabá (PA) e Paraupebas (PA), desde o ano de 1767. E na região da margem esquerda do Tocantins, Noronha menciona um grupo, segundo ele denominado *Uayá*, que, de acordo

---

30. Ver Balée, 1994.

com Balée (1994), podem ser os antecedentes dos atuais Guajá (Balée, 1994, p. 25). O problema do argumento do autor reside tanto no fato de o termo *Guajá* não fazer parte do léxico da língua nativa — termo oriundo de fora — como por *awa*[31] ser um vocábulo tupi muito utilizado não só entre os Guajá, mas entre outros povos de língua tupi-guarani, como já mencionei.

Nimuendajú (1948) menciona alguns relatos, entre eles o de Francisco Xavier Ribeiro Sampaio (1825), que em 1774 menciona entre os grupos indígenas do baixo Tocantins os *Uayá*. Outro autor apresentado por Nimuendajú, Cezar Augusto Marques (1864), menciona os *Ayaya*, um povo *selvagem* que se encontrava nas imediações da estrada que ligava Imperatriz a Belém. E, de acordo com Araujo Brusque (1862, p. 12), os *Uaiara* ou *Guajará*, segundo Nimuendajú, podiam ser vistos no alto curso do rio Gurupi, mas não fixaram residência naquela região (Nimuendajú, 1948). Anos depois, em 1873 foram noticiados novamente pelo engenheiro Gustavo Luís Guilherme Dodt, que viajou pela região do Gurupi na segunda metade do século XIX e em 1873 publicou seu relato, reeditado em Dodt (1939).

Sabemos que a vasta região entre os rios Xingu e Tocantins, "na altura do médio-baixo curso de ambos, era ocupada por diversos grupos Tupi-Guarani" desde o século XVII (Nimuendajú, 1948, *apud* Viveiros de Castro, 1986), enquanto na margem direita do Tocantins estavam povos não Tupi, como os Apinajé, Timbira e uns tais Acarajá-pitanga. Os grupos Tupi se encontravam na margem esquerda do Tocantins (Balée, 1994; Noronha, 1856), e presume-se que os Guajá sejam provenientes do que é hoje o sudeste do estado do Pará, entre os rios Araguaia e o baixo curso do Tocantins. Tal como outros povos Tupi-Guarani, os Guajá também parecem ser provenientes do interflúvio Tocantins-Xingu, cujos alguns povos migraram pelo leste amazônico,[32] outros se deslocaram para o extremo leste[33] ou ainda se encaminharam para o norte[34] e meio-norte[35] amazônico, tudo ao longo dos últimos três séculos (Viveiros de Castro, 1986; Gallois, 1988; Balée, 1994).

As causas para esta migração são desde guerras com povos vizinhos até o encontro das populações nativas com a máquina colonial

---

31. Uma outra palavra da qual *Uaya* pode ter surgido.
32. Por exemplo os Araweté, Parakanã e Asurini.
33. Ka'apor e Guajá.
34. Waiãpi.
35. Zo'e.

que ocupou boa parte dos territórios indígenas. Balée cita, para o caso dos Ka'apor, que uma epidemia de varíola e a guerra da Cabanagem, ocorrida entre 1835 e 1836, acelerou a ida dos Ka'apor para a bacia do Gurupi, no nordeste do Pará. Alguns povos provavelmente originários deste conjunto Tupi-Guarani podem ser hoje encontrados tanto no Pará quanto no Maranhão, e a dispersão dos povos desta família linguística, iniciada a partir do século XVII como propõem alguns autores (Viveiros de Castro, 1986; e Balée, 1994), tratou-se talvez de um dos últimos processos das sucessivas migrações que foram iniciadas na pré-histórica expansão tupi[36] e que configurou a paisagem contemporânea não só dos grupos Tupi, mas de boa parte das terras baixas sul-americanas.

O registro da história guajá é comumente baseado na de povos mais conhecidos pela literatura etnológica, como os Ka'apor e Tenetehara, e feito por viajantes que circulavam na região. Foi assim, por exemplo, que Curt Nimuendajú, *in loco*, pôde esboçar as linhas do verbete *Guajá*.[37] Em 1919 ou 1911, os Tembé rastrearam e acossaram um pequeno grupo Guajá desde a boca do rio Gurupí Mirim até suas cabeceiras que acabou se rendendo aos atacadores. De acordo com Nimuendajú, segundo relatos esses cativos logo morreram na aldeia Tembé de problemas intestinais atribuídos à diferença da dieta deles e a dos Tembé. De acordo com conversas que tive, na memória recente dos Guajá eles lembram com temor o passado relacionado aos Tembé e afirmam que, nas histórias dos mais antigos, os Tembé costumavam comer da carne dos antigos Guajá. A histórica hostilidade entre os Guajá e os povos da região, os Tenetehara e sobretudo os Ka'apor, pode ser encontrada em relatos de autores como Nimuendajú (1948, p. 136) e Ribeiro (1996).

Diferente dos Ka'apor, que desde o século XIX mantiveram contato com a população não indígena, donde muitos se engajaram na extração da copaíba (Balée, 1994), o máximo de contato que os Guajá se permitiam além dos conflitos armados era, segundo Balée, o assédio às roças dos Ka'apor. Em 1860, os Guajá estavam na bacia do Gurupi e, conforme alguns relatos, assediavam as roças dos Ka'apor em busca de milho, batata doce, cará e outros tubérculos, e não era incomum serem mortos pelos Ka'apor e Tembé em situações como estas. Durante

---

[36]. Ver, por exemplo, Brochado, 1984; Balée, 1994; Noeli, 1996; e Heckenberger *et al.*, 1998.
[37]. Publicado no *Handbook of South American Indians*, Vol. 3 (1948).

o século xx, no entanto, algo aconteceu. Mesmo sabendo da existência de roças e aldeias dos Ka'apor, os Guajá perderam inclusive, como muitos de meus interlocutores me lembraram, o interesse em consumir o milho. A mandioca, devido ao dedicado processamento, já havia há muito sido abandonada, porém era possível manter plantas de cultivo mais rápido e processamento mais simples como o milho verde, como fizeram os Araweté em seus períodos de *trekking* (Viveiros de Castro, 1986, p. 49). É interessante notar que, se os Guajá se interessavam pelo milho dos Ka'apor na segunda metade do século xix, após algumas gerações o interesse foi se perdendo. Piraima'ã, um homem velho da aldeia Juriti, contou-me certa vez que em sua juventude, bem antes do contato, encontrou uma roça de milho feita pelos *karai*. Sem saber como preparar aquele alimento, ele pegou poucas espigas, mas imediatamente jogou fora pois não sabia como comer.

Em muitos relatos provenientes desde antigos presidentes das províncias do Maranhão e do Pará, de acordo com autores como Gomes (1991) até outros mais contemporâneos, como Nimuendajú e Beghin, os Guajá aparecem como:

[...] um povo nômade e arredio ao contato, com uma cultura material muito simples em que se sobressaíam como traços marcantes os longos e potentes arcos, o corte de cabelo em forma de cuia para ambos os sexos, nenhum adornamento facial e o uso feminino de uma saia de fibra de tucum, não muito diferente de uma tipoia de carregar bebê. No decorrer dos anos foi-se tomando conhecimento de outras características, a inexistência da agricultura, a dependência alimentar da caça e da coleta, a utilização integral do coco babaçu, a simplicidade de suas aldeias/ acampamentos, a presença de muitos xerimbabos, especialmente de macacos capelães, e o tamanho pequeno dos grupos sociais.[38]

Com uma ressalva ao tamanho dos arcos, que nem sempre serão *longos*,[39] podemos concordar que os Guajá se caracterizam historicamente por essa simplicidade material apontada pelo autor. Além disso, nunca formaram algo como um coletivo único. Não é de surpreender, portanto, que os Guajá como uma entidade coletiva ainda seja um povo recém-contatado, uma vez que o contato dependerá de situações específicas que irão variar de grupo local para grupo local, de família para família, ou mesmo de indivíduo para indivíduo. Qualquer tentativa de remontar o passado, portanto, esbarrará no fato de

---

[38]. Gomes, 1991, p. 355.
[39]. Também encontrei na documentação registros de primeiros contatos em que se mencionavam arcos de 1,80 metro.

nunca terem se organizado em grandes aldeias. Os fragmentos da história estão baseados em encontros fortuitos de um ou outro desses pequenos coletivos não se abrangendo uma *totalidade guajá*.

CONTATO E RESISTÊNCIA

Os *karai* mataram minha esposa e meu filho. Eles atiraram neles na mata. Atiraram com arma de fogo feita de ferro. Eu era o pai. Quem morreu foi um antigo filho meu. Os *karai* o mataram com arma de fogo. Nós corremos e eles foram atrás de nós e os mataram. Os *karai* matam até crianças Awá! Mataram meu filho! Eu andei muito pela mata. Às vezes era muito calor e sentia sede. De longe eu ficava observando os *karai*. Via suas plantações de mandioca e milho. E pensava que um dia ia matá-los. Andava muito pela floresta: a floresta é grande! Muitas vezes eu estava tão perto dos *karai* que escutava o galo cantar. Por vezes eu passava fome.[40]

No terceiro dia do ano de 2015, foi noticiado por parte da imprensa brasileira e internacional um contato realizado com um grupo Awá-Guajá, composto por duas mulheres e um rapaz que fugiam pelas cabeceiras do igarapé do Presídio, pequeno tributário do rio Pindaré, entre as TI Caru e Awá, no estado do Maranhão. O tal contato, melhor definido como um encontro, uma vez que é comum nesses casos as pessoas em fuga aparecem como dispostas a se contatar, ocorreu nos últimos dias de dezembro de 2014, e foi feito por um pequeno grupo familiar que andava nas cabeceiras do referido igarapé, um local muito utilizado para caçadas de todo tipo pela aldeia conhecida como Awá, TI Caru.

De acordo com a Funai, tal como foi noticiado em portais de associações como o Conselho Indigenista Missionário (CIMI 2015) e outros sites de notícias, as duas mulheres seriam Amakaria e Jakarewỹja, e o jovem rapaz, filho de uma das mulheres, se chamaria Irahoa. Remanescentes de um *famoso* grupo que resistiu ao contato na década de 1980, os três chegaram ao fim da linha. Após décadas fugindo pelas matas e serras da bacia do Pindaré, se viram encurralados sem perspectivas em um território tido como dos mais ameaçados de toda a Amazônia Continental. O contato foi feito por um grupo da aldeia Awá, e não por uma equipe da Frente de Proteção Etnoambiental Awá-Guajá (FPEAG), da mesma forma que há quase uma década, em

---

[40]. Conversa com Karapiru, da aldeia Tiracambu, em 2013. Tradução de Uirá Garcia e Marina Magalhães.

2006, pessoas desta mesma aldeia localizaram e contataram outra parte deste mesmo grupo — Kara'ywãja e Wamaaxũa, mãe e filho — que vivia na mesma região. Embora o contato oficial entre o Estado brasileiro e os Awá-Guajá tenha se iniciado na década de 1970, já se tem notícias de contatos com grupos desde 1943 quando um pequeno grupo apareceu às margens do rio Pindaré, próximo a um posto que servia aos Guajajara, fugindo logo em seguida.[41] Em 1965, com a abertura da rodovia São Luís–Belém, outro contato mal sucedido foi realizado com um grupo de 12 pessoas. Trabalhadores da estrada avistaram esse grupo e acionaram a Funai, que levou cerca de seis, sete indígenas para o então PI Gonçalves Dias,[42] e todas morreram em alguns meses.[43] Desde essa época até o final da década de 1980, as pessoas morreram de tuberculose, sarampo, malária, disenteria e, sobretudo, gripe.[44] Todos os Guajá com mais de 25 ou 30 anos guardam uma história sobre pessoas próximas vitimadas pela gripe.

Os Awá vêm sendo contatados lentamente, e a assim chamada *história do contato* pode ser definida como *histórias dos contatos*, uma vez que se encontra na documentação do SPI/ Funai muitos relatos sobre pequenos grupos de Awá-Guajá que fizeram contatos com agricultores e caçadores da região desde a década de 1940. Muitas famílias apareciam ao contato devido à invasão das áreas em que viviam e à falta de novos locais para se deslocar. Em muitos desses encontros os Awá contraíam doenças como sarampo e gripe, acarretando-se óbitos muitas vezes de todo um grupo local.[45] Em relatos oficiais, desde 1966 há presença dos Awá na região do Rio Pindaré, na altura do atual quilômetro 400 da Ferrovia Carajás (Gomes, 1984).

Oficialmente, o processo de contato com agências do Estado brasileiro teve início em 1973 pelas mãos dos sertanistas José Carlos Meirelles, Florindo Diniz e Jairo Patusco, sendo que o primeiro contato só ocorreu em 1976. O contato inaugural deu-se com um grupo que se encontrava no alto curso do Rio Turiaçú, grupo que originou o que hoje é a aldeia do PIN Guajá. Dos 56 indivíduos contados em 1976 só sobrariam 26 pessoas em 1980 muito doentes, de malária e gripe. Vinte e seis anos se passaram, e em 2002 esta população atin-

---

41. Ver Gomes, 1985.
42. Em parte onde hoje é a TI Rio Pindaré.
43. *Idem*.
44. Ou *tata*, corruptela para "catarro".
45. Ver Gomes, 1985 e Garcia, 2010.

giu a marca de 67 pessoas (Gomes e Meirelles, 2002). A aldeia Guajá talvez esteja dentre as que mais sofreram as mazelas do difícil ciclo de contato, aldeamento e abandono que ocorreram em boa parte das frentes de atração.

Semelhante a outros exemplos da política de contato e demarcação de TI no Brasil, o caso dos Guajá foi outra tragédia. Ocorreram diversas iniciativas de aproximação, sobretudo entre os anos 1970 e 1980. Além das frentes de atração, algumas famílias eram contatadas *por acaso* pois, por exemplo, estariam abatendo a flechadas os cavalos de alguma fazenda com fins de subsistência. Esses indivíduos contatados fora da visão das frentes de atração eram enviados para aldeias já criadas pelo órgão indigenista e muitas vezes não mantinham a menor relação com as pessoas da aldeia na qual viriam a ser alocados. Sequer detinham o conhecimento necessário sobre a região para onde a Funai os levara. Outro fenômeno constante neste processo se refere a muitas famílias Guajá que *se contataram*.

Os Awá vivenciaram na década de 1970 um período crítico quando, como ocorreu com outros povos indígenas, quase despareceram por completo. A muitos deles só restava ou buscar o contato ou fugir ainda mais. O contato dos Awá, portanto, como percebemos nos relatos da época, foi realizado pelos próprios Awá-Guajá com os grupos locais, ao aparecerem em vilarejos em busca de comida e socorro, tal como descreve José Carlos Meirelles, que participou do primeiro contato:

A pressão feita pela sociedade envolvente nesta região com infiltrações massivas de grileiros, caçadores e madeireiros profissionais faz com que os índios Guajá procurem voluntariamente o contato nas mais diversas áreas dos rios Carú, Turizinho, Alto Pindaré, Buriticupú, Gurupí e afluente numa área de quase 2.000.000 hectares. Estes contatos esporádicos com civilizados provocam contaminação, doença e morte, como aconteceu na região entre o rio Carú e o rio Turiaçú.[46]

As pessoas se lembram de uma época em que viviam na floresta, mudavam-se constantemente de aldeias e passavam a maior parte do tempo caçando e fugindo desse contato com os *karai*. Não se lembram do passado com nostalgia, mas com um misto de alegria, por terem vivido no mato, e decepção, pela terrível experiência de fuga narrada nos anos que antecederam os contatos. Eles defendem que os dias de hoje, com a *farinha* e a *espingarda*, também são tempos

---

46. Meirelles, em 1973.

interessantes. Porém se queixam da proximidade compulsória que tiveram que estabelecer com os *karai*, este grupo de pessoas que conheciam, mas estrategicamente evitaram durante boa parte de sua história. Muitos grupos que conviviam juntos no mato antes do contato acabaram se separando, ao passo que outros que viviam sem contato passaram a ter uma convivência próxima nas aldeias. Como exemplo, o grupo liderado por Amỹ Paranawãja e seu falecido marido Takwaxa'a, contatado na década de 1980 e alocado na aldeia Tiracambu, circulou tanto pelo distante Igarapé Água Preta quanto pela região do Igarapé do Presídio e mantinha contato com outros grupos, como o de Ximira, que foi contatado anos antes e alocado na aldeia Awá, TI Caru, e os de Ajura e Juriximatỹa que vivem na aldeia Juriti, TI Awá.

A estratégia de usar indivíduos contatados para os novos contatos, como é comum em toda a Amazônia indígena, foi e ainda é utilizada aqui, à diferença de que os últimos dois contatos, de 2006 e 2014, os Guajá quiseram fazer sozinhos, sem ajuda estrangeira. Em um relato de Amỹ Pirahỹ, mulher que mora na aldeia Juriti, percebemos o quanto grupos, que até então estavam fugindo separados, se reuniam nessa fuga pela sobrevivência, além de como Kamairu, um homem que já havia sido contatado e morava nas proximidades do posto indígena Awá, ajudou no contato junto com a antiga Frente de Atração. A história se passa em 1989:

Eu não tinha medo dos *karai*, "não indígenas", quando eu morava na mata. Primeiro eu morava na mata, mas comia a macaxeira que era plantada na roça dos karai. Os *karai* perceberam que tinha Awá pegando macaxeira e resolveram ir nos pegar. Eles me procuraram. Eu fugia pela floresta, pelo local onde vivíamos. Aí eu comia babaçu por lá. Era lá na mata, perto do *jurixi'ya*, nome Guajá para o Igarapé Juriti. Estavam comigo Takya, minha mãe (Amỹ Pirawãja), Muturuhũ, Pirama'ã, o Pira'ima'ã, que ainda era bem jovem, e eu, que também era jovem. Antes de eu vir com a Ajrua aqui no [posto indígena] Juriti, eu a vi, pela primeira vez, muito longe daqui, na região do Igarapé Juriti. Meu pai estava caçando capelão com Takya quando encontrou o grupo da Ajrua no mato e decidiram unir os grupos. Alguns se afastaram e outros ficaram vivendo com eles, andando juntos pela mata. Ficaram caçando juntos. Certa vez caçaram muitos capelães. Pegaram um para ser seu animal de estimação. Coletaram mel juntos: lascaram a árvore, derrubaram para pegar mel tiúba, *jakajra*, que estava lá no alto. Derrubaram toda a árvore e ficaram tirando e comendo mel juntos. Perguntaram uns para os outros onde ficavam suas respectivas casas. — Eu quero conhecer sua casa!, disseram uns aos outros. E então Ajrua e Kamaraxa'a foram conhecer a nossa casa. E ficamos todos juntos. Nós morávamos lá na mata e comíamos inajá. Nós crescemos na mata. Ficamos muito tempo lá até que o Ruia — "Luis Moreira", funcionário da antiga Frente de Atração — nos pegou. O Kamairua veio do Awá e foi para onde estávamos com meu pai, o Muturuhũ. Ele encontrou o Muturuhũ primeiro. E então o Muturuhũ disse que havia mais gente. O Kamairua falou que queria encontrá-los. E nós estávamos na mata, comíamos capelão assado e rasgávamos a carne dele no dente. Ele chegou chamando: — *Uuuu, Uuuu!* — O que foi? — *Hã*, aí vem um outro Awá-Guajá, um homem! E o Muturuhũ nos explicou que estava trazendo um outro Awá para nos encontrar e que este outro Awá já havia sido "pego", contatado, pelos *karai*, "não indígenas". O Kamairua olhava para mim e dizia: — É mesmo, há outros Awá por aqui! — O que vocês estão comendo?, ele perguntou. Comíamos capelão e babaçu. Eu era acostumada a comer babaçu. Mas não conhecia farinha. Eu ainda fiquei lá pelo mato e o Kamairua foi embora com a esposa dele. Nós ficamos por lá e o Kamairua vinha e voltava algumas vezes, com Muturuhũ. Um dia ele foi lá e levou farinha, e comeu com babaçu. Eu não quis comer. Ele trouxe a farinha e como eu não conhecia perguntei o que era. O Kamairua foi caçar macaco com a gente. Matou macaco com a arma de fogo que ele tinha. Matou caça: macaco-da-noite, mutum, inhambu. Ficamos lá e assamos no fogo. E comemos. E ficamos muito tempo lá no mato. O Ruia foi atrás da gente e falou para o Kamairua que queria nos levar para perto da casa dos *karai*, o posto indígena. Se não os levarmos, outros *karai* irão matá-los.

Ah é! Então vamos sair daqui. E eles vieram nos buscar. E ofereceram para nós banana e eu não queria comer porque não conhecia. Ele disse que era muito gostoso. Eles comiam muita banana. Tinha muita banana madura. Até que resolvemos experimentar e achamos gostoso. E comemos de novo. Então Ruia falou que era bom comer com farinha, que era muito gostoso. Aí eu comi. Todos nós comemos. Comemos tudo. Aí nós construímos nossa casa lá. A casa era assim (aponta com a mão para um tapiri). E o Kamairua veio nos dizer que era para ficarmos lá. Falou que não era para irmos comer no mato e que iria matar capelão para nós. E então ele matou capelão e trouxe, para que pelássemos. Nós fizemos o fogo e o pelamos. E então abrimos a barriga do capelão, abanamos o fogo e o colocamos para assar. E Kamairua ficou caçando para nós por um tempo: matou capelão, cuxiú. Aí comíamos com farinha. Tinha muita comida. Aí um dia de noite ele falou: fique por aqui. Eu respondi que não iria fugir mais. Aí já havia outros Awá por aqui: o falecido Iharoa, sua esposa Ajrua, e eu fiquei com eles. Ajrua vivia com seu primeiro marido, Iharoa. Tinha a casa deles, onde moravam com sua filha Panỹpinuhũ.[47]

---

47. Conversa com Amỹ Pirahỹ, aldeia Juriti, 2013. Tradução: Uirá Garcia e Marina Magalhães.

Durante esses anos, algumas famílias apareceram ao contato, muitas foram assassinadas em emboscadas de fazendeiros e posseiros, outras morreram de doenças, enquanto algumas, pelo que sabemos, ainda resistem em um isolamento voluntário, recusando-se a entrar neste jogo de contato com os *karai*.

A autonomia política representada pelos pequenos grupos familiares, sob os quais se organizavam antes do contato, e que de certa forma ainda resistem nas pequenas subdivisões das aldeias atuais, fez com que o processo de contato atravessasse a década de 1990 e se arrastasse até os dias atuais com os grupos ainda sem contato nas TIS Arariboia e Caru. Desde o contato com os *karai*, a vida se modificou bastante: nova dinâmica espacial, nova alimentação, alianças compulsórias com grupos locais até então rivais, nova língua, outras relações. Desde que foram divididos nessas aldeias, há quase três décadas, essas pessoas não souberam mais uma da outra, mesmo alguns deles sendo parentes consanguíneos. Lembro também que a reunião desses diferentes coletivos em aldeias transformou tais espaços em locais onde se falavam, ao menos nos anos iniciais do contato, diferentes variantes da mesma língua,[48] e conviviam ali diferentes dietas e formas alimentares. Alimentos que eram permitidos para alguns grupos, como a carne de veado para mulheres, não eram permitidos a outros, e com o decorrer dos anos essas trocas linguísticas e de hábitos foram se uniformizando em cada uma das aldeias.[49] As considerações sobre o *tempo do mato*,[50] acionadas a todo momento pelas pessoas, são sempre lembradas a fim de mostrarem as continuidades e as rupturas desde o contato com os agentes do Estado brasileiro, até os dias de hoje, quando as florestas estão sendo invadidas por madeireiros e posseiros, e sua caça está cada vez menor. O trauma experimentado nesse *tempo do mato* é atualizado hoje nas memórias dessa época. Karapiru declarou-me certa vez que, devido a seus anos de fuga, "morrera um pouco", *manu mixika'ĩ*, e por isso não saberia mais cantar os cantos dos *karawara*.

Quanto aos Guajá *isolados* atuais, os chamados *mihua*, as evidências apontam para quatro grupos ainda sem contato, vivendo pelas matas das contínuas reservas Awá e Caru[51] e Arariboia.[52] Destas

---

48. Como atesta Magalhães (2013, p. 61).
49. Restavam diferenças, contudo, de uma aldeia para outra.
50. *Ka'ape mỹna*, "antigamente na floresta".
51. Municípios de Alto Alegre do Pindaré e Bom Jardim.
52. Municípios de Arame e Grajaú.

quatro referências tem-se a certeza de dois grupos confirmados e, talvez, um terceiro (Vaz, 2011). O grupo da TI Araribóia é estimado em até 60 pessoas,[53] enquanto os outros são formados por algo como três indivíduos que estariam, um, a oeste da área Caru, e, outro, na região do Igarapé Juriti, na TI Awá.

WYTYRA, «AS TERRAS ALTAS»

As narrativas do contato passam pela introdução de novos alimentos e a mudança na dieta. *Saber comer* alimentos como farinha ou frangos era algo que os Guajá desconheciam, e como veremos no decorrer desse livro, alimentos outrora restritos passaram a ser consumidos com mais frequência enquanto outros deixaram de sê-lo. Mesmo durante os anos de fuga, no *tempo do mato*, procuravam permanecer próximos aos cursos dos rios, o que nem sempre era possível. Tinham que viver nas "montanhas", *wytyra*, onde não há água, e quando precisavam tomar banho ou pegar água desciam as grandes encostas que os mantinham seguros, usavam o igarapé mais próximo e retornavam às "terras altas", *wytyra*. Dentre tantos, o principal desconforto em viver longe de uma fonte de água no meio da floresta era a sede que experimentavam nesses anos. Esse *tempo da sede*,[54] que como lembram era uma "sede intensa", *iwe rahy*, caracteriza os *anos de fuga*, rememorados como *wyhy ka'a ripi*, "correndo pelo mato". Nesse tempo, as caçadas eram difíceis, e para não chamar tanta atenção passaram a ser realizadas à noite.[55] Essa vida nas *terras altas* me foi relatada da seguinte maneira por Akamatỹa:

Nós sempre fugíamos subindo pela montanha. Matávamos capelão e corríamos para lá. Certa vez, os *karai* estavam correndo atrás da gente e nós conseguimos matar apenas um capelão. O capelão ficou lá em cima da árvore e o matamos à noite, escondido, para os *karai* não nos verem. Esperamos lá em cima da montanha e à noite voltamos para matar capelão escondido. Não tínhamos mais comida, a cabeça doía, e pensávamos que tínhamos que comer capelão. Os *karai* nos perseguiam e tínhamos que ficar fugindo para a montanha. Vimos o rastro dos *karai* e fugimos de novo. Quando descíamos, ficávamos só um pouco e logo tínhamos de fugir de novo. Pensávamos: *como vamos viver assim?* Minha mãe, grávida, perdeu um filho porque fez muito

---

53. Ver Funai, 2009.
54. *Haiwe*, "minha sede".
55. Como veremos no capítulo 8, no que concerne à caça de macacos, é algo de extrema dificuldade se for realizado sem luz.

esforço, correndo [pelas terras altas], e ficou com muito medo. Descemos para procurar babaçu no cocal e ficamos de novo só um pouquinho. Depois, fugimos para a montanha. Queríamos muito comer babaçu, mas os *karai* estavam lá, nos procurando. Não tínhamos nada para comer. Ficamos lá escondidos por muito tempo, com sede, com fome e queríamos voltar. Mas os *karai* estavam lá. Minha mãe ficava muito preocupada: *como vamos viver assim? Vamos tentar ficar aqui escondidos mais um pouquinho*, ela dizia. Eu, que era seu filho, saía de lá para ver se dava para descermos da montanha, mas encontrava rastro dos *karai*. Ficávamos sempre fugindo, e os *karai* sempre correndo atrás de nós. Minha mãe me falava: *como vamos viver assim?* E eu falava: *não sei, mãe!* Ela dizia, então: *vamos ficar aqui escondidos mais um pouquinho*. E ficávamos em cima da montanha, sem conseguir sair para caçar ou comer babaçu.

Nessa época, quando as *terras altas* lhes traziam um pouco de segurança, eram "gente-do-mato", *awa ka'apahara*, e não conheciam o jeito dos *karai*. Algumas pessoas queriam aparecer para o contato com os *karai* enquanto outros resistiam, pois tinham medo, como certa vez me explicou Kamairua. Não por acaso, é por meio deste mesmo nome, *awa ka'apahara*, "gente-do-mato", que os Guajá que vivem nas aldeias pensam os pequenos grupos que ainda vivem sem contato oficial.[56] Como veremos no decorrer deste livro, essa vida de fuga e abstinência é experimentada hoje pelos que se encontram isolados, pois permanecem como *gente-do-mato* e se alimentam com uma *comida de gente-do-mato*[57] que as pessoas da aldeia há muito deixaram de consumir, como o cará-do-mato, *karuhua*, além de um tubérculo chamado *mara'atỹa*.[58] Esses víveres eram utilizados como alternativa alimentar durante as fugas. Destaco o trecho de um depoimento gravado com Kamairua, na aldeia Tiracambu, em que ele relaciona o consumo desse tubérculo à vida nas ladeiras e montanhas, à falta de cônjuges e à penúria dos anos de fuga:

[...] E estávamos fugindo dos *karai*[59] e não sabíamos o que comer. Não tinha caça. *O que será que vamos comer?*, pensávamos. Vamos comer *mara'atỹa*. E então comemos *mara'atỹa*. Arrancamos e comemos, apesar de ela ser uma raiz muito dura, que dá na montanha. Nessa época, não tinha mulher para

---

56. Os *isolados*, de acordo com a terminologia vigente.
57. *Awa mihu nimi'ũa*, "comida de gente-braba".
58. Não consegui identificá-lo. É glosado genericamente como *raiz* ou *batata do mato*.
59. Não indígenas.

casar, não tinha rede. As redes estragaram e não tinha mais fibra de tucum. Conseguimos um dia matar capelão e comemos com *mara'atỹa*.[60]

Ainda sobre a vida em fuga pelas terras altas, Akamatỹa reflete sobre a penúria alimentar e o *mara'atỹa* em seus anos de fuga:

[...] Comíamos só jaboti. Estávamos eu, minha mãe, meu pai e minha irmã Pakawãja ainda bebê. Hajkaramykỹ ainda não tinha nascido. Passamos a comer *mara'atỹa*. Arrancávamos escondido e comíamos assado. Mas um dia os *karai* viram a fumaça e nos encontraram novamente. Mandaram cachorro atrás de nós e tivemos de subir a ladeira de novo e comer *mara'atỹa* escondido. Queríamos muito comer babaçu, mas os *karai* não deixavam chegarmos ao cocal. Só podíamos comer *mara'atỹa* mesmo. Um dia encontramos um outro Awá-Guajá que perguntou para nós o que estávamos comendo, falamos que só comíamos *mara'atỹa* por causa da fuga. Juntamos os grupos, ficamos juntos.[61]

Tal época foi marcada tanto pela dispersão quanto a reunião de pequenos grupos que outrora se encontravam distantes no território. Os Guajá tiveram que encontrar estratégias de alianças[62] e criação de filhos[63] para dar conta do grande número de crianças que se tornaram órfãs devido à morte dos pais por doenças ou assassinato pelos *karai*[64] ou que simplesmente eram deixadas para outros parentes criarem. Xiramua, por exemplo, foi encontrado sozinho na mata, sem pai ou mãe, ainda criança, por um grupo liderado por Ximira, cujos parentes viviam nas cabeceiras do Igarapé do Presídio e fizeram contato entre 1981 e 1983 (Garcia, 2013, p. 51). De acordo com um relato de Tatuxa'a, da aldeia Awá, seu pai, Ximira, encontrou uma criança ainda tão pequena que não sabia falar, sozinha na mata. Essa criança era Xiramua, cujos pais haviam sido assassinados por *karai*. Em outro relato, Akamatỹa, da aldeia Tiracambu, relembra que seu pai ficou para trás, deixando os filhos:

Antes de chegar aqui, meu pai ficou velho e disse: *podem correr na frente, meus filhos. Estou velho e não aguento mais. Pode deixar que me matem.* E ele ficou no mato. Uma vez eu pisei de noite em uma surucucu, que me mordeu.

---

60. Conversa com Kamairua, da aldeia Tiracambu, 2013. Tradução de Uirá Garcia e Marina Magalhães.
61. Conversa com Akamatỹa, aldeia Tiracambu, 2013. Tradução: Uirá Garcia e Marina Magalhães.
62. *Ruku*, "estar com" ou "casar".
63. *Ixa'á*, "crescer".
64. Sobretudo durante a década de 1970, quando a região foi maciçamente ocupada.

Depois que chegamos aqui nessa região, tentamos voltar de novo para o nosso antigo lugar, mas já não havia mais mata, só capoeira.[65]

Kamairua, que também foi criado sem os pais, reforça os muitos rearranjos de paternidade que visam à criação de crianças largadas, nos anos de fuga. A partir de si e seu amigo, Irakatakoa, ele revela:

Antigamente eu vivia no mato. Eu não conheci meu pai e ficava com minha avó, Mirakexa'a. Da mesma forma que Irakatakoa, que era bebê, e foi criado por Marakanã. Tínhamos medo dos *karai*. Irakatakoa nasceu, e sua mãe morreu de parto. Iam deixá-lo para que os *karai* o criassem, mas ficaram com pena, e Marakanã passou a criá-lo. Quanto a mim, quando eu era pequeno, uns *karai* chegaram e minha avó me pegou, fugindo deles. Nós vivíamos juntos até que encontramos os *karai* e tivemos que nos espalhar[...] Queríamos vir para cá,[66] mas tínhamos medo. Então ficávamos no mato, matando capelão, queixada; moqueávamos queixada, comíamos. Piramỹna, então, se separou de nós e eu fiquei com minha avó, Mirakexa'a, e Karawaxa'a. Foi quando os *karai* apareceram e tivemos de fugir. Minha avó me pegou, pois eu era bem pequeno, e o meu pai fugiu para outro lado, em direção ao Turiaçu. Por isso eu não conheci meu pai. Só fui conhecê-lo há pouco tempo, lá no Turiaçu.[67] Eu vi meu pai, Tõja [Kamixaxa'a], depois de adulto. Eu era pequenininho, e foi minha avó quem me criou. Eu comia ovo de jaboti, eu comia mel, lá na região do Tabocão. E assim fui crescendo, crescendo até ficar grande.[68]

A melancolia dessas lembranças remete aos muitos parentes que morreram, ao medo dos brancos, à sede e à fome, além das cercas de arame farpado que entrecortavam a terra e delimitavam fazendas, cujos jagunços[69] realizavam expedições *punitivas*, matando famílias inteiras. As feridas por arame farpado colocados como emboscadas para machucar os Guajá, como Kamairu me explicou certa vez, aparecem sensivelmente documentadas no filme *Serras da desordem*, de Andrea Tonacci. Xiramukũ, filho de Karapirú, nasceu no mato e se separou da família em uma dessas fugas após um ataque a tiros a seu grupo. Feito pelos *karai* na região de Porto Franco, Maranhão, em 1978, foi encontrado por moradores locais preso a uma armadilha de arame farpado feita pelos próprios jagunços que mataram sua família, por ordem do dono de uma fazenda da região (Tonacci,

---

65. Relato de Akamatỹa.
66. Para o Posto Indígena Awá.
67. Na aldeia Guajá.
68. Conversa com Kamairua, 2013. Tradução: Uirá Garcia e Marina Magalhães.
69. *Karai mihua*, "brancos violentos".

2006). Os Guajá, que viviam caminhando e nessa época corriam em fuga, passaram a encontrar em suas trilhas[70] esse novo obstáculo, o arame farpado, colocado para feri-los e, como no caso de Xiramukũ, prendê-los.

Em outra conversa, Irakatakoa e Xipowaha se lembravam de algo não tão raro na história guajá, que era o encontro com colonos da região que lhes forneciam utensílios, comida e outros artigos. Há uma história de contato não oficial, bem anterior ao contato com a Funai, e de acordo com relatos[71] e depoimentos, como a narrativa que abre este livro, esses encontros eram menos *traumáticos*. Mais próximo de um interesse mútuo entre os Guajá e os moradores que viviam isolados no interior da mata, derrubando a floresta para *botar* roça, no clássico modelo de derrubada, queima e povoamento que marca a ocupação do Maranhão e de boa parte da Amazônia. Os ocupantes que não entravam em conflito com os Guajá são lembrados como *karai katy*, "não indígenas calmos ou bons", em oposição a, por exemplo, *karai mihua*, os "nervosos ou maus". A própria Funai, à época dos primeiros contatos, era considerada um tipo de *karai katy* por ofertar utensílios e atrai-los.

TRABAIO, «TRABALHO»

Se no *tempo do mato* a dieta era marcada por uma espécie de subalimentação e caçadas precárias, a chegada dos *karai* mudaria radicalmente o conteúdo e formas alimentares. A introdução de espécies cultivadas seria o principal decodificador dessa passagem de *awa ka'apahara*, "gente-do-mato"[72] para *awa katy*, "gente-mansa" ou "gente-da-aldeia", tal como se pensam hoje em dia. O espanto, receio e curiosidade frente a esses novos alimentos é refletido por Irakatakoa, da aldeia Awá, que se lembra inclusive de Mércio Gomes,[73] durante o contato com seu grupo, realizado na região do Igarapé Timbira, entre 1980 e 1983:

Eu era pequeno. Mas meu pai, Tatajkamaha, conta que Mércio [chamado aqui de Jakuxa'a] ofereceu arroz para ele dizendo que era muito gostoso. Meu pai experimentou e cuspiu. Achou muito ruim e ficou bravo com ele. Aí

---

70. *Hapea* "meu caminho".
71. Cf. Ribeiro, 1996; Beghin, 1957.
72. *Awa mihua*, "gente-braba".
73. Antropólogo e ex-presidente da Funai, trabalhou com a antiga Frente de Atração.

ele disse que era para meu pai ficar calmo, pois ele era um *karai katy*, "branco bom"[...] Ele ia nos levar para lá [PIN Awá] para nos amansar, para aprender a comer sal, açúcar e café. E meu pai experimentava e cuspia, jogava tudo fora. Aí um dia, o Piramỹna experimentou e gostou. E Mércio disse que íamos nos acostumar e que ia ficar tudo bem conosco lá. Ia ter arroz, feijão, abóbora, cebola. Mas tudo o que provávamos, jogávamos fora. E nos escondíamos novamente no mato. Aí o Major ia atrás de novo. Alguns de nós ficavam tremendo de medo. E ele dizia: — Não vamos te matar não, queremos que vocês se acostumem conosco. Eu também tinha muito medo. Chorava e fazia cocô. Porque eu não conhecia branco. Aí Mércio disse que seria bom pra mim. Aí eu fiquei acostumado e vim para cá, com todos os outros. Já estavam aqui o Ximira e o Urixia. Eles já tinham nos avisado que teriam outros Awá-Guajá aqui também. Estavam também o Mitũa, o Kamana'ĩa. E minha avó [a falecida Mirakexa'a], que veio conosco, já conhecia[74] eles todos.[75]

Os relatórios da Frente de Atração reportam sobre a compra de farinha de mandioca a ser fornecida aos grupos contatados na década de 1980, algo que logo se tornou insustentável, obrigando as aldeias que se formaram a produzir a própria farinha em um regime de trabalho coordenado pela Funai. Tal situação fez rapidamente com que a farinha de mandioca puba se tornasse a base da dieta.

Em todas as jornadas de caça, a farinha é um item essencial. Não existem caçadas sem que se leve ao menos uma pequena quantidade de farinha para a floresta. Quando estão em seus acampamentos de caça por muitos dias ou semanas, sempre haverá alguém na aldeia torrando mais farinha para ser levada ao acampamento. Na alimentação cotidiana isso também é sentido. Os Awá adicionam farinha a praticamente todos os alimentos que consomem: abóbora, coco de babaçu, inajá, bacaba e açaí. Além disso, é usada para fazer mingaus a partir dos caldos de carnes, peixes e legumes. O reflexo desta não intimidade com o trabalho agrícola, bem diferente de seus vizinhos, os Ka'apor e Guajajara, pode ser visto, por exemplo, na falta de assiduidade com que os Guajá mantêm suas roças, muitas das quais têm a colheita seriamente prejudicada. De acordo com Forline:

> As roças normalmente exigem um ciclo de atividades que tem que ser seguido conforme o calendário meteorológico e ecológico. Isso implica na limpeza, derrubada, queima, coivara, plantio, colheita e capinagem. Segundo estimativas de alguns funcionários da Funai, os Guajá não têm um aproveitamento

---

74. De uma época anterior ao contato.
75. Conversa com Irakatakôa, da aldeia Awá, 2013. Tradução de Uirá Garcia e Marina Magalhães.

total ou máximo de suas roças, perdendo até 60% de sua produção, dado que ainda não têm a experiência que seus vizinhos possuem na agricultura e ainda dedicam mais tempo de suas atividades produtivas à caça, situação essa que não antecipa muito a sucessão florestal e o avanço das capoeiras.[76]

Em suma, mesmo havendo hoje em dia o cultivo agrícola nas aldeias com a ajuda de mão de obra contratada pela Funai, ainda não podemos afirmar que os Awá sejam algo como *horticultores*, no sentido que a ecologia política atribui a essa ideia, embora seja possível identificar um processo de incorporação da agricultura à vida. A lógica de ação é baseada na caça, e todos ainda estão dispostos a trocar uma colheita pela floresta, a partir de uma mera suspeita da existência de uma vara de porcos ou um bando de capelães.

Com isso, deparamo-nos com uma *missão civilizadora* por parte do órgão indigenista para transmitir ou ensinar o trabalho agrícola aos Guajá. Até os dias atuais, observa-se na fala de funcionários da Funai que convivem diretamente com eles a preocupação que norteou os anos de contato, e que permeia inclusive as políticas de contato atual: o medo de os grupos recém-contatados morrerem por inanição ao se recusarem a consumir os alimentos introduzidos pelos brancos, já que há dificuldade em manter a antiga dieta, do *tempo do mato*. Assim, na época da Frente de Atração, até a década de 1990, o posto indígena tornou-se uma espécie de unidade produtiva, mantendo com as aldeias uma relação que passava fundamentalmente por comando e ordem, tal qual uma *colônia agrícola* ou algo do gênero, cujos resquícios são sentidos até os dias atuais.[77]

A figura do *trabalho*, tal como coordenado pela Funai, com contratação de mão de obra de moradores do entorno da terra indígena para ajudá-los, é traduzida pelos Guajá mediante a ideia de *trabaio*, que, como experimentei na aldeia Juriti onde vivi durante o meu doutorado, pode ser considerada algo diferente de *trabalho*. Por exemplo, pronunciar palavrões em português, soltar gritos e um monte de jargões do tipo *eu sou trabalhador!* ou *eu sou duro!*, dentre outros,

---

76. Forline, 2007, p. 6.
77. Sugiro aqui que tal relação possa ser pensada a partir da ideia de *trabalho*, tal como observa-se há décadas pelos funcionários da Funai, a partir de ideias como *os índios precisam aprender a trabalhar*, ou *os índios não sabem trabalhar*, ou mesmo que *se não trabalharem, esses índios vão morrer de fome*.

compõe uma sociabilidade masculina experimentada no trabalho de roça dos *karai* e atualizada pelos Guajá a partir da ideia de *trabaio*.[78]

Um conjunto de elementos e ações define o *trabaio*[79] que ocorre fundamentalmente na lavoura. Para ir à roça, um homem, além de ferramentas como facões e terçados, exige roupas: calça comprida, botina, boné e camisa de manga longa para se proteger; o mesmo tipo de vestimenta que os *karai* utilizam no trabalho na roça. Vestir roupas de branco faz parte do *trabaio* da mesma forma que beber a água gelada do posto da Funai levada pelos funcionários para a roça, perguntar e comentar detalhes íntimos da vida em casal em tom de provocação, e, principalmente, consumir a comida dos *karai*.[80]

Na tentativa de estimular atividades de roça para os Guajá da TI Caru, a Frente de Proteção cogitou inclusive pagar uma espécie de bônus por cada linha de roça[81] cultivada, além de se encarregar de levar o *rancho* a cada jornada na lavoura.

A política oficial atual é não oferecer mais nada do que se oferecia nas décadas anteriores: farinha, sal, sabão, munição etc. Pouca coisa mudou, e a procurada autonomia para o *trabalho* não vem ocorrendo como se esperava no passado. É comum os funcionários da Funai reclamarem da dificuldade em *juntar três ou quatro homens para o trabalho*. Por exemplo, em 2012, a grande aldeia ligada ao posto indígena Awá, por falta de comunicação e organização desses trabalhos não fez nenhuma roça, e em 2013 foi necessário que a própria Funai comprasse toneladas de farinha e partes cultivadas por agricultores próximos para dar conta das necessidades da aldeia. No entanto, esse descompasso que ainda existe na vida das pessoas, como veremos, se deve à diferença de estatuto entre a caça e a "comida de gente", *awa nimi'ũa*, além da "comida dos não indígenas", *karai nimi'ũa*.

---

78. Eu mesmo passei excelentes momentos junto aos homens nessas atividades que misturam a alegria de estarem juntos com seus amigos e com os *karai katy*, os "brancos bons", da Funai, momentos em que visivelmente os Guajá imitavam de muitas formas os *karai*, tentando entender um pouco mais sobre eles.
79. Ou *trapaio*, a depender da pronúncia.
80. Em uma conversa que tive com Irakatakoa, da aldeia Awá, ele afirma precisar comer a "comida do branco", *karai nimi'ũa*, arroz, macarrão, carnes e sardinhas em lata, quando vai para a roça: "É assim que os brancos trabalham na roça. Suas mulheres preparam a comida e os homens levam a comida para a roça, por isso é assim que deve ser o trabalho dos Guajá. Com comida nós vamos para a roça".
81. No estado do Maranhão, as roças são medidas por *linhas*, e cada uma equivale a 0,30 hectare.

Os Guajá reclamam que seus filhos e mulheres têm fome, que precisam caçar para eles, e que quando vão para a roça não conseguem efetivamente fazê-lo. Não à toa, são capazes de quebrar qualquer acordo prévio que tenham feito com os funcionários do posto indígena e de trocar a lavoura por uma promessa de caça, seja por alguém ter encontrado um rastro ou serem informados por um sonho, ou mesmo para suprir o desejo de uma mulher, um filho ou até um sogro, para desespero dos servidores que os arregimentavam para o trabalho e encontram nesses momentos um sinal da própria *inconstância* Guajá. Ir para a roça nesses casos é, antes de tudo, sinônimo de não ir caçar.

A floresta, por sua vez, seria o oposto do *trabaio*. Fresca e cheia de imprevisibilidade, ela se distingue frontalmente das aldeias e roças, locais quentes e monótonos se comparados a ela. Acostumados à vida no interior da mata, sempre "fresca", *haxỹ*, a exposição ao sol por muitas horas é algo considerado bastante desagradável. Um dos componentes, portanto, que agenciaria essa ideia de *trabaio* passa pela possibilidade de suportarem o calor do sol, o *kwarahy haku*. Ser "forte", *hatỹ*, no trabalho significa aguentar o trabalho de sol a sol, tal como valorizado pelos *karai* e anteriormente desprezado pelos Guajá. É comum ouvirmos de uma aldeia para outra que naquele local eles sabem trabalhar pois são mais *duros* e seus corpos aguentam o sol, diferente de outras aldeias onde as pessoas ainda seriam *selvagens*[82] e moles para o trabalho.

Podemos pensar que *trabalho* aqui seria mais uma daquelas noções como *dinheiro, desenvolvimento, lucro, produção, higiene, educação, lazer, alma*, dentre tantas outras levadas aos povos não ocidentais a partir do aparelho colonial, ao mesmo tempo que reviradas e repensadas pelos mesmos.[83] Parafraseando a ideia melanésia de *divelopman*, desenvolvida pelos Agamen da Nova Guiné,[84] *trabaio* é um conceito amplo entre os Guajá, avaliado sobretudo a partir das mudanças experimentadas na passagem de um tipo de *gente-da-floresta* para outro tipo de *gente-mansa*. Trabaio aqui seria a tradução de um estilo de vida, e não apenas *trabalhar*. Sem dúvida, o *trabalho* também é contemplado por essa ideia, que sugere algo mais do que *trabalhar*, traduzindo o próprio jeito de viver dos não indígenas.[85]

---

82. Awa ka'apahara, "gente-do-mato".
83. Sahlins, 1997, Wagner, 1981, pp. 31–33.
84. Nihil, 1989 *apud* Sahlins, 1997 A, p. 59.
85. Quando eu estava em casa e demorava para retornar à aldeia Juriti, meus amigos sabiam tratar-se de *trabaio*, que incluía também andar de avião, dirigir automóveis,

De alguma forma o *trabaio* é tudo o que os Guajá não experimentavam antes do contato, e toda transformação vivida recentemente pelas pessoas das aldeias, interessadas agora em dinheiro, escola, carteira de motorista, dentre outros serviços e bens estrangeiros, passa pela ideia de que os *karai trabalham* para terem essas coisas, ao passo que os Guajá ainda não saberiam *trabalhar* — na roça, por exemplo. Ao menos na aldeia Juriti, o *trabaio* é também um compromisso de atividades com a Funai que os restringiria em sua vida na floresta.

Para as pessoas dessa aldeia não se trata apenas de *trabalhar* nas roças, pomares e áreas onde é preciso capinar, como orientam os funcionários do posto, o *trabaio* engloba um conjunto de problemas, dilemas e diferenças que pautam a própria relação entre os Guajá e os brancos. O conhecimento que temos das máquinas, o desprezo que temos pela floresta e pelos conhecimentos indígenas, a brutalidade e grosseria presentes nas relações entre amigos do sexo masculino — algo deveras chocante para os homens Guajá —, a divisão do tempo, a dieta, o mundo do dinheiro, enfim, é a própria vida dos *karai* ou *sociedade*, que é traduzida pela ideia de *trabaio*. Algo como o *kago* melanésio,[86] *trabaio* seria a contraparte Guajá para ideias como *qualidade de vida* ou mesmo *cultura*. *Trabaio* é a palavra *neoguajá* para a experiência de *virar branco* (Kelly, 2005) que revela "um processo — um momento passageiro de *primeiro contato* que pode bem durar mais de cem anos" (Sahlins, 1997, p. 60). Parafraseando Roy Wagner, *trabaio* funcionaria como *um termo de mediação entre diferentes povos*, e *a relação que ele encarna* torna-se aquela dos Guajá com a sociedade nacional e com o próprio Ocidente (Wagner, 1981, p. 32).

---

cuidar de uma família com mulher e filhos, comer comida de branco, enfim, viver como um autêntico *karai*.
86. Wagner, 1981, p. 31.

Habitar

PALMEIRAS SELVAGENS

Dentre as etnografias que abordam a organização espacial de povos amazônicos que encontram na caça uma atividade central, sejam horticultores ou não,[1] uma das alegorias mais comuns é a do território como um espaço marcado por histórias de caçadas e guerras, uniões matrimoniais e cisões entre afins, nas quais os saberes produzidos nas interações com a floresta seriam, todo o tempo, colocados à prova e reinventados. Desde a paisagem supostamente caótica das florestas do Capauari, tão familiares aos Ashuar, um *território varado por mil acontecimentos* que fornecem à paisagem aparentemente anônima sua devida substância histórica[2], passando pelos muitos topônimos existentes no léxico parakanã para situá-los em suas trilhas, e pelos quais se localizavam durante seus períodos de *trekking*,[3] até o interesse dos Huaorani em sempre seguir adiante, por seus caminhos, acompanhando o florescimento dos vegetais e o movimento dos animais.[4] Também o *seminomadismo* sirionó que, através dos *ñenda*, os "caminhos de caça", descobrem a cada caminhada uma nova floresta que lhes fornecerá as aldeias-acampamentos em que vivem,[5] e a cultura material *descartável* dos nômades Yuquí, donde os poucos objetos fabricados, como cordas e cestos, são feitos e refeitos de acordo com a necessidade, subprodutos exclusivos de sua bem sucedida relação com a floresta.[6] Não ficam de fora as complexas descrições sobre o território realizadas pelos Akuriyó, levando-se em conta, fundamentalmente, a vegetação e a fauna, que coincidem com as descrições presentes *nas melhores enciclopédias de fauna e flora* já produzidas sobre o norte amazônico.[7] Enfim, em variados contextos

---
1. Ver, por exemplo, o balanço de Rival, 1999.
2. Descola, 2006, pp. 153–154.
3. Fausto, 2001, p. 105.
4. Rival, 2002, p. 68.
5. Holmberg, 1969, p. 105.
6. Stearman, 2001, p. 41.
7. Jara, 1996, p. 96.

etnográficos sul-americanos, entre povos para os quais a caça desempenha um papel fundamental, que enfatiza um permanente estar em movimento na floresta, a produção de múltiplos significados sobre o território é condição primordial à existência da vida. São espaços *culturalizados*, nos termos de Ingold, cujas relações são, antes, entre pessoas encarnadas em formas orgânicas, frágeis e não permanentes,[8] e nestes espaços a história está escrita.[9]

Como apresentei no capítulo anterior, os Guajá não têm uma economia hortícola. Milho e mandioca foram introduzidos após o contato com o Estado brasileiro, e nenhum dos subprodutos de uma *agricultura tradicional* indígena, como fumo, beiju e bebidas fermentadas, tal como encontramos em outros povos amazônicos, como os horticultores Tupi, poderá ser encontrado entre os Guajá. Os espaços de vida que constituem o território guajá não contemplam a consagrada espacialidade tupi, e amazônica, de uma forma geral, que opõe a roça e a mata como espaços-eventos complementares em um ciclo sazonal. Como na maioria dos grupos Tupi-Guarani, o eixo céu-Terra é um dos aspectos fundamentais para entendermos a forma com que os Guajá se movimentam no espaço.[10] *Iwa, haripa* e *ka'a* — "céu", "aldeia" e "floresta", respectivamente — são talvez os principais centros em torno dos quais a vida gravita, formando pares particulares como "céu-Terra"; "Terra-mata"; "mata-céu", que veremos daqui em diante. Céu e mata são domínios pelos quais os Guajá guardam grandes interesses. Em boa parte das conversas figuram como tema central, e eu não saberia afirmar sobre qual as pessoas mais elaboram. A floresta, *ka'a*, é o local em que sempre viveram, *habitat* de tudo o que conhecem: animais, mel, remédios. Apesar de todo o perigo que oferece, é o local que durante sua história recente lhes forneceu a segurança e a distância necessária dos *kamara* e *karai* — os "outros indígenas" e os "não indígenas", respectivamente. Se não vivem mais baseados em acampamentos, dormindo em tapiris como antes, não dispensam a vida na floresta, local *haxỹ*, "fresco", e *parahỹ*, "bonito", diferente da aldeia, que dizem ser *haku*, "quente". e

---

8. Ingold, 2000, p. 53.
9. No capítulo que segue, apresento as formas pelas quais os Guajá concebem e arranjam aquele que é seu lugar de vida: a floresta, *ka'a*. Para tanto, discuto a ideia de *harakwaha*, termo que abrange tanto o domínio territorial quanto as relações envolvidas no território. Ao final do capítulo, apresento um pequeno esboço sobre a cosmografia guajá.
10. Há exceções, como é o caso dos Waiãpi (Gallois, 1988).

manahỹ, "desagradável". Principalmente no verão, a aldeia do posto é utilizada como base para novas incursões de caça, e a caça é um dos principais assuntos tratados no dia a dia da aldeia: munição, locais de caça, rastros de animais, etc., são os temas que mais interessam. Os fatos da vida quase sempre são fatos da caça.

O *haripa*, "minha casa" ou "minha aldeia", nos dias atuais, difere do que era antes do contato. Enquanto no passado os grupos locais, formados por uma ou algumas famílias, viviam em aldeias provisórias ou semipermanentes, refeitas devido aos deslocamentos constantes dos grupos nos dias atuais, o que vemos são conglomerados de antigos grupos locais que depois de amontoados se transfiguraram no formato *aldeia permanente*, devido tanto à proximidade com o posto da Funai, que dispõe de bens e serviços, quanto ao maior conforto oferecido por esta conformação espacial, sobretudo na época das chuvas. Os pequenos acampamentos, próximos a áreas com grande oferta de caça e frutos, deram lugar a grandes clareiras, com dezenas de casas onde vivem até 180 pessoas — como no caso da aldeia Awá, cada vez mais distantes das áreas de caça. No entanto, por não se interessarem em manter uma vida de cultivo nas roças, precisam voltar diariamente ao mesmo interior da floresta onde outrora viviam. Andam para cada vez mais longe, para onde a caça se foi, e precisam retornar à aldeia do posto, tudo isso em uma única jornada. As aldeias, tal como hoje estão organizadas, são espaços por um lado monótonos, dizem os Guajá, mas dotados de vantagens, como a aludida proximidade com o mundo dos *karai*, e de uma estrutura fixa e funcional que os desobriga de montar e desmontar seus acampamentos a cada poucos dias ou semanas. A caça, por sua vez, devido ao desmatamento e à proximidade com os brancos, está cada vez mais *brava* e por isso, ao menos perto das aldeias, locais de perturbação humana e barulhentos, mais difícil caçar.

Como a grande maioria dos povos amazônicos, os Guajá não têm uma palavra designativa para *animal*; cada um é denominado por sua espécie, tipo, tamanho ou outra característica. Na língua guajá, no entanto, encontramos um termo para *caça* ou *presa* que pode ser traduzido também por "bicho": *ma'amiara*, ou simplesmente *ma'a*. A partir disso, fazem uma distinção categórica entre "caça brava", *haitema'a*, e "caça mansa", *haite'yma'a*. Em linhas gerais, a *caça brava* é aquela acostumada com o barulho dos tratores, motosserras, povoados, estrada de ferro e presença dos humanos. A *caça brava* é mais atenta e desconfiada; conhece os humanos e, portanto, se torna mais difícil de caçar. Já a *caça mansa* vive no interior da floresta, nas áreas ainda preservadas. Nesses lugares, os animais estão menos acostumados com a presença humana e vivem menos escondidos. Esses *santuários*, verdadeiras *reservas de comida*, são ocupados durante todo o ano, com mais intensidade na época seca, e é onde, como veremos, ainda se conseguem grandes quantidades de caça. As casas na floresta, os acampamentos, são levantados nessas áreas, refúgio de muitas espécies animais, longe das aldeias e dos postos indígenas. Lá, a caça fica perto das casas e os acampamentos, além de existir em abundância.

TAMỸKOA E A ORIGEM DO VERÃO

Tamỹkoa era um sujeito que morava na floresta e tinha os pelos muito compridos. Seus cabelos, *jakyra*, e barba, *jamatara*, eram tão longos que se arrastavam por muitos quilômetros pelo chão. Os pelos pubianos, *hajmõ kamỹtara*, eram tão compridos que atravessavam a floresta inteira, bem como os das axilas, *jaura*, onde cada um seguia a direção de um braço, indo em direções opostas até os recônditos daquele mundo. Até mesmo os pelos do seu ânus, *hajkarapyra*, eram longuíssimos e sumiam pelos caminhos da floresta. E os cabelos de Tamỹkoa iam longe na floresta, cada um em uma direção.

Nessa época, o herói cultural Maira, o demiurgo que criou, dentre tantas coisas, a própria humanidade, havia fugido junto com seu irmão gêmeo Mukuxa'a, o Gambá, da aldeia das onças onde foram criados como filhos e prisioneiros ao mesmo tempo. As onças haviam comido sua mãe quando os gêmeos eram bebês e, quando cresceu, Maira, após descobrir a traição, conseguiu matar em vingança algumas onças e fugir com seu irmão, Mukuxa'a, à procura de seu pai Mairua.[11] Após um tempo de procura, Maira e Mukuxa'a encontraram o pai vivendo na floresta. O encontro, no entanto, foi mal sucedido, com Maira e Mukuxa'a transformando o arco do pai em cobra, e os quatis que Mairua havia caçado, em pedra.[12] O pai de Maira ficou muito bravo com seus filhos e decidiu abandoná-los, ou sair para caçar sozinho.

Nessa época, Tamỹkoa, o sujeito de pelos compridos, vivia nesta mesma floresta. Durante sua caminhada, Mairua, o pai dos gêmeos, o encontrou dormindo. Quando o avistou, pensou: *Ah, Tamỹkoa está aqui, dormindo!*. O pai de Maira conseguiu passar por ele sem acordá-lo, seguindo o seu caminho. Logo atrás de Mairua vinham seus filhos, Maira e Gambá, que encontraram o rastro de pelos de Tamỹkoa. Maira comentou com Mukuxa'a, em um falar sussurrado para não acordar Tamỹkoa: *Meu irmão, Tamỹkoa está dormindo*

---

11. Literalmente, "o pai de Maira:*Mai*, de Maira, junto ao sufixo *rua*, "pai de".
12. Voltarei à saga de Maira no próximo capítulo.

para lá. Vamos pôr fogo em seus pelos compridos, o fogo vai alcançá-lo!. E Maira e seu irmão Gambá puseram fogo nos pelos de Tamỹkoa. Mairua a essa hora estava bem à frente no caminho, e não imaginava que seus gêmeos iriam segui-lo, e muito menos atear fogo em Tamỹkoa.

O corpo de Tamỹkoa se encontrava longe, muito longe deles, mas seus pelos e cabelos eram tão compridos que os gêmeos perversos podiam lhe tocar fogo à uma grande distância, a muito tempo de caminhada. O fogo se espalhou pelos pelos de Tamỹkoa e percorreu a floresta inteira, passando o incêndio de um pelo ao outro. Tudo se queimou, como um interminável caminho de fogo que secou o mundo todo. O incêndio também secou os rios menores e os igarapés.

Tamỹkoa acordou sentindo um calor e, com a proximidade do fogo, fugiu em desespero procurando algum curso d'água onde apagar o incêndio de seus cabelos, mas estava tudo seco pois o fogo havia secado tudo. Todos os seus pelos foram se queimando: o cabelo, os pelos das axilas, pelos pubianos, do ânus, além da longa barba. Tudo foi queimado, e não havia água para ele aliviar o incêndio. O incêndio secou a floresta.

Enquanto Tamỹkoa queimava, Maira e seu irmão, Gambá, riam sem parar. Depois de tanto procurar, e quase morrendo, Tamỹkoa conseguiu encontrar um rio, para onde se jogou, e vive dentro d'água até hoje; nunca mais voltou à floresta com medo de morrer queimado. Tamỹkoa parece gente, como os *awa*, mas vive com sua gente embaixo d'água. Dizem que na época seca, quando os rios secam, Tamỹkoa pode ser visto pois gosta de tomar um pouco de sol, mas sempre retorna às águas. Devido a esse grande incêndio que varou o mundo, provocado por Maira e seu irmão Mukuxa'á, e a contragosto de seu pai, Mairua, até hoje, durante boa parte do ano esses pequenos cursos de rios e igarapés ficam secos.[13]

A estação chuvosa se inicia no final de dezembro, com intensificação do volume das águas em janeiro, chegando ao máximo da cheia nos meses de abril e maio. Já a seca, que se inicia em junho, tem seu auge no mês de outubro. O calendário é bem dividido em duas estações: o intervalo de dezembro a junho sendo *inverno*, e julho a dezembro, *verão*.[14] *Sol* e *chuva*, é assim que os Guajá se referem às duas estações do ano: o inverno é chamado *amỹna ky mehẽ*, literal-

---

13. Narrado por Hajkaramyykỹ.
14. Para detalhes sobre o índice pluviométrico, dentre outros índices para as estações, ver Balée (1994, pp. 9–10).

mente, "quando a chuva vai", e o verão é *kwarahy mehẽ*, "quando tem sol". E as pessoas guardam sentimentos e percepções bem diferentes sobre cada uma delas.

Em uma tarde de março, no inverno de 2008, a chuva invadia a casa de Wiraho. As folhas de babaçu, colocadas um ano antes e substituídas apenas em alguns pontos, não eram suficientes para aplacar a força da água. Embora o telhado conseguisse abrandar o vigor da chuva, tivemos que recombinar nossas redes para que as goteiras da casa não tirassem nosso conforto. Trovejava bastante. *São os tapỹna!*, me disse o jovem Juwi'i. *Estão com muita raiva,*[15] *eles sempre estão brabos*, disse-me o velho Pirama'ã, antes de começar a entoar a canção de um *karawara* chamado Takwari pini'ĩ, uma Gente-taquarinha que vive no céu, cuja canção atemoriza os *tapỹna*. Por isso, sempre que os *tapỹna* estão nervosos e na Terra se ouve o barulho de seus gritos, os trovões *tapỹna*, deve-se cantar: *takwaaariiii piniĩĩĩ, takwaaariiii piniĩĩĩ,* até que os trovões se acalmem. Se para de trovejar é sinal de que os *tapỹna* ouviram os humanos e se acalmaram. No moquém, *pakapa'ã*, havia um pequeno pedaço de cotia, *akwixia*, que alguém caçara no dia anterior, porém todos sentíamos alguma fome. Em meio a essa situação, com as redes úmidas e os animaizinhos de criação encolhidos pelo frio de inverno, eu conversava com Wiraho e Piraima'ã que me diziam que, com exceção do aumento de gordura, *ikira*, de muitos animais durante a época da chuva — o que é ótimo —, preferem o verão, *kwarahya*, quando não sentem frio, podem andar livremente e dormem na mata.

Por ser no período chuvoso que grande parte das plantas frutifica,[16] é esta também a época de engorda dos animais.[17] De acordo com Cormier, enquanto 95% dos frutos aparecem na estação chuvosa, esse número cai para 43,9% durante a estação seca (Cormier, 2003, p. 47). Nesta época, após abater uma presa, as pessoas realizam pequenas incisões no animal, principalmente naqueles que só engordam no inverno, como macacos e quatis, com o auxílio de galhos de árvore ou mesmo facas, curiosos para verificarem o quanto de gordura escapará por esses orifícios. Quanto mais gordura conseguem encontrar nestas pequenas amostras, maior será o prazer que terão à mesa. Capelães, diversos macacos, queixadas, caititus, antas, cotias, quatis, pacas,

---

15. *Imahy*, "ele está com raiva".
16. *A'e ja'akera*, "tem fruta!".
17. *Ikira ra'o*, "muito gordos".

além das diversas aves; algumas espécies de inhambus e jacus, além de mutuns-cavalo e jacamins; todos estão repletos de gordura devido aos frutos da estação,[18] disseram-me certa vez, quase como inferindo que a gordura é uma consequência natural das chuvas. O inverno, por isso, é o tempo da gordura,[19] de uma maneira geral, e, antes de tudo e de maneira específica, o tempo do *capelão gordo*, da gordura do capelão, *wari kaera*, que, de uma apetitosa cor amarelo ouro, se esparrama do animal ventre afora, após os furinhos que fazem ainda nos locais de caça.

Mas não é só da gordura do capelão que vivem as pessoas durante o inverno. Abate-se uma grande quantidade de outros animais, como cotias e pacas, alimentos quase que cotidianos e encontrados em abundância na região dos rios Caru e Pindaré. Durante minhas estadas em campo, a quantidade de cotias e/ou pacas consumidas era similar ou mesmo superior à de capelães, sem paralelo com nenhum outro animal.[20] Como exemplo, em um acampamento de quatro noites realizado no final da estação das chuvas com pessoas da aldeia juriti, foram abatidos 10 capelães e 12 pacas, além de outros animais. Em muitas épocas, de seca ou de chuva, pacas e cotias garantiam a segurança alimentar, mais do que os próprios capelães.

No inverno, a gordura é tanta que, ao limparmos animais de médio e grande porte, fosse uma paca ou um caititu, ela saía em grandes blocos, junto com as próprias vísceras. Ao apresentar a estação chuvosa nas matas do Capauari, Descola observa que essa é a *época da gordura do macaco-barrigudo*, em referência à bela camada de banha que o animal passa a acumular no torso:

Aqui, como em boa parte do mundo ameríndio tradicional, a gordura é escassa devido à falta de animais domésticos, e se torna muito cobiçada por serem poucas as oportunidades de comê-las. Este gosto pela gordura vai além das meras exigências do metabolismo, e traduz o valor que essas sociedades atribuem à corpulência e às carnes rechonchudas como sinais de saúde e beleza.[21]

É pela fartura, e não pelo conforto, que a estação das chuvas é apreciada. O *verão* é uma época melhor para se mover na mata, porém a caça é magra. Além do capelão gordo, a maioria dos frutos, *ja'akera*,

---

18. *Amỹ kiraha*, "gordura da chuva".
19. *Ma'a ikira*, "a caça está gorda".
20. Refiro-me aos indivíduos da espécie que são caçados, e não à quantidade de carne total.
21. Descola, 2006, pp. 170–171.

aparece na época das chuvas: bacaba, cupuaçu e pequi marcam a estação.

Nos dias de hoje, quando não estão aplicados nas atividades de roça e pomares coordenadas pela equipe da Funai, seu inverno é passado entre a aldeia e a mata. Antes do contato, essa era a época em que cada grupo local se isolava, viviam separados até o fim das chuvas. Se os Guajá se organizavam em grupelhos, compostos por algumas famílias aparentadas, dispersos sobre um grande território, era na época da chuva que tais grupos se encontravam ainda mais reduzidos demograficamente, compostos muitas vezes por apenas uma família nuclear. O sucesso das sucessivas mudanças de aldeia era proporcionado pela pequena escala populacional envolvida nos deslocamentos. Quanto menores as aldeias, menores eram os impactos no novo sítio. Os lugares para as novas aldeias de inverno também deveriam ser bem escolhidos, pois, como me disseram, quando viviam na floresta, muitos Guajá morreram esmagados por troncos que caem das árvores, derrubados pelos ventos e pelas chuvas. Durante o inverno, muitas rotas[22] são intransitáveis, devido ao alagamento de brejos e rios para pessoas que só se locomovem por trilhas, pois até o contato não conheciam canoas,[23] o que representa uma significativa limitação às atividades sobre o território. A formação de diversos igapós, resultantes dos alagamentos, em vez de propiciar uma vantagem estratégica para caçar, uma vez que limitaria a área vital de todos os animais, tal como ocorre entre povos canoeiros,[24] representa o fim de suas trilhas, que durante a estação molhada são completamente inutilizadas. São esses pequenos desconfortos, inerentes ao cotidiano do inverno, que fazem desta uma estação pouco apreciada pelos Guajá.

Os Guajá não reclamam de uma penúria proteica durante as chuvas, como ocorre entre os Pirahã (Gonçalves, 2001, pp. 123-133), tampouco dizem explicitamente que é uma época desconfortável, ainda que a chuva assim a torne, pelo menos para mim — é desconfortável, úmida e bolorenta. Como a "floresta está molhada", *ta'amuhũ ka'a*, as muitas ladeiras, *wytyra*, que formam o território ficam escorregadias e os igarapés transbordam, dificultando a travessia. Espinhos, cipós espinhosos e úmidos, cortes que não cicatrizam, e muita lama. Os

---

22. *Pea*, "caminho".
23. Desde o contato com a Funai uma geração mais jovem, que cresceu perto dos postos (e hoje está na faixa dos vinte cinco anos), já possui certa familiaridade com canoas e muitos sabem nadar, diferente dos que estão acima dos trinta anos.
24. Ver o caso Pirahã, Gonçalves, 2001, pp. 83-122.

caminhos que conhecemos no verão desaparecem e cedem lugar a lagos, lagoas e brejos. Apesar de tudo isso, os animais parecem não se importar. Com exceção do caprichoso capelão, que detesta se molhar e se esconde nas folhas até o temporal dar uma trégua, os porcos, caititus, antas e toda a macacada continuam a circular, agora molhados, permanecendo na mata. Como as bacias do Gurupi e Pindaré são entrecortadas pelas serras do Tiracambu, a da Desordem, e suas tributárias, os Guajá viviam quase que o ano inteiro nessa extensa área de terra firme, fosse na estação chuvosa ou no verão. E como não necessitavam de roças para viver, as montanhas, *wytyra*, regiões íngremes e muito preservadas em fauna e flora, lhes ofereciam tudo de que precisavam.

Ainda hoje fazem acampamento na estação chuvosa. *Ka'a ta'amuhũ*, "a mata molhada", apresenta mais dificuldades, seja para montar um acampamento ou caminhar. Na caminhada, que pode durar até três dias, entre a aldeia e o acampamento,[25] é necessário parar diversas vezes durante o percurso e esperar a chuva estiar. Os abrigos são feixes de folhas de palmeiras como açaí, por exemplo, amarrados em troncos de árvores em forma de pequenos avancês, muito provisórios, mas capazes de proteger perfeitamente seu ocupante das gotas grossas que são acumuladas nas árvores. Nas caminhadas, passam de um morro a outro apenas margeando seus contrafortes e voltam a subir uma nova colina. Algumas passagens são praticamente verticais, como escadas, subidas íngremes formadas pelas raízes das árvores. Caminham no mato assobiando de tempos em tempos a fim de atrair emplumados, como azulonas, inhambus e jacupembas. Tais animais, dizem os Guajá, cantam pouco na época do inverno, e os homens os imitam para ouvir suas repostas e, eventualmente, caçá-los enquanto se deslocam.

Os dias nos acampamentos de inverno são pacatos. Enquanto os homens saem para caçar, as mulheres permanecem com seus filhos, mantendo o fogo aceso e o estoque de lenha seco e abastecido para aquecer os corpos durante as noites frias. No verão, por ser mais fácil andar na floresta, as mulheres, sobretudo as de casais jovens e apaixonados, costumam sair do acampamento e se juntar aos companheiros em caçadas. Podemos, no entanto, afirmar que existe uma espécie de divisão das tarefas nas casas da floresta: os homens vão caçar, e as mulheres cuidam da comida e da manutenção do acam-

---

25. *Ka'a ripa*, "casa na floresta".

pamento. *Não quero, contudo, advogar por uma projeção automática entre esferas doméstica e selvagem em que homens e mulheres dividiriam de maneira complementar suas funções (Strathern, 1980). Mais à frente veremos como a participação das mulheres na caça embaralha qualquer tentativa simplista de correlacionar campos aparentemente opostos, como aldeia e floresta, natureza e cultura, no universo guajá.*

Nas casas na floresta come-se bastante durante o dia. Uma parte grande do que é caçado, porém, é separada para ser levada à aldeia. Os acampamentos servem para isso também: a formação de um estoque de comida que posteriormente será repartida a um coletivo mais amplo, na aldeia. Os Guajá permanecem durante semanas na floresta, acumulando grande quantidade de carne moqueada. Nas chuvas, o cheiro de gordura defumada, terra e folhas molhadas é o que sobressai nos acampamentos — junto com as risadas das crianças, que não param de mastigar. Permanecer na floresta durante as chuvas é observar uma paisagem úmida e esfumaçada, proveniente da evaporação da umidade no solo, troncos e árvores. Os acampamentos de inverno ficam próximos dos acessos a igarapés, porém normalmente instalados no topo de um morro, no conforto das "terras altas", *wytyra*, mais seguras, drenadas e limpas, como sempre preferiram. Mulheres e crianças quando vão tomar banho abastecem o acampamento com água para cozinhar, lavar a louça ou dar banho em bebês.[26] É diferente do verão, quando acampam às margens dos igarapés, *ipio*, com as pessoas indo e vindo da fonte d'água. No inverno, todas as áreas no entorno dessas fontes estão alagadas.

Mesmo com o sol a pino, por volta das dez da manhã, as gotas continuam a cair pelas folhas e cipós das árvores encharcadas. O sol brilha sobre as árvores, mas o chão, assim como as casas do acampamento, permanece encharcado. Todo o chão da floresta, as folhas e os troncos úmidos se agitam emitindo uma fumaça, algo neblina, algo vapor. Mesmo com o sol a pino no meio da manhã e a atmosfera quente acima das árvores, dentro da floresta as gotas continuam a escorrer pelas folhas e cipós das árvores ensopadas, tal como pontos luminosos, a nos lembrar que, mesmo em dias ensolarados, para a floresta ainda é tempo de chuva. O inverno é assim, um som interminável de gotas a cair sobre a mata. Após os dias vividos na mata embaixo de chuva, protegidos pelas grossas palhas dos tapiris com as roupas e redes úmidas, sentindo o frio e desconforto, mas comendo

---

26. Hoje em dia trazem tudo em garrafas PET.

bastante gordura, as centelhas de sol permanecem entre as árvores, cada vez mais secas. O tempo começa a se abrir e esquentar. O inverno está chegando ao fim.

A grande dispersão do inverno contrastava com a concentração do verão. Um tempo seco, *ikỹ*, em que a floresta vai secar, *ikỹ ta ka'a*; quando os rios estão secos, *tapa y'a*. Originalmente, era uma época em que diferentes grupos locais, ligados por laços de parentesco, corresidiam em aldeias um pouco maiores que as de inverno, quando caçavam, *wata*, cantavam, *jã*, e viviam juntos, *ikwẽ e pyry*. As aldeias de verão funcionavam como grandes aldeias bases, constituídas quase que totalmente por tapiris, *tapãj*, em número proporcional às famílias e um ou dois moquéns, onde a comida era preparada. A partir dessas aldeias de verão, constituídas, por exemplo, por um grupo de germanos e sua prole, todo o território era explorado, o que dava origem a outros pequenos e ainda mais provisórios acampamentos, formados por grupos ainda menores, a partir de uma só família ou mesmo um jovem casal.[27] Tributários desta aldeia maior, os microacampamentos de verão se localizavam a até alguns quilômetros de distância da aldeia-acampamento-base e se justificavam quando as pessoas seguiam por dias a fio o rastro de uma vara de queixadas ou iam explorar uma região rica em macacos ou bacabas, dentre outros motivos.

Nos dias atuais, montam, durante o verão, acampamentos na floresta onde podem permanecer por várias semanas ou até meses, algo que fazem com menos frequência a cada ano.[28] Do ponto de vista econômico-alimentar, estas seriam as principais diferenças entre as duas estações. No verão, menos gordura, mais caminhadas e vida concentrada na mata, enquanto que os meses de inverno são passados entre os acampamentos, a aldeia do posto indígena, e a mata, com muitas trilhas inutilizadas devido à cheia de rios, *y'ruhua*, brejos,[29] e igarapés, *ipio*, além do aparecimento de inúmeros igapós.

---

27. Como veremos no próximo capítulo, embora boa parte dos casamentos seja intergeracional, é possível encontrarem-se casais compostos por jovens de idades próximas.
28. Pude encontrar nos relatórios das frentes de atração menções aos primeiros anos de contato, quando os grupos recém-contatados passavam períodos de até seis meses em acampamentos na floresta e retornavam esporadicamente ao posto. Hoje, tais períodos não passam de algumas semanas, e durante meu tempo de trabalho de campo nenhuma família passou mais do que um mês em uma dessas aldeias de verão.
29. *Ta'amuhũ pãj*, "está tudo alagado".

Para além da economia e ecologia, os Guajá defendem que as mudanças estacionais são de ordem cosmológica, uma variação sazonal na composição do universo, proporcionada em parte por arranjos de alguns de seus habitantes celestes. A chuva é controlada no céu, *iwa*; este é um local que possui um grande *reservatório* de água quente, que compõe o primeiro patamar celeste. O reservatório estaria repleto durante certa época, e sua água transbordaria para a Terra, *wya*, em forma de chuva, originando-se daí o inverno.[30] Não poderia afirmar com exatidão que tipo de controle é exercido sobre essas águas celestes, nem mesmo sei se seu fluxo para a Terra é totalmente controlado; de toda forma, recebi algumas explicações sobre o fenômeno. Em uma delas, quem controla as águas caídas deste reservatório celeste é Maira, o demiurgo criador da humanidade, *awa*, e de boa parte das coisas que estão no mundo. Ele teria acesso a uma espécie de *torneira*, conforme disseram para que eu entendesse,[31] que controlaria conforme o primeiro patamar celeste estivesse repleto de água. Outra explicação me foi dada nos meses finais de campo, quando me disseram que o controle das chuvas era feito pelos *karawara*, a principal categoria de seres celestes que povoam o *iwa*. Os *karawara*, por serem também caçadores de animais da Terra, *wya*, e que os levavam para serem consumidos no céu, *iwa*, controlariam a quantidade de chuva durante o inverno, de acordo com suas sucessivas vindas à Terra para caçar, extrair mel, buscar água fresca,[32] dentre outras atividades terrenas. Os Guajá explicam que a chuva cessa quando os *karawara desligam a torneira* e descem para caçar; e assim que voltam para o céu fazem a água cair novamente.

A situação cósmica se modifica durante o *kwarahya*, "verão", quando o céu pode ser visitado pelos humanos. Durante o *kwarahya*, Maira se ausenta dos patamares celestes mais próximos e se dirige a uma região situada a leste no céu, quando vai passar uma temporada na aldeia dos parentes de sua esposa, seus cunhados e sogros *harapihianã*, e retorna apenas no inverno. É no *kwarahya* que o fluxo

---

30. *Amỹna*, a "chuva".
31. Durante o tempo que passei entre os Guajá para me explicarem os fatos de *seu mundo*, as pessoas gentilmente utilizavam imagens do *meu mundo* (como torneiras, espelhos e motores) para que eu entendesse as explicações. Boa parte da tese que originou este livro está baseada em explicações que me foram fornecidas nestas formas transnominadas, que em alguns momentos, como agora, eu não poderei deixar de transcrever fielmente.
32. Como veremos, a água celeste é imprópria para o consumo.

de água celeste, *amỹna*, que cai na Terra durante o inverno, é interrompido, permitindo que os humanos possam ir ao céu cantar com os *karawara*, e que essa gente-celeste possa vir à Terra cantar com os humanos. Se não existisse o tempo da estiagem, não existiria o trânsito de humanos para o céu, através da *takaja*, o "abrigo ritual". A água celeste é destruidora por natureza pois deve ser constantemente equilibrada, e as estações de chuva e seca são a consequência natural deste equilíbrio. Além disso, é perigosa pois, sendo vermelha, *pinỹ*, e quente, *haku*, é nociva aos humanos que se encontram na Terra. Durante sua queda na forma de chuva, a água celeste passa por um processo de esfriamento, *haxỹ*, até chegar à Terra, tornando-se benéfica ou, ao menos, não nociva. A água que escorre do céu na estação chuvosa é proveniente desta grande água celeste.[33]

Diferentemente do que encontramos em outras paisagens tupi-guarani, os Guajá não fornecem qualquer narrativa sobre um *dilúvio universal* que tenha dado origem ao mundo atual ou porvir.[34] Como veremos mais adiante, outrora os diversos patamares celestes, a Terra, e o mundo subterrâneo eram muito próximos — algo semelhante à escatologia Araweté. O surgimento da Terra, Wy, se dá quando, num momento, ocorre a separação desses patamares. Porém, não se descarta a ideia de que o controle da água celeste exercido por Maira, e/ou pelos *karawara*, esteja relacionado com o tema da *água destruidora*, presente em outros povos Tupi-Guarani.[35]

NA ÁGUA

Tal como os Parakanã e os Araweté,[36] os Guajá podem ser considerados um povo de cabeceiras de rio, cujo deslocamento, no verão ou no inverno, apesar de todo o alagamento da área, era realizado sem o auxílio de qualquer embarcação. Vieram conhecer a canoa após o contato, quando a Funai passou a comprá-las e oferecê-las às comunidades. Ainda hoje, apesar de as gerações mais jovens saberem navegar, desconhecem qualquer técnica de fabricação das mesmas. Homens com mais de 40 anos não têm qualquer desenvoltura com o remo, e os que sabem nadar com alguma segurança são mais jo-

---

33. *Iwa 'ya*, "água do céu".
34. Ver Clastres, 1978, pp. 24–26; e Nimuendajú, 1987, pp. 67–71).
35. Ver Viveiros de Castro, 1986, pp. 197–204).
36. Como já dissemos.

vens.[37] Os Guajá, com exceção das crianças em alguns horários do dia, não frequentam os rios e muito menos aprovam a ideia de ser um local onde se possa ficar muito tempo tomando banho e se divertindo, dentro ou fora d'água. O local onde se regozijam de prazer e alegria e passam muitas horas do dia, simplesmente deitados ou conversando, é a densa floresta. Preferem o banho em cursos mais rasos, opacos e desconfortáveis do que em partes mais caudalosas e cristalinas, e por isso achavam graça no meu aparvalhado prazer em dar mergulhos e braçadas nas partes fundas do rio Caru, acompanhado das crianças.

Se tirarmos pelos muitos casos de afogamento seguidos de morte que já ocorreram e por não se sentirem à vontade nessas águas, fica evidente que os rios[38] não são locais de prazer para os Guajá. E, ao contrário de outros povos, não precisam dos rios para nada, tendo em vista que, até o contato, não navegavam. Caçavam muito mais que pescavam e não precisavam de suas águas nem para pubar uma carga de mandioca. Um pequeníssimo igarapé, ou mesmo uma área alagada, era suficiente para lhes fornecer água de uso e algum peixe.

A água que bebem na mata é retirada de cacimbas à beira desses pequenos cursos d'água.[39] Durante nossas caminhadas, passando pelos igarapés, encontrávamos cacimbinhas antigas que, ao serem cavadas, eram facilmente reativadas. No entanto, elas forneciam uma água um pouco mais turva que a do rio. Ao serem indagados sobre o porquê de escolherem beber, algumas vezes, a turva água da cacimba em vez da água cristalina do rio, explicavam que a água do rio é aparentemente limpa, porém repleta de dejetos de animais, além do fato de muitos bichos morrerem no rio e poluírem suas águas, enquanto a água da cacimba é bastante segura, já que não mantém contato com o rio. Certa vez, Anĩa, a pequena filha de Hajmakoma'ã, ficou muito doente com um quadro viral: febre, garganta inflamada e dor de cabeça, e foi tirada às pressas da aldeia sob o risco de morrer. Hajmakoma'ã explicou-me que ela estava sempre tomando água diretamente do rio e que *a água do rio faz mal.*

---

37. Como também aponta Fausto para o caso dos Parakanã, os rios dessa região "não eram vias de comunicação, mas antes obstáculos naturais que eles procuravam franquear ali onde se estreitavam ou tornavam-se mais rasos, em particular durante a estiagem" (Fausto, 2001, p. 106).
38. '*ya*, "água".
39. Hoje, a aldeia Juriti possui uma bomba d'água e outras aldeias chegam a ter caixas d'água.

O rio como um obstáculo a ser transposto nunca cedeu lugar ao rio como uma via de locomoção. Na aldeia Juriti, nos dias de hoje, algumas pessoas se interessam em pilotar pequenos motores de popa[40] nas imediações da área do posto a fim de acessar algumas áreas de caça e pesca rio abaixo, mas não se aventuram a ir muito longe devido à presença de não indígenas na região. Ao mesmo tempo, na aldeia Tiracambu, os jovens, atraídos pelo povoado que se encontra bem próximo à outra margem do rio, enfrentam a correnteza do médio Pindaré remando. As canoas são de diversas procedências: voadeiras de metal compradas com recursos do governo; canoas de madeira compradas de barqueiros da região; e até pequenas canoas apreendidas em operações contra madeireiros ilegais que sobram como espólio do posto indígena e são utilizadas pelas comunidades. Mesmo que os jovens estejam aprendendo a navegar, o que pode representar o início de uma mudança na relação dos Guajá com os rios, em março de 2009, durante o inverno, em uma grande cheia que ocorreu em boa parte dos estados do Maranhão e do Pará, Pinawãxa'a morreu afogado ao cair de sua canoa quando coletava ingás para seu sobrinho, nas imediações do posto. Com cerca de 40 anos de idade, ele não sabia nadar e ao cair n'água com o rio cheio não conseguiu sobreviver. Vale notar que os rios e igarapés da região não são largos nem caudalosos em relação a outros rios da Amazônia. Se comparado com rios médios da bacia do Amazonas ou Tocantins, o rio Caru, que margeia a aldeia Juriti, não passaria de um pequeno curso d'água!

Tal como os topônimos que marcam os pontos da floresta, os rios podem ser nominados, e 'ya, "água", é a forma utilizada para se referirem a eles. Algumas vezes, quando perguntava o nome de pequenos igarapés que encontrávamos no curso de nossas caminhadas, diziam se tratar de um igarapé chamado Jaku, "jacu", Jawara, "onça", Mitũ, "mutum", pois os Guajá nomeiam os rios e igarapés a partir de circunstâncias ou de uma característica ali presente. Um igarapé tributário do rio Pindaré é chamado Ajỹ nima,[41] pois é um local que os *ajỹ* frequentam. Ou o igarapé *'Y itatuhuma'a*, "rio cheio de pedras". Outro curso d'água é chamado *Amiriy'a*, em referência aos peixinhos *amiria* — assim, "rio do *amiria*". Ou outro chamado *Wirapehepehena*, cuja tradução pode ser "Pau quebrado dentro", provavelmente por algum evento passado. Os igarapés menores, em geral, são chama-

---

40. Trata-se dos populares *rabetas*.
41. Ser de criação dos *ajỹ*.

dos *ipio*, já um igarapé grande, como o igarapé do Presídio, pode ser chamado *'yruhua*, literalmente "água" ou "rio grande".

Tais nomes de rio eram muito mais uma alusão a eventos que ocorreram no local, determinados pelo substantivo nomeador ligado à história do local: os vestígios de uma onça; a caçada a um mutum, etc. que consequentemente se desdobrava em um topônimo. Muitos, no entanto, eram conhecidos por um ou outro grupo de pessoas que viveram uma história no local, por isso geralmente os nomes de muitos igarapés não seriam nomes próprios, diferentemente de como fazem os não indígenas.[42] O rio Caru, o principal na aldeia Juriti, é chamado simplesmente de *'Ya*, "água", ou *Karu 'Ya*, referindo-se à denominação dada pelos *karai*. Mais do que por meio de nomes próprios, os Guajá indicam as relações entre rios, igarapés e pequenos cursos d'água por termos de cognação, que exprimem relações de parentesco reais. Portanto, um igarapé pode ser *imymyra*, "filho dela", de um rio, e um pequeno curso d'água pode ser o *nima*, "ser de criação", do mesmo. Estas eram as formas usuais e constantemente utilizadas que me contavam para explicar de onde provinham determinadas lagoas,[43] dentre outras dúvidas procedentes quanto ao caminho dos rios.

Houve uma época em que, segundo eles, os rios e seus habitantes não existiam. Os rios e igarapés foram abertos *como se abrem estradas* por um jacaré, *jakare*, comedor de humanos, grande e perigoso. Esse jacaré, que era tão largo quanto uma estrada, derrubava árvores e por onde passava abria o caminho pelo qual a água chegaria. Um homem me disse que a técnica é parecida com a dos tratores que *puxam* uma estrada, como as tantas que já encontraram ilegalmente abertas em seu território. Foi este jacaré gigante que, após abrir os caminhos que vieram a ser os cursos dos rios, inundou-os com água e os formou, finalmente. O jacaré tinha uma aparência humana, *um jacaré sem rabo e com a pele como a nossa, como a de um Guajá*, me contou um Wiraho certa vez.

---

42. Desta forma os igarapés Juriti, Mão de Onça, Turi, Preto, dentre tantos que compõem a bacia da Caru — alguns dos quais constam como parte dos marcos naturais da terra indígena Awá —, não são reconhecidos pelos Guajá por esses nomes. E, por exemplo, um certo *Igarapé da Onça* conhecido pelos Guajá é o mesmo *Mão de Onça* conhecido pela Funai, o que causa certa confusão no diálogo das pessoas da aldeia com os funcionários do posto. Foi o caso de uma estrada ilegal, aberta recentemente, que corta o *Igarapé da Onça* dos Guajá e fica a uma distância de 6 quilômetros da aldeia, e não o Igarapé Mão de Onça, cujo nome é dado pelos *karai*, e se encontra muito mais afastado da aldeia.
43. *Ta'amuhũ pãj*, "alagado", e *ipio*, "igarapés".

Quanto aos seres do rio, alguns animais como as piranhas e as arraias, *ipinẽ*, foram feitos por Maira. O demiurgo pegou um tição de fogo, *tata maka*, e o lançou ao rio. O tição se transformou em piranhas e em arraias, e desde então elas vivem nos rios, com a diferença de que as piranhas do tempo mítico eram mais agressivas e perigosas dos que as de hoje, ditas mais dóceis, *katy*. Em outra versão, as piranhas foram feitas a partir das folhas da mata, *ka'aroa*, que também foram jogadas no rio por Maira. O poraquê, *marakya*, é derivado do arco que Maira jogou no rio. Maira roubou o arco de seu pai onça, que pretendia matá-lo, e jogou-o no rio. Quando Maira lançou o arco junto com uma flecha, gritou *aho marakya!*, "vá poraquê!", e o poraquê passou a existir. Existe também uma versão segundo a qual o poraquê foi criado por Maira a partir da casca de uma bacabeira, *pinawã namykatajna*. O curimatá, *piraxĩ*, foi criado a partir de um abanador de fogo, *tata manỹha*. Da mesma forma, as ariranhas, *jawatara*, eram onças que Maira e seu irmão *Mukuxa'a* transformaram em ariranhas jogando-as no rio.

SOB A SOMBRA DA FLORESTA

A pouca intimidade dos Guajá com rios e as atividades a eles relacionadas acompanha a trajetória desse povo — marcada por abertura e abandono de aldeias, muitas vezes consequência de fuga do contato com os *kamara* e *karai*, principalmente — e contrasta com a intimidade que desenvolveram com a floresta. Algo que chama atenção ao estrangeiro pela primeira vez em uma aldeia Guajá[44] é a brancura das pessoas. A maioria dos Guajá pareciam, a meus olhos, muito *brancos*, algo que eu só observara até então nas fotos que Eduardo Viveiros de Castro fizera dos Araweté. *Ipixũ*, literalmente "pele branca",[45] é o resultado de uma vida sob as árvores, em um mundo onde a luz do sol *faz mal*, como me falaram diversas vezes, reclamando do trabalho da roça. Não que não haja gente com tons de pele mais escuros; há bastante. Porém, nas temporadas de inverno, sobretudo quando chove e há menos luz e eles passam semanas em casas na mata, é comum ficarem muito pálidos. Mesmo as pessoas de pele escura, apesar de não ficarem branquelas, depois de tanto tempo na mata ficam

---

44. Muitas coisas que poderiam surpreendê-lo, como a grande quantidade de animais de criação *per capita* ou mesmo os pitorescos crânios de macacos, cotias, quatis, pacas, queixadas e caititus consumidos, espalhados pelo chão.
45. *I*, prefixo de terceira pessoa, *pi*, "pele", mais *xũ*, "branco".

literalmente amareladas, todos com uma aparência que, ao menos no meu mundo, é considerada não saudável. Para as pessoas Guajá, no entanto, parece ser simplesmente a consequência de uma vida na mata, mesmo nos dias atuais.

O lugar de vida dos Guajá, se assim posso definir, são, ou foram, para ser mais preciso, as porções densas de floresta, onde encontravam segurança nos contrafortes das serras. *Wytyra* é uma palavra que pode ser traduzida como "subida" ou "ladeira", e *wytyramãj*, "grande subida", ou "montanhas", e é onde preferiam viver antes do contato. Mesmo hoje em dia, durante as caçadas costumam retornar à antigas aldeias e locais de caça, situados nas partes altas da floresta, e têm um grande conhecimento dos caminhos que lá existem. Segundo Ajruhua, esposa de Wiraho,[46] na época em que viviam nestas *terras altas*, por estarem distantes dos pequenos cursos de rios, experimentavam uma posição segura, pois se privavam dos encontros indesejados com os Tenetehara ou quaisquer outros inimigos.

O conhecimento sobre o território, mais particularmente o conhecimento botânico, é tributário sobremaneira da caça. Cormier ressalta o contraste entre o número de plantas utilizadas pelos humanos, para consumo, medicamentos, cosméticos, dentre outros, e o número de plantas conhecidas consumidas pelos animais de caça, mais especificamente os macacos. A autora conclui que "o conhecimento etnobotânico dos Guajá é funcionalmente integrado com o seu modo de produção forrageiro, que se concentra nos macacos enquanto caça [preferencial]" (Cormier, 2003, p. 50). Em uma amostragem elaborada pela autora contendo 275 espécies e morfoespécies de plantas não cultivadas conhecidas pelos Guajá, foi constatado que 84% destas são espécies conhecidas por serem alimentos dos animais caçados, enquanto apenas 14,91% representam aquelas que são consumidas pelos seres humanos (Cormier, 2003, pp. 50–51). A autora ainda encontra entre as plantas conhecidas consumidas pelos animais de caça em geral uma ênfase dos Guajá para aquelas consumidas pelos macacos. Do universo de plantas consumidas pelos animais de caça e conhecidas pelos humanos, 51,94% são consumidas pelos macacos, sem dúvida, uma das caças preferidas por aquelas pessoas — em especial, como também atesta a autora, o macaco capelão, *waria*.[47]

---

46. Como já apresentei no capítulo anterior.
47. [*Alouatta belzebul*].

A relação entre caça e território, cujo resultado imediato é um profundo conhecimento do ambiente da floresta, é destacado em outras etnografias. A respeito dos Yanomami, Albert & Milliken argumentam sobre o excepcional conhecimento da ecologia pelos caçadores. Conhecimento não apenas das presas, mas sobre plantas consumidas por presas, "aliado ao conhecimento sobre fenologia e distribuição desses vegetais, faz, assim, com que os caçadores Yanomami possam prever, com certa segurança, quais os animais propensos a ser encontrados em determinados lugares, e em diferentes estações do ano" (2009, p. 64). Dentre detalhes sobre aves, cães e comportamento animal, os autores afirmam que tal conhecimento ultrapassa a *simples familiaridade com os hábitos dos animais de caça* e se revela como *um domínio fundamental do saber etnobotânico dos Yanomami, assim como dos outros povos da floresta tropical* (Albert & Milliken, 2009, p. 64). O argumento acima é, em muitos aspectos, semelhante ao que acertadamente defende Cormier para o saber etnobotânico dos Guajá. Caça e território são compreendidos em conjunto, pois trata-se de um povo cujo conhecimento sobre o território é expressado, e muitas vezes derivado, pela atividade caçadora, fruto de uma histórica relação com o espaço em um ambiente social em que as aldeias eram praticamente inexistentes e as caminhadas pela floresta, bastante frequentes.

O conjunto de ambientes compostos, primeiro, pelas terras firmes em que viviam, *wytyra*, passando, depois, às zonas de várzea e cursos de rio, ou simplesmente "água", *'ya*, todo o complexo de alagados, *ta'amuhũ pãj*, que se forma durante os meses de chuva, resulta, por fim, em um conglomerado de áreas de caças, identificadas por diferentes topônimos e compostas por uma infinidade de trilhas, *pea*, e algumas clareiras que compõem e atravessam todo o território tradicional. Além desses, os Awá sempre viveram próximos aos cocais de babaçu, como relata José Carlos Meirelles, que realizou o primeiro contato oficial, ao descrever como sempre havia vestígios humanos nos babaçuais: *onde existir cocais [de babaçu], existem Guajá* (Meirelles, 1973). A esse conjunto territorial os Guajá chamam *haka'a*, "minha floresta", de forma genérica, e, mais especificamente, *harakwaha*, "meu lugar de estar", "meu domínio". A tradução para *haka'a*[48] é simples e, salvo engano, não sugere muitas interpretações, podendo inclusive ser encontrada entre outros povos Tupi-Guarani, como os Parakanã, que definem "território" como *ore-ka'á*, "nossa mata"

---

48. *Ha*, 1ª pessoa do singular mais *ka'a*, "mata"; logo, "minha mata".

(Fausto, 2001, p. 104).[49] *Harakwaha*, "meu domínio", ou *hakwaha*, "domínio dele", por sua vez, é uma noção que denota não só a mata, *ka'a*, mas também as relações estabelecidas entre pessoas, animais, plantas, acidentes naturais e todos os elementos que estão relacionados com o território: são espaços onde ações, história e memória coletiva foram e são inscritos. *Harakwaha* é uma noção central na territorialidade e socialidade humana e expressa a relação não só dos humanos, mas também de outras subjetividades, com seus *sítios de vida*: a floresta, as águas, os céus, as aldeias, dentre outros. Vejamos como.

Haka'a e *harakwaha*, muitas vezes utilizados como sinônimos, são termos que os Guajá costumam traduzir aos *karai* como "minha área", o que, de forma a simplificar a tradução e o diálogo, faz alusão ao recente processo de demarcação jurídica, principalmente da recente área indígena awá.[50] *Harakwaha*, como tantas outras palavras Guajá, é composta pelo pronome clítico *ha*[51] e a palavra, *(r)akwaha*.[52] Os *harakwaha* são exclusivos de uma família e ou grupo local que os conhece intimamente. As *fronteiras* eram dadas pelos outros *harakwaha* conhecidos, muitas vezes de germanos ou cognatos próximos, ligados por parentes de parentes, até uma distância que a genealogia e o território não mais alcançavam. Até o contato, o território guajá compreendia uma malha formada por diversos *harakwaha*, e cada grupo local ou, frequentemente, cada grupo familiar, que consiste

---

49. Observo aqui uma particularidade dos Guajá e sua língua na preferência pelas formas em 1ª pessoa do singular, *eu, meu, minha* e não em 1ª pessoa do plural, *nós, nosso, nossa*, mesmo quando estão tratando de assuntos *coletivos*. Diferentemente de outros povos de língua tupi, que utilizam o *nós* para se referir ao território (como no citado caso dos Parakanã), os Guajá não o fazem, e as pessoas nunca assumem esse *discurso coletivo*; ou, em outras palavras, ninguém fala em nome de ninguém. Os contextos sociopolíticos mais recentes os têm obrigado a adotar um discurso mais *coletivo*, em nome do *povo Awá* (nossa mata, nosso domínio, usando a marca de 1ª pessoa do plural), mas isso está sendo construído. Isso talvez explique o porquê de muitos dos termos que coletei estarem na primeira pessoa do singular.
50. Os funcionários do posto se referem ao território demarcado por *área*, como é de praxe no jargão da Funai. E, de forma muito perspicaz, os Guajá entenderam que a melhor tradução para *harakwaha* que podiam fornecer a mim é a que um *karai* entenderia. Portanto, presumo, traduziram diretamente *harakwahaa* ou *haka'a* por essa ideia de "minha área".
51. O pronome clítico "*ha*" da língua guajá é traduzido para o português como um pronome possessivo de 1ª pessoa, "meu", quando ocorre com raízes nominais e utilizado como parte integrante de muitas palavras, inclusive de termos de parentesco, que veremos no capítulo seguinte.
52. Resultado da nominação do verbo posicional *iku*, "estar em pé, em movimento", traduzida por "lugar de estar".

basicamente em uma família nuclear, circulava por um desses espaços, conhecendo-o, toponimizando-o, interagindo e explorando seus recursos. Apesar da mistura contemporânea dos grupos locais, as pessoas da aldeia Juriti ainda enxergam seus antigos *harakwaha* em vizinhança com o dos outros.

Se existem formas marcadas pela herança que regulam e delimitam os diferentes espaços destinados a cada grupo familiar, as regras de circulação e troca de pessoas entre os *harakwaha* obedecem primordialmente à distância social entre seus ocupantes. Não existem prescrições que estipulem regras de residência, sejam elas quais forem: virilocal, uxorilocal ou neolocal. Além disso, nas últimas décadas o parentesco e o território foram abalados de tal forma pelo contato com o Estado brasileiro que as experiências de fuga interferiram diretamente nas escolhas e destinos das pessoas, seja no campo do parentesco, na formação, ou mudanças de *harakwaha*. As mudanças advindas desse processo com o Estado foram vivenciadas tragicamente ainda antes dos anos 1970, quando o contato se iniciava.

Nesses casos, noções como parentes *próximos* e *distantes* são fundamentais para entender a ocupação cognática pelo território. Os próximos e os distantes, *harapihiara* e *harapihianã*, respectivamente, são classificados também a partir da distância genealógico-espacial.[53] Aqui, todas as pessoas do lado materno e paterno, que um ego reconhece como *consanguíneo*, são considerados *harapihiara*. Todos os outros, estejam perto (como, por exemplo, o filho da irmã zs) ou longe, são *harapihianã*. Estes dois termos regem, em linhas mestras, toda a classificação de parentesco dos Guajá,[54] e ambos os termos são unidades referentes, já que nenhum Guajá se refere a qualquer pessoa por um ou outro; tais categorias são, antes, marcadores de relações.

Os Guajá costumavam designar os corresidentes de um mesmo *harakwaha* por *harapihiara*, e, à medida que as distâncias aumentavam, os outros eram *harapihianã* que, nesse caso, poderiam ser desde afins casáveis a inimigos em potencial. Com o contato, *mais uma vez!*, a atual situação das aldeias fez com que diferentes grupos de pessoas vivessem muito proximamente, como não haviam experimentado até então. Hoje em dia, mesmo vivendo juntas as aldeias se dividem para atividades cotidianas, como as caçadas ou a agricultura emergente, a

---

53. Tal como observa Rivière, a partir das distintas formas de reciprocidade entre núcleos residenciais em toda a região das Guianas (Rivière, 1984).
54. Veremos nos capítulos 4, 5 e 6.

partir dos mesmos grupos cognáticos *harapihiara* e *harapihianã* que antes, na floresta, se encontravam com menos assiduidade e jamais experimentariam uma vida juntos.

Cormier mostra como as áreas tradicionais são reguladas por laços de consanguinidade e atualizadas a partir dos casamentos; a paternidade múltipla adiciona peculiaridades ao direito de acesso e usos das áreas. Assim, um indivíduo que tem dois pais (F) e se casa com uma mulher com também dois pais (F) pode ter acesso à área desses quatro homens (Cormier, *op. cit.*, p. 73). Na prática, o que acontece é que muitas das áreas são comuns a diferentes pessoas, já que são irmãos de sexo oposto e, por caçarem juntos,[55] têm acesso um à área do outro. Ou um homem que vá caçar com o marido de sua irmã pode ter acesso à área deste, conhecer e circular pelo *harakwaha* de seu cunhado que, inclusive, pode ser o seu MB,[56] e assim por diante. No que se refere à exploração dos *harakwaha*, o uso do espaço varia principalmente de acordo com as alianças, por vezes conjugadas à descendência; e cada caso só poderá ser entendido se observado particularmente, como veremos em exemplos abaixo, sem a inferência de uma regra geral. Além disso, os *harakwaha* antigos perdem importância à medida que outros são compostos — com eles novas associações são traçadas, e as lembranças de antigos *harakwaha* são perdidas no intervalo de uma ou duas gerações, ao passo que novos *harakwaha* são refeitos.

※

Ao traçar uma distinção analítica entre as ideias de rotas, *routes*, e trilhas, *trails*, como maneiras de se movimentar no espaço, a partir de alguns exemplos sobre povos caçadores do Ártico, Austrália e Papua Nova Guiné, Ingold (2007, p. 79) nota como em muitos desses casos o *território* é a soma de caminhos e estratégias que movem as pessoas em seus espaços vitais. A mobilidade territorial de diversos povos, sobretudo os chamados *território*, é repleta de imagens que ilustram as relações com o espaço. Por exemplo, entre a população Inuit de Igloolik, ao norte do Canadá, viajar não é somente uma atividade na transição entre um local e outro, mas um *way of being*, "jeito de ser", pois quando o gelo do inverno derrete e a água cobre todos os caminhos as pessoas passam a se locomover com seus caiaques.

---

55. No capítulo 7 veremos em detalhes a caça realizada por mulheres.
56. Trata-se, portanto, do *harakwaha* também da sua mãe.

Porém, as trilhas feitas durante a neve estão em suas memórias, e é por esses mesmos caminhos, embora agora fluviais, que essas pessoas se locomovem (Aporta, 2004 *apud* Ingold, 2007, p. 76). Ou ainda como ocorre entre os Foi de Papua Nova Guiné, cujas viagens, sempre a pé, não são meramente uma questão de deslocamento de um ponto a outro, uma vez que em cada uma dessas jornadas observam-se cuidadosamente a qualidade dos caminhos e os alimentos, frutas, larvas, rastros de animais etc., que podem estar florescendo já que esse grupo trabalha seus caminhos, transformando-os em canais condutores de todas as suas atividades.[57] Por fim, há o caso dos Walbiri do deserto australiano, cuja vida de uma pessoa é considerada a soma de seus rastros, traçados e inscritos no solo ao longo de sua vida.[58]

Entre outro povo australiano, os Chatwins, as pessoas imaginam suas terras não como uma área que pode ser dividida, tal um mapa, em blocos, mas como uma rede interconectada de linhas e caminhos, e as palavras que as pessoas utilizam para definir o que é a sua "terra", *country*, são as mesmas para *linhas*, no sentido que lhe empresta Ingold, de caminhos e trilhas (Ingold, 2007, p. 76). O mesmo ocorre com vários povos da Amazônia, sobretudo os que têm na caça sua atividade central. Como defende Rival para os Huaorani do Equador, cujo *território* não pode ser visto como um espaço demarcado com limites definidos em todos os seus lados, sua terra é, antes, uma rede de caminhos utilizada pelas pessoas quando *andam pela floresta* (Rival, 2002). O padrão de assentamento destes grupos se assemelha, por exemplo, ao dos Parakanã ocidentais antes do contato (Fausto, 2001, p. 113), cuja aldeia era o acampamento, e não tinham um modelo de aldeia base com casas permanentes; tudo o que conheciam eram os *tapiris* da mata, casas monofamiliares e aldeias sem roças ou praça.

Com o *harakwaha* acontecem processos semelhantes, e tal ideia não se liga a uma porção indefinida, *fluida*, *imprecisa* de floresta; muito pelo contrário, os limites são, ou eram, estabelecidos a partir de variáveis que determinam a ocupação de certa área por algum grupo de pessoas — seja por casamento, sucessão por morte ou disputas pelo espaço. O *harakwaha* é transformado por quem o ocupa, refeito em diversas situações diferentes, a depender da época do ano, da necessidade e da oferta de recursos, e no entanto também determina as

---

57. Weiner, 1991 *apud* Ingold, 2007, p. 76.
58. Wagner, 1986 *apud* Ingold, 2007, p. 79.

ações de seus ocupantes. O *harakwaha* pode ser visto como *fator limitante* ao mesmo tempo que os homens, a partir de suas constantes intervenções, o limitam. Repleto de trilhas, um *harakwaha* é conhecido intimamente; em cada caminhada, o território é varrido e novas informações são produzidas. Todos os indícios são levados em conta: galhos partidos, frutos mordidos por animais, áreas com terra pisada e folhas reviradas; cada uma dessas informações é utilizada como base para as caçadas e futuras incursões. Os planos são permanentemente refeitos durante as caminhadas na mata; por isso, uma pescaria se transforma facilmente em uma coleta de pequis, *mykya'a*, e a caçada a uma paca, *kararuhua*, é abandonada pelas fezes de macacos-pregos, *ka'i rimixia*, recém-encontradas, indício de outra caçada por vir. Um animal como a mucura, ou gambá, por exemplo, que tem um rabo pesado e longo, deixa como rastro não apenas a impressão das patas, mas o rastro do próprio rabo. Ao passar por lugares aparentemente *selvagens*, os caçadores percebem que ali, entre aquelas folhas, dormia uma anta, *tapi'ira*, que nunca conseguiram matar; ou que as folhas imperceptivelmente remexidas embaixo de uma árvore de tatajuba, *taryka*, são rastros de uma paca que ainda circula por ali; ou ainda, que a trilha larga que encontram não é propriamente uma "trilha", *hape*, mas o "rastro", *ipopoera*, de uma vara de porcos, *xahoa*, um tipo de animal que também sabe abrir caminhos, *pe*.

Só é possível pensar a aldeia como um *centro*, se a definirmos como ponto de transição, *nó*, ou ligação a serviço quase sempre de novas caçadas. Um local que poderia e deveria ser abandonado diante de qualquer infortúnio, por mais singelo que fosse, desde a morte de um animal de criação, ou a longa distância que a separasse de uma área cujas bacabas frutificassem. Embora as aldeias atuais não mais sejam assim, nos acampamentos de caça podemos experimentar a vida como era antes,[59] pois tais acampamentos[60] podem durar desde uma simples noite até meses. A relação aldeia-mata, que encontramos em diversas etnografias, é aqui recolocada como aldeia *na* mata, em que aldeia e mata não são faces antagônicas de uma mesma vida sob a floresta. Isto não significa que as pessoas não diferenciem suas *casas da mata* da grossa e caótica paisagem da floresta; ao contrário. Todo novo acampamento, por mais provisório que seja, é erguido

---

59. *Imỹna*, "há tempos".
60. *Ka'aripa*, "casa da mata".

sobre uma área previamente limpa.[61] Nenhuma folha deve restar no solo, e o chão de terra, praticamente invisível na floresta coberta de folhas, deve aparecer por inteiro. Preferencialmente, os tapiris são feitos com folhas novas e frescas, pois, ao contrário dos humanos, são os fantasmas *ajỹ* que gostam de tapiris cobertos com folhas secas.[62] Além disso, durante a noite o fogo nunca morre. É essa luminosidade que marca a diferença entre a floresta dos bichos[63] e a vivenda dos humanos, *awa*.

Não tenho como precisar o tamanho de um *harakwaha*, mas tendo em vista as incursões que fiz em diversas dessas áreas estimo que possam ter oscilado entre 50 e 80 quilômetros quadrados, talvez um pouco mais, a depender do momento histórico que os Guajá viviam.[64] Além disso, as últimas três décadas trouxeram mudanças na forma de se organizarem no espaço. Se já vimos que as configurações das aldeias foram alteradas, dando lugar a aglomerados populacionais formados por diferentes grupos, os espaços de circulação desses grupos também foram profundamente afetados. Para ilustrar meus argumentos, apresento dois casos que ocorreram antes do contato e que envolvem diretamente negociações sobre o *harakwaha*.

EP. 1. O casamento de Ajruhua Ajruhua é uma mulher de 39 anos que vive na aldeia Juriti e está em seu terceiro casamento. Quando se casou pela primeira vez, ainda na infância, seu pai dividiu seu *harakwaha* para que o genro e sua filha vivessem em uma área exclusiva e lá construíssem sua própria aldeia, podendo, obviamente, continuar dividindo uma área de caça comum ao grupo de seu sogro, mas que não dependesse deste grupo para caçar sempre. *Dividir* o *harakwaha* neste caso, alguém me explicou, significa deixar um pedaço da mata para que uma nova família se instalasse e a explorasse. *Amõa ika'a*, "a mata dele é outra", foi como me explicaram a divisão do *harakwaha* do pai de Ajruhua com seu genro. Os

---

61. *Oana'o*, "limpar"; ou *tipi*, "varrer".
62. *Ajỹ tapãj*, "casa dos *ajỹ*".
63. *Hama'a*, "minha presa".
64. Mércio Gomes observa que as áreas tradicionais dos grupos locais tinham em média 100 quilômetros quadrados. Talvez no passado isso possa ter ocorrido, porém desde o adensamento humano na Pré-Amazônia, nos dias atuais, esse é um número superestimado.

harakwaha passam por tais processos de fusão e fissão quando novas alianças são estabelecidas por casamentos, cujo resultado é que os *harakwaha* sejam refeitos em vários momentos.[65]

EP. 2. A fuga de Akamatỹ   Em meados dos anos 1970, durante o chamado "tempo do mato", *imỹna ka'ape*, antes do contato com a Funai, um indivíduo chamado Akamatỹ, que hoje vive na aldeia Tiracambu, circulava pelo seu *harakwaha* cuja área era parte das matas do alto Caru, local bem distante de sua aldeia atual. Na época, Akamatỹ passou uma temporada com a família de Pirama'ã, convencendo-o a ir explorar uma área próxima ao igarapé Juriti, rica em babaçuais. A palmeira de babaçu é uma fonte de alimentos extremamente apreciados pelos Guajá, que, principalmente antes do contato, quando não fabricavam farinha de mandioca, se alimentavam com o palmito, a farinha do mesocarpo e os cocos. Um excelente caçador e profundo conhecedor da floresta, Akamatỹ é um homem de grande prestígio, casou diversas vezes e nos dias de hoje (2009) acumula quatro esposas que vivem com ele na aldeia Tiracambu. Naquela época, por ser um desses caçadores incansáveis, Akamatỹ chamou o grupo de Pirama'ã para ocupar a região do Igarapé Juriti, até então um local com abundância de alimentos, cocais e áreas de caça pouco exploradas.[66] Após passar um tempo com a família de Pirama'ã, Akamatỹ raptou uma mulher deste grupo e a levou para outra área. A partir daí, após praticamente conflagrar um conflito, Akamatỹ teve que refazer seu *harakwaha*, que até essa época dividia justamente com Pirama'ã, bem longe dali e sumir. De uma hora para outra, abandonou tudo, levando uma jovem como saldo e, apesar dos anos de experiência e do conhecimento sobre área, a relação familiar com determinados locais teve que ser deixada para trás. Casamentos e rompimentos; penúria e fartura; guerra e paz... E assim se faziam e refaziam os *harakwaha*.

WATA, «ANDAR, CAÇAR»

Nos dias atuais, a aldeia Juriti parece ter alguns *harakwaha* comuns, em que alguns grupos têm privilégio de certos espaços mais *exclusivos* para seu uso, em detrimento de outros. Tais escolhas são determina-

---

65. Voltarei a este ponto.
66. Não recolhi informações precisas quanto à situação matrimonial de Akamatỹ nessa época, bem como sua filiação familiar.

das pelo conhecimento pregresso que cada família tem de uma área, além das novas alianças ocorridas nos últimos anos. Embora diferentes grupos locais estejam juntos em um novo padrão de vida aldeã, os *harakwaha* ainda são pensados como áreas *exclusivas*, onde porém, devido à nova realidade, famílias que frequentam determinada área da floresta podem também caçar em outra, quase sempre acompanhando grupos que ali se relacionam. Isto também é discutido por Cormier quando define os *harakwaha*, nos dias de hoje, como áreas comuns de parentes consanguíneos de mesmo sexo (Cormier, *op. cit.*, pp. 72-74). É fato que alguns indivíduos, principalmente os mais velhos, não abrem mão das áreas que já eram suas antes do contato, como é o caso de um indivíduo chamado Kamara[67] que, ao acompanhar o grupo de seu genro nas caçadas em outras áreas, age como se estivesse prestando serviços: pode encontrar-se após a caçada com o grupo de seu genro em um local previamente combinado a fim de carregar, junto com os outros, a pesada carga de animais abatidos; ajudar a moquear a caça ainda na floresta antes de voltar à aldeia; ou, ainda, ajudar os caçadores com seu domínio de diferentes técnicas de caça[68] Ao penetrar em outros *harakwaha*, Kamara quase sempre parece um *intruso*, ainda que nos dias atuais as comunidades vivam em aldeias comuns. Por isso, ao caçar no *harakwaha* de outros, um homem pode fazer as vezes de um *convidado*, um estranho, um parente distante, *harapihianã*, pelo que aproveita a boa oferta de carne daquela área e oferece sua ajuda em troca.

Aos poucos aprendi que os dias ideais são aqueles passados na floresta. Se um ser humano estiver gozando de boa saúde, há muito pouco a fazer na aldeia, em comparação com as múltiplas possibilidades que a floresta oferece. Certa vez, no início do verão em 2007, um grupo liderado por uma mulher, Amỹ Pirahỹ, me convidou para uma pescaria[69] em um ponto distante do rio Caru, a algumas horas de caminhada da aldeia. Amỹ Pirahỹ, embora fosse casada, estava acompanhada de um jovem rapaz, por quem se enamorara, e de sua filha. Saímos tarde da aldeia, por volta de nove horas e meia da manhã, e fui pego de surpresa, pois me chamaram quando já estavam

---

67. Kamara é o termo utilizado para se referir a outros povos indígenas, porém, devido a peculiar onomástica Guajá, repleta de apelidos, cujo o esboço apresentarei no capítulo 5, este indivíduo ganhou dos membros da aldeia o apelido Kamara, tornando-se este seu nome usual.
68. Veremos as técnicas de caça no capítulo 6.
69. *Pira ika*, "matar peixes".

com o pé na trilha. Diferentemente de outras expedições,[70] desta vez, por se tratar de uma breve pescaria com saída da aldeia já tarde do dia, levei apenas minha pequena câmera fotográfica em um bolso, além do papel e caneta de sempre, em outro.

Para termos uma ideia, uma caçada curta não dura menos que seis horas e, em média, ficávamos dez horas na floresta, a fim de obter o mínimo de sucesso nas empreitadas. Quanto às incursões de pesca, estas ainda eram novidade para mim, uma vez que sempre pescávamos nos arredores da aldeia. Após sairmos, já afastados da aldeia por alguns quilômetros, encontramos com mais um grupo formado por uma mulher e seus dois maridos, totalizando-se além de mim: três mulheres, três homens, duas crianças de colo, uma de cada mulher, além de um cachorro fiel que farejava tudo o que encontrava pela frente. Os dois homens mais velhos carregavam seus feixes de flechas e arcos, e Juxa'a, o rapaz jovem, levava sua cavadeira de metal, um valioso instrumento adquirido após o contato, utilizado para fazer buracos e fundamental para caçar pacas, tatus e cotias, *bichos do buraco*.[71] Nesta hora percebi que, embora eu tenha sido chamado para uma pescaria, tratava-se de uma incursão à floresta com todas as possibilidades que isso oferece: caça, coleta, pesca, e não só isso. Pude perceber o papel *secundário* da pescaria quando ficaram por mais de quatro horas em volta de um buraco, no encalço de uma cotia que fugira. Na sequência, achamos o rastro de um veado mateiro, *arapaha*, porém desistimos de persegui-lo pois, pelas pegadas, *ipopoera*, ele já devia estar longe. Após o grupo se dividir, como sempre ocorre nessas caminhadas, mantive-me junto às duas mulheres e ao cunhado de uma delas, Kamara, pescando na beira do rio, enquanto os outros homens, que não quiseram me levar, foram caçar cotias. Cinco horas foi o tempo que eu e Kamara levamos pescando, e após duas horas de pescaria as duas mulheres que nos acompanhavam também saíram para ajudar os outros dois caçadores, também me deixando sozinho, como se planejassem sair aos poucos para eu não sentir que não era bem-vindo por, possivelmente, atrapalhar a caçada. Durante as horas em que se ausentaram, as mulheres ainda extraíram resina de maçaranduba, *mixiranỹkaha*, utilizada como iluminação noturna das casas, embiras, *iwira*, que são cascas de diferentes troncos de árvores

---

70. Em tais ocasiões, eu sempre levava uma mochila com gravador, máquina fotográfica, canivete, isqueiro, lanterna, algum papel e canetas extras, além de barras de cereais, que todos comíamos em algum ponto do trajeto.
71. *Ikwapahara*, "os do buraco".

com os quais confeccionam *cordas*, além de carás, *kara*, tubérculos que encontraram em uma capoeira na volta para a aldeia. Em meio a tudo isso, as duas mulheres que carregavam seus filhos, ambos com cerca de um ano, os amamentavam de tempos em tempos.

Wata é o verbo para se referir a essas jornadas. Traduzido literalmente por "andar" ou "caminhar", *wata* não pode ser compreendido apenas como um movimento pelas trilhas de uma área. Além de *wata*, temos a forma *wataha*, cuja tradução é "caminhada", muito utilizada para se referirem a uma jornada de um dia na mata. *Wata* é sinônimo de muitas ações que se desenrolam no decorrer de uma jornada — andar, caçar e coletar — e exprime a grande caminhada que é a jornada, *wataha*, em si. Por isso, de forma direta, podemos afirmar que para os Guajá as atividades de *andar* e *caçar* podem ser expressas pelo mesmo verbo, *wata*, uma vez que a forma nominal pela qual todo homem caçador é referido é *watama'a*, cuja tradução literal é "caminhador", ou "caminhante", mas pode também ser traduzida por "caçador". Em uma aldeia Guajá, ao perguntarmos por alguém que tenha ido à floresta, independentemente do que essa pessoa tenha ido fazer, a resposta mais comum é *wata ka'ape*, "foi andar na floresta". E, em uma espécie de equivocação linguística, quando traduzem para o português o verbo *andar*, como em *fulano saiu para andar, fulano vai para tal lugar*, usam o *caçar* em português, como me falaram certa vez: "Irakatakoa foi caçar/ passear no povoado de Auzilândia".

É importante lembrar que caçar, como uma atividade *genérica*, não existe para os Guajá. As muitas formas de predar uma caça são referidas de acordo com o animal a ser caçado, não existindo uma forma canônica. Como um paralelo, lembro que para diversos povos do noroeste amazônico e piemonte andino, tais como os Ashuar, Huaorani e Tukano, *caçar* é definido como *soprar*, uma vez que a zarabatana é o principal instrumento de caça (Descola, 1998, p. 32). O principal objetivo de uma caminhada/ caçada, *wataha*, é caçar algum animal, de preferência uma carne gorda[72] e saborosa.[73] Para tanto, utilizam o verbo *ika*, outro com cognatos em línguas da família tupi-guarani. "*Arixoho wari ikapa!*", "vamos matar capelães[74]!", é uma forma usual para propor uma caçada.

---

72. *Ikira*, "ser gordo", "ter gordura".
73. *He'ẽ*, "ser doce".
74. Ou porcos, mutuns, pacas, cotias, e qualquer outro animal.

Quase sempre, ir à mata é ir "matar", *ika*, uma caça previamente rastreada, seja por ser a época de frutos específicos de uma presa, seja porque se sonhou com ela, e isso sempre é formulado a partir de um ou mais nomes juntos a um verbo — "matar", "apanhar", "comer", por exemplo: *wari ika*, "matar capelães", *akwixi iká*, "matar cotias"; ou para a coleta: *myky'a pyhy*, "pegar pequis", ou, ainda, *haira u'u*, "comer mel",[75] dentre outros.

As ações envolvidas no *wata* podem ser a caça, pesca, coleta de mel e frutos, ou, por exemplo, o reconhecimento de uma nova área a ser explorada, dentre outras atividades. *Caçar na floresta* pode ser formulado de qualquer uma destas maneiras, porém o verbo *wata* utilizado em sinonímia a *caçar* funciona como o significante para diferentes atividades que envolvem incursões pelo território. É caça e coleta, mas também pode ser a desculpa ideal, seja para um encontro romântico ou para um isolamento voluntário com o intuito de se livrar de alguma chateação.

Wataha, a "caminhada", sequer pode ser considerada uma possibilidade técnico-social exclusiva aos humanos, pois as atividades de andar, explorar o ambiente e obter alimentos é propriedade também dos animais. *Wata*, como ideia associada a diversos seres, pode ser traduzido como "caminhada e procura" [por alimentos]. Assim, por exemplo:

1. Os *karawara*, caçadores que habitam os patamares celestes, descem à Terra para "caçar", *wata*, a fim de matarem, *ika*, presas de sua predileção

2. As antas, veados e pacas andam, *wata*, à noite atrás de frutos para comer

3. Os macacos, que pulam de galho em galho atrás de frutinhas e folhas para a alimentação, estão em sua caminhada, *wataha*

É comum falarem em português que *o veado foi caçar frutos, wata*; ou, *as baratas foram caçar migalhas, wata*; e assim será com todos os seres, com a lógica da *caça*, como sinônimo de caminhada e procura, sendo desempenhada por boa parte dos habitantes do mundo.

---

75. Quando vão extrair mel, os Guajá dizem "comer mel", *haira u'u*, e não "coletar mel", *haira pyhy*, uma vez que boa parte dele é consumido no próprio ato de coleta, enquanto que o restante, quando há, é levado à aldeia.

Tal como já apresentei, os territórios, *harakwaha*, são recortados por trilhas, e cada trilha tem sua história particular. Desta forma, andar, *wata*, e não remar ou plantar, além de ser a única maneira de encontrar alimentos,[76] é a forma, por excelência, de viver. *Wata pyry*, "andar junto", e mesmo *riku*, que pode ser traduzido por "estar junto" ou "estar com alguém", são expressões recorrentes para exprimir os atos de caça, seja longe, nos acampamentos,[77] ou em breves jornadas de poucas horas. Durante uma caçada, nas caminhadas para locais onde se sabe ou se suspeita haver caça, *wata* será sempre *wata apajhi*, que pode ser traduzido por "andar rápido", ideia que contrasta com *wata me*, "andar lentamente", como se deve fazer em momentos de descanso, descontração, ou mesmo quando retornam de uma caçada.

É comum em um processo de aprendizado um pai ralhar com seu filho ou filha pequena durante as caminhadas: *awata apajhi*, "ande rápido!"; e mesmo *awyhy!*, "corra!". Certa vez, vi Piraima'ã dizer para sua filha de cinco anos: "caminha ligeiro, rapaz!", para aprender a andar no mato de maneira concentrada e silenciosa. Mas o caminho, *pe*, também pode ser uma festa para as crianças. Elas nomeiam tudo na caminhada: cipó, troncos, folhas, pedras, e os menores perguntam aos mais velhos os muitos nomes que não sabem. Andando na companhia de adultos e crianças, elas, como que me apresentando a floresta, me entregavam tudo o que pegavam pelo caminho para que eu olhasse, tocasse, cheirasse, tal como as crianças fazem entre elas. Neste registro, *andar é caçar*, e vice-versa. Podemos pensar tal ideia não como passível de duas traduções, mas como uma forma particular de atuar no mundo, um *andar-caçar*. Se a atividade de caça é também a produção de alimentos, o *aprovisionamento*,[78] ela não existiria sem uma elaborada produção de sentidos e afetos sobre a caminhada.

JAPO, «FAZER»

Os Guajá desenvolveram uma linguagem de assobios[79] bastante apurada, muito utilizada em situações de caçada quando a voz humana pode estragar todo o esforço de muitas horas de procura, além de ser um sinal de segurança para quem chega inesperadamente, sem avisar.

---

76. *Hanimi'ũa*, "minha comida".
77. *Ka'aripa*, "casas na mata".
78. *Procurement*, nos termos de Ingold, 2000 e Bird-David, 1992.
79. *Opia*, "assobiar".

Sobretudo no verão, quando as folhas secas formam um tapete de infinitos tons amarronzados na floresta, o estalar de folhas e galhos pisados pode ser ouvido a centenas de metros. Caso um grupo ouça algo se aproximando, sem a certeza do que seja, um assobio correto é de extrema importância para que não haja dúvidas a respeito de quem esteja chegando. Era assim também para a relação das pessoas dos diferentes *harakwaha*. Quando um grupo adentrava o *harakwaha* de outro, devia anunciar a chegada com sons, assobios ou palavras, a depender da situação. O som é produzido tanto por assobios, propriamente, quanto com as duas mãos em forma de concha sobre a boca. Por deter tais técnicas, com códigos estabelecidos pela duração e altura dos sons, os assobios podem ser ouvidos de longe, e muitas vezes *conversas*,[80] são estabelecidas. No entanto, hoje em dia são utilizados somente nas caçadas, uma vez que as mudanças de território terminaram.

Se aparentemente a cultura material de um povo como os Guajá é extremamente pobre, isto ocorre somente porque ela não foi observada com lente apropriada. Mesmo com os facões, machados, cavadeiras, limas e toda a sorte de utensílios de metais que hoje são fundamentais às atividades cotidianas, ainda encontramos os muitos utensílios que eram fabricados antes do contato, a partir de um conhecimento prévio sobre essas áreas de vida, os *harakwaha*. Os Guajá confeccionam uma diversidade de utensílios, todos muitos simples e descartáveis, que os auxiliam durante suas jornadas, *wataha*. Ganchos, bolsas, amarras, embalagens trançadas, toalhas de folhas, forros, casas, todos eles, objetos com um curto período de vida e confeccionados com folhas e madeira frescas, adequadas para determinado fim. Tais utensílios são feitos durante as caminhadas e descartados após o uso, e talvez esta seja a maior peculiaridade da tecnologia de objetos dos Guajá. Stearman (2001, p. 41) observa algo semelhante entre os Yuquí, da Bolívia. Como já afirmei, em poucas horas podem levantar toda uma aldeia, com casas, cozinhas, bancos para apoio, além de cacimbas para água, áreas limpas para a manipulação, pelagem, limpeza e corte de caças abatidas — tudo confeccionado com embiras, cipós, troncos e folhas.

Se parte da literatura etnológica tende a classificar povos como os Guajá como dotados de cultura material rudimentar e simplesmente *adaptados* a seu habitat, é preciso lembrar que a tecnologia guajá só

---

80. Basicamente perguntas e respostas diretas.

pode ser percebida no contexto da ação em que ela se desenrola. Só entendendo isso é possível fazer asserções acerca da tecnologia e das técnicas produtivas de caça e coleta. Tecnologia, tal como formula Ingold, *é uma preocupação ocidental*; outros povos estariam preocupados com, por exemplo, sistemas rituais ou com a relação entre pessoas, elaborando complexos sistemas de parentesco, porém *nem o parentesco nem a tecnologia fornecem uma escala de complexidade* (Ingold, 2000, p. 313) pois ela não é um algo em si. Falar em *tecnologia* para os Guajá, portanto, é perfeitamente coerente e inclui complexidade, sim.

Ao chegarmos pela primeira vez a uma aldeia Guajá, algo que chama atenção é o fato de não haver quase nenhum utensílio confeccionado por eles, como bancos, redes, potes de cerâmica e cestos, — o que nos leva a pensar que os Guajá convivem bem com a falta de uma série de coisas. Porém, ao acompanharmos a vida que se desenrola na mata, percebemos que uma outra forma de produção tecnológica está em operação. E, sob essa ótica, tendo a afirmar que a cultura material *awa* é vastíssima, está em conformidade com as possibilidades que a floresta oferece e aliada a seu grande nível de criatividade. Por exemplo, só de uma sacola trançada feita para carregar suprimentos e utilizada presa às costas, exatamente como uma mochila, chamada *marakũa*, podemos encontrar dezenas de variações, tanto em tamanho quanto pelo material utilizado na confecção. O *marakũa* pode ser trançado com folhas de diversas palmeiras, e se carregam nele, principalmente, carne de caça e alimentos coletados. Porém sua confecção é determinada por diferentes fatores: primeiro, a capacidade técnica dos homens e mulheres que o trançam; depois, as folhas à disposição, que podem ser de palmeiras, preferencialmente as do açaí[81] por serem mais finas que de babaçu, *hwa'ĩa*, e de bacaba, *pinawã*, mas não somente; o tamanho e qualidade da carga a ser carregada; o tamanho e a força da pessoa que carregará o *marakũa*; e, por fim, a distância do ponto a que se vai com a carga — a depender dessa distância, o reforço de amarras e folhas é maior ou menor.

Os *marakũa*, independentemente da função que exercerão, quase sempre são muito bem confeccionados, e os grandes podem aguentar até mais que 50 quilos. Os *marakũa aparecem* quando existe uma carga a ser levada, e conforme essa carga, — a história que a cerca, a história de quem a carrega e quem fabrica o utensílio — o objeto vai variar. Trata-se de uma cadeia formada por relações entre pessoas,

---

81. *Jahara*, "jussara".

objetos e lugares, mais do que um dispositivo mecânico e impessoal. A tecnologia não pode ser dissociada do ambiente ou da experiência prática das atividades sociais; ela não existe de maneira absoluta (Ingold, 2000, pp. 320-321).

Antes do contato, quando não tinham panelas, *japupua*, conseguiam cozinhar bacabas, *pinawã*, em recipientes feitos com folhas frescas. Dentro dessa *panela* de folhas, despejavam água e, em seguida, era posta sobre o jirau;[82] em poucos minutos as bacabas estavam prontas para o consumo. Os Guajá podem sair à mata com uma pequena faca e voltar de lá carregando o resultado da caçada em vários objetos que, até então, só existiam na memória e estavam por ser fabricados na mata. É uma noção de tecnologia que prevê a confecção dos instrumentos como parte do processo de caça, em que *wata*, caminhar, é também *japo*, "construir".[83] Em vez de saírem à caça com todos os utensílios necessários, estes serão revelados de acordo com a situação.

KA'APE, «NA MATA»

A floresta é um local onde se come bem. Nos acampamentos de caça a fartura sempre está presente, com grandes quantidades de carne, *ha'okera*. E são esses os lugares preferidos para estar durante boa parte do ano. A localização das novas aldeias era decidida a partir da abundância de recursos próximos. Um grupo local poderia se juntar a outro por um tempo específico, devido à oferta de alimentos em determinada área que explorassem. Bacaba, babaçu e carnes eram motivo para todos estarem juntos, *ikwẽ pyry*. Embora a diversidade de sabores na dieta seja algo apreciado entre os Guajá, os acampamentos são muitas vezes montados a partir de uma oferta específica de carne, frutos ou mel — seja uma área onde se encontrem muitos capelães; um bacabal; ou árvores repletas de méis doces, *he'ẽ*. Nos dias atuais, as aldeias dos postos indígenas se transformaram em aldeias-base, fazendo com que a múltipla localidade experimentada na antiga vida pré-contato se transfira para os acampamentos de caça feitos principalmente durante o verão, *kwarahya*, como já mostrei, e que ainda obedecem à lógica dos núcleos familiares que viviam dispersos por diferentes áreas.

---

82. *Pakapa'ã*, "moquém".
83. Instrumentos, por exemplo.

Tais características podem ser pensadas junto com a definição que Viveiros de Castro fornece para a territorialidade araweté, algo *aberta*. O autor observa que, até o contato, os Araweté "não tinham [...] a noção de um domínio exclusivo sobre um espaço contínuo e homogêneo" (Viveiros de Castro, 1992, p. 31). A ideia de *harakwaha* até prescreve de alguma forma a noção de um domínio exclusivo sobre um espaço contínuo e homogêneo; ainda assim, tal espaço é um fator limitador para uma territorialidade aberta, uma vez que ele é constantemente refeito. Além disso, os Guajá, tal como os Araweté, não parecem ter uma *geografia mitológica* com sítios sagrados ou locais primordiais. Não encontrei qualquer referência sobre a relação entre determinados lugares com, por exemplo, a origem da humanidade; ou sobre os feitos extraordinários de Maíra[84] Ao contrário, acampamentos antigos muitas vezes são *ajỹ ripa*, ou "morada dos ajỹ", pois são locais abandonados, seja pela morte de uma pessoa, seja, como vimos, pela necessidade da mudança. E são justamente esses os locais que os *ajỹ* preferem.

Se a relação direta entre a morte e os *ajỹ*, como veremos mais adiante, justifica um antigo acampamento como morada desses fantasmas, tal configuração não precisa estar presente. Os Guajá defendem que os *ajỹ* se interessam por tudo o que é humano, pois eles mesmos, equivocadamente, lembram os Guajá, se consideram seres humanos, *awa*. Desta forma, qualquer acampamento abandonado, seja por qual motivo for, lhes serve como casa. As "casas, ou acampamentos, na floresta", *ka'aripa*, há muito abandonadas, são uma espécie de simulacro de uma aldeia: tapiris, *tapãj*, com telhados esburacados, moquéns, *pakapa'ã*, caídos, e sujeira por toda parte. Os Guajá não se interessam mais por tais espaços e, caso voltem a utilizar um acampamento abandonado, o refazem completamente, erguendo novos ou endireitando antigos tapiris e moquéns, limpando e reparando com folhas novas para que resistam ao menos a algumas noites.

Quanto aos topônimos, muitos deles parecem circunstanciais, embora haja referência a alguns pontos geográficos específicos, como as muitas serras, *wytyra*, que formam o território; açaizais no interior da mata; árvores antigas; pontos de coleta de mel; velhos acampamentos; estes e outros são excelentes localizadores, capazes de exprimir com precisão pontos onde se queira chegar. Em certa situação, Kamara havia nos informado sobre uma estrada ilegal aberta por madeireiros

---

84. Como veremos no próximo capítulo.

a cerca de cinco quilômetros da aldeia Juriti. Preparamos uma expedição até a estrada e fomos nos informar com ele onde exatamente ela se situava. Para localizar os homens com precisão, ele responde que ela terminava próximo a uma grande árvore de tatajuba, *taryka*, onde alguns meses atrás Wiraho havia matado alguns capelães, o que serviu como um localizador perfeito. Tal como a tatajuba, buracos de paca, troncos onde cotias foram capturadas, brejos onde se caçam poraquês, dentre tantos pontos ativos e utilizados recentemente, esses espaços vivos da mata são nomeados e utilizados como referência.

Tais classificações escapariam a uma geografia com imagens fixas, pré-estabelecidas, sobre o ambiente. Ao contrário, essas especificações aparecem e desaparecem a partir da interação dos Guajá e seus *harakwaha*. Como observa Ingold, "somos inclinados a pensar a memória como um depósito de imagens na mente, ao invés (de entender a) lembrança como uma atividade situada no mundo" (Ingold, 2000, p. 103). É como se, no caso dos Guajá, a localização e a memória sobre o espaço, além da própria concepção de espaço, só fosse possível na interação dos homens com o mundo, e talvez esta "poética do habitar" (*poetics of dwelling*, Ingold, 2000, p. 110) seja um dos princípios de produção do *harakwaha*.

Certa noite as pessoas da aldeia Juriti ficaram preocupadas com Piraima'ã que, fazia muitos dias, não conseguia matar qualquer caça e mesmo assim insistia em retornar à floresta a cada nova manhã. "*Panemuhũ*",[85] diziam as pessoas da aldeia para afirmar que Piraima'ã estava sem *sorte*.[86] Nesta noite especialmente ele estava demorando muito a voltar. Já fazia mais de 12 horas que ele estava na mata sozinho, sem sorte, em pleno inverno. Em certas ocasiões, a demora de um caçador em voltar para casa causa preocupação. Mesmo considerando que cada caçada é uma surpresa, existem situações de que se pode esperar o pior. Na situação de Piraima'ã, que estava *panemuhũ*, cuja consequência mais drástica era a perda de sua "alma", *hajtekera*, o melhor que podia ter feito era permanecer em sua rede e não ir caçar, sob risco de se perder ou morrer na floresta. Certa hora, um homem vai à borda da aldeia, local onde se inicia a capoeira velha, *koa*, que precede a floresta, *ka'a*, e, com uma voz bem aguda, grita de forma quase irreconhecível, ao menos para mim, o nome de Pi-

---

85. No capítulo 5 discutirei a ideia de *panemuhũ*, que por enquanto podemos traduzir por "azar na caça", tal como o *panema*, comum em toda a Amazônia, e já bem discutido por outros autores (ver Matta, 1973).
86. *Hapiaryhy*, "sorte", "aquele que mata rápido a caça".

raima'ã, além de formar outras frases com sons bem específicos que, pela potência, se espalham no ar. O caçador pode ouvir esse chamado no raio de alguns quilômetros e, caso ouça, deve respondê-lo no mesmo tom para que sua resposta não seja abafada pelas folhas. Nesta noite Piraima'ã ouviu e respondeu e, à medida que o tempo passava, sua fala se transformava em um canto, anunciando sucesso na caça. O medo, *kije*, de algo ruim que lhe poderia ter ocorrido se dissipou. Esse medo, no entanto, sempre estará presente na relação entre os humanos e a floresta.

As interações com o ambiente passam por detalhes, e todos eles constituem o conjunto de ações que formam um *harakwaha*, implicando-se diferentes modos de comunicação, como a mudança no tom e altura da voz, assobios diversos ou até mesmo o extremo silêncio. Por exemplo, conversa-se muito pouco durante as caminhadas, e quando se fala é bem baixinho, enquanto que em pontos da floresta como clareiras e acampamentos, pode-se falar mais à vontade. E não são somente pegadas que determinam uma trilha[87] já que povos como os Guajá deixam pouco vestígio na paisagem. Galhos quebrados, folhas remexidas, pegadas intencionais na terra e marcações nas árvores são postos a todo tempo para que pessoas que estejam para trás saibam a direção correta a ser tomada e não se percam nessas trilhas sutis, invisíveis aos olhos de um estrangeiro.

Os animais fogem insistentemente dos humanos que vivem em seu encalço, e o medo, *kije*, é o estado em que ficam muitos desses animais ao se encontrar com os caçadores: capelães e outros macacos, antas, porcos, caititus, veados, cotias, pacas, dentre tantos outros. Para os humanos os riscos são outros, como se perder ou ser atacado por fantasmas, por isso as novas trilhas, *pea*, de um *harakwaha* são caminhos ligados a outros antigos caminhos, formadas a partir de locais por onde sempre se caminhou. O território é marcado pela memória, e cada trilha tem seus pontos de parada para a caminhada quase que pré-definidos, isto é, são sempre os mesmos: um grosso tronco há muitos anos derrubado serve como banco; a beirada de um igarapé ou um antigo acampamento são utilizados como pontos de parada. Por ser a floresta um local perigoso, tanto pelos seres visíveis, como onças e cobras, quanto por invisíveis, como os fantasmas *ajỹ*, tais paradas funcionam como locais certificados contra fantasmas,

---

87. *Pea*, "caminho".

vinganças mágicas de animais e outros perigos, sítios onde os riscos são menores justamente por serem de constante presença humana.

Além das onças e dos *ajỹ*, os anos tornaram inevitáveis os encontros com os *karai*, os não indígenas. Hoje em dia durante as caminhadas, eventualmente encontram grupos de caçadores ou vestígios de invasores que há muito se instalaram em suas áreas. Tais encontros são bastante tensos, com ameaças de morte por parte dos Guajá que, quando podem, tomam tudo o que encontram: espingardas, facas, machados, lonas, matam os cachorros. Os espaços para circulação em seus *harakwaha* estão cada vez mais limitados devido a pressões das pequenas comunidades de posseiros, chamados pelos Guajá de *karai caboclos*, que cultivam roças dentro das áreas, e madeireiros profissionais, que abrem feridas na floresta. Alguns anos atrás, por exemplo, um grupo de posseiros que estava fazendo uma roça na Terra Indígena Awá foi surpreendido por alguns Guajá que, após despi-los, os levaram até a sede do posto. De lá, a pedido do chefe de posto, foram poupados e mandados embora mata afora, e nus. Podemos encontrar hoje, em todas as regiões, independentemente da aldeia, muitas árvores marcadas por madeireiros, *ira piro*, "árvore raspada", "sem casca", como tatajubas,[88] pequiás,[89] e maçarandubas,[90] nas quais exploradores ilegais fazem marcações para, em seguida, entrar com as motosserras e tratores. Quanto ao ciclo sazonal, em relação à caça, por exemplo, os Guajá lembram que, hoje, animais como os porcos têm aparecido majoritariamente nas temporadas de chuva, pois a floresta está menos *mexida*. Enquanto o verão, período agradável para caçar, se transformou talvez na pior época, pois os madeireiros estão explorando o território; no inverno, período de chuva, os madeireiros não atuam tanto, assim os porcos ficam menos assustados. De acordo com os Guajá, que não deixam de utilizar o humor para se referir a esses episódios trágicos, os porcos dizem entre si: "Os brancos não estão, vamos andar!". Além disso, meus amigos sempre lembram que os porcos e veados ainda sobrevivem com a roça humana, as antas ainda comem as embaúbas que nascem nas capoeiras, porém os capelães, não. Os capelães, *animais do alto*,[91] em oposição a esses *animais*

---

88. *Bagassa guianensis.*
89. *Caryocar villosum.*
90. *Manilkara.*
91. *Ma'amija watehara*, "caça do alto".

de solo, de baixo,[92] precisam das grandes árvores, pois seu território é no alto, *wate*.

Ocorre aos Guajá nos dias atuais o que parece ser uma constante em diversos povos amazônicos contemporâneos, em que os territórios demarcados, quando não estão bastante invadidos, estão ameaçados por pressões no entorno das terras, o que traz uma limitação dos períodos de deslocamento e alcance de áreas importantes para a caça e coleta[93] e restrição de uso pelos animais. Os pequenos acampamentos, próximos às áreas com grande oferta de caça e frutos, deram lugar a grandes clareiras onde se formaram as aldeias, com dezenas de casas, onde vivem até 180 pessoas, cada vez mais distantes dos locais de caça. No entanto, por serem incapazes de manter uma vida como horticultores, precisam voltar diariamente ao mesmo interior da floresta onde outrora viviam. Andam para cada vez mais longe, para onde a caça se foi.

TOCATA E FUGA

Nos anos que antecederam o contato, os antigos *harakwaha* foram muito rapidamente desmantelados, fosse pela fuga de grupos que recusavam o encontro com os *karai*, fosse pela mudança compulsória dos contatados para novas áreas onde já haviam aldeias nos postos. Esse foi o caso, por exemplo, da família de Takwarẽxa'a que, em meados de 1990, escapando de fazendeiros e posseiros, saiu em fuga para muito além de seu *harakwaha* e do de seus parentes, e foi parar em fazendas distantes, na região central do estado do Maranhão. Após encontrados por moradores locais, foram realocados na atual aldeia Juriti, situada em uma região que Takwarẽxa'a desconhecia: o *harakwaha* de pessoas com quem não mantinha qualquer relação.

Uma vez estabelecidas as terras indígenas oficiais, muitos *harakwaha* desmantelados foram, nos dias de hoje, refeitos. No caso da aldeia Juriti, Wiraho disse-me que utiliza uma parte do antigo *harakwaha* da época em que era criança e vivia na mata em que sua família circulava. Algumas áreas, porém, ficaram distantes para ele: foram invadidas por posseiros ou são estradas ilegais. Diferentemente de *territórios tradicionais*, os *harakwaha* atuais são espaços que podem ser

---

92. *Ma'amija wypahara*, "caça do chão" ou da "terra".
93. Para outros exemplos relativos à limitação do *trekking* em povos caçadores ver Rival, 1999, Lee e Daly, 1999).

ou não remanescentes de antigas áreas, compostos por pedaços anteriores, tal qual uma colcha de retalhos, anexados ao de outros grupos locais que agora vivem juntos, enquanto que outras áreas foram totalmente perdidas. É fato que muitos dos *harakwaha* antigos ficaram de fora das demarcações das Terras Indígenas e hoje são ocupados por povoados e até mesmo municípios inteiros, como é o caso de São João do Caru. No passado, isso forçou os grupos que formaram a aldeia Juriti a ir cada vez mais para as cabeceiras do rio Caru e seus microafluentes.

Se o abandono de uma aldeia em detrimento de uma nova, a cada estação, fazia parte do padrão de deslocamento *awa*, de sua dinâmica territorial, a fuga desesperada para qualquer direção, como a que experimentaram nos últimos 100 anos, e mais fortemente a partir da década de 1960, não obedecia a qualquer dinâmica, a não ser a da sobrevivência. Era fugir ou morrer, e muitas vezes morriam fugindo. Sozinhos ou acompanhados por outras famílias, fugiam do *catarro*[94] e do contato com os *karai*. A perda ou mudança do que eram antigos *harakwaha*, embora tenha ocorrido de forma acelerada nas últimas três décadas, é um processo anterior ao contato oficial e característico dos traumáticos anos que antecederam esse contato, como apresentei no capítulo anterior. Foram anos de dispersão, uma época em que os grupos locais partiram para qualquer lugar; com muitas famílias desfeitas, separadas pela morte; crianças foram deixadas órfãs, e uma fuga sem destino ocorreu, dando origem a diversos casos de pessoas encontradas bem longe de seus locais de origem. Este foi o caso de Karapiru, cuja vida, desde sua fuga pela sobrevivência, até ser colocado na aldeia em que vive atualmente, está marcada por episódios dramáticos.

Karapiru vivia na região de Porto Franco[95] e em 1978, após uma chacina que dizimou todo seu grupo local, fugiu de sua região de origem carregando seu sobrinho. Ele foi encontrado em 1988, 10 anos após sua fuga, vivendo em uma comunidade na Bahia, a uma distância de 700 quilômetros das matas em que vivia.[96] A *saga de Karapiru*, nas palavras de Toral, alcançou uma relativa repercussão na mídia nacional e internacional justamente por historiar elementos dramáticos e muito particulares: um *índio nômade* que sobrevive cuidando de uma criança, em seguida falecida; sua adaptação e readaptação

---

94. *Tata*, "gripe".
95. Ver O'Dwyer, 2001.
96. Ver Tonacci, 2006 e Toral, 2007.

ecológica a novos ambientes, durante uma solitária caminhada de 10 anos; centenas de quilômetros percorridos; sua acolhida junto a uma comunidade rural completamente excêntrica a sua antiga vida; e, por fim, o reencontro com seu filho sobrevivente Xiramukũ, ou "Benvindo Guajá", 10 anos depois.[97] Indivíduos como Karapiru, que simplesmente fogem, não é algo raro em noticiários locais e até mesmo nacionais quando o assunto são os Guajá. E, embora o caso de Karapiru seja, além de emblemático, muito bem documentado, existem outros casos não menos dramáticos que mostram certa *forma guajá*, se assim posso afirmar, de reação às invasões e perdas territoriais, como veremos em mais alguns exemplos.

É também o caso de Jakarexĩ que, tal como ocorreu a Karapiru, teve seu grupo atacado em uma emboscada de jagunços, a mando de fazendeiros, e em decorrência disto fugiu até Minas Gerais, sendo encontrado em 1990.[98] Segundo Forline,[99] enquanto Karapiru andou aproximadamente 720 quilômetros, Jakarexĩ teria se deslocado por 1.100 quilômetros, o que, tal como para Karapiru, se trata de uma distância muito grande. Se pensarmos que tais distâncias foram calculadas em linha reta,[100] poderíamos especular que são ainda maiores, uma vez que as viagens a pé são repletas de idas, vindas e desvios.

Há ainda a *proto-odisséia* de Xaparamuhũ, ocorrida em 2003 durante os VI Jogos dos Povos Indígenas, em Palmas (TO), quando ele, que fazia parte da delegação Guajá dos Jogos, desapareceu durante três dias. O fato curioso é que Xaparamuhũ não *se perdeu*, tal como alguém que se descuida e, desorientado, se perde de um grupo em meio à multidão. Xaparamuhũ deliberadamente foi embora com sua bagagem, arco e feixe de flechas,[101] só encontrado por um pescador após três dias, na beira do rio Tocantins, onde se alimentava de peixes. O organizador dos Jogos Indígenas à época, Marcos Terena, promoveu

---

97. Para mais detalhes sobre esses eventos, ver Toral, 2007.
98. Não é possível saber quanto tempo Jakaretĩ passou fugindo, pois a data de sua fuga é imprecisa.
99. Informação pessoal.
100. A partida seria a região de origem de ambos, Amarante do Maranhão, e os municípios em que foram encontrados.
101. As duas vezes em que os Guajá participaram dos Jogos Indígenas foram apenas em competições de arco e flecha, e se saíram muito bem na VII edição dos Jogos, em 2004, realizados em Porto Seguro. Daí o motivo de cada indivíduo estar com seu feixe de arcos e flechas durante os Jogos de Palmas (2003).

uma busca com auxílio da Polícia Federal e da imprensa, que divulgou notícias em âmbito nacional, durante três dias.

Entre os Guajá, assim como em outros povos amazônicos e entre os próprios Ka'apor,[102] um estado de raiva pode induzir qualquer pessoa, quase sempre um homem, a se isolar na floresta. Durante meu trabalho de campo foram muitas as situações em que homens deixaram a aldeia movidos pela raiva e, em consequência, por uma necessidade de se manter sozinhos. *Imahy* pode ser traduzido por "raiva",[103] e quando alguém entra neste estado se torna perigoso; em caso extremo, pode atentar contra a vida de um *harapihiara*, um parente próximo. Não é raro um homem, como que sem jeito para administrar sua raiva, realizar um retiro voluntário, que pode durar desde horas até alguns dias, em um velho acampamento de caça na floresta. É mais seguro para todos. Enquanto os homens se isolam em suas redes ou fogem para a floresta, as mulheres em situações de raiva a demonstram com mais desconforto que seus maridos, algo misturado com uma profunda tristeza, *imehe*. Choros e gritos são típicos quando uma mulher está zangada, sendo comum em situações como essas lançarem ao longe alguns de seus animais de criação, ao mesmo tempo que berram para descontar sua raiva. No dia a dia, muitos são os motivos para raiva e tristeza, desde a morte de alguém até coisas aparentemente corriqueiras que ganham proporções descomunais, como um marido que esteve prestes a flechar sua mulher, pois esta havia comido um mamão inteiro e não havia guardado sequer um pedaço para ele. Voltaremos a esse tema adiante.

Raiva, *imahy*, medo, *kije*, e tristeza, *imehe*, podem causar grandes danos às pessoas. Mesmo não sabendo o que se passava com Xaparamuhũ naqueles Jogos Indígenas de 2003, especulo que uma confusão entre tristeza, raiva e medo o moveram a deixar tudo para trás, tal como fez Karapiru duas décadas antes, para sobreviver. O contato produziu o mesmo sentimento de raiva, medo e tristeza que conheceram em adversidades anteriores, como conflitos com inimigos e doenças, porém com uma intensidade nunca antes experimentada. Para situações limites, de morte e desespero, como viveu Karapiru e os outros, as soluções também foram de morte e desespero. A promessa de um novo *harakwaha* que nunca se restabelece, o novo e desconexo ambiente em que se instalam e, surpreendentemente, sobrevivem, os laços

---

102. Ver Ribeiro, *op. cit.*
103. Embora a tradução literal seja "produzir dor a si mesmo".

sociais que se afrouxaram inclusive por óbitos de parentes, a sub-dieta a que são submetidos, tudo isto levou essas pessoas à destruição ou a uma não menos brutal superação. Como adiantei no capítulo anterior, em uma conversa com Karapiru, quando eu gravava alguns cantos,[104] ele contou-me que havia *desaprendido* a cantar. Inicialmente pensei que estava evitando cantar para o gravador, diferentemente de todos os outros que faziam questão de cantar para mim. Eu respondi que ele podia cantar o que quisesse, e caso não quisesse cantar eu também não me incomodaria. Ele então voltou a repetir que realmente não sabia cantar, e que havia "morrido um pouco", *manũ mixika'ĩ*, depois dos 10 anos que viveu afastado de *pessoas iguais a ele*.[105] Outras pessoas que estavam conversando conosco perceberam meu espanto ao encontrar um velho que não sabia cantar e trataram de me confirmar o que Karapiru havia dito: "Sim, ele morreu um pouco mesmo e, por isso, não sabe mais cantar", disse-me Kamajru.

Karapiru foi recolocado na aldeia Tiracambu, que está a aproximadamente 490 quilômetros de distância de sua região de *origem*,[106] junto a outras pessoas que até então ele não conhecia, pessoas que herdavam histórias e lugares de vida muito diferentes dos seus; embora todos fossem Awá, eram outros parentes, de outras florestas. Como voltar a ser um *awatea*, um humano de verdade, capaz de cantar e caçar com propriedade, após uma epopeia como essa? Se para os Guajá a memória e as ações estão inscritas neste espaço de conhecimento, o *harakwaha*, a perda deste lugar primordial não é só uma perda territorial, mas da vida em si, tal como me sugere Karapiru ao afirmar ter morrido, ainda que um pouco.

Lastimo não ter conhecido pessoalmente Xaparamuhũ, e com Jakarexĩ falei muito pouco; porém, tendo em vista que a atitude deles fora algo sistêmica durante os anos de contato, quando muitos indivíduos fugiam sós, me parece que tal reação, que envolve uma fuga *desorientada*, está relacionada com a possibilidade de restabelecimento de novos *harakwaha*. Para Karapiru, Jakarexĩ, além de tantos outros anônimos que morreram fugindo, sem que tivéssemos a chance de conhecer suas histórias, um dos motivos destas diásporas compulsórias era a possibilidade de um novo *harakwaha*. Diferentemente

---

104. *Ijãnaha*, "o canto dele".
105. Como veremos mais à frente, trata-se dos *awatea*, os "humanos verdadeiros".
106. Muito provavelmente, Porto Franco, o local de dispersão de Karapiru já era uma área para onde ele estava fugindo.

da história de Uirá, [107] os muitos Guajá que simplesmente fugiram, deixando para trás seus territórios, buscavam restabelecer espaços que já não possuíam, em novos *harakwaha* que nunca mais encontrariam. Dessa mesma forma, presumo, o aludido *nomadismo* dos Guajá é mais bem entendido quando a mobilidade espacial é pensada como um processo de produção e reprodução do *harakwaha*. Se antes, por conta de guerras intestinas, morte ou escassez de recursos, novos *harakwaha* podiam ser constituídos, desde a chegada do rolo compressor do Estado as fugas de nada adiantaram e novos *harakwaha* jamais reapareceram. *Watama'a*, "aquele que caminha", caminhantes[108] que fazem e são o caminho, os Guajá sempre refizeram seus espaços de conhecimento, *harakwaha*, verdadeiros territórios vitais que em muitos outros casos não puderam ser refeitos, levando muitas vidas a um trágico destino. É como se tivessem sido trapaceados por sua própria territorialidade.

WARI RAKWAHA, «LUGAR DE MACACO»

Assim como encontramos em outras etnografias,[109] dentre outras relações importantes, como tamanho, hábitos e dieta, os animais,[110] são antes pensados a partir do seu etnograma, seus repertórios comportamentais, além do local em que vivem. De maneira geral, os "animais do alto", *ma'amija watehara*, são aqueles cuja maior parte da vida se desenrola no alto das árvores, mesmo que eventualmente possam descer e correr sobre a terra como fazem os macacos-pregos em fuga.[111] Os mais lembrados são: macaco-cuxiú, capelão, macaco-cairara, macaco-prego, jupará, ouriço-caxeiro (quandú), preguiças,

---

107. Uirá fora um Ka'apor que, mediante uma situação de desengano envolvendo um estado psicológico de raiva, melancolia e desespero, abandonou a aldeia e saiu, em vida, à procura de uma entidade transcendente, Maíra, e da Terra sem mal. Sobre a epítome da transcendência messiânica tupi, cf. Ribeiro, 1980.
108. Ingold utiliza o termo *wayfarer*, cuja tradução pode ser *caminhante*, quando se refere a diversos povos caçadores-coletores que enxergam como sinônimo as ideias de "andar" e "viver" (2007, pp. 75-76). Não curiosamente, os Guajá têm uma palavra quase idêntica, *wata ma'a*, "caminhantes", para "se definirem" em relação ao território.
109. Ver, por exemplo, Jara, 1991.
110. *Ma'amijara*, "caça", literalmente.
111. Macacos-pregos, diferentemente dos capelões, têm a cauda pouco robusta, o que, em caso de emboscadas, dificulta a fuga pelo alto das árvores. Quando precisam correr mesmo, esses animais se atiram no solo e se espalham pela folhagem o mais rápido e distante que conseguem.

macaco-da-noite e saguis. Nesse grupo de *animais do alto* há também pássaros como tucanos, araçaris, jacus, jacupemba, araracanga, ararajuba e toda a infinidade de passarinhos. Os "animais do chão", ou "da terra", *ma'mija wypahara*, constantemente lembradas são: queixada, caititu, anta, tamanduá, quati, onça-pintada, sussuarana, veados mateiro e foboca, cotia, paca, diversos tipos de tatu, dois tipos de jaboti, raposa, cachorro-do-mato, papa-mel, dentre outros menos lembrados. Uma parte desses *animais do chão* é classificada como "animais do buraco", *ma'amija ikwapahara*, que só costumam sair para andar à noite, e pouco andam durante o dia. Por exemplo, os Guajá conhecem cinco espécies de tatu: *tatutea*, "tatu mesmo", "tatu de verdade"; *tatupeperehũa*, "tatu peba"; *tatukajtua*, parecido com "tatu peba"; *tatuhua*, "tatu canastra"; e *tatujawara*, "tatu onça". Além desses tatus, são "animais do buraco", *ma'amijá ikwapahara*, a paca e a cotia. Há também uma macro-classificação para os animais aquáticos[112] que além de diversos peixes inclui quelônios, as capiningas e tartarugas, jacarés, poraquês e arraias. Além dessa classificação topológica, os hábitos noturnos e diurnos dos animais também os define de alguma forma. Antas, pacas, veados, juparás e todos os *animais do buraco* gostam da noite.[113] O macaco-da-noite, dizem as pessoas, diferentemente dos outros macacos que dormem de noite, preferem dormir de dia. Já os animais que dormem de noite, e preferem o dia[114] sempre lembram de diversas espécies de macacos, com exeção do macaco-da-noite, cotias e empenados como o inhambu.

Se partes da floresta são o *harakwaha* dos humanos, alguns animais, além de outros seres, possuem seu próprio *harakwaha*. Esse fenômeno foi antes observado por Cormier, indicando que os Guajá situam a terra em que vivem os humanos, *wy*, como o *harakwaha* de Maira; Mai'irakwaha, na grafia da autora (2003, p. 72). No decorrer de meu trabalho de campo, pude observar que a ideia de *harakwaha* também aparece como uma tradução Guajá para nossa noção de *habitat*, locais onde os animais "gostam", *maparahỹ*, de estar. De maneira ainda mais específica, os cocais da espinhosa palmeira *ju*[115] é o *hakwaha*, "lugar dele", de determinada vara de porcos, um *xaho rakwaha*, pois é este o local onde encontram comida e de que *gostam*. Da mesma forma, a copa das árvores é o *hakwaha* dos capelães,

---
112. *Ma'amijá y'pahara*, "animais da água".
113. *Wata pyha*, "andam de noite".
114. *Wata ikwamehẽ*, "andam de dia".
115. Marajazeiro — *Pyrenoglyphis maruja*.

waria, por isso, *wari rakwaha*; os buracos, *ikwara*, são o *hakwaha* dos tatus, *tatua*; e as águas, o *hakwaha* do jacaré, *jakarea*, de poraquês, *manakya*, e capivaras, *kapijawara*. Os Guajá não se reportam aos *hakwaha*, "lugar dele", de todos os animais que conhecem, mas apenas daqueles pelos quais se interessam; seja porque os caçam ou simplesmente gostam deles, conhecendo seus hábitos.[116]

Desde os menores seres, como as bravas formigas *tahya*, [117] até os grandes felinos, como a sussuarana e a onça-pintada, seres quase absolutos nesse ambiente, ou mesmo as gigantescas antas, com seu couro impenetrável mesmo para um tiro, todos têm seu espaço, seus caminhos e seus territórios. Tal como ocorre aos humanos, para esses animais a escolha de um *hakwaha* passa pela combinação de hábitos alimentares, acesso a recursos básicos de subsistência e qualidade do *habitat* como segurança, conforto, distância segura de predadores, etc. Tal combinação de fatores é expressa pela ideia de *maparahỹ*, "gostar". *Maparahỹ ka'á*, "[os capelães] gostam da floresta", é dito como se explicasse o fato de a floresta ser repleta desses primatas; bem como os macacos cuxiús, *kwixua*, macacos-pregos, *ka'ia*, macacos-cairara, *ka'ihua*, e mão-de-ouro, *tapajua*. A ênfase na ideia de *gostar* explica hábitos, preferências e atitudes, dos humanos e de outros seres, com relação a sua vida, com a ideia de *maparahỹ*, utilizada em diferentes exemplos que variam do parentesco à caça.

Certa limitação linguística impossibilitou-me distinguir formas mais precisas pelas quais os Guajá expressam a ecologia; por isso, em nossas conversas, tive de me ater a ideias abstratas, tal como *gostar*. Apesar de uma redução de formas complexas do pensamento guajá, a ênfase à ideia de *gostar* não seria de todo equivocada, uma vez que encontramos em outros casos etnográficos ideias não muito diferentes para explicar o porquê da ocupação de determinado sítio, em que o *gostar*, em um sentido forte, é um componente central da espacialidade, tanto dos humanos quanto dos animais. Os Zo'e, por exemplo, se relacionam com suas áreas de vida, algo parecido com a concepção dos Guajá. O termo *koha*, "lugares de exercício de um jeito de ser", pelo qual se referem a seus territórios, era utilizado "não só quando falavam de si mesmos, mas quando falavam de outros

---

116. Os Guajá chegam a dizer que até mesmo os *karai*, os não indígenas, tiveram suas *karai ka'a*, "florestas dos *karai*", porém as destruíram e, hoje em dia, estão interessados em destruir as *ka'a* dos Guajá.

117. As formigas *tahya* são conhecidas por atrapalhar a vida dos caçadores, obrigando-os a largos desvios ao longo da caminhada, pois atacam os pés de maneira impiedosa.

seres, com ênfase para algumas espécies de macacos como os coatás, os capelães e os pregos, e em relação aos mortos, *taiwyt* [...]" (Havt, 2001, p. 77).

No caso dos Zo'e, a noção de *koha* também se aplica a alguns animais, mas não a outros. Por exemplo, os caititus e queixadas são, segundo os Zo'e, animais que não possuem *koha* ou, ao menos, eles não conheciam seu *koha*.[118] Estas áreas tradicionais de vida Zo'e que, como no caso dos Guajá, extrapolam a condição humana são vinculadas às espécies, de acordo com as características da espécie e do ambiente. A autora menciona que o *koha* dos diferentes seres é definido pelas características ambientais que ligam o espaço a determinado animal, de acordo com hábitos alimentares que ligam o animal "dono", *jet*, da área a determinado local, além dos hábitos de vida, que ligam as espécies a seus respectivos ambientes. Para a autora, o *koha* Zo'e pode ser traduzido de forma simplificada por "lugar de" e de forma mais adequada por "lugar de exercício de um jeito de ser" ou "viver", bem próximo do já apresentado *tekoha*, ou *tekoá*, dos Guarani.

A caçada a determinado animal é entendida, pela ótica da presa, como uma invasão a seu *hakwaha*. Os Guajá explicam que os capelães, *waria*, enxergam os humanos como *karai caboclos*, termo pelo qual os próprios Guajá se referem aos madeireiros. A forma de caça aos capelães, que veremos neste livro, consiste basicamente em uma emboscada aérea, em que os homens sobem às árvores onde os animais se escondem e lá travam uma pequena batalha. Essa forma de os Guajá ocuparem o espaço aéreo dos capelães faz com que os caçadores sejam percebidos pelos capelães tal como os Guajá percebem os *karai*, que, por exemplo, abrem estradas nas áreas dos Guajá: *são madeireiros que vieram nos matar*, pensam, *imarakwa*, os capelães.

Humanos e animais percebem o espaço de acordo com suas experiências. Trata-se de uma territorialidade que, feita e refeita, varia de acordo com o ponto de vista do sujeito envolvido no processo. Desta forma, as muitas invasões que ocorrem hoje em seus territórios são vistas como o fim do *hakwaha*, "lugar dele", de muitos animais. Esse é um dos principais problemas relacionados às invasões ilegais e derrubada de madeiras. Além do óbvio desastre ambiental que todos percebemos, os Guajá dizem que as espécies animais que não são mortas, fogem à procura de novos *hakwaha*, mais distantes. Depois

---

118. *Idem.*

do contato, tiveram de aceitar que os limites colocados pela nova vida vão de encontro a suas concepções sobre território, constituído agora por rotas fixas que saem sempre das imediações dos postos indígenas. Os grupos humanos que viviam dispersos nos diferentes pontos da floresta, cuja troca de objetos, serviços e cônjuges era feita em encontros destas pequenas aldeias, quase sempre durante a estação seca, vivem agora confinados em uma estranha convivência, aos olhos dos Guajá, em aldeias fixas.

COSMOGRAFIA

A Terra, *wya*, tal como nós a conhecemos, o local onde vivem os humanos, é apenas uma pequena parte do universo social que, além de *wya*, contaria com alguns patamares celestes, os diversos *iwa*, "céus", onde habitam os mortos, *karawara*, *tapỹna*, *nima*, duplos celestes, além de *kamara*, outros povos indígenas, e *karaia*, não indígenas, celestes. Sua cosmografia conta com um mundo subterrâneo, também chamado *iwa*, onde vive outra humanidade sobre a qual os humanos da Terra pouco sabem. Essa paisagem seria resultado da separação de um mundo anterior, onde céu, Terra e sub-Terra estavam muito próximos, quase confundindo-se. Como em diversas sociocosmologias tupi, os Guajá se referem a uma separação das camadas cósmicas, cujo resultado principal foi a *especiação sociológica da Terra* (Viveiros de Castro, 1986). Encontrei alguns mitos do ciclo dos gêmeos Tupi-Guarani,[119] além de uma versão sobre o tema do dilúvio, que teria destruído uma primeira humanidade e configurado o mundo atual.

Os Guajá contam que, no passado, antes da grande separação, a Terra era um local insuportavelmente quente, esburacado, cujo céu, *iwa*, era possível tocar levantando apenas os braços. Nessa época, *o céu era um pouco mais alto que o telhado de um tapiri*, me disse um homem, e quando os capelães pulavam de galho em galho pela mata, os Guajá os matavam com muita facilidade, não precisando subir em árvores para caçá-los, pois do chão um caçador conseguia acertá-los com suas flechas. Muito embora experimentassem um relativo conforto, devido à abundância e facilidade em matar caça e conseguir frutos nas árvores de baixa estatura, sofriam com as altas temperaturas da Terra, que era muito próxima do céu, um lugar muito quente, acarretando-se, além de grande desconforto, muitas queimaduras em

---

119. Como veremos no próximo capítulo.

suas peles. A Terra era também um local esburacado, cujos galhos caídos serviam como pontes e pinguelas na travessia de uma infinidade de grandes fossos e buracos que formavam a superfície. Foi nessa época que muitas pessoas despencaram para o patamar subterrâneo, cujo acesso era livre, e jamais conseguiram voltar. Foram esses humanos, *literalmente*, decaídos que deram origem à população do patamar, *iwa*, subterrâneo.

Quem mais sofria com aquele calor eram as mulheres, elas simplesmente o detestavam, tinham completa aversão à proximidade com o sol. Certo dia uma esposa pediu ao marido que tomasse alguma providência, pois não aguentava mais tanto calor:

Meu marido, por que o céu tem que ser tão baixo? Por que aqui na Terra faz tanto calor? Assim eu não consigo viver, não consigo não.

Insatisfeito com o sofrimento de sua esposa e com seu próprio padecer, o homem pediu ajuda ao pássaro *japu*[120] que, como tantas outras espécies animais nesta época pré-separação, era também humano; seu nome, Japu Jará.[121] E o *japu*, por saber como fazê-lo, aceitou elevar-se ao céu à altura que permanece até os dias atuais:

Pode deixar, *hary*,[122] me elevarei ao céu para que vocês não se queimem nem sofram mais com todo esse calor, disse.

Japu Jara puxou o céu, afastando-o para longe, bem acima da Terra,[123] e isso fez com que as árvores crescessem mais alto. Desde então, os homens devem subir até as copas para caçar os capelães.

Depois desta mudança, Japu Jara e sua esposa subiram ao céu, permanecendo lá até os dias atuais. O pássaro *japu* que ficou aqui na Terra é o seu *nima* — xerimbabo, ou mesmo "duplo terrestre", como veremos. Assim também, outros seres-animais que aqui eram humanos e excelentes caçadores foram para o céu, deixando a Terra à humanidade, aos bichos e plantas. E até hoje a distância entre os patamares celestes e a Terra é controlada por Japu Jara. É ele que não deixa o céu subir demais nem cair, fazendo com que o cosmos permaneça estável.

---

120. Japu-preto, *Psarocolius decumanus*.
121. A maioria dos animais míticos, além dos atuais *karawara* celestes, é referida pelo designativo *jara*, comumente traduzido por "dono" na bibliografia tupi-guarani, mas que aqui aparece com contornos próprios, o que discutirei neste livro.
122. Vocativo para parente próximo.
123. *Wate*, "longe acima".

Enquanto o céu subia se desprendendo, muita terra caiu dos patamares celestes e preencheu os grandes buracos que havia na Terra, encerrando definitivamente no patamar subterrâneo a população que, antes da separação, havia caído nos buracos. A terra endureceu, e as pessoas do subterrâneo não voltaram mais à Terra, *wya*, nem os habitantes da Terra conseguem mais descer até lá. Desde a separação, me explicaram, a Terra é um local fresco, diferente do que era, com árvores altas onde vive um grande bando de macacos que lhes servem de alimento. Inclino-me a pensar que, de certa forma, tal como ocorrera com os Araweté segundo Viveiros de Castro (1986, p. 184), os Guajá foram *deixados para trás*, ainda que pelo pedido de uma mulher.

Versões de narrativas como esta podem ser encontradas em diversos outros povos do conjunto Tupi. Os Ka'apor, um povo Tupi-Guarani habitante da mesma região, relatam que havia um tempo em que o céu caiu sobre a Terra e ficou na altura das casas. Essa Terra ficou escura e sem sol até o dia em que alguns humanos cortaram o céu e, através desse buraco, algumas pessoas nele adentraram. Neste momento o céu se separou da Terra novamente e os que entraram pelo buraco estão lá até hoje (Huxley, 1963, p. 242). A versão guajá conjuga os temas da *subida* e *queda* do céu com a do *mundo queimado*, aqui associado ao calor do céu, como um dos motivos causadores da separação entre Terra e céu.[124] Na versão ka'apor, o céu cai, enquanto na versão Guajá o céu, originalmente baixo, se eleva. Além disso, o desconforto derivado da queda do céu entre os Ka'apor está relacionado à escuridão que foi gerada na Terra, enquanto que para os Guajá o céu originalmente baixo causava desconforto devido ao superaquecimento.

IWA

Este é um local relatado como belo, claro, limpo e farto em comida, com poucas árvores e várias pessoas, e muitos são os grupos de seres que povoam o *iwa*: parentes mortos, duplos celestes, animais, plantas e uma infinidade de seres próprios deste lugar, onde os principais são os *karawara*. Os *karawara* são descritos como *os awa*, "humanos", do *iwa*, os ex-habitantes da Terra com os quais os humanos se relacionam de diferentes formas, como continuaremos vendo no decorrer

---

124. Para outras versões, ver Lévi-Strauss, [1964], 2004, pp. 333–334 e Viveiros de Castro, 1986, p. 189).

deste trabalho. Diferentemente da *wya*, a Terra, descrita como suja e perecível, o *iwa* é um local muito agradável e farto. As poucas árvores que lá existem são baixas palmeiras, e os frutos gerados por elas, além de estar ao alcance das mãos, são maiores que os da *wya*. Assim, os inajás, *inajã*, e as bacabas, *pinawã*, do *iwa* são, além de muito carnudos, alcançáveis ao esticar de um braço.

Se há algum ponto de convergência nos múltiplos pontos de vista que as pessoas detêm sobre o *iwa* é o superpovoamento deste lugar. *Ha'i tete awa*, essa é a primeira coisa que os Guajá falam para explicar o céu: "Há muitas pessoas lá!", alguém dizia; "Parece Santa Inês (a cidade grande mais próxima)!", comentava outro; ou, "É maior até mesmo do que São Paulo!", afirmava alguém, para que eu realmente entendesse a dimensão do lugar. Conforme me ensinaram os Guajá, entre os habitantes que compõem esse local densamente povoado estão diversos seres. Primeiro, os humanos, *awa*, que já faleceram.[125] Depois, os Tapỹna, ou Tapỹ, seres celestes característicos do *iwa* que exercem proeminência sobre as outras criaturas celestes, referidos também como *chefes* ou *prefeitos* do céu. Também diversos *karawara*, espíritos que seriam potências animais, vegetais ou objetos, que no céu são humanos. E por fim, os *kamara* e *karai* que têm uma boa relação com eles. Nos capítulos seguintes veremos mais sobre esses seres.

Os patamares celestes, *iwa*, são incontáveis; os humanos não sabem ao certo quantos níveis existem sobre a Terra. Na subida para o céu, *oho iwape*, que os homens experimentam, sobretudo com a *takaja*,[126] uma vez no *iwa* conseguem subir para mais dois ou três patamares a fim de visitar outras aldeias celestes. Subir mais do que isso torna-se perigoso por dois motivos: primeiro, os homens correm o risco de se perder no caminho de volta, dada a vastidão desses diversos céus;[127] depois, os humanos não têm condições físicas para suportar o calor do céu, *iwa haku*, capaz de queimar violentamente sua pele. Quanto mais distante for o patamar celeste, mais quente ele

---

125. O *iwa* é o destino *post-mortem* de todo habitante terrestre, como veremos. Em linha gerais, uma vez falecida, a pessoa é, lá, ressuscitada, passando a viver na forma *karawara*.
126. Veremos sobre a *takaja* no último capítulo.
127. Wiraho me conta que os *karawara* querem levar os homens para diversas aldeias, algumas muito longínquas, na intenção de deixá-los vivendo com belas esposas e comida farta, o que implica morte dos humanos que isso fizerem, pois não voltarão à Terra.

será; alguns deles são locais impossíveis de atingir devido a esse calor letal. Os humanos não aguentam o calor do *iwa*, por isso, em suas viagens, como no momento ritual da *takaja*, não podem lá permanecer durante um longo período de tempo. O local é tão quente que os *karawara*, seus principais habitantes, precisam descer à Terra para se banhar e beber água, uma vez que aquela água avermelhada do *iwa* é imprestável para o consumo. Toda água utilizada pelos Guajá celestes é retirada da Terra; somente os jacarés, *jakarea*, que lá vivem suportam a temperatura elevadíssima das águas celestes.

Além dos diversos *iwa* superiores, há aquele inferior com o qual, diferentemente do céu, os Guajá não mantêm contato desde a época da separação dos mundos. Este patamar é a morada de diversos seres, entre eles, Pira Jara, uma "Gente-Peixe", que são caçadores de nhambus, *iramũ*, e criam diversos animais, como porcos e antas. Além desse, há também 'Y Jara, "Gente-da-Água", que são caçadores de porcos e os abatem com flechas de taquara, tal como as dos humanos.[128]

Como o patamar inferior à Terra é também chamado *iwa*, traduzir esse termo por "céu" se mostra um equívoco. Por isso, seguindo outros autores e na falta de termo mais adequado, utilizarei a palavra "patamar". É esta composição do cosmos em camadas, tão difundida entre os Tupi-Guarani,[129] que ordena a cosmografia guajá. Muitos patamares acima da terra e um abaixo formam o mundo. Durante todo o trabalho voltaremos às relações entre a Terra e os patamares celestes, por isso é necessário apresentarmos, ainda que incompletamente, estes espaços. No caso dos Guajá, podemos afirmar que a Terra, *wya*, seria, em contraste com o *iwa*, basicamente o local onde a vida dos humanos se desenrola, o local onde os Guajá *vivem*, enquanto o *iwa* seria o seu destino *post-mortem* e a morada dos *karawara*, embora os humanos também o frequentem.

O AVESSO DA TERRA

O esquema do cosmos guajá é constituído por vários níveis superpostos, nem sempre em um eixo vertical, uns aos outros. As distâncias se contariam tanto no plano vertical quanto horizontal, e o *iwa* não é somente o céu que vemos daqui, embora esse também seja *iwa*. Os homens que

---

128. Voltarei a discutir a ideia de *jara* nos capítulos subsequentes, inclusive, a ideia de *donos*, nesses e em outros seres, porém para os casos acima a ideia de *gente* fornece uma tradução adequada.
129. Ver, por exemplo, Gallois, 1988; e Viveiros de Castro, 1986.

conseguem viajar até lá, através da *takaja*, para alcançá-lo devem seguir para o alto e para o leste, na direção em que nasce o sol. Ao subir pela *takaja* chega-se a um patamar intermediário, aquele repleto de água vermelha, *pinỹ*, e quente, *haku*; uma vez nesse patamar, sobe-se novamente, agora em direção ao leste, e lá está a aldeia dos *karawara*. A concepção do cosmos Guajá é um tanto próxima da forma como os Araweté definem também sua cosmografia, pois lá, tal como entre os Guajá, "a representação do universo como sendo composto de camadas superpostas [...] se mostra inadequada para uma descrição da cosmologia [...], os valores verticais e horizontais do cosmos se misturam, ou interinfluenciam, e as qualidades simbólicas do espaço distorcem qualquer neutra geometria" (Viveiros de Castro, *op. cit.*, pp. 188–189).

O esquema geográfico do cosmos compreende, além dos infinitos *iwa*, dois níveis intermediários. Um deles é chamado *uru ripa*, "a aldeia dos urubus", e o outro *'ya*, "água".[130] No caso desta última, o topônimo não é importante e provavelmente não exista, já que cada pessoa se referia com um nome diferente, e *'ya*, "água", é satisfatório. No nível do *'ya*, as águas muito quentes têm *a cor de urucum*, e os únicos habitantes são jacarés que, junto com os urubus que vivem em um patamar próximo, são os únicos que bebem desta água. A morada dos urubus é uma espécie de anexo do *iwa*, bem próximo à Terra, controlado por um urubu celeste de aparência humana, Uru Jara, "o senhor dos urubus". Ao sentirem cheiro de carne podre, os urubus descem para se alimentar e depois retornam. Diferentemente de mim, os Guajá nunca demonstraram dúvida quanto ao fato de os urubus que povoam a Terra morarem no céu. Em determinada situação, algumas pessoas encontraram um ninho com ovos de urubus no alto de uma embaúba, próxima à aldeia; foi quando perguntei se os urubus não faziam seus ninhos no céu. Um homem me respondeu enfaticamente que era óbvio que não, *fazendo o meu ceticismo parecer ainda mais estúpido*, que os urubus, *urua*, precisam das árvores para fazer seus ninhos, e na morada dos urubus, tal como nos *iwa* acima, não havia árvores para isso. Em outra situação, ao ver alguns urubus dormindo na copa de uma árvore, fiz insistentemente uma pergunta semelhante, do tipo: "Por que eles dormem aqui e não no céu, já que moram lá?", ou outra tão aparvalhada como esta, e alguém me respondeu que eles dormem na Terra, mas frequentam a morada dos urubus; inclusive, alguns dormem no céu.

---

130. Ou ainda *'ya haku*, "água quente", *'yramãj*, "grande água", *iwa 'ya*, "água celeste".

No que tange à vida social, o *iwa* é habitado por uma boa parte dos tipos de seres humanos que vivem na Terra, sejam os *awa*, os *kamara*, outros indígenas, e os *karai*, não indígenas. Os Guajá celestes são chamados *karawara*, uma classe complexa de seres[131] que os humanos costumam chamar simplesmente por *awa*, humanos. Estes são descritos como "belos", *parahỹ*, adornados com braceletes e cocares de penas de tucano; em seus corpos estão coladas penas de gavião e urubu rei; as mulheres vestem-se de saias, também trabalhadas com penas de tucano. Além dos *karawara*, existem os "não indígenas", *karai*. Ao descreverem o *iwa*, enfatizavam que há motocicletas, caminhões, carros, espingardas, munições, e toda a sorte de objetos que os *karai* fabricam.

Na morada dos ancestrais, as casas são tapiri, *tapãj*, tal como os existentes na época em que viviam na floresta, antes do contato — e que atualmente são construídos na temporada de verão, nos retiros de caça. São compostos por um telhado de palha, preferencialmente babaçu e açaí, que recobre toda a estrutura de troncos de madeira presos ao chão e ou amarrados nos galhos baixos de árvores. Uma diferença de natureza entre a arquitetura celeste e a terrestre é que no *iwa* todas as estruturas de madeira são confeccionadas com uma madeira especial só existente lá, conhecida como *irananỹ*. Essa madeira, como quase tudo que há no céu, é de cor branca, *xũ*, e utilizada na fabricação dos moquéns e casas celestes. Quanto à dieta, ela é idêntica à dos Guajá, com a diferença de ser bem mais farta: com caça, frutos de coleta, farinha e cultivares como abóbora, macaxeira, melancia, mandioca, batata, cará e arroz, todos consumidos pelos *karawara*. Caça e mel são retirados da Terra, enquanto os cultivares e frutos de coleta são adquiridos no próprio *iwa*, sempre mais fáceis de acessar e maiores. As palmeiras, [132]como já mencionei, são baixas e seus frutos alcançáveis com um esticar de braços, tal como as árvores frutíferas como caju, *akajua*, laranja, bacuri, *muukuria*, banana, *makua*, além dos pequiás, *mykya'a*, que, muito carnudos, têm caroços muito pequenos e sem espinhos, bem diferentes dos caroços grandes e espinhentos dos pequis terrenos. Disseram-me que no céu também torram farinha, *tarymỹ*, tal como os Guajá, que aprenderam com a Funai.

---

131. Discutiremos em detalhes no capítulo 8.
132. Bacaba, inajá, açaí, babaçu.

Esses Awá celestes, os *karawara*, podem ser desde parentes mortos até animais *jaras*, cujo estatuto celeste é o de *harapihiara*, humanos próximos. Só descem à Terra para caçar durante o dia, e descem à noite apenas nos meses de verão, durante as cantorias na *takaja*. Mesmo havendo diversas espécies animais no *iwa*, eles não são caçados, somente criados como animais de criação ou simplesmente vivem soltos. Cada *karawara* tem uma especialidade na caça, derivada quase sempre de seu gosto por algum tipo de carne. Só para termos uma ideia, já que voltaremos ao tema mais adiante, o *karawara* do tipo Makaro Jara — cujo duplo na Terra é o pássaro *makaro*[133] — vem caçar somente porcos queixada, assim como outros são caçadores especializados em outros animais. São dezenas de *karawara* que apresentarei no último capítulo. Por ora, só é importante enfatizar que todos eles têm livre acesso à Terra, onde vêm caçar sempre durante o dia e depois voltam ao *iwa* antes de o sol se pôr. Sua técnica de caça é bem precisa e específica. Além de serem muito rápidos, suas armas[134] são dotadas de *tata*, "fogo", "energia",[135] proporcionando-lhes uma vantagem técnica durante a caçada que aniquila a presa com precisão e rapidez. Alguns deles utilizam espingardas, *maka*, e seus cartuchos, em vez de chumbo, são compostos de *tata*. Os humanos não conseguem ver tais caçadores extraordinários, pois, além de serem muito velozes e eficientes em suas caçadas, eles descem em locais afastados, dentro da mata, e nunca coincide que cheguem onde os Guajá estejam circulando. Ao caçarem algum animal, os *karawara* amarram a presa abatida e voltam ao *iwa* imediatamente. O trabalho na Terra só consiste em abater. Todo o processo, fundamental para o consumo da carne, de *pós-caça*[136] Os *karawara* não estocam a carne moqueada nem mesmo por um dia sequer, como fazem os humanos. A carne é partilhada e consumida. Quando seus filhos voltarem a ter

---

133. Pomba-galega, *Patagioenas cayennensis*.
134. *Wy'ya*, "flechas", *kĩ*, "tabocas".
135. A ideia de *tata* é utilizada para definir tanto a energia elétrica quanto o fogo. Assim, o poraquê, *marakya*, o peixe elétrico, *Electrophorus electricus*, seria dotado de *tata*, tal como minha lanterna o é. Ao mesmo tempo, *tata* é o vocábulo pelo qual denominam o fogo. Ao traduzirem *tata* para o português, por vezes era como "fogo", por vezes, como "energia", a depender da situação em questão; porém, se tomarmos o cognato Mbya para fogo *ata*, suponho que a *energia* é vista pelos Guajá como *fogo*.
136. Compõem o processo do *pós-caça*: o despelar, *hape*, o animal, retirando a pele por queima, e a raspagem e ou corte, o destripar e o moquear. Além disso, o processo é realizado no *iwa*.

fome, retornam à Terra para uma nova caçada. Por serem caçadores magníficos, não encontram dificuldade no abate de novas presas.

No céu também há bichos. Os animais criados no *iwa* são ligeiramente diferentes dos da Terra. As onças, *jawara*, celestes, por exemplo, são maiores que as terrenas e muito mais ameaçadoras. No patamar terrestre, os *jawara* são uma eterna preocupação para os humanos, sobretudo por sua astúcia e desejo de carne — fazendo-os permanecerem em estado de atenção durante as caçadas. Já no *iwa*, os *jawara* celestes, muito mais robustos que os terrenos, vivem presos e amordaçados. "A onça tá amarrada no céu!", todos costumavam me dizer. E embora os Guajá me dissessem que as onças do *iwa* são muito bravas e controladas todo o tempo para não ferir os habitantes celestes, mesmo assim elas protagonizam cenas de ataques aos Guajá celestes, oferecendo riscos à vida de muitos seres no *iwa*. Esses jaguares celestes ainda descem à Terra para capturar porcos e levar ao céu para se alimentar.

Ainda no bestiário celeste é mencionada uma espécie de macaco capelão que, diferentemente dos de cor preta, *pinuhũ*, encontrados nos territórios guajá, seriam vermelhos, *pinỹ*, e só existiriam no *iwa* — embora haja bugios avermelhados em boa parte da Amazônia. Ele desce à Terra atrás de frutos e os leva para comer no céu. Este capelão, *waria*, especificamente é um devorador de humanos, e encontrá-lo na floresta acarretaria morte. Além dos habituais bugios de cor preta encontrados na região, existem variações da cor dessa espécie pela Amazônia, e a variação *ruiva* seria uma delas. Na região dos Guajá só existem bugios pretos, com as patas e pontas do rabo levemente douradas. Os capelães inteiramente vermelhos seriam, para os humanos, animais mitológicos.

Em linha gerais, este é o mundo onde vivem os Guajá. Vejamos agora seus habitantes.

Existir

AWA MỸNA, «A GENTE-ANTIGA»

Quando sozinho no mundo, o herói cultural Maira[1] fez a primeira mulher na Terra a partir de um tronco de árvore,[2] e a criação de toda a humanidade é atribuída a esse fato. A sequência inicial desse acontecimento pode ser interpretada como uma variante do tema da Noiva de Madeira, ou a Noiva Esculpida em Madeira, discutido por Lévi-Strauss em *Do mel às cinzas*, "encontrado em regiões muito distantes do continente, desde o Alasca, entre os Tlingit [...] até a Bolívia, onde é objeto de um mito tacana [...] Entre os próprios Warrau, encontramos este mito sob a forma da história de um rapaz solteiro que esculpe a mulher num tronco de buriti" (1967 [2004], p. 201). Deste surgimento da mulher esculpida na madeira pelo herói criador guajá e de sua consequente gravidez, inicia-se um ciclo com o nascimento de dois meninos gêmeos, um chamado Maira e o outro, Gambá, [3] também Mucura ou Sarigue, cujas aventuras deixam marcas visíveis na Terra até os dias atuais. Combinando mitologia e sociologia, esse capítulo se interessa por um tema clássico da etnologia e da antropologia sul-americanas definido de maneira genérica como *noção de pessoa*. São discutidas aqui as formas de *subjetividade awa*, a partir da descrição dos componentes que marcam a humanidade,[4] as concepções sobre o corpo e a vitalidade, além de uma antropologia interessada nas alegrias, tristezas, sonhos, onomástica, comensalidade; enfim, elementos que compõem a própria existência.

---

1. Quando utilizado na forma independente, o nome Mai[r] ganha o sufixo nominal "*a*" e sua consoante final r é recuperada, e aparece como Maira. Se utilizado com outro substantivo, prevalece a forma original *Mai*, como em *Mai nima*, "animal de criação de Maíra". Farei aqui uso das duas formas, a depender da situação.
2. *Irakera*, "aquilo que foi madeira".
3. Os nomes para o *trickster* irmão de Maira, Gambá, o *Didelphis marsupialis*, conhecido como *mucura* na Amazônia e sarigue em outras regiões do Brasil, podem ser Mukuxa'a, Gambá com terminação final de nome próprio, ou mesmo *ajỹ*, uma vez que o gambá é o principal avatar dos espectros *ajỹ*. Neste livro utilizo Gambá para me referir tanto ao irmão de Maira quanto a mucura, ou sarigue, em geral.
4. *Awatea*, "gente-de-verdade".

À guisa de introdução, apresento uma sequência de acontecimentos míticos cuja unidade das narrativas compõe um tema mais amplo, referente à origem da primeira humanidade, pensados como *awa mỹna*, a "gente de antigamente".

Embora os Guajá narrem poucos mitos, penso que os transcritos adiante são uma boa apresentação sobre os habitantes do mundo. Não é intenção desta obra produzir análise mítica exaustiva; destaco-os apenas por serem "histórias"[5] que os Guajá relataram, muitas vezes para se referir a alguma situação ou explicar determinadas coisas do mundo. Esses mitos aparecem transcritos com repetições de frases e ideias, porém tais repetições são relativas à forma como são contados, com pausas, anáforas e outros recursos que marcam as narrativas. Assim, minha intenção é manter certo ritmo oral, tal como alguns mitos parecem exigir. Ouvi essas narrações na aldeia Juriti, Tiracambu e Awá e agradeço aos homens Wiraho, Takya, Pirama'ã, Ka'awi'ia; na aldeia Tiracambu, Kamairu; e na aldeia Awá, Hajkaramykỹa, Irakatakoa e Tatuxa'a. Também agradeço a Panapinuhũ, a única mulher que o fez. Alguns foram relatados em português, e outros, em guajá.

A NOIVA DE MADEIRA

Mairua[6] não tinha esposa e passou muito tempo sozinho, até que um dia viu uma árvore. A árvore tinha um tronco com formas que, ligeiramente, lembravam um corpo humano. De seu tronco ramificavam galhos que, vagamente, lembravam braços, e sua base se estendia pelo chão em raízes aéreas que mais pareciam pernas. Após tanto procurar, o demiurgo escolheu essa árvore para transformar em sua esposa. "Eu não tenho esposa, vou fazer deste pau a minha esposa", disse Mairua, que cortou um pedaço do tronco e cantou, cantou, cantou; assim, fez aparecer as mãos, os braços, seios, pés, pernas, cabeça, olhos, boca, nariz e vagina. E o tronco se transformou em mulher. O herói também fez *tapaja*, a "saia", para sua criação, e então ela se transformou em *awa wahya*, "mulher". Quando essa primeira mulher surgiu, perguntou a Mairua: "Eu vi o que você fez. Por que você me fez assim?". "É assim mesmo", respondeu o demiurgo, "eu não tinha esposa, e agora tenho". Logo depois fizeram sexo e ganharam filhos.[7]

---

5. *Mumu'ũ*, "ensinar", "contar"; e *mumu'ũaena*, "o que foi dito", "narrativa".
6. Literalmente, "o pai de Maira: *Mai*, de Maira, junto ao sufixo *rua*, "pai de".
7. Os mitos a seguir se relacionam diretamente com o ciclo mítico dos gêmeos Tupinambá trabalhados por Lévi-Strauss em *História de Lince* (ver Lévi-Strauss, 1993).

A FUGA DE MAIRUA, O PAI DE MAIRA

Houve uma época em que os pequizeiros só davam flores, e a fruta do pequi, *myky'á*, não existia. Assim, Mairua falou para sua esposa:
— Vá pegar pequis para comermos!
Ela lhe responde que não e diz:
— Dos pequizeiros só brotam florzinhas.
— Então vá lá olhar!, disse Mairua.
A *mulher-pau* de Mairua não quis ir e disse: — Não vou, lá só tem florzinhas e frutinhos bem pequenos, eu sei. Do pequizeiro não nascem grandes frutos.

Mairua ficou bravo com sua esposa.
— Eu vou embora para longe de você. Você não é uma boa esposa para mim — disse o demiurgo.

Mairua pegou suas flechas e foi embora. A esposa dele estava grávida de gêmeos; um deles, muito sabido, por isso falou de dentro da barriga para sua mãe:
— *Amỹ*,[8] vamos sair e procurar por meu pai!

Os meninos se chamavam Maira,[9] tal como o pai, e Gambá,[10] Mukuxa'á. A mulher, carregando os dois filhos no ventre, andou, andou, andou, até encontrar as pegadas de Mairua. Daí continuou andando até encontrar folhas muito bonitas, e o bebê Maira diz para sua mãe:

---

8. Em português, "mamãe".
9. Tal como na mitologia tupinambá, a mitologia guajá narra as aventuras de Mairua, que logo sairá de cena cedendo lugar a seu filho Maira e seu irmão Gambá, como veremos. Enquanto os Guajá destacam dois demiurgos, pai e filho respectivamente, na mitologia tupinambá encontramos seis gerações do demiurgo: (1) Monam, o primeiro humano; (2) Maira-Monam; (3) seu filho Sumé que teve dois filhos; (4) Maira-Pochy, um dos netos de Maira-Monam; (5) o filho de Maira-Pochy, apenas chamado Maira; (6) e Maira-Ata, sexto e último demiurgo (Lévi-Strauss, 1993, p. 51 e 57). De acordo com Lévi-Srauss: "Ehrenreich, e Métraux em seguida, estima, provavelmente com razão, que as divindades que se sucedem e se substituem ao longo do relato constituem uma só; que são, como diz Métraux, desdobramentos umas das outras" (Lévi-Strauss, 1993, p. 56).
10. Há uma versão desse mito que me foi narrada por meu amigo Hajkaramykỹa, que parece ser idêntica à de Thevet, trabalhada por Lévi-Strauss em *História de Lince*. De acordo com o relato de Hajkaramykỹa, a esposa de Maíra engravidou de Mairua, o pai de Maira, e Mukuxa'a, Gambá. que seria o pai de Gambá, irmão de Maira. A mulher então seria mãe de gêmeos, porém com genitores diferentes. Na versão de Thevet para o mito tupinambá, a mulher engravida de duas crianças a partir de pais diferentes: um dos gêmeos é filho de Maira-Ata, e o outro é fruto de um estupro cometido por Gambá (Lévi-Strauss, 1993, p. 59).

— *Amỹ*, pegue essas folhas para mim!

As folhas estavam repletas de marimbondos que picaram toda a mãe do pequeno Maira. Ela ficou muito machucada e brava por causa das picadas que levou. Gritando, disse para o filho que carregava no ventre:

— Por que você me pediu essas folhas? Eu estou toda machucada! Você quer comer folhas? Por que você quer comer folhas? Agora, e por isso, eu vou matar vocês dois.

A mulher começou a bater na própria barriga com muita força, *pá, pá, pá*, certa de matar os gêmeos. Surpreendentemente, apesar das diversas pancadas, Maira e Gambá não morrem. Eles são muito fortes. Depois das pancadas que a mãe desferiu na própria barriga, Maira cessa o diálogo com sua mãe.

Então, a mãe lhe pergunta:

— Onde está o seu pai, que eu não o acho?

Maira, de dentro da barriga, nada responde, pois está zangado com sua mãe. A mulher continuou a caminhar pela floresta em busca de seu marido, até que encontrou o rastro de alguém. Ela não sabia que se tratava de pegadas de onças e imaginou ser o caminho aberto por seu marido, Mairua. E pensou:

— Acho que meu marido está por aqui. Sim, ele foi por aqui mesmo.

E seguiu pela trilha.

A ALDEIA DAS ONÇAS

A esposa de Mairua seguiu pela trilha até encontrar uma mulher, jovem e bela. Era uma "mulher-onça", *jawa wahya*, esposa de um homem-onça, *jawara*. Essa mulher estava cozinhando animais da floresta como caititus e veados. Nessa época, as onças, que eram humanos[11] dominavam o fogo. De dia eram gente e à noite viravam onça e saíam para caçar. A mulher-onça enxergou a esposa de Mairua e a chamou:

— Venha para cá! — disse a onça.

— Estou procurando meu marido, você o viu? Ele me largou — disse a esposa de Mairua.

— Não eu não o vi. A minha casa é aqui e eu não vi ninguém passar. Eu sou uma onça, o meu marido também é uma onça, nós não

---

11. Ainda que humanos, eram um pouco diferentes, pois gostavam de carne crua.

somos *awa*. Fique aqui conosco, você será a minha neta, *hamijarua*. Eu vou criar você como uma neta — falou-lhe a mulher-onça.

A mulher de Mairua aceitou a proposta. Assim a mulher-onça retirou algumas palhas e prontamente construiu uma casa em forma de tocaia, bem fechada, para que a mulher lá se instalasse sem que seu marido-onça, um devorador de carne humana, a visse.

— A partir de agora você vai dormir nesta casa, disse a mulher-onça. O seu marido, Mairua, foi para muito longe, e você não vai mais encontrá-lo.

No final da tarde, o marido da onça voltou de uma caçada. Por isso sua esposa-onça falou baixinho, sussurrando:

— O meu marido está chegando, eu consigo ouvi-lo, *shhhhhh*!

O marido-onça traz consigo alguns pedaços de carne e cabeças de caititu e veado. Os outros pedaços ele comeu crus, ainda na floresta. No caminho para sua casa ele encontrou as pegadas da esposa de Mairua e, ao chegar em casa, jogou a carne no chão perguntando para a esposa:

— Você viu algum humano, *awa*, por aqui? Eu encontrei pegadas aqui perto.

— Não, eu não vi nenhum humano, estou sozinha em casa — respondeu a mulher-onça.

— Mas eu encontrei as pegadas de um humano no caminho, e as pegadas vinham nesta direção — insistiu o homem.

— Não há ninguém aqui. Eu vi uma mulher, mas ela foi-se embora por ali — disse a mulher-onça.

— Não, ela não foi embora! — disse o marido-onça, convencido de que a humana ainda estava em sua aldeia.

De repente um vento soprou, e a onça consegui sentir o cheiro da mulher que vinha de dentro da sua casa-tocaia, pois de todos os animais a onça é o que melhor sente o cheiro dos humanos. Quando o marido-onça viu a tocaia, concluiu:

— Ah, aqui está! Essa tocaia não estava aqui antes, alguém a construiu.

O homem-onça invadiu o abrigo, mas sua esposa gritou em cima:

— Não coma ela! Ela é nossa *harapihianã*.[12] Você já comeu muito caititu, veado e outros bichos no mato, para que comer essa humana?

Mas a onça, *crau*, comeu-lhe a cabeça. Depois comeu tudo: os braços, a pele, comeu tudo. Tirou a tripa, tirou tudo e comeu; não

---

12. Em português, "parente por afinidade".

tem mais a mãe de Maira. Só sobraram-lhe os filhos na barriga, que a esposa-onça pediu para comer:
— Você está comendo toda essa mulher, então me dê os filhos dela para que eu também os devore. Deixe eu comer também!
— Está bem — disse o marido.

O NASCIMENTO DOS GÊMEOS

Com o auxílio de uma faca, o homem-onça abriu a barriga da mulher morta, tirou as duas crianças, e deu à sua esposa para que comesse. Ela, bastante chateada, passou a maldizer o marido por ter feito tamanha maldade àquela mulher. Mesmo assim, para agradar o marido, a mulher-onça colocou os dois bebês perto de pedaços de animais que seriam limpos por ela antes de assados.[13] Após limpar os animais caçados, ela pegou os dois bebês Maira e Gambá e pensou:
— Vou cozinhá-los mesmo!
Pôs água dentro de uma panela e em seguida colocou os gêmeos, mas eles pularam para fora da panela.
— Que diabos é isso? — pensou a mulher.
Colocou-os novamente dentro da panela, e novamente eles pularam para fora. Assim aconteceu seguidas vezes. Eles eram muito espertos. Ela os botava para dentro da panela e eles pulavam para fora ao sentir a água quente. A mulher-onça então disse:
— *Ariku ta hanima neme*, "vou criá-los como[14] meus seres de criação". Eles são meus *harapihianã*, "afins", eu vou criá-los como se fossem meus netos. Vou pô-los no rio.
Por isso, aproveitou que seu marido fora caçar na floresta e colocou os dois meninos, que ainda estavam na placenta, dentro do rio para acabar de gestarem. O marido-onça, embora possuísse arco e flecha, caçava somente com suas garras e dentes. Passado algum tempo, os gêmeos cresceram, cresceram e cresceram, a placenta rasgou e os dois meninos nasceram. Assim que saíram da placenta procuraram pela mãe:
— Cadê a nossa mãe? Onde está nossa mãe? — procuravam os gêmeos.
A mulher onça respondeu:

---

13. Em outra versão, a mulher-onça tem piedade das crianças e quem decide cozinhar os gêmeos é outra mulher (também onça) da mesma aldeia.
14. Pode ser entendido como uma expressão próxima a "ficar com eles como", ou "transformá-los em".

— A mãe de vocês foi embora. Agora eu sou a mãe de vocês. Podem acreditar em mim, eu sou a mãe mesmo. Eu mesmo!
— E cadê o nosso pai? — perguntaram
— O pai de vocês foi caçar. Foi caçar caititu, veados, queixadas — referindo-se ao marido-onça. Comam essa carne aqui — ofereceu a mulher aos meninos.

A mulher-onça deu para eles comerem um pouco de uma carne bem macia, pois eles já tinham dentes, e Gambá comeu um pouco da carne. Passado um tempo, o homem-onça voltou de sua caçada trazendo caititus, veados e queixadas. Quando viu os meninos, perguntou:
— Quem são essas duas crianças?
— São nossos netos — disse a mulher-onça. — Eles apareceram aqui, deixe eles aqui, não os coma! Eu vou criá-los — disse ela ao marido.
— Pode deixar, eu não vou comê-los — respondeu a onça.

Então eles cresceram, cresceram, cresceram. Fizeram suas próprias flechinhas. E nessa época mataram muitos passarinhos. E chegaram em casa falando:
— Vovozinha, nós matamos passarinhos!
— Quantos passarinhos vocês mataram?, perguntou a avó.
— Estão aqui, olha quantos, vovozinha. Matamos dezenas de passarinhos, vovozinha. Matamos tantos que parecem capelães, de tanto que matamos. Caçamos chora-chuva preto, juriti-gemedeira, urus, nhambus, pariris, rolinhas, pombos, tá tudo aqui, vovozinha!

A onça-avó ficou feliz com a caçada de seus netinhos e se deliciou com tantos pássaros. Ela cozinhou tudo em panelas, do jeito que a gente-onça gostava de comer. Maira estava se tornando um grande caçador já em sua primeira infância. Eles continuaram crescendo, crescendo, crescendo... Passado algum tempo, os gêmeos tornaram-se adultos.

᭟

A partir de agora, Maira e Ajỹ inauguram um ciclo de acontecimentos que dão origem a muitas das coisas do mundo, tal como os Guajá conhecem hoje; além de explicar, em parte, o aparecimento dos humanos. Vejamos o que nos interessa, por hora.

O SURGIMENTO DOS INAJÁS E DAS ARIRANHAS

Maira pensou e disse para seu irmão, Gambá:
— Vamos fazer o inajá aqui.
— Para quê? — perguntou Gambá.
— Para comer — respondeu Maira.

Maira e Gambá, juntos, fizeram brotar cachos de inajá instantaneamente. Os inajás feitos por Maira eram os amarelos dourados,[15] enquanto Gambá fez inajás brancos, que são muito ruins. Havia muitos inajás, e eles resolveram levar para sua mãe-onça. Fizeram dois *marakũa*.[16] Maira levou um *marakũa*, e Gambá levou o outro. A mulher-onça estava em casa, porém não conhecia inajás. Quando ela viu os gêmeos voltando, falou:
— Venham logo! Onde vocês estavam? O meu marido-onça vai comê-los se ficarem sozinhos pela floresta.

Quando chegaram em casa, falaram:
— Mãe, trouxemos inajás.
— Vocês sabem produzir o inajá?
— Sim, nós sabemos e fizemos, aqui está! — disse Maira.

A mãe-onça colocou os inajás no fogo e os cozinhou. Depois de cozidos, comeu e disse:
— Nossa, mas esses inajás são bem grandes e muito gostosos.[17] Onde vocês conseguiram? Eu quero ver esse inajazeiro, vocês me levam até lá?
— Vamos lá, é por aqui! — disseram os gêmeos convidando a mãe para coletar mais inajás.

A mãe-onça foi seguindo seus netos, ou *filhos*, até chegar ao inajazeiro. Era uma árvore magnífica que produzia inajás muito grandes, maiores do que os encontrados atualmente. Ela coletou muito desses frutos e voltou para casa com seus filhos para cozinhá-los. Chegando à aldeia, cozinhou-os e enquanto comia jogava suas cascas perto de casa. O Jaku Jara, um jacu humano, que era muito sabido, então falou para Maira:
— Meu *harapihianã*, "afim", você mora junto com a onça, mas você não deve morar junto dela. Ela não é sua mãe como você pensa. Ela

---
15. *Pirỹma'a*, "avermelhado".
16. Em português, "sacolas", "mochilas confeccionadas com folhas frescas".
17. Vale lembrar que, no tempo dos mitos, os frutos eram maiores do que são nos tempos atuais.

comeu a sua mãe de verdade. Ela te pegou para criar e se tornou sua avó, mas ela nunca foi sua mãe.

— É mesmo? — disse Maira, atônito. — Então espere, pois eu vou fazê-las, as onças, virarem ariranhas, *jawatara*.

Nisso, o homem-onça volta de sua caçada habitual trazendo porcos, caititus, veados mateiros e veados fobocas. A onça não caçava antas, pois este animal tem o couro muito duro. Quando a onça viu os inajás, perguntou:

— O que é isso? Quem fez esses frutos?

— Os nossos netos sabem fazer inajá; foram eles que fizeram — disse a esposa-onça. — Eles fizeram muitos inajazeiros por aí, muitos, muitos.

— Então vamos comer! — disse o marido-onça.

— Vá lá, eu vou ficar aqui — respondeu-lhe a esposa.

O homem-onça comeu muitos inajás, junto com as outras onças; e pegaram outros para levar para casa. Na volta, enquanto a esposa-onça estava limpando os animais em casa para cozinhar, as onças que voltavam passaram por uma ponte no caminho. Enquanto passavam pela ponte, Maira conseguiu derrubá-la dentro d'água, fazendo com que as onças caíssem. Ao cair, elas foram devoradas por piranhas, *ipinẽa*, muito grandes, e seus ossos viraram ariranhas. As ariranhas, que eram os ossos das onças, foram embora nas águas. Logo depois, outro grupo de onças voltava pela mesma ponte, e Maira conseguiu derrubar a ponte novamente, fazendo com que esse grupo de onças também caísse n'água. As piranhas também as devoraram, e seus ossos também viraram ariranhas.

Em seguida, mais onças vieram pelo caminho, e Maira, junto com seu irmão, Gambá, conseguiu transformar as onças em veados, fazendo com que os veados saíssem correndo pela mata. Maira fez isso várias vezes. Certa hora, o demiurgo sentiu vontade de defecar e pediu para que seu irmão continuasse transformando as onças em veados-mateiros, *arapaha*, e veados-fobocas, *arapaha'í*, mas o alertou:

— Eu vou cagar. Não faça nada de errado e continue o que estamos fazendo!

Enquanto Maira fazia suas necessidades, ficou observando o irmão. Uma onça veio pela ponte e Gambá, meio atrapalhado, não conseguiu transformá-la em veado, deixando-a na forma de onça. Maira voltou rapidamente e esbravejou com Gambá:

— Você não está fazendo direito. Não faça desse jeito ruim, você deve transformá-las em veados.

—Tá bom — respondeu Gambá.
Maira voltou para suas necessidades, e novamente Gambá deixou as onças passarem sem que fossem transformadas em veados. E Maira brigou novamente com seu irmão:
— Você não fez direito! Deixou as onças irem embora, agora elas vão nos comer para sempre. Vamos voltar para casa!
Quando retornaram para casa, a mãe-onça lhes perguntou:
— Onde está meu marido?
— Não sei. Parece que ele está comendo inajás. Depois virá para casa — responderam os dois de maneira dissimulada.

O SURGIMENTO DO GAVIÃO

A mãe-onça de Maira pede que seu filho cate piolhos, *ikya*, de sua cabeça. Enquanto ele o fazia, a mãe-onça adormeceu. Aproveitando-se da situação e para vingar sua verdadeira mãe que fora morta pelas onça, Maira e Gambá cortaram-lhe a cabeça. Depois pegaram a cabeça da onça, fizeram-lhe nascer penas e ela se transformou em gavião. A mãe-onça ficou deitada sem cabeça em sua rede, e Maira foi embora procurar seu pai, Mairua.

CODA

A partir desse episódio, quando Maira e Gambá matam a mãe-onça e vão embora pelo mundo, um conjunto de mitos consolida os gêmeos como precursores da humanidade, de quem todos os Guajá descenderiam. É Maira que traz a especiação dos seres e, após a Terra, *wya*, estar pronta, com sua paisagem atual concretizada, outros humanos selvagens, *mihua*, atentam contra a vida de Maira envenenando-o. E ele, mesmo sobrevivendo, parte para o céu junto com seu irmão gêmeo, e lá vivem até hoje.

AWATEA, «GENTE-DE-VERDADE»

Utilizado por diversos grupos Tupi-Guarani da Amazônia,[18] o termo *awa* aparece aqui como a forma pela qual esse povo se identifica, encontrando em "humano" ou "gente" as melhores traduções, em oposição a outros termos como *kamara*, "outros indígenas", *karaia*,

---

18. Dentre os quais: Parakanã (Fausto, 2001), Asuriní do Xingu (Müller, 1993), Aikewara (Calheiros, 2014, p. 7), Ka'apor (Balée, 1994).

"não indígena", e *mihua*, "gente-selvagem", como veremos. *Awa* são homens e mulheres. *Wanihã*, homens, e *wahya*, mulheres, de um mesmo universo. Os Guajá se pensam como *awatea*,[19] idêntico inclusive ao termo na língua parakanã (Fausto, 2001, p. 39) que pode ser traduzido como "gente-de-verdade"[20] Muito mais do que *a humanidade como espécie natural*, a categoria *awa* denota uma *condição social da pessoa* (Viveiros de Castro, 2002, p. 371), que neste caso, bem como em tantos outros povos ameríndios, consiste em uma composição própria do corpo, além de um gradiente social formado por uma série de oposições que se inicia nos humanos próximos e se estende às esferas de parentes mais distantes, até chegar aos grupos inimigos e outros seres perigosos como os seres-espectro *ajỹ*.

Fisiologicamente, os Guajá definem a pessoa humana como constituída por três elementos característicos: *ipirera*, *hajtekera* e *ha'aera*, respectivamente. Ou, como traduzem para o português: "meu couro", *hapirera*, "carne", *hajtekera*, e "raiva", *ha'aera*. Em linhas gerais, e como gostam de ilustrar, quando uma pessoa morre, seu *couro* permanece na Terra até apodrecer, e sua *carne* vai para o conjunto de patamares celestes chamado *iwa*; enquanto a *raiva* segue para a floresta, *ka'a*, para o mato, de preferência para os locais recônditos, e se transforma em *ajỹ*[21] Noções centrais para o entendimento da sociocosmologia *awa*, *ipirera*, *hajtekera* e *ha'aera* são os princípios que promovem a vida e possibilitam a separação da pessoa após a morte. Poderíamos traduzir grosseiramente *ipirera* por "corpo-pele"; *hajtekera* por "vitalidade", cujo correspondente ocidental, apenas como paralelo, seria "alma"; e o *ha'aera*, por "raiva" ou "alma penada". Tentarei esboçar aqui como tais ideias tornam complexo o dualismo corpo e alma ou material e espiritual, e não são representações do que seria a pessoa humana em seus aspectos material e imaterial. Pelo contrário, esses três elementos embaralham de alguma forma noções fisiológicas centrais — como anatomia e sintomatologia —, pois aqui, elementos do corpo físico transcendem a ideia de *físico*. Em outras palavras e de maneira bem direta, o corpo aqui é muito mais, ou menos, do que o suporte do *hajtekera*. Alguns elementos do corpo também são o próprio *hajtekera*, e isso nos fornece uma terminologia apropriada para o entendimento das relações humanas.

---

19. *Awa*,"humano" junto ao sufixo *te*, "real, verdadeiro".
20. Ver também Cormier, 2003, p. 89.
21. Espectros necrófagos que vivem na floresta, atacam os humanos com doenças e têm os gambás como animais de criação.

VIVER, MORRER

Antes do contato, quando a morte de alguém ocorria o mais comum era abandonar a área onde viviam, deixando para trás o cadáver, *ipirera*. Durante as caminhadas, qualquer espaço servia para deixar um corpo: no meio do mato longe do caminho, *pea*, em um buraco dentre tantos feitos pela erosão ou animais na floresta e mesmo dentro de uma árvore oca e caída, apodrecida na paisagem. O morto era deixado para trás. Se a morte ocorresse dentro de casa, deixavam o cadáver em sua rede e derrubavam a casa[22] sobre o morto, partindo para longe, e montavam uma nova aldeia que, como vimos, muitas vezes consistia em uma única casa. Se a morte ocorresse durante uma caminhada, simplesmente abandonavam o corpo e permaneciam longe da área de morte por um longo período de tempo. A única exceção são os recém-nascidos, os natimortos. Quando ocorre de um bebê morrer no parto, e só nesses casos, ele é enterrado dentro de casa, pois as pessoas ainda não se "acostumaram", *amimakwa*, à criança. As pessoas evitam locais onde ocorreram mortes recentes ou com sepulturas, uma vez que os fantasmas *ajỹ* costumam frequentar tais locais. Desde o contato com a Funai, foram criadas próximas às aldeias áreas para *enterro*, é prática dos funcionários do posto enterrar as pessoas mortas. Quem faz esse trabalho desagradável são os *karaia* da Funai, já que os Guajá pouco manuseiam ou enterram seus mortos em sepulturas. Desde a fixação em aldeias a partir do contato, muitas pessoas faleceram de gripe e malária, e os Guajá passaram a conviver com o *mal-estar* de viver próximos aos mortos.

No *tempo do mato*,[23] os velhos e moribundos eram abandonados, pois quando a morte se aproximava não era seguro permanecer ao lado de alguém prestes a sucumbir. Até os dias de hoje, as pessoas muito velhas podem, ou não, receber um tratamento de abandono. Uma das situações que mais chamavam atenção dos funcionários da frente de atração na época do contato, como disse-me certa vez um funcionário aposentado que conheci, era o fato de muitas pessoas aparecerem para o contato afirmando terem deixado para trás seus parentes mais velhos, seus pais e avós, uma vez que esses se recusavam a se encontrar com os *karaia*. Os Guajá que passaram a viver nas imediações do PIN, por outro lado, nunca mais voltariam a viver com

---

22. *Tapãja*, "tapiri".
23. *Imỹna*, "antigamente".

esses velhos que foram deixados para trás para morrer. Kamairua, um amigo da aldeia Tiracambu, se lembra do pai, nos anos de fuga para evitar o contato, que pedia para ficar para trás e exortava os parentes a fugirem para longe, dizendo que estava velho, sem forças para fugir e que iria morrer sozinho.

Como exemplo, Amirixa'a é mãe de Muturuhũ, um homem importante na aldeia Juriti. Ela é a mulher mais velha dessa aldeia, com idade estimada em 89 anos, em 2008. Dentre todos, ela é a única que vive em um tapiri, na periferia da aldeia; e dentre as mulheres, só ela veste uma saia trançada com fibra de tucum, como era comum entre os Guajá.[24] Amirixa'a produz a própria comida: carrega pesadas cargas com macaxeira ou banana que retira da roça; caça tatus e jabotis por conta própria. Ninguém a ajuda, em nada. Se ela não procurar comida, não comerá. Devido a sua idade avançada, sua dieta é livre de restrições, come qualquer coisa, inclusive alimentos que causariam mal a outras mulheres: desde vísceras variadas e fetos de inúmeros animais a carne de veados mateiros, *arapaha*, e foboca, *arapaha'i*. Há também uma dieta de "antigamente", *imỹna*, composta por animais considerados "repugnantes", *manyhỹ*, aos olhos dos jovens, mas que os velhos podem e até gostam de comer, como uma rã chamada *iwea*, feita assada na brasa, e diversas espécies de ratos, *awijỹa*, que depois de limpos são assados em espetinhos. Antes do contato comiam isso tudo, algo como uma "dieta do mato",[25] porém hoje em dia é comida de gente velha, pois essas pessoas não passam mal com alimento quase nenhum.

Embora Amirixa'a receba esporadicamente pedaços de carne do grupo do seu filho, ela possui seu próprio fogo e come separadamente das outras pessoas. Pira'ima'ã, um de seus netos, explicou-me que Amirixa'a está velha, *tamỹ*, e não adianta o quanto de comida que deem a ela, pois não vai se fortalecer. Não consegue se relacionar, pois se ela está *velha* está *surda*, e se está *surda* vai *morrer*. A surdez é o sinal mais evidente da presença, ou chegada, da morte. E se tornar velho e surdo, necessariamente nesta ordem, é o destino a que todos os Guajá estão sujeitos. *Japijakoa myty*, "ouvido entupido", é uma das imagens mais utilizadas para se referirem à velhice. Uma pessoa

---

24. Hoje as mulheres preferem saias tecidas com linha e panos que ganham ou retiram de outras peças de roupas.
25. *Ka'a nimi'ũa*, "comida da floresta".

muito velha é uma pessoa surda; e uma pessoa surda é um quase-morto.

Os velhos não conversam nem se relacionam porque não ouvem, a velhice extrema como a de Amirixa'a é uma situação de não relação, porque ela está muito velha para se casar novamente, conversar, cantar, ou qualquer outra coisa. O fato de que, por consequência da velhice, as pessoas dispensem menos cuidados a Amirixa'a não representa um descuido deliberado, mas a aceitação de que o período de vida dela chegou ao fim e que seu "princípio vital", *hajtekera*, responsável justamente pela sua "vitalidade" — uma outra tradução para *hajtekera* —, não mais lhe habita. A surdez, ela mesma, é associada à ausência do *haitekera*. Como Wiraho pontuou-me certa vez: "nós estamos tão acostumados com Amirixa'a, de vê-la todo dia, que quando ela morrer vamos pensar: *Ah, ela não está mais conosco!, e vamos ficar muito tristes*".[26] Nas noites de cantoria, quando seu filho adentrava a *takaja* para ir ao *iwa*, a velha cantava baixinho, de dentro de sua pequenina casa, para auxiliar o filho durante sua viagem celeste. Em tais momentos todos paravam para ouvi-la, alertando uns aos outros: "*Kwy!*,[27] Amirixa'a jã, "Olhem, Amirixa'á está cantando!"; a mulher parecia querer lembrar a todos que, mesmo solitária, ainda estava viva.

A convivência de pessoas em velhice extrema com outras em idades menos avançadas é um *fenômeno* que passou a ocorrer com mais frequência após o contato com a Funai. Desde a radical mudança na aparência e funcionamento das aldeias, os velhos definham nas aldeias até morrer; e quando morrem, os funcionários dos PIN se encarregam de enterrá-los em local próximo e reservado como cemitério. Nesse meio tempo, praticamente todos os Guajá abandonam a aldeia por muitos dias e se refugiam na floresta; pois, tal como sabemos a partir de outros povos Tupi, os Guajá também têm pavor de cadáveres. Mais adiante veremos melhor esse ponto. O luto, portanto, é um processo de esquecimento, *imahare*, dos nomes, eventos

---

26. A ideia de abandono, e até mesmo aniquilamento dos idosos, é comum a diversos povos ameríndios. Descola apresenta a situação de uma velha que estava morrendo de doença em uma das casas que vivia e as pessoas tristemente diziam a ela: "você está morta vovozinha, está morta", enquanto ela ainda falava e pedia o que comer. E, diferente de outras doenças, as pessoas não procuravam intervir com medicamentos e outros tipos de ajuda. A mulher velha já era um cadáver (Descola, 2006, pp. 407 e 409).
27. O "*kwy*" é uma interjeição utilizada para exprimir surpresa, que pode ser comparado a "Nossa Senhora!", como falado em boa parte do Brasil.

e lugares relacionados à pessoa morta que, aos poucos, é apagada da memória. Juriximatỹa certa vez me contou ter ficado muito triste com a morte de seu cunhado To'oa; por isso foi para a floresta logo que soube do fato e lá permaneceu durante muitos dias, a fim de esquecer o falecido.

Da mesma maneira, por parte do morto, a morte é, da mesma forma, "esquecer" que foi vivo. Essa teoria é muito atuante entre os Guajá, que dizem que ao chegarem no céu, após morrerem, se lembram pouco da vida na Terra; e, à medida que se aproximam dos *karawara*, vão perdendo a memória, até o completo esquecimento de que foram vivos. Esse argumento, a despeito de sua elegante simplicidade, é talvez o argumento mais importante sobre o que seja "morrer", *manũ*, para os Guajá. Não é possível explicar a subida definitiva do *hajtekera* para o *iwa* — em outras palavras, *morrer* — sem mencionar o esquecimento natural da vida terrena que o *hajtekera* experimentará no céu, *iwa*. Por isso, discordo da interpretação de Cormier, baseada em outros autores como Geertz, ao sustentar que a falta de compreensão genealógica dos Guajá pode ser considerada *amnésia genealógica* (Cormier, 2003, pp. 74–76). Os Guajá simplesmente não querem falar dos mortos, e o *esquecimento*[28] é um aspecto constituinte do processo de luto e da morte. Eles esquecem o nome de pessoas das gerações acima não porque sejam incapazes de lembrar, mas, ao contrário, porque lutam para esquecer. Esse é um *problema* dos Guajá e de boa parte da Amazônia indígena.[29]

Quando do falecimento de uma pessoa,[30] diz-se *hajtekera oho iwape*, "*hajtekera* foi para o *iwa*". E, depois de falecida, diz-se *hajtekera ikwẽ iwape*, "a pessoa, ou *hajtekera*, permanece no *iwa*". A mim, ao falarem sobre a morte, era comum mencionarem em português que determinada pessoa *morreu* ou *subiu*, tal como se fossem sinônimos para as situações de morte.[31] Ao traduzir para o português a *morte* por "subida", demonstram que o essencial da ideia de morte, *manũ*, é o deslocamento espacial da substância *hajtekera*, que traduzo por

---

28. *Imahare*, "esquecer" ou "não saber".
29. Ver Taylor, 1993.
30. *Manũ*, "morrer".
31. É bom lembrar que, assim como no português, os verbos *subir* e *morrer* são diferentes na língua guajá. *Ipii* seria o equivalente a *subir* em português, utilizado, por exemplo, ao se referir a alguém que tenha subido em uma árvore: *ipi ira rehe*, "ele subiu na árvore". Além desses, pode-se dizer que algum indivíduo morreu utilizando-se a expressão *oho iwape*, nesse caso, "foi para o céu".

"princípio vital", da Terra para o céu. Porém, em diversas situações em que o *hajtekera* abandona o corpo, não obrigatoriamente implica morte. Nos dias de verão, quando preparam a *takaja* e homens de diferentes idades cantam com os *karawara* e com os mortos,[32] encontramos um desses casos. Também, se uma pessoa se expõe a perigos e privações, a reação natural é perder o seu *hajtekera*. Vejamos três situações em que pessoas perderam esse componente vital.

Perdido na floresta Durante uma caçada solitária, Wiraho se viu perdido na mata, *pea imĩ*, "a trilha sumiu". Longe de casa e sem saber como voltar, ele ficou *kije*, "desesperado" ou "amedrontado", algo que, por si só, já é motivo para a fuga do *hajtekera*, *hajtekera oho iwape*. Ele conta que subiu ao *iwa* sem qualquer mediação — do abrigo ritual da *takaja*, sonho ou morte; de lá pôde ver o caminho que havia perdido e quando desceu do *iwa* já estava próximo à sua casa.

O grande caçador Assim como Wiraho e tantos outros, Majhuxa'a, da aldeia Awá, que é um grande caçador — e como todo grande caçador, repleto de boas histórias —, também se perdeu na floresta. Muitos anos atrás, Majhu, como é chamado carinhosamente, teve um encontro infeliz com a gente, *awa*, que vive no mato, os chamados *awa mihua*, os "isolados", e foi raptado por eles. Os *mihua* são uma "gente-braba", *awa imahy*, sabem os Guajá, e quiseram matá-lo a flechadas.[33] Majhuxa'a, um sujeito calmo e calado, não me deu muitos detalhes sobre o encontro, mas recordou que ficou na casa dos *mihua* amarrado, raptado, tal como um bicho. Em determinado momento ele conseguiu escapar, mas se viu perdido na mata, com fome e medo. O mais surpreendente dessa história é o fato de Majhuxa'a só conseguir retornar para sua casa subindo, realmente, aos céus.[34] Uma vez no patamar celeste, *iwa*, ele andou cantando, e as pessoas da aldeia dizem ter comentado: "Ouçam, *anũ*, Maihuxa'a está cantando no céu!". *Wata iwa ripi*, literalmente, "caminhar pelo céu", é algo que os Guajá dizem fazer. Sobem ao céu em "corpo e alma", o que, de maneira definitiva, inviabiliza esse dualismo substantivo para eles. Majhuxa'a explicou-me que os *karawara* o ajudaram no céu

---

32. Discutiremos no último capítulo.
33. Ainda nesse capítulo voltarei ao tema dos chamados *isolados*. Os Guajá narram muitas histórias de encontros esporádicos na floresta com as pessoas, *awa*, que vivem em isolamento voluntário.
34. *Ho iwape*, "ir para o céu".

perguntando onde o caçador perdido morava, e o levaram de volta até a casa, tal o eterno paralelismo entre caça e xamanismo que os Guajá experimentam todo o tempo. Viagens celestes em vida fazem parte de toda empreitada xamânica na Amazônia, como apresentado na reflexão de Davi Kopenawa,[35] que aqui ganha contornos particulares na tecnologia de caça, como ainda veremos.

O ataque   Certo dia o jovem Ka'awi'ia foi queimado por uma espécie de lagarta peluda a que chamam *arapaha rawaja*.[36] Os Guajá dizem que a queimadura desse bichinho produz uma dentre as piores dores que um ser humano pode sentir. Ka'awi'ia foi até a enfermaria do PIN, tremendo e febril, e, muito exausto, tomou analgésicos; em seguida retornou à sua rede. Naquela noite, uma mulher me apontou o céu mostrando os raios de uma tempestade e disse tratar-se do *hajtekera de Ka'awi'i* que estava cantando no céu, pois, devido ao mal que estava sofrendo com calafrios, dores e medo, e especialmente pela mordida que levara, seu *hajtekera oho iwape*, "fugiu para o céu", e ainda não voltara. Lá do céu, o *hajtekera* cantava.

Vejamos melhor tais ideias.

O *HAJTEKERA*

A palavra *hajtekera*[37] é composta pelo afixo *ker*, que funciona como um sufixo de atualização nominal retrospectiva, cuja ocorrência, exclusiva para nomes, serve *para distinguir a existência virtual retrospectiva da existência atual e presente* (Magalhães, 2007, p. 25). Tal sufixo, presente em todas as línguas tupi-guarani (Viveiros de Castro, 1986, p. 495), remetem à ideia de algo passado, que tem uma existência viva, porém deixou de existir como tal. Assim, os ovos de galinhas são chamados *xamakaj pihia'a -ker-a*, "ex-irmãos de uma galinha"; ou uma casa, *ipa*, abandonada ou destruída é dita ser *tipakeera, t-ipaa-*

---

35. Kopenawa & Albert, 2013, pp. 36–38.
36. Conhecida em português como "taturana", "rabo de veado", "piolho de preguiça" dentre outros nomes; do gênero *Podalia sp.*
37. Pronunciada *ha-i-te-kera*.

keer-a, uma "ex-casa".[38] Por isso mesmo, quase todos os elementos de um corpo morto, seja de um animal ou humano, recebem o sufixo *kera* em suas referências. Em hipótese alguma é possível construir uma sentença referente às partes de um animal abatido sem o apoio desse sufixo,[39] por exemplo *hawykera*, "sangue"; *ipia'ákera*, "fígado e miúdos"; *ha'okera*, "carne comestível"; *itiakera*, "vasos sanguíneos"; *ja'aena*, "coração",[40] da mesma forma que o irmão de um morto é *harapihiakera*, "ex-irmão de".

Hajtekera é uma palavra que pode ser desmembrada em cinco morfemas: *ha iteker-a*: formada pelo prefixo pessoal de terceira pessoa *ha-*; o substantivo *i*; o sufixo derivacional *te*, que significa "real, verdadeiro"; o sufixo *ke(r)*; e o sufixo *a*, que ocorre com raízes nominais quando eles se tornam capazes de servir como referentes. Por ser um prefixo pessoal, *ha* sempre aparecerá junto a um nome, como em *hamirikoa*, "esposa dele", ou *hajpa*, "casa dele". O termo *i-te-ker-a*, tal como outros, é um nome inalienável, isto é, só ocorre associado a marcas de pessoa que indicam seu possuidor. Dessa forma, ele pode aparecer com outras marcas de pessoa diferentes do *ha* (p. ex: *niritekera*, "tua *itekera*", "teu princípio vital"). O morfema[41] que indica a ideia de princípio vital é *i*, cuja forma completa associada a sufixos derivacionais e flexionais é *hajtekera*. Porém, tal como ocorre em outras línguas tupi-guarani, muitas das palavras na língua guajá já se encontram lexicalizadas.[42] Esse é o caso de *hajtekera*. Os Guajá sempre a utilizavam, independentemente da frase, como

---

38. O sufixo com função oposta ao *ker* é o *sufixo de atualização nominal prospectiva*, *rỹm*, que pode ser traduzido por "algo que está por vir", ou "em construção", por exemplo *t-ipaa-rỹm-a*, "casa em construção". Curiosamente, Magalhães aponta que esse sufixo está em desuso na língua guajá, ocorrendo somente na fala de pessoas mais velhas (*op. cit.*, p. 163).

39. O sufixo *ker* tem cognatos em outras línguas da família tupi-guarani, como no waiãpi, cuja "maioria dos termos que designariam partes da pessoa só são referidos como termos que integram o sufixo *wer* ou *kwer*, indicando pretérito" (Gallois, 1988, p. 176). Também Viveiros de Castro nota que *todo o universo semântico da morte e da escatologia araweté faz um abundante uso de marcadores nominais de tempo pretérito e futuro, sendo isso uma característica de todas as línguas tupi-guarani, as quais apresentam um elevado desenvolvimento dessa forma de construção conceitual*. No caso dos Guajá, Waiãpi, Araweté, dentre outros, isso aparece com relação às partes do corpo que *recebem estes sufixos quando são pensados fora do seu todo* (Viveiros de Castro, *op. cit.*, p. 495, nota 20).

40. O sufixo *ena* é uma variante do *kera*.

41. Neste caso, trata-se de uma raiz.

42. Ver Magalhães, 2007.

hajteke ou *hajtekera*, ambas as formas constituídas pelo sufixo *ker(a)*, e o substantivo *i*, e muito provavelmente esta palavra nunca aparecerá sem os sufixos, e sua forma mais básica é *ite*.[43]

O substantivo *i* é um termo etimológica e etnologicamente cognato do *ĩ* araweté. A diferença é que, no caso do guajá, aparece o sufixo derivacional *te* associado ao nome *i*, resultando no radical lexicalizado *ite*, sem que este possa ser destacado. Isso também aproximaria o *hajtekera* guajá do *re-teker* waiãpi. E os Guajá da aldeia Juriti traduzem vulgarmente a palavra *hajtekera* por "carne", exatamente como fazem os Waiãpi pelo termo *re-teker*, cuja tradução é "corpo humano vivo" (Gallois, *op. cit.*, p. 176). Porém, se os Waiãpi designam a totalidade do corpo humano vivo como *re-teke*,[44] os Guajá, mesmo associando a ideia de *itekera* com "carne", extrapolam o termo utilizando-o como sinônimo de "espírito", "princípio vital" ou "alma". De maneira direta, o *hajtekera* é a parte que se encaminha ao *iwa*, o céu, após a morte. Ele só é percebido como *hajtekera* dissociada do seu suporte físico-corpóreo, o *ipirera*, seja pela morte definitiva da pessoa, seja por uma fuga ocasional do *hajtekera*.

Da mesma forma, o *hajtekera* pode ser glosado por "carne", seja de um humano ou de um animal.[45] Tal como entre os Waiãpi, o *hajtekera* parece próximo à ideia de "vitalidade", no sentido de "princípio vital", o "corpo vivo", ou qualquer outro agenciamento positivo à vida, sugerindo que a vida em si[46] está marcada na carne, no corpo, em algo palpável, imanente. Existe também a forma *hajtekera pãj*, que pode ser traduzida por "todo o corpo" ou "o conjunto do corpo humano"; isto é, o nosso corpo enquanto estamos vivos, mas não só, pois, como veremos, o *hajtekera* é de certa maneira imaterial, externo ao corpo — é a própria pessoa.[47]

---

43. Magalhães (comunicação pessoal) defende que o termo *pirera*, "pele", passou por esse processo, e desta forma podemos supor que a palavra *hajtekera* também seja um termo deste universo de palavras (lexicalizadas), por isso, manterei o uso como *hajtekera* em vez de somente utilizar a raiz *i(-te)*.
44. F. Grenand, 1984, *apud* Gallois, 1988, p. 176.
45. Quanto a esse tema, as interpretações são múltiplas: alguns disseram que a *hajtekera* de alguns animais se encaminhava a um *iwa*, "céu", determinado, específico do animal — como os porcos; outros defendiam que após a morte algumas espécies animais se encaminhavam para o mesmo *iwa* que os humanos; além dos que afirmavam nada acontecer, pois após a morte do animal a *hajtekera* era a própria carne que consumiam, e não há qualquer destino *post-mortem* para animais de caça.
46. *Ikwẽ*, "permanecer vivo", "em movimento".
47. Tal como diversas definições de textitalma na Amazônia, como o *yuxin* dos Kaxinawá ou o *karõ* dos Khraô, a *hajtekera* pode também ser traduzida como "imagem",

É comum na literatura etnológica traduzirmos conceitos ameríndios referentes às formas de como é percebido o destino da pessoa *post-mortem*, a partir de ideias como "alma", "sombra", "espírito", "espectro", "princípio vital", dentre tantos outros. Fausto pontua o fato de haver "povos que postulam a existência de vários desses princípios (como os Pano), outros que os reduzem a um ou dois (como os Tupi-Guarani)" (*op. cit.*, p. 390). Cesarino observa que "noções recorrentes nas culturas ameríndias, tais como o *vaká* marubo, os *karon*, ou *garon*, jê, a *ï* e o *ta'o we* dos Araweté, entre outras tantas, parecem orbitar em um campo semântico distinto daquele que caracteriza as noções de 'alma' de nossa herança clássica, muito embora a etnografia utilize frequentemente a mesma palavra" (Cesarino, 2008, p. 34). Ou como mostra Lima, ao argumentar que a dicotomia entre *corpo* e *alma* não se aplicaria à realidade yudjá, uma vez que a *alma* não é um princípio estabelecido em oposição a *corpo*, como se referisse exclusivamente à humanidade, mas, ao contrário, é algo que relaciona muitas outras ideias do mundo yudjá, como animais, duplos, princípios vitais, fantasmas, dentre outros. Viveiros de Castro (1992, p. 202) também se mostra reticente na utilização de termos como "alma", "sombra" e "princípio vital" como tradutores de ideias a respeito da separação da pessoa Araweté, uma vez que tal população apresenta uma multiplicidade de enunciações a respeito da morte, sendo difícil reduzi-las a uma única ideia. Soma-se a isso o fato de a morte não ser para os Araweté, tal como outros povos, um evento finalizador das relações entre os seres, mas o contrário. A ideia de *hajtekera*, defendo, propõe os mesmos questionamentos. Se por um lado o *hajtekera* pode ser superficialmente comparado às nossas ideias de *espírito* ou *alma*, tal princípio não poderá ser devidamente compreendido se o reduzirmos somente a isso. Dentre outras particularidades, o *hajtekera* englobaria elementos físicos, como o coração, *ja'aena*, e o fígado, *ipia'a*, que, defendem os Guajá, sobem para o *iwa* junto com a "carne", o *hajtekera*.

O corpo humano como um todo é dito *hajtekera pãi*, "conjunto do corpo vivo", porém os Guajá parecem enfatizar muito mais a ideia de *vivo* do que *corpo*, uma vez que após a morte o corpo nada mais é do que o *ipirera*, "couro", e o *hajtekera* que mantinha o corpo com vida mantém-se vivo. Defendo com isso que uma tradução para

---

seja em uma fotografia ou espelho, embora os Guajá tenham uma palavra específica para imagem, *ija'ÿma*.

hajtekera pode ser "princípio vital" ou "vitalidade"; por outro lado, os elementos do corpo humano são partes integrantes desse componente, e "corpo vivo" ou "carne" não seriam traduções incorretas — uma vez que o *hajtekera*, a vitalidade, é o que mantém o corpo vivo. Ao mesmo tempo *hajtekera* não é apenas corpo, pois ele não apodrece na terra como o *ipirera*, "pele", "corpo", "casca", nem é descartado como o *ha'aera*, o espectro que deve ser esquecido por ser causador de doenças e mais mortes.

O *hajtekera* sobe ao *iwa* após a morte e lá permanece em uma forma (super) humana, os *karawara*, após passar por alguns procedimentos, que ainda veremos. A cognata noção de *ĩ*, encontrada entre os Araweté, muito próxima da ideia de *vitalidade* que proponho aqui, fornece uma boa tradução para o conceito de *ite* ou *hajtekera*, no lugar das nossas traduções de "alma" ou "espírito", uma vez que nos ambientes da tecnonímia e da escatologia o *i* araweté e o *ite* guajá se comportam da mesma maneira.[48] Segundo Viveiros de Castro:

O termo *ĩ*, além de "sombra", "imagem", "reprodução", designa também a pulsação sanguínea, os batimentos vitais do corpo. Nessa acepção, eu o traduziria por "princípio vital-animado", uma vez que os movimentos pulsáteis do corpo vivo são ao mesmo tempo a presença e o índice da presença da *ĩ*. [...] No contexto da escatologia ele é designado como [...] 'aquilo que irá (para o céu)', ou [...] 'futuro companheiro dos deuses', e finalmente por duas expressões decisivas: *Maï di*, 'futuro Maï', e *bïde rĩ*, 'futura gente-Pessoa'.

[...] Não se trata de homonímia: a noção de *ĩ* designa tanto o "princípio vital" quanto a imagem-sombra. Mas tal princípio não é uma abstração; ele corresponde a uma imagem corporal, um *hiro*, quando se encontra separado do corpo próprio — no sonho, na morte, nas perdas de alma *ĩ* por captura espiritual. A distinção que há a fazer é entre uma *ĩ* ativa, a 'imagem vital', e uma *ĩ* passiva, a 'imagem-sombra'. A primeira é da ordem das causas, é interior (o corpo é o envelope dessa *ĩ*), possui uma existência autônoma e não condicionada; a segunda, a *ĩ* geradora do *ta'o we* (espectro) terrestre, é da ordem dos efeitos, é exterior, marca bruta de uma ausência, e sua "autonomia" é antes automatismo.[49]

---

48. Antes de continuar, gostaria de enfatizar que a tradução de termos como *ite* ou *hajtekera* nos coloca sérias limitações textuais, uma vez que, de certa maneira, ele é intraduzível. Uma solução seria traduzirmos tal ideia a partir de outras ideias etnográficas, não necessariamente ocidentais. Se os regimes sociais amazônicos podem ser pensados tal como o que Strathern propõe para os sistemas Melanésios, *versões uns dos outros* (2006 [1988], p. 488), utilizar a definição que fornece outro povo amazônico para uma *versão* deste termo é, mais do que útil, desejável.
49. Viveiros de Castro, 1986, pp. 514–515.

Ao afirmar que a *ĩ* do xamã viaja ao céu, os Araweté defendem ser o próprio xamã que o faz, da mesma maneira que um homem Guajá postula que, durante as cantorias na *takaja*, seu *hajtekera* vai para o *iwa*, o "céu".

Em um rico relato colhido por Magalhães, Irakatakoa, um amigo da aldeia Awá, propõe algo semelhante, ao afirmar que quando o *hajtekera* se encaminha para o céu é a própria pessoa que se desloca. Se no caso dos Guajá, tal como entre os Waiãpi, *hajtekera* pode ser glosado como o corpo vivo, eles o fazem (também), tal como os Araweté, informam que é, mesmo, este corpo, *mais vivo do que corpo*, repito, que viaja até o *iwa*.[50] Vejamos o relato:

Se eu morrer, minha pele fica na Terra, as pegadas do meu pé ficam na Terra. Minha pele torna-se *ajỹ*. Meu coração, minha alma e minha carne vão para o céu. Ficam vivas. Ficam no céu, tornam-se *karawara*. Ficam cantando, dançando, transformados em *karawara*. As penas brancas e as vermelhas[51] ficam no céu. E então alguém pergunta:
— Irakatakoa morreu?
— Morreu sim! Ajỹ ficou na Terra, sua pele tornou-se um *ajỹ*.
Sua alma, seu coração, foram para o céu, foram para junto dos *karawara*. Fica dançando transformado em *karawara*, dançando. Fica cantando e dançando como *karawara*. Fica junto dos *karawara*. Ele não sabe. Já morreu e fica com os *karawara*. Não sabe mais voltar. E, passado algum tempo, diz, transformado em *karawara*. Escuta alguém falando e diz:
— Por que eu estou assim?
Um *karawara* diz para ele; Karamaxixi (nome próprio), cantando, diz:
— Você morreu! Você virou *karawara*, morreu cedo você! Seu *hajtekera* morreu, seu fígado está aqui no céu. Sua *ha'aera* ficou na Terra; sua *ha'aera*, sua pele, eles ficaram na Terra.[52]

O coração, *ja'aena*, o fígado, *ipia'a*, e a carne, *ha'okera*[53] são os elementos que compõem o *hajtekera*; eles vão para o céu após a morte justamente por serem partes essenciais à vida de uma pessoa — voltarei a esse ponto. Os Guajá, ao explicarem o destino do *hajtekera*, afirmam que ele é a própria pessoa, ou o mais próximo que podemos

---

50. A ideia de *corpogente* proposta por Cesarino (*op. cit.*, p. 34), embora tenha uma aplicação diferente, é um bom caminho para refletirmos sobre o termo, já que sem os elementos corpóreos não se pode pensar em *hajtekera*, como veremos adiante.
51. Utilizadas na *takaja*.
52. Traduzido por Marina Magalhães, em 2010.
53. *A'o* é traduzível por "carne" no sentido mais literal possível, de músculos e gordura (tal como a "carne" que se compra no açougue). Por exemplo, o que se consome durante as refeições é o *ha'okera* dos animais.

apreender de uma *noção de pessoa* guajá. Desta forma, tal como ocorre com o *ĩ* do xamã Araweté, quando o *hajtekera* vai ao céu, seja na morte ou nas noites de *takaja*, é a própria pessoa que está indo, e não sua *alma*. O *hajtekera*, da forma como é concebida, pode ser entendida como externa a cada ser humano, tal como uma *imagem* cujo acesso ao *iwa* se dá tanto em vida quanto no *post-mortem*; ao mesmo tempo que, dada a essa exterioridade ativa e constituinte, ela é a própria vida[54] que foi posta no corpo, *ipirera*, a partir do nascimento e a condição para o funcionamento deste. Em linhas gerais, o *hajtekera* não é uma parte invisível de nosso corpo, tal como prescreve a ideia de *alma*, mas um elemento formado pela vitalidade de alguns de nossos órgãos internos. Dado seus aspectos *interior*, constituinte da vida do corpo, e *exterior*, ao próprio corpo, o *hajtekera* está sujeito a abandonar o corpo, *ipirera*, em diversas situações, e a ausência prolongada implica a morte, que é sinônimo da permanência definitiva do *hajtekera* no *iwa*, e a sua consequente transmutação em *karawara*. Isso embaralharia a suposição baseada na ideia de figura e fundo, interior e exterior ao corpo que tais análises muitas vezes nos obrigam a pensar. No caso dos Guajá, a *pessoa* só existiria como algo diferente de si mesmo (Bastide, 1973, p. 38 *apud* Sahlins, 2011, p. 10).

Lima ressalta que *a mais surpreendente de todas as ideias* que percebeu entre os Yudjá *foi a da não identificação relativa entre uma pessoa e sua alma*; e a *alma* seria aquilo que é constituído para si enquanto um *eu* (2005, p. 336). Sob esta égide, o *hajtekera* também pode ser um "duplo", no sentido que lhe empresta Lima, isto é, como aquilo que é ejetado da pessoa: "Se viva — e sensata ou astuta, sábia — a pessoa contém outra similar dentro de si, a alma que é um outro, o outro que se tornará ao morrer". Parece ser esse o problema do *ite* guajá, que na forma *hajtekera* é aquilo que se tornará um *karawara* após a morte do ser.

Quando os Guajá encontram em nossa língua um termo como *carne*, sinônimo do conjunto de elementos internos que compõe um corpo, possível de traduzir o *hajtekera*, estão deslocando a nossa ideia de *carne* para um outro campo semântico, tal como nós sempre fizemos com a ideia de *alma*, que arbitrariamente imputamos aos ameríndios, à revelia do fato de, tal como os Guajá, eles não estarem se referindo à *alma* — uma noção invariavelmente judaico-cristã —, mas sim a outras virtualidades como, por exemplo, à *carne*. Os Guajá,

---

54. *Ikwẽ*, "permanecer".

particularmente, atentam para o fato de que elementos internos ao corpo, eles mesmos, compõem o *hajtekera*, não sendo este um elemento imaterial, do tipo *alma*, tal como postula nossa tradição. De forma simétrica e oposta ao que fazemos, a ideia de *hajtekera* dos Guajá subverte nossa própria — ou ao menos da biologia — noção de *corpo humano*, que inclui várias vitalidades expressas, sobretudo pela ideia de *órgãos vitais*, que os Guajá defendem como vitais não por serem imanentes,[55] mas sim, transcendentes.[56]

DONOS DE NOME

Aspecto importante nesta discussão sobre a *pessoa*, os nomes se conectam tanto ao tema deste capítulo quanto à ideia de "criação", *riku*, apresentada no capítulo 6. Desta forma, trago aqui esboços para a compreensão da onomástica guajá, cujas implicações serão melhor compreendidas em uma segunda parte, no capítulo 6.

O verbo *awiro(k)* pode ser traduzido tanto por "nomear" quanto "ler", sendo este último uso desenvolvido após o contato. O "meu nome" é dito *harawirokaha*: *ha, r, awirok, aha* (eu/ meu; prefixo relacional; "nomear"; sufixo nominalizador); e *hawirokaha* é "o nome dele". Em diversas situações enquanto conversávamos, aconselhavam-me, em português, para que eu *colocasse o nome* de nossa conversa no papel: "Não vai botar o nome Uirá?"— era a forma usual de me deixarem à vontade para escrever e que muitos me propunham quando eu estava interessado no assunto. Quando eu estava sozinho, escrevendo, *piipiiriihũ*, alguém sempre me perguntava, também em português: "Está botando nome?"

A ideia de nomes extraídos de animais, plantas, situações e objetos, tal como observado por Cormier (2003, p. 91), é, de fato, a principal característica da onomástica guajá. Em linhas gerais, os nomes têm significados no sentido de que estão em relação direta com a temática da onomástica tupi-guarani, *que recorre, como fonte ou critério, ao extra-social: natureza, inimigos, deuses* (Viveiros de Castro, 1986, p. 388). Além disso, muitos outros temas aparecem na onomástica guajá, os quais não poderei considerar aqui, como as mudanças de nome, ganhos de apelidos e até mesmo os desmandos da Funai nos registros, ao imputar a pessoas nomes que até então não tinham, porém

---

55. *Ipirera*, "couro", "corpo".
56. *Hajtekera*, "princípio vital".

passaram a incorporar, quase como apelidos, já que funcionários dos antigos postos se lhes referiam por meio desses nomes *inventados*, como *Japonês*, pelos traços do rosto, *Dedão*, por uma deformação no pé, *Pau Fininho*, grosseiramente, por um detalhe da anatomia íntima, ou *Kokokwa*, a um homem, pelo seu jeito de falar. No entanto,[57] a relação de criação entre um "dono", *jara*, e um "ser criação", *nima*, é operadora da onomástica guajá. O portador de um nome, *harawirokaha*, é tido como *jara* do ser — planta, animal ou outro ser — que dá origem ao nome. Por exemplo, meu amigo chamado Wiraho, cujo nome se refere ao gavião-real, a harpia, animal também chamado de *wiraho*, é considerado *jara* dessa espécie de gavião. Como veremos neste livro, a ideia de *jara*, vocábulo tupi-guarani usualmente traduzido por "dono" ou "mestre", logra uma polissemia na língua guajá e é acionado não apenas para ilustrar "propriedade" ou "maestria", mas para marcar proximidades e contiguidades entre seres, sem propriamente estar configurada uma relação de controle. No caso da onomástica, por exemplo, o fato de as pessoas definirem o nominado como *jara* do ser que o nomina expressa a ideia de "alguém que anda ou está junto" ao ser de que se é *jara*. E no caso específico da onomástica guajá expressa uma relação de contiguidade.

Ajruhua, uma mulher cujo nome faz referência a uma espécie de papagaio, é pensada como *jara* dos mesmos *ajruhua*, os papagaios. Assim também acontece com Pira'ima'ã, "Peixinho gente", Jahara, "Palmeira açaí", Takya, "Faca", Panyxĩa, "Borboleta branca gente", dentre uma infinidade de nomes por meio dos quais as pessoas são chamadas. Cada portador mantém uma relação de contiguidade com esses seres, objetos e fenômenos. Os humanos são *jara* desses que consideram *nima*, seus seres de criação, não como xerimbabos de criação, mas, nesse caso, *duplos metafóricos*, seres relacionados. Portanto, uma tradução para *harawirokaha*, "meu nome", poderia ser "aquilo que me nomeia". Assim, a formulação *Jahara harawirokaha*, "meu nome é palmeira de açaí", pode ser mais bem entendida como "eu sou nomeado pelo açaí"; ou *Jauxa'a harawirokaha*, "meu nome é *parente* do peixe *jau*", pode ser recolocado na forma "eu sou nomeado como parente do peixe *jau*"; ou *Pira'ima'ã harawirokaha*, "eu sou nomeado como peixinho"; ou ainda *Meruã*, "eu sou nomeado como zumbido das moscas".

---

[57]. Como veremos no capítulo 6.

Esse sistema guajá produz uma distinção terminológica entre nomes masculinos e nomes femininos mediante sufixos específicos como *ma'ã, xa'a, xika, wãj* e *-xĩ*. De maneira esquemática, os sufixos *xa'a*, e *ma'ã*, como em Jauxa'a ou Pira'ima'ã, marcam nomes masculinos, e os sufixos *xika*, e *wãj*, como no nome Jauxika, ou Pakawãj, marcam os nomes femininos. Assim, ambos os nomes Jauxa'a e Jauxika se referem ao peixe de água doce *jaú*,[58] porém são distribuídos de acordo com o sexo — o *xa'a* para os homens e o *xika* para as mulheres —, embora em pouquíssimos casos, tal como sobras do nome de infância, pode existir um homem a quem o sufixo *xika* nomina. Crianças de ambos os sexos também podem ganhar o *xika*, mas caso a criança seja do sexo masculino irá perdê-lo na fase adulta ou mudará de nome. Por exemplo, um homem chamado Hajmakoma'ã se chamava na infância Mariawaxika; ao chegar à adolescência, outro nome foi surgindo para ele, quando as pessoas passaram a chamá-lo de Hajmakoma'ã. Muitas vezes, o próprio dono do nome propõe um novo, outras vezes este novo aparece para ele dado por um irmão, meio informalmente, tal um apelido que se fixa. Lembro que, além de nomes, são utilizados muitos apelidos engraçados ou carinhosos, principalmente para as crianças, como *Imuukuujeema'ã*, "maracujá bravo", *Wy'ya*, "flecha", *Pakwa'ĩa*, "rolinha", dentre outros.

O morfema *xa'a*, sufixo que nomeia boa parte dos nomes masculinos[59] não é utilizado para nomes de crianças, e talvez tenha origem no verbo *ixa'a*, "crescer" ou "seu crescimento". *Xa'a* funciona como um sufixo superlativo aplicado a velhos e homens adultos em geral, e nunca veremos uma criança ou mulher com um nome terminando em *xa'a*. Por exemplo, na aldeia Awá há homens e mulheres com o nome Jibóia, que na língua guajá é chamada Majhu. A diferença é que a mulher se chama Majhua, e o homem Majhuxa'a. É algo análogo aos nomes masculinos e femininos no português, tal como Gabriel e Gabriela. Além disso, no entanto, no dia a dia, a depender de como se chama, o sufixo *xa'a* pode ser negligenciado. Por exemplo, homens como Inajãxa'a ou Warixa'a, em conversas cotidianas e mesmo quando são referidos por outros, são chamados apenas de Inajã, "Inajá", ou Wari, "Capelão", tal como se os nomes perdessem o *xa'a* na intimidade. Porém, ainda, quando são chamados de longe,

---

58. *Zungaro zungaro*.
59. Como exemplo, temos Inajãxa'a, "Inajá", Warixa'a, "Capelão", Tatuxa'a, "Tatu", Majhuxa'a, "Jibóia", Pinawãxa'a, "Bacaba", Takwarixa'a, "Taquarinha", dentre dezenas de outros nomes.

para que saibam exatamente a quem se está evocando, são referidos pelo *xa'a*, como *Inajãxa'aaaa!*, "Inajááááá!", ou *Warixa'aaaa!*, "Capelãããão!". É muito comum os Guajá chamarem outras pessoas gritando seus nomes na aldeia.

Como sempre há exceções, a única será com as mulheres velhas, tal como a finada Mirakexa'a que, segundo consta em relatos e documentação, no ano de sua morte, 2013, tinha por volta de 100 anos. Em uma conversa que tive com Akari, que vive na aldeia Guajá (TI Alto Turiaçu), ao mencionarmos o nome Mirakexa'a ela nos perguntou um tanto confusa sobre quem estávamos falando: *Wahya?*, isto é, "Ela é mulher?", por não ser comum um nome feminino terminar com *xa'a*. Quando dissemos se tratar de uma mulher idosa ela logo entendeu o porquê do nome. Outras duas mulheres idosas hoje na aldeia Awá ganharam o *xa'a* em seus nomes, são elas Amirixa'a, de aproximadamente 76 anos, e Ina'axa'ã, cuja idade não se estima. Na aldeia Juriti, há outra mulher chamada Amirixa'a que tem aproximadamente 90 anos. Os velhos, em geral, mudam seus nomes para outros que só os idosos adotam, muitas vezes adicionando-se o termo Amỹxa'a, que pode ser traduzido por "Mamãe Velha", "Mamãe Crescida", e que tem em "Vovozinha" uma boa tradução, como nos exemplos: Amỹxa'apinuhũa, "Vovozinha Escura"; Amỹxa'atea, "Vovozinha de Verdade"; e Amỹxa'amukua, "Vovozinha Comprida". Os nomes relacionam a velhice com alguma característica da pessoa de idade, como *comprido*, *preto*, *crescido*, dentre outros. Outro nominador masculino é o *ma'ã*. Na aldeia Guajá, onde só fiz duas visitas breves, a convite da Frente de Proteção Awá Guajá, há um homem chamado Hajahakwarima'ã, "olho — buraco — chamado de", cuja tradução pode ser "Aquele de Olho Fundo". Aquele de Olho Fundo trata-se de um nome estranho, mesmo para os Guajá, e pode ser consequência de um apelido que *pegou*; em todo caso, é um *nome*. Um nome estranho, mas um "nome", *hawirokaha*.

No caso das mulheres, muitas meninas ganham nomes de flores e borboletas, como Panyxĩa, "Borboleta", e Panypinuhũa, "Borboleta Preta"; embora um homem possa ganhar o nome de "Borboleta", ele virá acompanhado do sufixo *xa'a*, tal como Panyxa'a, "Homem chamado de Borboleta". Há ainda o sufixo *xĩ*, que aparece em nomes como Itaxĩ, Wa'amaxĩ, Panyxĩ, Tatuxĩ e pode ser utilizado na denominação de homens ou mulheres.

Hawirokaha, "nome", é um termo bem amplo e engloba também o que chamo aqui de apelidos. Os apelidos *pegam* com grande facilidade e são a materialização de diversos afetos. Mesmo estrangeiros, como visitantes ou funcionários do Estado, da Funai, do SESAI, etc., podem ganhar apelidos, *nomes*. Um jovem servidor da Funai, por ter o cabelo bem liso e a pele bastante escura, era chamado de Awatea, "Gente-de-verdade", que nesse caso é "Índio do Mato", pois as pessoas o achavam parecido com "Índio". Em linhas gerais, nomes e apelidos podem se transformar. Na aldeia Awá, Hajkaramykỹa, após assistir pela televisão a jogos e eventos relacionados à Copa de 2010, na África do Sul, deu um segundo nome para seu filho, que agora é chamando de *África*.[60] Há também nomes como Maira, tanto masculino quanto feminino, embora eu tenha visto apenas uma Maira mulher. Porém, o maior número de nomes é oriundo de plantas e animais.

Os nomes podem mudar algumas vezes durante a vida. Na verdade, quase sempre mudam, e por motivos diferentes. As próprias pessoas escolhem novos nomes para si, como ocorreu com Juriximatỹa, amigo da aldeia Tiracambu, que mudou seu nome para Jakarea. Mesmo um filho pode passar a chamar seu pai por outro nome, até que surta algum efeito e o nome *pegue*. Não existe restrição alguma ao fato de duas pessoas manterem o mesmo nome, como vemos entre os Araweté e Waiãpi — embora não seja uma regra entre os Waiãpi, alguns cuidados são tomados para que isso não ocorra. Ainda assim, para os Guajá isso também é raro. Na aldeia Juriti, por exemplo, havia duas mulheres de nome Panyxĩa, o que não era comum ocorrer; porém, se tomarmos como referência as cinco aldeias, há bastantes repetições. A escolha do nome costuma ser feita pelo pai ou irmão mais velho e não há transmissão de nomes, como ocorre em diversos grupos amazônicos. Não há ritual de nominação, e não tenho conhecimento de qualquer outra prática de troca de nomes. O traço mais marcante talvez seja o fato de os nomes serem *pegos no céu*, como as pessoas dizem. Todos os nomes na Terra são nomes de *karawara*, da "gente-do-céu", *awa iwapahara* — daí, talvez, o fato de os homens na maioria dos casos os escolherem, pois são os homens que vão constantemente ao patamar celeste encontrar os *karawara*.

Os nomes ligam as pessoas e os fenômenos que as nominam, e era muito comum meus amigos me dizerem que um homem chamado Wiraho, "Gavião-Real", não podia matar esse animal, pois seria como se estivesse matando ele mesmo. Ou que um rapaz chamado Ka'awi'ia, "Marimbondinho", dificilmente seria atacado por marimbondos do

---

60. Na pronúncia guajá: *Afríka*.

tipo caba, inseto que o nomina. Algo parecido também foi encontrado por Rosana Diniz, Missionária do Cimi, que viveu mais de dez anos entre os Guajá e fez uma interessante monografia sobre educação escolar indígena. Eis o relato de um de seus diários de campo:

> Irakatakoa matou um tatu gigante. Até aquele dia eu não sabia o que era tatu canastra. Xipaxa'a foi chamado para falar mais sobre aquele animal tão grande. Em seguida ele me chamou e me disse: "Rosana, tatuhuxa'a, agora tu já sabe", se referindo à minha busca para entender o *xa'a* no final de muitos nomes. Xipaxa'a continuou: "o Tatuxa'a gente (um Awá de mesmo nome) não vai comer dele não." "Por quê?, perguntei." Xipaxa'a respondeu: "*A'e aja te!*", que equivale a "é ele mesmo". Além do Tatu gente, quase todos os Awá podiam comer da carne moqueada do tatu canastra.[61]

Podemos dizer que o animal tatu é tido por Tatuxa'a como seu *hapihiara*, como já disse aqui, um "cognato" ou mesmo "consanguíneo". Quando perguntei a Wiraho, "Gavião-Real", por que só ele não podia matar gaviões-reais na aldeia Juriti, ele respondeu: *Harapihiara!*, ou, "são meus consanguíneos!". Tal relação pode ser pensada, a partir de Descola, como *animista*, e, de fato, segundo os termos deste autor temos um modo de relação algo animista, *dos humanos imputarem aos não humanos uma interioridade idêntica à sua* (Descola, 2005, p. 183). Aqui, no caso, visto tal modo de relação como uma conexão a partir de categorias de parentesco entre seres humanos nominados e não humanos que o nominam. Porém, para além disso,[62] é que tal conexão, mesmo que possa se encaixar no modelo animista de Descola, opera a partir de outras afecções, baseadas na ideia de *criação*, que é uma espécie de motor da socialidade guajá.

No tratamento usual, os nomes, *hawirokaha*, são menos utilizados do que os termos vocativos de parentesco chamados *harawirokaha kīja*, cuja tradução quase literal pode ser "meu nome é assim".[63] Muitas vezes, na forma vocativa, um *hawirokaha* pode aparecer junto com um *harawirokahá kīnhẽ*, os "vocativos", como no exemplo: "*haxa'a Jui'i, aju!*" "Meu filho Jui'i, venha cá!" (Jui'i pode ser traduzido por "pequeno marajazeiro"). Para finalizar, podemos pensar que a ono-

---

61. Diniz, 2015, p. 61.
62. Como veremos no capítulo 6.
63. Não saberia traduzir com precisão o termo *kīja*. Formada pelo substantivo "*Kī*" (Magalhães, 2007) é uma palavra muito utilizada no final de narrativas ou exclamações, cuja principal função seria atestar que algo (um evento, por exemplo) ocorreu da forma que está sendo narrado. Uma tradução que os Guajá sempre me davam era "foi assim mesmo" ou "é assim mesmo".

mástica guajá é marcada por um processo replicante de produção e recriação de nomes. Os nomes estão sempre em movimento, tal como se tivessem uma existência própria, e, pelo que parece, não há nenhum interesse ou processo particular que os faça serem guardados, tal como marcas ou bens preciosos. A jovem chamada Ipokaxi'ĩa, "Cipó Cheiroso", já era chamada de Ipoa, "Cipó", — tal como chamamos de *Mi* alguém cujo nome é Milena. A diferença é que defendemos que uma Milena jamais será realmente *Mi* (embora toda a vida real dela — família, amigos, trabalho e lazer — acabe sendo operada pela ideia de *Mi*, e não *Milena*, esta última, representada em sua vida legal, burocrática). Na onomástica guajá, tudo se passa como se o nome *Milena* pudesse realmente ser deixado para trás e alguém passasse a ser apenas *Mi*. A depender de como o nome se comporta, um apelido pode virar um *nome de verdade*.[64]

IPIRERA, «SEU CORPO»

Ipirera, "a pele dele", é um termo amplo cuja tradução literal é "pele".[65] No entanto, em alguns contextos de enunciação é utilizado para se referir aos restos mortais de diversos animais, bem como às cascas de vegetais — embora a palavra *jymỹkera* seja precisamente "casca", como no exemplo: *ira jymỹkera*, "casca de árvore". Os Guajá, eles próprios, costumam traduzir *ipirera* para o português por "couro",[66] tal como o traduzem também para os diversos tipos de cascas. Por exemplo, as cascas da mandioca são chamadas *makaxi pirera*, "couro da mandioca"; por isso, o tubérculo é posto a pubar para que seu

---

64. *Harawirokaha kĩa*, "meu nome é assim mesmo", ou *harawirokahatea*, "meu nome verdadeiro".
65. Ou, ainda, *pirera*, "pele", ou *i-pire*, "[ele] tem pele", a depender da frase; *hapirera*, "minha pele", é a forma de primeira pessoa. Assim como na palavra *hajtekera*, *ipirera* também ganha o sufixo de atualização nominal retrospectivo, que no caso em questão aparece pela forma variante *era*. A raiz do nome é *pi*, porém este é um dos termos lexicalizados cujo sufixo *era* se fixou de forma definitiva à palavra, independentemente do contexto em que é enunciada; desta forma encontramos tanto o *pirera* ou *perera* como termos consagrados para "pele". A forma adotada aqui, *ipirera*, seria "a pele dele" ou "a pele de (alguma coisa)", é a forma de terceira pessoa, a mais neutra, por isso fiz essa opção: *ipirera*, "pele de".
66. É importante lembrar que essa tradução não é aleatória, pois os Guajá traduzem diversas palavras para o português a partir das que conhecem utilizadas pelos funcionários da Funai e pessoas da região. Portanto, tal como traduzem *ipirera*, "pele", por "couro", também traduzem o *japijawỹ*, "nariz", por "venta", e *kaka'a*, "defecar", por "cagar", e assim ocorre com outros termos.

couro fique *meme*, "mole", e sua polpa se solte. Da mesma forma, são *ipirera* os restos mortais abandonados de um animal. O *ipirera* de um animal caçado é aquilo que os Guajá não consomem, ou seja, o invólucro da carne consumível, as peles.

Como sabemos, os Guajá não enterravam seus mortos antes do contato — após a morte, o *ipirera* é abandonado por completo para apodrecer na terra. Tampouco mencionam explicitamente o fato de terem seus cadáveres devorados por fantasmas, tal como ocorre com os Araweté, o que me faz concluir que o *ipirera* esteja fadado a um único destino: a decomposição.[67] Uma vez abandonado, ele passa a ser de interesse dos *ajỹ* que, tal como os Anhanga em toda a literatura tupi-guarani, são seres-espectros, necrófagos por excelência, que frequentam locais onde existam cadáveres. Como complemento, um dos elementos da pessoa Guajá, a sua *ha'aera*, é liberada após a morte e se mescla aos *ajỹ*, transformando-se em um deles, embora, como afirmei, os Guajá não se refiram a qualquer tendência necrófaga dos *ajỹ*. Enquanto o *ha'aera* se mescla aos seres *ajỹ*, o *ipirera*, "pele", apodrece na terra, *wya*, e o *hajtekera* segue para o *iwa*, "céu", — o cadáver, uma vez lá e a partir de mudanças (é enfeitado com cocares e penas de tucano; eventualmente curado de ferimentos; dentre outros), renasce jovem, na forma *karawara*. De forma breve, podemos sustentar que os termos *ipirera*, *hajtekera* e *ha'aera* carregam as ideias referentes às porções visíveis e invisíveis do ser — corpos, almas, sombras, espectros, etc. —, características de diversas sociedades amazônicas. O corpo físico, *ipirera*, é o somatório dos elementos internos a esse invólucro que, com o abandono definitivo do *hajtekera*, fenece na terra.

Anoto a "coincidência" no relato de Irakatakoa (algumas páginas acima) em que ele afirma que o coração, *ja'aena*, e o fígado, *ipia'a*, vão para o céu, como partes constituintes do *hajtekera*, uma vez que os Guajá definem o fígado e coração como os órgãos que mantêm a vida. Quando não estão doentes por *haku* — "febre", "quentura" —, são as dores em um desses dois órgãos que mais os afligem, e frequentemente a própria febre é o sintoma de males que se instalam no fígado ou no coração. As mortes quase sempre estão relacionadas

---

67. Não estou certo desta afirmação, pois os *ajỹ* frequentam o túmulo atrás de cadáveres, embora os Guajá sustentem que eles apenas "gostem", *maparahỹ*, de estar perto dos cadáveres. Cormier sugere que os *ajỹ* são canibais que entram no corpo dos humanos, ainda em vida, e consomem sua *hajtekera* (que a autora transcreve foneticamente como *hatikwatya*), causando-lhes doenças, versão próxima à Araweté. Para esta interpretação, não tive confirmação.

a um desses dois órgãos. Por exemplo, em momentos de tristeza ou outra fraqueza, o coração, *ja'aena*, pode simplesmente parar de funcionar ou refrear seus batimentos. O mesmo pode acontecer por um sonho ruim, *ipujuhĩ*, ou ainda em casos de saudade extrema, *imarakwa*.

Após a triste e inesperada morte de Pinawaxa'a, em 2009, seus dois irmãos declararam ter ficado muito tristes, *imehe*, e dentre os resultados produzidos pela tristeza pararam de caçar e perderam praticamente todo o apetite. Hajmakoma'ã, um dos irmãos, permaneceu sonhando com seu finado germano durante diversas noites e me disse que o seu coração ficou muito fraco, fazendo com que ele "morresse um pouco", *manõ mixika'ĩ*. O outro irmão, Wiraho, comentou quase ter morrido após o falecimento, dada a fraqueza em seu coração — efeito da tristeza; e se não fosse sua esposa lembrar-lhe que ele tinha quatro filhos para alimentar, provavelmente teria sucumbido à fraqueza instalada em seu coração, *ja'áena*. Isso parece sugerir que, para os Guajá, parafraseando Descola (2006, p. 409), morrer é "um ato cumulativo e quase voluntário".

Além da velhice extrema, uma sucessão de desgostos, como a perda de um parente querido, ataques de fantasmas, alimentação inadequada, dentre outros problemas podem levar alguém à morte. A palavra *kije*, traduzida por "ter medo" como em outros cognatos Tupi-Guarani, a despeito de sua aparente simplicidade de tradução, é um termo de difícil compreensão se for observado nosso léxico, pois, como já coloquei anteriormente, envolve a ideia de "medo" e também de "tristeza" — *imehe*, "estar triste" —, que quase sempre acompanha o "medo". O *kije* é uma sensação que afeta diretamente o *hajtekera*, e o maior risco desta sensação é a fuga do *hajtekera*.[68] Entrementes, a depender do grau de intensidade, o *kije* pode agenciar muito ou pouco perigo, que pode resultar desde um (potencialmente arriscado) susto, — *mapinihĩ*, "assustar-se" —, advindo de um encontro com uma cobra, até a mais profunda melancolia, *imehe*. É esse medo-tristeza que produz a fuga da alma e leva uma pessoa à morte. Por exemplo, no ano de 2007, Ka'awi'ia, então com 11 anos, e a pequena Aparana'ia, de 8 anos, ficaram órfãos. Seu pai, To'oa, morreu vitimado, inesperadamente, por um ataque cardíaco. Desde então, os irmãos — para desespero de seus parentes — queixavam-se à mãe que também iriam morrer (isso era inevitável), pois não aguentavam a saudade

---

68. Como veremos ainda neste capítulo e no sétimo.

— *imarakwa*, "lembrar-se" — do pai. Lembro ter presenciado Amỹ Pirahỹ, a mãe dos dois, em horas de conversas com ambos, dizendo que aquela tristeza era nociva, pois, além de matá-los por acúmulo, poderia causar mais tristeza a outras pessoas. A pequena Aparana'ia, que já havia contraído matrimônio com seu tio materno (MB), foi advertida por sua mãe, que lhe disse que, caso ela permanecesse triste, seu marido não obteria sucesso em suas caçadas.

Em outro relato colhido por Magalhães (2010), dois homens da aldeia Awá, Irakatakoa e Manã, explicam a morte sem causa aparente de outro homem, Xipaxa'a, que teria morrido por ter pressentido a morte de seu filho e, devido à tristeza que não queria experimentar caso seu filho morresse, preferiu morrer antes dele. Manã foi ao céu através da *takaja* e, uma vez lá, encontrou com (o *hajtekera* de) Xipaxa'a; em seguida, contou a Irakatakoa o que ocorrera. Eis o relato deste último:

Há pouco tempo, Manã viu Xipaxa'a. Ele o viu no céu e foi para junto dele.
Por que você está aqui, papai?, ele disse.
Eu morri sem causa. Eu me ressenti por causa do meu filho, ele disse.
O não indígena disse para mim: *Teu filho está morrendo!*, ele disse.
— *Hỹ!*[69] Eu não quero ver meu filho morrer!
Eu vou morrer antes!, ele disse. *Eu vou morrer sem causa. Eu não tinha doença, eu morri sem causa, eu vim deliberadamente. Meu ha'aera*[70] *está bem, transformado em ajỹ! Não vai pegar vocês*, ele disse.
Eu vou ficar bem como karawara. Não fiquem tristes por mim. Não contem para meus filhos. Eu vou ficar no céu. Eu vim deliberadamente. Joguei fora minha pele. Ela vai se tornar um ajỹ, ele disse.
Foi assim que Manã me contou.[71]

O relato acima traz elementos fundamentais à compreensão da noção de pessoa Guajá, dentre eles: a transformação celeste do *hajtekera* em *karawara* após a morte; a separação *post-mortem* do espectro *ha'aera* e sua nova vida como *ajỹ*; a relação entre o *ipirera*, "pele", "corpo", e os mesmos *ajỹ*; a possibilidade de os vivos encontrarem com os Guajá recém-mortos quando ainda, no *iwa*, não são completamente *karawara*, por ainda se lembrarem da vida terrena; e, finalmente, o tema que nos interessa no momento: a possibilidade de um ser humano dar fim à própria vida, fazendo com que o "corpo" pare de funcionar em uma espécie de "suicídio", cujo atentado con-

---

69. Expressão de susto.
70. Em português, "espírito".
71. Transcrito e traduzido por Magalhães, em 2010.

siste em — ficando triste e/ou com medo — liberar a alma do corpo, deixando o *hajtekera*, "princípio vital", ir embora definitivamente. Xipaxa'a, o homem em questão, não suportava a ideia de seu filho morrer ainda jovem, portanto, preferiu ele mesmo morrer antes que visse isso acontecer.

JA'AENA E *IPIA'A*, «OS ÓRGÃOS VITAIS»

Muitos são os tipos de dores físicas extremas que podem atingir diretamente o coração, *ja'aena*. Por exemplo: a dor provocada pela mordida de *janũa*, a aranha caranguejeira, se instala no coração, enfraquecendo-o; a ferroada de *arapaha rirokai-*, "taturana rabo de veado", uma espécie de lagarta; a mordida da formiga tucandeira, *takãj*, dentre outros ataques. As dores — *hahy*, "sentir dor" — são interpretadas como um mal colocado no corpo da pessoa por agência de diferentes seres. Assim, a mordida da tucandeira é o *ha'aera*, "raiva" — nesse caso, a "vingança animal" — de um capelão que tenha sido morto pela pessoa, uma vez que as tucandeiras, *takãj*, são bichos de criação dos capelães, *wari nima*; ou o ataque de um *arapaha rawaja*, "taturana rabo de veado", pode ter sido causado deliberadamente pelos *ajỹ*, pois são esses que controlam tal lagarta. São vários os casos como estes.[72] O objetivo desses ataques, cujas dores se instalam no coração, é atingir o *hajtekera*, e é por causa disso que a sanidade desse órgão é tão importante para os Guajá.[73] Para tais males, a etnomedicina guajá responde com uma série de procedimentos que visam a expulsar as dores que um ataque ao *ja'aena*, "coração", provoca. Estes procedimentos podem ser:

1. Colocar a perna dentro do rio para "esfriar a dor" de uma forte picada
2. Utilização de emplastros e aplicações com cipós, folhas e cascas de árvores, cujos fortes cheiros — sempre muito agradáveis — eliminam a dor

---

72. Voltarei a abordar as vinganças animais em outras sessões.
73. Gostaria de afirmar que o *locus* (ou um dos *locus*) do *hajtekera* na pessoa, enquanto ser vivo, seria o coração. Porém não tenho elementos suficientes para desenvolver tal afirmativa, embora a considere sugestiva, tendo em vista outros casos, em parte semelhantes, como o dos Yudjá (Ver Lima, 2005).

3. Ingestão de analgésicos e anti-inflamatórios solicitados na enfermaria do posto indígena — *karai pohã*, "remédio de não indígenas"

4. E até mesmo, como fazem hoje em dia, passar gasolina nos locais doloridos resultantes de picadas, uma vez que o cheiro forte, *kaxỹ*, da gasolina é eficaz na extirpação dessas dores. Tal como Overing (2006) discute para o caso Piaroa, também para os Guajá a relação entre o odor e a saúde é imediata

Assim como são sanadas, muitas dores e doenças também são transmitidas pelo odor, *kaxỹ*, ou fedor, *iramyhy*. Uma mulher não pode sentir o cheiro das vísceras, *ipia'ákera*, e do sangue de um veado, *arapaha*, pois afeta sua saúde e, mais especificamente, seu ciclo menstrual; crianças não podem sentir o cheiro de vísceras de diversos animais recém-abatidos; o fedor do gambá, *ajỹ*, e das vísceras do quati, *kwaxia*, são chamados *iramyhỹ* — "fedorentos", ou "tem fedor" — pois esses animais têm *mixahy*, "fedores patogênicos", semelhantes ao cheiro da morte. Quaisquer dejetos, restos ou seres considerados *iramyhỹ* são prejudiciais à saúde devido aos fedores nocivos, *mixahy*, e o corpo manifesta automaticamente o mal por meio de dores de cabeça. Ao sentir esses odores, a melhor solução é cuspir, *inamũ*, repetidamente para eliminar as impurezas do corpo. Animais de grande porte, como uma anta, por alojar muitos metros de vísceras, produzem um fétido, espantoso e mórbido odor patogênico, *mixahy*, que atinge principalmente as crianças menores e, principalmente, os bebês. Devido a sua fragilidade natural, os pequenos Guajá podem experimentar dores de cabeça e na barriga; por isso, em um acampamento de caça os bebês devem passar longe dos locais de limpeza — *hape*, "pelar" — da caça, e se os pais realizarem tal procedimento perto das crianças protegem o narizinho delas.[74] Como escreve Overing para os Piaroa: "Ver, absorver, provar e ouvir inadvertidamente pode ser muito perigoso para a saúde [...]" (Overing, 2006, p. 45).

---

74. Isso não era entendido pelo pequeno Majakatỹ que, com menos de dois anos de idade, se apossava da faca que estivesse à mão e, nos acampamentos de caça, vivia procurando animais para destripar, como se fosse ajudar seu pai e outros homens, provocando risos em alguns e desespero a sua mãe, que tinha que afastá-lo a todo momento do alcance desses odores patogênicos.

O fígado, *ipia'á*, por sua vez, é o órgão responsável pelo "equilíbrio emocional"; pode-se fragilizar com oscilações de humor e dilemas morais. A tristeza, *imehe*, e o medo, *kije*, são males que obrigatoriamente prejudicam o fígado. Por isso, os diversos tipos de mel doce, *he'ẽ haira*, são, além de gostosos, *he*, terapêuticos, pois "adoçam" o fígado e proporcionam boa memória e saúde mental. Quando doente do fígado, a pessoa deve ingerir, junto com algumas ervas amargas (que veremos adiante), mel diluído em água — *haira tekwera*, "hidromel" —, para que aos poucos o fígado, *ipia'á*, se torne doce, *he'ẽ*, e o mal seja amenizado. A *couvade*, procedida por homens e mulheres após o nascimento de crianças, é adotada[75] tendo-se em vista proteger a saúde do bebê, porém a dieta que o homem deve seguir neste resguardo tem por finalidade proteger também seu próprio fígado, como veremos agora.

NASCER

O verbo para o nascimento do bebê é *wehẽ*, "sair", ao passo que, para a mãe, dar à luz é pensado como "largar", "soltar" o bebê — *imymyra*), *ty* ou *ty manã*, literalmente, "soltar pra fora". Se "antigamente", *imỹna*, no tempo do mato, o parto, *ty manã*, ocorria em uma área afastada na floresta, hoje em dia as crianças têm nascido dentro de casa, e, como vi na aldeia Tiracambu, algumas famílias pediram para inclusive ser em hospitais públicos da região, como em Alto Alegre do Pindaré. Em geral, contudo, as mulheres dão à luz dentro de suas casas, sempre cercadas de muitos parentes, inclusive com a presença e ajuda do pai, quando os principais procedimentos são realizados por uma mulher mais velha, seja a mãe, irmã mais velha ou mesmo a sogra da mulher. Se o nascimento acontece à noite, nos dias de hoje penduram duas ou mais lanternas no teto como pequenos refletores para iluminar o ambiente. Uma vez nascido o bebê, a placenta, *harukera*, deverá ser enterrada na aldeia, bem pertinho da casa.

Os bebês recém-nascidos não são deixados sossegados. São tocados pelas crianças, apertados pelos pais e irmãos mais velhos; balançam-nos com força; passam-no de colo em colo; no calor dão-lhe diversos banhos por dia, em que eles permanecem muitos minutos dentro de bacias ou embaixo de torneiras para se refrescar; fala-se alto perto dos bebês; e, principalmente, os pais mais amorosos não

---

75. Ver acerca de sua ocorrência em outros povos em Taylor, 1996.

param de cheirar, *tũ*, a criança, pois embora os Guajá não enxerguem no beijo uma forma de declaração de carinho, têm no cheiro e no fungado a mais sublime expressão de afeto entre duas pessoas. Muitas vezes os bebês estão nos braços dos adultos e urinam — quando menino, então — um jato em todas as direções, podendo molhar todos em volta. Cenas como essa são garantia de gargalhadas e lembranças para um dia inteiro. Da mesma forma, quando um recém-nascido chora, como acontecia com o pequenino filho de Juwi'ia, os pais seguem mexendo e remexendo no bebê dizendo: "você está zangado?", *animahy?*, de maneira carinhosa e bem-humorada. O argumento da criança zangada, *imahy imymyra*, inclusive, é usado para definir os bebês que sentam e dificultam o parto. Partos difíceis são resultantes de "bebês zangados", *imahy imymyra*.

BEBÊS

Alguns cuidados são tomados com os bebês. Por exemplo, a criança só toma o "leite da mãe", *amỹ kamykỹ*, ele é o "dono", *jara*, daquele leite, *kamykỹ*. Mesmo que muitas avós criem bebês de seus próprios filhos, e ainda tendo elas filhos em idade de amamentação, nunca amamentariam seus netos, tal "amas de leite" ou doadoras de leite. A fim de garantir a saúde das crianças nesses primeiros meses, elas podem ser protegidas com penas de tucano, *takỹ naera*, contra olhares maléficos e outras formas de feitiçaria, chamadas pelos Guajá de *ma'akwa* e traduzidas como "macumba". As penas de tucano colocadas nos cabelos das crianças são capazes de tirar os *hahyha* — "dores", literalmente —, traduzido em um português regional como "quebranto". Outros "amuletos", como colares com unhas de queixada, ajudarão a criança a ficar com as pernas firmes e ligeiras. Para que os adultos parem de se preocupar intensamente com a saúde de uma criança, ela deve ter ficado "dura", *hatỹ*. O maior sinal está no "pescoço" que não pode mais estar "mole", ou seja, a criança deve conseguir ficar ereta. Essa dureza é algo que será valorizado por toda a vida. É comum os Guajá falarem em tom de elogio para alguém, em português, "Você é duuuuro!", seja para o trabalho, caminhadas ou outra coisa. Observei certa vez que, ao caminhar pela floresta, o pequeno Jawi'ia se esforçava para levar um saco bastante pesado. Ele tomou vários tombos até que desistisse e o passasse para outra pessoa. O que chama atenção é que o volume e o peso do que ele estava tentando carregar superava volume e peso que eu mesmo estava carregando na mochila!

Após o nascimento da criança, o fígado do marido e da esposa parturiente estão deveras sensibilizados, suscetíveis a diversos males, por isso, o consumo de diversos tipos de mel são evitados por pai e mãe durante muitos meses, justamente por ser o mel um alimento absorvido pelo fígado. Também nesse momento, a última coisa que um homem deve fazer é se alimentar com fígado de outros animais, o que poderia lhe causar variadas doenças, loucura e até mesmo a morte.[76] Como precaução, assim que uma criança nasce, os pais (F) devem tomar uma infusão amaríssima da casca de uma árvore, chamada *mata'ya*, cuja finalidade é proteger o fígado do pai nos meses seguintes.[77] De imediato, ou seja, enquanto o cordão umbilical — *iporowã* ou *iporowãena* — da criança não cair — *iporo'õ wa'a* — sua dieta não pode conter diversos tipos de alimentos, como veremos abaixo, e toda comida deverá ser ingerida fria.

Além disso, se forem à floresta caçar, podem ser acometidos por febre, *haku*, e mesmo enlouquecer — *wakyhy*, "tornar-se doido". Pai e mãe devem se manter acordados toda a noite, mesmo nos meses que sucedem a queda do cordão umbilical, pois devem vigiar a criança durante todo o tempo contra os *ajỹ*, que desejam se aproximar das crianças pequenas para matá-las ou roubá-las. Após a queda do cordão umbilical, *iporo'õ wa'á*, o homem é liberado a comer carne de filhotes de capelão pois a carne do capelão adulto ingerida pelo pai pode adoecer a criança. Devo lembrar que o fígado de porcos, macacos, antas, e diversos outros animais, como o jabuti, cujo fígado é tido como uma das maiores iguarias, é bastante apreciado pelos Guajá. As pessoas fazem distinção entre fígado e vísceras gostosos, *hẽ*, e amargos, *irawahy*, e têm os miúdos em alta conta. Por exemplo, os intestinos das pacas são bem amargos e consumidos como remédio para dores de barriga. Tal amargor faria bem ao fígado. Intestinos em geral, como de queixadas, caititus e tatus, são comida de velhos. Outros intestinos, como o da cotia, por exemplo, não são considerados alimento, *timi'ũa*.

---

76. Carecem ao trabalho informações elaboradas a respeito da concepção da pessoa, desde o desenvolvimento do feto até seu crescimento, principalmente as concepções relativas às mulheres.

77. Refiro-me a todos os pais biológicos (F) no sentido que os Guajá (e boa parte da Amazônia indígena) emprestam ao termo, isto é, homens que participaram da produção da criança, e não somente o marido da mãe. Portanto, se pelo cálculo da múltipla paternidade a criança possuir quatro pais, os quatro devem ingerir *piray*, e a *couvade* variará de acordo com a participação de cada pai na produção da criança, além da proximidade (e afetividade) que têm com a mãe desta.

MODOS À MESA

Os Guajá adoram carne, *ha'okera*, e não concebem uma refeição que não tenha pelo menos um naco de animal, ou um "miúdo", como fígado, a ser consumido com farinha. Carne é *comida*, no sentido mais literal de "alimento", *timi'ũa*, e, mais ainda, é uma "comida de verdade" — para citar a definição de comida dos Piro (Gow, 1991), também utilizada pelos Guajá. Trata-se de "comida de gente", *awa nimi'ũa*. Boa parte da vida gira em torno da ideia de se comer bem que, assim como para uma parte considerável do nosso mundo, não significa comer muito, mas comer *sempre* e com qualidade. Além da "fome", *hakatãj*, a vontade, *xaku'uhu*, é algo que move os desejos por comida. Não muito diferente de nós também, há essa tal "vontade" por comidas específicas, uma espécie de "fome de carne" parafraseando uma ideia Yanomami (Kopenawa & Albert, 2015). É um desejo de comer quati, jaboti, paca, queixadas, sempre gordurosas, volumosas e dispostas em grandes pilhas moqueadas. Não apenas a carne, mas outras partes que suscitam sensações — como os, por muitas vezes, delicados sabores de fígados, intestinos, miolos, línguas, bochechas e outras vísceras — são bastante apreciadas.

A caça é o primeiro alimento lembrado como *timi'ũtea*, "comida de verdade", além de frutos da floresta. Hoje em dia essa definição foi ampliada para alimentos que lhes fazem bem, introduzidos após o contato ou, como gostam de dizer, alimentos que "sabem comer", como farinha, arroz e bolacha. No entanto, a primeira vez que ouvi a ideia de *hanimi'ũtea*, "minha comida de verdade", foi justamente quando vivia em um acampamento com a família de *Hajkaramykỹa*, comendo em frente a uma pilha com cerca de 30 primatas (de espécies variadas) moqueados que ele, seu filho e dois parceiros haviam caçado. Durante o abundante festim, eu comentei, "*awa nimi'ũa*", "comida de gente", e ele me respondeu, "*hanimi'ũtea*", "minha comida de verdade". Hoje em dia todas as refeições são acompanhadas pela grossa farinha de mandioca puba, *taramỹ*, e ainda podem-se somar arroz, abóbora, macaxeira, batata-doce, cará, feijões ou mesmo biscoitos *cream cracker*. O importante é que haja carne para compor o cardápio. O tema da produção e partilha de alimentos, sobretudo em coletivos que se dedicam à caça, remonta a trabalhos pioneiros na antropologia amazônica, como os de Steward & Faron (1959), e foi amplamente discutido na antropologia social contemporânea em análises de autores como Ingold (2000) e Bird-David (1990). Eu não teria muito a acrescentar.

No caso dos Guajá, o destino da carne — *ma'a*, "caça" — é obra do caçador; muitas vezes aquele alimento já chega na aldeia destinado a ser entregue a um sogro, irmão ou alguém próximo que tenha sugerido a caçada e não tenha ido. É comum um veado ser limpo e dividido pelos filhos do caçador e, espalhadas as peças de carne no chão, ele apontar para quem irá cada uma antes mesmo de moquear. Distribuindo e recebendo carne, as pessoas comentam como foi a caçada, a apreensão pelo tiro, o desespero do animal, e tudo o que envolve a produção de alimento. Apesar de não haver regras rígidas sobre qual parte do animal deve ser dada para quem — conforme status ou filiação, apesar de haver "pagamentos" constantes por meio de caça para sogros e sogras —, a cada nova caçada o desejo, *xaku'uhu*, e a predileção das pessoas em comer determinada peça do bicho são renovados de acordo com o entendimento entre o caçador, seus parentes e amigos. Iguarias como línguas, cérebros, bochechas, fígados, dentre outras, sempre são oferecidas de maneira carinhosa como petiscos que nem todos conseguem comer. Mulheres, crianças e mesmo sogros "credores" podem se beneficiar desses saborosos e raros pedaços de caça. As formas de comer também vão variar de acordo com a quantidade e tipos de carnes. Uma bem-sucedida caçada de capelães, que podem facilmente chegar a 20 animais abatidos, certamente será dividida por todos de uma sessão residencial (em aldeias maiores) ou por toda a aldeia, como no caso das pequenas aldeias. Se a carne é obtida durante temporadas de caça na floresta, à medida que retornam ao acampamento as pessoas defumam os animais deixando-os armazenados sobre o moquém — ou, preferencialmente, dentro de cestos de palhas frescas de açaí — para depois de alguns dias voltarem para a aldeia e lá dividirem a carne assada entre todos. Uma vez repartida a carne, mesmo que seja em muitos pedaços — por exemplo, um queixada rende facilmente dez pedaços grandes; se forem seis, estamos falando em 60 peças de carne moqueada dispostas sobre moquéns de uma sessão familiar, todos saberão a quem pertence cada um deles e irão comentar, por exemplo, *essa é a cabeça, jakaera, de fulano*, ou, *esse é o quarto traseiro, i'uera, de cicrano*. Caçadas menores, quando os Guajá voltam com animais pequenos em quantidades diminutas, podem resultar em cozidos de panela — *mihĩ japupupe*, "cozinhar na panela" — que, após prontos e adicionada a farinha, rendem generosas porções de um guisado saboroso. Os Guajá são grandes conhecedores da anatomia animal, e seus cortes costumam ser precisos. Em linhas gerais, tomando-se um queixada ou uma anta como exemplos, os principais cortes realizados são: cabeça, *jakaera*; costela, *irakaena*; quarto traseiro, "perna", *i'uera*; quarto dianteiro, "braço", *i'uakera*; barriga, *haikera — ikaera*, quando gorduroso; coluna cervical, *ipiakaena*; coxa, *i'ua*; batata da perna, *hatamakỹ*; patas, *ipya*; nádegas, *haikoro'o*. Além desses, há diversas iguarias como as orelhas, *iramĩ*; unhas, *ipypiãena*; bochechas, *hatapioukera*; focinho, *japiõu'a*; cérebro, miolos, *jakỹmataena*; pescoço, *iramykỹ*; e, para o caso de capelões, gogó, *já'aena*.

    Como um paralelo entre os caçadores siberianos Yukaghirs, Willerslev elabora uma análise sobre a partilha de alimentos, e dentre algumas ideias interessantes está o fato de os caçadores não gostarem de estocar carne, pois isso certamente trará azar em caçadas futuras (Willerslev, 2007, p. 40). O resultado é que toda a carne obtida é consumida em um ou dois dias, quando os caçadores voltam à caça. Os Guajá concordariam com essa ideia e tampouco estocam carne, não por trazer azar na caça — ao menos eu não saberia dizer isso —, mas o fato é que saem periodicamente para o mato. Se estiverem nas aldeias, podem sair para caçar diariamente ou, quando não, de dois em dois dias. Isso não significa que descartem completamente as vantagens em armazenar a carne defumada. Nos tetos de palha das casas podem ser encontrados pedaços de carne que, bem secas, servem como reserva para dias de "fome" — *nahakatãj*, "ter fome", "não estar saciado". Ao mesmo tempo, por vezes os caçadores trazem muita carne para casa, deixando todos "saciados", *hakatỹ*, em outras ocasiões, sequer levantam da rede; só vão à floresta em resposta ao apelo de suas mulheres ou ao choro de fome dos filhos. Nesses momentos, a carne bem seca (e, agora, fibrosa) guardada nos tetos das casas é muito bem-vinda.

    Caças grandes como antas, queixadas, caititus e veados sempre serão assadas nos moquéns e, muitas vezes, sobretudo nos acampamentos de caça, constrói-se um moquém, *makapa'ã*, específico para dar vazão aos porcos e outras presas abatidas robustas que chegarem. No caso de queixadas, que rendem muitas porções de comida, os moqueados proporcionam uma fartura de proteína, gordura e alegria — "a barriga ri", dizem os Guajá quando comem muito —, quando o acampamento, ou a cozinha de uma casa, fica impregnado de um agradável aroma de churrasco. Durante todo o tempo, adultos e crianças se servem com bocados dos pedaços já moqueados — *mike'ẽ*, "moquear", "secar a carne" — cortando-os com as facas ou puxando com as mãos, e as refeições muitas vezes são feitas assim, de maneira que poderíamos chamar informal. As pessoas passam o dia perto do moquém e pegam a carne já assada para o repasto. Depois de moqueada, a carne de queixada fica coberta por uma crosta caramelizada e escura, e seu interior é bem suculento, o que dispensa o uso de sal ou qualquer tempero que ocultaria seu agradável sabor defumado. Embora os Guajá adorem sal, *kykya*, e açúcar, e muitas vezes levem porções de sal, que sempre foi distribuído pelos postos indígenas, para os retiros de caça, essas pequenas, carnosas e gordurosas porções, arrancadas enquanto assam, dispensam qualquer aditivo. No caso de carnes suculentas como a do capelão recém moqueado, antes de comerem, as crianças avançam nos pedaços assados ainda quente, esfregando a mão e chupando sem parar, estalando os lábios, passando a língua por volta da boca e levando as mãos à carne e à boca sucessivamente. *Warê*, "chupar", "se lambuzar", é a maneira mais prazerosa que adultos e crianças costumam comer carnes gordas, sucosas, misturando gordura e saliva. Além de carnes, o mel também deve ser consumido bem lambuzado.

Ainda tomando os porcos como uma caça *boa para pensar* a comida, as cabeças de queixadas, embora muitas vezes divididas, costumam ser "oferecidas". Sempre haverá um *jakỹ jara*, "dono da cabeça", e este nunca será o caçador que matou. Frequentemente, as esposas são presenteadas ou, como também vi, um filho jovem que já tenha habilidades de caça e costuma caçar com seu pai pode receber a iguaria, caso não tenha sido ele quem tenha matado. Trata-se de uma pequena honraria, já que a carne, língua, cérebro, pele e mesmo cartilagens da cabeça são muito saborosos. No fim, após o consumo rápido, e sempre compartilhado pelo "dono da cabeça", resta apenas o crânio do animal no chão para ser mordido pelos cães. Certa vez, Hajkaramykỹa, meu mais frequente parceiro de caminhada na aldeia Awá, explicou-me que, para ele, as cabeças de porco são trocadas, como se a prazo. Uma vez recebida de um companheiro de caça a cabeça de um queixada, em uma caçada futura o brindado tende a retribuir diretamente para o mesmo parceiro. Trata-se de uma camaradagem entre amigos que passaram juntos pelo desgaste físico e psicológico de uma caçada pelos gritos insuportáveis de animais morrendo e correndo em desespero. Hajkaramykỹa disse que sempre oferece a cabeça para seus companheiros de caça como Takamỹ, Piranẽ ou Maihuxa'á.

COMIDA

Não apenas com alguns tipos de mel, mas com vários alimentos — *hanimiũ'a* "minha comida" —, as pessoas desenvolvem um elaborado sistema de controle. Isso sucede sobretudo durante o pós-nascimento de crianças — *wehẽ*, "sair" —, menstruação, além de momentos como luto ou doenças, que exigem atenção redobrada. As pessoas próximas (uma família, por exemplo) se conectam de maneira consubstanciada, e a saúde de um afeta diretamente a saúde de outro — não muito diferente do que o ocidente argumenta sobre os efeitos de um vírus, como o da gripe, ao atingir um membro da família, com a potencial contaminação da família inteira.

Os Guajá dizem não saber comer alimento "amargo", *irawahy*, cujo amargor quase sempre terá fins medicinais. Apesar de gostos azedos, *hajahy*, figurarem na dieta Guajá, ainda não "aprenderam" a comer amargo, como disse um amigo certa vez, ao explicar-me a intolerância a esse sabor. Dos procedimentos para proteger a pessoa em situações sensíveis, como das mulheres em menstruação — "estar sangrando", *hawy* —, a ingestão de uma infusão amaríssima feita com a casca de uma árvore chamada *mata'ya*, que não identifiquei, é muito indicada por proteger as "tripas" — intestinos e, nesse caso, também fígado. Por exemplo, na primeira menstruação — *hawy mutuhũ*, "primeiro sangue" —, a jovem deve tomar *mata'ya* para proteger o fígado e não passar mal com os alimentos. Miúdos em geral, como fígado, vísceras e outros, estão proibidos. As mesmas restrições alimentares recaem sobre mulheres menstruadas, além de homens e mulheres em resguardo pós-nascimento. Vejamos alguns desses alimentos.

1. Ovos de jaboti, *kamixa ripiakera*

2. Ovos de jacaré, *jakare ripiakera*

3. Jaboti fêmea (o macho pode)

4. Carne de jacaré

5. Peixe surubim

6. Piranha

7. Peixe curimatá

8. Peixe traíra

9. Fígado e vísceras em geral
10. Macacos adultos
11. Paca
12. Queixada
13. Galináceos como jacamin, inhambu e mutum
14. Veado mateiro, *arapaha*
15. Veado foboca, *arapaha'ia*
16. Pequiá ou pequi,[78] *myky'a*
17. Pelo menos seis tipos de mel

Quando nasce um filho, nem o marido nem a esposa podem beber água por uns dias, e o mesmo ocorre com a mulher menstruada. Só é permitido beber *mata'ya*, essa infusão de madeira amarga, e deve-se dormir bastante. Por isso o resguardo é chamado de "o descanso das pessoas", *awa nypyate hakeri*. Até o cordão umbilical cair não se come praticamente nada, e toda a dieta deve ser observada após a queda do "umbigo", *iporowãena*. Pequenos peixes como mandi e sardinhas são indicados, assim como a carne de animais pequenos, como as cotias. Nesta época, a carne de macaco, alimento muito apreciado, só pode ser consumida se for de animais jovens, preferencialmente de capelães. Frutos como inajá, bacaba, açaí, cupuaçu, bacuri e cacau podem ser consumidos, bem como animais como a cotia e o tatu. O tatu, inclusive, tem uma carne indicada para consumo em períodos de fraqueza pois, assim como o couro do tatu é duro, sua carne fornece força e dureza, *hatỹ*, para quem a come. Nesses períodos só se podem consumir jabotis machos, já que um dos riscos mínimos da mulher que ingere carne de jaboti fêmea seria dar à luz filhos com problemas de pele, e o risco máximo seria dar à luz jabotis. Para a proibição do consumo de diversos alimentos, os Guajá dão explicações relacionadas aos possíveis efeitos negativos no corpo do bebê ou dos pais. Peixes como o curimatá, *mykukyruhua*, e a traíra, *tara'yruhua*, devem ser evitados, pois podem gerar feridas no corpo da criança. A carne de "jabotas" — as jabotis fêmeas —, por exemplo, é lembrada por produzir cansaço nos homens, que não aguentariam subir as ladeiras da mata. Nesta época só comem jabotis machos.

---

78. *Caryocar villosum*.

Quanto às dezenas de méis que ainda veremos neste livro, adianto que eles são alimentos muito apreciados e amplamente consumidos, mas podem ser também muito perigosos. Os méis em geral são alimentos "quentes" que causam *emoção* a quem consome. Sua doçura faz bem à saúde, mas algumas espécies podem ser nocivas em períodos de resguardo:

1. *Iramuira*, mel do inhambu, causa febre
2. *Kamixaira*, mel do jaboti, causa coceira no corpo
3. *Mu'uira* causa atrofia nos dedos das mãos e pés
4. *Tataira*,[79] abelha caga-fogo, causa queima a pele da criança.
5. *Pirairuhua* causa calafrios em pais e filhos
6. *Uhua*, mel da anta/ abelha *xupé*,[80] causa efeitos não identificados

O consumo do mel *iramuira*, "mel do inhambu", para a mulher menstruada ou em cuidados pós-parto provocaria o endurecimento de seu intestino. Hajkaramykỹa me contou sobre uma mulher no passado que comeu desse mel enquanto estava menstruada, e seus órgãos internos, o intestino em particular, "secaram". Ela ficou entupida sem conseguir urinar ou defecar e morreu.

No caso de um resguardo menor, por menstruação, os cuidados não recaem no marido e filhos. Veremos ainda que os Guajá compartilham a paternidade, pelo que crianças têm mais do que um *pai*, e os cuidados pós-nascimento — todo o sistema de *resguardos* que restringe a alimentação e atividades — recaem não somente sobre o marido da mãe, mas sobre todos os outros que são considerados genitores da criança e, muitas vezes, os irmãos do pai (FB). Embora as mulheres experimentem essas interdições de maneira periódica — mensalmente, os homens, por sua vez e apesar de bem menos, as experimentam não só quando nascem seus filhos com sua esposa, mas qualquer outra criança que ele tenha ajudado a conceber.

---

79. *Oxytrigona tataira tataíra*.
80. *Trigona hyalinata Lepeletier*.

Em geral, não há consumo de carne que fique impune. Nesses períodos os homens sequer devem sair para caçar, e nem homens nem mulheres devem mexer com caça no sentido de "limpar", *hape*, o animal: despelar, tirar vísceras, cortar, cozinhar. O resultado imediato são dores de cabeça, *jakỹ wakyhy ta*, e febre em pais e filhos. A mesma dor de cabeça ocorre se qualquer um da família consumir macacos adultos. Todas as atividades de caça são interrompidas, e um homem só poderá abrir exceção, sob muito cuidado, caso tenha outras bocas para alimentar — se seus filhos estiverem com fome. Diversos animais podem ser capturados enquanto o bebê não "mexer o pescoço" com autonomia — ou seja, se não estiver ereto —, tais como veado-mateiro e veado-foboca. Ainda assim, por exemplo, não se matam machos das espécies macaco-prego, cairara, ou quatis, pois provocam até enlouquecimento. Mesmo as fêmeas não são consumidas, são capturadas apenas para aplacar a fome das crianças.

Seja na *couvade* ou fora dela, comer carne, *ha'okera*, é algo sempre perigoso — devido a "raivas" e vinganças que os animais podem lançar sobre quem os caçou —, e alguns animais em particular são perigosos sempre, como parece ser o caso do veado mateiro, *arapaha*. Carnes como a de veado, apesar de amplamente consumidas, sempre provocam revertérios por serem ruins, "reimosas", *manahỹ*. Quando a mulher de Tatuxa'a deu à luz a pequena *Iwapanỹ*, ele foi caçar — esperar — um veado mateiro na floresta, sem que o cordão umbilical da menina ainda tivesse caído. Ele o fez, pois seu outro filho, Takwarary, estava "chorando de fome", pedindo-lhe carne para comer, e os homens Guajá sempre vão caçar quando seus filhos estão clamando por comida. Por isso ele resolveu "esperar", *matakwa*, o veado à noite. Sua caçada foi bem-sucedida, ele conseguiu matar três cotias a caminho da espera e um veado mateiro durante a noite. No dia seguinte retornou à aldeia, e no mesmo dia sua filha recém-nascida contraiu uma febre alta que não passava. Tiveram que retirá-la da aldeia com o carro da sesai e enviá-la para o hospital na cidade de Santa Inês. Segundo Tatuxa'a, sua filha quase morreu. Além de atribuir a doença da filha recém-nascida ao fato de ter ido caçar veados no momento que deveria estar descansando em casa, o homem também comentou que, se tivesse matado uma onça, certamente sua filha estaria morta hoje.

A onça é um animal perigoso de matar. Os Guajá gostam da carne de sussuarana, a onça parda; lembra-lhes o sabor da carne de veado. E mesmo a onça-pintada podia ser consumida, ao menos "antigamente", lembram as pessoas. Porém, de todas as restrições em período de cuidados pós-nascimento, mas também durante menstruação e doenças, não se deve matar, e muito menos consumir, carne de sussuarana ou de qualquer outra onça, pois provocará a morte do bebê. No caso da onça, a proibição de matar se inicia na gravidez e segue até o pós-parto. Caso um homem mate o felino durante esse período, além da morte do bebê, a própria grávida ou mãe poder morrer ou seu leite secar. O seio da esposa pode sumir, tornando-a "lisa", "como se tivesse o peito de um homem", alertou-me certa vez Hajkaramykỹa. Em um relato de seus diários de campo, a pesquisadora Rosana Diniz escreve:

> Nesse sentido, Hajmakoma'ã me fez o seguinte relato, em 2010: tinha ido caçar e encontrou com uma onça, mas esta o viu primeiro. Então, ele se pôs a correr na floresta, e a onça atrás. Chegando em um rio, ele jogou-se na água e a onça, então, desistiu da perseguição. E porque você não atirou nela? Perguntei. Ele respondeu: e minha filha pequena, *xikari* (minha irmã)? Não posso matar onça, faz mal para a minha filha, ela pode morrer.[81]

A quebra do resguardo de nascimento, de acordo com Hajkaramykỹa, atinge a todos da casa, e por determinados animais, caso das onças, a escolha em caçar e/ ou comer pode ser mortal. Pai, mãe, filhos, irmãos e pessoas ligadas à casa estão relacionados e, por sua vez, se conectam a diferentes subjetividades — animais, vegetais ou espectrais — que vivam na floresta. Por isso, vômitos e fezes dos bebês não podem ser abandonados nem no chão da aldeia, pois são comidos por cachorros, nem na floresta, pois são comida de animais, principalmente os gambás, jabutis, carrapatos e marimbondos, sob o risco de adoecimento ou morte do bebê. Esses excrementos — para não ser consumidos por animais — também não podem ser enterrados para não virarem "comida de minhoca". Caso as minhocas, *amirikuria*, — ou qualquer outro animal — o comam, os bebês adoecem. O tratamento mais comum é envelopar essas fezes em folhas, como a folha de *akareho*, por serem planas, e a amarrar com cipozinhos, como pedacinhos de "cipó titica", por exemplo, deixando pendurados em alguma árvore, livre do alcance de todos os bichos. Esses "embrulhos" são chamados *ximixia*. Não podem ser jogados fora, nem enterrados. Devem ficar pendurados até as fezes apodrecerem — *ipiru*, "podre".

Diversos cuidados também devem ser observados no manuseio dos alimentos. Apenas como um exemplo, ossos de machos de espécies de macacos como o cairara, *Cebus kaapori*, e macaco-prego, *Cebus apela*, não devem ser atirados no chão para que não entrem em contato

---

81. Diniz, 2015, pp. 55–56.

com ninguém. Em se tratando desses ossos, o perigo é algo próximo da feitiçaria, chamada pelos Guajá de *ma'akwá*. Os ossos de fêmea, porém, não carregam feitiço. Ao consumir macacos desse tipo, seus ossos devem ser separados da carne antes de os pais os darem aos filhos, para que as crianças não os arremessem em alguém ou algum lugar.

Por outro lado, apesar de mencionar aqui a ideia de "regras" e cuidados, da forma pela qual esses resguardos são pensados, as pessoas nunca falam em interdições, e muito menos em regras, propriamente. Se existem resguardos, é porque também existe uma possibilidade real, um desejo em sair para caçar, seja para matar a fome, *nahakatãj*, dos filhos maiores ou outros parentes, seja para acompanhar os amigos por pura vontade de matar bichos. É muito comum pessoas ligadas ao pai em resguardo chamarem-no para caçar, insistindo até para ele descumprir seu período de reclusão. Este quase sempre deve dizer que "está cansado para caçar" ou "tem que ficar com seu filho" ou mesmo que "sua mulher não quer ficar sozinha". Mesmo em mudança na alimentação e nos hábitos, o homem em reclusão não insinua isto de maneira tão explícita em suas falas. Os argumentos evocados para ele permanecer em sua casa (ou mesmo em sua rede) são sempre mais "prosaicos" do que a ideia de "resguardo" ou "regras". Preferem dizer: "Vou ficar em casa olhando meu filho!", e essa frase resumiria tudo.

Por fim, podemos pensar que as proibições e interdições de dieta para as mulheres e homens que esperam ou tiveram filhos recentemente só são realmente conhecidas por seus efeitos, como já discutido por Coelho de Souza (2004, p. 44), apesar de todos os *a priori* que enumerei acima. Por exemplo, as mulheres da aldeia Juriti não comiam carne de veados — mateiro e foboca — e galinha ou frango, sob o risco de terem fortes sangramentos. Apenas nos últimos anos (2011/2012), quando pessoas de outras aldeias — cujas mulheres consomem carne de veado — começaram a manter contatos mais intensos com os Guajá da aldeia Juriti, elas passaram a comer carne de veado, caso não estejam menstruadas, e, de maneira geral, tal "proibição" caiu. Nas viagens para a cidade em reuniões e encontros, que são cada vez mais frequentes na vida dos Guajá, a observação dessas regras é motivo de debates entre maridos e esposas. Certa vez, Jauxika, que estava grávida de oito meses, proibiu seu marido Takwari — que estava indo para uma reunião em outra aldeia — de comer carne de frango, até que o pai de Takwari, Pira'ima'ã, interveio e disse que quando sua esposa esteve grávida e ele foi à cidade, comeu carne de frango, e nada de mal aconteceu a ele. Jauxika, a mulher, ouviu com interesse a explicação do homem e então disse para Takwari que ele podia, sim, comer carne de frango e gado, mas devia prestar atenção para não passar mal. Mas que não comesse, de forma alguma, carne de porco, do mato ou dos brancos, pois isso faria mal a ela e ao bebê. Os alimentos específicos que podem ou não ser consumidos são sempre debatidos a cada nova gravidez, a cada nova situação de restrição. Ainda que haja esse conjunto que aqui destaco e costuma sempre ser observado, as interdições sempre serão compreendidas pelos efeitos e resultados de determinados alimentos no corpo dos sujeitos, seja uma pessoa ou uma família com que se afetam mutuamente.

Embora não seja meu tema de pesquisa, finalizo este tópico anotando que os Guajá desenvolveram uma infinidade de medicamentos, *pohỹ*.[82] muito eficientes no combate a muitas doenças[83] Mesmo guardando um grande fascínio pela etnomedicina dos *karaia*, com seus comprimidos, pomadas e injeções, a que recorrem sistematicamente, os Guajá fazem uso de ambos os remédios, dos *awa* e dos *karaia*, em diversas situações. Por exemplo, quando o rapaz Juxa'a foi picado por uma cascavel e, na enfermaria do PIN, lhe aplicaram algumas doses de soro antibotrópico, sua mãe aplicou-lhe em cima da picada um emplastro feito com uma casca de árvore chamada *hiratanỹ* a fim de expulsar o veneno da cobra. Muitas dessas folhas, cascas e cipós têm nomes de animais que são seus *jara*, "donos". Vejamos alguns desses medicamentos. Para salvaguardar a propriedade e o conhecimento sobre essas plantas, omito os nomes nativos substituindo-os pela sigla P, de *planta*, seguido de um número:

▷ **P1** Folha que se amassa a fim de tratar dores musculares, dentre outras dores. Passa-se nos braços e articulações, em aplicações periódicas, e é capaz de expulsar tais dores. Também utilizada contra febre, pode ser ingerida após macerada, *jamixo*, e adicionada a água e mel

---

82. Também denominados *ira pohỹ*, "remédio das árvores".
83. Ver o artigo de Cormier (2005) em que a autora traça um perfil mais detalhado daquilo que ela denomina "simbolismo vegetal" dos Guajá, apresentando um conjunto bem mais amplo de doenças e relacionando-as à concepção Guajá de pessoa e morte. Ainda no tratamento da etnobotânica dos Guajá, o trabalho de Balée (1994) é sem precedentes.

▷ **P2** Folha[84] que os Guajá esquentam na fumaça do moquém, colocando-a em seguida nas pernas, nádegas e costas para debelar a febre. Um antitérmico

▷ **P3** Com muitas utilidades, esta entrecasca também é chamada *irawahy*, "amargosa", e tem como função tratar dores no fígado, estômago e vísceras. Pode ser utilizada em forma tópica, colocada sobre o abdômen da pessoa em repouso. Se o enfermo tiver vômitos, é ingerida macerada misturada com mel e água, de modo a amenizar o gosto amargo. Após o nascimento de uma criança, seu pai deve ingeri-la macerada, com a finalidade de proteger seu fígado

▷ **P4** Utilizada contra dores de cabeça, esta folha é muito cheirosa. Se macerada, pode ser aplicada durante os banhos no rio. Após alguns dias de aplicação a dor se esvai.

▷ **P5** De função idêntica à *Henemy ka'y*

▷ **P6** Folha[85] de cheiro agradabilíssimo, cuja função é espantar dores de cabeça e no corpo. Utiliza-se esfregando-a nas partes afetadas

▷ **P7** De uso e função parecida da *Haira Ka'a*, porém só aplicável a dores de cabeça

▷ **P8** Entrecasca de uma árvore cuja seiva alivia as dores de ferida e queimaduras, além de ajudar na cicatrização de ferimentos externos

▷ **P9** Folha utilizada contra a febre. Utiliza-se esfregando-a no corpo

▷ **P10** Frutinha cheirosa de cor amarela, de uso tópico; esfregam-na no corpo a fim de expulsar dores e febre

▷ **P11** Casca de uma árvore, com o mesmo nome. Se inalada, seu cheiro mentolado combate febre e calafrios

Esta é uma pequena amostragem de medicamentos que atuam contra as doenças que atacam o *hajtekera* e, por consequência, os componentes vitais de uma pessoa.[86]

HA'AERA E *AJỸ*, «MORTE» E «FÚRIA»

O último elemento constituinte da pessoa Guajá, que apresento aqui, é o *ha'aera*.[87] Os Guajá traduzem tal palavra para o português por "raiva", não se tratando da mesma "raiva" expressa pelo termo *imahy*.

---

84. Algo que pode ser traduzido como *veado vegetal*.
85. Uma tradução possível é *mel vegetal*.
86. Para uma boa análise da etnomedicina Guajá, consultar Cormier, 2005.
87. O termo correto é *a'a*; *h-a'a-er-a* é o resultado da junção do prefixo de 3ª pessoa *h* mais "espectro", "raiva" *a'a* mais sufixo de a.n. retrospectiva *er* mais sufixo nominal *a*;

Imahy é um sentimento que, apesar de perigoso e desprezado, é muito comum e desejável em diversas situações, como na guerra. *Ha'aera* pode ser traduzido pela ideia de "raiva-espectro", devido tanto à sua condição de "sombra", "alma" bestial, liberada após a morte — processo cuja consequência é a transformação em um ser que é pura "raiva", os *ajỹ* —, pelo fato de o *ha'aera* atuar durante a vida como um dos componentes da pessoa humana. Para melhor definição do termo, podemos contrastar o *ha'aera* com o *hajtekera*, sendo este último um princípio que agencia a vida, enquanto o *ha'aera* agencia morte, dores e sofrimentos.

O *ha'aera* é uma substância constitutiva do próprio ser: "Está por aqui!", me disse certa vez Wiraho, apontando para seu peito e barriga. Humanos e alguns animais possuem *ha'aera*. E no caso dos animais é essa potência que atormenta os humanos na forma de vingança após as caçadas — a qual emana doenças e retira a sorte em caçadas futuras. No caso particular da constituição da pessoa, o *ha'aera* é aquilo que diversos autores chamariam de "espectro" de um morto.[88] Uma vez morta, as partes da pessoa se desfazem: o *ipirera* apodrece na terra; o *hajtekera* se encaminha para o *iwa*; e o *ha'aera* se transmuta em *ajỹ*.

O *ha'aera* não é só o espectro de um morto recente, uma sombra da pessoa morta que um dia se transformará em *ajỹ*, ele é uma substância que também compõe a vida e que só após a morte vaga como "alma penada" e se mescla à massa de seres *ajỹ*, que são dependentes do *ha'aera* para viver. Não é possível afirmar que o *ha'aera* tenha uma aparência. Ao contrário, os Guajá definem literalmente como uma substância, algo espectral. "É como o seu repelente!", me disseram certa vez, um agente que tem poder de penetração tão capilar como um gás. É algo que todo humano carrega, pois faz parte da composição física humana, porém, liberado violentamente após a morte, funcionando como uma energia formadora de seres ligados à morte, os *ajỹ*. A constante ameaça aos humanos que emana dos *ajỹ* é dita como *ajỹ ha'aera*, já que os *ajỹ* dominam esse princípio mortal, lançam-nos nos humanos fazendo-os adoecer e até morrer. Os *ajỹ* são constituídos pelo *ha'aera* de ex-humanos, por isso mesmo, em diversas situações, podem simplesmente ser denominados *ha'aera*, tal como um sinônimo. O *ha'aera* também pode ser chamado de *ajỹ*

---

porém os Guajá nunca se referem a *ha'aera* como *a'a*, sempre o fazem utilizando o sufixo *era* ou *e*, nas formas *ha'aera* ou *ha'ae* (a depender da construção da frase).
88. Ver *Jurupari* - Waiãpi, Gallois, 1988, p. 178).

karawara, já que os *ajỹ* a manipulam da mesma forma que os homens Guajá fazem com os *karawa(ra)*, as potências celestes que auxiliam os humanos em suas curas. Em outras palavras, o *ha'aera* é o *karawara* dos *ajỹ*. Seres como os *ajỹ* talvez sejam dos que mais apareceram nas etnografias Tupi-Guarani desde os primeiros relatos de viajantes, e permanecem como tópico importante até os trabalhos atuais.[89] Porém, vejamos o que os Guajá têm a dizer sobre eles.

"Seres pequenos, com a estatura de crianças e muito feios!" Essa é uma das formas de definir os *ajỹ*, entidades que habitam antigos acampamentos, ocos de árvores, buracos e áreas escuras da floresta. São capazes de tirar a vida de alguém com um simples toque. Somente por pressenti-los, uma pessoa pode entrar em estado febril. Da mesma forma, são como "curupiras", que atrapalham cotidianamente a vida dos caçadores, provocam doenças, mortes, além de serem *jara*, "donos", "controladores", de um expressivo número de animais. Os Guajá atribuem muitas de suas desventuras e azares na caça, *panemuhũ*, aos *ajỹ*. Diferentemente dos Ka'apor ou dos Araweté, as figuras do *koropí* (Viveiros de Castro, 1986, p. 244) ou *curupir* (Huxley, *op. cit.*, p. 205) estão ausentes do mundo *awa*; são os *ajỹ* que desempenham esse papel de seres controladores de alguns animais de caça, capazes, inclusive, de perseguir um caçador lançando-lhe *ha'aera* e deixando-o *panemuhũ* — "panema", sem sorte —, como veremos mais à frente. Os Guajá recolocam a figura Tupi-Guarani do *curupira*, com suas formas e atitudes específicas, nos *ajỹ*: aparência feia, monstruosa; domínio sobre algumas espécies animais; hábitos noturnos; ataque a caçadores, dentre outras. Isso pode ser atestado ao observarmos o caso Waiãpi, em que o *kurupi* ou *kurupira*, embora seja entidade ligada aos *añã* waiãpi, não se confunde com eles. Devido a sua feiura e dieta canibal, o *kurupi* é, nos waiãpi, associado aos *añã*, também chamado *añã poro'õ*, "o maligno que nos come", *añã'go ka'apor*, "o grande maligno da floresta", e ainda *añã Tapirã'i*, "dono da sapopema". De acordo com um xamã Waiãpi, "Kurupira é a mesma coisa que Jurupari" (Gallois, 1988, p. 136).

Se pensarmos que o *ha'aera* dos Guajá pode ser comparado ao *Jurupari* waiãpi, ao mesmo tempo que os Waiãpi põem em sinonímia o *kurupi* e os *añã* (seres comparáveis aos *ajỹ* Guajá), podemos

---

89. Para um balanço comparativo de noções parecidas a essa, como Anhang, Aignan, Anhanga, dentre outras, cuja precedência na literatura etnológica é ampla, ver Viveiros de Castro (1986, p. 255).

afirmar que, ao contrário dos Araweté, Ka'apor e Waiãpi, que convivem com a figura do *curupira*, os Guajá depositam as potencialidades deste nos *ajỹ*: seres com caráter múltiplo, de alma morta e protetores dos animais, dentre outras qualidades possíveis. Além de provocar doenças e morte, os *ajỹ* são seres com os quais os Guajá constantemente estão sujeitos a encontrar, principalmente porque alguns dos animais mais caçados pelos humanos são de criação, *nima*, dos *ajỹ*. São eles: o veado mateiro, *arapaha*, veado foboca, *arapaha'ia*, cotia, *akwixia*, paca, *kararuhua*, e o quati, *kwaxia*. Esses devem ser caçados pelos humanos com comedimento e atenção, pois onde estão podem também estar seus "donos", *jara*, os *ajỹ*. Portanto, já não estamos somente no campo dos espectros e sombras, *ha'aera*, mas sim no de seres que, assim como os *awa* e os *karawara* celestes, detêm recursos de "domínios", *riku*, sobre outros seres e se relacionam — ainda que de forma infeliz — com os humanos.

Como habitantes da mata, os *ajỹ* dominam uma série de seres, situações e princípios, tornando a caçada — para os humanos — uma atividade ainda mais perigosa e guerreira. Os Guajá dizem que podem perceber a presença dos *ajỹ*, pois sentem frio, *haxỹ*, e dores de cabeça quando tais seres estão próximos. Além disso, os *ajỹ* produzem um assobio longo característico — pois é o único som que sabem emitir — e batem repetidamente no tronco das árvores com uma grossa vara de madeira, "um pedaço de pau", a fim de dispersar os animais. Em uma tarde, na aldeia Juriti, um homem chamado Hajmakoma'ã me alertou para um assobio que ouvíamos ao longe: "Você está ouvindo esse assobio?" ele me perguntou. "São os *ajỹ*!" ele mesmo respondeu. Sem entender direito sua afirmação, interpelei-o dizendo que se tratava do canto de um pássaro e não do assobio dos *ajỹ*. Ele concordou, afirmando que tratava-se do cricrió, *Lipaugus vociferans*, pássaro que é chamado "*ajỹ mixiura*", um dos animais de criação, *nima*, preferidos dos *ajỹ*. Por isso, sempre que ouvem o cricrió cantar, eles sabem que os *ajỹ* estão por perto. O som do cricrió é dito ser o próprio som dos *ajỹ*, e este pássaro tem a capacidade de se transformar em *ajỹ*, tendo em vista que ele mesmo o é. O mesmo ocorre com o canto do pássaro *hakawỹ* — acauã, *Herpetotheres cahinnans* —, um canto causador de doenças pois contém *ha'aera*. Se um caçador ouvir seja o acauã, *hakawỹ*, ou o cricrió, *ajỹ mixiura*, enquanto estiver na floresta, pode ser que não encontre caça alguma, pode ser que fique com febre, pode ser que algo ainda pior aconteça, e pode ser que nada ocorra também. Em todo o caso, ele deve fugir para longe do alcance do canto. Da mesma forma que o gambá, ou mucura, cujo nome na língua guajá é *ajỹ*, é um outro, e talvez o principal, avatar dos *ajỹ*. Seu cheiro fétido é o mesmo cheiro de morte exalado pelos *ajỹ*. Muitos desses animais são pura *ha'aera* e, em diversas ocasiões, são chamados "*ajỹ*", independentemente da forma que tenham. Quanto à sua dieta, os *ajỹ* se alimentam de jaboti, *kamixa*, do quelônio capininga, *jaxaihua*, e de outro tipo de tracajá chamado *marapea*. Também comem inajá, *inajã*, açaí, *jahara*, bacaba, *pinawã*, oiti, *hixi*, além de vários frutinhos de que os humanos não se alimentam, como a tatajuba, *taryka*, e o jatobá, *itawa*, que os veados, pacas e antas comem — pois os *ajỹ* apreciam a mesma comida que seus animais de criação.

Os *ajỹ* contam com — por assim dizer — dois grupos de *ajỹ nima*, "animais de criação"; um deles os humanos caçam e comem; enquanto o outro os humanos desprezam por serem versões dos *ajỹ*. Por exemplo, o gambá, *ajỹ*, e o macaco-da-noite, *aparikya*, pertencem ao segundo grupo, enquanto a paca, *kararuhua*, e o veado, *arapaha*, ao primeiro. Vários tipos de sapos, *kururua*, também são *ajỹ nima*. Os sapos são animais pouco estimados e com que não se quer muito contato, pois, segundo os Guajá, sujam as águas e transmitem doenças. Da mesma forma, as corujas, *pypya*, que são vistas como *ajỹ nima*, "seres de criação" dos *ajỹ*, pois são *ajỹ wirohoa*, "gaviões dos *ajỹ*". A carne de coruja nunca é comida, pois sabidamente enlouquece quem a consome. O macaco-da-noite, *aparikya*, por exemplo, estaria para os *ajỹ* assim como os macacos em geral estão para os humanos, isto é, primatas que os *ajỹ* guardam muito gosto em criar em suas casas e fazem parte de seu dia a dia. Quando à noite os *ajỹ* saem a "caçar" — *wata*, "andar-caçar" —, vão acompanhados dos macacos-da-noite, tal como os humanos durante o dia saem acompanhados de seus capelães, *waria*, e macacos-pregos, *ka'ia*, dentre outros.[90]

O domínio de seres análogos aos *ajỹ* sobre diferentes animais de caça é bastante difundido na Amazônia. Os veados e pacas, particularmente, aparecem em diferentes contextos etnográficos como animais cuja relação com a morte os torna uma carne ora evitada, ora cercada de cautelas. Entre os Ashuar, o veado vermelho, "parecido" com um cabrito pequeno, está dentre os animais em que a alma dos mortos —

---

[90]. Entre os Araweté, os macacos-da-noite são tidos como "encarnações" dos mortos (Viveiros de Castro, 1986, p. 503); os Yudjá os consideram parte do conjunto dos seres *ãwã* da floresta, ogros antropófagos (Lima, 2005, p. 188). Referências ao macaco-da-noite como animal que "encarna" a própria morte é vasta na bibliografia das terras baixas, e não cabem aqui maiores comentários.

wakan ou *iwanch*, a depender do estágio — costuma se metamorfosear (Descola, 2006, pp. 144 e 411). Os *ãwã*, uma complexa classe de espíritos antropófagos que existem entre os Yudjá, transformam-se em veados após morrerem e, na maioria das vezes, em cadáveres de veados (Lima, 2005, pp. 188–201). A paca, embora consumida, não era uma presa especialmente visada pelos Parakanã ocidentais, pois, dentre outros motivos, estava "associada aos espectros dos mortos por ser um animal notívago cujos olhos brilham muito forte". Algumas mulheres nunca vieram a experimentá-la, mesmo após o contato, quando a dieta desse povo sofreu modificações.[91] Segundo Huxley, os Ka'apor defendem ser o veado uma "caça falsa", e sua carne, cercada de "tabus", pois também está ligada à alma dos mortos:

> Quem matar um veado não o deve trazer para a aldeia. Precisa deixar a *pêra*, "bolsa", que contém a carne na borda da clareira, e mandar a mulher buscá-la. Se não for casado, pode mandar qualquer outra mulher ou um homem que não tenha caçado naquele dia. [...] A carne de veado nunca deve ser assada sobre fogo vivo pois quem o fizer, contrairá terrível febre ou ficará *kaú*, isto é, "louco", como o homem que entrar na aldeia com a sua própria caça.[92]

Entre os Guajá, o sangue do veado, *arapaha rawy*, exala um odor tóxico, *mixiahy*, para as mulheres, que não devem inalá-lo sob o risco de caírem doentes. Sempre que há um homem limpando a carne de veado, manipulando suas vísceras ou outros órgãos, as mulheres devem se manter longe e caso cheguem perto da cena só o devem fazer com as mãos sobre o nariz, a boca, e cuspindo todo o tempo, para que o odor não se impregne em seus corpos. O veado, talvez como defendiam os Ka'apor, pode ser classificado como uma carne incompleta, uma vez que partes tradicionalmente apreciadas por todos, como o fígado, são vetadas ao consumo; além disso, mulheres em idade adulta não consumiam a carne deste cervídeo. A carne de veado, assim como a de galinha ou a polpa de açaí, afeta diretamente o ciclo menstrual, de forma que provoca sangramentos capazes de levar uma mulher à morte. Até poucos anos atrás, carne de veado só era consumida pelas meninas antes da puberdade e mulheres após a menopausa. Com a nova vida nas aldeias, no entanto, as mulheres passaram a comê-la; mesmo na aldeia Juriti, em que até pouquíssimo

---

91. Além da paca, que era consumida com cautela, é interessante notar que os Parakanã não consumiam a carne de veado até o contato e, segundo Fausto, diziam que os brancos lhes haviam ensinado a comer os cervídeos (Fausto, 2001, pp. 156–157).
92. Huxley, 1963, p. 96.

tempo atrás, há dois ou três anos, ela era vetada, hoje caiu no gosto da "mulherada", *awa wahykera*. Ao explicar esta mudança na dieta feminina, Wiraho e Pira'ima'ã disseram que agora as mulheres aprenderam a comer veado. De acordo com Pira'ima'ã, "antes elas não gostavam, tinham medo de comer, aí experimentaram um pouquinho. Passaram a comer pequenos pedaços até que agora já comem tudo".[93] Ainda assim, como vimos, nos períodos pós-nascimento a carne de veado é interdita, e o homem não deve caçar esse animal em diversas outras situações.

Como veremos no próximo capítulo, veados, pacas e cotias — mesmo sendo animais de criação dos *ajỹ* — mantêm entre si relações de consubstancialidade do tipo *harapihiara*. Mesmo sendo *ajỹ nima*, uma paca — sob especial perspectiva — é entendida como *jara*, "dona", de uma cotia e *nima*, "animal de criação", para um veado. Os Guajá postulam que uma paca é o "animal de criação" de um veado, *arapaha nima*, ao mesmo tempo que é o "dono" de uma cotia, *akwixi jara*. E isso não é meramente um discurso abstrato sobre o mundo, mas implica diretamente a vida das pessoas, sobretudo no que concerne à caça, como discutirei nos próximos capítulos. Por hora, como exemplo, relato um episódio que me ocorreu durante uma caçada, em 2008.

Certa feita, encurralamos uma paca e uma cotia que, desesperadas, se esconderam dentro de um grande tronco de árvore, oco e caído, em volta do qual permanecemos na esperança de desentocá-las. Estávamos em grupo grande de cerca de 10 pessoas, todos traçando estratégias para entupir os caminhos internos do tronco, a fim de evitar a dispersão dos animais encurralados. Tentávamos encontrar o melhor buraco para lançar fumaça, na tentativa de asfixiar as presas, além de inserir facões por orifícios para feri-las e até mesmo enfiar os braços — sob o risco de levar uma mordida violenta —; tudo isso na tentativa de agarrar o pescoço e, por asfixia, dar cabo de algum animal. Passaram-se pelo menos duas horas sem que conseguíssemos capturá-los, quando, por um descuido da paca, Takya conseguiu atingi-la com seu facão (enfiando-o dentro do tronco), matando-a. Logo depois a cotia foi morta dentro do tronco com investidas de porretes e facas dos caçadores, que esmigalharam seu crânio, finalmente. Quando puxaram a cotia morta para fora do tronco, percebemos se tratar de outra paca (um pouco menor do que a primeira), mas não

---

93. O mesmo acontecia com o açaí, que as mulheres evitavam devido à aparência sanguinolenta e agora passaram a comer.

uma cotia, como havíamos visto de forma rápida e enganosa. Quando questionei alguns sobre o fato de que havíamos nos enganado, me disseram que não; que a cotia sempre esteve lá, mas foi "transmutada", *ipiriwa*, em paca para que tivesse mais chances de sobreviver, mais força para cavar um buraco no tronco e se desencurralar. E quem teria promovido essa transformação? Os *ajỹ*, que são seus *jara*, seus "donos". Pira'ima'ã lembrou que vira a cotia acuada dentro do tronco e que não tinha por onde ela ter fugido, já que o tronco estava com barricadas em toda sua extensão — além de estar ouvindo os gritos de uma cotia, e não de uma paca. *Ipiriwa*, "mudar de pele", é o nome dado para este artifício. A partir deste momento rememoraram episódios semelhantes que sempre envolviam pacas, cotias e buracos, e nesses episódios a cotia era transformada pelos *ajỹ* em uma paca, com vistas a se salvar dos humanos caçadores. Tais transmutações nunca são espontâneas, mas propiciadas pelos *ajỹ*, seus controladores. Do *ajỹ mytú*, "sopro dos *ajỹ*", outros *ajỹ nima*, "animais de criação dos *ajỹ*", também são transmutados, sempre de forma simétrica entre dois seres equivalentes e segundo certa taxonomia dos *ajỹ*. Desta forma, um quati, *kwaxia*, pode se transmutar em um gambá, *ajỹ*, e vice-versa; um veado-mateiro, *arapaha*, ou veado foboca, *arapaha'ia*, pode ter a tonalidade ocre de sua pele modificada para cinza, transformando-se em veado cinza, *arapaha pihuna*. Como o alcance do poder dos *ajỹ* é limitado, ele não se estende a todos os animais: porcos, caititus, antas, todos os macacos, com exceção do macaco-da-noite, dentre outros animais, estariam isentos dessas transformações.

Os *ajỹ* estabelecem uma relação com alguns animais, da mesma ordem que os Guajá, com seus animais de criação, *nima*. Por isso, se uma mulher pode manter vários tipos de macacos como *nima*, agarrados a seus cabelos e ombros, os *ajỹ* também mantêm macacos-da-noite como animais de criação. Quando caminham pela mata, os macacos da noite seguem as mulheres *ajỹ*, tal como os xerimbabos dos humanos fazem nas caminhadas pela floresta. Cormier propõe que os *ajỹ* sejam "fantasmas", cujas tentativas de se comunicar com os vivos trazem consequências desastrosas (Cormier, 2005). Além disso, defendo que, mesmo sendo fantasmas para os humanos, eles mesmos se pensam como humanos e, ora enxergam os Guajá como inimigos, ora como parentes próximos, *hapihiara*, como me disse certa vez Wiraho. Acampamentos de caça abandonados na mata são tomados como moradia pelos *ajỹ*, e objetos pelos quais os Guajá guardam grande apreço, como facas, colheres, panelas, roupas, toalhas de banho, dentre outros, também são de interesse dos *ajỹ*. Por isso muitos objetos somem constantemente dos locais onde foram deixados na aldeia — um varal, ou uma casa; e pequenos furtos que vinham a ocorrer na aldeia Juriti eram considerados obra dos *ajỹ*, seres que querem tudo dos humanos, pois se pensam como tal.[94]

CABOCLINHO

Os Guajá cuidam muito de suas espingardas, *maka*, e munições, *jamykera*, por isso, em boa parte de seu tempo as lustram e reveem as munições; conferem as quantidades, o acabamento dos cartuchos que terminaram de preencher com pólvora e chumbo, dentre outros cuidados. Não sem coincidência, a munição é também um dos artigos mais apreciados pelos *ajỹ*. Por isso, os homens as guardam zelosamente em locais livres de umidade, sempre dentro de bolsas, *marakũa*, tecidas, com pano, por suas esposas e sabem a conta exata de cartuchos, espoletas, chumbo e pólvora que possuem. Assim ficam furiosos quando alguma munição desaparece do seu "mocó", *marakũa*. Às vezes ela é furtada por alguém da aldeia mesmo, como os meninos que estão aprendendo a caçar e possuem pouca munição vivem usurpando os provimentos de homens mais velhos, ou pelos *ajỹ*, que nesse caso são chamados "Caboclinhos".

"Caboclinho" (pronunciam *kapoxĩ*) é um *ajỹ rapihiara*, um "parente próximo aos *ajỹ*"; segundo os Guajá, que descobriram sua existência logo que fizeram contato com os *karaia*, ele habita as matas do Caru e Pindaré. O fato é que os funcionários da frente de atração traduziram para eles os *ajỹ* como caboclinho, um curupira presente naquela região. Muitas foram as vezes em que os Guajá, a fim de

---

94. Uma noite em 2008, eu estava dormindo sozinho na enfermaria do posto indígena e acordei ouvindo sussurros e passos dentro do aposento. Ao levantar, bastante assustado na completa escuridão, tateei procurando minha lanterna e escuto a janela de outro cômodo se abrir, como se alguém fugisse. E, daí em diante, silêncio. Fecho logo a janela aberta e, sem conseguir dormir, permaneço acordado até o dia seguinte. Quando, pela manhã, os Guajá foram me chamar (como faziam muitas vezes), relatei o ocorrido e disse que havia ficado muito assustado com tudo. Eles disseram que eram os *ajỹ* que queriam levar as minhas coisas e que sempre fazem o mesmo dentro da casa deles. A partir daí, começaram a lembrar de diversos episódios em que foram saqueados pelos *ajỹ* e de coisas que perderam. E sentenciaram lembrando que a área do posto é repleta de *ajỹ*, mas que os *karaia* não os temem, por isso não os veem. Os funcionários do PIN acusavam os Guajá de invadir a casa do posto durante a noite para furtar munições e outros itens que eram lá estocados (o que, de fato, ocorreu algumas vezes).

ajudar na minha compreensão sobre os *ajỹ*, falavam em caboclinhos, como se, devido à minha condição étnica, de não indígena, eu fosse entender imediatamente de que se tratava os *ajỹ*. Os Guajá fazem uma tradução direta desses seres defendendo que os *ajỹ* são caboclinhos, e vice-versa. Enquanto os *ajỹ* sopram, *mytu*, o *ha'aera* nos Guajá, os caboclinhos jogam *veneno* atirando-o com suas pequenas espingardas, *maka mixika'ĩ*; enquanto os *ajỹ* assobiam e batem nas árvores com pedaços de madeira, os caboclinhos dão tiros para o alto; os *ajỹ* não usam roupa, e os caboclinhos andam vestidos. Segundo os Guajá, os caboclinhos são mais letais do que os *ajỹ*, uma vez que eles são *karai ajỹ*, "o espectro dos não indígenas".

Pelo menos desde um antigo relato de Hans Staden sabemos que seres como os *ajỹ*, a quem os Tupinambá chamavam Anhangá, apreciam o escuro e temem a luz produzida por fogueiras, resinas e lanternas.[95] Por motivos similares, à noite, os Guajá também dormem acompanhados por alguma fonte de luz, de modo a proteger suas crianças da cobiça desses seres horríveis. Todas as casas da aldeia *Juriti* possuem uma ou mais lanternas, e algumas delas permanecem acesas durante boa parte da noite, seja durante as refeições noturnas, conversas, ou para manter iluminada uma rede onde durmam crianças, que são vulneráveis não só aos *ajỹ*, mas aos sonhos.[96] Por serem utilizadas como luminárias, amarradas nas armações dos tetos das casas, as pilhas das lanternas logo se esgotam, pelo que as pessoas recorrem aos funcionários do posto e e ouvem reclamações deles ao lhes fornecer outras novas, como que eles não sabem utilizar lanternas, e coisas do tipo. À parte isso, os Guajá são pessoas capazes de percorrer grandes distâncias na mata sem qualquer fonte de luz, mesmo nas noites mais escuras. Eles caçam à noite sem luz, pois a luz espantaria a caça; montam acampamentos na mata sob o mais escuro breu; portanto, *iluminar* uma situação, embora sempre desejável, não é prioridade para essas pessoas. Mas para eles a lanterna, ao contrário do que supõe a Funai, que é como os Guajá se referem ao PIN, é um equipamento com propriedades especiais — um agente repelente de *ajỹ*, da mesma forma que algumas ervas aromáticas,[97] as fogueiras noturnas e as resinas de maçaranduba e jatobá.

---

95. "À noite, mantêm um fogo aceso e não gostam de sair sem fogo de suas cabanas, no escuro, para fazerem suas necessidades. Isso por tanto temerem o diabo, que chamam de Anhangá e que frequentemente acreditam ver" (Staden, 1999 [1557], p. 93).
96. *Ipuhuj*, "sonhar" é uma experiência de que os Guajá afirmam não gostar.
97. Ver Cormier, 2005.

Desde minha primeira viagem, graças à dica de uma amiga e colega,[98] levei comigo algumas velas para serem utilizadas durante as noites, mas que logo me foram pedidas para serem utilizadas por todos como *luz de cabeceira* noturna. Cada vez que eu retornava à aldeia Juriti, o artigo mais desejado, junto com a munição, eram as velas, que passei a levar em grandes quantidades (em uma viagem, levei em torno de 300 peças, entre finas e grossas). Como me disseram algumas pessoas, as velas produzem uma luz forte que, pela queima lenta, demora a se esvair, diferente da resina de maçaranduba, *mixiranỹka*, ou do jatobá, *itawa*, que queimam rápido e produzem uma luz fraca. Nos acampamentos de caça, eu levava um pequeno lampião a gás que permanecia aceso em sua potência mínima durante toda a noite; também como "luz de segurança" contra os *ajỹ*.[99]

❧

Para finalizar este capítulo, não posso afirmar com segurança que o *ha'aera* é exclusivamente um espectro cujo destino seja transformar-se em *ajỹ*, embora seja isso também. Sabemos que o destino do *ha'aera*, além de fazer mal aos vivos, é ser esquecido como elemento (ex-)humano. E é a partir desse ponto que os Guajá dizem não mais se interessar sobre o destino do *ha'aera*. Não desejam saber o que ocorre com os *ha'aera* das pessoas ou sobre a gênese de um *ajỹ*. A mim, prefeririam dizer simplesmente que não sabem como os *ajỹ* se formam ou vivem. Respostas iniciadas com locuções do tipo "deve ser assim" ou "parece ser", *a'e apo*, eram constantes quando o assunto eram os *ajỹ*. A recusa ao diálogo reflete a falta de interesse sobre o tema, não por incapacidade de conhecer, mas por ser um assunto indesejado, mesmo sem sentido. Evitar falar sobre ele é uma forma eficaz de cortar a relação com esses seres nefastos. Em uma situação semelhante, na forma e no conteúdo, Descola observa:

---

98. Agradeço a Evelyn Schüler que me indicou dois itens inestimáveis para meu trabalho de campo: velas e milho de pipoca. Dois itens que tornaram minhas noites ao lado dos Guajá muito mais agradáveis.
99. A função "antifantasma", no entanto, não é a única para a luz noturna. Outra propriedade atribuída à luz colocada ao lado da rede é fazer com que uma pessoa sonhe menos, como alguns me disseram. E, ainda, iluminar o caminho para que o *hajtekera* que abandona o corpo durante a noite não se perca na escuridão.

Compreende-se melhor, então, porque é inútil investigar, como eu quis fazer no início, as exatas circunstâncias que fulano ou sicrano dizia ter cruzado com um Iwanch (um fantasma), esperando desencavar nesses fatos positivos as explicações concretas da ilusão. A ansiedade em que mergulharam meus anfitriões ante os atos discretos de um morto ainda vivo não poderia ser interpretada em termos de verdade ou erro, a não ser atribuindo-se aos Achuar uma teoria do conhecimento objetivo idêntico ao nosso. [...] Já que não gozam de todos os privilégios da sensação, os Iwanch são um pouco menos reais do que os vivos, os quais apreendem apenas alguns dos seus aspectos e são por sua vez imperfeitamente discernidos pelos mortos; eles existem em certos momentos e para certas pessoas, esse jeito intermitente e subjetivo permitindo que todos acreditem em fantasmas mesmo sem ter experimentado a sua presença.[100]

Sobre os *ajỹ* também é desejado não se saber muito!

---

100. Descola, 2006, p. 418.

Humanidades

DISTÂNCIAS

As distâncias sociais e genealógicas entre os seres humanos, *awatea*, são pensadas mediante as ideias *harapihiara* e *harapihianã*. *Harapihiara* (*har-apihiar-a*) é um termo formado pelo pronome clítico de 1ª pessoa *ha*; o termo *apihia(r)*, que pode ser traduzido por "aquele que está próximo" (como veremos melhor no próximo capítulo); e o sufixo nominal *a*.[1] Já no termo *harapihianã* (*ha-r-apihia-nã*), o sufixo *nã* denota inautenticidade, "falso", fazendo com que *harapihianã* seja algo traduzido como um "falso próximo". E por meio desta pequena diferença os Guajá distinguem "consanguíneos e afins 'próximos/reais' daqueles 'distante-classificatórios'"(Viveiros de Castro, 2002a, p. 130). Esses termos ganham, de forma geral, uma ampla acepção. *Harapihiara* pode ser, por exemplo, os tubérculos que crescem juntos em uma mesma raiz. Ou as frutas de uma mesma árvore são concebidas como *irmãs*. E por *harapihianã* podem ser tratados animais com morfologia parecida, segundo os Guajá.[2] Trata-se portanto de termos de relação para os mundos humanos, animais e vegetais, e não categorias estritas ao "sistema de parentesco". Para os humanos, *awa*, as pessoas de sua aldeia e as ligadas a parentes destas podem ser *harapihiara*, "próximos", ou *harapihianã*, "distantes"; da mesma forma, seres não humanos que incorporam a suas relações, sejam animais de criação ou os *karawara* celestes, também são tidos como *harapihiara* ou *harapihianã*, a depender da proximidade. E diferentes seres no mundo, para além dos humanos, mantêm entre si relações do tipo *harapihiara* ou *harapihianã*.

---

1. Trata-se do sufixo nominal *a*, que ocorre com raízes nominais tornando-as capazes de exprimir nomes com referência. Sem esse sufixo, os nomes funcionam como predicado (p. ex. *hamymy* "eu tenho filho(a)", enquanto *hamymyra* "o meu filho(a)") ou como vocativo — *hamymy, aju kurupi!*, "meu filho, venha cá!" (Magalhães, comunicação pessoal). O sufixo nominal *a* é muito produtivo na língua guajá em palavras como *tatu-a*, "o tatu", *kwaxi-a*, "o quati", e *kwarahy-a*, "o sol", e pode ocasionar a recuperação de uma consoante final oculta na raiz do nome, *r* ou -n, como em *karawar-a*, "o karawara", *harapihiar-a*, como vimos acima, ou *amỹn-a*, "a chuva".
2. O assunto será tratado com mais detalhes no capítulo 6.

Como ideias de relação, e não recursos vocativos, os termos *harapihiara* e *harapihianã* organizam o universo dos parentes, dividindo-o em duas categorias básicas, "os próximos" e os "distantes", que, em conjunto, formam a humanidade como um todo, *awatea*, "gente-de-verdade". Desta forma, a definição baseada na macro oposição "afins", "consanguíneos" não colabora para o entendimento destas duas categorias, pois o sistema de aliança guajá, como veremos, embora também gravite em torno dessas duas ideias, permite que ambas possam indicar ora "afinidade", ora "consanguinidade", uma vez que "a distinção entre o próximo e o distante é característica de socialidades em que a residência predomina sobre a descendência, a contiguidade espacial, sobre a continuidade temporal", como é o caso em questão.[3]

Doravante, ao discutir as ideias de *harapihiara* e *harapihianã*, farei referências a distinções variadas (e complementares), tais como as que vimos acima, devido ao caráter polissêmico dessas duas categorias, que ora remetem a um código espacial, ora temporal, e ora diametral, concêntrico. No entanto, a ideia que conduz minha análise se baseia, fundamentalmente, nas ideias de "proximidade" e "distância" — genealógica, espacial e cognática — tal como define Viveiros de Castro (1993 e 2002). No caso específico Guajá, o que distingue essas duas categorias é o sufixo *nã*, que denota inautenticidade e pode ser encontrado na formação de outros termos referentes de parentesco, como:

▷ F: *tu* → FB: *tu-nã*
▷ M: *ihí* → MZ: *ihi-nã*

Assim, ambos os sexos reconhecem o pai (F) como *tu* e o irmão do pai (FB) como *tu-nã*; e uma vez, ao lhes perguntar sobre tal classificação, me disseram que a tradução de *tuna* seria "pai pouco" ou "pai fraco". O mesmo ocorre para a irmã classificatória de um homem. Enquanto irmã é referida por *hajnawãi*, uma mulher que seja tida como irmã de um homem (por ele ter casado com sua filha, por exemplo) é chamada *hajnawajnã*. Tais soluções podem ser vistas em outros casos amazônicos, como entre os Waimiri-Atroari, em que parentes colaterais (FB e MZ) ganham o tecnônimo *kî* marcando essa diferença, assim F é igual a *yimî* e FB é igual a *yimkî*. Trata-se aqui "do reconhecimento, no plano terminológico, de dois *graus*

---

3. Ver Viveiros de Castro, 2002, p. 130).

de distância lateral entre parentes consaguíneos, a oposição linearidade/ colateralidade é colocada como um epifenômeno da oposição 'proximidade/ distância'".[4] Tudo se passa como se houvesse uma projeção do sistema perto/ longe que rege essas relações em todos os níveis de relação chegando até mesmo à consanguinidade. A partir dessa ideia e enfatizando o gradiente de proximidade/ distância que sobredetermina os termos *harapihiara* e *harapihianã*, como veremos neste e nos próximos capítulos, podemos traduzi-los tanto por "próximos/ distantes"; "lineares/ colaterais"; "cognatos/ aliados"; "consanguíneos/ afins"; "corresidentes/ não corresidentes"; e, como parece confirmar a língua guajá, "verdadeiros/ falsos (classificatórios)". Por isso minhas definições oscilarão a partir destas múltiplas ideias que compõem essa complexa oposição, *harapihiara/ harapihianã*, e os exemplos e casos que trarei neste e nos próximos capítulos determinarão o código a que me estarei referindo. Além disso, podemos pensar os termos *harapihiara* e *harapihianã* como macrocategorias, uma vez que eles fazem referência a conjuntos muito diferentes de relações que vão desde as de parentesco, propriamente, até a relação entre um animal de criação e seu dono; duplos celestes e terrestres; partes de um vegetal; um nome e o ser nominado, dentre outras situações que envolvem seres humanos e não humanos de diferentes ordens.

Não pretendo discutir aqui o sistema de parentesco (tema do próximo capítulo), mas, sim, uma terminologia de relações que extrapola o campo do parentesco e constitui um idioma que informa diferenças e semelhanças; identidades e diferenças; *harapihiara* e *harapihianã*.

PROXIMIDADES

Harapihiara é o termo mais próximo à ideia de um "nós cognático",[5] do tipo "parentes verdadeiros", cujo casamento é proibido, enquanto *harapihianã*, além de abranger a classe das pessoas próximas, porém passíveis de se casar (esposas, maridos, cunhados, sogras, genros e assim por diante), abrange outras pessoas, *awa*, "amigas", *hary* ou *aty*, e "desconhecidos" que, uma vez incorporados via casamento e/ ou corresidência a um grupo local, podem ser potencialmente *harapihianã*, tal como encontramos em diversos casos amazônicos. Para um homem, os *harapihiara* mais próximos de sua geração são seu

---
4. Silva, *op. cit.*, p. 47.
5. Para essa ideia, ver Albert (1992).

irmão (B) e seu primo paralelo paterno (FBS). Para uma mulher, seria sua irmã (Z) e suas primas paralelas bilaterais (MZD/ FBD). Por isso, o termo utilizado por ego masculino para B/ FBS e por ego feminino para Z/ MZD/ FBD é *harapihiara*, obedecendo-se a equivalência dos sexos. A totalidade dos termos de parentesco Guajá, tanto para "afinidade" quanto para "consanguinidade", se encaixa em alguma destas duas ideias, *harapihiara* e *harapihianã*, assim como qualquer relação entre seres humanos, *awa*, é regida por um ou outro desses termos. Como sabemos, o componente genealógico e/ ou socioespacial é parte constituinte do dravidianato amazônico, atuando como vetor nessas relações e fundamental à compreensão desses sistemas.[6] Desta forma, para o caso em questão, os termos *harapihiara* e *harapihianã*, funcionam para exprimir as ideias de parentes "próximos" ou "verdadeiros", *harapihiara*, e "distantes" ou "classificatórios", *harapihianã*. E, apesar do fato de se referirem a diferentes relações, o conteúdo dessas não está relacionado à sorte automática — e binária — refletida na oposição "afins", "consanguíneos". Assim, no caso Guajá, alguns indivíduos que são *harapihiara* entre si podem sê-lo por laços de aliança ou amizade, ocorrendo, inclusive, em relações entre indivíduos do sexo oposto, como veremos no caso abaixo.

Em todos os anos de fuga que viveram os Guajá, quando evitavam o contato e adotavam estratégias de viver entre si, essas ideias estavam operando; ao serem transferidos para uma aldeia após os contatos, diversas pessoas que não se conheciam anteriormente passaram a se reconhecer como parentes próximos ou distantes, e assim as vidas nas aldeias foram recomeçadas. Panaxĩa e Pira'ima'ã viviam em grupos locais distantes entre si até a época do contato entre a Funai e o grupo de Panaxĩa, em 1996, quando se juntaram às outras famílias que já viviam na aldeia Juriti. Pira'ima'ã se casou com a filha de Panaxĩa, Pakwa'ĩa, e desde então os dois passaram a se classificar como germanos de sexo oposto.

Discutirei essa característica do sistema de aliança Guajá no próximo capítulo, porém gostaria de, por ora, frisar que dois indivíduos, até então separados pela genealogia e pela distância física, passaram a estabelecer entre si uma relação de proximidade, condensada na ideia de *harapihiara*, quando, antes de uma sucessão de eventos, eram considerados "distantes", *harapihianã*. Tal mudança na forma de relação é recorrente entre os Guajá e, longe de representar uma

---

6. Ver Viveiros de Castro, 2002, p. 121; Silva, 1995; Taylor, 1996; Gow, 1991).

indeterminação dos termos que se alternam em circunstâncias diferentes, demonstra que as diferenças entre pessoas "casáveis" e "não casáveis" ou "parentes próximos" e "distantes" não estão presas a categorizações fixas — "o que impede que se pense a pragmática social em termos de uma subordinação simples à sintaxe terminológica".[7] Se o gradiente de distância é fundamental para as classificações do parentesco na Amazônia, para um povo como os Guajá, dentre tantos outros, esta pode ser encurtada ou estendida ao sabor do tempo e/ou da memória, modificando as relações atuais. Em poucas palavras, um *harapihianã* pode se tornar um *harapihiara*, e — com menos frequência — vice-versa. Todas as relações entre humanos, *awa*, e toda a humanidade — ela mesma — estão pautados por essa oposição.

DAS FORMAS DE EXISTÊNCIA

Vivendo isolados, distantes uns dos outros, desde antes do contato até os dias atuais, os diferentes grupos locais não formam um "conjunto homogêneo Guajá", tal como prescreve uma idealização de "grupo indígena", com intercâmbios intercomunitários, autoidentificação com o "grupo" e alianças em diferentes situações. A forma pela qual os Guajá sempre se organizaram, sem grandes aldeias ou assentamentos, é reflexo de sociedade particular, que privilegia formas independentes e "fragmentárias" de organização social, marcadas inclusive pelo estranhamento entre esses pequenos coletivos. Mesmo nos dias atuais, em que diferentes famílias foram reunidas em uma mesma aldeia, as próprias aldeias são separadas em setores baseados em grupos de homens importantes — *tamỹ*, "chefes" — e, após décadas, repartidos em quatro aldeias, as pessoas estão se dividindo continuamente em novas aldeias — três novas apareceram nos últimos anos, totalizando sete, e não sabemos quantas ainda virão.

Por exemplo, Ajrua e Juriximatỹa, na década de 1980, antes do contato, viviam junto com o grupo de Amỹ Pirawãja, mãe de diversos homens importantes da TI Caru, mas os anos de fuga os separaram e, postos em aldeias distantes uma das outras, estão há mais de duas décadas sem se ver, embora, genealogicamente, se acreditem *harapihianã*, "parentes próximos". Próximos no passado, distantes no presente, o grupo da aldeia Juriti se refere às pessoas das outras aldeias como de "boca diferente" — *amõa irua*, ou de um "falar ruim",

---

7. Viveiros de Castro, *op. cit.*

i' ĩ manyhỹ —, devido às mínimas variações dialetais encontradas em cada uma dessas aldeias. Antes do contato, partindo-se de qualquer *haripa*, "minha casa-aldeia-acampamento", os *harakwaha* mais distantes eram totalmente desconhecidos, assim como os grupos que neles habitavam. Embora guardem uma história social comum, com dramas e episódios bastante parecidos, as pessoas de cada região experimentaram vidas e fugas diferentes, uma vez que sempre viveram afastados uns dos outros.

No passado, os grupos sem contato evitaram ao máximo o encontro com os *karaia*, não indígenas, e mesmo havendo outros Guajá contatados incorporados às frentes de atração, nem sempre isso resultava no sucesso dessas frentes. Os que estavam na mata desconfiavam da condição de humanos verdadeiros, *awatea*, dos contatados, já que um dos medos dos "isolados", chamados *mihua*, além das doenças, era perderem suas mulheres para esses *awa* "amigos dos *karaia*", *karai rapihianã*, que podiam tanto ser "parentes", *awatea*, quanto inimigos — *mihuatea*, "desconhecidos". O temor dos "isolados" de perder suas esposas está longe de ser infundado, tendo-se em vista que um dos principais interesses dos homens Guajá que participam das frentes de atração, até hoje, é a possibilidade de conseguir novas esposas. Quando da criação do PIN Juriti, em 1989, além do intérprete To'oa que ajudou no contato, outros homens da aldeia Awá, como Kamajrua, foram lá viver. To'oa casou-se com Amỹ Pirahỹ, que fazia parte do pessoal recém-contatado, fixou residência na nova aldeia e passou a exercer certa liderança entre o grupo recém-contatado — principalmente nos assuntos referentes à relação com a Funai, o trabalho na roça, etc. Além disso, outro homem, Takamỹ, que vive na aldeia Awá, tomou como esposa uma outra jovem desse grupo e voltou a viver em sua aldeia original, sem nunca mais voltar à Juriti.[8]

Ontem e hoje as diferenças continuam marcadas pelos tipos de relação que cada um dos grupos das diferentes aldeias estabelece. Como já mencionei, a maior parte de minha pesquisa de campo foi

---

8. Dada a complexidade envolvida em um esquema de viagem intercomunitária, os Guajá da aldeia Juriti quase nunca saem para visitar outras aldeias, mesmo que tenham parentes vivendo nelas. Uma vez que não existem acessos às outras aldeias por dentro do território, qualquer viagem entre a aldeia Juriti e as do Pindaré implica sair da jurisdição das Terras Indígenas por transportes oficiais (Funai ou Funasa), dormir em cidades (na casa de algum funcionário ou hotel), ter gastos com alimentação e (muitas vezes) roupas, dentre outras providências que os Guajá, sozinhos, não têm meios de viabilizar.

desenvolvida na aldeia do PIN Juriti, uma comunidade pequena que em 2013 contava com 66 pessoas. Como escrevi anteriormente, quase tudo o que aprendi com os Guajá se deu entre essas pessoas, inclusive suas ideias sobre os outros grupos humanos que viviam em outras comunidades e que com eles tinham pouquíssimo contato, a não ser quando iam, quase sempre por motivos médicos, para Santa Inês ou mesmo para São Luís. Em diversas situações me lembravam como eles são diferentes dos Guajá das aldeias de Tiracambu e Awá, e, sem mencionar os moradores da aldeia do PIN Guajá (aldeia do Cocal), caso extremo de estranhamento para os Guajá do Juriti, me diziam estarem "doidos", *wakyhy*, por beber cachaça e fumar cigarro, tal como fazem os Tenetehara e os Ka'apor.[9]

As pessoas da aldeia Juriti maldiziam as das aldeias Awá e Tiracambu por terem feito alianças com os Guajajara (Tenetehara), uma vez que sempre mantiveram com os Tenetehara uma relação de desconfiança, devido a conflitos passados. Em diversas ocasiões sugeriram que eu "desistisse" de realizar meu trabalho de campo junto aos Guajá do Pindaré (aldeias Awá e Tiracambu), uma vez que os de lá, por estarem "misturados", *iku pamẽ*, com os Guajajara, também estariam bebendo e fumando muito. No entanto, quando cheguei à aldeia Tiracambu, as pessoas de lá me pediam justamente para que eu não retornasse à aldeia Juriti, pois, devido a seu relativo isolamento, era um lugar desconfortável e difícil de chegar. Falavam também que meus amigos da aldeia Juriti seriam "gente-do-mato", *awa ka'apahara*, ou mesmo *awatea*, "gente-de-verdade", que nesse sentido era sinônimo de um tipo de existência — no qual se vivia nu, dormindo em tapiris, sem agricultura e fugindo — que as outras aldeias não querem mais experimentar.

O resultado dessa diferenciação é que tais "parentes", entre si, seriam *amõ awa*, "outros Guajá". Devido às diferenças político-geográficas desde a aldeia Juriti, todo tipo de críticas aos Guajá do Pindaré, das aldeias Awá e Tiracambu, me foram relatadas — a fim de me dissuadir de uma possível aproximação com as outras aldeias —, e a principal delas é que as pessoas alardeariam minha presença para os Guajajara, com o intuito de eles me expulsarem da terra indígena. Para evitar isso, pediram para que eu não passasse longas temporadas naquelas aldeias; e, ainda, para que eu tivesse cuidado

---

[9]. Por não usarem tabaco, os Guajá falavam mal dos Tenetehara e os Ka'apor por fazê-lo. Além disso, diziam-me que não fumavam porque lhes faria muito mal.

com minha alimentação, pois os Awá das outras aldeias comiam animais que eles haviam descartado de sua dieta, como preguiças, onças e sucuris — alegando que os Guajá do Pindaré são dotados de um fígado, *ipia'akera*, diferente do deles, mais preparado para tolerar tais carnes; dentre outras observações.

Forline[10] conta que, no ano de 1993, a administração da Funai resolveu abrir uma trilha por dentro da TI Caru que ligasse a aldeia do PIN Awá à do PIN Juriti,[11] como que para propiciar uma espécie de "intercâmbio" entre aldeias tão distantes, incluindo-se matrimônios e alianças para maior vigilância da área indígena. A viagem, que durou 13 dias por dentro da floresta, partiu da aldeia Juriti em direção à aldeia do PIN Awá, atravessando uma região repleta de morros. Na equipe, além dos funcionários da Funai, estavam muitos jovens da aldeia Juriti, além da família de Takwarẽxa'a, contatada no ano anterior. Porém tal iniciativa só gerou mal-estar entre as aldeias: algumas pessoas estavam com gripe e tuberculose e acabaram trocando, não mulheres, mas, doenças. A, então, jovem Pikawãja, irmã de Wirahoa, foi pega — *pyhy*, "tomar" — em casamento por Takamỹ, da aldeia do PIN Awá. Algumas pessoas do PIN Awá ameaçaram de morte os Guajá do PIN Juriti, pois não gostaram que muitos deles se enamoraram por mulheres de lá, dentre outros entreveros. Nesse ínterim, o coordenador da expedição, Fiorello Parisi, percebeu que sua ideia não havia sido bem-sucedida e foi embora, deixando para trás um quadro de animosidade para eles resolverem entre si. O resultado foi que as pessoas da aldeia Juriti usaram o mesmo caminho de ida para voltar a sua aldeia; perderam uma mulher e ainda foram ameaçados de morte.

Durante os meus períodos de campo na aldeia Juriti, eu tinha por missão informá-los sobre como estão — ou melhor, são — as pessoas da aldeia Tiracambu; e o inverso também ocorria. O principal interesse do grupo da aldeia Tiracambu era minha experiência entre os Guajá da aldeia Juriti. Ambos me questionavam: se os outros tinham bastante caça; como eram suas roças; como eram as estruturas da Funai; se havia mulheres; como eram as crianças; se eram nervosos, *imahy*, ou calmos — *katy*, "bons" —; dentre outras inúmeras indagações. As diferenças entre esses grupos Guajá variam em atitudes, dieta, e

---

10. Comunicação pessoal.
11. Nesta época, os Guajá estavam sob a administração regional da Funai de Belém, que tomava decisões (ainda mais) autoritárias e sem qualquer critério razoável no que dizia respeito ao processo de contato e estabelecimento em aldeias dos grupos Guajá isolados.

chegam a pequenas diferenças na fala que, muitas vezes, os Guajá da aldeia Juriti diziam ser imensuráveis. Vejamos algumas.

COMIDA

Awa nimi'ũa, "comida de gente", entendida por carnes variadas, mel, frutos e também farinha, arroz, bolachas, dentre outros, se opõe, por exemplo, a *karai nimi'ũa*, "comida dos não indígenas", repleta de sal e carnes que os Guajá "não sabem" comer da maneira apropriada, como a carne de gado e frango, pois poderia fazer mal. Ou *awa mihu nimi'ũa*, "comida de índio brabo", se refere à subdieta pela qual passam os Guajá que vivem em isolamento voluntário, cheia de animais nocivos, como cobras e ratos, tubérculos, como cará-do-mato, e frutos, como a pequirana, que as pessoas da aldeia não toleram hoje em dia — esta é uma dieta de "antigamente", *imỹna*.

Ao mencionar as diferenças internas à uma comunidade Guajá, Cormier lembra que o fato de diferentes grupos terem sido trazidos para viver juntos na reserva Caru fez com que cada um deles trouxesse um padrão diferente de alimentação, e, embora próximos uns dos outros, eles diferiam em pequenas coisas. Dessa forma, alguns tinham mais receio de comer determinados alimentos do que outros (Cormier, *op. cit.*, p. 40). As diferenças alimentares marcam as distâncias que separaram os grupos Guajá durante toda a sua história, do passado ao presente. Dos animais de que os Guajá se alimentam,[12] à exceção dos que os humanos nunca comem (como, por exemplo, corujas, urubus, morcegos, gambás, raposas, coelhos e esquilos, ou quatipuru), os *awa* são muito tolerantes a sabores, texturas e eventuais toxidades que um alimento possa carregar; e, por mais absurdo que possa parecer, é muito difícil fechar uma relação de animais interditos. Até 2013, eu não sabia do consumo de capivara, *kapijawara*, mas Warixa'á, que vive na aldeia Awá, disse que ele e alguns homens comiam, mas realmente é uma carne "reimosa", *manahỹkera*, proibida às mulheres, e nem todos os homens a toleram. Sobre as onças, podia se dizer o mesmo: na aldeia Awá, até as onças pintadas podiam ser matéria de consumo de alguns coletivos, ao passo que na aldeia Juriti, mesmo a sussuarana (que todos dizem ter uma carne saborosa como a do veado) era consumida por poucas pessoas e ainda com parcimônia. No limite, a dieta reflete algo fundamental de toda a socialidade *awa*

---

12. Ver Forline, 1997; ver também Cormier, 2003).

que impossibilitaria fecharmos uma ideia geral de "sociedade" ou "povo" como um todo homogêneo. Afinal, sabemos — desde autores como Marilyn Strathern, em *O gênero da dádiva*, por exemplo — que a *Sociedade* seria mais um problema de "nós", antropólogos, do que de nossos interlocutores (Strathern, 1988, p. 3).

Muitos animais são apreciados por alguns e desprezados por outros, a depender da aldeia. Após o contato, com a junção de diferentes grupos locais em um mesmo lugar, a tendência seria que em cada aldeia a dieta se estabilizasse e que animais antes apreciados fossem descartados por motivos variados — que vão desde a pouca quantidade de gordura até a nocividade de determinada substância ao corpo humano, passando pelo sabor e consistência. O fato de alguns Guajá comerem o que os de outra aldeia não comem não passa por uma noção do tipo "tabu", mas, como eles mesmos propõem, uma diferença congênita — tal como sabemos há algum tempo a respeito da corporalidade dos povos amazônicos[13] que, nesse caso, é expressa pela ideia dos diferentes tipos de fígado, *ipia'akera*, das pessoas. Quando algumas pessoas da aldeia Juriti afirmam nunca terem consumido determinados alimentos, não é possível generalizar o argumento para todos os outros Guajá, nem mesmo daquela mesma aldeia. Certa feita, ao matarem um tamanduá, *tamanawã*, animal cujo sabor era de duvidoso apelo culinário — e sempre disseram não gostar, pois afirmam fazer mal, *manahỹ*, além de ser fedorento, *irymyhỹ*, e reimoso, *manahỹkera*, — dois homens mais velhos, além de consumir o tamanduá ofereceram-no a alguns rapazes para experimentarem. Outros homens adultos me disseram que não comeriam, pois, desde sua mudança para o posto indígena, não mais se interessavam por carnes como aquelas consideradas *manahỹ*, "ruins", "feias", e *iramyhỹ*, "fedorentas". O mesmo ocorreu com uma sussuarana, *jawaraporõ*, — animal que consumiam antes do contato — que, depois de abatida, alguns cogitaram transportar para a aldeia para comê-la, porém foram dissuadidos por outros por acharem que não valeria a pena, uma vez que estávamos no meio de uma viagem para um acampamento de caça. Carnes como a de tamanduá-bandeira, *tamanawã*, sussuarana, *jawaraporõ*, porco-espinho, *kwanũa*, cuandú, ou ouriço-cacheiro — *Coendou prehensilis*, e tamanduá-de-colete ou a mambira, *tamãnawã'ía* — *Tamandua tetradactyla*, têm suas qualidades de bom alimento, além da segurança da ingestão, postas à prova e figuram

---

13. Ver Seeger *at all*, 1979.

no grupo das pouco apreciadas, por "fazerem mal"; mas podem ser consumidas por alguns, principalmente entre os que assim faziam antes do contato.

O quati, *kwaxia*, da mesma forma, tem uma carne bastante apreciada, principalmente devido a seu potencial gorduroso. Nos meses de inverno, época da oferta de gordura nos animais — *ikira ra'o*, "muito gordo" —, o quati é consumido por todos, porém alguns cuidados no manuseio dessa carne devem ser observados. Diferentemente de animais como os macacos, dos quais se aproveitam as vísceras, *ha'aikera*, como aperitivo (principalmente entre os velhos), o quati deve ser manuseado e limpo, *hape*, em separado das outras carnes, dado o "fedor", *irymyhỹ*, que exala. Embora para meus limitados sentidos o cheiro das vísceras do quati não diferisse do de outros animais do mesmo porte, como os tatus, meus amigos distinguiam muito bem seu odor, que tem faculdades, cheiros patogênicos, *mixahy*, e afeta diretamente a saúde humana. Devido aos possíveis danos à saúde, quem o limpar deverá cuspir a todo momento para que o cheiro não penetre na própria carne nem adoeça. Quase sempre o limpam longe da cozinha, de preferência em uma área do rio destinada a isso, lavando-o para que fique purificado, sem o odor das vísceras. Só assim sua carne estará pronta para consumo. Certa ocasião, quando eu estava com um grupo de pessoas na casa de Wirahoa, Juxa'a voltava do rio em direção ao moquém com dois quatis já bem limpos. Ao passar por nós, todos começaram a cuspir com receio de que o odor do animal ainda lhes viesse a fazer mal. Uma das explicações, como já observei, é o fato de os quatis, assim como os gambás, estarem relacionados aos espectros *ajỹ*.

Outros animais que também figuram no grupo de alimentos perigosos são as galinhas, *xamakaja*. Após o contato, as aldeias ficaram repletas de galinhas, introduzidas junto com as roças, as novas casas e com tudo que estava relacionado à nova vida. Toda galinha pertence a alguém, inclusive muitas crianças são donas, *jara*, de galinhas. Por serem animais domésticos, *nima*, — e como animais domésticos não são abatidos —, quase nunca eram consumidas.[14] As galinhas da aldeia se alimentam de restos de alimentos, pequenos insetos e baratas. Para se ter uma ideia, das primeiras vezes em que estive na aldeia Juriti, quando a população era de 40 pessoas — atualmente, 66 —, contei mais de 50 dessas aves, entre pintos, frangos e galinhas.

---

14. Nos últimos anos, sobretudo nas aldeias Awá e Tiracambu, isso está mudando.

Naquela época, todas as vezes que mataram galinhas estavam com pouca ou nenhuma carne há dias e, "pressionados" por algum branco, *karaia*, do posto indígena que os aconselhava a comer para matar a fome, se aventuravam em abater uma delas, que era consumida principalmente pelos homens. A carne da galinha, *xamakaja*, na aldeia Juriti, até poucos anos atrás, era interdita para as mulheres — tal como a carne de veado, discutida no capítulo anterior — por ter propriedades nocivas que podem interferir na menstruação. Porém, hoje em dia as mulheres já a comem, "mas comem pouco", como me disse Pira'ima'ã. E mesmo os homens ao consumi-la o fazem com desconfiança, já que se trata, ainda que de uma forma torta, de um animal de criação, um *nima*.[15] Já os ovos, *xamakaj rapia'a*, eram consumidos por todos, sem maiores problemas. Bem diferente do que fazem os funcionários do posto, e de maneira bem eficiente, o abate de uma dessas aves é sempre catastrófico, uma vez que a possibilidade de simplesmente quebrarem-lhe o pescoço, darem uma paulada na cabeça ou lhe cortarem a garganta, tal como fazem os *karaia*, os "brancos", está descartada. O abate costuma ser feito por garotos que querem treinar pontaria, e quase sempre o animal é espreitado e morto a flechadas. Muitas vezes, pressentindo o ataque, a galinha foge para a capoeira que circunda a aldeia e lá permanece por vários dias na tentativa de uma sobrevida. É comum encontrarem-se galinhas cegas com um olho perfurado ou mancas por terem sido alvejadas e conseguido escapar que, após alguns dias, voltam para a aldeia sem terem sido mortas.

O consumo de capivaras, urubus, morcegos, mucuras, ratos, raposas, coelhos, esquilos, duas espécies de jacu, onça-pintada, *jawaruhua*, além da maior parte de espécies de cobras, é interdito a todos os Guajá;[16] mas, como já adiantei, pessoas diferentes de comunidades diferentes dizem tolerar carnes, por exemplo, da capivara ou da onça-pintada, e os ratos, lembram os Guajá, eram consumidos em espetos antes do contato, bem como a carne da rã *iwê*. Quanto à jiboia, *majhua*, na aldeia Juriti alguns consideram seu consumo algo do passado,[17] e nos dias de hoje não são comidas, enquanto outros consideram ser essa uma boa carne, diferente da carne de cobra, *inami'ĩa*.

---

15. Para outra abordagem, ver Cormier (2003, p. 97), em que a autora enfatiza que, segundo os Guajá, as galinhas seriam *karai nima*.
16. Ver Cormier, *op. cit.*, pp. 41–42.
17. Do "tempo da floresta", *imỹna ka'ape*.

A jiboia,[18] não é considerada *inami'ĩa*, "cobra (venenosa)".[19] Assim como o capelão, *waria*, não é considerado parte do universo dos macacos (voltarei a esse ponto nos próximos capítulos), a jiboia não é uma "cobra", no sentido comum de *inami'ĩa*, porém, outra espécie animal — tal como uma anta, que não possui correlatos com outros animais. Certamente o consumo de jiboia e de outros animais oscilam ao sabor da situação e da vontade de variar — alguns dizem gostar, ao passo que outros defendem não mais consumir. Quanto à sucuri e à surucucu, desde o início me explicaram serem animais completamente nocivos, por isso nunca consumiam, embora houvesse uma família que vivia apartada, foi realocada na aldeia juriti e comia cobras.

Como hoje em dia cada aldeia tem uma conformação específica, que varia desde o número de habitantes à oferta de determinadas caças nos diferentes ambientes, há diferenças na dieta entre elas.[20] Até mesmo algumas interdições, vistas como comuns — se assim posso colocar — estão sujeitas a novas conformações locais. É o caso dos frutos da bacaba, *pinawã*, e do açaí — *jahara*, "juçara". Na aldeia Juriti, o fruto do açaí, *jahara*, era uma interdição para todos, uma vez que a aparência sanguinolenta do líquido — *tekwera*, "caldo" — extraído seria nocivo a quem o tomasse. Por isso classificam o caldo do açaí como *jahara rawya*, que pode ser traduzido tanto por "sangue do açaí" quanto por "veneno do açaí", uma vez que *hawy* permite essas duas traduções, e ambas se aplicariam aqui. Considerada a inevitável semelhança entre o sangue e a polpa do açaí, essa é uma forma de enfatizar a nocividade do alimento. Em uma única situação em que estive presente, quando conseguiram açúcar junto ao posto indígena, alguns homens comerem a polpa de açaí, mas me explicaram que nenhuma mulher poderia fazê-lo sob o risco de afetar (de novo) seu ciclo menstrual, pois se o açaí tem esse inegável aspecto sanguinolento, *hawy*, atuaria no aparelho reprodutivo das mulheres.[21]

---

18. Diferente de outras espécies como a jararaca, cascavel, coral e falsa-coral, sururucucu "pico de jaca" (*Lachesis muta*).
19. A jararaca, inclusive, é denominada *inami'ĩtea*, "legítima cobra venenosa".
20. Por exemplo, a oferta de macacos *tapajua*, mão-de-ouro (um pequeno macaco do gênero Saimiri — *Saimiri sciureus*), animais muito apreciados para alimentação nas aldeias Awá e Tiracambu, é quase inexistente na aldeia Juriti, e por isso não figura em sua dieta.
21. Mesmo que este livro careça de informações sobre temas como concepção, menstruação e reprodução sexual, posso afirmar que os Guajá não têm uma palavra exclusiva para indicar sangue menstrual ou menstruação. *Hawy*, "sangue", de forma geral, é utilizado quando se referem ao sangue menstrual.

Ao contrário do açaí, a bacaba, *pinawã*, é um dos alimentos mais apreciados por todos. Além do sabor agradável, a aparência leitosa e clara é dita benigna para o corpo e, assim como outros alimentos, como o mel e as gorduras animais, a bacaba "faz a barriga rir" — *hakatohõ*, "barriga cheia". O contraste dos discursos entre a alva e nutritiva bacaba e o sanguinolento e nocivo açaí era tão marcado na aldeia Juriti que imaginei ser generalizado em outras aldeias. Porém, ao passar alguns dias na aldeia Tiracambu, vim a descobrir que lá o açaí é tão apreciado quanto a bacaba — homens e mulheres comem do fruto sem qualquer constrangimento. Conversando um tempo depois com as pessoas da aldeia Juriti, eles me disseram simplesmente (o que sempre dizem em casos como esses): que as pessoas da aldeia Tiracambu "sabem" — *kwa*, "eles sabem" — comer o açaí, enquanto eles "não sabem", *nikwaj*. Nos últimos anos, depois de os homens da aldeia Juriti começarem a consumir açaí, as mulheres também o fazem.

Como já mencionado, as escolhas alimentares dos diferentes grupos locais foram moldadas pela história e regiões em que viveram. Questão crucial a respeito de povos como os Guajá — cujo contato com o Estado é muito recente —, as características de sua dieta podem, de uma forma geral, ser pensadas por antes e depois do contato com os *karaia*.[22] Tamanduás, onças, cobras, cuandus, ou ouriços, além de algumas espécies vegetais como a pequirana, *myky'arỹ*, foram rapidamente retirados da dieta (ou seu consumo foi drasticamente reduzido) após o contato, por não serem artigos tão apreciados. Vários fatores o influenciaram: (1) a reunião de grupos distintos com hábitos alimentares ligeiramente diversos engendrou uma padronização ótima da dieta; (2) o baixo apreço por determinadas carnes que, confrontadas com a oferta de novos gêneros alimentícios trazidos pela introdução da agricultura, foram deixadas de lado sem muito pesar; (3) incomensuráveis mudanças pós-contato que passam (além da dieta) por habitação, relações conjugais, proximidade com o mundo dos brancos, que alteraram radicalmente a possibilidade de manter a ênfase em antigos alimentos, como diversas espécies de mel e larvas; dentre outros fatores. Talvez a principal alteração na dieta pós-contato possa ser observada pelo aumento no consumo de peixes, consequente à introdução de anzóis, linhas e tarrafas como instrumentos de pesca.

---

22. Ver o caso dos Parakanã ocidentais, em muitos aspectos semelhante ao dos Guajá (Fausto, 2000, pp. 156-157).

Se os Guajá, até antes do contato, eram caçadores especializados em determinados tipos de mamíferos terrestres de grande porte — como ungulados (queixada, caititu e anta) e dois tipos de cervídeos junto com roedores (anta e paca), além de possuírem uma apurada técnica de caça para primatas e outros mamíferos arborícolas, como capelães, macacos-prego, além de quatis —, o consumo de peixe, por sua vez, não era representativo em sua dieta de proteína. Porém, devido à introdução dos instrumentos de pesca, os peixes são um importante complemento da alimentação nos dias atuais, sobretudo nos meses de verão. Devo ressaltar que, com exceção de alguns surubins, *iriwia*, trata-se de peixes (devido ao baixo potencial piscoso do rio Caru) pequenos e médios, como sardinhas, *pirapopoa*, pequenos bagres, ou mandis, *hirakatỹa*, mandi-sacaca, *hirakatorohõ*, diversos tipos de piaus, *hipia*, piranhas, *ipinẽa*, curimatá, *piraxĩa*, dentre outros menos pescados.

Comer o animal correto também é fundamental para a boa formação de um corpo, e para as pessoas, *awatea*, existe uma relação direta entre o porte do animal ingerido e as qualidades alimentares de sua carne, como se fossem diretamente proporcionais. Trocando em miúdos: o crescimento de uma criança será mais bem-sucedido se ela comer animais de grande porte. Com a pequena esposa ocorre exatamente o mesmo, tanto mais bela, *parahỹ*, crescida, *ixa'a*, e saudável, *katy*, ela será quanto mais carnes grandes — e, por isso, saudáveis — ela ingerir. Se uma pessoa for criada durante a infância comendo apenas pequenos peixes (piabas, pequenos mandis, sardinhas, pequenas piranhas, muito comuns no rio Caru) e animais de pequeno porte como cotias e quatis, isso comprometerá seu crescimento. Os Guajá da aldeia Juriti são altos, se comparados a outros povos indígenas; muitos homens podem alcançar até 1,70 m; por isso, quando encontravam outros *karaia* do tipo "baixinhos", com estatura inferior à média Guajá, costumavam zombar, dizendo que a pouca altura é resultado de uma dieta inapropriada na infância, ou coisas do gênero. Assim, se os capelães são sinônimo de uma boa caça, por serem saborosos e abundantes, os outros animais, principalmente os maiores (mas não só, como veremos no próximo capítulo), são fundamentais para um bom desenvolvimento durante a fase de crescimento — *ixa'a*, "crescer". As únicas situações em que animais de pequeno porte, principalmente os pequenos peixes, são bem-vindos e vistos como mais saudáveis do que as outras carnes são os períodos de resguardo e couvade.

Além de tudo isso, o consumo de alimentos dos não indígenas,[23] como feijão e galinha, está bem disseminado e são apreciados como comida de gente, *awa nimi'ũa*, embora, como discuti no capítulo anterior, esteja suspensa na *couvade* e outros resguardos. Apesar dos Guajá serem muito interessados no mundos dos *karaia*, em seus bens e alimentos, realizam uma distinção muito clara entre outros alimentos como o dos *karaia*, "brancos", e uma *timi'utea*, "comida-de-verdade", ou *awa nimi'ũa* "comida de gente". Podemos dizer que, se os Awá hoje contam com um amplo leque de sabores, gordura e carboidratos ofertados pela comida dos *karaia*, ainda guardam um grande apreço e em certas situações como na *couvade*, necessidade de sua "comida de verdade", composta basicamente por carnes de caça, frutos coletados e, mais recentemente, farinha de mandioca. Estes, junto com o mel, seriam os alimentos que os Guajá realmente "sabem comer", *kwa i'uha*, como gostam de dizer, e manejam com segurança. Certa vez, estávamos acampados no interior da TI Caru, há dois dias de caminhada da aldeia Awá, em um produtivo período de caça invernal, quando os animais estavam cheios de gordura. Conversando à noite com Hajkaramykỹa, Majhuxa'á e Takamỹa, após um úmido e exaustivo dia de caçada, contemplando ao lado da fogueira uma pilha com cerca de 30 primatas abatidos, na maioria capelães, distribuídos em três moquéns diferentes, resultado de dois dias de caçadas, eu comentei com o meu anfitrião Hajkaramykỹa: *Awa nimi'ũa!*, "comida de gente", quando ele me respondeu: *A'ia, hanimi'ũtea*, "essa é minha comida-de-verdade!".

AMÕ AWA, «OS OUTROS»

Em 2007, alguns dias antes de minha partida para a aldeia Tiracambu, entre os preparativos de viagem e a vontade de permanecer mais alguns dias na aldeia Juriti, já estava convencido de que encontraria na Tiracambu um grupo bastante diferente do que encontrei na anterior — influenciado pelas várias conversas sobre os *amõ awa*, "os outros". A curiosidade virou apreensão no dia anterior à minha partida, pois, ainda sem saber se eu deveria ficar mais tempo naquela aldeia ou se iria me aventurar por outras, um homem me disse para que eu fosse sossegado, pois os Guajá são parecidos entre si: *a'e rawỹ jaha*, "são parecidos comigo".

---

23. *karai nimi'ũa*, "comida de branco".

Várias são as formas com que as pessoas, *awa*, de uma aldeia, como Juriti, se referem àqueles de outras. Pode ser, por exemplo: *amo awa*, "outros humanos" — pessoas que consideram humanos, mas que não vivem "juntos", *pyry* —; *awa Tirakamupahara*, as "pessoas que vivem no PIN Tiracambu"; *awa Awapahara*, "aqueles que vivem na aldeia do PIN Awá"), *a'e rawỹ awa*, "parecidos conosco", dentre outros termos circunstanciais que, a depender do interlocutor, eram ou não utilizados. Embora as ideias acima não sejam categorias para expressar relações entre as pessoas, propriamente, um par de termos é utilizado como marcadores de diferenças entre os diversos grupos Guajá. São eles: *mihua* e *a'e rawỹ*.

Autores que trabalharam entre os Guajá (Forline, 1997; Cormier, 2003) destacam *mihua* como um termo que exprimiria, de maneira negativa, a diferença intra-étnica entre os grupos *awa*. Ao citar o caso de um grupo procedente da região de Brejo Santo Antônio, incorporado à aldeia do PIN Awá, Forline menciona que as pessoas da aldeia passaram a denominá-los *mihua*, cuja tradução pode ser "estrangeiro, selvagem e sujo" (Forline, 1997, p. 43). Cormier cita o termo *awa-mihua* que, como marcador de alteridade, se refere à origem distante e a diferenças na dieta. Embora alguém considerado *mihua* seja *incorporável* aos grupos pelo casamento, sua qualidade de estrangeiro é reforçada por deboches ou acusações.[24] Assim, *mihua*[25] é mais um desses termos de difícil tradução que, em ampla acepção, encontra em "inimigos" uma tradução satisfatória, e pode, da mesma forma, ser glosado como "outros" ou "quase-humanos" (não se excluindo a ideia de inimigos) que partilham língua e hábitos semelhantes, porém são distantes no parentesco, no espaço e na história, e por isso não são reconhecidos como *awatea*, gente-de-verdade. Termos em português como *parente bravo* ou *índio bravo* foram utilizados pelos Guajá para traduzir os *mihua* — pessoas que estariam aquém do universo cultural dos *awa*.[26] *Mihua*, como uma categoria central de alteridade, é o termo mais próximo para *inimigo*, na língua guajá, uma vez que ele impõe uma não relação ou, quando tanto, uma relação negativa envolvendo desprezo e desconfiança. Bem diferente de *diferença produtiva*,

---

24. Ver Cormier, *op. cit.*, p. 89.
25. A forma é *mihua*, em que *a* é o sufixo nominal cuja função é substantivar a palavra.
26. Traduções como estas podem ser encontradas em outros povos amazônicos. Os Yudjá, por exemplo, traduzem o termo *abi imama*, que faz referência aos povos com quem mantêm grande distância social — como os "povos da floresta" —, como "índio bravo" ou "outro índio" (Lima, 2005, p. 92).

relacionada ao termo genérico de afinidade efetiva *harapihianã*, que envolve primos cruzados, sobrinhos cruzados, sogros e genros.

Sabemos que em diversas línguas amazônicas, e não só,[27] a palavra que se refere a *estrangeiros* é, muitas vezes, a mesma que para *inimigo*, e *mihua* é mais um destes termos de afinidade estrangeiro/inimigo, em um sentido amplo. *Mihua*, como expressão de uma alteridade máxima, funciona para os Guajá tal como o marcador *akwawa* atua entre os Parakanã: "uma forma genérica pela qual se classificam todos os humanos que não pertencem à mesma parcialidade de ego [...]. A determinação central da categoria é a inimizade: o *akwawa* não é apenas um 'outro', *amote*, mas um inimigo" (Fausto, 2001, p. 267). Devido à negatividade atribuída ao termo *mihua* — "sujos", "perigosos" e outros adjetivos desta ordem —, pode-se cogitar, tal como Fausto propõe para os Parakanã, o termo *mihua* como mais do que um "outro" Awá (*amõa*, na língua guajá), e sim inimigos propriamente ditos. A ideia de *mihua* não denota necessariamente um *kamara*, "indígenas de outras etnias", embora, como veremos abaixo, os marcadores *mihua* e *kamara* possam fazer referência ao mesmo conjunto de seres; *mihua* tampouco se refere aos *karaia* (os não indígenas), porém o termo pode ser utilizado como qualificador destes últimos: *kamara mihua*, "povos indígenas estrangeiros completamente desconhecidos" e, por isso, brabos) ou *karai mihua*, brancos "ruins" como "ladrões".

Se *awatea* e *mihua* não são categorias de identidade, já que são dependentes de uma configuração socioespacial que envolve a parcela de ego e a relação destes com o *harakwaha*, tampouco são exclusivas à humanidade.[28] Então, por exemplo, um filhote de animal, como um macaco ou uma cotia, recém-aprisionado com vistas a se transformar em *nima*, "animal de criação", é considerado *mihua*; forma que marca sua condição de selvagem (porém passível de ser domesticado), em oposição aos outros *nima* já domesticados que, por serem *hanima*, "meu animal de criação", são considerados *harapihiara*, "cognatos/consanguíneos"; ao passo que um animal do tipo *mihua*, ao ser submetido a um processo de domesticação, pode vir a se tornar um *hanima*, animal doméstico.

---

27. Benveniste afirma o mesmo para as línguas indo-europeias, cuja ideia de "hóspede", uma transformação da palavra *hospis*, originada do latim *hostis*, se refere tanto a "hóspede", tal como definimos, quanto a "inimigo" (*hostis*), ambas oriundas da ideia de "estrangeiro" (Benveniste, 1969, p. 92; citado por Viveiros de Castro, 1986).

28. Note-se que os Parakanã classificam como Akwawa seres não humanos que lhes podem aparecer em sonhos (Fausto, *op. cit.*, p. 267).

Durante uma caçada de capelães, dessas que os Guajá fazem ao menos três vezes por semana, o procedimento técnico padrão é a emboscada. Wari *papopo*, "espantar o capelão", é o nome dado à principal técnica envolvida nessas caçadas, que consiste em diversos homens subirem no tronco de diferentes árvores rodeando a copa da árvore em que se encontram os capelães. Espalhados a uma altura de até 30 metros do solo, em um raio de cerca de 100 metros da árvore onde se encontram os macacos, os caçadores aguardam — com suas espingardas e flechas — algum homem, quase sempre mais velho, subir até a copa da árvore onde estão os animais para espantá-los. A partir de um conjunto de gritos e urros, o caçador espanta os animais que quase sempre pulam em disparada, dispersando-se por todos os lados, e encontram a morte nas árvores vizinhas em que se instalaram os outros caçadores. Para além da atividade de caça, a situação se compõe de um elemento fundamental a sua execução: uma fala particular, *wari papopo*, em que a entonação da voz dos homens se modifica completamente. Os Guajá explicam que tal recurso é utilizado para confundir os capelães e os faz pensar serem os predadores algum tipo de *mihua* ou, em outras palavras, é a certeza de terem encontrado não um *humano* em oposição ao animal, mas um *mihua*, o que os faz fugir em disparada. A fala específica do *wari papopo*, apesar de sua simples estrutura, quando desenvolvida com a entonação adequada é amedrontadora.

O marcador para humanos, *awa*, em sua acepção mais extensiva,[29] se refere a diferentes grupos de pessoas, que vão desde os *kamara*, os "outros povos indígenas", passando pelos *karaia*, "não indígenas", e chegando aos *karawara*. Os *karawara* são referidos por meio de termos como *awa parahỹ*, "humanos belos", *awa katy*, "humanos bons", além de outros que valorizem sua condição de *humanos melhorados*. Da mesma forma, foi assim que se referiram aos Guarani, *awa Guarani*, ao me contarem sobre quando os conheceram em Porto Seguro por ocasião dos Jogos Indígenas, e ao se referirem aos Guajá recém-contatados, denominaram-nos *awa mihua*, como veremos mais abaixo.[30] Em todos esses casos, "*awa*" não é apenas o designador de uma humanidade concêntrica, mas se estende a outros seres que eles reconhecem também como humanos.

---

29. Tomo em empréstimo a ideia de *extensões* mínimas e máximas, no contraste entre "nós e eles", trabalhadas por Viveiros de Castro ao apresentar o conceito de *bĩde*, "humanidade", no caso Araweté (Viveiros de Castro, 1986, pp. 206–207).
30. Ver Cormier, 2003, p. 89.

A depender da relação, a melhor oposição para exprimir certas distâncias não seria *awa/ mihua*, devido a sua radicalidade nem sempre coerente com as diferenciações em pequena escala propostas por eles, mas sim *awatea/ awa* ou *awa/ amõ awa*, os "outros Awá". *Amõ*, ou *amõa*, é um pronome demonstrativo indefinido que pode ser traduzido por "algum (uns)" e "outro (s)",[31] muito utilizado para exprimir relações entre pessoas, coisas, lugares e eventos; doravante o traduzirei por "outro".[32] Esse pronome é utilizado de forma semelhante ao pronome indefinido *outro*, utilizado em português, tanto para identificar outro dia, *amõ mehẽ*, "outro quando", "amanhã", quanto outro lugar *amõ ika'ape*, "a outra mata dele", quanto outra qualidade de pessoa, *awa*, como os Guajá da aldeia Juriti definem ser os humanos de outras aldeias: *amõ awa*.

Os *mihua* são, de alguma forma, sempre inimigos, e, consequentemente, a inimizade é a forma de relação entre um sujeito humano *awatea* e um *mihua*. Isso não faz de todo *outro* um *mihua* — embora outro humano, *amõ awa*, seja um *mihua* em potencial.[33] Em algumas situações, *mihua* pode ser traduzido por "seres humanos bravos", independentemente de a quem esteja se referindo, porém a tradução mais adequada é "povo inimigo/ desconhecido" no sentido de "outros *awa*", que faz com que os *mihua* não sejam *kamara* (Ka'apor ou Tenetehara, e outros povos indígenas) nem, muito menos, *karaia*, "não indígenas", mas sim uma daquelas categorias que investem na proximidade sociológica, e não descarta uma continuidade substancial entre os sujeitos *awa* e *mihua*. Tanto que vários grupos que viviam em isolamento voluntário deixaram-se contatar entre os anos 1980 e 1990, enquanto outros simplesmente preferiram morrer a fazer contato. A família de Kamara (nome próprio), ao ser contatada em 1996, informou que outro pequeno grupo, junto com o irmão de Kamara, ainda vivia nas imediações do igarapé Mão-de-Onça e se recusava a aparecer ao contato. Nos dias atuais, passados 14 anos, as pessoas da aldeia Juriti duvidam que esse grupo ainda esteja vivo, embora não afirmem que tenham morrido. Simplesmente dizem não saber o paradeiro dessa *gente-do-mato* que sumiu sem deixar rastro.

---

31. Magalhães, *op. cit.*, p. 70.
32. *Amõa* é a forma independente do pronome, cuja tradução é literalmente "outros", sendo -a o sufixo nominal.
33. Como os Guajá reproduzem na caça muito de uma relação guerreira (como veremos nos capítulos 6 e 7), defendem que, para um capelão, um caçador sempre será um *mihua*.

MIHUA, «A GENTE-DO-MATO»

Além das pessoas que vivem nas aldeias, *awatea*, encontramos grupos vivendo em isolamento voluntário, tanto entre as TIS Awá e Caru, onde realizo pesquisa, quanto na TI Araribóia, onde se encontram grupos Guajajara, na região dos municípios de Arame e Grajaú. Trata-se de áreas distantes uma da outra em cerca de 140 quilômetros, o que leva a crer serem dois grupos diferentes: um na área Caru e outro na Araribóia. O grupo da área indígena Araribóia é superestimado em até 60 pessoas,[34] enquanto o outro estaria a oeste da Caru, composto por uma única família.

Os Guajá, que se consideram *awatea*, encontram no termo *mihua* a melhor forma de traduzir os coletivos que vivem sem contato oficial com a Funai, os chamados "isolados". Tais coletivos são pensados como *mihua*, *awa mihua*, "gente-braba", ou *awa ka'apahara*, "gente-da-floresta/ mato". De acordo com as pessoas que vivem nas aldeias, a *gente-da-aldeia*,[35] os *isolados*, experimentariam uma vida algo do passado.[36] E o confronto dos relatos dos isolados atuais com os relatórios da antiga Frente de Atração é surpreendente, pois de alguma forma é como se a história estivesse se repetindo. Pelas narrativas dos anos de fuga da *gente-da-aldeia*, podemos inclusive ter uma ideia do que a "gente-do-mato", *awa ka'apahara*, experimenta nos dias atuais.

A condição de *awa ka'apahara*, "gente-do-mato", passa, por exemplo, pelos tipos de alimentos que essas pessoas consomem, que para a *gente-da-aldeia* é dita como "*awa mihu nimi'ũa*", o que pode ser traduzido por "comida de índio brabo". Um conjunto de animais (como cobras peçonhentas), frutos, como a pequirana, e cipós que se consumiam antes do contato são estimados como *awa mihu nimi'ũa*, "comida de índio brabo". São alimentos que a *gente-da-aldeia*[37] dizia *saber* comer antigamente, *imỹna*, mas hoje *não sabem* mais. Por outro lado, essa gente-da-aldeia pode voltar a comer a *comida de índio brabo* durante, por exemplo, as temporadas de caça, quando a *comida de gente*, — carnes variadas, farinha, bolachas e frutos diversos — em geral escasseia. Nos retiros de caça, quando passam até meses vivendo nos acampamentos,[38] comem "cará do mato" chamado *ka-*

---

[34]. Ver Funai 2009.
[35]. *Awa katy*, "gente-mansa".
[36]. *Imỹna ka'ape*, "antigamente no mato".
[37]. *Awa katy*, "gente-mansa".
[38]. *Ka'a ripa*, "casa na mata".

rahua, ou "cará brabo", como traduzem em português, que vem a ser *comida de índio brabo*.

As pessoas depositam grande interesse nesses *parentes*[39] que se escondem no mato sem contato, por isso muitas vezes as pessoas que vivem nas aldeias saem para a floresta procurando encontrá-los. A *gente-da-aldeia* demonstra interesse por fazer o contato com tais *mihua*, "isolados", sobretudo pelos cônjuges que poderiam conseguir, e os homens são muito curiosos sobre quem seriam essas *mulheres brabas, awa wahykera imahyma'a*. Ou, como no caso dos dois últimos homens que fizeram contato, Wa'amaxũa em 2006 e *Irahoxa'a* em 2015, mesmo insistentemente chamados de *mihua*, foram incorporados a duas aldeias por se casarem com mulheres idosas; tal como um primeiro passo para a transformação de gente-braba, *mihua*, em gente-de-verdade, *awatea*.

Tal relação, pela qual os Guajá das aldeias dizem saber o que é a vida dos *mihua*, os "isolados", aparece sob diversas formulações. São temas como: a penúria em que vivem os isolados, pois não conseguem caçar de maneira adequada; a impermanência dos acampamentos; o risco de morrerem por doenças; o fato de conterem o choro das crianças para que não sejam ouvidos nas fugas; a necessidade de fugir carregando uma carne de caça ainda semicrua para terminar de assar em um local distante; as coisas importantes que deixam para trás durante as fugas, como arcos, feixes de flechas e pequenos objetos; o tição de fogo que se apaga; a distância que devem manter do curso dos igarapés por questões de segurança; as montanhas, *wytyra*, que também traziam segurança — e são elas um dos motivos de muitos conseguirem retardar o contato; o desejo por alimentos cultivados, principalmente a banana; as muitas crianças que foram encontradas sozinhas, dado o falecimento dos pais no mato; o medo de morrer na mão de brancos — "morríamos como macacos", me disseram certa vez —; a sede, o medo, a tristeza, a falta de cônjuges, naquilo que, evocando Michael Taussig, pode ser definido como um "espaço da morte" (1993, pp. 27-30).

Entre a gente-da-aldeia e a gente-do-mato opera uma relação de conhecimento mútuo, um jogo de identificação, entendido a partir dos efeitos de experiências passadas que configuram um "repositório de memórias traumáticas", tal como Rival define a experiência histórico-espacial Huaorani (Rival, 2002, p. 1). Tal esquema de alteri-

---

39. Termo utilizado pelos mesmos.

dade existente entre os coletivos aldeados e isolados nos dias atuais talvez seja uma transformação de formas anteriores, em que grupos de cognatos se organizavam em torno de um *harakwaha*, uma área comum, em uma rede espacial de parentesco sob os signos de próximos e distantes, *harapihiara* e *harapihianã*, com amizades e inimizades permeando tais relações. A principal diferença é que nos dias atuais encontram um alto grau de irreversibilidade e imprevisibilidade nesses encontros, em comparação com o passado. As regras de circulação e troca de pessoas entre os *harakwaha*, "o território", foram abaladas de tal maneira pelas mudanças advindas do processo de contato que os isolados, *awa mihua*, a gente-do-mato, *awa ka'apahara*, parecem representar, para os próprios Guajá das aldeias, resquícios de uma antiga socialidade, há muito deixada para trás.

Recentemente, a *gente-da-aldeia* esteve interessada em fazer contato com essa *gente-do-mato*. Nos últimos dias de 2014, foram contatados duas mulheres e um rapaz que fugiam pelas cabeceiras do igarapé do Presídio, pequeno tributário do rio Pindaré, entre as Terras Indígenas (TI) Caru e Awá, no estado do Maranhão. Este contato pode ser definido mais precisamente como um *encontro*, uma vez que, como é comum nesses casos, as pessoas em fuga surgiram em uma área de caça utilizada por pessoas da aldeia Awá. Eles faziam parte de um grupo de que os primeiros foram contatados em 2006, proximidade que não passou pela Funai, e sim pelos próprios Guajá da TI Caru, quando trouxeram para morar na aldeia uma senhora e seu filho, que viviam no mato. Ela se chama Kyry'ywãja, e o rapaz, Wamaxũa. Tudo leva a crer que Kyry'ywãja era esposa de Miri-Miri, um homem que se transformou em quase uma lenda na época da frente de atração, pois seu grupo, que vivia nas cabeceiras do Igarapé do Presídio, nunca foi encontrado. A forma com que foi feita a narração abaixo sugere que os *awatea* precisam virar "outro" para achar os parentes do mato. Chamam os velhos e tiram a roupa, transformam-se em *awa ka'apahara*, "gente-do-mato", em *mihua*, "gente-braba", para se apresentar a esses isolados. Eis o relato.

Tatuxa'a e Piranẽxa'a, ao saírem para caçar em uma região que não conheciam muito bem, levaram com eles Mitũxa'a, homem mais velho e melhor conhecedor dos caminhos. Durante o percurso encontraram rastros dos isolados e resolveram seguir o encalço. Era uma região distante da aldeia, e como eles decidiram procurar os isolados não mataram capelão, apesar de terem visto muitos deles, justamente para não fazer barulho e espantar a *gente-do-mato* que pretendiam encontrar. Por isso, caçaram e comeram apenas paca. Foram seguindo os rastros e descobriram que chegavam até um cocal. Os cocais de babaçu, como sabemos, sempre foi o local favorito dos *awa* quando moravam na mata, e até hoje os que ainda vivem no mato preferem os cocais. Como estavam com medo de uma reação negativa ao encontro, rodearam a totalidade do cocal. Avistaram uma senhora "velha" quebrando coco, mas não tiveram coragem de abordá-la, tiveram medo. Saíram dali e dormiram em outro lugar. Não fizeram acampamento com teto de palha nem fogueira para não despertar a atenção dos *mihua*. Apenas amarraram suas redes nas árvores e dormiram. No dia seguinte, foram pescar e desistiram de tentar fazer o contato. Piranẽxa'a disse a Tatuxa'a que não queria morrer ali, e os *mihua* os matariam se eles os encontrassem. Então voltaram para a aldeia e contaram a novidade para todos, que decidiram coletivamente ir buscá-los. Além de Tatuxa'a, manifestou interesse em ir junto um grupo grande composto principalmente por velhos.[40] Nestas situações, são eles os mais interessados em participar, pois têm a chance, muitas vezes, de avistar pessoas de que ouviram falar e que muitas vezes conheceram na infância.

Como o percurso era longo e havia muita gente, dormiram três noites na mata até chegar ao local. Também paravam para caçar paca no caminho. Chegaram ao cocal pela tarde e observaram que os arcos e flechas do filho da senhora idosa (que, hoje sabemos, se chama Wamaxũa) estavam ao lado dele. Tatuxa'a percebeu que o arco era grande e sentiu medo de que ele os matasse. Viram então que eles estavam novamente quebrando coco e também "garrafas" fabricadas da casca do cupuaçu, *kypy kawa*, algo que faziam quando moravam no mato, além de facas gastas e uma panela.

Rodearam o cocal e ficaram escondidos. Kamairua, um dos homens, planejava tirar a roupa para enganar os isolados, fingindo ser também *gente-do-mato*. Essa é a melhor forma que os Guajá encontraram para estabelecer contato: transformam-se em *mihua*, "gente-braba", para chamá-los. Então ele se aproximaria e gritaria: *Aty, aty! Arixoho, aty!*, "Amigo, amigo! Vamos, amigo!". No entanto, ficaram com medo, pois as flechas estavam muito próximas a seu dono e ele poderia reagir à aproximação. Esperaram um bom tempo escondidos, até que Wamaxũa, o dono das flechas, se afastou delas e Kamairua

---

40. Kamairua, Karapirua, Majhuxa'a, Hajmakõma'a, Mihaxa'a, Akamatỹa, Piranẽa, Hajkaramykỹa, Warixa'a, Jamakwarera, a finada Marakanã, o finado Xipaxa'a e outros.

as pegou. Quando ele retornou, sentiu falta das flechas, e quando avisou para a mãe que alguém as tinha pego ela tentou sair correndo, levando seu animal de estimação, um macaco. Kamairua a segurou, e as outras pessoas tomaram as coisas deles, entre elas, muitas cotias de estimação. Os "isolados" são conhecidos por criar muitos animais. Esse grupo tinha cerca de 20 cotias, e me pergunto como é possível tantos animais em uma situação como essa?

Kamairua explicou que eles eram amigos, e que há muito tempo já haviam se conhecido na mata. Falou que queria levá-los para a aldeia. A finada Marakanã, uma mulher mais velha, os acompanhou no percurso de volta. As outras duas mulheres, irmãs de Kara'ywãja, chamadas Amakaria e Jakarewãja, além do filho de uma delas, Wirahoxa'a, ficaram na região da cabeceira do Presídio e apareceram ao contato apenas oito anos depois, no final do ano de 2014.

QUASE HUMANOS

Outro termo que, a partir de um sujeito "humano verdadeiro", *awatea*, indica a diferença com outros "quase-humanos" é o marcador *a'e rawỹ*. Derivado da junção do pronome de terceira pessoa *a'e* — traduzível por "este" ou "ele" —, adicionado à partícula *rawỹ* (partícula epistêmica similativa — "parecido com"),[41] *a'e rawỹ*, adicionado a um nome, pode ser utilizado como um classificador de distância e proximidade social. A comparação entre os humanos e os animais — tanto nos aspectos físicos quanto nos hábitos — é muito utilizada pelos Guajá, seja nos momentos de descontração ou até mesmo quando os pais repreendem os filhos. Em uma ocasião, *Panapinuhũa*, uma mulher da aldeia Juriti, por estar chateada, recusou o mel, *haira*, que seu irmão lhe ofereceu. Este virou-se para mim em tom jocoso e disse que sua irmã parecia uma borboleta, *panỹ*, pois não gostava mais de

---

41. Idem. De acordo com Magalhães, a partícula epistêmica similitiva *rawỹ* ocorre associada a outras palavras e indica que o falante supõe que o conteúdo do seu enunciado é verossímil. Caso ocorra em uma pergunta, subentende-se que o falante já tem uma ideia prévia da resposta. Porém, quando ocorre após um substantivo ou pronome, essa partícula tem o sentido de "ser parecido com" (Magalhães comunicação pessoal). Não confundir com o sufixo de semelhança *rỹ*, que tem função parecida com a partícula *rawỹ* e anexado a outros substantivos pode ser interpretado como "semelhante a". Assim, segundo Magalhães, *xahua* é "porção queixada", e *xahurỹ(na)* é "porção queixada falso" ou "parecido com porção queixada", denominação que eles conferem ao porco doméstico. É um sufixo muito produtivo e encontrado na maioria das línguas tupi, inclusive nas palavras portuguesas de origem tupi (taturana, cajarana, etc.).

mel. Ou outra vez em que Pira'ima'ã, muito bravo, comparou o seu filho a um gambá, *ajỹ* — animal noturno e traiçoeiro —, pois o filho havia furtado um pouco de seu chumbo. Eu mesmo, por caminhar na floresta com passadas longas, recebi por uma época o apelido de *xipa iramuxa'a*,[42] que pode ser traduzido por "paizinho inhambu", ou algo próximo a isso. Comentários assim são usuais, e a forma na língua guajá apropriada para tais falas se apoia na partícula *rawỹ*, como em *a'e rawỹ ka'ia*, "ele se parece com um macaco-prego". Forline (1997) relata que os Guajá das aldeias Tiracambu e Awá se referiam a Karapirua e Jakarexĩa (que vimos no capítulo anterior) como *a'e rawỹ*, por não terem laços históricos com as pessoas daquela aldeia, já que foram lá instalados após o contato. Em casos como esses, a sentença utilizada é *a'e rawỹ awa*, "parecidos com humanos", o que denota que coletivos e/ou pessoas que viviam em isolamento e foram postos a viver juntos são ditos "parecidos com" entre si, embora não sejam todos semelhantes, *awatea*.

Este "nós" *awatea* "não chega a expressar um ponto de vista sociocentrado de um todo" *awa*, impossibilidade também descrita por Gallois para o caso dos Waiãpi do Amapá (2007, p. 54), e o aspecto de coletivo, se quisermos encontrar um, só é percebido a partir do ponto de vista particular de uma categoria de seres — humanos, inimigos, *karawara*, animais — que declarem pertencer à (sua) humanidade.[43] É isso o que torna possível a existência dos *mihua*, estrangeiros que atuam em um cenário composto por um "fundo cósmico de alteridade, um mundo de outros com quem os humanos [...] mantêm uma variedade de relações" (Gow, 1997, p. 56), inimigos "com quem não se pode viver bem".[44] São uma espécie de *outros* que variam de acordo com a apreciação do sujeito enunciador, seja ele um grupo composto por *awatea*, seja, para alguns casos, um animal, ou qualquer outro ser, com quem mantenham uma relação de hostilidade, ou predação, como os macacos capelães, *waria*. Por isso, se os capelães caçados ocupam uma posição de sujeito durante a situação descrita acima, o *wari papopo*, os *mihua*, para os capelães, são, dizem os Guajá, os caçadores humanos.[45]

Na mitologia e na história guajá encontramos diversas referências aos seres considerados *mihua*, "inimigos". Por exemplo,

---

42. "Papai" mais "inhambu" mais "consanguíneo de".
43. Ver, também, Lima, 1996.
44. *Idem.*
45. Voltarei a este ponto no capítulo 7.

1. Na epopeia de Maíra, o demiurgo abandona a Terra para viver no *iwa*, após ter sido assassinado por um desses *amõ awa*, "outros"

2. Acredita-se que os capelães sejam descendentes de uma raça de "outros humanos", *amõ awa*, que eram muito "bravos", *imahy*, por isso, Maíra transformou alguns em capelães, *waria*, outros em macacos-pregos, *ka'ia*, e ainda outros em kairara, *ka'ihua*.[46] Desta forma, os macacos seriam ex-inimigos, relação que até hoje esses animais parecem não ter esquecido, e os Guajá os enxergam ainda agora como um híbrido entre animal de caça e "inimigos"

3. Da mesma maneira, os cantos, um de seus maiores bens, também lhes foram ensinados muito tempo atrás, *imỹna ka'ape*, "tempo antigo do mato", por outros humanos

Se *mihua* pode ser glosado por "inimigo" ou o "parente bravo", o marcador *a'e rawỹ* funciona como uma categoria intermediária entre as noções de *mihua* e *awatea*, indicando a possibilidade de um "estrangeiro" deixar de sê-lo ou, ao menos, conviver na mesma condição de humanidade e mesma espacialidade. Casos como esse — a saber, um *mihua* se transformar em *awatea* — são dependentes de diferentes eventos, como o contato com os *karaia*, por exemplo, e mesmo assim não representam uma assimilação bem sucedida entre "nós", *awatea*, e "eles", *mihua*; *a'e rawỹ*. Cormier cita o interessante caso de um grupo que vivia na aldeia do PIN Awá, considerado *awa mihua* pelo grupo da aldeia e que foi responsabilizado por um surto de infecção respiratória que ali se abateu (Cormier, 2003, p. 90). Como já vimos, a história do contato dos grupos guajá obedeceu a um padrão que prescrevia "contato" e "sedentarização" com a reunião de diferentes grupos locais, até então caçadores-coletores e, muitas vezes, estranhos entre si, em uma mesma aldeia, o que possibilitou, e ainda hoje possibilita, situações que envolvem grupos de *outros* convivendo entre si; ou seja, tudo o que os Guajá sempre evitaram em sua antiga vida na floresta. Mesmo inseridos nas aldeias, aqueles considerados *mihua* pelo coletivo estabelecido será tratado por esses *awatea* a partir

---

46. Recolhi duas versões do episódio mítico da transformação dos humanos em primatas. A outra delas, relatada por Panapinuhũ e Takya, conta que Maíra, furioso por ver tantos humanos brincalhões, que não levavam nada a sério, os transformou em macacos (Cormier também trata do tema, ver Cormier 2003).

de um misto de condescendência (por causa da onipresença da Funai) e desprezo (pela forma que um *awatea*, independentemente da Funai, o enxergará), pois seriam esses *a'e rawỹ awa*, "parecidos com gente", ou somente *a'e rawỹ*, "falsos", "inautênticos". Um cognato para *a'e rawỹ* pode ser encontrado entre os Waiãpi, com que Gallois apresenta um gradiente para posicionar *nós*, Waiãpi, e os *outros*, não Waiãpi, cujo marcador para "diferentes de nós" ou "distanciados de nós" é *janerowã*. O que traduzo por semelhança a partir do termo *rawã*, "parecidos com", Gallois traduz como diferença com o marcador *rowã*, "diferente de", porém, no caso em questão, detêm a mesma função — diferenciar nós e os outros.[47]

Utilizo a distinção *awatea* x *mihua* de forma a ilustrar distinções intrahumanitárias, porém é preciso aceitar que tais marcadores são recursos de diferenciação utilizados somente em alguns casos; quando em outros, desprezados. A despeito de sua funcionalidade, as distinções *awatea*, *a'e rawỹ* e *mihua* não seriam absolutas para definir diferenças, e as distâncias sociais são, muitas vezes, estabelecidas a partir de comentários e observações a respeito de nomes e aparências — tal como observado também por Gallois no caso Waiãpi (2007, p. 55). Pude perceber isso quando as pessoas da aldeia Tiracambu tentaram me dissuadir de retornar à aldeia *Juriti*, alegando ser esta um local isolado, à diferença deles que vivem perto de povoados e municípios; ou quando os Guajá da aldeia Juriti enumeravam um conjunto de aspectos negativos oriundos do fato de as pessoas da aldeia Tiracambu estarem vivendo próximas aos povoados e às aldeias dos Guajajara. Ambos observavam, por meio de inúmeros comentários, as formas que um e outro grupo encontraram para (sobre)viver desde o contato, e criticavam:

1. O quanto os outros estão mais próximos ou distantes dos povoados — e quanto isso é bom ou ruim

2. Se mantêm melhor ou pior relacionamento com os Tenetehara

3. Se caçam ou plantam mais

4. Os diferentes tamanhos do arco e das flechas entre os grupos do Pindaré e do Caru

---

47. Ver Gallois, 2007, p. 54.

5. As pequenas diferenças dialetais nos "sotaques" e formas de falar que fazem um coletivo chamar o queixada de *xoho* enquanto o outro pronuncia *xahua*, dentre tantas diferenças (tanto as advindas do contato quanto as anteriores a ele), sem necessariamente utilizarem a distinção *awatea/ mihua*

Para finalizar este tópico, lembro que em muitos casos tais diferenças são anuladas no intervalo de uma única geração. Afinal, os casamentos também se prestam para isso. Memória e parentesco como sistemas interdependentes são refeitos na história, e muitas diferenças são completamente dissolvidas, às vezes em menos de uma geração. Não se trata de expressões de diferentes graus de contato entre os grupos humanos, *awa*, mas de possibilidades de entender um *outro* que, embora compartilhe características comuns, não é exatamente próximo. Tal ideia poderá ser mais bem percebida se observarmos um caso particular. Vejamos então!

A FAMÍLIA DE TAKWARẼXA'A

Durante meu trabalho de campo pude acompanhar a relação das pessoas da aldeia Juriti com um desses *amõ awa*, "outros humanos", a que consideravam parcialmente *mihua*: trata-se da família de Takwarẽxa'a. Composta por ele, sua esposa, Hakoa'ĩa, e cinco filhos, a família de Takwarẽxa'a foi contatada em 1992, quando vivia na região de Amarante (MA) errando por fazendas, fugindo pelas matas, e abatendo a flechadas animais dessas fazendas, como cavalos e gado. Segundo me relatou um funcionário, a transferência da família de Takwarẽxa'a para o PIN Juriti foi dramática, pois eles se recusaram a entrar nos meios de transporte (carro e helicóptero) que fariam a remoção (escapavam a cada nova tentativa) e só entraram empurrados contra a vontade. Esse grupo ainda contava com a família de Hapaxa'a, que foi colocado na Tiracambu e lá também vivia isolado do grupo da aldeia, e Takapẽ, que se casou novamente e vive na aldeia do PIN Awá. Sobre a família de Takwarẽxa'a, a distância entre a região de Amarante, onde foram encontrados, e a aldeia Juriti, onde hoje vivem, é de aproximadamente 500 quilômetros por estradas, o que os torna um grupo de pessoas completamente desconhecidas para quem vive na aldeia Juriti. Após chegarem ao posto indígena no ano de 1992, os funcionários da antiga frente de atração ergueram uma casa longe da aldeia para os recém-chegados, com o intuito de os realocar e eles viverem a uma distância "segura" das pessoas da aldeia, pois havia o risco de os homens dali lhes tomarem a esposa ou mesmo fazer algo pior, já que ele era, inquestionavelmente, um *mihua*.[48]

Durante meu trabalho de campo, foram raras as ocasiões em que Takwarẽxa'a visitou a aldeia. Sua casa situa-se em uma área oposta, dividida pela sede do PIN. As poucas vezes em que Takwarẽxa'a visita a aldeia é para buscar provisões de carnes desprezadas pelos Guajá ou para acompanhar os outros nos trabalhos de roça, coordenados pela Funai. Suas atividades são basicamente a produção de farinha, a pesca e incursões diárias pelo território que, após 17 anos, passou a conhecer, embora tenha sua atuação limitada por não ocupar nenhum *harakwaha* específico. Isso faz com que a área que circule seja sempre aquela ocupada por outras famílias, o que implica uma interação parcial com o território — caçando pouco e coletando menos ainda. Como exemplo, caso descubra rastros, *ipopora*, de animais — que por ventura o levem a uma árvore onde se encontra um grupo de capelães, ou a um cocal onde haja porcos do mato —, Takwarẽxa'a não propõe uma caçada coletiva tal como é usual entre os Guajá; ao contrário, ele menciona o achado a seu filho Ki'ipi, que avisa aos homens da aldeia, e esses, sim, vão caçar o animal sem qualquer participação de Takwarẽxa'a. Se a caça for produtiva, os homens enviam alguma peça de carne em agradecimento a Takwarẽxa'a, por intermédio de Ki'ipi.

Por ser estrangeiro e não conhecer a região como os outros, lhe é negada a circulação e ocupação plena do território, pois, independentemente da direção que tomem suas incursões, sempre entrará no *harakwaha* de outrem. A dieta da família de Takwarẽxa'a está baseada nos produtos das roças que cultivam no entorno de sua casa. Abóbora, *urumuhũa*, e banana, *makua*, são bastante consumidas, dada a fartura com que plantaram, e ainda comem cará, *kara*, e batata-doce. Além desses cultivares, o quadro alimentar de Takwarẽxa'a é completado por farinha, peixe e carnes fornecidas pelo grupo da aldeia, além das que ele raramente caça. Em situações extremas que envolvam falta de comida — uma vez que suas caçadas, incluindo as coletas de fruto, não são bem-sucedidas — os funcionários do posto fornecem-lhe feijão, arroz e outros alimentos; mesmo assim, nos últimos anos sua família vivia um completo quadro de penúria alimentar

---

48. O único vínculo conhecido de Takwarẽxa'a é com Karapirua, que vive na aldeia Tiracambu, e, segundo os Guajá me afirmaram, seriam eles germanos entre si (B, FBS reais ou "classificatórios").

próximo à inanição, de acordo com Dr. Oscar, o médico cubano que trabalhava junto aos Guajá. Takwarĕxa'a é uma das pessoas que não dominam a agricultura, embora tenha aprendido a processar farinha de mandioca. As roças de sua família são cultivadas por seu filho Ki'ipi. É também Ki'ipi que lhe fornece quase toda a carne, recebida em troca de serviços que presta ao grupo da aldeia.

Algumas diferenças entre o grupo da aldeia e a família de Takwarĕxa'a podem ser superficialmente notadas. Por exemplo, a prosódia de Takwarĕxa'a difere ligeiramente do grupo da aldeia. Embora consigam se comunicar sem problemas, se diz dele e sua família terem "outra boca", *amõa irua*, o mesmo que é atribuído aos Guajá das aldeias Tiracambu e Awá. Além da fala, o canto de Takwarĕxa'a é dito diferente. Durante as noites de verão em que entoa um canto solitário em sua casa, os Guajá dizem não ser um canto como deles, mas "outro canto", *amõa jānaha*. O arco e as flechas também são confeccionados com ligeiras diferenças. Medindo cerca de 1,85 metros de comprimento, o arco de Takwarĕxa'a é 30 centímetros mais longo do que um arco médio da aldeia Juriti (avaliado em 1,55 centímetros), e as flechas também apresentam diferenças no comprimento, na espessura da taquara e na empenagem da base. O tamanho do equipamento de Takwarĕxa'a se aproxima dos utilizados nas aldeias do Pindaré (PIN Awá e PIN Tiracambu), cujos arcos e flechas são proporcionalmente maiores do que os da aldeia Juriti.[49] Os Guajá explicam tais diferenças recorrendo às distâncias geográficas antes existentes, quando muitos grupos não se conheciam. Cormier lembra que as diferenças na dieta sempre fizeram parte das formas de diferenciação mais gerais, entre os grupos que viviam na aldeia Awá, onde a autora fez pesquisa, e dos que lá se estabeleciam como resultado do contato com a Funai.[50]

Os Guajá podem, por vezes, abater animais que não consomem mais, como ratos, *awijỹa*, preguiças, *a'ya*, tamanduás, *tamanawã*, macacos-da-noite, *aparikya*, porcos-espinhos, *kwanũa*, capivaras, *kapijawara*; diversas espécies de cobras, dentre outros. E tais animais quase sempre são levados para Takwarĕxa'a. Do conjunto de animais que para os Guajá são considerados interdições alimentares — ao menos na aldeia Juriti — quase todos eram consumidos pela família de Takwarĕxa'a. Pude presenciar Takwarĕxa'a receber os seguintes animais evitados pelos Guajá da aldeia: tamanduá-mirim, ou mambira,

---

49. Voltaremos a esse tema no capítulo 6.
50. Cormier, 2003, p. 89.

tamanawa'ia (*Tamandua tetradactyla*); tamanduá-bandeira, *tamanawã*; raposa, *jawajua*; diversas cobras, *inami'ĩa*; macaco-da-noite, *aparikya*; além das vísceras, *haikera*, de animais variados, como de porcos, *xahoa*, antas, *tapi'ira*, e até veados, *arapaha*, — cujas vísceras são vedadas a qualquer pessoa —, que, depois de lavadas, eram assadas direto no fogo e consumidas por sua família. Me disseram que, além desses que pude observar, a família de Takwarẽxa'a comeria tucanos, *takỹna*, araracangas, *ararakỹa*, gaviões, *wirahoa*, cavalos e gado — animais de que os Guajá da aldeia Juriti não gostam. Quanto às cobras, os *awatea* não consomem e atribuem a magreza de Takwarẽxa'a e sua família ao fato de comerem cobras peçonhentas, *inami'ĩtea*. Sempre que conversávamos a respeito das interdições e preferências alimentares, me lembravam que, da relação de animais que eles mesmos não comem, Takwarẽxa'a e sua família comiam quase todos.

Certa feita, Pinawãxa'ã e Juriximatỹa encontraram na floresta restos de um veado devorado por uma onça. Ela havia comido as vísceras e costelas do animal,[51] deixando os quartos traseiros e dianteiros intactos. Como já estavam carregando bastante peso, amarraram o animal morto colocando-o em seguida no rio, a fim de conservá-lo no frio da água até o dia seguinte, quando voltariam para buscar junto com Takwarẽxa'a — a quem ofereceram a carne. Os Guajá preferem não consumir um pedaço de carne deixado por uma onça por melhor estado em que esteja, porém para as pessoas da aldeia Juriti isso não se aplica à família de Takwarẽxa'a, que o aceitou e, realmente, comeu da carne. Após a carne moqueada, alguns homens foram à casa de Takwarẽxa'a verificar o resultado do cozimento, alguns meninos levaram nacos para a aldeia e dividiram com outras pessoas interessadas em comê-la. Em minha percepção, aquela carne estava em um estado avançado de putrefação, com uma cor vermelho-acinzentada e bem fedorenta. Mesmo com uma tolerância para carnes putrefatas ligeiramente maior do que a minha (pessoalmente), os homens e rapazes não conseguiram comer, deram os restos para os cachorros. Este e outros episódios retratam a complicada relação que envolve o grupo da aldeia e essa outra família. Certa vez, misturando a língua guajá com o português — como tantas vezes fazíamos — Wirahoa me falou que Takwarẽxa'a é um *awa mixika'ĩa*, o que pode ser traduzido por "menos humano" [do que nós] ou "pouco humano".

---

51. Sempre me lembravam de que as onças preferem costelas e vísceras.

A relação entre as pessoas da aldeia e a família de Takwarẽxa'a é marcada por zombarias, desencontros e mal-estar e ganhou tons de tragédia em uma sequência de episódios iniciada por um adultério. Após a chegada de Takwarẽxa'a à aldeia, em 1992, Pinawãxa'a (falecido em 2009), um homem que na época não possuía esposa, se enamorou por Hakoa'ĩa que é, até hoje, casada com Takwarẽxa'a e mãe de seus cinco filhos. É narrado que Pinawãxa'a e Hakoa'ĩa fugiram e, por cerca de três dias, permaneceram na floresta, em um acampamento de caça. Desde esse episódio, Takwarẽxa'a teria receio de perder sua única esposa para outro homem e por isso não convive com eles. Quando o casal chegou ao PIN Juriti, em 1992, os homens da aldeia assediaram tanto sua mulher, Hakoa'ĩa, que Takwarẽxa'a se isolou; por isso se relaciona muito pouco com o grupo da aldeia. Hakoa'ĩa tem por volta de 36 anos, enquanto ele, 70 — uma diferença etária comum em muitos casamentos. Mas, como também é comum, passível de novos rearranjos por parte da jovem esposa. Se em 1992, quando chegou na área do PIN Juriti, ele recusou dividir sua esposa com qualquer outro homem, nos dias atuais, 18 anos depois, Hakoa'ĩa está casada com um segundo marido, Muturuhũa, que tem trabalhado nas roças de Takwarẽxa'a e leva carnes mais nobres (capelães e porcos, por exemplo) constantemente. A mulher, hoje com dois esposos, teve seu sexto filho em 2010, agora com Muturuhũa. Embora Takwarẽxa'a continue sem frequentar a aldeia, sua esposa e filhos começam a passar momentos entre a gente de lá. Por outro lado, recentemente, sua filha Takwariroa, em idade de casar, estava muito doente devido a essa subalimentação que ainda experimentam. O próprio Muturuhũa, atual esposo da mãe, se interessou em casar com Takwariroa, mantendo o casamento com mãe e filha, mas não tive mais informações sobre esse rearranjo conjugal.

O filho mais velho de Takwarẽxa'a, Ki'ipi, hoje, em 2015, com 23 anos, se juntou ao grupo da aldeia e trabalha para praticamente todas as famílias, visando, dentre outras coisas, a conseguir se casar.[52] Seu trabalho consiste em carregar água, ajudar a cozinhar para quase todas as famílias, limpar as caças, carregar madeira para o fogo, pilar arroz, carregar crianças de colo durante as caminhadas na mata, e uma série de outras tarefas pesadas que realiza para se aproximar

---

52. Por causa dessa aproximação, algumas pessoas disseram que Ki'ipí é considerado *imena*, "esposo dela", de Panaxĩa, uma mulher já casada. Quando o conheci com 15 anos, havia rumores de que tinha uma "amante" na aldeia e, à medida que foi se estabelecendo com o grupo da aldeia, foi também se tornando um marido para Panaxĩa.

ainda mais das pessoas da aldeia. Pira'ima'ã, um desses homens para quem o jovem trabalha, me explicou que Ki'ipi experimentou a sua "água" e sua "comida", e já não come das carnes que sua família ainda consome. Por isso tem mudado e anda bem aceito pelas gente-da-aldeia — não sem zombaria, que lhe taxa uma condição de estrangeiro, *mihua*, e o desejo em manter relações sexuais e casar com alguma mulher da aldeia. Ki'ipi é a figura-chave na relação entre a família de Takwarẽxa'a e as outras pessoas da aldeia Juriti. Além disso, talvez seja o caso muito atual de como um *awa* considerado *mihua* é gradativamente transformado em *awatea*, a partir da convivência — e de um conjunto de atitudes que vão desde a prosódia apropriada até o tipo de alimento ingerido.

Há uma conjectura *awa*, como vimos acima, que pode ser vista como uma "teoria da história *awa*", que supõe ser a dieta dos *mihua*, como por exemplo a do grupo Takwarẽxa'a ou dos isolados, a mesma mantida por eles, *awatea*, "gente-de-verdade", antes do contato. Embora a oferta de carnes fosse maior antes da sedentarização nos postos da Funai, vários dos animais consumidos por Takwarẽxa'a, como a sussuarana e o tamanduá, além de carnes em estado podre ou despojos de ataques de outros animais, também eram comidos pelas pessoas, *awatea*, antes do contato. Em nossas conversas escapavam lembranças de animais, hoje interditos e outrora consumidos que, depois, descartaram-se da dieta, cujas carnes não lhes faziam bem — *ha'okera manahỹ*, "carnes ruins". Lembro que tudo o que sei sobre Takwarẽxa'a foi mediado por interlocutores da aldeia Juriti. Ressalto que não enxerguei uma forma de aproximação adequada com essa família, uma vez que — à época do meu trabalho de campo — Takwarẽxa'a preferia não manter qualquer diálogo com as pessoas da aldeia. Como minha proposta nesta etnografia é assumir a perspectiva desses (alguns) Guajá, e não um ponto de vista absoluto, a ideia aqui foi apresentar o que pensam as pessoas das aldeias sobre os *mihua*, com todas as vicissitudes que isso acarreta.

KAMARA E TENETEHARA

Takya é um dos homens velhos da aldeia Juriti. No final da década de 1980, mais exatamente em 1988, foi contatado com outros homens, como Muturuhũa e Pirama'ã, na região do baixo igarapé Juriti, e foram eles alocados no recém-criado posto indígena Juriti. Esses homens do Igarapé Juriti eram resultado da reunião de diversos grupos que viviam em fuga e se reuniram no baixo curso desse igarapé momentos antes do contato. Takya e sua mulher, Amỹ Pirawãja, foram responsáveis pela adoção de algumas crianças cujos pais morreram de doenças advindas do contato com os *karaia*, contatadas na região do Igarapé Água Preta, que no fim da década de 1980 estava invadida por diversas fazendas de posseiros e grileiros. O "grupo do Água Preta" contava com os rapazes Wirahoa, com cerca de 11 anos, Pira'ima'ã, Hajmakoma'ã, e os falecidos Pinawãxa'a, Toto'ia e a mãe de Wirahoa, falecida em pouco tempo. "Venham morar comigo, a mãe de vocês morreu de gripe — *tata*, "catarro" —, vocês não têm mais ninguém"; foi assim que Takya chamou Wirahoa e seus dois irmãos para "viverem juntos", *ikwẽ pyry*, na aldeia do PIN Juriti, logo que a mãe dos meninos faleceu.[53] Os Guajá afirmam ser ele um dos homens da aldeia que mais conhecem as histórias sobre o passado na floresta — *imỹna ka'ape*, "antigamente na floresta". Em diversas situações, sobretudo quando nossos assuntos envolviam eventos antigos, qualquer que fosse meu interlocutor ele me lembrava que somente Takya poderia me fornecer a informação que eu procurava. Surpreendentemente, todas as vezes em que conversava com Takya sobre eventos pretéritos, o tema que mais figurava — além das caçadas — eram os episódios trágicos que envolviam os *awa* e os *kamara*.

Mas quem são os *kamara*?

Se nosso interesse for a origem desses seres, Wirahoa explica que os *kamara* são descendentes de um povo que vivia no subterrâneo — *amõ iwa*, "outro patamar" — quando ocorreu a separação entre os diversos patamares que compõem o mundo. Nessa separação inicial,

---

53. Wirahoa e seus irmãos (Pinawãxa'a, já falecido, e Hajmakoma'ã), foram contatados em 1989 e, meses depois, perderam sua mãe por doença. Segundo Wirahoa, eles se filiaram à família de Takya, a quem consideram *hary*, um termo de grande amplitude utilizado (em seu alcance mínimo) para se referir aos germanos masculinos de mesmo sexo ou (em seu alcance máximo) a qualquer cognato das gerações de Ego (G0), G+1 e G-1, que abrange tanto a afinidade quanto a consanguinidade — daí, a dificuldade desta distinção terminológica no caso dos Guajá. Embora a relação entre Takya e Wirahoa seja do tipo existente entre afins (marcada pela distância cognática e propiciadora de uma relação de informalidade e brincadeiras); devido à diferença de idade entre os dois e à situação crítica em que Wirahoa e seus irmãos foram encontrados, Takya tomou-os como "filhos" — não no sentido técnico expressado pelo termo *haxa'a*, "meu consanguíneo", mas no sentido "tático": mantendo-os alimentados e seguros, sendo criados juntos com sua filha e identificados (junto a ela) como germanos. É um arranjo "emergencial" (embora bastante real), típico de uma situação genocida como as que ocorrem durante o contato entre os Estados nacionais e os povos indígenas.

que, como vimos, é a responsável pela configuração do mundo atual, alguns desses seres se mantiveram no subterrâneo e lá permanecem até os tempos atuais, enquanto outros conseguiram subir à Terra, *wya*, antes que os mundos se separassem completamente: são esses os antepassados dos *kamara*.

Os Guajá mantêm uma distinção nominal entre os termos *kamara* e Tenetehara (ou *Teneteharỹ*). O marcador *kamara* alcança todos os coletivos humanos que não sejam *awa*, *mihua*, ou *karaia*. Trata-se de todos os povos ameríndios que os Guajá conhecem, de quem sabem da existência, e os de que eles sustentam a possibilidade de existência. Cormier (2003) traduz o termo *kamara* por "Ameríndios não Guajá" (*non-Guajá Amerindians*) e lembra que as classificações acerca dos *kamara* variam bastante. A depender da distância entre os grupos, eles podem ser chamados desde *harapihianã* — termo que consagra uma típica relação de afinidade (como WB, por exemplo), até *ka'á rapihiara* — *ka'a*, "floresta" mais *hapihiara*, "cognatos".[54] O termo *kamara*, aplicado a seus vizinhos Ka'apor, por exemplo, contrasta com Tenetehara, vocábulo utilizado pelos Guajá da região do Pindaré e Caru para se referirem aos povos "Tenetehara", também conhecidos como Guajajara, no estado do Maranhão; e Tembé, no Pará e na margem direita do Gurupi (Wagley e Galvão, 1961; e Gomes, 2002).[55] Lembro ainda que os Guajá também se referem aos Tenetehara como Guajajara, termo que, embora extrínseco aos povos Guajá e Tenetehara, foi incorporado ao léxico de ambos os grupos e usados livremente para

---

54. Ver Cormier.
55. De acordo com Gomes (2002, p. 47; e outros autores, como Schroeder, 2010), Tenetehara pode ser traduzido por "seres humanos verdadeiros" e termos similares. Gomes discute que a palavra é composta pelo verbo *ten*, "ser", mais o qualificativo *ete*, "verdadeiro", e substantivado por *har (a)*, "aquele, o". Mesmo que o autor afirme ser esta uma "autodesignação", os Guajá utilizam tal termo como um diferenciador: "eles, os Tenetehara". Na língua guajá, este nome se refere a um grupo específico de *kamara* com quem têm uma proximidade histórica (Tembé e Guajajara), marcada sobremaneira por conflitos. Quanto ao termo "*hara*", ele aparece na língua guajá também como *hara*, que consiste na combinação de um sufixo nominalizador que expressa o "agente" da ação, do evento verbal ("aquele que exerce") com o já explicado sufixo nominal *a*. Quanto ao radical "*ten*" ser traduzido por Gomes como o verbo "ser", soa impreciso, uma vez que não existem correspondentes para o verbo "ser" do português nas línguas tupi, que trabalham com adjetivos qualitativos (Navarro, 2010). Os Guajá não me forneceram qualquer tradução para o termo Tenetehara — e o único "povo verdadeiro" que mencionam são, obviamente, os *awatea*. Além disso é importante lembrar que, embora a alcunha Guajajara não seja uma autodenominação, atualmente os Tenetehara do Pindaré também utilizam Guajajara como uma autorreferência.

se referir a esses Tenetehara orientais.[56] Da mesma forma, aos Tembé — Tenetehara que vivem no estado do Pará e na bacia do Turiaçu — os Guajá, em sua prosódia particular, chamam *Temea*.

Durante meu trabalho de campo, embora as pessoas se recordem de muitos eventos isolados de sua história, conversar sobre o passado se mostrou uma tarefa pouco produtiva, uma vez que não gostam de lembrar de pessoas falecidas, só o fazem em casos de mortes recentes. Se somamos isso à grande ausência dos Guajá na historiografia dos povos indígenas da Amazônia Oriental, mais especificamente no Maranhão (diferente dos Timbira, Tenetehara e Ka'apor), qualquer reconstituição histórica sobre esta população resulta em análises muito superficiais. Antigas histórias foram, para mim, difíceis de compreender, pois os personagens não eram nominados, os locais eram antigos *harakwaha*, há muito abandonados, e o tempo histórico era impreciso, devido a minha limitação na compreensão da língua guajá. De todo modo, ao conversarmos sobre a vida antes do contato e as mudanças advindas com a sedentarização nos postos da Funai, os temas que se repetiam em todas as conversas eram epidemias, mortes, fugas, medo do contato, ou seja, os temas de sua história recente (talvez dos últimos 50, 100 anos), embora experimentem a vida em fuga desde que chegaram ao Maranhão, provavelmente na segunda metade do século XIX.[57] Apesar da escassez de fontes, faço uso de trabalhos em que os Guajá aparecem em diálogo com seus *Kamara*, a fim de melhor contextualizar as relações entre os Guajá e os grupos vizinhos, ao longo de sua história.

༄

Em uma passagem de seus *Diários índios*, Darcy Ribeiro, que no início da década de 1950 viveu entre os Ka'apor da bacia do rio Turiaçú, observou que os Guajá são "inimigos irreconciliáveis" dos "índios Urubus". Neste trabalho — que talvez seja a fonte mais rica no que diz respeito às relações de alteridade de um outro povo ameríndio e os Guajá — Ribeiro enfatiza que, à época, os Guajá e os Guajajara mantinham "boas relações", em contraste com o estado de guerra que

---

56. Para a origem deste termo, ver Nimuendajú. Segundo Gomes, a tradução para Guajajara seria "dono do cocar", advinda da palavra *wazayzara* (*wazy*, "cocar"; *zara*, "dono", termo dado pelos Tupinambá da ilha de São Luís ao se relacionarem com os grupos Tenetehara do alto e médio Pindaré (ver Gomes, *op. cit.*, p. 49).
57. Ver Balée, 1994.

reinava entre os Guajá e os Ka'apor (Ribeiro, 1996, p. 332), muito embora veremos mais adiante que, para os Guajá, tais relações não eram exatamente "boas". Por serem andarilhos e caçadores, os horticultores Ka'apor afirmavam que Guajá viviam como "macacos", comendo frutos, e que suas aldeias não passavam de um "amontoado de casas de palha de açaí ou pindó, sobre paus dobrados ou partidos a pauladas" (Ribeiro, 1996, p. 262). Os mesmos Ka'apor proferem em sua cosmogonia que (o demiurgo) "Maíra fez os Kaapor de pau-d'arco, aos *karaiwas*, "não indígenas", de sumaúma, e aos Guajá de pau-podre, por isso vivem no mato, não fazem casa, e só comem coco" (Ribeiro, *op. cit.*, p. 373). Durante todo o século XX, nas bacias dos rios Turiaçú e Gurupi, ocorreram sucessivos massacres de grupos Guajá desencadeados pelos Ka'apor daquela região, cujos descendentes, hoje, existem em número reduzido na aldeia do PIN Guajá, na terra indígena Alto Turiaçu, ou migraram para a bacia do Pindaré.[58]

A antiga inimizade entre os Ka'apor e os Guajá também é ressaltada por Huxley ao mencionar que os "urubus odeiam e temem" os "índios nômades, chamados *guajajás*" (Huxley, 1963, p. 102). O frequente rapto de mulheres Guajá pelos Ka'apor,[59] embora fosse uma prática comum em seu sistema guerreiro, era revidada pelos Guajá com outros ataques; e, segundo os autores, as baixas nos lados dos Guajá eram constantemente maiores. Huxley relata um episódio que envolveu um Ka'apor chamado Anakãpuku que, após deixar seu acampamento de caça, teve seus pertences (rede, facão, roupas e farinha de mandioca) furtados por um grupo Guajá. O autor relata que o Ka'apor:

> Ao voltar, percebendo o roubo, ficou indignado, verdadeiramente indignado e, na manhã seguinte, partiu à procura dos guajajás. [...] Haviam os guajajás deixado rastros por toda a parte e, assim, Anakãpuku seguiu-os bem facilmente. Repentinamente, um guajajá saltou de trás de uma árvore e alvejou-o com uma taboca, flecha de ponta de bambu. Viu-o Anakãpuku de relance: abaixou-se e a taboca atingiu-o, não no peito que o guajajá visara, mas na parte superior do braço, saindo à altura do ombro.
> — Ah! — gritou o guajajá. — Já te liquidei!
> [...] Anakãpuku voltou para casa, jurando vingar-se. No ano seguinte, quando o ferimento fechou, formou-se uma expedição de homens de várias aldeias e conduziu-os ao lugar onde fora ferido. Lá perceberam trilhos com várias pegadas, de homens, mulheres e crianças. [...] (após seguirem as

---

58. Para detalhes, ver Ribeiro, *op. cit.*.
59. Ver Ribeiro, *op. cit.*, p. 262; Huxley, *op. cit.*, pp. 116-117).

pegadas encontram um acampamento e) Lá estava um velho Guajajá com barba que lhe cobria todo o rosto. Embalava uma criancinha, atirando-a para cima e aparando-a, enquanto a mulher olhava e sorria. Casualmente ela se virou e viu Anakãpuku. Julgou tratar-se de algum guajajá que viesse em visita e, por isso, sorriu para ele. Anakãpuku, porém, estava enraivecido, gastara um mês inteiro fazendo tabocas, afiando-as. Havia avisado a todos: 'Não deixem os homens pegar dos arcos, pois, do contrário, não poderemos matar a todos. Havia uma mulher rindo. Ele, porém, retesou o arco e atirou e... o velho guajajá morreu flechado em pleno peito. A mulher pulou da rede, mas uma flecha pegou-a nas nádegas. Os outros guajajás que procuraram as flechas ao lado das redes (pois sempre as colocam à mão) foram todos mortos. Anakãpuku atingiu sete, homens e mulheres. Todos na aldeia foram mortos, inclusive as crianças. Anakãpuku estava enraivecido, pois o ferimento ainda lhe doía (Huxley, *op. cit.*, pp. 114–115).

Em sua estada entre os Ka'apor, Huxley não registra ataques dos Guajá contra aqueles — com exceção do episódio acima. Ribeiro confirma histórias como essas e defende que, quando estavam com "raiva", os Ka'apor saíam para "matar Guajá" a fim de capturar algumas de suas mulheres. Muitas dessas expedições punitivas em nada tinham a ver com retaliações, eram somente o desejo de, segundo Ribeiro, extravasar a raiva e conseguir novas mulheres. Sobre uma dessas expedições, ele escreve:

Foram depois de uma epidemia de gripe que matou muita gente. Todos os participantes estavam *iarõn*, "raivosos", ou *apiay*, pela perda de alguns membros da família e foram se consolar com os inimigos que lhes restam. Os motivos de cada um deles ter participado foram os seguintes: um perdera sua terceira mulher e não encontrava outra, estava triste e raivoso; três outros também ficaram viúvos, por morte de mulher; dois deles perderam o pai; três sentiam-se órfãos dos filhos mortos; um mais sentia-se órfão do filho morto; um ficou órfão de mãe; outro perdeu a irmã querida. Moravam em aldeias diferentes, se juntaram para esse fim e depois debandaram. Vale dizer, fizeram dos Guajá seu saco de pancadas em que se consolam de suas dores.[60]

O fato de essas reconstituições serem feitas a partir de relatos dos Ka'apor certamente não contempla a história do ponto de vista dos Guajá; mesmo assim, os Guajá realmente nunca se gabaram de ter matado muitos *kamara* no passado. Ao contrário, lembram que na maioria das vezes precisavam fugir para não morrer.

Como já afirmei, as histórias narradas pelo velho Takya muitas vezes retratavam a experiência de horror que experimentaram fugindo

---

60. Ribeiro, *op. cit.*, pp. 281–282.

dos *kamara*, mais especificamente dos Tenetehara. Os mais velhos contam que os Guajá, invariavelmente, morriam nesses conflitos; era comum mencionarem que grupos inteiros tinham sido dizimados pelas mãos dos Tenetehara; ou que seus avós precisavam permanecer acordados durante toda a noite para fugir a qualquer momento e que, quando o faziam, não podiam carregar sequer uma resina de maçaranduba acesa, pois seriam vistos; continham o choro das crianças em fuga; tinham que caçar à noite, uma tarefa bem dura quando não se tinha lanterna; dormiam poucas horas durante o dia... tudo para evitar que os *kamaro* os emboscassem em suas aldeias. Lembraram de antigas histórias em que os *Temea*, Tembé, além de matá-los, comiam suas carnes, algo do qual os Guajá têm pavor, e esta seria uma distinção interna entre esses dois povos de Tenetehara: enquanto os Guajajara, em maior número, atacavam com frequência as aldeias Guajá em busca de mulheres, os Tembé os devoravam.[61] Dizem que os Tenetehara juntavam os Guajá depois de mortos da mesma maneira que os Guajá juntam capelães após uma caçada, uns sobre os outros.

Além dos Tenetehara, vieram em seguida os *karaia*, que lhes lançaram "venenos", *hawy*, como a gripe; e se há algo que pode ser atribuído genericamente a todos os Guajá da aldeia Juriti são os sentimentos negativos que nutrem pelos Tenetehara, e *kamara*, em geral, e pelos *karaia*. Os Guajá defendem que o baixo contingente atual de sua população é decorrente de sucessivos massacres iniciados pelos *Tenehehara* e outros *kamara* e levados a cabo, mais recentemente, pelos *karaia*. Segundo essa teoria, os Guajá seriam em tempos remotos um povo tão grande quanto os *karaia* e que viu sua população se reduzir em razão das guerras, enquanto a população dos *kamara* e *karaia*, ao contrário, cresceu.

HOJE EM DIA

A Terra Indígena Caru abriga uma população com cerca de 200 Guajá, que mantêm contatos mais ou menos permanentes com os cerca

---

61. Tais histórias sobre o canibalismo Tembé me foram relatadas por muitas pessoas diferentes. Uma vez inclusive, Juriximatỹa me garantiu que os Guajajara também devoravam os Guajá. A conotação com que eram enunciadas tais histórias era quase sempre acusatória, quando me lembravam do quão perigosos são os Tenetehara, etc. Para além disso, não posso dizer a quão distante na genealogia tais relatos remontam, uma vez que não há registros de antropofagia recente entre os Tenetehara, embora sejam eles os possíveis descendentes dos Tupinambá da costa maranhense (Wagley e Galvão, 1961).

de 500 Tenetehara que vivem em outras aldeias na mesma área. Já os Guajá da IT Awá, onde se baseia o PIN Juriti, só encontram os Tenetehara nas raras situações em que algum indivíduo visita a cidade, quase sempre por motivos de saúde ou reuniões com a administração da Funai. Sendo assim, os Guajá de cada uma dessas aldeias mantêm com os Tenetehara um nível de contato e relação diferentes. Porém, como já afirmei, em ambos os casos, tanto na TI Caru, quanto na TI Awá, a relação entre Guajá e Tenetehara é, pela parte dos Guajá, marcada por sentimentos como desprezo, medo, receio. O caso abaixo a ilustra.

Em maio de 2007, já concluída uma temporada de pouco mais de um mês na aldeia Juriti, eu me deslocava pela primeira vez para a aldeia do PIN *Tiracambu*, local em que tinha a intenção continuar o trabalho de campo, na mesma época em que a Funai do Maranhão estava passando por uma reestruturação, devido a recente mudança na presidência da Funai em Brasília.[62] No meio dessa mudança, os Tenetehara da TI Caru prenderam em sua aldeia chamada Maçaranduba alguns funcionários da Funai e FUNASA, enquanto outros foram fazer reivindicações no escritório da Funai em Santa Inês; dentre estas, a chefia do Posto Indígena Awá, na TI Caru.[63] Eu me dirigia à aldeia Tiracambu no meio dessa transição e antes passei pelo escritório da Funai no município de Santa Inês para informar sobre minha ida, já que era a primeira vez em que eu me deslocaria até lá. Alguns Guajajara que estavam na Funai me disseram para não ir para aquela aldeia naquele momento, pois, do jeito que as coisas estavam, ninguém poderia "entrar". Fui aconselhado a ir embora "para minha casa" ou voltar para o PIN *Juriti*, onde as coisas ainda estavam calmas. Como não queria perder a dispendiosa viagem de campo, resolvi voltar para a aldeia Juriti, onde já havia passado uma agradável temporada.

---

62. Havia saído Mércio Gomes e entrado Márcio Meira.
63. Tal como colocado por Ribeiro (op. cit. 332), os Guajajara se arvoram a falar em nome dos Guajá em diferentes situações, como em reivindicações à Funai. Isso não representa que os Tenetehara estejam preocupados efetivamente com o bem-estar de todas as comunidades Guajá, mas sim, propondo alianças com o propósito de afirmar sua própria autonomia frente ao órgão indigenista. Os Guajá, no entanto, não usufruem dos ocasionais ganhos oriundos dessas reivindicações, como recursos para compra de carros, combustível e outros itens indispensáveis à manutenção da vida em uma aldeia indígena contemporânea. O pleito à chefia do posto indígena de uma aldeia Guajá foi mais uma dessas situações em que os Guajajara agiram como se fossem "responsáveis" pelos Guajá.

Ao voltar para essa aldeia e relatar o que estava ocorrendo entre os Tenetehara, Guajá e Funai na região do Pindaré, creditaram aos Tenetehara toda a responsabilidade da situação. Ficaram todos aturdidos com a história, e pude perceber que a comoção era muito menos por minha causa do que por uma hostilidade latente que modula a relação entre os dois povos. Por exemplo, um dos responsáveis pela prisão dos funcionários da Funai na aldeia Maçaranduba foi Dalmo Guajajara,[64] uma das lideranças Guajajara na região do Pindaré. Quando soube que se tratava de um caso que envolvia Dalmo Guajajara, Pira'ima'ã disse que se ele ou algum Guajajara aparecesse na aldeia Juriti pleiteando a chefia do posto, como haviam pleiteado no PIN Awá, ele o mataria a flechadas. Em seguida revelou que, na época em que viviam no mato, os Guajá mataram muitos *kamara*. Segundo Pira'ima'ã, os Tenetehara se esqueceram do tempo em que matavam os Guajá, porém os Guajá não se esqueceram e, por isso, não querem se aproximar dos Tenetehara nos dias atuais.

Durante os conflitos de 2007, os Tenetehara se aliaram aos Guajá para ganhar sua confiança, inclusive ofereceram bois abatidos, levados para as pessoas da aldeia Awá. O resultado foi que, mesmo os Tenetehara não assumindo a chefia do PIN Awá, alguns homens Guajá se casaram com moças da aldeia Piçarra Preta, dos Guajajara. Algo novo, se compararmos relatos como o de Ribeiro, que se refere ao fato de os Guajajara tomarem meninos e mulheres Guajá.[65] Tais mudanças são parte de uma transformação mais ampla experimentada pelos jovens que já nasceram nas aldeias Awá e Tiracambu e que hoje têm entre 20 e 30 anos, devido tanto ao interesse em conhecer o mundo dos *karaia* e dos *kamara* quanto ao abandono de políticas específicas que incidam nas aldeias e à proximidade cada vez maior com povoados vizinhos. No ano de 2008, quando estive na aldeia Tiracambu pela primeira vez, um grupo de cinco jovens, com idades entre 17 e 25 anos, estava iniciando contato com o povoado de Roça Grande, na beira da ferrovia Carajás, a fim de vender animais caçados (jabotis, tatus e macacos), além de frutos, como cupuaçu e bacuri, para, em troca, comprarem bolachas, "geladinhos" e outros itens pelos quais guardam interesse. Em 2009, quando retornei à aldeia, esses mesmos jovens já visitavam o município diariamente, inclusive frequentando bares e participando de festas com moradores de Roça Grande.

---

64. Nome fictício.
65. Ribeiro, *op. cit.*, p. 332.

KAMARA, KAMARAS

Em 1998, uma família com quatro pessoas foi encontrada na região do Igarapé Seco e realocada na aldeia do PIN Juriti. Embora se tratasse de outros Guajá, o líder do grupo foi chamado pelo grupo da aldeia de *Kamara*. Os Guajá me deram duas explicações plausíveis para tal nome: primeiro, que era apenas um nome[66] que sempre pertencera a Kamara, da mesma maneira que outras pessoas possuem nomes como Jacu ou Mutum, como veremos no capítulo 5; depois, que o nome lhe fora dado com ajuda de alguns funcionários da Funai, quando foram viver na aldeia Juriti pois, embora Kamara seja um *awatea* da região do Caru, os grupos que ali viviam não o conheciam até então. Antes de conhecê-lo sabiam da existência de sua família através de vestígios, mas muitos supunham tratar-se de um grupo de *kamara*. Segundo as pessoas da aldeia Juriti, o nome Kamara lhe foi aplicado pela Funai, que nomeara vários indivíduos com nomes bizarros, como *Dedão, Corcunda, Pau Fininho, Japonês, Capitão*, dentre outros. Os agentes da equipe de contato entenderam que as pessoas da aldeia Juriti chamavam esse homem de Kamara. De fato, deviam mesmo fazê-lo em um momento inicial, sugerindo tratar-se de alguém estranho.

Da mesma forma, outro homem contatado pouco tempo antes de Kamara recebeu o nome de Kamaraxa'a. O termo *xa'a*, que discutirei no capítulo seguinte, pode funcionar como uma partícula que indica nome próprio. Portanto, Kamaraxa'a pode ser traduzido por "consanguíneo dos *kamara*" ou "parente dos *kamara*", e o mesmo ocorre para animais e plantas.[67] Na aldeia Juriti há, portanto, dois indivíduos que, a despeito de sua condição de *awatea*, são denominados *kamara*: Kamara e Kamaraxa'a. E, por mais que sejam nomes consagrados pela Funai — uma vez que, como veremos, os nomes para os Guajá informam outras coisas que não individualidade —, são baseados nas experiências das pessoas da aldeia.

É importante salientar que Kamara nunca foi confundido com um *mihua*, tal como ocorre com Takwarẽxa'a, uma vez que o termo *kamara* é um desses, tal como *mihua* e *awatea*, que estão para além de ideias relacionadas à "identidade". Os *kamara* podem ser os Ka'apor, mas não se impede que sejam Guajá. A especificidade desse termo, em contraste a *awa* e *mihua*, é que *kamara* pode ser aplicado a hu-

---

66. *Hawirokaha*, "meu nome".
67. Assim, um indivíduo chamado *pinawã*, "bacaba" tem seu nome Pinawãxa'a, "parente da bacaba", como veremos mais adiante.

manos desconhecidos e a outros povos indígenas, sem implicar uma subnatureza, como é o caso de *mihua*, isto é, os *kamara* podem ser, além de "inimigos", simplesmente "outros". Certa vez, um homem, ao me contar que havia participado da 6ª edição dos Jogos Indígenas no estado do Tocantins em 2003, disse carinhosamente se lembrar do "*kamara* Terena", em alusão a Marcos Terena, liderança que coordenava os Jogos Indígenas. Nesse caso, *kamara* poderia ser traduzido simplesmente como "parente", tão usado entre os Guajá e tantos indígenas no Brasil. Com isso, e voltando à distinção inicial que os Guajá propõem entre eles e os *kamara*, o povo que veio do patamar inferior, a principal diferença entre eles talvez seja dessa ordem *pré-histórica*, ou mitológica, pois, se o demiurgo Maira criou alguns seres, mas não todos, não tenho certeza se criou os *kamara*; e, se o fez, tal como relata o mito ka'apor, não sei se os *awa* e os *kamara* vieram da mesma madeira.

※

Certa feita, Juriximatỹa sonhou que os Tenetehara haviam chegado à aldeia por uma estrada que abriram dentro da área Caru que, no seu sonho, emendava com outra estrada ilegal existente na área Awá. Neste sonho, os homens da aldeia Juriti disseram aos Tenetehara, que chegaram com tratores e caminhões, que não eram porcos nem caititus para morrerem como bichos, *ma'a*, que não havia motivos para os Tenetehara os matarem e que estes deveriam matar os *karaia*, pois estavam lhes roubando a terra. Juriximatỹa disse-me serem estes *kamara* do seu sonho os *karawa kamara*, ou *kamara jara*, ou ainda *kamarajuxa'a*. Como só apresentarei os *karawara* mais à frente, gostaria somente de comentar em poucas palavras a observação de Juriximatỹa.

Da infinidade de seres celestes com quem os Guajá se relacionam, os *kamara jara*, ou *kamarajuxa'a*, chamam atenção. Sendo o *iwa*, o "céu", um local onde diversas potências, humanas e animais, são atualizadas nas forma *karawara*, *kamarajuxa'a* são lembrados como uma gente *kamara* que vive no céu. Assim como outros *karawara*, que também atuam como "espíritos auxiliares" para a cura, os *kamarajara* ou *kamarajuxa'a* têm um canto específico cujo tema versa basicamente sobre matar os *karaia*, "brancos", pois uma das características mais lembradas pelos Guajá a respeito dos *kamara* que vivem na Terra, principalmente os Tenetehara, é a coragem e a valentia.

Os *kamara* celestes seriam *nima*, "seres criados", ou "duplos", como ainda veremos, dos *kamara* terrenos, e por isso o canto dos *kamara* celestes revelam, além de valentia, o ódio que sentem pelos *karaia*, os brancos, além do medo que os *karaia* experimentam por eles. Esta seria uma tradução aproximada do canto dos *kamara jara*:

> *Minha taquara gosta do sangue dos karai, Gosta do sangue que escorre pela boca dos karaia, Eu tenho raiva dos karaia, Eles fogem de mim, [pois] têm medo de mim.*

Ao mesmo tempo, estes *kamara jara* são também *hajma*, "seres de criação", dos seres chamados *kaa jara*, uma gente marimbondo-caba que vive no céu e que, por ser marimbondo, consegue ser mais brava do que os *kamara* celestes; e, por isso, os domesticam como seres de criação.

Cormier (2003) enfatiza que os Guajajara, ao morrerem, não se dirigem ao mesmo *iwa*, "céu", para onde vão os mortos Guajá, mas possuiriam patamares celestes próprios. Os Guajá da aldeia Juriti sustentam, por sua vez, que os *kamara* celestes seriam "duplos" (outra tradução para *nima*) dos *kamara* terrenos, embora não me tenham fornecido informação alguma sobre o destino *post-mortem* dos *kamara*. Segundo esses Guajá, os Tenetehara habitam o mesmo *iwa* que os Guajá. A diferença está no fato de os *awa* e os *kamara* serem, no céu, *hapihiara*, isto é, parentes próximos, não tão diferentes um do outro. Tanto na pesquisa de Cormier quanto na minha, as formas de apreensão das relações entre os Guajá e Guajajara no céu diferem da que ocorre na Terra. No caso de Cormier, eles defendem a ausência de Guajajara no *iwa* dos Guajá, uma vez que possuiriam um *iwa*, "céu", próprio; enquanto que no meu caso disseram haver, sim, *kamara* no *iwa*, porém com um estatuto diferenciado: seriam eles aliados próximos, e não inimigos distantes.

Como tudo o que diz respeito aos Guajá, não é possível encontrar um único discurso a respeito de qualquer relação que estabeleçam. A relação entre os Guajá e os Tenetehara, por exemplo, difere de acordo com a aldeia, uma vez que esses conglomerados populacionais têm histórias diferentes e a política guajá, como vimos, é praticada nos limites do grupo local. Os *kamara*, e particularmente os Tenetehara, são também inimigos, porém atualmente variam as relações entre as pessoas das diferentes aldeias. Por exemplo, o casamento de homens

Guajá, da aldeia do PIN Awá, com mulheres Tenetehara contrasta com o desprezo que os Guajá do Juriti têm para com seus *kamara*. Hajmakoma'ã, que vive na aldeia *Juriti*, foi enfático: "Nós, aqui do *Juriti*, não gostamos" (dos Tenetehara). Porém, isso não significa que todos os moradores da aldeia Awá aprovem tal união; como observamos desde o início deste trabalho, tais aldeias também não são homogêneas, mas, sim, o resultado de uma arbitrária reunião de diferentes coletivos, antes isolados entre si.

Quero com isso demonstrar que a relação de alteridade com os Guajajara talvez seja uma das mais interessantes que os Guajá estabeleçam em suas vidas, uma vez que há uma infinidade de opiniões e situações em que tal relação se atualiza nas mais variadas formas, desde ameaças de morte até alianças de casamento; de encontros para formação de lideranças — organizados pelo CIMI, com troca de experiências entre os Guajá e os Tenetehara — a acusações de que os Tenetehara vão acabar com a mata; de diferenças alimentares irreconciliáveis a partilha de carnes de gado visando a uma aproximação dos dois grupos; e até mesmo a participação em festas do Dia do Índio, que os Guajajara realizam anualmente no dia 19 de abril e que os Guajá da aldeia Awá passaram a realizar anualmente, inclusive abatendo-se um boi na data da festa. Tal como Descola (2006, p. 301) defende para as afinidades entre os povos Ashuar e Quichua, as relações entre os Guajá e Tenetehara estão, cada dia mais, marcadas pela ambiguidade. Por exemplo, sobre o citado casamento entre o rapaz Guajá e a jovem Guajajara, havia diversas opiniões — alguns eram abertamente contra, outros preferiram o silêncio, mas ninguém se manifestou a favor.

Três irmãos entre si que foram criados na aldeia do Awá, Pakẽa, Itaxĩa e Samijỹa, se casaram com mulheres Guajajara e viviam nas aldeias Piçarra Preta e Aldeia Nova, esta última, fundada por Samijỹa. Após alguns anos, Pakẽa e Itaxĩa voltaram para a aldeia Awá e trouxeram com eles suas esposas Guajajara, que só falam português. Dentre eles, Itaxĩa se tornou uma liderança importante na aldeia Awá. Ele é hoje uma espécie de liderança, *tamỹa*, toma decisões por uma parte da aldeia e, sobretudo, atua no diálogo com as instâncias de poder dos brancos, como a Vale e a Funai. Além desses, outro Guajá chamado Iwarata'ĩa vivia no povoado de Altamira com uma *karaia*, uma não indígena. Não saberia afirmar o que acontecerá no futuro em razão desses intercâmbios matrimoniais e de frequentes visitas às aldeias Guajajara. Os Guajá são realmente interessados no mundo dos Guajajara e dos *karaia*; ao lado disso, no discurso de muitas pessoas da TI Caru a aliança política (incluindo-se aí os casamentos) de homens *awa* com mulheres Guajajara passa, em parte, por um descontentamento da comunidade com a política de assistência da Funai que, segundo se queixam, é carente de recursos, propostas efetivas de projetos de melhoria da qualidade de vida e descompromissada com a vigilância da Terra Indígena.

Muitos Tenetehara declaram ter sido como os "Guajá" no passado.[68] Ribeiro lembra que os Guajá passavam a temporada de verão nas proximidades do rio Pindaré, atraídos pela fartura de peixes do verão:

Nesse período, são vistos pelos índios Guajajara, que sobem e descem o rio uma vez por ano para trazer os produtos de suas roças e da coleta, a fim de trocá-los no posto pelos artigos de que necessitam. Geralmente, os Guajás se esquivam nesses encontros, fugindo para a mata mal percebem a aproximação de alguém. Às vezes, dão fala, então pedem ferramentas e farinha e recebem, quando os viajantes guajajara dispõem de alguma sobra.

Essas relações, todavia, não são das melhores, porque os Guajajara acham que seu papel seja o de amansar esses irmãos bárbaros e procedem para com eles do mesmo modo que os civilizados. Prova disso é que já conheci aqui no posto uns quatro Guajá, meninos, rapazes e adultos, tomados pelos Guajajara.[69]

Ribeiro enfatiza, nesta e em outras passagens, o impulso amansador com que os Guajajara costumam reger as relações com os Guajá, algo distinto dos Ka'apor, com quem mantinham estritamente uma relação de guerra. Segundo Ribeiro, para o caso Guajajara a relação é de guerra e paz.

Algo comum de ouvir entre os funcionários da Funai e SESAI na região é que os Guajá e os Guajajara não devem se aproximar, uma vez que os Guajajara só estariam interessados em ensinar "coisas ruins" para os Guajá, referindo-se ao consumo de bebidas alcoólicas, cigarro e outros. O fato é que boa parte dos Guajajara mantém interesse pelos Guajá, querendo ensiná-los mais sobre o mundo dos *karaia*, e talvez eles enxerguem alguma continuidade entre si. Os Guajá acusam os Tenetehara de serem gordos, bêbados, preguiçosos, ladrões, de fumarem muito e ainda lembram que eles mantêm um regime alimentar desprezível, em que os modos à mesa são ignorados,

---

68. Ver Gomes, *op. cit.*, p. 49.
69. Ribeiro, *op. cit.*, p. 332.

e que eles comem capivaras, tamanduás e preguiças.[70] Porém, se os Tenetehara são vistos pelos Guajá como arrogantes, gananciosos e perigosos; são também corajosos por aprisionar os *karaia* em suas aldeias ou fechar a Estrada de Ferro Carajás. Essa capacidade que os *kamara* adquiriram de tirar partido do mundo dos *karaia* é o que fascina os *awa*, principalmente os que vivem nas aldeias Awá e Tiracambu. Pira'ima'ã certa vez me disse que, enquanto a espingarda dele só tinha um cano, os Guajajara têm espingardas com canos duplos; e emendou, dirigindo-me uma pergunta: "Como eles conseguem tantas coisas?". Este mesmo Pira'ima'ã afirma que se os Tenetehara continuarem a vender a madeira da TI Caru e a criarem gado da forma como estão fazendo, os Guajá não terão mais animais para comer e não poderão mais dormir na floresta.

Dalmo Guajajara talvez seja uma das personificações desse Tenetehara ambíguo, pois, antes de sua demissão da Funai e posterior prisão, hoje em regime semiaberto, contava com um salário (do tipo DAS) como chefe de Posto Indígena, ao mesmo tempo que comandava os Tenetehara nos bloqueios da E. F. Carajás, na altura de Alto Alegre do Pindaré, para protestar contra a própria Funai — eventos que ganhavam a repercussão nacional. Além disso, mantinha relações comerciais com invasores da área indígena Caru, vendendo madeira de forma ilegal. Esse e outros tipos de contato com os *karaia* — para o bem ou para o mal — é algo que os Guajá realmente não sabem fazer, e eles gostariam muito de ter tais malícias. Por isso, no meio da crise de 2007, quando a nova presidência da Funai substituiu os administradores do Maranhão e os Guajá da TI Caru quiseram reivindicar a saída do chefe do PIN Awá, eles pediram ajuda aos Tenetehara. Por outro lado, talvez pelo fato de os *awa* serem gente da floresta, não falarem bem o português e não participarem tão ativamente do mundo dos *karaia*, os Tenetehara se interessem em "amansá-los". Certa vez, quando eu passava pela cidade de Santa Inês, encontrei em uma agência do Banco do Brasil um Guajajara que trabalha junto à FUNASA. Este me relatou com pesar que estivera em um povoado alguns dias antes e vira uns jovens Guajá bebendo cachaça, ou algo assim. Em seguida disse que ficou com "muita pena", pois quando conheceu o povo Guajá "eles não sabiam nada" e agora, alguns anos depois, já estão bebendo e saindo de suas aldeias para os povoados.

---

70. Como um excelente paralelo, ver o exemplo Jívaro, em que se criticam os Quichua pela vida desregrada (Descola, *op. cit.*, p. 301).

A visão dos Tenetehara sobre os *awa*, como sujeitos frágeis e suscetíveis às mazelas do mundo dos não indígenas, caminha junto com certa admiração por serem um povo que ainda vive na floresta e que é, de certa maneira, "inocente" e "puro", como ouvi diversas vezes no Maranhão. Em um contexto completamente diferente, Descola afirma que os Jívaro encarnam para os Quichua "valores que eles próprios perderam quando optaram por buscar junto aos brancos esse conhecimento do vasto mundo que agora os Jívaro invejam secretamente".[71] Enquanto os Guajajara experimentam um contato com o Estado brasileiro há mais de 150 anos, os Guajá têm um tempo de contato que varia de 35 a 10 anos para algumas famílias — e ainda existem grupos sem contato. Isto posto, ocorre entre os Guajá e os Tenetehara uma curiosa relação que não lhes é particular, porém, comum à Amazônia Indígena, que pode ser resumida nas palavras de Paulo Leminski: "o outro que há em mim é você, você e você".

---

71. Descola, 2006, p. 301.

Alianças, parentes e outras relações

"Eu vou ficar com você!", *Ajku ta ni pyry*, "Fique logo comigo!", *Ha ruku apaj*, foi o que disse a jovem Ipokaxi'ïa ao velho Xiramua. Em 2013 ela estava com 12 anos e "gostou", *maparỹ*, dele, que já era um quinquagenário. A esposa anterior de Xiramua o havia deixado, levando quatro dos seus cinco filhos; mudou-se para outra aldeia para viver com um jovem de quem havia *gostado, se enamorado*. Isto não é nenhuma raridade, e as mulheres Guajá, que ainda se casam bem novinhas[1] muitas vezes com homens bem mais velhos, se cansam de tanta "velharada", *wỹxa'atekera*, e deliberadamente trocam seus alquebrados esposos por homens jovens que, assim relatam, serão melhores companheiros: jovens, bonitos, menos rabugentos, mais produtivos na caça, dentre outros motivos que a "mulherada", *awa wahykera*, defende. Desde a separação em 2012, Xiramua andava cabisbaixo em sua aldeia. Havia conseguido se unir a uma menina que rapidamente o abandonou, alegando ser ele "velho demais" para se casar com ela — *ixa'akera*, "muito crescido". E voltou a ficar sozinho. Até que a pequena Ipokaxi'ïa lhe fez a feliz proposta: "Fica logo comigo!", *ha ruku apaj*, em uma tradução literal, "você pode ficar logo comigo!". Quando o pai da jovem relatou tais episódios, disse-me: *Xiramua mixa'a ta*, "Xiramua vai criar (minha filha)". *Mixa'a*, "fazer crescer", "criar", pensado para a relação conjugal, é o mesmo verbo utilizado por pais que criam filhos e por mulheres que criam filhotes de animais na aldeia.

A produção teórica sobre o "parentesco no contexto amazônico", entendido de maneira ampla como "uma abreviação cômoda para o que, na Amazônia, seria mais bem chamado teoria da relacionalidade generalizada" (Viveiros de Castro, 2002c, p. 422) — a saber, as formas de aliança, produção de pessoas e coisas, alternativas para um modelo genealogista-terminológico —, concebe a afinidade como um símbolo que transcende o parentesco. Este conceito, complementado pela sua contraparte, a consanguinidade, assume formas variadas que "não

---

1. *Awa xa'aruhua*, "gente-jovem".

só determinariam outros referentes que os nossos, como envolvem outros componentes" (Viveiros de Castro, 2002c, p. 407). O interesse atual demonstrado pela antropologia do parentesco, cuja "homonímia (com a noção euro-americana de parentesco) visa ressaltar as diferenças, a despeito das semelhanças" (Viveiros de Castro, 2002c, p. 407), tem produzido análises menos essencialistas com que procura entender processos de vida, de pessoas que estão associadas entre si, como parentes que "participam intrinsecamente da existência uma das outras" (Sahlins, 2011, p. 01). Embora tal "relacionalismo" não esteja completamente ausente das análises clássicas, como lembra Strathern (1995, p. 12; 2006 [1988], p. 394), as relações de parentesco foram redefinidas a partir de outros tópicos, tais como corpo, pessoa, gênero e, no caso amazônico, da guerra, da predação, do comércio e do xamanismo, em que desde o final da década de 1970 "reconheceu-se a necessidade de se forjar uma linguagem adequada à realidade etnográfica" (Viveiros de Castro, 2002a, p. 106).[2] Neste capítulo e no próximo, examino as formas Guajá de conceber parentes e alianças apresentando uma terminologia de relações sociais que envolve homens e mulheres, adultos e crianças, e mesmo humanos e não humanos. Discuto aqui um sistema de ação particular revelado pelo verbo *riku* (ou *ruku*, a depender do falante), cujo principal efeito é a produção de relações assimétricas de "criação" — no sentido de "cuidado" e "fazer crescer" — não só entre pessoas em geral, *awatea*, que atravessa diferentes campos da experiência humana, mas também de animais e mesmo coisas.

Diante disso, podemos questionar: de que outras maneiras os antropólogos conseguem discutir o parentesco em coletivos nos quais tal conceito, assim como nós o concebemos, não está colocado? Como podemos pensar o parentesco, mais especificamente o sistema de aliança em um grupo ameríndio como os Guajá, quando boa parte do que formulam sobre isso se encaminha a outras esferas que não a do parentesco? Por exemplo, para definir uma relação conjugal, os Guajá mobilizam elementos diferentes dos envolvidos em nosso próprio sistema e pensam o casamento com um processo de *criação*. Em termos mais diretos, a produção de cônjuges, seja de homens ou mulheres, é coextensiva a outras relações que usualmente escapariam ao campo do parentesco. Durante meus anos de pesquisa, as pessoas constantemente definiam o fato de maridos e esposas estarem

---

2. Para uma importante discussão sobre o tema, ver Overing (1977).

"juntos", *pyry*, morando na mesma casa e criando filhos, com termos exatamente idênticos àqueles com que explicavam por que as mulheres criam seus animais domésticos; ou por que cada qualidade de mel está relacionada a seres *donos do méis*, como veremos aqui, ou mesmo porque — a partir de uma sensível percepção etológica — diferentes espécies de animais são muitas vezes encontradas juntas, ou ao menos próximas umas das outras, como se determinado animal andasse junto de outro. Quando o tema do parentesco surgia em minhas indagações, as pessoas lançavam-no para fora do campo conceitual sobre o qual eu estava confortavelmente instalado.

As ideias gravitavam em torno de ideias como *mixa'a*, "criar para filho", "criar para cônjuge", ou "fazer crescer", utilizadas preferencialmente por mulheres. Formulada por elas, a frase era *jaha amixa'a ta hamenime*, que pode ser traduzida como "eu vou criá-lo para ser meu marido", ou literalmente, "Eu vou fazê-lo crescer transformando-o em marido". Da mesma maneira, um casamento que os pais possam planejar para sua filha é referido pela frase *mãj manã*, ou seja, "mandar, enviar para ele criar [a minha filha]". E um homem à procura de casamento costuma dizer a *jaha amãj ta harimirikorime*, que pode ser traduzido simplesmente como "Eu vou criá-la como esposa". O sufixo *rime* (ou *nime*, a depender da raiz à qual se anexa) guarda uma função translativa que, como sugere a nomenclatura, indica que o nome *harimiriko*, "minha esposa", é o resultado de uma transformação a partir da ação indicada pelo verbo, a qual que veremos aqui. A tradução literal para esta frase seria, portanto, "eu vou criá-la transformando-a em minha esposa".

Paralelamente a isso, os Guajá trazem um conceito de relação revelado pelo verbo *riku* (ou *ruku*), central em sua socialidade, que orienta a proximidade e a distância entre diferentes seres no mundo, no sentido sociológico da afinidade potencial amazônica. Trata-se de um processo contínuo de produção de novas relações entre pessoas (que assinala a paternidade e a maternidade, por exemplo) e coisas (com a posse de determinados objetos, por exemplo), encontrando-se ressonâncias na conhecida ideia de "familiarização" da literatura da etnologia sul-americana[3] ou "maestria" (Costa, 2013; Fausto, 2008; Kohn, 2007), em que se envolvem pessoas, plantas, animais, espíritos

---

3. Cf. Erikson, 1987, 2012; Fausto, 2001; Bonilla, 2005.

em relações que implicam "donos", sendo muitos os exemplos em que isto ocorre.[4]

☙

Os dados da análise subsequente são, em sua maioria, extraídos de minha experiência na aldeia do PIN Juriti, constituída por uma população pequena, sobrevivente de uma depopulação recente e, nos dias atuais, com poucas mulheres "casáveis" disponíveis. As sequelas do processo de contato, iniciado nos anos 1970 — e até hoje inconcluso —, estão muito presentes na vida da aldeia do PIN Juriti. Por isso, estudar relações de parentesco em uma população tão reduzida significa testemunhar as soluções (mais do que) criativas que as pessoas encontraram para manter dignamente sua reprodução física e social. A aldeia Juriti foi construída pela Funai, a partir do contato que, por sua vez, foi marcado por uma grande perda da população adulta devido a gripe, malária e tuberculose. Vários homens e mulheres, hoje em idade adulta, tornaram-se órfãos, cerca de duas décadas atrás (a década de 1980 fora a mais impactante para as vidas Guajá), quando foram contatados em 1989 e incorporados a outras famílias. O modelo de grupos locais, que seguiam a vida dispersos nos *hakwaha*, se esfacelou, e o território agora é definido pelo regime do Estado brasileiro. A população não indígena avança (e continua) em direção às antigas áreas de caça. Grupos outrora distintos e, até certo ponto, rivais foram obrigados a conviver em um novo lugar, com pessoas, *awa*, de cuja existência só sabiam por ouvir falar, enquanto nem mesmo sabiam existir outros. As distâncias ótimas entre grupos "afins", *hapihianã*, cederam lugar à hiperproximidade cognática, outrora experimentada apenas por "consanguíneos", *hapihiara*, e que hoje se tornou regra dos novos aglomerados populacionais. O clima fresco sentido na floresta cedeu lugar à quentura da clareira. A imprevisibilidade das caçadas cotidianas foi dividida com o extenuante e monótono *trabalho* de sol a sol, informado pela Funai. No lugar das casas construídas com folhas frescas e que antes eram deixadas para trás, hoje encontramos moradias de pau-a-pique, repletas de baratas e pó. Se a unidade da investigação do etnógrafo é "a vida social de alguma região do mundo durante um certo período de tempo",

---

4. Ver Bonilla, 2005; Brightman, 2010; Cabral, 2012; Cesarino, 2010; Descola, 1986, 2006; Erikson, 1987; Fausto, 2008; Gallois, 1988; Hugh-Jones, 1996; Kohn, 2007; Lea, 2012; Lima, 2005; Viveiros de Castro, 2002d, dentre outros.

conforme definição de Radcliffe-Brown,[5] o caso em questão, o parentesco guajá, é emblemático — eu suponho — por representar arranjos temporários, por ser original — e bastante original — justamente por ser temporário. Lembro também que o objetivo deste e do próximo capítulo não é apresentar descritivamente as categorias, regras e práticas do sistema de parentesco, mas produzir uma reflexão baseada nas formas Guajá de relação e produção de parentes.

SIMETRIAS E ASSIMETRIAS

Tal como esboçado no capítulo anterior, o universo dos parentes está dividido entre os *hapihiara*, "cognatos", e *hapihianã*, "não cognatos", ou "aliados", diferença baseada no gradiente de distância (genealógica e socioespacial) entre "parentes próximos" (ou verdadeiros) e "parentes distantes" (ou classificatórios), como já discutido por outros autores.[6] Mesmo que as categorias *hapihiara* e *hapihianã* funcionem distintamente, seu regime não está diretamente relacionado a uma dicotomia automática refletida na oposição entre afins e consanguíneos. A terminologia de relações Guajá (assim como outros casos amazônicos) engloba (ou engole) as esferas do "paralelo" e "cruzado" (já criticadas pela etnologia amazônica) e por vezes as embaralha. Estou longe de sugerir que não haja diferenças entre membros "casáveis" e "não casáveis"; "parentes próximos" e "distantes"; contudo, aqui também não é possível "recortar de forma simples a terminologia em dois domínios mutuamente exclusivos" (Fausto, 1995, p. 65).

No plano de uma alteridade global — que prescreve relações do tipo *awa*, "gente", *mihua*, "selvagens", *awaetea*, "gente-de-verdade", *awa*, "gente", ou de uma diferenciação local, intra-aldeã —, a distinção sociológica entre cognatos e não cognatos "de natureza concêntrica e contínua", que "sobredetermina o cálculo de classes da terminologia" (Viveiros de Castro, 2002, p. 123), se mostra mais eficaz aos problemas aqui observados do que consanguíneos/paralelos e afins/cruzados. *Hapihianã* se refere aos afins atuais com quem se "trocam cônjuges" — terceiros incluídos que modulam as posições de consanguíneos e afins (Viveiros de Castro, *op. cit.*, p. 157).

---

5. E aqui citado a partir de uma das três epígrafes de *O Gênero da Dádiva*, de Marilyn Strathern (2006).
6. Ver Viveiros de Castro, 2002a, p. 121.

TERMINOLOGIAS

Tal como ocorre com outros povos nas terras baixas da América do Sul (como os Parakanã, Trio, Cinta Larga, Panará), os Guajá apresentam uma terminologia de parentesco de variante dravidiana (ou de cruzamento tipo "A", de acordo com Trautmann-Barnes, 1998), marcada por equações transgeracionais e preferência avuncular na regra de casamento.[7] O sistema de parentesco Guajá foi bem descrito por Cormier, cuja análise comprova a ênfase oblíqua nas preferências matrimoniais (2003, pp. 57-84). A autora propõe uma terminologia do tipo dravidiana-avuncular, cuja preferência no casamento com ZD[8] é complementada por outras alianças também oblíquas.

Cormier observa que o casamento preferencial é o de um homem com a filha de sua irmã (ZD), porém, a esposa também pode ser ZDD e ZDDD, se essas não forem filhas de ego [masculino] certamente. E do ponto de vista feminino, isso implica o casamento com MB, MBS, se não for filho de ego [feminino] e MBSS. A autora apresenta então as principais características do sistema:

1. Preferência avuncular

2. Poliginia (eu acrescentaria, com ênfase sororal) e poliandria

3. Múltipla paternidade como (in)definidor da descendência

4. Amnésia genealógica no registro da ascendência, em alguns casos, a partir da geração G+1

---

7. Também conhecidos como de "duas seções" ou "duas linhas", o sistema de parentesco dravidiano foi originalmente descrito por Louis Dumont, em 1953, e referido aos povos da Índia do Sul. Devido a inúmeras semelhanças, algumas ideias referentes a esses povos foram estendidas à paisagem amazônica (ver Viveiros de Castro, 2002a: 89-93). A "questão dravidiana", ou o "dravidianato", na Amazônia — seu aparecimento na bibliografia especializada, desenvolvimento, e rendimento — consta em importantes análises teóricas e etnográficas e dispensa maiores comentários neste livro (para um estudo de caso, ver Silva, 1995 e Taylor, 1998; para um balanço teórico, ver Viveiros de Castro, 2002; Trautmann & Barnes, 1998). Grosso modo, o dravidianato é um regime de aliança que prescreve a fusão bifurcada (F = FB ≠ MB) com a divisão diametral dos parentes em duas classes opostas: os afins e os consanguíneos.

8. Seguindo outros autores, utilizo as abreviações da notação inglesa para as posições genealógicas: F, pai; M, mãe; S, filho; D, filha; B, irmão; Z, irmã; H, marido; W, esposa. E para termos compostos, leia-se de trás para frente: MB, irmão da mãe; FM, mãe do pai; FZD, filha da irmã do pai.

5. Múltiplos padrões de residência (a variar pelos arranjos, idades dos cônjuges e outros fatores), porém com contornos neolocais

Além dos tópicos acima, acrescento à lista:

1. Um importante operador de distância (*kin distance*) que informa as posições *hapihiara* e *hapihianã*
2. Tendência levirática (o casamento com "viúva" de um irmão morto, para ego masculino)
3. Ausência de qualquer parâmetro de idade relativa que informe o casamento com ZD, diferentemente de outros casos Tupi-Guarani (como os Parakanã), em que prevalece a aliança avuncular (oblíqua) sobre a caixa dravidiana (horizontal)
4. A inexistência de termos para primos cruzados,[9] que no caso dos Guajá é preenchida por diferentes equações que obedecem a parâmetros associados à distância genealógico-espacial
5. E, finalmente, a conversão terminológica da sogra (WM) em irmã (Z), independentemente da relação pré-existente entre ego e sua sogra. Em suma, o sistema Guajá é delineado pela endogamia dos grupos locais com *alianças curtas avunculares e patrilaterais*[10]

O embaralhamento genealógico, típico dos sistemas avunculares, ocorre na relação entre os primos cruzados, oblíqua por excelência. Ego feminino refere-se a ZD, FZD e MBD por *imirikoa*, o termo para esposa, enquanto ego masculino refere-se a MB, FZS e MBS pelo termo *imena*, "marido". Tais posições podem oscilar, a depender da sorte de arranjos realizados. Isso faz com que os primos cruzados permaneçam em um campo de alguma incerteza. No caso de ego masculino, as esposas em potencial são: ZD, FZD e MBD; e no caso de ego feminino, os maridos em potencial são: MB, MBS e FZS. Assim, para a mulher, ainda que potencialmente, a obliquidade se dá no casamento com um homem de G_{+1} (com MB), ao passo que no caso do homem, em G_{-1} (com ZD). No sistema de aliança guajá e nos avunculares em geral, os cônjuges podem aparecer em G_{+1}, G_0 e G_{-1}; e, assim como

---

9. Ver Fausto, 1995, p. 68.
10. Viveiros de Castro, *op. cit.*, p. 157.

outras terminologias do continente, a terminologia guajá também está baseada em "equações transgeracionais que afetam as posições cruzadas de G_o" (Fausto, 1995, p. 68). Os *Tupi* Guajá, portanto, se encaixam em um pequeno grupo de povos que oferecem a "ilustração mais clara da variante patriavuncular de troca simétrica. Se em muitos grupos da família tupi-guarani o casamento entre tio materno e sobrinha é uma união secundária (em geral associada à poliginia de homens importantes) ou uma 'infração preferencial' a uma norma bilateral", em grupos como os Guajá o "casamento com a filha de ZD é não só preferencial como muito comum, produzindo-se quase que somente inflexões oblíquas na terminologia" (Viveiros de Castro e Fausto, 1993, p. 157).

Retomando o episódio com que iniciei esse capítulo, Xiramua, na época com 52 anos, estava em vias de se casar com Ipokaxi'ïa, de 12 anos, porque sua esposa anterior, Jauxika — 28 anos na época, e mãe de seus cinco filhos —, o largara por um rapaz de 14 anos. Durante um período fora de casa, Jauxika argumentou querer viver com o jovem Takwari na aldeia Juriti, sugerindo que Xiramua voltasse a viver em sua aldeia de origem, sem ela nem os filhos. Foi esta separação que fez com que Xiramua sofresse de tristeza, *kije*, e procurasse por outra esposa. O casamento de Xiramua com sua ex-mulher foi desfeito para ambos recomeçarem uniões com cônjuges de gerações descendentes. Em uma imagem um tanto forçada, é como se os Guajá não concordassem com dois jovens se casarem diretamente (muito embora o façam com mais frequência nos dias atuais), mas tivessem que o fazer com pessoas de gerações diferentes; ou, é como se a diferença etária fosse a principal forma de mediação de uma troca matrimonial. Observo não apenas aquilo que Lévi-Strauss (1982 [1967], p. 404) afirmou ser um "desprezo pela noção de geração", ao comentar um antigo trabalho sobre os Miwok, mas uma preferência radical pelo casamento oblíquo, que nem sempre ocorrerá com a filha da irmã (ZD), como sabemos dos sistemas oblíquo-avunculares (como um paralelo Jê, ver Schroeder, 2006, pp. 157–160). Os Guajá fariam parte daquilo que Viveiros de Castro (2002a, p. 113, nota 8) mencionou como "avunculares sem complexo", ao lado dos Tupinambá, Parakanã e Mondé, em oposição àqueles povos nos quais o casamento avuncular — embora uma possibilidade real — aparece, segundo os etnógrafos, como um desvio das normas, "uma união semilícita, semi-incestuosa", parte incestuosa, porém "apetitosa", diria Rivière (1969, pp. 190–191).

Quanto à terminologia, sigo aqui as sugestões de Cormier (2003). Em linhas gerais, a autora encontrou quatro tipos de casamento:

1. O de ego masculino com a filha da irmã mais velha ZD: este detém a primazia
2. O casamento com ZDD (= WD, se não for a filha de ego)
3. Casamento com ZDDD (= WBD), com a "neta" da esposa: neste caso, ego masculino casa-se com a filha do seu cunhado (que, por ser "cunhado" (WB) de ego, casou-se com a filha deste), e também "neta" de sua esposa
4. O casamento com prima cruzada patrilateral (= FZD a mesma posição de "M")Cormier, 2003, p. 60.

Pelo cálculo avuncular Guajá, ZS é um "cunhado", ao passo que MB é "sogro", ambos sendo referidos pelo mesmo termo, *hawaja* (ou *harawaja,* na primeira pessoa); ambos são afins em uma posição intermediada pela esposa de ego. Além disso, a distinção entre sogro e cunhado parece não ser produtiva aqui, uma vez que um homem frequentemente se casa com uma mulher e cede sua filha para o irmão dessa mesma mulher, fazendo com que "sogro" e "cunhado", muitas vezes, ocupem literalmente a mesma posição.

Embora encontremos com os Guajá muita camaradagem entre um homem e seu sogro, é na relação com a sogra-irmã que um homem investe seu trabalho, uma vez que alimentar uma jovem esposa (que ainda pode estar morando na casa de sua mãe) é alimentar também a mãe dela e seus irmãos menores. Depois que a jovem passa a viver com o marido, esse fornecimento de comida tende a diminuir drasticamente, mas não é raro os homens, atendendo a pedidos, continuarem caçando esporadicamente para seus sogros, e hoje em dia, participarem diretamente das atividades de roça de seus sogros. Isso pode ser entendido como um *serviço da noiva*, embora também encontremos entre os Guajá um *preço da noiva* (uma vez que serviços como roça, trabalhos de montagem de casas e outros não eram feitos pelos Guajá até o contato), que deve ser pago com comida (peixes, carnes, frutos e, atualmente, farinha) e outras cortesias (como os bens manufaturados que venham a conseguir), como já demonstrado por Cormier (2003, p. 49). A duração dessas obrigações é difícil de precisar. Um genro, mesmo após ter se casado e tido filhos, pode — ou não — continuar levando caça para o pai e mãe da mulher durante muitos anos ainda, porém com menos intensidade do que à época em que ela vivia na casa de seus pais.

Como sabemos sobre a terminologia avuncular, os sobrinhos, irmãos da esposa são cunhados que serão convertidos em genros, bem como o tio materno é uma espécie de cunhado que se transformará em sogro (Dal Poz, *op. cit.*, p. 54). Ou se preferimos, como defende Fausto, "as irmãs são não afins *sui generis*, pois seu destino é serem sogras [...]: do ponto de vista feminino, o genro é um irmão; do ponto de vista masculino, a irmã é uma sogra" (Fausto, 1995, p. 80). E, "ao nível da representação, a consanguinidade da irmã engloba a afinidade da sogra", porém, "ao nível do funcionamento do sistema, importa que a irmã se realize enquanto sogra".[11] Entre os Guajá, por sua vez, o que se mantém é o laço entre cunhados (ego e WB), representado pelo termo recíproco *hawaja*, cuja expressão vocativa é *haxa'ỹ*. Um homem adulto cujo cunhado é um rapaz jovem pode fazer as vezes de instrutor de caça e, tal como um *pai*, manter o jovem sob sua guarda a fim de o formar nas atividades masculinas (caça, canto, construção de casas, dentre outras). Caso cunhados adultos sejam da mesma faixa etária, costuma haver uma grande camaradagem entre eles que, juntos, realizam essas atividades. Tal relação se prolonga, uma vez que o irmão da esposa sempre terá interesse nas filhas, pensadas como esposas (ZD), que sua irmã poderá produzir. É comum um homem dizer ao cunhado (WB) "vou fazer uma esposa para você", referindo-se à própria filha. Portanto, *hawaja* é muito mais alguém ligado à irmã-sogra (como o filho dela ZS ou marido ZH) do que uma categoria genérica de afinidade simétrica. Se *hawaja* qualifica a relação entre um homem e seus afins próximos se aplicando a diversas posições (WF; WB; MB; ZS), sugere que, entre os Guajá, a afinidade e as prestações de casamento passam fundamentalmente pela sogra-irmã.

Em anexo, apresento um diagrama do casamento avuncular em que evidencio os termos vocativos e referentes em cada um deles.

HAWIROKAHA KĨA

Os termos vocativos do parentesco também são pensados como *hawirokaha kĩa*: aqueles pelos quais todos são chamados e que, quase sempre, fazem as vezes do nome. Como já observei, o termo *hapihi-*

---

11. *Idem*.

ara é utilizado tanto para homens quanto para mulheres que tenham laços de parentesco estreitos, sejam germanos de ambos os sexos, pais e filhos, ou demais indivíduos impedidos de se casarem entre si; ao mesmo tempo que *hapihianã* são todos os outros de uma aldeia. Na forma vocativa, a distinção é expressa pelos termos *xa'a*, "cognatos", e *xia*, "não cognatos". Os Guajá não reservam um termo vocativo específico para esposa (w) e marido (h), mas sim um conjunto deles. Para uma mulher, seu marido é usualmente chamado de *xipa* (o mesmo que para "pai"), ou *xipa'i*, "papaizinho"; mas pode ser chamado por *haxa'a*, "meu parente próximo", ou pelo nome próprio. Um homem pode chamar sua esposa por *xa'ỹ* ou *xa'hũ*, em ambos os casos são termos muito carinhosos para esposa, que também poderá ser chamada de *amỹ* (o mesmo que para "mãe") e, dependendo do caso, de maneira muito despretensiosa, até mesmo *xikari* (o termo reservado a cognatos de sexo oposto como "irmãs"). Os vocativos *haxa'a* (meus filhos); ou *xipa*, "pai"; *xipa'i*, "meu marido", ou "papaizinho"; *xa'ỹ* ou *xa'hũ*, "esposa"; e *amỹ*, "mãe", são fundamentais para o entendimento da vida.

Haxa'a — O pronome clítico de primeira pessoa *ha*, "meu", associado ao vocativo de cognação *xa'a*, portanto *haxa'a*, "meu *xa'a*", é a forma apropriada pela qual pais e mães se dirigem aos filhos, independentemente do sexo de cada um. Tratam-se por *haxa'a* pais (f, m) e filhos (ch); avós e netos; e germanos do mesmo sexo. Muito utilizado no trato diário, *haxa'a*, pode ser definido como o termo vocativo que exprime mesmas lateralidade e substancialidade. Porém, é como termo de cognação (e não consanguinidade) que é melhor apreendido. Por exemplo, o tratamento mais comum entre um casal com filhos é pelos termos *xipa* (f) e *amỹ* (m), respectivamente, porém, na intimidade de uma casa, homem (h) e mulher (w) podem se tratar pelo recíproco *haxa'a*. Da mesma forma, em um casamento recém-arranjado de um homem adulto com uma menina de pouca idade (com sete anos, por exemplo), o marido pode tratá-la por *haxa'a*, enquanto a menina o evoca por *xipa* (f).[12] Afins próximos também podem se tratar por *haxa'a* a depender das combinações matrimoniais e diferenças de idade envolvidas. Por ser de uso cotidiano, é comum utilizarem a forma *haxa'a* acompanhada do nome próprio, como: *haxa'a* Takwari,

---

12. Tal tratamento tende a sofrer modificações após o crescimento da esposa, que passa a ser chamada por *amỹ* ou mesmo por seu nome próprio, embora possam continuar utilizando o *haxa'a*, porém com menos frequência.

aju "meu filho Takwari, venha cá". Um pai (F) pode ser chamado de *ixa'akera*, um termo de difícil tradução, algo próximo a "(já) tornado um parente próximo (de alguém)"; ou "alguém que se tornou pai", ou mesmo, "crescido", literalmente: *i* mais *xa'a* mais *kera* é igual 1.

Além desses usos, a ideia de cognação manifestada pelo termo *xa'a* — que embaralha na mesma categoria relações próximas, sejam elas de afinidade ou consanguinidade — afeta a composição dos nomes próprios, *hawirokaha* ou "nome dele(a)", que no contexto Guajá tem como principal função relacionar os humanos (nominados) a diferentes seres, como veremos mais abaixo. Portanto, um indivíduo chamado Juxa'a é dito ser parente da palmeira *ju*, "parente da palmeira marajá" — *ju* mais *xa'a* —; e o nome Majhuxa'a é traduzível por parente da *majhu* ou "parente da jiboia" —- *majhu* mais *xa'a*.

Além disso, dois germanos de mesmo sexo, *xa'a*, podem ser considerados *ikaena xa'a*,[13] outra forma de se referirem à germanidade, cuja tradução pode ser "irmãos de osso", devido à hiperproximidade *cognática* dos indivíduos, algo próximo ao que na tradição ocidental se denominaria *irmãos de sangue*.

Nessa hiperproximidade, o vocativo de extremo carinho de uma mãe para seus filhos, meninos e meninas, é *Sukúa*, cuja tradução mais simples é "meu filinho" ou "minha filinha", usado para crianças pequenas. Uma vez os filhos crescidos suas mães chamam os rapazes de *Taxí*, "filho crescido, grande" e as moças de *Xa'ahũ*, "filha crescida, grande".

Xipa e *amỹ* — Embora o termo referente a marido seja *imena*, a mulher frequentemente chama o seu *imena* pelo termo *xipa* (a pronúncia é "*txipá*"), o mesmo usado para "pai" (F/ FB), ao passo que um homem, não menos frequentemente, chama sua esposa por *amỹ*, o termo para "mãe" (M).

É muito comum uma esposa se referir ao marido por *xipa*. Além desse, pai e homens mais velhos, em diversas situações, são tratados pelo termo. Uma tradução correta para *xipa* pode ser "homem adulto", seja ele velho ou não. Além de esposos, são *xipa*:

1. Um pai em relação a um filho ou filha
2. Avôs em relação aos netos, que também podem ser chamados de *xipatamỹ*, "pai velho" ou "chefe"

---

13. *Osso* mais *xa'a*.

ALIANÇAS, PARENTES E OUTRAS RELAÇÕES

3. Um homem para a esposa
4. Todos os homens mais velhos, independentemente do grau de parentesco com a pessoa que o denomina

Além desses, os Guajá se referem aos *karaia* mais próximos — como os funcionários da Funai — por *xipa*, além de a mim mesmo que, desde muito cedo em campo, passei a ser chamado por esse termo seguido pelo meu nome: "*xipa* Uirá". Esta minha designação começou pelas crianças, passou pelos jovens, e hoje todos me chamam dessa forma. Pode inclusive, como neste caso, acontecer de homens mais velhos chamarem alguns mais jovens por *xipa*. Por exemplo, Muturuhũa é pai de Hajmakoma'ã e, algumas vezes, principalmente na floresta durante as caçadas, Muturuhũa chama o filho por esse termo, o que não quer dizer que ele estivesse chamando seu filho de "pai". Neste caso é um tratamento dado a homens já adultos, também utilizado para se referir ao pai (F). O termo para homens muito mais velhos, os avós, por exemplo, é *xipa tamỹ*, e este último termo é o mesmo que exprime a ideia de "chefe" para os *awatea*. O nome de parentesco utilizado para "pai" é *tu* (ou *tua*). Tanto F quanto FB são chamados por *xipa*, porém no que tange ao referente F é *tu* e FB *tunã*, o que também é traduzido algo como "pai com menos intensidade".

O termo *amỹ* é utilizado por homens e mulheres para se referir a mulheres a partir de G+1, sejam mães (reais ou classificatórias) ou outras mulheres que ocupem essa posição. Tal como *xipa*, é um termo de grande amplitude:

1. Uma mulher ou homem se refere a sua mãe (M), tias (MZ) e avós (MM, FM) por *amỹ*
2. Pode ser utilizado por um homem na intimidade para se referir à esposa;
3. No trato diário, um homem também pode utilizar esse termo para se referir a mulheres que ele não considera *xikari* (Z), sejam afins ou consanguíneas

4. Mulheres que venham a conviver entre os Guajá, como as auxiliares de enfermagem da Funasa, também são chamadas *amỹ*. Trata-se de um termo de grande amplitude que, tal como *xipa*, pode denotar uma relação de afinidade (próxima, como esposa), de consanguinidade (como mães), ou ser utilizado em diferentes situações

CASAMENTOS

Se observarmos a terminologia Guajá, comparando-a com a dos Parakanã, não encontraremos entre os primeiros qualquer termo que sirva de parâmetro para a idade relativa determinante nas escolhas matrimoniais. Cormier defende que, à diferença dos casos Parakanã e Tirió, o avunculato guajá parece não adotar regras explícitas que oriente o casamento de um homem somente com a filha de uma irmã mais velha. E não há distinção terminológica que insira irmãs mais velhas e mais novas em categorias diferentes (Cormier, 2003, p. 60). Entre os Parakanã, por exemplo, o casamento avuncular obedece a tal parâmetro, prevê somente o casamento com a filha da irmã mais velha. Essa característica está presente tanto entre os Parakanã como entre os Trio, estudados por Rivière (1969). No caso Trio, os termos para irmão e irmã são taxativos quanto ao gradiente de idade: os irmãos, primos e outros consanguíneos classificatórios são diferenciados dos mais jovens. Para esses, usa-se *ipipi*, ao passo que aos mais jovens chamam *akymi*. O mesmo ocorre com as irmãs, primas e consanguíneas classificatórias: as mais velhas são *wyi*, e as mais novas do que ego, *wyri*. Segundo Rivière, a distinção entre a filha da irmã mais velha e da mais nova é levado à risca, casa-se somente com a filha da primeira (Rivière, 1969, pp. 140–168).

Por sua vez, todos os arranjos buscam estabelecer um "fechamento precoce do campo matrimonial" (Fausto, 2001, p. 196). Isto quer dizer que o casamento pré-púbere não seria algo como um "noivado", uma vez que (também) aqui a situação original de toda mulher é estar *casada*. Isso pode ocorrer ainda na primeira infância e, em alguns casos, mesmo antes do nascimento de uma menina, e é muito comum os homens comentarem que suas irmãs estão "fazendo esposas", *harimiriko japo*, para eles. Dessa forma, a maneira mais simples de um homem conseguir casar é por meio de um desses arranjos matrimoniais, realizados ainda na primeira infância (ou mesmo durante uma gravidez).

Esse foi o caso de Panỹ'ia, filha de Pira'ima'ã com Pakwa'ĩa. Em 2009, ela tinha pouco mais de um ano, e seu pai disse que, assim que crescesse mais um pouco, ela iria se casar com Kiripia, MB da menina, tal como já fizera Juma'ã com sua outra filha, Aparanỹa.

Pira'ima'ã tem planos de enviar, *mãj manã*, sua filha Panỹ'ia, assim que estiver crescidinha, para viver com Kiripia (MB), e a distância etária entre os dois é de 10 anos. Nesse caso, aconteceu o oposto do que ocorreu com Juma'ã, irmão de Kiripia, que hoje vive em uma casa anexa à de Pira'ima'ã, em um esquema — chamemos assim — uxorilocal. Pira'ima'ã disse que não liberaria sua primeira filha para sair de casa; enquanto a segunda ele prefere que vá viver na casa do marido.[14] Isso mostra quanto a aliança Guajá não está preocupada com a residência, e cada caso deve ser observado em particular. Notemos ainda que no caso acima não me refiro a pessoas adultas; ao contrário, as futuras-esposas a que me refiro (Panỹ'ia e Aparanỹa) encontram-se ainda na infância, enquanto os maridos (Kiripia e Juma'ã) são meninos muito jovens. Para o caso das esposas, como ainda veremos abaixo, a idade precoce é condição para o casamento.[15]

Muitas são as formas de um homem se aproximar de uma mulher. Por exemplo, o jovem Ki'ipia, filho de Takwarẽxa'a, que há poucos anos era considerado um *mihua*, apesar de ser solteiro flerta com algumas mulheres da aldeia e com uma delas mantém relações sexuais tal como um esposo — é considerado "marido" de uma delas. Isto se deve graças ao fato de trabalhar para diversas famílias da aldeia. No caso de Ki'ipia, por enquanto o trabalho é sua única garantia de permanência na aldeia além de, eventualmente, dormir com uma ou

---

14. Virilocalidade.
15. Como outro exemplo, no caso dos Cinta Larga, mesmo que a idade de casamento definida seja entre sete e dez anos, muitas vezes um dos irmãos da mãe (o noivo diretamente interessado) faz o pedido de casamento logo que a menina nasce — ou antes da idade de sete anos — comprometendo-a. O pai, por sua vez, não pode recusar o pedido, uma vez que o risco de feitiço contra a criança, por parte do solicitante enraivecido, não é descartado nesses casos. Trata-se assim, segundo Dal Poz, de uma "dádiva compulsória" (Dal Poz, *op. cit.*, p. 113). Em qualquer outro pedido que venha para a mesma menina, o pai dela se desculpa "dizendo que a menina já está prometida". É importante dizer que, nesse caso, a jovem esposa terá suas atividades infantis salvaguardadas na nova casa ou grupo do marido, ela brinca com os pequeninos de sua idade durante alguns anos e só assume suas atividades de esposa, propriamente (cozinhar, colher, tecer), bem como as relações sexuais após a primeira menstruação (Dal Poz, *op. cit.*, p. 114). Na língua cinta larga, os casamentos são literalmente pagos, e para casar diz-se *asaj'ã* — "pegar cônjuge". O pagamento muitas vezes é feito com flechas, redes, espingardas, roupas, munição.

outra mulher casada. Em outro exemplo, o jovem Juma'ã, embora trabalhe para seu sogro (e MB), Pira'ima'ã, o faz com menos intensidade que Ki'ipia — que chegou na aldeia Juriti sem relação qualquer. Juma'ã, além de ser sobrinho (ZS) de seu sogro e trabalhar para ele, tem liberdade para fugir do trabalho e lhe negar ajuda; essa liberdade Ki'ipia, por ser um completo estranho, nunca terá.

CASAMENTOS, SEPARAÇÕES E OUTROS AFETOS

Após a morte de seu esposo, uma mulher se casará novamente. Em tais ocasiões, apesar da possibilidade de levirato, outros homens — próximos ou não — podem vir a desposar a viúva que, nesse caso, tem autonomia para escolher seu novo marido. O rapto de mulheres, forma usual de obtenção de esposas entre os Tupi orientais,[16] são narrados como eventos de "antigamente", embora, como vimos no capítulo anterior, a possibilidade de contrair casamento por raptos é presente quando o assunto são os *mihua*, os atuais isolados. A troca de esposas também é comum, principalmente onde há uma oferta grande de mulheres desposáveis, como na aldeia Tiracambu. Os Guajá casam-se algumas vezes durante a vida, e as separações são frequentes. É comum moças jovens que largam homens velhos com quem estavam casadas, sobretudo hoje, quando preferem rapazes jovens. Um homem, ao se casar novamente com uma menina jovem, muitas vezes dispensa a primeira esposa, que pode se casar com um rapaz mais jovem ou ainda lutar pela atenção do marido, disputando com a coesposa um papel de destaque. Para uma mulher dispensar um marido não precisa de muito, a primeira coisa que ela fará, além de brigar, é colocar defeito em tudo que o homem faz. Tatuxa'a já era casado com Parapijỹa e conta que sua segunda mulher, Pitõna, nunca havia gostado muito dele, mas sim de Tamata, um jovem da aldeia Awá com idade próxima à dela (Tamata tinha 23, Pitõna 18 anos e Tatuxa'a, 33). Nesta época (entre 2009 e 2011), Tatuxa'a estava casado com as duas e sempre se lembrava de quanto era difícil ter duas esposas, pois o homem deve caçar e trabalhar muito para sustentá-las. Pitõna ainda era bem novinha e, segundo Tatuxa'a, já se encontrava às escondidas com Tamata. Certo dia, Tatuxa'a voltou de uma produtiva pescaria e, como fazem todos os homens da aldeia (mesmo com as meninas mais novas), pediu a Pitõna que limpasse os

---

16. Ver Fausto, 2001.

peixes para, em seguida, cozinharem um caldo — *pira tekwera*, "caldo de peixe" — a ser consumido com farinha. Pitõna estava acostumada a fazer o trabalho, antes para seu pai e agora para Tatuxa'a, mas dessa vez eis que ela, muito brava, respondeu a seu marido: "— O que foi, agora você é aleijado, não tem braço não? Não tem mão?". Desconcertado, Tatuxa'a teve que chamar sua outra mulher, Parapijỹa, — *hamirikopya*, "primeira esposa" — para fazê-lo, já que sua "esposa recente", *hamirikopuhua*, não mais o tolerava. Por fim, Tatuxa'a foi para um encontro em Brasília em 2011 e quando retornou à aldeia Pitõna já estava vivendo com Tamata.

Apesar de eu fazer usos aqui de expressões como a mulher foi "pega", "dada", "oferecida" e outras herdadas da nomenclatura da teoria da aliança da antropologia, uma ideia recorrente entre os Guajá defende que a esposa *escolhe* o marido. Além disso, quando há interferência dos pais, costuma ser a mãe (e não o pai) da jovem que *escolherá* o marido da filha. Em diversos casos como no relato acima, como num próximo que veremos mais abaixo e até mesmo como aquele com o qual abri esse capítulo, mulheres insatisfeitas no casamento simplesmente não permanecem casadas e, como já vimos, muitos outros homens já ficaram infelizes por terem sido deixados. *Imena ty*, "largar o marido", assim como *hamiriko ty*, "largar a esposa", em oposição a *imena pyhy*, "pegar um marido" e *hamiriko pyhy*, "pegar uma esposa", são ideias elaboradas pelas pessoas da aldeia, e de muitas maneiras, no sistema de aliança Guajá "pegar" e "largar" não são categorias arbitrárias trazidas em minha análise, mas traduções operativas para pensar os casamentos.

O ciúme e a disputa também apimentam as relações, a vida conjugal das pessoas pode ser bem variada. Assim, um homem casado com duas ou mais mulheres pode não querer abrir mão de sua (às vezes nem tão) velha e primeira companheira, e pode também acumular até quatro ou mais mulheres; esposas abandonam seus maridos para ficar com homens de que gostem mais; uma mulher mais velha que tenha sido desprezada pelo marido pode — depois de reconquistá-lo — voltar para casa e manter como amante um jovem rapaz (que tenha se aproximado naquele período fora de casa) ou mesmo levá-lo como um segundo marido, à revelia do outro; relações extraconjugais podem ser aceitas entre irmãos que dividem a mesma parceira — dentre tantas outras possibilidades. Homens e mulheres mantêm relações extraconjugais sem grandes problemas, embora (como tudo o que fazem os Guajá) com bastante discrição, apesar de nem sempre as coisas acabarem bem. O finado Marajaxa'a,[17] por exemplo, tinha uma cicatriz nas costas por uma facada que levou de Pakawa'ïa, assim que ela chegou para viver com sua família na aldeia Juriti. Ele quis tomá-la à força, ela não aceitou, resistiu e o esfaqueou. Enquanto esteve vivo, as pessoas zombavam dele por isso.

Em todas essas situações, são acionadas as ideias de "primeira esposa" ou "primeiro marido", — *hamirikopya* ou *imenapya*, respectivamente — em oposição a "esposa recente" ou "marido recente" — *hamirikpuhua* ou *imenapuhua*, respectivamente. Eu mesmo só pude conversar sobre isso pela primeira vez muito recentemente, quando, recém-separado do meu primeiro casamento, em 2014, ao retornar às aldeias com a notícia de minha separação, algumas pessoas me questionaram: *mõ nirimirikopuhua mõ?* "e onde está sua nova esposa?", todos queriam saber (e me perguntavam como estavam meus filhos, pedindo para ver as fotos e ouvir as histórias, como de habitual, em nossos reencontros). Nesse momento pude perceber que — além do fato de as pessoas *awa* não se separarem para ficar sozinhas, tal a noção individualista tão valorizada em nosso mundo — aquilo que eu via como casamentos e separações, poligamias e poliandrias, dentre outras explicações que nós antropólogos ensaiamos para dar conta de sistemas e valores outros — de parentesco e aliança —, era aqui encarnado por uma distinção terminológica fundamental, que marcava diferentes tipos de cônjuges (antigos e recentes, cada qual com suas características) no processo de aliança Guajá. Abaixo apresento um exemplo ocorrido na aldeia Tiracambu que ilustra com precisão os enlaces e desenlaces de um casamento com maridos e mulheres, antigos e recentes.

Durante mais de 10 anos Akamatỹa e Maxikua foram casados. Passados esses anos, em 2007 Akamatỹa casou com mais duas mulheres, Pinawaxika e Manimya, irmãs entre si, e assim ficou com três mulheres. Akamatỹa teve filhos com todas elas, e a relação entre ele e as duas irmãs era muito boa; em contraposição à relação dele com Maxikua, que foi descartada do casamento, teve que se mudar e passou a viver sozinha em uma casa que estava vaga na aldeia Tiracambu. Alguns meses depois, Maxikua ainda queria voltar a viver com seu antigo marido que, a esta altura, só tinha olhos para as duas jovens irmãs (caçando, inclusive, para a mãe delas). De forma estratégica, ela convenceu Pinawaxika, uma das irmãs e coesposa, a ajudá-la na

---

17. Nome fictício.

reconquista. E funcionou. Certo dia, os três saíram para caçar e, em dado momento, Pinawaxika permaneceu para trás em uma clareira a cuidar do filho, permitindo que Maxikua e Akamatỹa avançassem floresta adentro, com o pretexto de "matarem uma cotia" e se entendessem melhor. A partir daí eles se reconciliaram, e Maxikua, que estava separada, voltou para Akamatỹa. Conclusão: Maxikua vive junto de Akamatỹa, dividindo-o com suas outras esposas que, hoje em dia, são quatro, pois em 2008 ele *pegou* uma quarta — e jovem — esposa para criar. Pinawaxika, por sua vez, se enamorou, *maparỹ*, de Terexũa, um rapaz mais jovem que ela, e até a última vez em que estive nesta aldeia, 2014, dividia a vida entre os dois cônjuges: Akamatỹa e Terexũa. É importante ressaltar que nas aldeias onde a oferta de casamentos é maior (como a aldeia Tiracambu, no exemplo acima) os divórcios e rearranjos conjugais também são mais recorrentes.

Por outro lado, muitas podem ser as formas de aproximação de um pretendente com sua esposa. Na aldeia Juriti encontramos casamentos de homens muito mais velhos com meninas muito jovens, como também de jovens "tios" (MB) com sobrinhas não tão mais novas assim. Um exemplo é o último arranjo feito entre um rapaz de 13 anos, Juma'ã, e uma menina de sete, Aparanỹa, MB e ZD respectivamente. A irmã desse rapaz, Pakwa'ĩa, mãe de sua (futura) esposa, mora em uma casa com seu marido e suas duas filhas. Juma'ã mora em outra casa, fora do espaço da aldeia (embora muito próximo), com seu grupo familiar: os mesmos pai e mãe de Pakwa'ĩa. Certa ocasião, Juma'ã, embora muito jovem, passou a frequentar a aldeia, levando sempre alimentos para a casa de sua irmã (Z) casada com seu sogro, seu *hawaja*. Pira'ima'ã, o sogro, explicou-me que o jovem pediu para ir morar com ele, pois estava querendo casar com sua filha. A partir daí, passou a acompanhá-lo nas caçadas e ajudá-los em diversas atividades cotidianas. Pira'ima'ã está, inclusive, construindo uma nova casa, a fim de receber o *hawaja*, seu afim próximo.

Assim como um jovem "tio" (MB) pode se casar com sua sobrinha, um homem mais velho pode também desposar sua sobrinha jovem (ZD), e não é difícil haver diferenças de idade de 50 anos ou mais. E tanto os homens quanto mulheres podem ser casados com mais de uma pessoa. Quanto a essa poligamia, Cormier afirma que, na reserva Caru, onde realizou sua pesquisa, a poliginia é mais comum, ao passo que a poliandria seria uma experiência provisória. A autora defende que os padrões de casamento são diferentes para homens e mulheres, devido à obliquidade em muitas relações. Se tomarmos

Casamento	Mulher	Homem	Diferença
1	Panypinuhũ (15)	Pirama'ã (67)	52 anos
2	Hakwa'ïa (28)	Takwarëxa'a (67)	33 anos
3	Aparanaïa (7)	Pinawaxa'a (36)	29 anos
4	Amỹ Pirawãja (62)	Takya (49)	13 anos
5	Panyxĩa (37)	Kamara (48)	9 anos
6	Ajruhua (37)	Wirahoa (29)	8 anos
7	Aparanỹa (6)	Juma'ã (13)	7 anos
8	Pakwa'ïa (22)	Pira'ima'ã (27)	5 anos
9	Amỹ Pirawãja (62)	Muturuhũam (66)	4 anos
10	Panyxĩa (18)	Hajmakoma'ã (21)	3 anos
11	Amỹ Pirahỹa (31)	Uriximatỹa (28)	3 anos

a aldeia Juriti como exemplo, de 11 casamentos observados, três apresentam uma diferença etária de mais de 25 anos, um, em mais de 10 anos, e quatro deles, entre 5 e 10 anos. Vejamos as diferenças de idade em alguns deles baseadas nos dados etários fornecidos pela SESAI. Entre parênteses encontra-se a idade aproximada do indivíduo.

Há ainda três casamentos que não estão na tabela, constituídos por diferenças etárias menores do que três anos. Na tabela acima, os casamentos "4", "6" e "11" são caracterizados por uma esposa mais velha que o marido, sugerindo que a mulher dessa relação já fora casada com outro homem, mais velho do que ela, já falecido, ou velho demais para se manter como esposo. Não é difícil que um homem de uma ou mais gerações ascendentes se case com uma jovem de uma geração descendente. As diferenças de idade, como se pode ver, também são bastante variadas. Muitos dos casamentos intergeracionais não são necessariamente avunculares. Da lista acima, pelo que me consta, dos casamentos "1", "2" e "3", os de maior diferença de idade, somente o "3" é avuncular. Os outros dois seriam "somente" intergeracionais. Pode haver casos de casamentos com ZD cuja diferença etária entre o tio e a sobrinha é muito pouca. É o caso, na tabela, do casamento "10". Panyxĩa (ZD) e Hajmakoma'ã (MB) guardam uma diferença etária muito pequena, de apenas três anos — ele tem 21 anos; ela, 18. Assim, podem ocorrer alianças marcadas pelo casamento avuncular em que a diferença etária é pequena; ao passo que em outras, não necessariamente avunculares, ocorrem casamentos intergeracionais. O casamento oblíquo e o casamento intergeracional, no caso dos Guajá, não são necessariamente sinônimos, embora possam aparecer juntos.

Na tabela, os casamentos "3", "7", "8" e "10" são avunculares, e desses somente o "3" é baseado em uma diferença etária considerável; os outros, mesmo que avunculares, guardam pouca diferença de idade entre maridos e esposas.

Os Guajá, de muitas maneiras, gostam de arranjos que envolvam grandes diferenças etárias e em que a preferência é por cônjuges de gerações distantes, mas que podem ser desfeitos por qualquer um dos cônjuges. O velho Xipowaha, de 54 anos, um dos fundadores da aldeia Awá (TI Caru), era um segundo pai para o jovem Inamupihi'ũa, de 17 anos. Marido de sua mãe, seria ele um *tunewena* (MH) para o rapaz, como dizem as pessoas desta aldeia. Xipowaha, há alguns anos, havia "pego" — *hamiriko pyhy*, "pegar uma esposa" — para criar a jovem Tikwi'a, hoje com 16 anos. Ela passava parte do tempo na casa de Xipowaha, acompanhava as outras duas esposas em suas atividades, sendo "criada" por elas também, tal qual uma filha. Como Inamupihi'ũa também frequentava essa casa, aos poucos ele e a jovem Tikwi'a, que são da mesma geração, passaram a gostar um do outro — *maparỹ*, "tomar gosto" — e, antes que Xipowaha pudesse fazer qualquer coisa, os dois jovens começaram a namorar, *maparỹ*. A moça largou o homem que a estava criando como esposa para se casar com o rapaz, que o marido também chamava de "filho", *haxa'a*. É como se Tikwi'a tivesse sido "pega", *pyhy*, ainda na infância justamente para ser "criada", *riku*, — como se a conjugalidade fizesse as vezes de uma segunda paternidade — e quando decidiu escolher um marido de fato optou por ficar com alguém que, em uma imagem mais ortodoxa, seria o "filho do marido". O fato de Inamupihi'ũa e Tikwi'a decidirem ficar juntos também passa por uma mudança radical (mas não só) que vem ocorrendo nas aldeias do Pindaré (TI Caru), e me foi explicado que há uma recusa cada vez maior dos jovens em se casar na condição de grandes distâncias etárias. Isto seria coisa do passado, de "antigamente", *imỹna*, no limite, do "tempo do mato", *imỹna ka'ape*.

De acordo com Tatuxa'a, os homens, *awatea*, se casavam com suas *hajnawãj mymyra*, literalmente, "filhas das irmãs", quando viviam uma situação de menos densidade populacional. Tudo se passa como se, na teoria guajá sobre o avunculato — assim como em tantas outras passagens da vida, como venho explicitando aqui —, o casamento oblíquo se justificasse apenas "antigamente", *imỹna*, no "tempo do mato", da mesma maneira que havia uma "dieta de gente-do-mato", *awa ka'apahara nimi'ũa*, e a vida em tapiris com suas aldeias do mato, *ka'a ripa*, ambas do passado. E o mesmo se aplicaria ao parentesco.

Quando viviam em pequenos coletivos, comendo animais que hoje não mais consomem e dormindo em redes de tucum, casavam-se com suas *hajnawãj mymyra*, "filhas das irmãs". De acordo com essa formulação, hoje eles não precisariam mais fazer isso e querem, inclusive, moças de idades próximas. Não se trata aqui de associar o avunculato ao passado, pois, como estamos vendo, muito da vida de "antigamente" ainda vigora na atualidade em diferentes situações, sobretudo nas temporadas que experimentam em acampamentos na floresta, ou mesmo em situações de contato com os brancos para estabelecerem uma diferença entre "eles" e "nós". Trata-se, diferentemente disso, de explicitar como os Guajá vêm pensando as transformações de suas vidas em termos de sua própria história, cujas mudanças, segundo eles mesmos, teriam implicações diretas inclusive no sistema de aliança. Por outro lado, em muitas situações ao questionar sobre casamentos de homens mais velhos com moças novas ou por que eles se casavam com duas ou mais mulheres, diversos amigos respondiam coisas do tipo "é assim mesmo!", *a'e kĩa*, ou "nós gostamos assim!".

CASAR

Tal como estamos observando, os Guajá reservam pouca importância à formalização de um casamento, isto é, não há mudanças radicais (mas sim gradativas) e muito menos rituais que marquem tais passagens, tal como também defende Taylor (2001) para o conjunto Jívaro e a maioria dos grupos amazônicos. Quanto à coabitação, como já mencionado, mesmo vivendo na casa de seus pais, a jovem noiva gradativamente se aproxima do futuro cônjuge, tomando parte em suas atividades:

1. Passa a acompanhá-lo em caçadas

2. Deixa de tomar banho no rio de forma animada com seus irmãos primos e amigos para acompanhá-lo nos banhos em casal — muitas vezes acompanhada de um irmão ainda de colo

3. Passa a realizar suas refeições junto ao novo marido

4. E, aos poucos, começa a frequentar sua rede.

Não há um momento específico para a moça sair da casa de seus pais; e ela só toma essa atitude realmente um pouco antes de engravidar e do nascimento do primeiro filho, o que atesta sua real condição de esposa, *haimirikoa*. A partir dos seis ou sete anos de idade até sua gravidez, a menina experimenta uma gradual transição, ao deixar de viver em sua casa natal para ficar ao lado do marido. O casamento é visto como um processo gradativo de transformação de uma menina em esposa e dessa esposa em mãe. Ela aprende neste processo a "cantar bonito" — a principal marca de beleza e feminilidade que uma mulher pode ter (aprende ouvindo sua mãe e irmãs); aprende a cuidar dos filhos e a caçar com o marido ou na companhia de outras mulheres (pois as mulheres Guajá também caçam). E o final da infância é o período da descoberta do sexo (ao lado do marido e, muitas vezes, com alguns irmãos dele, também chamados "maridos").

É dispensável mencionar que a ausência de marcas ou ritos de casamento não implica uma perda na produção e instauração das relações matrimoniais e afetivas e, muito menos, que elas sejam observadas como algo secundário à vida das pessoas; ao contrário, talvez seja assunto dos mais envolventes. Como já adiantei, os Guajá postulam que o casamento é uma relação que pode ser ilustrada pelo verbo *riku* ou *ruku*, cuja tradução mais conhecida é "estar com". Como ocorre em outras línguas da família tupi-guarani, o verbo *iku* é traduzível por "estar em pé em movimento" (realizando alguma ação como: morar, plantar etc.); no entanto, quando acrescido do prefixo causativo-comitativo *r-*, adquire a forma *riku* e passa a significar "estar associado a algo ou alguém em movimento".[18,19] Em contextos específicos vários são os verbos do português que podem ser utilizados para traduzir o *riku* — possuir, casar, domesticar, amansar, criar, dentre outros —, mas a tradução que gostam de fornecer é "criar". Por isso, por uma questão de estilo e efeito, utilizarei o verbo "criar", sabendo contudo que tal glosa pode não ser necessariamente a melhor. Porém, ao traduzirem tal verbo como "criar" — e não "casar" ou "estar associado a" — indicam menos uma falta de compreensão

---

18. Magalhães, comunicação pessoal; ver também Magalhães, 2007.
19. Foi Marcio Silva que me alertou para o fato de a tradução de *riku*, tal como em outras línguas tupi, ser "estar com", noção que, como veremos, também faz referência ao *riku* Guajá e é boa para pensar outras relações que ainda veremos. No entanto defendo que, para compreendermos o sistema de aliança enquanto baseado na relação *riku*, a melhor tradução ainda é a que os Guajá me forneceram, isto é, "criar".

sobre o nosso léxico do que a sinalização para outro sistema de ação, outra teoria sobre a relação conjugal, como veremos agora.

O VERBO E O ATO... CRIANDO CÔNJUGES

Entre os Guajá não ocorrem ritos de iniciação, masculino ou feminino, como entre seus vizinhos Tupi-Guarani: seja na *Festa da menina moça*, a *Festa do moqueado* dos Guajajara, como pude saber por intermédio dos próprios Tenetehara, em Santa Inês;[20] seja na reclusão da jovem Kaapor, quando de sua primeira menstruação, marcando a passagem da menina à idade adulta.[21] Quando uma jovem se casa, muitas vezes ainda em idade precoce, inicia-se um ciclo cujo objetivo principal é transformar a menina em uma esposa. Tal ciclo não compromete a vida em infância da pequena esposa, que permanece desempenhando suas atividades corriqueiras de criança: brincar, fazer bagunça, comer muito e, nas horas vagas, acompanhar os pais em atividades de caça, roça ou coleta de frutos. O casamento, muitas vezes, é uma relação que compreende diferenças etárias que envolvem mais de um dígito, sendo muito comum uma mulher ser proposta em casamento ainda na infância, e isso pode ser observado em grande parte da bibliografia sobre a Amazônia, principalmente entre os povos que prescrevem o casamento oblíquo.

Eis aqui um exemplo da aldeia Juriti. Até o ano de 2009, antes de seu falecimento, Pinawãxa'a, então com 36 anos, estava casado com Aparana'ia, de sete anos, filha de Amỹ Pirahỹa. Ele, irmão classificatório de Amỹ Pirahỹa, se casou com sua sobrinha cruzada (ZD). No ano de 2006, em uma rápida visita que fiz à aldeia Juriti, quando vi Aparana'ia pela primeira vez ela e seu marido ainda não estavam "prometidos". No ano seguinte (2007), quando retornei à aldeia para iniciar a pesquisa de campo, eles já estavam juntos, e Pinawãxa'a dizia ser ela sua *hamirikoa*. Mas o que de fato mudara na vida de Pinawãxa'a e Aparana'ia?

Superficialmente, pouca coisa havia mudado: a menina ainda passava o dia com as outras crianças, brincando nas capoeiras e florestas imediatas à aldeia; ainda chorava pelos mesmos motivos infantis que uma criança chora — como uma palmada de um irmão ou parente mais velho, ou uma queda mais brusca provocada no

---

20. Ver também Wagley e Galvão, *op. cit.*
21. Ver Huxley, *op. cit.*

contexto de uma brincadeira; e não tinha nenhuma responsabilidade especial por ser *hamirikoa*, "esposa", de seu tio (MB). Por outro lado, a jovem passava algumas horas do dia deitada na rede com seu marido. Certa vez Pinawãxa'a veio se queixar, em tom dramático, que por haver se casado com Aparana'ia estava precisando caçar bastante, pois tinha que levar comida para sua esposa e para os irmãos dela, seus cunhados (ZS). Pois uma das principais "queixas" dos caçadores, sempre, é que precisam caçar muito para aplacar a fome de suas esposas e filhos. Na minha segunda estada, entre fevereiro e abril de 2008, a menina já passava as noites dividindo a mesma rede com ele e o acompanhava nas caçadas, tal como uma boa esposa deve fazer. A jovem experimenta a transição entre "menina" e "mulher" ou "esposa" coabitando com seu marido, desde então, o responsável direto por sua alimentação.

Cormier (2003) afirma que a transição da jovem para a casa de seu marido é gradual, e a menina só se muda definitivamente após estar plenamente segura; até lá, se alterna entre a rede de seu marido e a rede na casa de sua mãe. Por outro lado, parece não haver somente uma forma de prestação do marido para com o pai da noiva, pois diferentes são as idades de um *imena* e diferentes são suas capacidades econômicas. Pinawãxa'a já era um homem adulto e fazia para a menina Aparana'ia as vezes de esposo e provedor, caçando para ela, seus jovens cunhados e irmã, sogra (seu sogro era falecido). A jovem estava sendo literalmente "criada" por ele e após menstruar, quando engravidasse, estaria plena para desempenhar suas atividades de esposa e daí se transformar em mãe. Naqueles anos, mantinha com seu tio (MB) uma relação típica do avunculato Guajá, que envolve um elemento fronteiriço entre a afinidade e a consanguinidade: cria-se e casa-se.

Não é necessário que a jovem vá viver prontamente com o marido, porém muitas vezes a relação é tão familiar que ela estará junto dele em diversos momentos, querendo ou não. Além disso é importante que ela permaneça frequentando a rede do esposo, vá caçar junto com ele e o obedeça como se obedece a um pai. Aparana'ia, por exemplo, é uma menina animada, vivaz, que adora brincar com seus irmãos mais novos e em companhia de outras crianças, mas que acompanhava seu marido em praticamente todas as atividades. No ano de 2007, quando Aparana'ia ainda dormia na casa de sua mãe, o quente verão era também a época de cantoria na *takaja*. Durante esse momento ritual o homem traz do *iwa*, o "céu", dentro de si, um "calor" terapêutico, *iwa raku*, "quentura do céu", para soprar em sua esposa e filhos, como parte de uma terapia de cura. As mulheres ficam em volta da *takaja*, cantando para seus maridos, enquanto, alta noite, as crianças dormem um sono profundo. Os filhos são passivamente pegos pelo pai e soprados, sem sequer acordar, diferentemente das esposas, que permanecem acordadas participando da cerimônia e esperando pelo sopro. Nessas madrugadas de cantoria, quando os homens entravam em suas casas para soprar seus filhos, Pinawãxa'a adentrava a casa de sua irmã para soprar sua pequena esposa e, em algumas ocasiões, após soprá-la já de madrugada, ele a acordava e requeria sua companhia junto à *takaja*, tal como devem fazer as outras mulheres adultas.

Como já mencionei, verbos como "pegar", *pyhy*, também são utilizados como sinônimo para "casar". Os Guajá defendem que um homem apanha, *pyhy*, uma menina ainda criança e que, uma vez que é pega, inicia-se o casamento, *riku*. Também entre os "avunculares" Cinta Larga, a noiva é dada em casamento ainda na infância após uma "fala cerimonial", quando o pai da menina não deve recusar o pedido, sob risco de a criança ser enfeitiçada por retaliação ao matrimônio frustrado — embora nem sempre o pai dê a filha ao primeiro que apareça (Dal Poz, 2004, p. 113). Nesses casos, a língua cinta larga denomina o casamento como *asaj'ã*, literalmente "pegar cônjuge".[22] Nas aldeias Awá e Tiracambu, onde a oferta de jovens desposáveis é superior à da aldeia Juriti, elas são logo cedo pegas em casamento, como se prometidas[23] a seus tios maternos, a outros homens e mesmo a jovens, e normalmente quem decide pelo futuro conjugal da filha é a mãe, e não o pai.

Certa vez, conversando com uma dessas mães, Amỹ Pirahỹa, a mãe de Aparana'ia, sobre o fato de as pessoas, *awa*, se casarem com meninas muito novas, ela me disse que elas precisam comer muitos capelães, *waria*, para crescerem e serem boas esposas, e quem fornece essa carne são os maridos. A relação entre a comida e a constituição da mulher como esposa é fundamental. A comida é a caça,[24] e os capelães

---
22. Idem.
23. A ideia de *prometer em casamento*, ocidental demais, presumo, não tem aqui rendimento etnográfico.
24. *Hama'a*, "minha caça".

são animais epítomes — não por serem os mais gostosos, embora muito apreciados, mas por serem os mais caçados).[25] Se porcos, *xahoa*, e antas, *tapi'ira*, são, de certa maneira, *ideais de caça*, graças às altas taxas de gordura e abundância de carne, eles não são tão fáceis de ser abatidos como os capelães. Estes vivem mais próximos às aldeias do que os primeiros,[27] o que torna as carnes de animais maiores, como porcos, caititus e antas, mais cobiçadas. A relação entre a comensalidade e o processo conjugal é difundida na Amazônia, onde *cônjuges são concebidos como se tornando consubstanciais por via do sexo e da comensalidade* (Viveiros de Castro, 2002, p. 418), e no caso dos Guajá, a relação *riku* é operatriz nesse processo de cognação.

De maneira geral, em nossas conversas me explicaram que casar com mulheres ainda muito jovens ocorre por motivos variados, e embora o *gostar, maparỹ*, seja alegado para justificar os casamentos, outros motivos foram criados para justificar esse *gostar*. Uma teoria muito recorrente é a de que quando um homem toma uma menina por esposa ela não ficará *brava, imahy*, pois sempre terá comida suficiente. Toda mulher quer se casar ainda jovem, e nenhuma delas toleraria crescer sem a quantidade de carne fornecida por um marido. Caso um homem demore a desposar uma jovem, ela se acostumará com a comida de sua mãe, e não mais aceitará outra. Não que os alimentos sejam diferentes, mas por que ela estará se dando para alguém que, durante sua infância, nunca caçou para ela. Para os Guajá isso é um grande disparate. Nesta lógica, a ideia de as mulheres esperarem pelo casamento até a idade adulta não é producente pois, como disseram, elas estariam em um estado de raiva, *imahy*, tão grande, por não terem quem caçasse para ela, que não aceitariam ninguém como cônjuge. Desta forma, os argumentos são de diferentes naturezas e, claro, todos complementares: alguns de ordem *econômica*, pois o marido deve caçar para alimentar a mulher; ou de ordem *social*, uma vez que, caso ela não seja *criada*, será muito brava em sua fase adulta; e até mesmo sexual, como veremos, pois o sexo precoce prepararia a menina para o futuro que lhe espera como esposa. Porém, em geral, simplesmente me diziam: *Jaha amaparỹ harinawãj mymyra*, em outras palavras, "eu gosto da filha da minha irmã".

---

25. Tanto Cormier (2003) quanto Forline (1997) apresentam em seus trabalhos os altos índices de ingestão de carne de capelães[26] se comparados a qualquer outra caça.
27. Embora em um trabalho recente na área de antropologia evolutiva Medeiros aponte para mudanças (2007).

Sendo assim, a principal tarefa do homem nos anos de formação de sua esposa é propiciar seu desenvolvimento físico. Isso só é possível pelo fornecimento sistemático de carne a ela e a sua mãe — muitas vezes, sua irmã real, pois classificatórias, como vimos, todas são —, e, quando também crianças, a seus jovens cunhados. A comida é para todos. Desta forma, o *riku* também é literalmente "dar comida", como muitas vezes me explicavam de que se tratava o casamento, principalmente os que envolvem grandes diferenças etárias.

DOÇURA E AMIZADE

Outro aspecto presente nesses anos de formação das esposas se refere às relações sexuais.[28] O sexo, mesmo aparecendo como ponto central dos regimes de conjugalidade, é um tema que exige tratamento etnográfico preciso e adequado, pois caso contrário facilmente nos arriscamos a parecer descuidados com nossos interlocutores e, consequentemente, pode-se gerar uma série de mal-entendidos. Assim, discutirei de forma controlada alguns pontos factuais que visam a ajudar nesta análise do *riku*, "casamento", guajá.

É bom lembrar que os Guajá se mostravam muito interessados em saber das formas e preferências sexuais dos *karaia*, ao passo que, por discrição, não me falavam tanto de seus próprios interesses sobre o tema. Se boa parte do diálogo de minha pesquisa foi estabelecido sob um fluxo que envolvia troca direta de perguntas e respostas: a cada pergunta que eu dirigia a *eles*, me faziam duas ou três sobre *nós*, e quando o assunto era sexo, só eu falava, e não tive como fugir dessa condição de *tradutor da sexualidade dos brancos*. Perguntavam-me sobre questões que versavam desde a nossa relação sogro-genro, passavam por sexo oral, prostituição, e chegavam até cirurgias de cesariana,[29] inseminação artificial e medicamento restaurador da função erétil, como o *viagra*. As informações eram recebidas com risadas e caretas. Quando mencionei sobre o viagra, por exemplo, Hajmakoma'ã me lembrou que as pessoas de sua aldeia conhecem

---

28. Pela riqueza de sutis significados e pela complexidade etnográfica que o tema das relações sexuais demanda, este livro aborda o tema apenas de maneira tangencial.

29. Alguns me pediram que eu levasse fotos da cesariana de minha filha. Queriam saber não só o nome do médico (que eu, obviamente, sabia!), mas também o do anestesista, das enfermeiras e auxiliares (o que, para surpresa de todos, eu não sabia!).

um medicamento semelhante, chamado *watijua*, que faz o homem ter ereção.[30]

A jovem Aparana'ia, que na época de minha pesquisa estava com nove anos, além de frequentar a rede de seu marido, Pinawãxa'a, tinha uma relação bem próxima com Wirahoa, irmão de seu esposo (HB), que, como vimos na terminologia, é também referido por *imena*, marido. Wirahoa, inclusive, não cansava de dizer que, mesmo comprometida com seu irmão, Aparana'ia também era sua esposa.[31] Pinawãxa'a ainda informou que sua pequena esposa está sendo *criada* por ele e por sua irmã, e que quando sua irmã se casou seu cunhado (ZH) disse que faria uma esposa para ele criar, mas que só a daria para ele depois que nascessem os seios.[32] Se o caso for esse, o de um casamento intergeracional, como o de Pinawãxa'a, é muito comum a espera de muitos anos até que a esposa fique *parahỹ*, "bela", para casar. E se, de maneira incauta, perguntarmos a algum homem quando começam a manter relações sexuais com a jovem esposa, serão categóricos em afirmar que somente depois de os seios aparecerem; isso marca, de maneira um tanto simbólica, o fim da infância de uma jovem.

O jovem Juma'ã, à época com 14 anos, que iria se casar com Aparanỹa, de oito anos, era constantemente zombado pelos amigos de mesma idade e que não tinham esposa por, supostamente, manter relações sexuais com uma menina tão nova, ao que negava enfaticamente, morrendo de vergonha dessas brincadeiras. O pai da menina, Pira'ima'ã, costumava dizer que os dois deveriam ficar juntos — *namorar*, ele disse em português —, pois Juma'ã já sabia caçar e podia pegar carne para a menina, e muitas vezes ele os aconselhava a irem caçar somente os dois, nada muito longe, para que ela ficasse junto, *riku*, do rapaz. Era nessas situações que seus jovens amigos, e até mesmo homens adultos, insinuavam que eles faziam sexo.

O sexo é dito ser *he'ẽ*, cuja tradução é "doce" ou "gostoso", da mesma forma que o mel, *haira*, é doce, em oposição ao *amargo*, *irawahy*. Vários sabores agradáveis, além de frutas e mel, como a gordura animal ou a farinha de macaxeira, *makaxia*, mais leve que a de mandioca, são definidos pelos Guajá como *hee'ẽ*.[33] Além do sexo, para

---

30. *Hajmõ hatỹ*, "pênis duro", "firme".
31. *Harimirikoa*, "minha esposa".
32. *Ikamykỹa*, "os seios dela".
33. Este termo encontra cognatos em outras línguas tupi, como o *e'ẽ* Mbya (ver Dooley, *op. cit.*), cuja tradução também é "doce".

um homem, as mulheres, e principalmente suas vaginas,[34] podem ser ditas *he'ẽ*, sendo essa ideia a que melhor define o sexo. Não por acaso, os méis doces, além de serem um alimento saudável às emoções e à saúde mental,[35] carregam em si uma lascívia, justamente por serem extremamente *he'ẽ*, "doces". Quando os mais jovens me perguntavam o que era o ato sexual, *iminũ*, para mim, sempre perguntavam se eu achava as vaginas realmente *doces*, tal como eles.

O código do mel doce, *haira hee'ẽ*, e das relações sexuais, *iminũ*, além de outras sensações, parece fazer referência às duas coisas, o que é atestado pelo fato de a maioria das entradas das colmeias, *xapira*, nas árvores serem referidas por pênis, *haimõa*, ou vagina, *hamixa'ỹa*. Isso irá depender da espécie de abelha. Cada uma dessas colmeias tem um formato de entrada que pode ser chamada de "boca", *irua*, ou "nariz", *japijawỹna*, "vagina", *hamixa'ỹa*, ou "pênis", *haimõa*, a depender da espécie.[36]

Lembro que a relação entre a doçura do mel e o sexo, tal como estamos vendo entre os Guajá, já foi comentada para o caso amazônico em obras importantes. Assim descreve Lévi-Strauss:

[...] os méis das [abelhas] melíponas, cujos perfumes são muito variados, mas sempre de uma riqueza e de uma complexidade indescritíveis para quem não os experimentou, possuem sabores tão marcados que se tornam quase intoleráveis. Um gozo mais delicioso do que qualquer um daqueles proporcionados habitualmente pelo paladar e pelo odor perturba os limiares da sensibilidade e confunde seus registros. Já não sabemos mais se degustamos ou se ardemos de amor. Estes laivos eróticos não passaram despercebidos do pensamento mítico.[37]

Em muitos mitos sul-americanos, o mel é carregado de um *poder sedutor* ligado a sua doçura, e erótico, se relacionado à imoderação com que muitas vezes é consumido (Lévi-Strauss, 2004 (1967), p. 242).[38] Cobiçado de maneira um tanto desmedida, esse alimento também é, entre os Guajá, ordenado pelo código sexual, e sua doçura, comparável à doçura do sexo.

---

34. *Hamixa'ỹa* ou *hajkwara*, "buraco dela".
35. Como vimos no capítulo 3.
36. Como exemplo, o orifício de entrada das colmeias de uma abelha chamada *haipiuna* é referido como um *haimõa*, "pênis", enquanto a entrada da colmeia das abelhas *jakaira* é designada um *hamixa'ỹa*, "vagina".
37. Lévi-Strauss, 2004, p. 46.
38. Por ora, não tenho condições de fazer uma análise do poder sedutor do mel, relacionando-o às Mitológicas e aos desdobramentos que lá encontramos. Agora, só apontarei esse diálogo, que tenho a intenção de aprofundar em outro momento.

«A CRITIQUE OF THE STUDY OF KINSHIP»

Dentre as sutilezas que o sexo envolve, a paternidade, tema central na discussão dos sistemas de aliança e conjugalidade, também é tratada com discrição entre pessoas. Em linhas gerais, por meio de seu esperma, *na'arera*,[39] outros homens "ajudam" a mulher durante a gravidez, se tornando *pais* da criança, tal, como sabemos, é difundido na literatura etnológica amazônica.[40] No caso dos Guajá, é comum que alguém conte com dois e, eventualmente, três ou mais homens que tenham participado da sua concepção. Além do irmão do pai (FB), que mantém proximidade terminológica com a figura paterna (F), o sistema Guajá também conta com outra relação de *copaternidade*. Esse outro *pai* é chamado *tunewẽna* e difere terminologicamente de F, classificado como *tua*, e de FB, também pensado como "pai" a partir da ideia de *tunã*, "parecido com pai". O *tunewẽna* — enfatizo, diferentemente de *tua* (F) e *tunã* (FB), irmãos entre si — é vinculado ao universo dos afins da mulher, quase sempre distante da parentela próxima do casal. Para ego, o termo vocativo para F e FB é "pai", *xipa*, e esse mesmo termo, *xipa*, é utilizado em relação aos pais do tipo *tunewẽna*. Trata-se de uma figura que, pelo sexo com uma mulher, é transformado em uma espécie de "pai biológico" sendo, muitas vezes, um amigo próximo do marido desta mulher que a tenha ajudado a engravidar. O *tunewẽna* é aquele que *japo pamẽ*, explicou-me certa vez Irakatakoa, aquele que "faz [o filho] junto (misturado)". Por sua vez, por ser tornado *tunewẽna* a partir desta ação sexual, *tunã* (FB) e *tunewẽna* podem ser (e muitas vezes efetivamente são) a mesma pessoa. Suponho que isso fosse mais comum antes do contato, no tempo de uma endogamia parcial dos pequenos grupos locais — quando, inclusive, o avunculato e a poliginia sororal eram ainda mais frequentes —, quando não existiam grandes aglomerados (como hoje) e os "parentes distantes", *hapihianỹ*, estavam espacialmente "distantes".[41] Vejamos, no entanto, um exemplo atual.

A aldeia Tiracambu contava com 59 pessoas em 2013. A partir de uma pequena amostragem feita com 37 pessoas e que coletei de

---

39. Minha etnografia carece de dados sobre a produção e concepção de substâncias como, por exemplo, o esperma. Como um paralelo, sugiro a leitura da elaborada descrição sobre o esperma em outro grupo Tupi-Guarani, os Waiãpi do Amapá, realizada por Rosalen (2005, pp. 54–57).
40. Para um balanço contemporâneo, ver Beckerman & Valentine, 2002.
41. *Mĩpe*, "lá longe".

maneira aleatória em conversas com alguns amigos da aldeia na época, deste universo de 37 indivíduos, 18 eram lembrados por terem ao menos um outro pai do tipo *tunewẽna*, "pai compartilhado". Desses 18, 12 contavam com *dois pais*, cinco com *três pais* e um com *quatro pais*. Lembro também que essa correlação é pautada diretamente pelo grau de interesse que os homens mantêm por uma mulher. Por exemplo, no caso da moça que tem quatro pais (o marido de sua mãe (F), além de três *tunewẽna*), sua mãe (M) era considerada uma das mulheres mais atraentes pelos homens das aldeias Tiracambu e Awá e, certamente, ela devia ser bastante assediada pela *rapaziada*.[42]

Podemos dizer que, no contexto geral, uma criança pode contar com vários *tunewẽna*, porém tal posição de *pai compartilhado* se vincula a uma relação de *amigos*, ou melhor, de um tipo de *amigo* com quem se divide a esposa, e encontra paralelos em outras etnografias.[43] O que parece marcar o vínculo de um *tunewẽna* com ego ocorre na geração G+1, ou seja, é a relação de amizade estabelecida entre os pais de ego (F, M) e outro homem, que possibilitará a copaternidade. Tal relação entre dois homens é chamada *harapihianỹtea*, cuja tradução literal é "meu afim de verdade" — e uma boa tradução, além de "amigo" nesse sentido específico da amizade amazônica, pode ser "melhor afim". Encontramos, portanto, entre os Guajá um tipo muito particular de relação de *amizade*, que aqui não seria *formal*, tal como foi discutido em outras paisagens amazônicas, cada qual com suas conotações.[44]

Algo que me chamou atenção durante uma estadia na aldeia Tiracambu em 2013 foi o fato de uma mulher, já casada em uma aliança poligínica sororal, ter levado um jovem rapaz para viver em sua casa junto a seu então marido e a outra esposa. Onde antes viviam duas mulheres (irmãs entre si, a mais velha [ez] com 29 e a mais nova [yz][45] com 24 anos), casadas com um homem de 52 anos, após anos de convivência e um conjunto de cinco filhos (três de uma e dois de

---

42. *Awa wanihãkera*, "muitos homens juntos".
43. Tal como na relação *apĩhi-pihã* observada nos Araweté (Viveiros de Castro, 1896, pp. 422-437).
44. Para outros casos Tupi, ver Kracke, 1978, p. 14; Wagley, 1977, pp. 73-75; Grenand, 1982, pp. 138-141; além dos Jê discutidos por Da Matta, 1976, pp. 138-154; Seeger, 1981, pp. 142-145; Carneiro da Cunha, 1978, pp. 74-94; 1979, *apud* Viveiros de Castro, 1986, pp. 435-437; para uma releitura sobre o tema da amizade formal Jê, ver Coelho de Souza, 2004; para casos etnográficos específicos, ver Viveiros de Castro, 1986; Da Matta, 1976; Lea, 2012).
45. Irmãs *mais velha* (ez) e *mais nova* (yz), respectivamente.

outra), passaram a viver dois casais — a mais jovem delas levou um rapaz com 17 anos para morar junto deles. Pinawãxika (yz) disse a seu primeiro marido, Akamatỹa, que estava "gostando", *maparỹ*, do rapaz e, com isso, Akamatỹa convidou-o a morar em sua casa e ficarem com a mesma esposa.

Ele recebeu o jovem tal como se recebe um *filho* e passou a tratá-lo como um *harapihianỹtea*, "afim muito bom", um *amigo* que, nesse caso, pela grande diferença etária, era levado para caçar por Akamatỹa. Ao jovem, o homem ensinava toda a arte da caça, além de compartilhar com ele sua esposa mais jovem e, é claro, a paternidade dos filhos. Akamatỹa e o jovem Terexũa, como se chama, agora são *harapihianỹtea*, "melhores afins". O rapaz já era *tunewẽna*, "pai compartilhado", do filho recém-nascido de Pinawãxika e Akamatỹa, pois já vinha "namorando-a",[46] como um amante, há alguns meses. Notem que o jovem Terexũa não compartilhava qualquer laço cognático com nenhuma pessoa da casa e vinha de um pequeno grupo contatado em local e época diferentes da maioria das pessoas da aldeia. O pai de Terexũa, o falecido Hapaxa'a, era inclusive chamado de *mihua*, "gente-braba", pelas pessoas da aldeia. Em outras palavras, o parentesco que Akamatỹa dividia com Terexũa, se existisse, era distante, nas *bordas da afinidade* (Viveiros de Castro, 1986, p. 431), na periferia das relações reais, e eles foram aproximados, transformados em cognatos, pelo casamento e procriação (Coelho de Souza, 2004, p. 44). Este parceiro longínquo, filho de um *mihua*, um *índio brabo*, como traduzem os Guajá, avesso de um irmão por ser um *amigo*, cuja equivalência é algo a ser construído é a *presa*[47] ideal para ser tornada esse tipo de *amigo* — alguém antes distante que agora foi aproximado como um *harapihianỹtea*, "melhor afim", por meio do casamento.

Em outro exemplo, encontramos a mesma figura de *melhor afim* também sobreposta à figura de copaternidade, *tunewẽna*. Pude encontrar nas três aldeias onde trabalhei (Juriti, Tiracambu e Awá) duplas de homens casados que levavam a vida juntos, lembrando inclusive, em muitos aspectos, a relação *apĩhi-pihã* Araweté: saíam para caçar sozinhos; montavam acampamento de caça levando apenas as duas famílias; dividiam o suprimento de munição e, hoje em dia, em algumas aldeias, dividem o dinheiro para a compra de bens. Quando não dividiam a mesma casa, eram vizinhos em uma mesma seção

---

46. *Maparỹ*, "gostando".
47. Viveiros de Castro, 1986, p. 430.

residencial. Warixa'a e Tatuxa'a, que vivem na aldeia Awá, são desse tipo. Grandes amigos, ambos são *tunewẽna* dos filhos um do outro, compartilham o sexo com suas mulheres e se pensam como *harapihianỹtea*, "amigos"; "melhores afins". Da mesma forma, encontrei na mesma aldeia as duplas de *amigos* Takwarixika e Takwarixa'a e Majhuxa'a e Jamakwarera. Enquanto Warixa'a e Tatuxa'a moravam em casas avizinhadas, as outras duas duplas dividiam a mesma casa. Cada grupo de amigos vai conceber sua relação de maneira muito particular e evoca motivos diferentes para dizer por que estão juntos; em todos esses casos, persiste a ideia de *gostar desse jeito*, como me explicavam, para tantas coisas.

Como vimos acima, enquanto em alguns casos um homem solteiro é transformado em *amigo* dividindo uma esposa, em outros, dois homens podem ser próximos desde a infância, como ocorre com Tatuxa'a e Warixa'a. Ambos têm a mesma idade, aprenderam a caçar juntos quando garotos, matando passarinhos, e por isso até hoje caçam juntos. E o tratamento vocativo utilizados por esses *melhores afins* é *hary*, que expressa a proximidade cognática. Do ponto de vista de uma criança, o termo para esse "pai compartilhado" é *tunewẽna*, enquanto uma "mãe compartilhada" será chamada de *ihinewẽna*, que difere de *ihia* (M) e *ihinã* (MZ); da mesma forma que *tunewẽna* difere das figuras de *tu* (F) e *tunã* (FB). Seriam eles algo como um *terceiro* tipo de pais e mães, feitos a partir da afinidade.

Como em diversos outros casos ameríndios, um bom critério para saber quem são os *pais* de uma criança recém-nascida, seus *tunewẽna* — que, com exceções, costumam ser um ou dois, no máximo —, é saber quem estará observando o resguardo após este nascimento. A casca de árvore amarga, *mata'ya*, usada para proteger o fígado sensibilizado após o nascimento de um filho,[48] é ingerida pelo "pais compartilhados", *tunewẽna*, pois o fígado deles se torna vulnerável após o nascimento. Toda a *couvade*,[49] também deverá ser observada pelos *tunewẽna*, sob o mesmo risco de adoecimento e morte dos recém-nascidos. Podemos concluir com isso que, também para a copaternidade, são seus efeitos que determinarão a figura dos pais. Nem todo *tunewẽna* será *harapihianỹtea*, "melhor afim" ou "melhor amigo", e nem todo *tunã* (FB) será *tunewẽna*. Essas posições oscilarão ao sabor dos afetos e das relações, porém se um homem ajudou a

---
48. Cf. capítulo 3.
49. Cf. capítulo 3.

fazer um filho em uma mulher, por ser *tunewẽna*, sentirá os efeitos da paternidade e deverá cuidar de si observando a *couvade*, o que demonstra, também aqui, um *caráter tentativo e experimental* das práticas de resguardo (Coelho de Souza, 2004, p. 44). No caso dos Guajá, quanto menos participação um homem teve na paternidade, menos relação manterá com a mulher ou com o casal, menos proximidade e consubstancialidade terá com o recém-nascido e, portanto, menos cuidado observará no resguardo. Em todo caso, cabe a cada *tunewẽna*, a depender das distâncias envolvidas nessas relações, avaliar quanto o resguardo pós-nascimento deverá ser observado. Como pontua Coelho de Souza, *a consubstancialidade, em outras palavras, é algo que se reconhece por seus efeitos* (2004, p. 44).

Percebemos que os Guajá são bastante criativos em suas relações conjugais. Porém, outro aspecto merecedor de destaque é que, se até agora *sexualidade* e *parentalidade* — o vínculo que progenitores e/ou criadores estabelecem com a prole — apareceram juntas nesta análise, as possibilidades de ser *pai* e *mãe* no mundo guajá experimentam diferentes intensidades, onde nem sempre o sexo entre homens e mulheres produzirá *filhos*. Existem casos em que casamentos produzirão mais casamentos.

Wirahoa, de 38 anos[50] casou-se com Ajrua, de 46, e desta relação nasceram Juwi'ia, de 21, e Pakwa'ĩa, de 13. Passados 20 anos, o mesmo Wirahoa se casou com a viúva Jawatara'ia, de 34, que chegou a esse casamento com duas filhas de uma relação anterior, Xikapiõa, de 17, e Tarapẽa, de 12. Um olhar desatento poderia pensar que Wirahoa se transformaria em um *pai* para as filhas de sua nova esposa, quando os jovens virariam irmãos, mas na verdade o que ocorreu foi justamente o contrário. Os quatro filhos já estão em idade de casar, e, com isso, a jovem Xikapiõa se uniu a Juwi'ia em 2012, quando tiveram o pequeno Majua. Atualmente, Pakwa'ĩa está "namorando", *maparỹ*, a jovem Tarapẽa, filha de Jawatara'ia, que já é uma mocinha.[51] A futura união de Tarapẽa poderá ser feita inclusive com um homem mais velho, como já vimos em outros casos, mas, segundo as pessoas me disseram, os dois jovenzinhos se gostam muito, *maparyhỹ*, e já dividem a mesma rede.

Para além de uma suposta endogamia de dois blocos familiares, observei que, de acordo com minha forma de apreender o parentesco,

---

50. Coloco as idades correspondentes ao ano de 2015 como parâmetro.
51. Com 12 anos, as meninas começam a ter os primeiros filhos.

ambas as *avós* (*paterna* [FM] e *materna* [MM]) eram casadas com o mesmo homem (Wirahoa), e, exagerando um pouco mais, é como se o mesmo homem acumulasse a relação de avô paterno e materno (FF, MF), uma vez que, vivendo com Jawatara'ia, Wirahoa supostamente seria o novo pai de Xikapiõa. Mas nesse caso isso está errado. Como sabemos de casos da aldeia Awá (Cormier, 2003, p. 62), um homem pode se casar também com a filha de sua esposa, na condição de, obviamente, não ser sua própria filha. Cormier se refere a isso como "*Polygynous Wife's Daughter Marriage*",[52] e o próprio Wirahoa — por que não? — poderia ter desposado Jawatara'ia e Xikapiõa, que são mãe e filha. Porém neste caso, não ele, mas seu próprio filho se casou com a filha de sua mulher. Vemos no diagrama acima que o casamento de Wirahoa com Jawatara'ia não produziu filhos ou irmãos entre si pelo convívio, ao contrário, produziu mais casamentos.

A parentalidade se coloca como um problema de diferentes intensidades que, a depender de como o sexo é administrado, poderá ou não estar correlacionado.[53] No caso da copaternidade, *tunewẽna*, discutida páginas acima, sexualidade e paternidade aparecem como consequência uma da outra, quando amigos em comunhão, *melhores afins*, estão juntos na concepção da criança — condição muito diferente desta combinação de casamentos que vemos agora, em que uma nova união ocorre e os cônjuges trazem filhos de situações anteriores. Em outras palavras, para este último caso, *no limite da minha linguagem*, os termos aqui descritos poderiam aparecer de forma negligente, simplificando a análise com as habituais ideias de *pai*, *mãe* e *avôs* que, como sabemos,[54] carregam sentidos muito próprios, capazes de comprometer a análise. Meu exercício, portanto, está em contorcer, ou *trair*, ao máximo minhas próprias narrativas, pressupondo-se, por exemplo, que, diferentemente do que é encontrado na classe média urbana brasileira, na família de Wirahoa e nos Guajá de maneira mais geral, para casos em que pessoas se casam com filhos de relações anteriores, as relações sexuais podem estar completamente, ou em boa parte, desvinculadas da parentalidade (*parenthood*).[55]

---

52. *Idem*.
53. Tal paradigma difere sobremaneira do parentesco euro-americano, tal como nós o concebemos, em que sexo e parentalidade são incompatíveis em toda sua extensão.
54. Strathern, 2006 [1988], 1995b; 1999b.
55. Como discute Marilyn Strathern, a comprovação da paternidade na sociedade ocidental está vinculada às relações sexuais do *pai* com a *mãe* (mesmo um padrasto deve tratar sua enteada *como se* fosse uma filha), e o ato sexual, para nós, serve para

De acordo com este argumento, correlacionar diretamente a sexualidade com a parentalidade seria uma armadilha. O que nos põe na mesma direção da crítica de David Schneider, ao perguntar o porquê de as unidades fundamentais do parentesco serem, em todos os lugares, para a antropologia, relações genealógicas. De maneira reflexiva, sua análise do parentesco americano (1968) desvenda como nossas próprias concepções sobre o parentesco estão por trás do pressuposto da universalidade da grade genealógica, justamente porque nossa própria teoria sobre o parentesco é simultaneamente uma teoria *folk*[56] da reprodução biológica[57] Isso me faz perceber a criatividade dos arranjos guajá como uma crítica à nossa maneira de encarar a concepção de *pais* e *mães*. O fato de Wirahoa manter relações com a mãe de Xikapiõa, para os Guajá, em nada transforma este homem em um *pai* ou *padrasto* para Xikapiõa. Ao contrário, é justamente porque um homem casou com uma mulher que ele poderá se casar com a filha desta. Ele não a chamará de *filha*, tampouco ela o chamará de *pai*. Podemos afirmar que a produção e criação de filhos, preconizada pela percepção de *crescimento*,[58] na qual a ideia de *riku* é também operativa, *a priori*, não define homens e mulheres como pais ou mães a partir do sexo no casamento, mas mediante um convívio específico que mantenham com a prole.

VARIAÇÕES TUPI: MARIDOS E ESPOSAS

Como mencionei mais acima, parece haver entre os Guajá uma preferência pelo casamento intergeracional, que implica invariavelmente a ideia de *criação* como condição da própria relação conjugal. A aliança avuncular e as grandes diferenças etárias podem aparecer juntas ou não. Muitos casamentos entre MB e ZD podem envolver homens velhos e meninas púberes, mas o mesmo pode acontecer em um casamento entre duas pessoas sem vínculos próximos. Por isso, se faz mister frisar que o casamento avuncular e a escolha dos homens em desposar jovens meninas, embora possam aparecer juntos, são fenô-

---

produzir parentalidade (Strathern, 1995b, p. 307), que é o vínculo e legitimação de um casal enquanto pais frente a uma prole.
56. Popular e nativa.
57. Collier & Yanagisako, 1987, pp. 30–34.
58. *Ixa'a*, "crescer".

menos de natureza distinta, pois o tal privilégio avuncular tende a ser respeitado, ainda que as idades sejam próximas — como salientei anteriormente.

A ideia de *riku*, no entanto, não está indexada a diferenças etárias, como se essas fossem um definidor da conjugalidade, sua forma prototípica. Embora surpreendentemente a relação de *criação*, de filhos, xerimbabos ou esposas, possa pressupor a senhoridade, ou maestria, em um polo da relação, tal como aparece também em diversos contextos etnográficos — sobretudo naqueles em que figuram alianças oblíquas, quando a relação entre domesticação e casamento é deliberadamente levada a cabo. Diversas análises, desde os antigos Tupinambá[59] até os Tupi contemporâneos, pensam o processo de aliança a partir desse cenário de *criação* de maridos e esposas.

Sabemos que em diversas sociocosmologias sul-americanas, como entre os Ashuar, Waiãpi, e até mesmo nos históricos Tupinambá, o casamento é descrito como um processo de *amansamento*, nas palavras de Anne Christine Taylor, da esposa, muitas vezes desposada ainda bem jovem.[60] No caso Ashuar, por exemplo, o casamento é modelado por uma relação de captura violenta, já que, na prática, muitas esposas eram fruto de expedições guerreiras entre diferentes grupos. O mesmo acontece com os Parakanã, que davam preferência às jovens, *pois as mais velhas eram difíceis de pacificar* e, por vezes, resistiam à captura. Mesmo entre os Guajá, quando mencionam os grupos que vivem sem contato com a Funai, uma das principais preocupações dos homens é com as esposas de que os outros poderão se apoderar, mesmo que seja por rapto, a partir do contato.

Para os Waiãpi, lembra Gallois, o *apresamento* de mulheres é algo tributário a um estado indômito das esposas e das mulheres em geral, cuja captura e domesticação são necessárias a uma transformação da jovem. No caso dos Guajá, tal necessidade é transformar uma jovem menina em esposa. E as pessoas demonstram diversos motivos, de ordem econômica, ecológica e sexual, para a preferência em se casar com um parente tão próximo e tão jovem. Por fim, todos operam com a ideia de *criar* a esposa, a fim de que ela não entre em um estado de raiva incontrolável, destino a que toda mulher está sujeita caso, por algum motivo, não se case.

---

59. Fernandes Fernandes, 1963, pp. 153–158.
60. Entre os Guajá, a esposa é desposada por volta dos seis ou sete anos.

Uma mulher não pode crescer sem estar casada, e não é recomendável que ela demore para arranjar um marido, pois cresceria muito zangada.[61] O que acontece com a jovem esposa *awatea* é algo parecido com o que Fausto (2001, p. 432) demonstra para as mulheres raptadas pelos Parakanã: uma relação direta entre *raiva, comida* e *casamento*, na qual o alimento aplaca a raiva e possibilita o matrimônio. Como mencionei, os Guajá têm diversas frases que ilustram o processo conjugal, como: *apyhy ta hamiriko nime*, "vou pegá-la como esposa"; ou então: *amimakwa ta ha rehe*, literalmente, "eu vou fazê-la acostumar-se comigo". O jovem Xiparẽxa'á, que estava gostando muito, *maparỹ*, da jovem Majra, residente em outra aldeia, explicou-me que a ideia de *mimakwa*, "amansar", "fazer acostumar-se a", ilustraria o *namoro*, algo análogo ao ato de uma mulher trazer um filhote de cotia do mato para criar. De acordo com Xiparẽxa'a, *a cotia chega brava e tem que ficar calma*. A fase de proximidade e conquista, *maparỹ*, "gostar", ou *maparahỹ*, "gostar muito", é traduzida pela ideia de amansamento, acostumar-se, *mimakwa*, processo que pode durar anos, e nem sempre quem "amansa" e "cria", *riku*, será aquele que terminará "junto", *pyry*, com a mulher.

Esta máquina de produção de cônjuges, guardadas as devidas diferenças, é, literalmente, operada por homens e mulheres. Mulheres trocam maridos velhos por homens jovens, principalmente as mulheres jovens, como vimos no início desse capítulo. Além disso, as mais velhas justificam o casamento com homens de gerações inferiores argumentando que o marido jovem *caça mais* para elas. O *riku*, como um modulador da aliança, é aplicável para ambos os sexos: maridos criam esposas e esposas criam maridos. Muitas mulheres viúvas que casaram novamente dizem "criar", *riku*, seus jovens maridos, pois o perigo, neste caso, é o rapaz entrar em um profundo estado de melancolia por não possuir uma esposa, capaz de comprometer inclusive sua produtividade na caça: talvez o pior mal que se possa abater sobre um homem. Tal união, com mulheres de gerações ascendentes, é característica não só dos regimes avunculares, como sabemos desde os Tupinambá, mas também de outros casos amazônicos. Em sua etnografia sobre os Asurini do Xingu, que também se pensam *awate*,

---

61. Da mesma maneira que entre os Parakanã, "o marido 'cria' (*pyro*) sua esposa pré-púbere dando caça para ela" (Fausto, 2001, p. 432). Dar comida para a esposa (e para os sogros) é uma das principais atribuições do marido nesse período.

"gente-de-verdade", Müller mostra como as mulheres participam da *formação da personalidade masculina* pelo casamento intergeracional:

> Aquele que eu criei, *jeremymĩga*, tem este sentido, como termo de referência usado pela esposa mais velha para o marido jovem. É frequente ouvir as Asuriní comentarem que uma mulher mais velha, uma parente próxima, deu, *kae*, a elas o marido, a quem ajudou a formar. Ela o ensina, contando mitos, histórias do passado [...] Exige dele o cumprimento das tarefas de roça e coleta para as quais ele está dando, nesta fase de sua vida, a capacidade máxima do desempenho físico.[62]

No caso dos Guajá, as mulheres declaram literalmente *jaha amixa'a ta hamenime*, "eu vou criá-lo para ser meu marido", em que a ideia de *mixa'a*, "fazer crescer", denota o desenvolvimento físico de um ser. As mulheres podem transmitir conhecimentos sobre como rastrear um animal de caça, como me contou certa vez Wirahoa, ao relatar que sua esposa mais velha ensinou-lhe a "andar", *wata*, no mato, isto é, caçar. Em suma, de um lado temos mulheres zangadas, e de outro, homens melancólicos, ambos estados indesejados, e o enlace matrimonial é uma das maneiras mais eficientes para os aplacar.

A RELAÇÃO

A partir da ideia de *riku*, essa terminologia de relações variadas atinge diferentes tipos de pessoas e seres, como veremos. No parentesco isso ocorre ao ponto de o verbo determinar o próprio termo de referência à "esposa", *imiriko*. Sabemos que *temericó* foi o termo utilizado pelos Tupinambá seiscentistas para se referir a suas cônjuges (Fernandes, *op. cit.*, p. 168), e se tomarmos as traduções linguísticas usuais do *reko* Tupi (como em Dooley, 1982), as ideias de "ter" e "estar com" justificariam a glosa do *temericó* Tupinambá por "aquela que eu tenho" ou "aquela que está comigo". A raiz do termo referente a "esposa" entre os Guajá é cognato ao *temericó* Tupinambá e se trata de *imiriko*, "esposa", que em uma tradução literal significa "aquilo que está associado a". Na língua guajá, o nome para "esposa", *imiriko*, aparece prefixado por marcas de pessoas, ocorrendo nas forma a seguir, sob o seguinte paradigma:

▷ *Harimirikoa* "minha esposa"; ou, na tradução literal, "aquela (ou aquilo) que está associada/ o a mim"

---

62. Müller, 1993, p. 123.

▷ *Nirimirikoa* "tua esposa"; ou, "aquela (ou aquilo) que está associada/o a você"
▷ *Hamirikoa* "a esposa dele"; ou, "aquela (ou aquilo) que está associada/o a ele"
▷ *Arerimirikoa* "as nossas esposas"; ou, "aquelas (ou aquilo) que estão associadas/os a nós"
▷ *Pĩnimirikoa* "as esposas de vocês"; ou, "aquela (ou aquilo) que está associada/o a vocês"
▷ *Wỹnimirikoa* "as esposas deles"; ou, "aquelas, (ou aquilo) que estão associadas/os a eles"[63]
▷ *Timirikoa* "as esposas de alguém"; ou, "aquela (ou aquilo) que está associada/o a alguém"

As formas acima são utilizadas a depender do contexto de enunciação, com a raiz *imiriko* mantida em todos os casos e que ressalta a ideia de *riku*. De acordo com Magalhães,[64] a raiz nominal *imiriko* ainda pode ser subdividida linguisticamente em *imi-r-iko* → *imi-* (prefixo nominalizador que transforma verbos em nomes com função semântica de paciente, isto é, "aquilo que ...") mais *r-* (prefixo causativo-comitativo que transforma o verbo *iko* "estar em movimento" em "estar em movimento associado a algo ou alguém") mais *iko* (verbo, "estar em movimento"). Desta forma, uma tradução menos elegante para *harimirikoa* é "objeto do meu criar", tal como *hanimi'ũa*, palavra cuja tradução é "comida", deve ser traduzida por "objeto do meu comer". Outras traduções para *harimirikoa* podem ser: "aquela a quem estou associado (ou junto), produzindo uma *ação*"; ou ainda, "aquela que está comigo sendo afetada por uma *ação*". A ação em questão é o próprio processo de aliança — o *riku*, o casamento — formada por diversas outras ações (comensalidade, sexo).

Desta forma, dado seu caráter agentivo, o *riku* Guajá pode ser pensado como um *sistema de ação* que enfatiza *agência, intenção, causação, resultado e transformação*, tal a definição que Gell (1998, p. 6) empresta ao termo — um *sistema de ação* programado para interferir (ou produzir) nas relações do mundo, e não um sistema simbólico ou de atitudes, preenchido por regras, hábitos, prescrições e preferências. O termo *riku*, ele mesmo, é uma "ideia de relação" (que repercute o termo de Lima, 2005, p. 94) formada por um conjunto de ações tais que atravessam, ao menos a nossos olhos, diferentes ordens: sexual,

---
63. Agradeço a Marina Magalhães pela assessoria linguística neste tópico.
64. Comunicação pessoal.

alimentar e xamânica — esta última veremos no final do livro. A tese que defendo aqui é relativamente simples, pois busca considerar o "parentesco" Guajá não pela forma que nossa tradição concebe as relações de parentesco indígenas (ou qualquer outro sistema de ação não ocidental,[65] como a "arte indígena", por exemplo),[66] mas por uma definição que leve em conta fundamentalmente uma teoria Guajá sobre o processo de parentesco. A *conjugalidade Guajá*, se podemos assim denominar, faz referência a uma terminologia de relações que "transcende de muito a simples expressão de um laço de parentesco" (nas palavras de Viveiros de Castro, 2002, a partir de Lévi-Strauss, 1943) e se liga a outras formas de socialidade, tal como encontramos em outros contexto amazônicos. Vejamos melhor.

Na mitologia Waiãpi por exemplo, o apresamento de mulheres, presente em diversas narrativas, é tributário ao estado indômito das esposas e mulheres em geral:

O apresamento de mulheres, sua rebeldia e necessária domesticação me parecem representar outro aspecto fundamental na concepção Waiãpi da alteridade. Nas variantes do mito de origem dos inimigos, destacam-se alguns comentários sobre as tentativas de domesticação dos inimigos. Segundo a tradição, a maior parte desses povos foram inicialmente 'criados' pelos Waiãpi — que pelo menos tentaram — criá-los como seus filhos. Diz-se *o-nimo-bia* para "criar e alimentar" e *o-nimo-ry* para "apaziguar, amansar, tratar com carinho, educar".[67]

Nesta concepção de aliança estão envolvidas a captura e a domesticação (necessária, segundo a autora), cujo destino é a transformação. Que tipo de transformação estaria em processo neste caso? Sob qual critério, além do amansamento, alguém de fora, aqui uma mulher-esposa, é domesticada? Pois para os Waiãpi, mas não só eles, o inimigo ou estrangeiro, mesmo sendo diferente e repugnante, dentre

---

65. "Não ocidental" como uma ideia antropológica oposta a "ocidental", na acepção que lhe confere Ingold. Segundo o autor, o termo "Ocidental", na forma em que é utilizado pela antropologia, seria uma espécie de "atalho" (*shorthand*) da linguagem científica, cuja principal característica (ou postulado) é a dicotomia entre natureza e cultura; humano e animal, dentre outras (Ingold, 2000, pp. 40–50).
66. Nas palavras de Gell: "Eu vejo a arte como um sistema de ação, cuja intenção é interferir no mundo e não codificar proposições simbólicas a respeito dele. A 'ação' — como uma abordagem central para a arte — é intrinsecamente mais antropológica do que a abordagem semiótica, mais preocupada com o papel mediador dos objetos de arte no processo social, do que com a interpretação dos objetos 'como se' (*as if*) eles fossem textos" (Gell, *op. cit.*, p. 6, tradução livre).
67. Gallois, 1988, p. 140.

outras classificações pejorativas, é alguém "afinizável", e a guerra funciona como o oposto à domesticação. Ela seria um processo de distanciamento, e "praticamente todas as versões do mito de origem dos inimigos ressaltam o fracasso da domesticação, uma vez que, ao crescer, as criancinhas surgidas da Anaconda manifestavam um gênio fundamentalmente agressivo".[68]

Se o casamento com a filha da irmã, como vimos, é um dos temas que pontuam as análises da etnologia sul-americana desde seus primórdios — e diz muito sobre uma preferência presente em diversos povos em diferentes épocas, desde o Brasil seiscentista até a Amazônia contemporânea —, vejamos outras formas de relação, caras também aos Guajá e presentes em outros contextos etnográficos.

ENTRE HUMANOS

Recapitulando o que foi colocado até o momento — pois esse conceito será fundamental até o final deste livro —, o verbo que exprime uma relação conjugal é *riku*, (ou, a depender da variante linguística do falante, *ruku*). Os Guajá, eles mesmos, traduzem para o português como "criar", em uma metáfora vegetal do "fazer crescer". E, bem entendido, não se trata de produzir algo novo, pois que para este caso utilizam o verbo *japo*, "construir", "fazer". Muito comum às línguas tupi-guarani, os cognatos de *riku* (como o *reko* dos Guarani) foram traduzidos de formas diferentes por linguistas e antropólogos. Em seu "Vocabulário do Guarani" (Mbya), Dooley define *reko* como um verbo transitivo, cuja primeira tradução é "Ter". Assim, "*Mba'e pa oguereko?*" é traduzido por "O que (ele) tem?". As outras quatro possibilidades de tradução, em Dooley, no entanto, se referem a relações de domesticação e conjugalidade:

▷ **Ter**   *Mba'e pa oguereko?*, "o que [ele] tem?"
▷ **Criar [animais]**   *Eta oguereko jagua ra'y*, "cria muitos cachorrinhos"
▷ **Ter plantado**   *Areko'i oro'u'i va'erã*, "tenho um pouquinho plantado para comermos"
▷ **Conduzir [pessoa]**   *Xee ma toroguereko tape rupi*, "deixe-me conduzi-lo pelo caminho"

---

68. Ver Gallois, *op. cit.*, p. 141.

▷ **Andar junto com, ajudar [geralmente referido a casados]**
Peteĩ rami va'erã erereko xereindy, "[você] vai andar junto, de acordo, com minha irmã"

Além do fato de encontrarmos na linha dois a mesma tradução fornecida pelas pessoas da aldeia Juriti para o verbo *riku*, "criar", todas as outras ideias também se encaixariam em outra tradução mais abrangente para o verbo *riku* fornecida por outra linguista: "Estar associado, em movimento, a algo ou alguém".[69] Isto posto, "criar", "plantar", "conduzir (uma pessoa)", "andar junto (à esposa ou ao marido)", dentre outras definições que podem, ou não, se conectar a essa, são passíveis de ser explicadas pela ideia de *riku*.

Quanto a uma *tradução antropológica*, a ideia de *riku* se associa a esta forma generalizada de relação na Amazônia, que prescreve relações assimétricas que gravitam em torno do conceito de *donos*. De um lado, mestres, donos, controladores, e no caso dos Guajá, pais (F, M) e cônjuges (W, H), e de outro, animais de caça, animais domésticos, mel (e abelhas), frutos e vegetais; no caso dos Guajá, filhos e cônjuges, novamente. Abaixo, seguem exemplos:

1. A relação entre uma mãe e seus filhos é considerada uma relação do tipo *riku*

2. O laço conjugal estabelecido entre um marido e sua esposa é chamado *riku*

3. A relação perfilhada entre humanos e animais domésticos, *nima*, filhotes de presas animais caçados e criados na aldeia, é dita *riku*

4. Da mesma forma, os objetos. Possuir uma flecha, uma faca, um tecido ou qualquer outra coisa é manter com o objeto uma relação do tipo *riku*. No contexto guajá, a ideia de criar é mais significativa para exprimir o controle do que o verbo *possuir*. O portador de determinado objeto, ao possuí-lo, *cria* mais do que o *tem*: *jaha ariku*, "eu o crio", seria a resposta imediata quando alguém diz estar com algo.

---

69. Magalhães, comunicação pessoal.

A partir dessas traduções e fazendo uma brevíssima digressão, é possível relembrar que a domesticação de diversos cultivares para os Achuar é percebida num fundo mais amplo de relações sociais de domesticação (Descola, 1986). Da mesma forma, *andar junto com* espíritos auxiliares é condição capital para a atividade xamânica em quase todos os contextos ameríndios, tal como criar animais capturados como contraparte da predação [e não só], é uma forma de relação entre humanos e o mundo difundida em toda a Amazônia (Erikson, 1987, 2012; Lea, 2012, pp. 339-345). Ou ainda, que o cauim Yudjá, mais próximo da carne (por ser um corpo) do que de uma bebida vegetal, é produzido e cuidado por sua dona tal como se cuida (cria) um filho (Lima, 2005, pp. 299-300), assim como na cosmologia waiãpi, na qual praticamente tudo deve ser criado e afinizado em um ou outro nível (Gallois, 1988, p. 122).

Os Guajá, portanto, também postulam que boa parte das relações no mundo pode ser pensada como relações deste tipo, em que o *riku* é o esquema relacional que as fundamenta. As muitas relações dos povos ameríndios com seus estimados animais de criação — os chamados "xerimbabos" — estão bem documentadas em parte da bibliografia etnológica, inclusive entre os Guajá (Cormier, 2003). Não entrarei em detalhes sobre o tema, pois, como já mencionado, ele tem aparecido com certa frequência na literatura etnológica recente. Lembro apenas que, para o caso dos Guajá, a primeira a observar a relação entre as mulheres e os *hanima*, "meu animal de criação", foi Cormier (2003), que fez da perfilhação desses "pets" o tema central de seu trabalho. Como um contraponto, evoco a noção de *iwa* elaborada pelos Yudjá, pouco discutida no debate em tela — à exceção de Sztutman (2012, p. 320) — talvez por não remeter a um modelo patrimonialista; uma *figura conspícua* cuja *invenção quase equivale à criação da própria vida* e cuja tradução elaborada pelos Yudjá também é "dono". Como aponta Lima, o *iwa* condiciona a vida social em seu desenrolar no dia a dia, e é essa agência que torna pensável tanto a existência humana e o universo quanto *os acontecimentos mais mundanos*. Trata-se daquele que, por exemplo, é o dono de um cauim, ou aquele que vai na frente, o primeiro, o que inicia uma atividade e declara o fim de sua realização (Lima, 2005, pp. 95-96). Tal noção é trabalhada pela autora de maneira a traduzir aspectos fundamentais da condição humana, ao mesmo tempo que propõe uma problematização da noção de dono, naturalmente desviada pelas "conotações que o termo tem em nossa própria vida" (Lima, 2005, p. 95). O *iwa*, também traduzido por "dono" pelos Yudjá, seria, antes de dono, um articulador de um coletivo para determinada atividade.

Conforme uma nota sobre a questão de *dono*, Viveiros de Castro também observa:

Venho usando a tradução, feita pelos próprios Yawalapíti, da palavra *wököti* por "dono". A tradução é problemática, pois o termo indígena é usado em contextos que não são cobertos pelos conceitos ocidentais subjacentes ao uso mais comum de "dono" no sentido de proprietário.[70]

Estes e outros autores lembram que a ideia é tão polissêmica quanto são as línguas faladas por esses povos: "patrono", "mestre", "representante" (Viveiros de Castro, 2002d:82), e não poderíamos definir qual se sobrepõe a qual. Na língua guajá, a categoria que sempre aparecerá associada aos "animais de criação", *nima*, será *jara* (ou jará, a depender da sentença), um conhecido termo tupi-guarani cuja glosa usual é "dono". Etnograficamente, *jara* aparecerá neste artigo tanto como "dono", à guisa de comparação, quanto como "criador" (como aquele que possibilita a vida), "aquele que anda junto", "cuidador" e mesmo "duplo" (como veremos); e o *riku*, a relação entre *jara e nima* (usualmente, "criatura"), seria um método para produzir a vida coletiva, parafraseando Lima (2005, p. 96).

Entre os Parakanã, a relação de domesticação entre humanos e xerimbabos está estabelecida no plano da cosmologia. Ao determinar o papel dos sonhos no sistema xamânico Parakanã, Fausto enuncia que os seres com que um sonhador estabelece contato na experiência onírica tem o status de inimigo, *akwawa*, e este pode ser de dois tipos: "ou ele é um 'xerimbabo' do sonhador e, ao mesmo tempo, sua 'presa-mágica' — ou, mais apropriadamente, seu 'paciente-mágico'". Sendo ele presa ou xerimbabo, esse inimigo onírico está sob controle de quem sonha. O termo em Parakanã que expressa a ideia de xerimbabo é *te'omawa*. Tais seres estão sob o domínio de um, também, *jara*, que Fausto também traduz pela ideia de "dono" ou "mestre". Nos sonhos, o sonhador estabelece o papel de "dono", enquanto seus interlocutores oníricos seriam "xerimbabos" ou, em suas palavras, "bichos de estimação". Esses xerimbabos são definidos pelos Parakanã como seres que perderam sua força e, por isso, são domesticáveis. Ou, como propõe Fausto, "é um animal que não se reconhece enquanto tal, como o inimigo cativo que não se reconhece inimigo".

---

70. 2002d, p. 82.

Nos sonhos, acontece ainda uma inversão da relação protetora entre senhores e xerimbabos, já que os inimigos oníricos, aqueles que os humanos controlam nos sonhos, são os verdadeiros senhores das técnicas terapêuticas, das músicas e dos nomes. No sonho, inverte-se a relação entre donos e criaturas; e, em linhas gerais, a cosmologia parakanã atualiza a relação entre donos e criaturas de forma bastante original. No entanto, gostaria de notar que a dialética entre senhores e xerimbabo, vista como uma inversão de papéis entre criador e criatura no plano dos sonhos, enfatizada pelos Parakanã de forma bastante original, revela um esquema relacional bastante recorrente na Amazônia indígena. São relações "assimétricas", desequilibradas, do ponto de vista sociológico, em que formas de controle assumem o aspecto da relação social por excelência. Em um modelo denominado por Fausto "Predação Familiarizante", é argumentado que o ímpeto de domesticação empreendido pelos povos das terras baixas é um motor importante para suas formas sociais, mas que globalmente recebeu pouca atenção por parte da etnologia amazônica. Mas "não teria sido o caso (de pouca atenção) se tivéssemos notado que ela se articula com outra modalidade de familiarização, mais produtiva..." (Fausto, *op. cit.*, p. 413). A tese geral de Fausto é que "as operações de domesticação no xamanismo e na guerra são de mesma natureza, e ambas são parte de uma economia generalizada de produção de pessoas" (Fausto, *op. cit.*, pp. 417-418). A relação de filiação adotiva entre senhores e xerimbabos também é destacada pelo autor, à diferença que, no caso Parakanã, os espíritos auxiliares não seriam filhos, mas pais dos xamãs. Penso que seria esta "forma de adoção" aludida pelo autor uma pista interessante para conceber as formas de relação, também de adoção, que denomino ser o *riku* Guajá. Observo apenas que nem sempre a relação entre um *jara*, "dono", e um *nima*, "ser de criação", embora seja assimétrica, pode ser pensada sob termos de "adoção", "controle" ou "domesticação", como sugere Fausto.

O que é enfatizado para o casamento é a ideia de "estar junto", *riku pyry*. Quem está junto de quem é algo que a sociologia Guajá toma como um princípio modelar, e pode ser encontrado a partir de ideias muito utilizadas, que aparecem com frequência na fala, como: *harimirikoa imakwa ta hapyry*, "Minha esposa vai-se acostumar comigo (junto a mim)", para justificar a união intergeracional; e durante o casamento é comum um homem ou uma mulher dizer que está casado(a) por adoção da interjeição *amãj*, "eu criei", utilizada por homens ou mulheres para se referir ao cônjuge, como mencionado no início do artigo; e ainda *wata pyry*, "andar junto", ideia que talvez resuma a vida nas aldeias. Ao mesmo tempo, o que parece estar implícito nesses encontros conjugais é a assimetria geracional como uma variante importante no processo, tal como o episódio inicial deste capítulo tentou revelar. O que nos dizem os Guajá é que há uma íntima relação entre o casamento e essas relações assimétricas, e isto nos levará não a reificar a noção de dono, transportando-a automaticamente para o parentesco, mas parcialmente conectar esta noção a ele (o parentesco), em uma crítica etnográfica a esta mesma noção de dono, como proponho no próximo capítulo.

«Riku»

O ano era 2007. Em uma manhã úmida de inverno, eu acompanhava a família de Wirahoa em mais uma caçada. Após sairmos da aldeia, atravessamos uma roça de mandioca, seguida de uma capoeira velha, *komỹna*, que separava a floresta — *haka'a*, "minha floresta" — do espaço da aldeia — *haripa*, "minha casa". Antes de adentrarmos a floresta, avistei um grupo de borboletas brancas levantando voo enquanto passávamos. Devido à beleza da cena, indaguei a meus companheiros: "como vocês chamam borboletas como aquelas?". Wirahoa me respondeu que tratavam-se de borboletas brancas, *panỹ xũa*, e emendou: *kamixa panỹ*, "são as borboletas do jabuti". Um pouco confuso perguntei se era o nome da "espécie" de borboleta, e ele me disse que não, que as borboletas eram *kamixa nima*, em uma tradução literal, "animais de criação dos jabutis". Foi a primeira vez que mencionaram o fato de um animal — por assim dizer — ter outro como animal de criação. A partir de então me relataram um processo muito característico da etologia Guajá, em que animais têm relações do tipo *riku* (de criação); alguns serão *nima* (crias) ou *jara* (criadores) de outros, domesticando-se conforme uma *teoria da relacionalidade* bastante particular.

Desta forma, muitos seres se enxergam como *jara* de outros *nima*, e como tal são vistos pelas criaturas com que se relacionam. Formigas tucandeiras são animais de criação de macacos capelães; os porcos do mato criam algumas espécies de cobra; os poraquês (peixes elétricos) são donos de diversas espécies de peixes e, por sua vez, animais de criação para os jacarés — *jakare nima*, "xerimbabo do jacaré"; assim como toda espécie de mel, dentre as dezenas existentes, pertencerá a algum ser que é seu *jara*. De uma maneira geral, muitos animais caçados pelos humanos são animais de criação de outros animais. Em todos esses casos encontramos a mesma relação, *jara* (criador) → *riku* (a relação) → *nima* (cria), em que *riku* é o vetor destes polos. A proposta deste capítulo é apresentar as muitas formas com que a relação *riku* opera no mundo Guajá. A hipótese aqui defendida é que o parentesco, tal como discutido no capítulo anterior, é uma das formas em que a relação *riku* aparece, mas não a única. Veremos aqui como tal relação atravessa diferentes formas de subjetividade, e dentre elas, como vimos, está também a conjugalidade. Muito embora os Guajá não mencionem nenhum verbo para *casar*, em nossas conversas o casamento era explicado pela ideia de *riku*; a relação entre homens e mulheres que vivem juntos. Para um *awatea*, homem ou uma mulher, estar ligado a alguém por "casamento" significa estabelecer com seu cônjuge uma relação do tipo *riku*.

CRIANDO SERES

Na língua guajá a raiz do termo para os animais de criação é *ima*, podendo ocorrer associado a um nome, sob a forma *nima*, "animal de criação de", como nos exemplos *Pakwa'ĩ nima*, "o animal de criação de Pakwa'ĩa", ou *Amỹ nima*, "o animal de criação de mamãe"; além de poder ocorrer associado a marcas de pessoa, como no exemplo *hanima*, "meu animal de criação". Em meu texto oscilarei entre a utilização das formas *nima* e *hanima*. A categoria complementar a *ima* é *ja*, que aparece na maior parte dos contextos pronunciada como *jára* ou *jará*, a depender da variante linguística do falante. *Ja* é cognato do *jar* waiãpi apresentado acima, e um conhecido termo tupi-guarani cuja tradução mais conhecida é "dono" ou "mestre".

Os animais domésticos, por exemplo, quase sempre capturados na floresta, são desses seres *nima* de quem os humanos são *jara*, e com quem estabelecem uma relação do tipo *riku*. O termo *nima* dificilmente poderá ser compreendido sem lançarmos mão de seu inverso, ou complemento, que é a ideia de *jara*, e ambos só serão apreendidos se postos em relação a partir da ideia de *riku*. Para o caso dos Guajá, a relação existente entre um *jara* e um *nima* é do tipo *riku*, isto é, todo *nima* será "criado", segundo a tradução guajá, ou estará associado a um *jara*. Tal relação figurará em diversos ambientes, como a conjugalidade, caça e cosmologia.

As pessoas da aldeia Juriti não faziam um uso deliberado da ideia de "dono" para traduzir *jara*. Ainda assim, penso que se alguma tradução pudesse ser feita, certamente a ideia de "dono", tal como aparece em outras etnografias, seria um termo aceitável. Por exemplo, em 2008, os funcionários do PIN Juriti compraram um jumento — na verdade, uma jumenta — a fim de ajudar os Guajá durante os trabalhos na roça, principalmente para carregar os pesados fardos de mandioca e arroz. Embora eventualmente utilizassem a jumenta como um animal de carga, o uso que os Guajá deram ao animal não correspondia aos anseios dos servidores do posto. Nos dias de trabalho de roça, enquanto os homens iam e voltavam da lavoura, muitas vezes atravessando brejos, carregando pesadas cargas de mandioca e outros cultivares, as crianças passeavam animadamente pela capoeira com a jumenta, sem que ninguém se importasse em colocá-la para trabalhar — com exceção dos funcionários do posto, que reclamavam bastante e com frequência tentavam intervir nessa dinâmica, mostrando o que deveria ser feito com o animal. Os Guajá, no entanto, sempre voltavam a deixá-la como um animal doméstico, cuja principal função é viver como tal, livre. Entretanto, tal como os cachorros que os ajudavam na caça por ser um *karai nima*, um animal de criação dos *karaia*, as potencialidades produtivas da jumenta eram também aproveitadas, mas muito eventualmente. Dentre todas as pessoas, o pequeno Takwaria, na época com nove anos de idade, era quem melhor cuidava do animal: dava-lhe comida; encaminhava-o para sua choupana para que não pegasse chuva e, caso a jumenta sumisse, o menino quase sempre sabia do seu paradeiro. Como os adultos não dispensaram especial atenção ao animal para cuidar e alimentá-lo, o menino Takwaria desempenhava essas tarefas de bom grado, e passava boa parte do tempo colocando crianças menores no lombo da jumenta para se divertirem, ou mesmo providenciando a cangalha para o animal carregar fardos para seus pais e familiares. A respeito do animal, todos diziam ser "a jumenta de *Takwaria*", ou "*Takwari nima*", "animal de criação do Takwaria". Devido a seu envolvimento com o bicho, o pequeno Takwaria era tido por todos como *jumenta jara*. Nesse caso, *jara* pode, e deve, ser traduzido literalmente por "dono". Dono, não como alguém que exerce propriedade sobre algo, mas como aquele que alimenta, cuida e cria um ser como um *nima*, "o animal de criação dele".

A ideia de "domesticação", que atuaria em diversas esferas, desde os animais de criação até a relação entre afins em potencial, de uma forma geral, não representa novidade nas análises de diferentes grupos amazônicos. No entanto, o que deve ser verificado é se tal ideia poderia ser concebida conjugada com outras relações que extrapolariam a ideia de domesticação. Explicando melhor: é possível encontrar na relação de "domesticação" de seres — que percebo ser deveras atuante entre os Guajá — elementos que permitam pensar formas mais amplas de sociabilidade? Formas que conjuguem as esferas do parentesco e da cosmologia? Interpretar as relações entre "senhores" e "seres de criação" e suas ideias de "mestre", "dono" e criatura — presentes em muitos grupos da região — é o ponto de partida para minha investigação. No caso dos Guajá, é colocado que entre um "dono" e uma "criatura" foi estabelecida uma relação, *riku*.

Desta forma, a ideia aqui é também refletir sobre questões relativas à figura dos donos na Amazônia, propondo, junto com o capítulo anterior, um diálogo com um dos aspectos menos explorados do tema, que é a relação deste com a conjugalidade. Alego que, para os Guajá, as relações recortadas dos universos dos fenômenos tratados como "familiarização" e "maestria" são não apenas coextensivas ao campo do parentesco, como também revelam uma concepção muito particular do que seja a relação conjugal. Apesar de dialogar com a conhecida imagem dos "donos de roça", "donos de animais", "das águas" e outros correspondentes, tomo o conceito de dono aqui como uma imagem-guia (nos termos de Strathern, 2006, p. 208) a ser mobilizada em sua definição relacional, pensada tanto para as relações de familiarização quanto para a conjugalidade. A continuidade ontológica entre maestria e casamento — cosmologia e sociologia — para os Guajá não remete a uma alegoria simbólica que, por analogia, se conecta a termos conjugais humanos e não humanos (tal como um xamã e suas esposas celestes; ou casamentos intraespecíficos mitológicos). Não se trata de uma conjugalidade cosmológica, mas a própria relação de casamento é concebida como de "criação" e, de muitas maneiras, homóloga a outras relações no mundo.

⁂

Embora não apresente em seu trabalho referências sobre as ideias de *riku* ou *jara*, Cormier dedicou sua atenção aos animais criados nas aldeias e às relações estabelecidas entre eles e os humanos. Seu trabalho é particularmente interessante por trazer dados de um dos aspectos sociais mais ricos da vida Guajá, isto é, a forma quase obsessiva com que transformam filhotes de animais selvagens em animais de estimação. Em linha gerais, a autora argumenta como o idioma do parentesco pode informar, em muito, o modo como as pessoas se relacionam com esses animais, principalmente na relação entre as mulheres e os macacos-capelães[1] que detêm um *status* diferenciado.[2]

---

1. *Alouatta belzebul.*
2. Ver Cormier, 2003, pp. 111–128.

Cormier (*op. cit.*), ao apresentar a relação que os Guajá estabelecem com seus animais de criação (*pets*), mantidos na aldeia muitas vezes em grandes quantidades, observa, inclusive, que eles podem chegar a ultrapassar o número de seres humanos em uma aldeia. São macacos, jacus, quatis, jacamins, cotias, pacas, tartarugas, porcos e até filhotes de jaguar, criados pelas mulheres, crianças e, em alguns casos, pelos homens. Da captura à soltura dos animais, o livro apresenta bem o fenômeno. Uma das conclusões a que a autora chega é que os *hanima* seriam uma categoria intermediária entre os Guajá e os animais e plantas, seres da floresta. Em sua apresentação, ela afirma que o termo *hanima* é "ambíguo", pois aparece tanto ao se referirem aos animais criados como, por vezes, para animais caçados (Cormier, 2003, p. 94).

Essa "ambiguidade" observada pela autora é, no entanto, resultado do que considero um deslize em sua análise. O equívoco está em tratar a ideia de *ima* (*hanima*, como citado pela autora) como uma categoria em si, fruto de uma mera relação local das mulheres com esses animais. Mesmo as mulheres que, segundo Cormier, tornam-se "mães" desses seres não são apresentadas, em seu trabalho, por meio do termo que os próprios Guajá utilizam para se referir às donas de um animal, *jara*. A ideia de *nima*, por ser um termo relacional, contraparte, *jara*, não pode ser entendida sem esse inverso complementar. Sendo assim, veremos que animais de caça são *nima* de outros seres, isto é, estão relacionados a outros seres (humanos ou não humanos) da mesma forma que os animais de criação de uma aldeia estão relacionados aos Guajá.

Como mencionei anteriormente, vejamos um pequeno inventário de espécies animais que mantêm entre si relações do tipo *riku*, em que uns são *jara* e outros, *nima*.

1. Tal como um tipo de borboletas brancas, *panỹ xũa*, estão associadas aos jabutis, *kamixa*, um tipo de tucano chamado *kakỹa* é animal de criação, *nima*, para os macacos cuxiú, *kwixua*. Quando cantam, esses tucanos o fazem para chamar seus *jara*, os cuxiú

2. O veado mateiro, *arapaha*, tem a cotia, *akwixia*, e uma outra espécie de borboleta, *panã*, como "animal de criação", *nima*

3. A cotia é "dona", *jara*, do esquilo quatipuru (ou caxinguelê), chamado *tamakaja*

4. O macaco capelão, chamado *waria*, é "dono" *jara* da formiga tucandeira, *takya*, e do macaco-da-noite, *aparikya*. Segundo os Guajá, a relação entre essas duas espécies se dá, pois tanto o capelão quanto o macaco-da-noite apreciam as áreas das árvores mais protegidas por folhas, mais escuras e seguras, diferentemente de outros macacos, não tão exigentes

5. Os porcos queixadas, *xahoa*, são "donos", *jara*, da cobra surucucu, chamada *arykukua*

6. Os macacos-prego, *ka'ia*, são "donos", *jara*, do sagui *atamaria* (*saguinus midas niger*)

7. Um formigão chamado *tapiuhua* é dito *tapi'i nima*, "ser de criação da anta"

8. O pássaro surucuá-de-barriga-vermelha (*Trogon curucui*), chamado *arakua*, é um *tatu nima*, isto é, um "animal de criação dos tatus"

9. O pássaro chora-chuva-preto (*Monasa nigrifons*), chamado *jawanĩa*, é um *wari nima*, "animal de criação" para um capelão

10. As cigarras *jakaramuhũa* são interpretadas como *hwa'ĩ nima*, um "ser de criação" da palmeira babaçu

11. As aranhas caranguejeiras, *janũa*, são *ka'i nima*, "animais de criação" do macaco prego

12. Os sabiás são animais de criação, *nima*, das capivaras, chamadas *kapijawara*

13. As araracangas, *ararakỹa*, são *nima* dos queixadas, *xahoa*

14. Os esquilos quatipurus (*Sciurus aestuans*), chamados *tamakaja*, são "animais de criação", *nima*, dos quatis, *kwaxia*

15. Um tipo de tatu chamado *tatu tapajnia*, por ser grande, é chamado *tapi'i nima*, "animal de criação das antas"

16. O jabuti, *kamixa*, e o jabota, *kamixatua*, são *nima* para as jiboias (*majhua*)

Nos rios, '*ya*, peixes e outros seres também mantêm relações do tipo *riku*:

17. A piaba, *hipija*, é também chamada *xaho pira*, "peixes do queixada", pois são animais de criação dos queixadas

18. Uma enguia chamada *mahua* é um *manaky nima*, um animal de criação do poraquê

19. O poraquê, *manakya*, por sua vez, é "dono", *jara*, de diversos peixes de um rio

20. O jacaré, *jakarea*, é *jara* da capininga, *jaxajhua*, poraquê, *manakya*, traíra, *tara'yruhua*, dentre outros peixes

Além dessas, uma infinidade de relações semelhantes são traçadas, que muitas vezes associam seres e elementos — que para nós são diversos entre si — como nos casos abaixo:

21. Os peixes gurijuba, *hi'ijua*, são *jara* de um pequena cobra chamada *i'ĩ jumaja*

22. Os peixes traíra, *tara'yruhua*, são *jara* de uma cobra chamada *tara'yruhu maja*

Em todas essas situações encontramos a mesma relação *jara* → *riku* → *nima*, em que *riku* é o vetor desses polos. Tal forma de relação se mostra bastante normativa, ao mesmo tempo que aberta — parafraseando Descola (2006, p. 138) —, e por isso não devemos pensar que os Guajá mantêm um inventário de todas as relações possíveis, entre todos os seres que vivem em seu mundo; não faz sentido montarmos um vasto quadro, com inúmeras dessas relações e possibilidades para uma coerência total do universo. O que é colocado, muito mais do que quem é *jara* ou *nima* de quem, é o fato de muitos seres só existirem na medida em que estejam estabelecidas relações como esta, isto é, alguns seres serão "criados" por outros ou ao menos, e para me basear fielmente na tradução linguística, "estarão com" outros.

Nos chuvosos meses de janeiro a março, os mosquitos pium, *pi'ũa*, atacam com intensidade algumas aldeias, quando formam verdadeiras nuvens. A concomitância do aparecimento dos piuns com a época do pequi, *myky'á*, é ilustrada por uma relação de continuidade sociocosmológica entre insetos e frutos. Ambos aparecem na mesma época, e o pequi é pensado como *pi'ũ nima*, "seres de criação dos piuns", e os piuns, por sua vez, seriam *myky'a jara*, os "donos do pequi". O agradável sabor do pequi sempre será desfrutado ao lado das inconvenientes picadas dos piuns; foram "misturados", *mijamema*, e sempre aparecerão "juntos", *pyry*. O maior empecilho para que tal relação continue em curso é o desmatamento que hoje assola o oeste maranhense. Os Guajá lembram que as chuvas são enviadas por um grupo de *karawara*, "humanos celestes", que controla as águas e as manda periodicamente para a floresta, pois, embora vivam historicamente de caça e coleta, a floresta é como um lugar cultivado (como sabemos que ocorre em outras cosmologias amazônicas, como nos Achuar e os Waiãpi). Os *karawara* não enviam chuva para as áreas desmatadas, porque onde não existem árvores não existem frutas e não haverá animais para delas se alimentar. Por serem também caçadores, *watama'a*, estes seres cultivam as florestas para que os animais existam e eles mesmos possam caçá-los na Terra. O desmatamento — que, como sempre, traz consequências cosmológicas gravíssimas, cataclísmicas, para os povos ameríndios — pode estraçalhar relações como esta, uma vez que existirá um mundo com piuns e sem pequizeiros; com criadores, ou donos, e sem criaturas.

Por vezes, *jara* serão os animais que consomem com mais intensidade determinados frutos. Por isso as pacas são *jara* do frutinho da árvore maria-preta chamados *wawa'ã*. Não que animais como cotias, veados, antas, porcos, dentre outros, não se alimentem desses frutos, mas são as pacas as que os consomem com mais intensidade. Eles são a "comida da paca", *kararuhu nimi'ũa*, ou simplesmente "estão junto" às pacas, *kararuhu pyry*, por isso as pacas são *jara*, "criadoras". O mesmo acontece com várias outras espécies vegetais, e algumas recebem na classificação o nome do animal dono, como "mandioca de cotias", *akwixi tyrymỹa*, "pequis de tucanos" e "comida de capelão", *wariwa*, dentre tantas outras. Da mesma forma, os cipós, *ipoja'a*, em geral são tidos como "criados" pelos macacos capelães e chamados de *wari nima*, "seres de criação dos capelães", justamente pelo uso frequente que esses primatas fazem deles para se locomover.

«RIKU»

Em certa ocasião, conversando com Pira'ima'ã, ele me informou que o *jara* da árvore angelim, *jari'ia*, era um corujão branco chamado *puhupuhua*. Quando perguntei em seguida se havia *jara* para a maçaranduba, *mixiranyka*, ele respondeu serem *Mai nima*, uma espécie de "resposta padrão", dada quando não se "sabe" sobre o *jara* de determinado ser, uma vez que muitos seres, direta ou indiretamente, são pensados como *Ma'i rimijapokera*, "criaturas de Maira", em uma tradução literal "objeto da criação de Maira" (Magalhães, 2010, p. 211). Só então percebi que as questões que eu colocava soavam um tanto desconexas, pois a pergunta que a mim, etnógrafo, passaria a fazer sentido não seria "este ser (animal, vegetal) tem dono?", como inicialmente eu improvisava, fazendo uso da estrutura da língua portuguesa, porém mesclada a palavras do léxico guajá. Minhas questões eram entendidas de outra forma, uma vez que a língua guajá não adota nenhuma partícula interrogativa que exprima a ideia de uma existência abstrata (ou absoluta), algo como o verbo "haver" e "existir", como aparecem nas formas interrogativas do Português, em uma pergunta do tipo "Existem luas em Marte?" ou qualquer outra questão que prescreva uma existência absoluta de algo. A partícula interrogativa *mõ*, na língua guajá — cuja função é introduzir perguntas de informação — sempre aparece seguida de sufixos marcadores de tempo, espaço e posição, cujas ideias podem ser traduzidas — segundo Magalhães (*op. cit.*, p. 78) — como "para onde", "de onde", "com que", "quantos", "quando", "qual dos/ das", "qual", e "cadê", "onde". No exemplo: *mõ poho ta mĩpe*, "Para onde vocês vão?", temos *mõ* como partícula interrogativa (de informação) e *mĩpe* como partícula que exprime o sentido da pergunta.[3]

Embora o termo *ikwẽe* possa ser traduzido por "permanecer", "existir", "viver", não faziam sentido minhas perguntas a respeito das relações do tipo *jara* e *nima* a partir de ideias do tipo "há" ou "não há" criadores e criaturas nas diversas situações. As questões seriam melhor compreendidas em formas como "*Mõ myky'a jara mõa?*", isto é, "Qual o *jara* da árvore de pequi?" Os Guajá me ensinaram que a pergunta certa a fazer é *ma'awa jara?*, em outras palavras, "que gente é *jara*?" (ou "quem é o *jara* [deste ser]?"), de maneira que não há significação em perguntar se tal ser "tem" um dono, pois em tese todos

---

3. Além de *mĩ-pe* no final da frase, como no exemplo acima, a partícula *mõ* ainda pode aparecer combinada com as partículas: *mijỹ* – "de onde?"; *mimehẽ* – "quando?"; *mijẽ* – "com que", "quantos?"; *minawỹ* – "qual dos/ das"; *mõa* – "qual"; *mõ* – "cadê", "onde".

— ou quase todos — o terão. Isto posto, o repertório de combinações é bem amplo, tanto que em diversas situações não conseguiam saber qual era o *jara* de determinado ser, embora soubessem que um ser seria possuído.

Da mesma forma, as respostas nunca eram taxativas e, quando feitas em português, eram sempre respondidas com um "*parece que é*". Meus amigos raramente respondiam a uma pergunta com "sim" ou "não", mas com "parece ser". Na língua guajá a partícula epistêmica similativa *rawỹ nawỹ nawyn* indica algo que se supõe verossímil, e essas formas podem ser traduzidas como "aparentemente",[4] O melhor exemplo está na pergunta "o que é?", que na língua guajá aparece como *ma'a nawỹ* e deve ser traduzida como "o que parece ser?" Quando eu lhes bombardeava com perguntas, ainda que em português, quase sempre as respostas iniciavam com um "parece que..." ou, "para mim é...", na forma *a'e apo*, "deve ser", "parece", com outra partícula epistêmica que indica possibilidade (ou não certeza). Podemos pensar também aqui que tal recurso linguístico se relaciona, segundo Lima (1996), a certa "noção de ponto de vista", tal como observado pela autora ao encontrar um recurso linguístico muito semelhante entre os Yudjá. Segundo a autora:

> Em meu trabalho de campo, uma das primeiras coisas a chamar-me a atenção foi a marca indelével, mas muito misteriosa, da noção de ponto de vista. Certas frases, ditas para mim em português, como "isso é bonito para mim", "bicho virou onça para ele", "apareceu caça para nós quando estávamos fazendo a canoa", pareciam remeter exclusivamente à estrutura gramatical de uma língua que eu não dominava, mas que transparecia no português dos Juruna. Depois que comecei a arranhar algumas frases, as construções que ensejavam tais traduções nunca deixaram de soar estranhas; dentre as práticas juruna mais difíceis de assimilar eu as destacaria, em primeiro lugar e sem hesitação. *Amãna ube wï* — não é fácil dizer isso sem se desconcertar, desagradavelmente ou não. Sentia-me dizendo "choveu para mim", e não "choveu onde eu estava". Essa maneira de relacionar à pessoa até mesmo os acontecimentos mais independentes e alheios à nossa presença deixa sua marca na cosmologia juruna, mas nem presumo que todas as categorias gramaticais tenham o mesmo papel em uma cultura, nem acredito que exista a mais remota possibilidade de algum de nós se colocar na pele de um Juruna para captar o sentido que assumiria a vida humana em uma situação em que, para nós, de repente, se tornaria aceitável, ou mesmo perfeitamente

---

4. Para o ver o funcionamento desta partícula na língua guajá, ver Magalhães, *op. cit.*, p. 116.

justo, dizer: chove para mim. Esse sentido diria respeito no máximo a uma virtualidade que está em nós, virando-nos pelo avesso.[5]

As formas Guajá, semelhantemente ao que a autora argumenta para os "Juruna", se apoiavam em dativos e locativos a ponto de descrições cotidianas serem sempre acompanhadas também de um "para ele", que na língua guajá aparece sob as formas "*ipe*", literalmente "para ele", ou *ihape*, "para mim". Em certa ocasião um homem contava que sua canoa havia virado. Quando me relataram a conversa disseram *Kanũa jare ipe*, literalmente, "a canoa virou para ele". Ou mesmo quando repetiam a fala de alguém, ela sempre era acompanhada desse "para ele", como certa vez eu mencionei que a pequena Aparana'ia já estava crescida e, ela, sem entender o meu português, questionou sua mãe por meio de uma interessante formulação que é muito usada: *ma'a i'ĩ nipe?*, isto é, "o que ele disse a você?", e a mãe respondeu: "Ele disse que você está crescida, para ele!". No caso da relação *riku*, estabelecida entre um *jara* e seu *nima*, de maneira perspectivista ela nunca será absoluta. Como veremos agora, um ser só estará associado, *riku*, a outro parcialmente.

Esta relação estaria no nível, digamos, da *espécie*. São tipos de animais que se conectam a outros dessa forma. Outros povos também produzem categorizações entre os animais nesta chave de seres que são "donos" de outros. É o caso dos Karitiana, para quem os gaviões-reais aparecem como "donos" dos macacos, da maioria das espécies arborícolas e de algumas aves, as "caças do alto"; ao passo que a onça seria a dona das "caças de baixo", como porcos do mato, veados e tamanduás (Vander Velden, 2012, pp. 247–257). Tais ideias fazem referência aos animais como, digamos, *espécie*, sto é, tais espécies animais são donas de tais espécies animais, se atualizando em relações particulares. Por exemplo, certa vez, enquanto seguíamos os vestígios de um bando de capelães, encontramos muito próximo ao local a que chegamos um bando de ouriços-cacheiros, *kwanũa*,[6] determinados como *wari nima*, "animais de criação dos capelães. Conseguimos abater um ou dois enquanto lamentávamos não nos termos encontrado com os capelães. Quando indaguei a um companheiro de caça se não estávamos, desde o início, no encalço desses estranhos animais (os ouriços-cacheiros), ele me explicou que as fezes que encontra-

---

[5]. Lima, 1996, p. 30.
[6]. Uma espécie de porco-espinho, também conhecida como "quandú" (*Coendou prehensilis*).

mos (e seguimos) eram realmente de capelães, porém, pelo fato de os capelães serem *kwanũ jara*, "donos dos ouriços-cacheiros, não o admirava termos encontrado os "xerimbabos" no lugar dos "donos", que haviam fugido. Assim, para aquele grupo específico de ouriços, aqueles capelães específicos que perseguíamos eram seus donos. Da mesma forma que, em outra ocasião, quando andávamos na floresta seguindo alguns macacos cuxiú, *kwixua*, percebemos estar perto do bando ao ouvirmos o tucano *kakỹa*, também chamados *kwixu nima*, "animais de criação dos cuxiús", voando de uma copa de árvore à de outra. Desta forma, aqueles tucanos eram seres de criação, *nima*, do grupo de cuxiús que nós procurávamos, e não de todos os cuxiús existentes, pois que a relação entre essa espécie de tucano e esse tipo de primata sempre irá ocorrer.

Um animal sempre será referido pelo nome de seu *jara*, "seu dono", junto com o termo *nima*. Assim, como vimos, o jumento da aldeia Juriti era chamado *Takwari nima*, "animal de criação de Takwaria"; ou os macacos da mulher Panapinuhũa são chamados *Panapinuhũ nima*, "animais de criação de Panapinuhũa"; e assim por diante. Todas essas pessoas são ditas *jara* de seus animais criados, da mesma maneira que para um pai ou uma mãe pode-se dizer *jara* de seus filhos, e animais podem ser de outros, como acabamos de ver. Se a relação entre os animais de criação e seus donos aparece como perfilhação, como diversos autores discutem,[7] ocorre de esta posição *jara* ser concebida como própria da mãe (e por vezes do pai) de crianças. Então, como em um ciclo infindável, se uma mulher sabe ser dona de um xerimbabo ela o é, antes, por saber ser dona de seus filhos, e antes disso, porque antes de filhos criou mais xerimbabos, pois as meninas fazem isso desde crianças. Pude ver certa vez o velho Pirama'ã pegando seu filho ainda bebê, que chorava muito, enquanto encaminhava a criança a seu filho mais velho, dizendo: *araho ja pe!*, "leve-o para a dona dele", forma sinônima de "leve-o para a mãe dele". Jara aqui estaria muito mais próximo do *iwa* Yudjá, como *aquele que possibilita a vida* de determinados seres (filhos ou xerimbabos), do que de um "proprietário", já que uma das principais tarefas de qualquer *jara* é garantir o crescimento de alguém — *mixa'a*, "crescimento dele".[8] A

---

7. Ver Cormier, 2003 para o caso dos Guajá; Erikson, 1897, 2012; Fausto, 2008.
8. Este tema tem mobilizado diversos debates na antropologia do parentesco contemporânea encarnados na discussão em torno da ideia de *nurture*, passando "por análises que, incorporando fenômenos da ordem da troca e partilha de alimentos, de suas ressonâncias e efeitos sobre afetos e disposições, promovem um questionamento da barreira

forma *riku* ocorrerá entre parentes próximos como uma maneira de produzir consubstanciação conjugal e proximidade genealógica (Viveiros de Castro, 2002a, p. 157), bem como também expressará formas de adoção (Fausto, 2001, pp. 413–418; Maizza, 2014, p. 500).

Trata-se de uma relação assimétrica, orientada, onde um *nima* sempre "estará associado", *riku*, ou "será criado", *riku*, por um *jara*.

Trata-se de uma relação assimétrica, orientada, onde um *nima* sempre "estará associado", *riku*, ou "será criado", *riku*, por um *jara*. Parece não se tratar, portanto, de relações do tipo *donos da espécie* como se os *ajỹa* ou capelães fossem "os donos" dos macacos-da-noite — um ou mais seres controlando um conjunto homogêneo de outros seres — embora, como veremos, também exista tal relação, ainda que de uma forma menos intensa. Porém, no âmbito geral, a relação *riku* sugere a ideia de dono *de um* espécime, e não dono *da* espécie. Um ser sempre será *jara* para si e para um outro, ou alguns outros. E a relação existente entre um *jara* e seu *nima* não é incondicional, pois um *jara*, para alguém, pode ser um *nima* em outra perspectiva; e isso parece estar acordado entre os diversos seres no mundo: todos parecem saber que alguém só será um dono *a posteriori*, isto é, uma vez estabelecida uma relação. Se para muitos povos amazônicos a humanidade é uma qualidade que só pode ser descrita a partir de um ponto de vista[9] para os *awatea*, a relação *riku* — uma das melhores possibilidades de realização de uma relação humana — também só poderá se desenrolar sob um ponto de vista particular.

Os macacos-da-noite podem ser *nima* tanto dos *ajỹa* quanto dos capelães. Essas são possibilidades balizadas por relações reais que os Guajá dizem haver entre diferentes seres; e, portanto, a formiga tucandeira, *tahya*, é apenas um *wari nima*, "um *nima* para um capelão"; ao passo que veado, paca e cotia — cada um deles — são *ajỹa nima*, "animais de criação para os *ajỹa*". No entanto, se os *ajỹa* "criam" esses animais, algumas espécies também são dotadas de um *ponto de vista* que os habilita serem *jara* de outros seres. Se tomarmos como exemplos a paca, *kararuhua*, o veado, *arapaha*, a cotia, *akwixia*, e o quatipuru, *tamakaja*, — animais que estabelecem uma relação do tipo *riku* entre si —, podemos ver algo assim:

---

entre nature e nurture que subjaz às concepções modernas do parentesco, assim como, inevitavelmente, à grande parte da reflexão antropológica sobre o tema" (Coelho de Souza, 2004, p. 28; ver também Battaglia, 1985; Strathern, 1999; Carsten [org.], 2004; para a Amazônia, ver Gow, 1997; Overing, 1999; Rival, 1998).
9. Lima (1996) relata sobre os pontos de vista do corpo ou da aldeia para os Yudjá.

1. Os *ajỹa* têm como animais de criação pacas, veados, cotias e quatipurus

2. Para os veados, as pacas são os animais de criação

3. Para as pacas, os veados são os donos, *jara*, e as cotias, animais de criação

4. Para as cotias, as pacas são donas, *jara*, e os quatipurus, animais de criação

5. Os quatipurus são somente *akuxi nima*, "animais de criação das cotias", não "criam" algum outro ser

Em paralelo, veados, pacas e cotias, mesmo sendo animais de criação dos *ajỹa*, mantêm entre si relações de consubstancialidade do tipo *hapihiara*, "parentes próximos". A partir do esquema acima, tendo como exemplo o veado, este ser é *jara* para uma paca, ao mesmo tempo que um *ajỹa* será seu *jara*, mantendo relações do tipo *riku*: uma paca é, para ela mesma, dona, *jara*, de uma cotia, e animal de criação, *nima*, para um veado. Apesar de estarem, por assim dizer, na "área de influência" dos espectros canibais *ajỹa*, esses animais são concebidos a partir de uma linha de continuidade que coloca uns como criadores de outros. Isto não é meramente um discurso abstrato sobre o mundo, mas implica diretamente a vida das pessoas, sobretudo no que concerne à caça. O *riku* opera como um *princípio sociológico* que mobiliza relações entre esses seres sem necessariamente passar pela perspectiva humana. Os Guajá apenas *concebem como os animais concebem* tais relações. Se determinadas borboletas são seres de criação dos jabutis, ou se os cuxiús-pretos o são de macacos-prego, é algo atuante entre tais seres e escapa ao controle humano. Também não se trata de relações dentro de relações, mas sim de uma multiplicidade delas, formando-se muito mais uma pluralidade de *conexões parciais* do que um "todo", em que, supostamente, se encapsulam partes que contenham o todo: trata-se de *the view from a body rather than the view from above* (Strathern, 2004, p. 32).

Uma possibilidade para interpretar o problema, tal como os Guajá o formulam — como podemos ver no exemplo acima —, é dada por Lima em um exercício dialógico com um homem Yudjá (Lima, 2005, p. 338). Em seu pequeno diálogo, a autora chega a uma interessante conclusão acerca da relação entre os humanos e os *'ï'anay*, os espíritos dos mortos. Assim, há seres que se veem como sujeitos e enxergam outros seres como "outros" (mortos, xerimbabos, deuses), sempre do ponto de vista desse sujeito:

são três as tomadas em jogo: sua irrealidade para outrem; sua indubitável existência para si; por fim, a realidade acima de qualquer suspeita daquele que fala. Se as duas primeiras revelam-se simétricas, a terceira contém ambas: é ela a assimetria perspectiva, e ela é humana.[10]

Em seguida a autora reforça que a tal "assimetria perspectiva" pode ser revertida também em benefício dos *'ï'anay*. A partir disso, se tomarmos o esquema acima dos *ajỹa* e seus *nima*, em que esses seres criam, *riku*, um conjunto de animais que mantêm também relações particulares entre si, podemos pensar que ali atua uma perspectiva do tipo assimétrica para os *ajỹa*, o que habilitaria tais seres a serem *jara* de um conjunto de outros seres cuja realidade da relação *riku* só existiria para si mesmos. Nesse sentido penso que os *ajỹa* sejam *jara* diferentes do que uma paca é para uma cotia, simplesmente por se colocarem em relação a um conjunto maior de seres, tal como os humanos, *awatea*, ou *Maíra*, conseguem fazer.

Trata-se menos de pensar um todo dividido entre, de um lado, donos e, de outro, seres criados por estes, do que pensar o sistema como uma multiplicidade de *jara* e *nima*, variando de acordo com as relações estabelecidas entre os seres — uma linguagem que concebe múltiplos pontos de vista, com ênfase no aspecto relacional que aqui aparece intensamente. A existência dos seres enquanto sujeitos — a sua consciência mesma enquanto ser vivente em oposição a outras formas de vida — de muitas maneiras está relacionada à possibilidade do estabelecimento de uma relação do tipo *riku*. É um problema de posição, do tipo "isto é dono para mim, enquanto aquilo é xerimbabo para mim (ou para ele)". A não totalização dessas relações em formas-donos do tipo "donos da caça", "donos das águas", "donos das roças" — dentre outros que aparecem à exaustão nas etnografias (para um balanço, ver Fausto, 2008) — é a marca de como os Guajá pensam tal relação *riku*, que nesse caso está mais próxima de uma antimaestria

---

10. *Idem.*

(ao invés de maestria, como propõe Fausto [2008] para ideias análogas), uma vez que mestres de criaturas, tal como outras ontologias prescrevem (algo como propiciadores absolutos), aparecem de maneira muito fraca aqui. Parafraseando Viveiros de Castro, não estou com isso advogando que fujamos da noção de dono, "como se fosse uma categoria visceralmente antiamazônica", mas apenas cuidando para não confundir totalmente o que os Guajá defendem, com o que já foi defendido para outros povos amazônicos até agora. A relação *riku* estabelecida entre um *jara* e um *nima*, embora proponha uma assimetria relacional, não deve ser reduzida à ideia de "controle", como continuaremos vendo.

&

Kelly, ao pôr em relação alguns regimes de socialidade amazônicos, lembra que nas ontologias perspectivistas "pessoas são esses seres duais sujeito/objeto a que se creditam perspectiva e agência (participam da cultura e têm uma alma imortal), mas que ao mesmo tempo são objeto de outra subjetividade (parte da natureza de alguém)". As posições eu e outro de coletivos como esses — seja em relação aos humanos, animais ou espíritos — vão variar de acordo com o ponto de vista de quem quer que esteja se relacionando:

> Pessoas, portanto, não são nem objeto nem sujeito, mas ambos: o ponto de encontro de um Eu reflexivo e da perspectiva do Outro. O contexto determinará quanto a qualidade-de-sujeito (*subjectness*) ou a qualidade-de-objeto (*objectness*) será prevalecente em uma relação. [...] A consciência de uma pessoa de sua dualidade sujeito-Eu/objeto-Outro expressa-se, principalmente, no seu reconhecimento da possibilidade de se tornar presa de alguém.[11]

No caso dos Guajá (e parafraseando Kelly), a consciência de uma pessoa sobre sua dualidade eu e outro expressa-se, principalmente, no reconhecimento de tornar-se *nima* ou *jara* para alguém, isto é, na possibilidade da instauração de uma relação do tipo *riku*. Pensar a *relação para* não é torná-la menos real, ou menos resistente, como se o fato de estar baseada em pontos de vistas obscurecesse as relações reais no mundo: "um ponto de vista não é uma opinião subjetiva" (Viveiros de Castro, 2002, p. 386). Assim, não há nada de subjetivo no fato de um ouriço-cacheiro ser um *nima* para um macaco-capelão, ou um poraquê ser um *jara* para a traíra. Se observarmos tais proposições sem nos basear na ideia de Natureza, como algo que organiza

---

11. Kelly, 2001, p. 100.

"naturalmente" o mundo, e nos abalizarmos por esse outro sistema de pensamento, em que o efeito de boa parte das relações entre seres e coisas (que a nossa ontologia defende serem "fatos" da Natureza — apesar de os fatos serem feitos, diria Bachelard [Latour, 1994, p. 24]) produz outro tipo de autonomia, conseguiremos nos aproximar do mundo guajá e, consequentemente, pensar "alguma antropologia" em cima desses fatos (que não são mais da Cultura nem da Natureza). Voltemos mais diretamente à etnografia para observarmos pequenos exemplos que podem explicitar meus argumentos.

PRAGAS

Uma aldeia Guajá não é local dos mais confortáveis, e quem afirma isso são eles — os Guajá — mesmos.[12] Acostumados ao frescor e à liberdade da floresta, onde permaneceram vivendo até o recente contato, a aldeia, que veio como parte do "kit pacificação" (refiro-me à agricultura; utensílios e espingarda), ainda é algo novo para todos. A aldeia é um local *manahỹ*, "feio", enquanto a floresta seria *parahỹ*, "bonito". Parafraseando Viveiros de Castro quando escreve sobre a aldeia Araweté, o que ocorre com os Guajá são aldeias junto a Postos Indígenas, e não o contrário; e a aldeia é muitas vezes chamada de "*Funai*" pelas pessoas. Os tapiris, *tapãja*, cederam lugar às casas de taipa. E a concentração de pessoas em uma única aldeia trouxe, além das galinhas e cachorros, muitas baratas. O amontoado de coisas e comida que os Guajá estocam em seus telhados de palha e brechas de parede é tamanho que todas as noites uma miríade de baratas aparece zanzando em boa parte dos espaços das casas, do chão ao teto. Nas noites úmidas de inverno, sobem por nossas pernas circulando por todo o corpo, por dentro e por fora da roupa, da cabeça aos pés. A quantidade de baratas é tão grande que eu, particularmente, tive de me acostumar aos movimentos delas por meus braços e pernas. Quando espantávamos uma do braço, duas já estavam no tornozelo.

Certa vez, conversando sobre o desconforto que as baratas traziam à aldeia, Wirahoa me disse que elas eram de responsabilidade da antiga SUCAM.[13] E disse mais: que as baratas eram *sucam nima*, isto

---

12. O contraste entre aldeia e mata e entre aldeia e céu é ressaltado todo o tempo pelas pessoas.
13. Superintendências de Campanhas de Saúde Pública, antigo órgão da Fundação Nacional de Saúde (Funasa), que por sua vez deu lugar à a SESAI (Secretaria Especial de Saúde Indígena).

é, "animais de criação da SUCAM" (criaturas cuja vida e o controle da vida é propiciado pela SUCAM). Em linhas gerais, a SUCAM é *jara* das baratas. Segundo Wirahoa, "a Funai foi a responsável por trazer as baratas até a aldeia", porém, por não ser um *jara* das baratas, a Funai teve que chamar o verdadeiro "dono" delas, a SUCAM, ela sim, por ser o *jara* verdadeiro, *jaretea*, saberia controlar essa praga. Cada vez que um funcionário da SUCAM vai até a aldeia, ele não está indo para exterminar as baratas, mas sim para controlá-las, pois elas são as suas "criaturas". Um não vive sem o outro. É disso que se trata o *riku*. É esta a relação entre a SUCAM e as baratas, uma relação de *criação*.

Ainda dentro da categoria "pragas", assim como a SUCAM é *jara* das baratas, um cachorro pode ser *jara* de suas pulgas, tal como uma anta de seus carrapatos, *jatikoa*. Quando abatem animais grandes como porcos, veados e principalmente antas, os Guajá, maldizendo o animal, queimam com um ramo seco de palhas os pelos do bicho, a fim de tirar todos os carrapatos. E reclamam das antas por "gostarem" de criar tantos carrapatos. Dizem: "*tapi'ira jatikoa riku*", "A anta cria [*riku*] carrapatos". As mordidas de carrapato, que qualquer um de nós adquire nas caminhadas pela mata, são associadas a um animal específico: "Esses são os carrapatos de um veado que passou por aqui", ou "eu fui mordido pelo carrapato daquele porco, ou daquela anta". Cada carrapato também tem o seu *jara*. Não que nesses casos as antas, porcos e veados controlem os carrapatos, mas, diferentemente disso, os carrapatos apenas "estão com" esses animais já que, como vimos acima, esta é uma tradução para *riku*.

Para que não haja mal-entendido, os carrapatos são uma chateação para todos, tal como as baratas e algumas espécies de cobra o são. E, se dependesse das pessoas da aldeia Juriti, elas manteriam esses bichos (todos) longe, não muito diferente do que nós mesmos pensamos e fazemos. Porém, quando os Guajá dizem que os carrapatos e baratas só vivem a partir destes *jaras*, diferentemente de nós, estão enfatizando que o que nós chamamos "praga" trata-se de um descontrole de outra ordem, de uma ordem fenomenológica, relacional — da própria relação *riku* —, e não de um desequilíbrio ambiental. "Estar com", "estar associado a", também são formas de se interpretar a relação *jara-nima* que, se aparece como controle, como no caso das baratas, está ausente no caso dos carrapatos.

DONOS DE NOME

Cormier (2003, p. 91) observa que cada pessoa é designada por um nome de planta, animal ou objeto epônimo, considerado para a pessoa o seu, nas palavras da autora, *haĩma*, "ser de criação dele" (um *harypihara* — na notação da autora —, "consanguíneo"), havendo assim entre a pessoa e o objeto nominador uma "conexão espiritual" (*sic*). Ela dá como exemplo um homem chamado *takamỹxa'a*,[14] que tem como seu *haĩma* a palmeira tucumã, *takamỹa*. Segundo Cormier, quando uma criança nasce ela não recebe nome algum; cabe ao pai (ou marido da mãe), após alguns meses, "discernir o nome descobrindo qual forma de vida ou característica do ambiente é o *haĩma* da criança" (Cormier, *op. cit.*, p. 91). Assim argumenta a autora sobre esse fenômeno:

> Em alguns aspectos, as relações *haĩma* se assemelham a um totemismo individual. Considera-se que indivíduos possuem uma conexão espiritual com a comunidade de outros. No entanto, não existem tabus em se comer um membro de uma dessas comunidades de *haĩma*, e geralmente, podem ser alimentos que os Guajá comem, alimentos que não comem, ou objetos que não sejam alimentos. Dos *haĩma* determinados, 64% eram espíritos animais, 19% espíritos de plantas, 6% espíritos de aspectos ambientais, 6% eram espíritos de bens manufaturados, 2% eram espíritos de mel, e 2% espíritos de divindades. Embora os *haĩma* fossem tipicamente representados por espécies úteis, eles não representavam necessariamente as espécies mais utilizadas. Das espécies animais, 43% eram espíritos de pássaros, 31% de espíritos de peixe, 10% espíritos de plantas, 8% espíritos de mamíferos, e 8% de espíritos de répteis.[15]

A autora segue em sua análise com a suspeita de tal "fenômeno" ser relacionado historicamente ao xamanismo amazônico, embora entre os Guajá, continua ela, não exista o "papel" do xamã e todos os indivíduos tenham uma germanidade do tipo *haĩma* (*haĩma siblingship*). Em seguida, Cormier conclui que tais relações têm menos a ver com o "totemismo" aludido anteriormente do que com a ideia de "animismo" (Cormier, *op. cit.*, pp. 91–92).

Embora Cormier apresente dados importantes, permitam-me fazer um contraponto à interpretação *animista* e *espiritual*.[16] Além de eu não ter encontrado nenhuma relação entre uma ideia de espírito e

---

14. Mesmo sendo uma citação desta autora, cito os nomes próprios a partir da grafia que adotei neste livro.
15. *Idem*, livre tradução.
16. Ambos termos utilizados por ela.

os nomes das pessoas, a ideia trazida por ela (de "conexão espiritual") parece ser nada mais do que relações do tipo que vimos até agora. Em outras palavras, os Guajá não mencionam nenhuma ideia que me pareça possível traduzir como "conexão espiritual", porém mencionam outras "conexões", por exemplo, se assim quisermos chamar a relação *riku*. As "relações *haĩma*", aludidas pela autora[17] podem ser pensadas como aquela existente entre um ser, um *jara*, e um *nima*. Se vincularmos o *haĩma* descrito pela autora às ideias de *riku* e *jara* (ambas ausentes em sua análise), poderemos propor uma alternativa à ideia de *conexão espiritual*, pensando o problema a partir de outros regimes de afeto, como venho argumentando até aqui.

Lembro que é uma relação entre cognatos a que ocorre entre um *jara* e um *nima*, e o trabalho de Cormier é rico em mostrar como o processo de perfilhação das mulheres Guajá e seus animais criados é traduzido como um processo de consanguinização — outra tradução possível para *harapihiara*, como vimos no capítulo anterior. Como um exemplo, podemos traduzir o nome *Pinawãxa'a* como "parente da bacaba": *Pinawã*, "bacaba" mais *xa'a*.[18] Neste caso, tal como observado por Cormier, a bacaba seria uma espécie de *nima* deste homem, que pode ser visto como o seu *jara*. Assim como um homem cujo nome é *Wirahoa*, "Gavião", tem o gavião como seu *duplo* animal. Há, portanto, uma relação de proximidade entre o indivíduo e o ser, ou coisa, que o nomina e também — como bem observou Cormier e vimos no capítulo 3 — uma espécie de evitação. A possibilidade de relacionar pessoas e coisas é a tônica da onomástica Guajá. Jara, o nominado, e *nima*, o ser ou fenômeno que nomina, são aqui não "donos" e "criaturas" que impliquem controle, mas seres que simplesmente estão relacionados, *riku*, um com o outro e se concebem "juntos", *pyry*.

Algo parecido ocorre entre os Waiãpi, cujo sistema de nomes faz uma distinção entre os que são "só nomes" e os que significam alguma relação ou semelhança com um elemento da natureza — escolhidos com o propósito de marcar a criança no nascimento, protegê-la de possíveis ataques dos espíritos *jurupari* e que, à medida que a pessoa cresce até se tornar adulto, vão sendo cada vez menos pronunciados. Segundo Gallois:

---

17. Relações entre um sujeito e seu nome, ou uma mulher e seu xerimbabo, dentre outras.
18. Xa'a: sufixo nominal e termo de cognação que exprime proximidade genealógica e/ou consanguinidade.

Para proteger uma criança, deve-se dizer-lhe o nome humano, para evitar que ela seja considerada como uma criança sem dono, prestes a ser raptada pelos seres sobrenaturais. Para proteger uma pessoa adulta, evita-se pronunciar seu nome justamente porque, nessa idade, os indivíduos já acumularam uma série de relações — de conflito ou cooperação — com essas entidades. Identificar a pessoa pelo nome seria chamar a atenção sobre ela [...].[19]

Mesmo com a contiguidade entre nominados e seres nominadores, não é desejável pôr em relação o nome de alguém com o ser ou o fenômeno que o nomina, o *nima*. Desta forma, alguém que se chame *Kaawi'ia*, "marimbondo", embora seja um *kaa jara*, e que tenha relação de proximidade com os marimbondos, *kaa*, não deve ser referido ordinariamente como um marimbondo qualquer. Em um conjunto de etiquetas muito particulares, a onomástica Guajá relaciona pessoas e seres, sem que uma relação real (ou seja, com seres reais) tenha que ser mencionada. Ao contrário, a menção a esta relação pode ser vista como uma ofensa. Pude sentir isso quando deram-me o nome de *Iramuxa'a* (como um nome de brincadeira), cuja tradução pode ser "parente do inhambu". Recebi tal nome devido às minhas longas passadas, quando caminhávamos pela floresta, fortemente contrastada com os passos firmes e curtos de meus amigos. Certa vez, ao avistar um inhambu aludi ser ele uma espécie de *haxa'a*, "meu parente", para mim, ao que me explicaram não ser aquele o meu *nima* mas um outro, *amõa*. E era assim com todos os nomes, como se existisse um ser "ideal" (na falta de termo melhor), de outra ordem, ainda que terreno, que nomeasse cada um.

DONOS, DUPLOS

Não seria somente no plano terrestre que seres de diferentes ordens poderiam estabelecer relações do tipo *jaranima*. Entre a Terra, *wya*, e os patamares celestes, *iwa*, muitos dos personagens que ocupam os ecossistemas superiores são — por assim dizer — duplos de seres e coisas que povoam o mundo. Duplos, no sentido em que são versões celestes de seres da Terra. Quanto à humanidade propriamente, cada ser humano possui no *iwa* um equivalente celeste, com cônjuges e filhos, tal como experimentam na Terra. *Nima* é o termo pelo qual identificam tais duplos celestes, enquanto *jara* seria o equivalente terreno. Assim, todo ser humano, *awa*, é um *jara* em relação a seu

---

19. Gallois, pp. 180–181.

duplo celeste, por isso e nesse nível específico, *jara* pode ser concebido como sinônimo de *awa* e ocupa a posição humana por excelência (voltaremos a esse ponto).

Além da humanidade, boa parte da fauna e flora celestes são reflexos dos respectivos *jara* terrenos; podem ser chamados de *iwa nima*, "duplos celestes", enquanto seus duplos-matrizes, *jara*, vivem na Terra. Vejamos:

1. Os macacos-capelães, *waria*, pretos com as extremidades ruivas,[20] têm equivalentes celestes ditos ser *wari nima*. Este capelão celeste vermelho — *wari pinỹa*, "capelão vermelho" — é considerado um animal perigoso e vem à Terra se alimentar de frutos. Os capelães terrenos são *jara*, enquanto os celestes são seus *nima*

2. Os macacos cairara, *ka'ihua*, possuem seus duplos, *nima*, celestes, também avermelhados

3. O velho Takya narrou-me certa vez que a paca, o veado e a cotia também possuíam duplos, *nima*, celestes, todos vermelhos, enquanto os mesmos animais aqui na Terra seriam os *jara* daqueles

4. Da mesma forma, as palmeiras inajá, *inajã*, bacaba, *pinawã*, açaí, *jahara*, e babaçu, *hwa'ĩa*, têm seus duplos, *nima*, celestes um pouco modificados, pois dão frutos maiores e melhores durante todo o ano e são árvores baixas, em que não se precisa "trepar", *ipi*, para alcançar os frutos, basta esticar as mãos

Além dos listados acima, alguns objetos também contam com uma existência dupla. Por exemplo, as espingardas de boa parte dos *karawara*, como veremos, são *nima* das espingardas terrenas, à diferença que, em vez de chumbo, elas lançam energia, raios, *tata*. Da mesma forma as flechas, que, por lançarem energia, são mais eficientes. A vermelhidão, *pirỹ*, dos animais celestes e a "energia" — *tata*, "fogo" —

---

[20]. O bugio ou capelão (*Alouatta*), conhecido no Maranhão e parte do Pará como "macaco capelão", varia sua coloração de acordo com a subespécie, do preto total ao todo ruivo. Os encontrados nas matas do Caru e Pindaré são da subespécie *Alouatta belzebul*, de cor preta com rabos, patas e, eventualmente, punhos ruivos. Para mais informações, ver a boa descrição de Cormier sobre esta e outras espécies (2003, pp. 161–165).

presente nas armas parecem estar em consonância com a vermelhidão, quentura, *pirỹ*, *haku*, do próprio patamar celeste, *iwa*. Apesar de ser um local bonito e limpo, vimos que suas águas são quentes, o que obriga a população local a buscar na Terra, *wya*, águas mais frescas, *'y raxỹa*. Além disso, o clima também é desagradável para os humanos que lá visitam. As palmeiras mais baixas, os capelães vermelhos, *duplos* ligeiramente diferentes — "melhorados", eu arriscaria dizer — de suas matrizes terrenas... todos ditos *nima* dos seres terrenos.

Nesse caso, não é possível reduzir a tradução das ideias de *jara* e *nima* tal como opera para os Guajá, por oposição donos-mestres versus criaturas-xerimbabos; não faria jus ao conjunto de possibilidades que tais ideias aqui conectam. Jara é tanto *dono* quanto uma *imagem primordial*, uma matriz terrestre que encontra no céu o seu *nima*, não um xerimbabo, mas um *duplo*. Restaria saber se para a humanidade celeste o mesmo estaria colocado, ou seja, se para eles a bacabeira do *iwa* (de pouca estatura e muito produtiva em frutos) não seria ela mesma um *jara* de seu duplo terrestre, um *nima*, tendo-se em vista o fato de, para os Guajá, tais categorias serem subordinadas à posição que ocupam os seres.

HAIRA, «O MEL»

O termo *haira* é traduzível por "mel" e, em uma classificação genérica, "abelhas", uma vez que os Guajá não nominam as abelhas e o mel de forma genérica, mas a partir de sua variedade específica. Por exemplo: *jakuira*, "mel do jacu", ou *kwatira*, "mel do quati". Já o mel de qualquer abelha pode ser referido como *haira*, "mel", ou *imaíra*, "o mel pronto ao consumo", e na forma mais correta, *haira tekera*, literalmente "caldo das abelhas", como por exemplo *jakuira tekera*, "caldo das abelhas jacuira". A palavra para mel e abelha são exatamente a mesma em Guajá. Quando se referem ao mel, em Português, não se baseiam na distinção terminológica entre "mel" e "abelha", tal como nós colocamos; eles denominam o inseto e o alimento por *haira*, e sempre me chamavam em português para *comer abelhas*.[21] Também podemos dizer que o mel é das mulheres. Quem retira sempre são elas,

---

21. O que me causou mal-entendidos dos quais hoje me envergonho. Cheguei a escrever, em meus primeiros diários de campo, que "os Guajá dizem gostar de comer *abelhas*", apesar de eu nunca ter presenciado uma ação dessas. Tempos depois, descobri que, ao falar em Português, os Guajá utilizam o termo *abelha* também para se referir ao *mel*, nunca dizem "mel". E, como é óbvio, os Guajá não comem abelhas.

com seus filhos e outras crianças alvoroçadas em volta. Os homens derrubam as árvores e abrem buracos muitas vezes em madeiras muito duras e se dizem cansados para retirar o mel. Depois que elas retiram, oferecem a eles. Os Guajá saem da aldeia quase que diariamente em busca de mel.

Vimos no capítulo anterior algumas formas pelas quais o mel se apresenta aos Guajá, não somente como um alimento poderoso, física e mentalmente, mas como um componente que articula aspectos importantes da vida: saúde e doença; emoções (o mel doce é capaz de dissipar a tristeza) e afecções diversas, como o prazer sexual; um alimento importante, que provoca uma felicidade vital. De forma diversa de outros povos amazônicos, que realizam diferentes cerimônias em que utilizam o mel, os Guajá não o incorporam como parte de seu xamanismo, tampouco dedicam a ele benzeduras ou festas rituais, como fazem os Araweté, que misturam mel e açaí, a bebida do canibal celeste *Iaracĩ* (Viveiros de Castro, 1986, p. 354); ou os Parakanã, em ocasiões específicas como sua "Festa das Tabocas", que tematiza a relação entre homens e mulheres, quando são distribuídos mingau com mel, chamados de "xerimbabos das tabocas" (Fausto, 2001, p. 425); ou os Tenetehara, conhecidos por realizar uma complexa cerimônia denominada Festa do Mel, executada até os dias de hoje[22] (Wagley e Galvão, 1961).

Os Guajá não contam muitos mitos (ao menos para mim), e, quanto a sua origem na mitologia, o mel, *haira*, corresponde a mais uma das invenções de Maira, que criou os animais de caça, as palmeiras, os peixes, a humanidade, dentre outras coisas do mundo. A origem do mel passa, antes de tudo, pela origem das abelhas, suas produtoras e inventadas por Maira, e pode ser entendida a partir do seguinte fragmento:

Há muito tempo não existiam abelhas, somente marimbondos *brabos*, que picavam muito as pessoas, *awatea*. Maira transformou esses marimbondos em abelhas, e desde então temos diversas espécies delas.[23]

---

22. Ao mencionar o trabalho de Wagley e Galvão, Lévi-Strauss lembra que tal *como seus parentes Tembé, os Tenethara do Maranhão dedicavam ao mel a mais importante de suas festas* (2004 [1967], p. 29, ver também Wagley e Galvão, 1961). Lembro que os dois mitos utilizados na demonstração da parte inicial para o acorde de seu "Do Mel às Cinzas" são justamente dos Tenetehara (Guajajara, M188) e Tembé, M189). Ambos explicam a origem da tradicional Festa do Mel.

23. Narrado por Wirahoa, 2008.

As abelhas, portanto, são ex-marimbondos, *kaa*, já existentes no mundo quando Maira, o filho, surgiu, como já vimos.[24] Diferentemente de boa parte dos mitos sul-americanos que atribuem a origem do mel aos animais que lhe controlavam, sendo seus donos ou tendo a intenção de sê-lo, tal como aparece em "Do Mel às Cinzas" (Lévi-Strauss, 2004), o fragmento mítico guajá que aponta para a origem do mel se refere a uma criação espontânea e magnífica de Maira, da mesma maneira que o demiurgo fez, de cupinzeiros, os primeiros porcos-do-mato; de pedras, as primeiras antas; da casca fresca da palmeira açaí, as primeira cotias; e da casca seca desta mesma palmeira, os primeiros quatis.

Na referida obra de Lévi-Strauss, se tomarmos tanto o importante mito Ofaié sobre a origem do mel (M192), ou os ciclos que atestam a raposa, bem como outros animais, como *donos do mel* (M192; M97; M98; M99), ou grandes apreciadores do alimento (M207; M208), chegando no ciclo da *moça louca por mel* no Chaco (M212; M213; M216; M218; e M225); em nenhum deles consegui traçar um paralelo com o fragmento guajá. Em todos esses mitos temas como:

1. O desejo incontrolável por mel

2. A cobiça em apropriar-se das fontes de mel

3. A disputa entre animais pela primazia do domínio deste alimento

4. A conformação do mundo como um local onde os animais não são mais humanos, nem donos do mel (e, talvez por isso não possam mais se alimentar exclusivamente desse alimento), está ausente da passagem narrada pelos Guajá

---

24. Após ser abandonada por Maira, sua esposa, criada a partir de uma árvore, sai em busca do marido, grávida dos gêmeos Maira e Ajỹa. Dos filhos na barriga, Maira era o mais sabido e sugere a sua mãe que vá procurar por seu pai, o que ela prontamente assente. Durante a caminhada, a mulher encontra folhas bonitas; e o bebê Maira, de dentro da barriga, sugere à mãe que pegue as folhas para ele. Mas ela é atacada por um enxame de marimbondos que estavam escondidos nas folhas. Muito brava e machucada, ela bate com força em sua própria barriga na intenção de matar o gêmeos que carregava no ventre, mas não alcança sucesso. Logo após ela é devorada pelas onças, porém Maira e Ajỹa são poupados, iniciando o ciclo de vida magnífico de Maira na terra.

Se, nas palavras de Lévi-Strauss, *mais do que a sua origem, a mitologia do mel se refere a sua perda*,[25] no caso dos Guajá o mel é fruto da vontade de um ser único que o criou, dissociado de disputas sociocosmológicas. Talvez a única pista seja o fato de os homens serem picados por marimbondos e deixarem de sê-lo após o advento das abelhas. Da dor das picadas à volúpia sexual promovida pelo mel encontramos a antítese entre prazer e dor. Os mitos levantados por Lévi-Strauss, mostram como o alimento foi manipulado por diferentes animais e, em seguida perdido por eles, mais do que propriamente produzidos por eles; pois o mel, em todos esses casos, já existia e estava ligado a um *dono* (como jaguares, lobos-guará, dentre outros animais).[26] Para o caso dos Guajá, não existem mitos ou fragmentos que narrem a perda do mel pelos animais, pois talvez — como veremos agora — os animais ainda estejam associados, ou seja, são "donos", *jara*, do mel.

OS MÉIS DOS ANIMAIS

Se *haira* pode ser interpretado como uma palavra genérica para designar "mel" e "abelha", cada variedade de abelha é identificada pelo seu nome, em vez de *haira*. Os Guajá consomem dezenas de méis diferentes, doces, *hee'ẽ*, ou azedos, *hajahy*, a maioria deles, muito apreciada. Alguns são impróprios ao consumo devido à acidez ou gosto desagradável; outros, embora azedinhos, são bastante consumidos, e os doces são alimentos próximos à perfeição. Cada espécie de abelha é dita *nima* de algum animal, seu *jara*. Em meu inventário relaciono 34 variedades de abelhas cujos méis são consumidos pelos Guajá. Todas elas têm um *jara*, "dono" (ou "animal relacionado") das abelhas e do mel. Por isso, muitas vezes os méis e as abelhas são nominados pelo nome do seu *jara*, como vemos na tabela abaixo. As abelhas citadas são as que produzem os méis mais consumidos pelos Guajá, e não todas as que produzem mel nas matas dos rios Caru e Pindaré.

Não é o objetivo produzir um estudo etno-zootécnico sobre tais abelhas (em sua maioria dos gêneros *melíponas* e *trigonas*, ambos de insetos sem ferrão, como é comum em toda a Amazônia e boa parte do Brasil), o que me impossibilita aferir a espécie de cada uma delas, embora algumas sejam relativamente fáceis de ser identificadas.

---

25. Mais do que confirmado pelo material do autor.
26. Ver Lévi-Strauss, *op. cit.*.

«RIKU»

	Mel-Abelha (*nima*)	Animal associado (*jara*)
1	*Tamaíra*	anta
2	*Uhua* - chamadas de "abelhas antas"	anta
3	*Hairawaja*	arraia
4	*Hairaxĩa*	capininga (um quelônio)
5	*Akuxirua*	cotia
6	*Tataira*	cuxiú
7	*Xaĩra*	guariba
8	*Warira*	guariba
9	*Haiparira*	jupará
10	*Kamixa haira*	jabuti
11	*Jakarikuira*	jacaré
12	*Jakaremukuia*	jacaré
13	*Jakareramixiaira*	jacaré
14	*Haikaramakaira*	jacaré
15	*Tamataira*	jacaré
16	*Jakuira*	jacu
17	*Imaira*	paca
18	*Mu'uira*	paca
19	*Hijuira*	peixe que não consegui identificar
20	*Piraira*	poraquê
21	*Japerakua*	preguiça
22	*Japio'ã*	preguiça
23	*A'yra*	preguiça
24	*Kwatira*	quati
25	*Arateiryhua* (um mel azedo)[303]	queixada

26	*Haipijũa*	a rã *iwẽa*
27	*Iwerikoira*	a rã *iwẽa*
28	*Arapaha nimuira*	veado
29	*Hajpea*	Os donos são as abelhas *uhú* ("abelhas antas")
30	*Pirairuhua*	poraquê
31	*Hajpiũna*	?
32	*Kamataira*	?
33	*Haira pa'a*	?

A *tataira* (*Oxytrigona tataira*), cujo nome em português pode ser o mesmo, "tataíra", ou ainda "caga-fogo", "abelha-de-fogo", dentre outros a depender da região do Brasil, produz um mel doce. A *hairaxĩa* provavelmente é a abelha "tiúba" ou Uruçu-Cinzenta (*Melípona fasciculata*). A abelha *uhua*, é a trigona, conhecida como xupé ou guaxupé (*Trigona hyalinata*). Além desses, um dos méis mais desejados é o — muito doce — *piraira*, conhecido em português como produzido pela abelha Irapuã, dentre outros nomes. Trata-se da *Trigona spinipes*, famosa por se enrolar nos cabelos de quem estiver perto do enxame. Os Guajá a chamam em português de "abelha-tesoura", e em boa parte do Brasil ela pode aparecer como "torce-cabelo".

Para além das associações melífluo-sexuais que observamos no capítulo 4 e do insuficiente fragmento mítico Guajá sobre a origem das abelhas apresentado acima, o mel é um alimento apreciado não só pelos humanos e alguns animais, como o papa-mel, *haira*, mas é de interesse dos seres *karawara* (ou *karawa*), que descem à Terra para extraí-lo. Um *karawara* chamado *Warajua* — um tipo de borboleta que no céu é humano, como veremos no último capítulo — vem à Terra coletar diversos tipos de mel, levando-os para o céu em um *kawa xũa*, "receptáculo", "copo branco", um tipo de *kawa*, "copo", que só existiria no céu. Como sabemos, a capacidade de produção de mel nas colmeias é variável; algumas fornecem poucas quantidades, enquanto outras, vários litros. Apesar de algumas cosmologias sul-americanas defenderem que as árvores de hoje fornecem uma produção aquém das árvores existentes nos tempos míticos (como atesta o mito Ofaié, M192, citado por Lévi-Strauss, *op. cit.*), os Guajá defendem, ao encontrar colmeias com pouco mel ou totalmente "secas", *iky*, que isso ocorre porque *karawaras* como Warajua ali estiveram antes o extraindo. Eles o removem sem cortar ou derrubar a árvore, diferentemente do que fazem os Guajá.[27] Os Guajá não mencionam seres hipóstases do mel, como seriam os Ayaraetã, para os Araweté (Viveiros de Castro, 1986, pp. 246–249). Os *jara* que apresento acima até podem ser interpretados como "donos", embora eu não considere ser esta a melhor tradução; mas os animais, sim, estão certamente associados ao mel.

Mesmo não havendo seres mágicos do tipo "donos-do-mel", cada abelha, e mel, estão relacionados a um *jara* animal. O mel *piraira*, por exemplo, que pode ser traduzido por "mel-do-peixe", é assim denominado pois seu *jara* é o poraquê, dito ser, ao lado do jacaré, uma espécie de *dono absoluto* da vida nas águas — os peixes menores são *manaky nima*, "animais de criação do poraquê". Embora os Guajá mencionem a relação *jara,nima* para muitas espécies de abelhas, eles também produzem associações analógicas para explicar seus nomes. É o caso da abelha xupé, *uhua*, chamada "abelha-de-anta", devido ao formato e à dureza da parede externa de sua colmeia (em forma de cupinzeiro, que se parece com uma anta); essas abelhas são consideradas *tapi'i nima*, "animais de criação de uma anta", ou simplesmente "relacionados a uma anta", sem que necessariamente haja uma relação de controle de antas sobre as abelhas. Ou a abelha chamada *warira*, "abelha do capelão", que, como boa parte das abelhas do tipo melípona (sem ferrão) encontradas na Amazônia, também se nutrem da carniça de animais mortos.[28] Os Guajá afirmam que onde houver um capelão morto sua abelha-xerimbabo *warira* o estará rondando junto com as moscas, *merua*, e por tal motivo são chamadas *wari nima*, "animais de criação de um capelão"; "é como se elas estivessem

---

27. Seres celestes que se alimentam de mel terreno podem ser encontrados em outras cosmologias. Viveiros de Castro cita um ser de *tipo Maĩ*, chamado Aranãmĩ, o Maĩ *que ergueu o firmamento*, que vem à Terra comer o mel xupé, *iwaho*, e jabuti (Viveiros de Castro, 1986, p. 238). No caso dos Guajás, o Warajua vem apenas coletar e retorna imediatamente ao *iwa* para lá consumir o mel.

28. De acordo com as observações de Lévi-Strauss sobre o mel, para se nutrir as melíponas não desdenham substâncias de origem animal e "se interessam pelas mais diversas matérias, desde o néctar e o pólen até a carniça, a urina e os excrementos" (2004, p. 46).

chorando a morte de seus *jara*", me disseram certa vez. Mesmo que algumas abelhas sejam associadas por fenômenos aparentes — como o formato da colmeia ou hábitos diversos —, não são todas as espécies que os Guajá vinculam a um dono, *jara*, de maneira analógica. Apenas defendem que cada uma delas possui um, e que com eles ela mantém uma relação do tipo *riku*.

Sabemos que classificações para diversas espécies de mel baseadas em animais, além de serem atestadas por diferentes mitologias,[29] são bastante difundidas entre os Tupi-Guarani da Amazônia. Entre os Araweté, "se o cauim é um só, os méis são muitos. A maioria é nomeada segundo animais (mel do capelão, do jacu, do veado, do tucano, da onça, da cutia, do papagaio...)", da mesma forma que podem ser designados de acordo com nomes de mulheres falecidas que demonstravam preferência por algum deles — *mel de fulana, de sicrana*, etc. (Viveiros de Castro, 1986). Os Parakanã também distinguem dezenas de variedades de mel, *segundo o gosto, a abelha, a forma da colmeia ou a associação com algum animal* (Fausto, 2001, p. 169). Mais do que propor uma *associação* entre as variedades de mel e as diferentes espécies animais como se fosse uma questão de classificação analógica, parece-me mais produtivo, tendo em vista as formas de ação que vimos até agora, as abelhas e seus méis serem concebidas como *nima* desses animais-donos. Assim, de uma maneira replicante, as relações, *riku*, entre seres se transformam em outras relações entre seres, e isso não esclareceria somente o mel Guajá, mas boa parte dos exemplos que vimos até agora. Quero dizer com isso que não há uma forma *pura* do *riku*. A forma é múltipla: passa por muitas e se transforma em outras e em outras. Em um caso será vista como *criar*, enquanto em outros apenas *estar associado a*, dentre outras traduções possíveis. E se o *riku* Guajá é *mais do que Um*, as acepções dos termos que o determinam, a saber, *jara* e *nima*, também o serão. Podem ser donos e criaturas, como no caso dos animais de criação; tal como podem ser duplos celestes relacionados a seres terrenos, como no caso da relação Terra e céu, no exemplo 3; ou ainda relações consubstanciais entre seres humanos, *jara*, e coisas que o

---

29. O referido mito ofaié, utilizado por Lévi-Strauss (M192, *idem*, pp. 63–65), embora tenha "pontos obscuros", como reporta o autor, é lapidar ao tratar da associação entre animais e méis, quando apresenta o mel como um alimento inicialmente cultivado por diferentes animais (cada animal ganhou do jabuti uma muda de mel), e em seguida, devido à gula e falta de cuidado desses animais, se transforma em um alimento selvagem, produzido pelas abelhas.

nominam, *nima*, como no exemplo 2. Com isso, proponho que, para os Guajá, nem sempre *jara* poderá ser traduzido por "dono" e *nima* por "ser de criação", e nem sempre a relação entre os dois, *riku*, será de "controle" e "domínio". Voltarei a esse ponto.

Para finalizar este tópico, se a mitologia Guajá — tal qual o lapidar mito ofaié citado por Lévi-Strauss a respeito da origem do mel, que no fundo se refere a sua perda — não é explícita ao afirmar que, em tempos míticos, o mel era um alimento cultivado por diferentes espécies de animais-gente para, em seguida, ser desperdiçado devido à própria avareza desses seres, a sociologia pensa o mel e as abelhas como subordinados a uma relação com esses animais-donos, *pessoas* que, nesse contexto, toma a forma da relação entre *pessoas*; mais especificamente, entre *jara*, os animais relacionados ao mel, e *nima*, as abelhas e seu mel.[30]

karawara

Vimos nos exemplos acima que as muitas relações dos Guajá com diversos elementos de seu mundo passam pelas ideias de *jara*/ *nima*, em que o articulador primordial é a ideia de *riku*. Além das possibilidades acima, continuaremos vendo que o *riku*, como forma de relação, nos ajuda a interpretar a caça e a cosmologia guajá.

Além dos exemplos citados, também são *jara* uma classe de seres celestes, chamados *karawara*, ou *karawa*. Um grupo que envolve ex-humanos, espíritos de inimigos, *tenetehara* e animais, os *karawara*, em linhas gerais, são potências animais e vegetais que são pessoas no patamar celeste, *iwa*, — "Guajá celestes", como dizem — e quase todos seriam *jara*, "duplos", de pequenos animais, insetos, plantas e alguns objetos. Os *karawara* são gente, dizem os Guajá, humanos de verdade, *awate*, porém uma gente que vive no céu; são relacionados a pequenos animais, insetos, plantas e alguns objetos. Seriam, por exemplo, uma Gente-pica-pau, Gente-juriti, Gente-tucano, papagaio, siricora, sabiá, várias borboletas, marimbondo, Gente-taquara, dentre outras plantas e bichos, também referidos como *jara*. Todos são exímios caçadores

---

30. Tal qual os méis, diferentes resinas utilizadas como fonte de luz noturna são *nima* de outros *jara*. Uma resina chamada *jawarakua* é dita ser da onça — a onça é um *jara*; a resina da maçaranduba, *mixiranyka*, tem como *jara* o jacaré; enquanto a resina de jatobá, *itawa*, pertence à anta. Assim como os méis, os Guajá conhecem uma grande variedade de resinas que garantem durante a noite uma luz protetora e antifantasma, *ajỹ*, cada uma delas possuindo um *jara* diferente.

e, embora vivam no *iwa*, mantêm um trânsito constante entre céu e Terra, *wya*, onde vêm buscar, basicamente, *caça, água, mel* e outros produtos essenciais que só aqui se encontram, além de ajudar os humanos em curas xamânicas.

Os *karawara* são humanos melhores: mais bonitos; habitantes de um lugar mais limpo e agradável; podem ser inimigos impiedosos, pois muitos odeiam a humanidade; e, sobretudo, são caçadores infalíveis — cada um especializado em um tipo de caça. Então, por exemplo, Ajruhu Jara, "Gente-papagaio", são caçadores de porcos e nada mais; já Xapei Jara, "Gente-pássaro garrinchão", só caçam e comem macacos-prego; e assim por diante. Algumas plantas como a bacaba e o inajá também têm sua versão *karawara*. O Inajá Jara, "Gente-inajá", é um grande caçador de capelães, e o Makoro Jara, um caçador exclusivo de porcos que tem como *nima* na Terra o frágil passarinho *makoro*, "pomba-galega". Menos do que uma espécie de *superdonos*, os *karawara* parecem ser, de alguma maneira, antidonos, pois são donos, ou duplos, de uma fauna menor, composta por pequenos passarinhos, insetos e borboletas. Como veremos no último capítulo, os Guajá guardam mais interesse nas maneiras de caçar dos *karawara* do que em suas formas de *criar*.[31]

A cosmografia guajá é favorável para se pensar o *riku* como um acontecimento que transcende as barreiras socioespaciais. A predileção por *criar* animais é algo que pode ser encontrado também no *iwa*, e muitos *karawara* têm bichos celestes animais do tipo *haima*. Por exemplo, a esposa do Manaky Jara, "Gente-poraquê", tem uma predileção especial por macacos-prego, por isso mantém uma infinidade desses como animais de criação. Já o Kaa Jara, "Gente-maribondo", cria *kamara* — Tenetehara, Ka'apor e até *Kayapó*, me disse um homem, certa vez. No *iwa*, os *kamara* vivem soltos *como as galinhas da aldeia* ao redor da casa de Kaa Jara. E vários outros *karawara*, sobretudo suas esposas, criam animais específicos e outros seres.

---

[31]. Após apresentar a caça, nos capítulos 6 e 7, voltarei a discutir os *karawara*. Por ora, só precisamos saber que, por serem versões celestes de seres terrestres, são referidos como *jara* desses seres, não pelo fato de os controlarem, já que isso parece não acontecer, como veremos no capítulo 9, mas *apenas* por serem algo como *duplos*.

Além do *iwa* celeste, há um patamar subterrâneo ao qual, como vimos no primeiro capítulo, os Guajá não têm acesso. Este local não é muito diferente da Terra — com suas árvores e rios. A diferença fundamental entre o patamar dos humanos e este está no fato de os Guajá de lá criarem animais domésticos em grandes quantidades, tal como os *karaia*, "brancos", criam gado. Lá, uma mulher pode ter centenas ou milhares de *nima*. As aldeias seriam como *fazendas*, dizem os Guajá), que em vez de gado e cavalos teriam queixadas, caititus, veados, macacos e diversos outros animais de criação. Esses humanos subterrâneos voltam da caçada carregando diversos filhotes e, após alguns anos de convívio nas aldeias subterrâneas, em vez de soltar os filhotes no mato, tal como fazem os humanos após alguns anos de convívio com o animal,[32] eles os deixam se reproduzir. Nem os soltam, como fazem os Guajá, nem os comem, como fazem os *karaia*, "brancos". É um local onde prevalece o exagero da domesticação de animais, levada às últimas consequências.

INTERLÚDIO: OUTRAS RELAÇÕES POSSÍVEIS

Antes de prosseguirmos para o fim do capítulo, se faz necessário ressaltar que não defendo aqui que o *riku* seja a única ou principal forma de relação entre os Guajá. Ao contrário, ao lado desta, os Guajá e os muitos habitantes de seu mundo traçam outras tantas que, porém, escaparão à minha análise. Nem tudo no mundo guajá se *reduz* ao *riku*, e é bem provável que apenas uma pequena parte desse mundo poderá ser entendida a partir dessa ideia. Embora eu não explore com a mesma profundidade, apresento abaixo outras formas de pensar as *relações*.

Um dos pontos da socialidade guajá antevistos pelo trabalho de Cormier foi a capacidade de seres não humanos de manter entre si *relações de parentesco*, em que os termos *harypiháry* e *harypiana*[33] são utilizados para descrever não somente as relações humanas e dos humanos com as outras formas de vida, mas também para descrever relações entre seres não humanos (Cormier, *op. cit.*, p. 94). De acordo com a autora, os termos *haypiana-te* e *harypihary*, que em linhas

---

32. Ver Cormier, 2003.
33. Na grafia da autora, mas *harapihiara* e *harapihianã* na minha.

gerais, nas minhas palavras, exprimem proximidade cognática, são ideias que descrevem a relação entre seres de diferentes ordens. Assim a autora observa:

É de particular importância os awa se considerarem *harypihary* e *haypianate* de apenas uma forma de vida, os capelães. De acordo com os Guajá, a similaridade entre eles está no fato de ambos "cantarem", referindo-se ao barulho que produz o capelão, cuja vocalização se estende por um extenso território. Além disso, como discutido no capítulo seis, acredita-se que os capelães tenham sido criados a partir dos Guajá. O egocentrismo derivado da paternidade plural também é expressado através da relação de germanidade entre outras formas de vida. Enquanto, explicitamente, algumas formas de vida são consideradas dividirem um pai, (uma) consanguinidade parcial se aplica às relações entre comunidades de outros seres. Por exemplo, os Guajá são considerados *harypihary* dos capelães, e os capelães são *harypihary* dos cuxiús, porém os Guajá e os cuxiús não são *harypihary* entre si.[34]

Em seguida, a autora apresenta uma lista de alguns animais e discute a relação *harypihary* e *haypiana-te* entre cada um, porém não prossegue com a análise. Tomando as ideias de consanguinidade e afinidade como relevantes ao tratar o tema, Cormier encontra uma interessante forma de concepção zoológica, remetendo-nos a outras formas que vimos até o momento.

Vejamos, a partir da aldeia Juriti:

Para muitos seres do mundo, os Guajá traçam relações que estariam em um plano diverso do da ideia de *criar*, tal como vimos até agora. Por exemplo, o *kwanũa*, "ouriço-cacheiro", "coendou", além de ser um *wari nima*, "animal de criação para um capelão", é um *xa'a*, "afim", para uma preguiça. *Xa'a*, além de um sufixo nominal, é um termo vocativo para o pai ou irmão da esposa — *hawaja* é o termo referente. O termo que, para os humanos, exprime uma afinidade próxima[35] e os Guajá defendem que tal possibilidade de relação se estenderia a outros seres, tal como o *riku*. Trata-se, portanto, de um complexo de relações que "atravessa diferentes esferas sociocosmológicas: animais, plantas, espíritos e divindades, todos circulando em múltiplos canais que tanto os ligam aos humanos como os separam destes" (Viveiros de Castro, 2002, p. 416). Não se trata, portanto, de uma projeção no mundo natural de relações terminológicas do universo humano, tal como uma forma de animismo, mas sim uma forma de apreensão do mundo em que relações entre pessoas, coisas

---

34. Cormier, *op. cit.*, p. 94, livre tradução.
35. Para *ego masculino*, por exemplo, os *hawaja* por excelência são ZS e MB.

e animais são concebidas a partir dos mesmos termos pelos quais o são para as relações entre pessoas, que, como sabemos para a Amazônia, não devem ser reduzidas à humanidade, mas dizem respeito à afinidade.

Segue abaixo uma tabela com um pequeno conjunto de relações do tipo *hawaja* que os Guajá atribuem aos diferentes animais. De forma diferente da assimetria encontrada nas relações *riku*, as relações *hawaja*, isto é, de afinidade, seriam recíprocas, pois ambos os polos se enxergam como *hawaja*, "afins".[36]

- Tatu (*Tatu*) → Paca (*Kararuhua*)
- Onça (*Jawara*) → Jaguatirica (*Jawarata'ĩa*)
- Jacamim (*Jacamĩa*) → Um tipo de inhambu (*Iramutũna*)
- Jibóia (*Majhua*) → Cobra (*Ma'arymi'ĩa*)
- Jacu (*Jakua*) → Mutum (*Miitũa*)
- Jaboti (*Kamixa*) → Jabota (*Kamixatua*)
- Poraquê (*Manakya*) → Jacaré (*Jakarea*)
- Veado (*Arapaha*) → Anta (*Tapi'ira*)
- Paca (*Kararuhua*) → Cotia (*Akwixia*)
- Porco (*Xahoa*) → Caititu (*Matỹa*)
- Capelão (*Waria*) → Macaco-prego (*Ka'ia*)
- Macaco cairara (*ka'ihua*) → Macaco-prego (*Ka'ia*)
- Macaco-cuxiú (*kwixua*) → Macaco kairara (*Ka'ihua*)

O inventário de Cormier, mais completo que o meu, ainda relaciona, por exemplo, o veado mateiro com o foboca; capivara e anta; gambá e jupará; coelho e rato; esquilo caxinguelê e rato; tamanduá e mambira; o gavião-real, a harpia, e gaviões menores; dentre outros animais. E ainda, espécies de plantas, como vemos na tabela abaixo:[37]

- Babaçu (*Wã'y*) → Inajá (*Inajá*)
- Tucum (*Tacamã*) → Palmeira marajá (*Yúa*)
- Bacaba (*Pinõwa*) → Açaí (*Yahara*)
- Bacuri (*Mukuri*) → Pequi (*Piquiá*)
- Cacau selvagem (*Ako'o*) → Cupuaçu (*Kipu*)

---

36. Minha tabela conta com associações diferentes da tabela sobre os *harypihary* de Cormier (2003, p. 96), porém isso não significa que uma esteja mais correta que a outra, mas sim que trabalhamos em aldeias diferentes, conversando com pessoas diversas, em diferentes momentos.

37. Utilizo a grafia dos nomes segundo a autora.

Se as relações *hawaja* são algo como relações entre *cunhados* — atuando no plano da afinidade ou distância cognática —, com o *riku* ocorre o contrário, pois todo *jara* e seu *nima* são *harapihiara* entre si, isto é, pessoas que compartilham da mesma substância, história e território, parentes do tipo *consanguíneos*. O *riku*, portanto, é o tipo da relação que surge apenas entre seres próximos, tal como os Guajá definem a proximidade cognática, como já vimos aqui. É isso, inclusive, o que Cormier defende para a relação existente entre uma mulher e seus animais de criação.[38] Observando a forma quase obsessiva com que as mulheres criam seus xerimbabos nas aldeias, algumas mantendo até cinco ou mais macacos cativos, a autora afirma que, sobretudo com o capelão, existe uma relação direta de perfilhação, que transforma o pequeno filhote animal em uma espécie de *filho* da mulher, e, por isso, talvez o capelão seja o *nima* por excelência. Concordo com a autora ao afirmar a importância dos *pets* como constituintes da vida das pessoas e a domesticação de tais animais como um dos principais atributos da feminilidade e maternidade. Acrescento, porém, que a ideia de *nima*, "animal de criação", não se encerra nas relações entre humanos e animais, ou mulheres e *pets*. *Nima* seria apenas um dos polos da relação de *criação*, só existe em relação a um *jara*, e vice-versa. A conexão existente entre estas duas categorias, o *riku*, é uma das formas de manifestação da sociabilidade guajá, e só a partir dela poderemos entender as relações de parentesco tal como os Guajá as formulam.

ANDAR JUNTO

Como vimos até aqui, relações entre diversos seres gravitam semanticamente em torno da ideia de *riku*. No quadro abaixo retomo algumas possibilidades reveladas por tal ideia.

- ▷ Pais e filhos: (Humanos) → Awá (Humanos)
- ▷ Maridos e esposas : Awá (Humanos) → Awá (Humanos)
- ▷ Mulheres e animais de criação : Awá (Humanos) → Animais
- ▷ Pessoas na terra, *jara*, seus duplos celestes, *nima*: Awá (Humanos) → Não humanos
- ▷ Funasa e baratas: *Karaia*, não indígenas → Pragas

---

38. *Pets*, na definição da autora.

- Veados e pacas; todas as relações entre *jara* e *nima* animais: Animais → Animais
- Animais e abelhas/Mel: Animais → Animais/Alimentos
- Ajỹa e macaco-da-noite: Ogros não humanos → Animais
- Um *karawara* chamado Kaa Jara tem uma espécie de marimbondo como *nima*, além de ser um caçador de macacos-prego: Karawara (Não humanos) → *Xerimbabos* terrenos e caças terrenas

Retomando a questão final do capítulo anterior e o início deste, observamos, pelos elementos apresentados até agora, que a ideia de *riku* é fundamental para entender tanto as relações de conjugalidade quanto outras formas de subjetivação. Para rememorar o ponto inicial deste capítulo, muito embora os Guajá não mencionem nenhum verbo para *casar*, em todas as indagações sobre o tema me ofereceram o *riku* como ideia de relação entre marido e esposa. Portanto, se *riku* não é casar, casar é *riku*. Para reforçar o argumento citarei uma passagem, já resumida por mim, de um mito que me foi narrado em 2008 durante a estação seca.

WARI JARA: A ORIGEM DAS RELAÇÕES DE GÊNERO

Conta-se que, há tempos, um caçador vivia sozinho, solteiro, não tinha mulher alguma. Esse homem não sabia por que vivia sozinho e por que motivo não conseguia se casar. Certa ocasião, após uma produtiva caçada, abateu um grupo de macacos-capelão, *waria*, e capturou um filhote do bando como seu xerimbabo. O homem levou o filhote para casa a fim de tê-lo como animal de criação e o manteve amarrado ao tapiri. Tratava-se de um filhote fêmea, cujo apreço do homem a ele conferido era grande: gostava, maparỹ, de criá-la. O homem achava o animal muito bonitinho e alimentou-o, fazendo-o crescer, crescer, crescer até ficar grande e bonito. Diariamente, o caçador saía a caçar e, a cada nova empreitada, trazia para casa mais cargas de carne de capelães, além de outras caças que gostava de comer.

Durante a ausência de seu dono, a pequena fêmea de capelão se soltava de sua corda e fazia aparecer carás, *kara*. Até então, não existiam carás no mundo, e foi esse pequeno *nima* que fez surgir, pela primeira vez, o tubérculo. Ela os assava e comia enquanto seu dono estava caçando. Desde então, o homem, sempre que retornava a sua casa após um dia inteiro na mata, encontrava os vestígios de carás assados,[39] como se alguém tivesse se aproveitado de sua ausência, passado por lá e feito uma bela refeição. Dia

---

39. *Kara mihĩma*, "cará assado".

após dia era a mesma coisa: não havia rastros de outras pessoas, e só quem ficava em sua casa era aquele adorável filhote de capelão amarrado a uma das vigas do tapiri.

Certo dia, intrigado com tais acontecimentos, o homem resolveu voltar mais cedo para casa, sorrateiramente, para averiguar o que estava de fato ocorrendo em sua ausência. Eis que ao chegar em casa ele se depara com uma bela jovem que, naquele momento, estava cozinhando os tais carás. Ele fala: "Ah, então é você que está cozinhando esses carás! De onde você saiu? Onde está o meu animalzinho de criação?". "Eu não sou capelão", ela responde, "eu sou uma mulher, eu não sou capelão. Sou eu que venho cozinhando esses carás". Ela ainda diz: *jara jaha*, "eu sou *jara*", que nesse caso quer dizer *eu sou humana, eu não sou bicho*. O capelão cresceu e cresceu, se transformou em uma *awa wahya*, "menina". Ele não tinha mais rabo, e sua pele era humana. Agora era um ser humano, uma mulher.

Neste momento, Ajruhua, que me narrava o mito, explicou que quando o homem levou o filhote de capelão capturado no mato para sua casa, o animal era de fato um capelão e nada mais. Porém de tanto que o homem o criou (*riku, riku, riku!* — assim ela enfatizou), acabou se transformando na jovem que agora ele via diante de seus olhos.

Atordoado, porém muito atraído pela jovem, ele propõe que ela fique com ele como uma esposa, porém a jovem recusa a proposta, acusando-o de ter assassinado seus pais e tê-la aprisionado como um *animal*, tornando-se *dono* dela. Eis que ele se dá conta de que aquele macaquinho que ele havia aprisionado era, na verdade, a jovem que agora ele mesmo pleiteava como esposa. Ele tenta convencê-la a ficar e grita para ela: *jara jaha, jara jaha!*, "eu sou *jara*", que neste caso quer dizer *eu sou o seu dono, eu sou o seu dono!*. Ela recusa, mas ele continua insistindo, dizendo que vai fazê-la esposa: *ariku ta!*, "eu vou criar"!

Então, a menina aceita contrair matrimônio com esse homem. Ele passa a caçar para ela, porém sempre que trazia carnes de capelães para casa ela não comia, dizendo só comer carnes de queixadas. Para ela, dizia ao seu marido, os capelães eram seus *harapihiara*, consubstanciais a ela, tal como animais de criação. O tempo passou, nasceram-lhes os seios, a jovem menstruou e logo ficou grávida. Mesmo assim ela não aguentou viver na Terra, *wype*, dizendo não aguentar os fortes gritos e rugidos dos capelães terrenos, pois sempre ficava assustada ao ver seu marido matar capelães e seus gritos de raiva e desespero.

Por isso, fugiu grávida para o *iwa* a fim de encontrar seus parentes, pai e mãe capelães, mortos, e que agora lá viviam. No *iwa*, se retransformou em Wari Jara, um capelão vermelho que vive no céu, um "duplo", *jara*, dos capelães terrenos. No céu, os capelães vermelhos Wari Jara são Taky Jara *nima*, isto é, animais de criação de um *karawara* chamado Taky Jara.[40]

Em outra versão do mesmo mito, que obtive quase um ano após esta acima, a jovem Wari Jara foge para o céu, *iwa*, porém lá permanece com sua aparência humana, tal como desenvolveu na Terra. Fato que talvez invalide o mito como de *origem dos duplos capelães celestes*, animais e vermelhos. Na segunda versão, cuja variação é somente este final, meu interlocutor defende que a jovem no céu é realmente um macaco-capelão, porém de aparência humana, tal como são os *karawara*.[41] Inclino-me a pensar esse mito, que narra o provável aparecimento dos duplos de capelão celestes, como uma versão forte de uma suposta *origem das relações de gênero*, porque, dentre outros temas, está presente a domesticação, *riku*, e o tema da aliança, também *riku*, frustrada. Aprisionamento e casamento são noções que aparecem juntas, pois o animal doméstico, *nima*, é a possível esposa desse *jara*, o dono do animal, um possível marido, mais exatamente um mau marido, ou mesmo um *marido raptor*. O rapto de mulheres, tal como sugere o mito acima, é uma das possibilidades de estratégia matrimonial, tendo em vista que a domesticação de esposas funcionaria nesses casos da mesma forma que em outras relações de domesticação.

Alianças com mulheres do tipo *mihua*, os Guajá *brabos*, são possíveis até os dias de hoje, embora eu não tenha encontrado casos atuais. Mulheres *mihua* raptadas precisam modificar sua dieta e "permanecerem juntas", *iikwẽ e pyry*, ao marido, para que se tornem *imirikoa*, esposas. Por exemplo, as pessoas da aldeia Juriti dizem que Takwariropitỹa, filha de Takwarẽxa'a, é muito magra, pois em sua dieta consome cobras, tamanduás, macacos-da-noite e outros animais que as outras pessoas da aldeia dizem ser comida de selvagens, *mihua*. Em 2009, dois homens planejavam se casar com Takwariropitỹa que, se por um lado era magra demais para os padrões humanos, por outro, devido à sua idade de 12 anos, já devia estar casada há alguns anos. O jovem Juxa'a, então com 18 anos, que não tinha esposa e mantinha casos com outras mulheres casadas, passaria a dividir com Pira'ima'ã a esposa deste, Pakwa'ĩa. Takwariropitỹa, solteira, em vez de se casar com o também solteiro Juxa'a, se casaria com Pira'ima'ã como

---

40. Narrado por Ajruhua e Panypinuhũa, 2008.
41. Embora tenha sido informado não existir nenhum *wari karawara*, ou seja, um *karawara* cuja virtualidade seja a de um capelão.

uma segunda esposa, enquanto a primeira passaria gradativamente a Juxa'a.

Enquanto Pira'ima'ã "pega", *pyhy*, e "cria", *riku*, uma nova esposa, o solteiro Juxa'a, que já havia participado da concepção da segunda filha de Pira'ima'ã, passa a ser o segundo marido de Pakwa'ĩa; ao passo que a jovem, e outrora *mihua*, Takwariropitỹa passará a frequentar a casa de Pira'ima'ã para, a partir de uma boa alimentação, se transformar em *imirikoa* e consequentemente, *awatea*. Mesmo esse não sendo um caso de rapto de esposa, nele encontramos algo semelhante ao fenômeno, a saber, a possibilidade de incorporação por meio do casamento de uma jovem esposa que ainda não é totalmente humana, *awatea*, mas, ao contrário, estrangeira, *mihua*. Se o *riku* é o mais próximo que podemos chamar de conjugalidade, essa forma é extremamente eficiente para transformar estrangeiras, *mihua*, em mulheres próximas, *imirikoa*, ao anular as distâncias por meio do amansamento: rapto, amansamento e casamento podem aparecer de forma complementar.

Em níveis censitários, os raptos ocorriam com muita frequência antes do contato, quando os diferentes grupos locais mantinham pouca ou nenhuma relação entre si. Atualmente, o tema do rapto,[42] está relacionado fundamentalmente aos estrangeiros, *mihua*. E tais mulheres são bastante cobiçadas, como também já mencionei. Mesmo assim, na vida cotidiana, o verbo *pyhy*, "pegar", também pode ser utilizado como sinônimo de "casar", no lugar do muito utilizado *riku*. Diversas foram as vezes em que, ao questionarem se eu tinha informações sobre os tais *mihua*, os Guajá "isolados", os rapazes jovens se gabavam, a mim, de que, caso encontrassem as jovens desses grupos, as levariam para casa e as manteriam presas, agarradas ao corpo, dentro de suas redes, mantendo-as juntas a si, *pyry*, pelo tempo que fosse necessário. Isso seria necessário por dois motivos: primeiro, para que ela não fugisse de volta para floresta; depois, para que, bem junta ao homem, se acostumassem um com o outro. Se uma aproximação dessa qualidade ocorrer, e a jovem permanecer agarrada ao corpo do marido por muitos dias, ela permanecerá esposa durante muitos anos. Essa é uma ideia muito difundida entre os Guajá, que estabelecem uma relação direta ao fato de manter-se junto à alguém,

---

42. *Hamirikoa pyhy*, "apanhar mulher".

pyry[43] como essencial para que ocorra uma boa relação, seja ela qual for: paternidade, casamento e mesmo criação de animais. Vejamos um exemplo.

Após ser atacada por uma jararaca, a cadela de Ajruhua morreu, provocando uma grande tristeza em sua dona. Semanas depois, para suprir a perda da finada cadela caçadora, a mulher conseguiu, por intermédio de um jovem ribeirinho chamado Chico,[44] um filhote de vira-lata como animal de criação, *nima*, e que, com o tempo, poderia ajudá-la nas caçadas de sua família. O pequeno filhote logo já circulava pela aldeia e, como todo xerimbabo em seus dias iniciais, era a principal distração de todas as crianças, motivo de orgulho e cuidado dos adultos, principalmente de sua dona, que ficara muito feliz como seu novo cãozinho. Como eu passava boa parte dos meus dias de aldeia deitado em qualquer rede que houvesse disponível na casa de Wirahoa e Ajruhua, inevitavelmente tive aquele cãozinho comendo as pontas do meu chinelo e lambendo meus dedos sujos de terra. A todo momento, uma criança colocava o animal no meu colo para que eu o acariciasse e mesmo brincasse com ele. Devo ressaltar que a minha convivência com os cães da aldeia Juriti nunca foi das melhores. Dos vários ataques repentinos que sofri, uma forte mordida me deixou sem andar durante pouco mais de uma semana, o que quase me tirou do campo devido à profundidade da ferida, cuja cicatriz na perna carregarei durante muitos anos.

É certo que aquele simpático filhote não representava uma grande ameaça, por isso muitas pessoas puseram-no em meu colo, a fim de que se acostumasse comigo, pois quase sempre as crianças se lembravam, em tom zombeteiro, da mordida que eu havia levado. O jovem Kaawi'ia alertou-me para o fato de que, caso o cachorrinho permanecesse um tempo sob os meus cuidados, se acostumaria com a minha presença e, tão logo crescesse, não me atacaria, tal como fizera seu predecessor. Devido a meus cuidados, o animal me tomaria como mais um *jara*, um "dono". Argumento não muito diferente do que *nós* utilizamos para nossos animais domésticos, focos de cuidado

---

43. O termo *pyry* funciona com uma *posposição adessiva* que exprime adjacência, podendo ser traduzido como "junto a" ou como "para junto de", como nos exemplos: *ipyry* – "junto dele"; *hapyry* – "junto a mim" (Magalhães *op. cit.*, p. 56).
44. Chico do Cajú, que nasceu às margens do rio Caru, é um jovem de 25 anos muito querido pelos Guajá. É contratado da Funai para ajudar em tarefas pesadas do Posto Indígena, como a construção de barracões, abertura de roças, limpezas de pomar, dentre outras.

e *atitudes rituais*, como os gatos e cachorros.[45] Por isso, respondi a Kaawi'ia que minha aproximação com o cachorrinho não serviria de muita coisa, uma vez que eu não acompanharia seu crescimento de perto e, inevitavelmente, o animal se esqueceria de mim. Foi nesse momento que Kaawi'ia me forneceu uma informação relativamente simples, que até agora parece basilar para entendermos os processos de transformação de pessoas Guajá. Explico.

Segundo o jovem, de maneira diferente da relação que os *brancos* mantêm com seus seres criados, perfilhados e estimados, sejam humanos ou não, filhos ou animais de estimação, independentemente do tempo que eu passasse longe do cachorrinho, o fato de o filhote me cheirar e me reconhecer nesses seus primeiros dias de infância faria com que ele não se zangasse comigo em sua idade adulta. Além disso, e segundo essa ideia, os ataques dos cachorros da aldeia a mim não estavam associados, ainda que conte, a eu ser um estranho, mas, principalmente, por eu não ter mantido contato com eles enquanto filhotes; e agora já era tarde demais. Mesmo que os animais adultos se acostumassem comigo, nada os impediria de, de uma hora para outra, me estranharem e atacarem, como fizeram outras vezes. Se o filhote de cachorro me reconhecesse naqueles seus primeiros meses de infância enquanto um *jara*, ele não me morderia nem se zangaria comigo na idade adulta, mesmo eu ficando anos sem voltar para a aldeia. O importante, ao que parece, seria esse primeiro contato ainda quando o ser é um filhote. Kaawi'ia afirmou-me que não se trata de esquecer ou lembrar, *imahare* ou *imarakwa*, mas que a convivência é facilitada a partir desses encontros na fase pré-matura de cada ser, seja um animal de criação ou, como vimos acima, uma esposa. Certamente não tenho a intenção de extrair de um registro pequeno princípios sociológicos amplos, pois não estou seguro de que a explicação seja essa.

Na mesma direção de *reconhecer* e *lembrar*, eram dirigidos a mim comentários como: mais cedo ou mais tarde, eu precisaria retornar a minha casa em São Paulo, pois minha família estaria com saudades; ou que minha mulher se casaria novamente; e, mesmo, que meu sogro se zangaria comigo.[46] Embora nestes comentários a ideia de esquecimento, *imahare*, nunca estivesse presente, o problema era

---

45. Para evocar o célebre artigo de Leach, 1983, p. 174).
46. Comentários semelhantes a tantos outros, que os etnógrafos descrevem ao explicar o desconforto moral aludido por seus interlocutores por estarem sozinhos no campo.

sempre a noção de uma dolorida lembrança, *imarakwa*,[47] que poderia me deixar triste e me adoecer. Nesses casos, as ideias de *pyry*, "junto a", "para junto de", e *riku*, "estar junto em movimento" e/ou "produzindo uma ação", parecem centrais ao informarem tanto o rapto de mulheres quanto a captura de animais.

Pyry, "estar junto" ou "estar próximo", é uma categoria que revela muito da socialidade guajá, sendo ela mesma a condição do *riku*. O *pyry* complementa a noção expressa por *riku*: *riku pyry*, "criar junto a". O próprio termo de cognação que exprimiria, em linhas gerais, a consanguinidade,[48] pode ter se originado linguisticamente da nominalização da posposição *pyry*, traduzido literalmente em sua origem por "o que está junto de mim", pois, como sabemos, para diversos casos amazônicos a *consanguinidade* nada mais é do que uma ultraproximidade cognática. No entanto, esse termo descritivo, pelo seu extenso uso como de cognação, teria se lexicalizado e se tornado uma palavra hoje não segmentável em seus morfemas constitutivos. A nominalização da posposição *pyry* é realizada atualmente na língua guajá por meio da palavra *hapyryhara*, "aquilo" ou "aquele/a que está junto a mim".[49] Assim, de acordo com Magalhães,[50] *harapihiara* teria se especializado como termo de cognação, enquanto *hapyryhara* é o atual termo descritivo para qualquer objeto que esteja junto a algo ou alguém, como uma sacola que esteja junto a mim, por exemplo.

Desta forma, todas as relações do tipo *riku* são ditas como aquelas estabelecidas entre seres que se reconhecem como *harapihiara*. Todo ser dito *nima* é *harapihiara* de seu *jara*, e vice-versa. Esse tópico é discutido também por Cormier ao demonstrar que a relação entre uma mulher e seus animais de estimação, mais especificamente os macacos, ocorre entre consanguíneos,[51] pelo fato de os macaquinhos serem os xerimbabos[52] das mulheres. Todas as sete espécies de macacos conhecidos pelos Guajá são tomadas como xerimbabos, *pets*: macaco-capelão; macaco-prego; cairara; sagui *atamaria*; cuxiú;

---

47. Fato curioso, que ainda estou para entender, ocorria toda vez que eu espirrava. Após um espirro, quem estivesse por perto comentava comigo, e com todos em volta, em tom de brincadeira, que meu espirro era um sintoma de saudades de minha esposa, pois quando se pensa muito em alguém sente-se vontade de espirrar.
48. *Harapihiara* "meu consanguíneo".
49. *Ha* mais *pyry* mais *har* mais *a* é igual a *meu* mais *junto a* mais sufixo nominalizador *har* mais sufixo nominal *a* igual a *aquilo, aquele/a que está junto a mim*.
50. Comentário pessoal.
51. *Harypihary*, em sua grafia.
52. (*Hanima*, em sua grafia.

macaco-da-noite e macaco mão-de-ouro. Este último, em pouquíssima incidência na região do rio Caru. Cormier ainda ressalta que todos os *pets* são chamados *hanima* e que os macaquinhos são aludidos pelo termo *hamymyra*, "minha criança", o mesmo utilizado pelas mulheres ao se referir a sua prole em geral (*op. cit.*, p. 115). A autora argumenta que, embora toda "vida da floresta" (*forest life*) seja considerada um "parente" (*kin*), os macacos de estimação são incorporados mais diretamente ao sistema de parentesco, sobretudo no nível doméstico. Segundo Cormier, diferentemente de outros animais, os filhotes de algumas espécies de primatas podem, após *incorporados* a uma família, receber nomes próprios e apelidos que denotariam parentesco como: *papai avermelhado*, para um capelão;[53] *irmã* ou *filha*, para um macaco-cuxiú (fêmea, imagino); *cunhadinho*, para um macaco-da-noite; e *marido do sagui*, para o sagui *atamaria* (Cormier, 2003, p. 115).

O próprio morfema *xa'a*, como vimos no sistema de nomes, também pode ser estendido aos macacos de estimação. Então, por exemplo, a dona de um capelão, animais chamados *wari*, poderá chamá-lo de *warixa'a*, "meu guaribinha", ou "meu capelão parente". Por isso, traçar relações de parentesco entre os diversos animais domésticos é algo que pode acontecer, em tom de brincadeira, nas aldeias, e os termos *hapihiara*, "irmão", *imena*, "esposo", *hamirikoa*, "esposa", *imymyra*, *taira* e *tajyra*, "filhos dele" ou "dela", a depender do sexo dos pais e do falante, são acionados a todo tempo, a fim de demarcar relações específicas entre animais. A forma particular de domesticação desses macacos encontrada por Cormier, cuja relação de parentesco é tida como central ao seu trabalho, denota menos uma *proximidade de natureza entre humanos e animais*, como defende a autora, mas sim, outra forma de relação que postula certas homologias relacionais. Se pensarmos junto com a ideia de *riku*, a citada nominação dos macacos fará parte de um sistema de classificação que recusaria o par natureza e sociedade, uma vez que *a natureza e a sociedade não são neste caso separadas por fronteiras ontológicas* (Descola, 1992, p. 116).

Como exemplo, o sagui, *atamaria*, de Panyxĩa era mantido preso pelo pescoço, amarrado a uma viga de sua casa. Sua dona o mantinha assim por o animal ser *imahy*, "nervoso", "raivoso", "brabo", e fugir constantemente para encontrar o sagui de sua avó, Amỹ Piirawãja.

---

53. Embora a autora não explique, um apelido como esse provavelmente está relacionado à vermelhidão presente nas extremidades de seus membros e rabo.

Ambos eram machos e quando se encontravam gritavam muito e reviravam os objetos. Segundo Panyxĩa, o sagui de Amỹ Piirawãja e o seu eram *harapihiara* entre si, por isso permaneciam juntos para *wata*, "caminhar", "caçar", "coletar"; *wata pyry*, "andar junto", para ser mais preciso. Quando lhe perguntei se quando sem sua coleira o sagui não fugiria para a floresta para encontrar outros cognatos, *harapihiara*, disse-me que os saguis da floresta eram *mihua*, "selvagens", para seu sagui, portanto, só seriam *harapihiara* os saguis que viviam naquela aldeia. Isto sugere que, tal como as relações de parentesco, a relação entre dois animais só pode ser traçada a partir da que cada um estabelece em seu mundo. Mesmo os termos de parentesco *transpostos* para as relações animais, tal como vimos no exemplo de Cormier linhas acima, são dirigidos de acordo com o caso, e não há uma regra absoluta que prescreva substância e forma. Em outras palavras, cada xerimbabo será parente de outro de acordo com a espécie, a história, a forma de domesticação, o humor de sua dona, e outros detalhes.

Ainda no caso dos animais de criação, como em outros povos da América do Sul (Vander Velden, 2012, pp. 112–117), ao chegar nas aldeias os animais quase sempre são modificados. Aves têm parte de suas penas retiradas ou aparadas para que não consigam fugir, bem como as pontas seus bicos são cortados com tesouras para que, ao bicarem, não machuquem sobretudo as crianças. As afiadas garras de quatis são retiradas ou lixadas com lima. Paquinhas e filhotes de cotias têm seus dentes serrados, também com lima, para que as pontas cortantes não firam ninguém. Queixadas e caititus devem ficar bem amarrados ou presos em currais, para que o corre-corre dos bichos não transforme a aldeia em uma grande bagunça e gritaria; esses animais comem tudo o que encontram pela frente, de lixo a pintinhos. Apenas os macacos parecem não sofrer tantas intervenções, como cortes e outras injúrias. Com os macacos nada se faz. Quando muito, são presos com cordinhas por algum tempo, até ficarem mansos. Os que nunca se acalmam permanecerão amarrados até um dia em que serão soltos. Não basta, portanto, *estar junto*, é preciso que essa proximidade não cause danos.

A vida desses animais na aldeia depende de, digamos, acordos interespecíficos entre seus donos humanos e essas criaturas. De maneira geral, a primeira reação dos animais é resistir à criação, e muitos conseguem fazê-lo, escapando ou morrendo, causando frustração naquelas que desejavam ser donas, *jara*, criadoras. Os animais têm medo quando chegam à aldeia e muitos simplesmente não querem comer, morrendo também de fome. Animais como o jacaré, por exemplo, são difíceis de domesticar sobretudo diante de sua dieta exclusivamente carnívora, às vezes complicada para ser administrada pelos humanos. O último jacaré capturado que vi em uma aldeia recusou as carnes de caititu e cotia que lhe eram oferecidas e morreu por inanição.[54] Não apenas o jacaré em questão, mas diversos macacos, aves como periquitos, araras, inhambus, e mamíferos como pacas e cotias, durante os primeiros dias da nova vida se opõem à mudança na dieta. Notem que para cada animal, ou conjunto de animais, algumas regras são obedecidas. Algumas espécies comem farinha, outras não. Mingaus, carnes, frutos, e até refeições como as humanas, cada um dos alimentos vai variar de acordo com os hábitos da espécie. Para alguns a comida de gente, *awa nimi'ua*, bastará, para outros a alimentação será mais seletiva e específica.

Os animais da aldeia precisam aprender a ser animais de aldeia, e nem todos estão dispostos a isso. Existem diversas maneiras dos bichos resistirem, fugirem ou sabotarem a nova vida de cativos. Os filhotes de cotias podem roer as cordas que lhe prendem e fogem de volta para a floresta. Os quatis são muito bravos e podem ser violentos com as crianças. Além disso, comem os pintinhos que vivem soltos na aldeia, e podem roubar ovos de galinhas e de outras aves como o jacu. Esses quatis de criação também são um problema dentro de casa pois mexem em toda a comida, furam os sacos e espalham farinha por todos os lados. Assim como os quatis, os filhotes de porcos também querem comer pintinhos da aldeia e, por serem fortes, quase incontroláveis em sua corrida, precisam viver em currais, *hakãnã'ã*. *Os porcos até parecem gaviões*, me disse um amigo certa vez, dada a avidez dos queixadas por pintinhos. Os macacos-prego são muito bravos, ao mesmo tempo que habilidosos, uma combinação que não tem como dar certo. Mexem em machados, facas, cordas e até moto-serras. São eles os mais ciumentos e atacam os filhos de suas donas. Os macacos-cairara, por sua vez, adoram ficar brincando e são sempre comparados às crianças. Os macacos cuxiú-preto são grandes companheiros de caminhada; calmos, enquanto caminham são capazes de manter uma grande conexão com suas donas. Os Guajá sempre lembram como os cuxiú são bons companheiros de caçada.

---

54. A outra opção seria deixá-lo se alimentar à noite, com sapos e outros animais que lhe apetecem, mas isso estava fora de questão por motivos autoevidentes. Ninguém deixaria um jacaré solto na aldeia à noite.

Um dos animais mais exigentes é o capelão. Sua domesticação sempre será difícil pois se negam a comer qualquer alimento relacionado à dieta humana, além de serem chorões[55] e terem muita saudade[56] da vida na mata. Os capelães morrem muito facilmente na aldeia. É uma tarefa difícil criá-los. Não comem farinha, milho ou arroz, e nem mesmo as frutas dos novos pomares, plantados com a ajuda de não indígenas, como manga e jaca. Os capelães só gostam da comida do mato.

FAMILIARIZAÇÃO, CRIAÇÃO

Um modelo elaborado para a Amazônia a respeito das relações entre *donos/ senhores* e *criaturas/ xerimbabos* foi o que Fausto denominou *Predação Familiarizante*. A partir da relação entre os humanos e seus xerimbabos oníricos, que auxiliam os primeiros em suas curas, Fausto observa um aspecto fundamental da socialidade ameríndia, a saber, as *relações assimétricas de controle, real ou simbólico, conceitualizadas como formas de adoção* e pertinentes a quatro domínios: caça, xamanismo, ritual e guerra (Fausto, 2001, p. 413). Não vou discutir em detalhes o modelo do autor, uma vez que, além de ser de uma ambição generalista, foi retomado de forma comparativa em um importante artigo (Fausto, 2008).[57] Ao apresentar "a operação de aquisição do poder xamânico como um processo de familiarização de entes extra-humanos, com frequência associados à predação e ao canibalismo", o autor nota que "a relação familiar é modelada por duas relações assimétricas que envolvem controle e proteção: aquela entre pai e filho e/ ou aquela entre dono e bicho de estimação" (Fausto, 2001, pp. 415–416). Das formas que preveem o esquema da familiarização além dessas duas restariam: o controle simbólico sobre objetos rituais e or-

---

55. *Já'ohara*, "chorador".
56. *Imarakwa*, "pensar".
57. O modelo de Fausto dialoga diretamente com a ideia de *economia simbólica da predação*, tal como desenvolvido por Viveiros de Castro. Assim formula o autor: "Em resumo, se de fato é possível falar em uma economia simbólica da predação (Viveiros de Castro, 1993), é preciso desenvolver seu complemento — que não é uma teoria da reciprocidade equilibrada, mas sim das relações assimétricas do tipo pai-filho ou sogro-genro, constituídas por meio do homicídio e do sonho-transe. A predação é um momento do processo de produção de pessoas do qual a familiarização é outro. Não se compreenderá o sentido da guerra ameríndia por sua redução às relações simétricas de troca, mas sim, pela construção de um *modelo das relações assimétricas de controle simbólico*" (Fausto, 2001, p. 418).

namentos corporais, nos Ikpeng e Tukano; a dessubstanciação de animais caçados a fim de lhes retirar as armas, nos Makuna; os cativos de guerra, nos Tupinambá, e crianças raptadas, nos Ikpeng e Curripaco, tratados como xerimbabos; e, por fim, o processo de apropriação, ou domesticação, do espírito de uma vítima, ou presa, humana pelo seu carrasco, como ocorre nos Araweté, Nivacle e Wari.[58] A doutrina dos cantos de cura *karahiwa*, dados pelos *akwawa*, os inimigos oníricos que auxiliam o xamã, entre os Parakanã, *ou a ideia de alteração*, devir-outro, *do matador araweté* prescrevem um ordenamento semelhante entre as operações de domesticação no xamanismo e na guerra; e *ambas são parte de uma economia generalizada de produção de pessoas* (Fausto, op. cit., pp. 417-418). Tal como no *riku* guajá:

> Os temas principais são ontológicos: aquisição de alma e virtualidades de pessoas, nominação e existência, desenvolvimento das capacidades plenas da pessoa e maturação, controle sobre os processos mórbidos e longevidade, conquista sobre a morte e imortalidade.[59]

Fausto utiliza o modelo da relação entre senhores e xerimbabos, que prescreve um vínculo de proteção e adoção, como constituinte de um tipo de sociabilidade particular encontrada em diversos grupos amazônicos, mais especificamente, no xamanismo parakanã. Tal modelo, denominado *predação familiarizante*, atesta de forma bem sucedida que as diversas relações, sejam entre matador e vítima pós-homicídio ou entre xamãs e espíritos auxiliares, dentre outras, são pensadas como uma forma de *filiação adotiva*:

> A relação prototípica de controle nas sociedades ameríndias não é, porém, a do mestre e do escravo, mas a do senhor e do xerimbabo, que é exercida praticamente na familiarização de animais e no rapto de crianças estrangeiras. Estes, porém, não são senão casos particulares de uma estrutura relacional mais ampla, que envolve a familiarização do princípio vital da vítima na guerra e de espíritos de animais no xamanismo.[60]

O autor não menciona a relação marido-esposa em seu primeiro esquema (2001) relacional, diferentemente do que encontrei entre os Guajá.[61] No entanto, em uma análise mais recente Fausto insere a *maternidade* e a *matrimonialidade* no artigo em que retomou as

---

58. Idem, p. 417.
59. Idem.
60. Fausto, 2001, p. 539.
61. Embora, talvez não seja por acaso o modelo da predação familiarizante surgir a partir de uma sociedade que prescreve justamente o casamento com ZD.

ideias de *maestria* e *domínio* como fundamentais à compreensão das socialidades amazônicas (Fausto, 2008). Para o autor, a *maternidade* é tratada como um caso particular das relações de maestria e "se expressa nas figuras da mãe da caça, ou de alguma espécie em particular, ou da mãe de plantas, em especial, as alucinógenas. Contudo, o uso da categoria 'mãe' para designar entidades similares aos donos é restrita etnograficamente, além de não se aplicar ao espectro mais geral de relações de domínio que caracterizam a noção de dono-mestre" (Fausto, 2008, p. 350).

O caso dos Guajá questiona o *absolutismo* das formas *dono-mestre*, sugerindo uma multiplicidade de formas que não se sobrepõem, e concebe a maternidade *fisiológica* a partir de um modelo onde o que prevalece é a relação *riku*, que nem sempre será uma relação assimétrica de *controle simbólico* (Fausto, 2001, p. 418). Em outra palavras, toda relação *riku* estabelecida entre um *jara* e um *nima* é, sim, assimétrica, da mesma forma que Fausto pensa as relações de maestria; porém nem sempre o que estará em jogo será domínio e controle. Por exemplo, a relação entre um *karawara* dito ser, no céu, *jara* de determinado animal terreno, como o Makaro Jara, "Gente-pomba-galega", e seu correlato terreno, não é uma relação de controle. As qualidades desse *karawara* estão relacionadas ao fato de ele ser um exímio caçador de porcos,[62] e não por controlar as pombas-galegas[63] terrenas. Dessas últimas, o Makaro Jara é apenas uma *versão celeste* ou *duplo*, como venho chamando aqui. Ainda assim, as pombas-galegas, *makaro*, terrenas são ditas *nima* de Makaro Jara, mesmo não sendo controladas por esse. Isso sugere que o *riku* relaciona seres sem necessariamente produzir uma relação de poder, domínio ou controle, mas sim, de assimetria, tendo-se em vista que o Makaro Jara é humano, e o *makaro* terreno não. E as versões humanas, ou que pelo menos se consideram como tal, são as que se veem como *jara*.

Fausto observa que o conceito de *maestria é tão central à compreensão das sociocosmologias indígenas quanto a afinidade* (Fausto, 2008, p. 330). No caso dos Guajá, parece-me que *maestria* e *afinidade* (no sentido de ideias que determinam o casamento, em uma teoria da relacionalidade generalizada, nas palavras de Viveiros de Castro, 2002) não podem ser pensadas isoladamente. E quanto à aliança especificamente, ela é para os Guajá uma forma de "maestria", *riku*. Ao

---

62. Trataremos deste assunto no último capítulo.
63. *Patagioenas cayennensis*.

apontarem que casar é *riku*, uma ação que está em vários lugares, produzindo afecções entre seres de diferentes ordens, inclusive entre um homem e a filha de sua irmã, ZD, os Guajá asseveram que a aliança é um caso particular da maestria. Se a intenção é justamente *fazer parentesco querer dizer outra coisa*, as ideias guajá para o casamento *não só determinam outros referentes que os nossos, como envolvem outros componentes* (Viveiros de Castro, 2002, p. 407).

Quanto à *matrimonialidade*,[64] o autor a sugere a partir da perspectiva do xamanismo, *pois o xamã constitui verdadeiras famílias espirituais: tem uma esposa, afins e gera filhos-espíritos* (Fausto, 2008, p. 351). E, a partir do exemplo Nambikwara-Mamaindê, traça uma relação entre *matrimonialidade* e *familiarização*:

> Os Nambikwara-Mamaindê nos fornecem o exemplo mais sugestivo dessa assimilação entre casamento e familiarização (Fausto, 2001b). A esposa-espírito, que é um jaguar, é denominada da *mãindu*, "minha criação" ou "meu xerimbabo", pelo marido-xamã. Como era de se esperar, observa-se também aqui a instabilidade posicional que marca, em geral, as relações de mútua constituição entre xamãs e auxiliares: "não se sabe ao certo quem está 'criando' quem. Embora o xamã chame a mulher-espírito de 'minha criação'; ao partilhar comida e enfeites corporais com ela, o xamã indica que é ele quem está sendo 'criado' por ela".[65]

De fato, o exemplo acima é rico ao apontar um mecanismo que, se cosmopolítico para os Nambikwara-Mamaindê, para os Guajá está no plano da sociologia,footnoteAinda assim, como veremos, há casos de casamentos com mulheres celestes. em que as esposas são tidas literalmente como *minha criação* ou, em uma tradução literal, "objetos do meu criar", *imirikoa*. E se a cosmologia mamaindê propõe uma recíproca na relação de *criação* entre maridos-xamãs e esposas-espíritos, a sociologia guajá — bem como a tupinambá, como vimos acima — também defende que maridos *criam* esposas e que esposas *criam* maridos.

Uma mulher mais velha, muitas vezes, viúva, pode propor casamento a um jovem promissor da mesma forma que os homens fazem com as mulheres: *jaha ariku ta ni pyry*, "eu quero ficar com você", ou "te criar". Foi assim, inclusive, que Ajruhua e Wirahoa se casaram, ela com 24 e ele com 16 anos. Um casamento recorrente nos padrões dos Guajá, em que mulheres adultas com 25, 30 desposam rapazes

---

64. Nas palavras de Fausto.
65. Miller, 2007, p. 199; Fausto, 2008.

jovens de 14, 15 anos. Por um lado, esse e outros arranjos são concomitantes ao contato, momento em que historicamente os Guajá foram dizimados e sofreram uma drástica depopulação, o que inflete diretamente nos arranjos matrimoniais — incesto, mudanças no padrão residencial, poligamia onde não havia, etc. A literatura etnológica está repleta de exemplos como esse.[66] Mas recorrer ao argumento da crise do contato esconde as próprias preferências das pessoas. Diz-se das mulheres *criarem* seus maridos, porém o argumento não me foi fornecido com todos os detalhes que adquiri do casamento a partir do ponto de vista masculino. O fato de eu ser homem não deixou que eu apreendesse com apuro o *riku*, "casamento", tal como as mulheres o mantêm com seus homens. Por outro lado, os efeitos dessas criações de mulheres sobre homens se tornam aparentes todo o tempo, e novas uniões intergeracionais são desfeitas muitas vezes antes de começar. Não apenas os efeitos, mas novas linhas de fuga são traçadas a cada novo arranjo. Podemos ver isso no caso de Jawa'nĩa, um jovem que com apenas 15 anos saiu de sua aldeia de origem para ser criado pela mulher Ximirapi na aldeia Tiracambu. Ela tinha cerca de 35 anos na época. Uma vez na aldeia, vivendo, sendo criado por Ximirapi, o rapaz se *acostumou* com uma outra jovem, mais nova até do que ele, com quem decidiu se casar, largando para trás a *mulher velha*, voltando à sua aldeia de origem com a jovem mulher.[67]

Podemos dizer que há uma assimetria nesta relação marido e esposa que escapa à pura dominação masculino-feminino e instaura um tipo de socialidade intersexual, que no plano terminológico prescreve a esposa[68] como alguém que é resultado da ação *riku*. Porém no plano da ação, apesar de não aparecer na terminologia, homens indubitavelmente também são *pegos* para *criar*. Encontramos nos Guajá homens criando mulheres e vice-versa. Por isso a mulher enquanto puro ser criável, e não que cria, parece estar fundamentalmente no plano da língua, enquanto a etnografia prefere mostrar outra coisa.

A FICÇÃO DO DONO

Para finalizar o capítulo, problematizo etnograficamente a discussão sobre os *donos* na Amazônia; mas antes, para auxiliar na análise,

---

66. Para dois casos tupi-guarani, ver Müller, 1993; e Wagley, 1988.
67. Hoje em dia (2017), alguns anos depois, ele voltou a viver na aldeia de sua esposa.
68. *Imirikoa*, "aquela que eu crio".

discuto alguns casos correlatos ao *riku* guajá encontrados em povos falantes do tupi-guarani, particularmente.[69]

Linguisticamente, o *riku*, como um termo que exprime relações particulares, está presente em algumas outras línguas da família tupi-guarani, como o *reko* do guarani mbya que vimos acima, ou na formação de palavras associadas ao termo, como o termo para esposa, *he-remirikó*, na língua tenetehara (Wagley e Galvão, *op. cit.*). Tal ideia experimentou diferentes traduções, exprimindo subjetividades diversas, e, como observamos, as traduções linguísticas do tipo "estar junto a", "estar com", ou qualquer outra semelhante, no caso do guajá, não seriam suficientes para a compreensão da relação como um todo. Meu trabalho não é o primeiro a abordar o interesse de um povo para com essa concepção de relação encarnada na forma *riku*. O exemplo mais relevante para o caso é a ideia de *werekio*, encontrada entre os Zo'e, um povo linguisticamente próximo aos Guajá.[70] Havt traduz o termo *werekio* como "estar com" e ainda "tomar como esposa", e lembra que, tal como entre os Guajá, é um termo que aparece *com frequência em outros contextos [...], não necessariamente envolvendo um matrimônio* (Havt, 2001, p. 48). Para a autora, "quando um Zo'e fala em *werekio* ele está se referindo a uma adoção, no sentido de uma incorporação daquele elemento a seu viver. Mais adiante, esse termo vai ser encontrado referindo-se a um cônjuge, ao porte de algum utensílio, ao uso de uma técnica de apropriação e/ou uso do ambiente, aos cultivos das roças, enfim, a qualquer aspecto que possa ser definido como parte (ou que possa fazer parte) da vida, de um jeito de ser".[71] Tal como encontramos entre os Guajá, os Zo'e se referem a diferentes atividades mediante um mesmo termo capaz de expressar ideias próximas, embora diversas. Termo pelo qual são tratadas várias ações, não por uma escassez de outros específicos a elas, mas por ser o índice de outra propriedade relacional, isto é, sugerindo uma

---

69. Não compete a este trabalho avaliar os problemas e as soluções impostos a outras etnografias; e os questionamentos e soluções que venho encontrando para o caso dos Guajá não precisam ser completamente replicáveis a outros contextos etnográficos, correlatos ou não. Porém, algumas conexões — ainda que parciais — podem ser traçadas entre o caso dos Guajá e outros Tupi-Guarani, uma vez que, apesar das claras diferenças entre esses coletivos, como todos sabemos, encontramos de maneiras transversas aspectos que dialogam.
70. Segundo Rodrigues, ao lado de outras línguas, tanto o guajá quanto o zo'e pertencem ao subgrupo VIII (oito) da família tupi-guarani, o que os fazem menos distantes no plano intrafamiliar.
71. *Idem.*

homologia nas práticas. Porém, a despeito da precisão etnográfica da autora, cujo cognato *werekio* se relaciona ao cultivo das roças, à conjugalidade, à posse de objetos, dentre outras possibilidades, Havt prefere precisá-lo por meio de ideias pré-existentes, como *jeito de ser*, ou mesmo *textitcostume*.[72] Esses termos, para o caso dos Guajá, soariam um pouco vagos, uma vez que se trata muito mais de um sistema de ação, que relaciona e interfere na vida das pessoas, do que um *estado* de vida ou um *costume*. Segundo Havt, o *processo de amansamento*, como a incorporação de um xerimbabo, os cultivos das roças, até a incorporação dos afins, corresidentes e os *kirahi*, os "não indígenas", a um grupo local, *guarda estreita relação com a noção de (were)kio que também faz referência ao tomar alguém como cônjuge*.[73] Para Havt, o *werekio* faz:

[...] referência a algo que é incorporado como se fosse um hábito, um costume. Por exemplo: faz parte do *jeito de ser dos Zo'e* portar o adorno tembetá, *embepot*, feito de madeira poturu, na região pré-labial inferior; fazer de alguém seu cônjuge efetivo é expresso como *werekio*; os cultivos atuais — relacionados em diversas narrativas ao contato com os vizinhos *Tapãaj* que se tornaram inimigos — são considerados como adoções, da mesma maneira que as flechas atuais; a adoção, possibilitada pelo contato pelos *Kirahi*, de machados com lâmina de metal também é tratada em termos da incorporação desse utensílio ao jeito de ser zo'e.[74]

Novamente, ideias como *jeito de ser*, *hábito* e *costume* são utilizadas para explicar esse conjunto de ações. Tudo se passa como se o *werekio* zo'e fosse algo dissociado das próprias ações de adotar, plantar, portar, casar e incorporar. Como exemplo, a incorporação de utensílios vindo do mundo dos não índios *é tratada em termos da incorporação desse utensílio ao jeito de ser zo'e*. No final de sua análise, a autora sintetiza o *werekio zo'e* como a *incorporação de algum aspecto como hábito*.[75] De forma diversa, o que proponho para o caso dos Guajá é que não há *jeitos de ser*, mas *formas de agir* e outras formas de ação: incorporação, adoção, relação de casamento, dentre outras que elenquei nos parágrafos anteriores.

Para os grupos Guarani, os termos *teko* e *reko* também foram traduzidos, em diferentes autores, a partir de ideias como *modo de*

---

72. Cf. Havt, *op. cit.*, pp. 48–50, nota 36.
73. *Idem*, p. 65.
74. *Idem*, p. 66.
75. *Idem*, p. 66.

ser e *jeito de ser* e se vinculam a *uma outra [noção] que assume, em grande parte das análises, uma conotação espacial forte, a de tekoa*, o local de exercício do *teko* (Pissolato, *op. cit.*, pp. 105-106):

> Para o termo *teko*, Montoya apresenta os seguintes significados: "ser, estado de vida, condição, estar, costume, lei, hábito" (Montoya, 1991, p. 13), que Melià recupera para afirmar esta noção como expressão mais acabada de uma "identidade guarani" singular.[76]

De acordo com Pissolato, o que parecem informar muitos desses autores "é a noção de que há um 'sistema' (uma outra tradução possível para *teko*) englobando uma ética religiosa, uma forma econômica, um código de solidariedade, enfim uma orientação para o estar-no-mundo deixada pelos antepassados".[77] O *teko* nesses casos se comporta ora como a própria vida — ser, estar, estado de vida, condição —, ora como um dado da cultura — costume, lei, hábito —, tal como aparece em Havt a respeito do *werekio* dos Zo'e: *costume* ou *hábito*. O "nosso modo de ser", "viver", *nhanderekó*, ou o "meu ser", "minha vida", *xerekó*, são as formas pelas quais as ideias particulares sobre a vida, ou costume, das pessoas, uma vez que de acordo com os *Mbya*, são que cada pessoa tem seu *jeito*, seu *costume*.[78] Em sua forma contemporânea, o *nanderekó*, "nosso modo de viver", é traduzido pelos próprios Guarani como "cultura", e se filia a um conjunto de reivindicações desses coletivos, articulando políticas públicas, projetos de meio ambiente e atividades culturais como a gravação de CDs e apresentações públicas.[79]

Para os Guajá, diversamente dos exemplos Guarani e Zo'e, o *riku* é um sistema de ação, como na adoção e no casamento, e não um mecanismo que possibilite uma vida a partir de um conjunto de costumes ou hábitos; ele é um método de produção da vida coletiva (Lima, 2005, p. 96), e não um *jeito de ser* — mesmo porque não existem correspondentes do verbo *ser* nas línguas tupi-guarani. Com isso, sugiro que o *riku* deva ser pensado a partir da teia virtual de relações que compõem

---

76. Melia, 1991, p. 13; extraído de Pissolato, 2007, p. 108.
77. *Idem.*
78. *Idem.*
79. Sobre estes pontos, ver o interessante trabalho de Macedo, 2010.

a socialidade amazônica[80] em geral, e guajá, de forma específica.[81] O *riku*, parafraseando Lima, é uma realidade concreta da vida humana. É menos uma ideia abstrata do que — se for razoável destacar — um princípio sociológico não menos real do que tantos outros de nossa disciplina, como *linhagens, classes, tabus, bruxos e o casamento preferencial dos primos cruzados* (Seeger, apud Lima, 2005, p. 94).

Uma característica do *riku* guajá, em comparação a outras relações que ocorrem na Amazônia, é o fato de tal ideia se associar tanto a uma teoria da relacionalidade generalizada[82] quanto ser parte constitutiva de uma ontologia da familiarização, que prescreve o mundo permeado por relações entre *donos* e *criaturas*'.[83] Fausto recorda que as relações do tipo *maestria-domínio* foram "relegadas às notas de rodapé das etnografias ou reduzidas a uma simples categoria ontológica, a dos donos ou mestres da natureza", e seu artigo "visa a mostrar, ao contrário, que a relação de maestria é tão central à compreensão das sociocosmologias indígenas quanto a de afinidade" (Fausto, 2008, pp. 329-330). Porém, para o caso dos Guajá, se pensarmos a afinidade como regida pelas categorias do próximo e distante; aliados e inimigos; cognatos e não cognatos, dentre outros termos diferenciantes, o *riku* seria, antes de tudo, uma forma que permite a transformação desses "distantes", *hapihianã*, em "próximos", *hapihiara*. O *riku*, ao menos para os humanos, também *é a desconstrução da afinidade potencial* (Viveiros de Castro, 2002, p. 447), uma busca infinita pela proximidade cognática, em que, do ponto de vista de ego masculino, estranhas devem ser transformadas em irmãs, ou sogras, *xikari*, e sobrinhas, em esposas, *imirikoa*; ou do ponto de vista da aldeia, animais devem ser transformados em "parentes", *nima, hapihiara*. E o *riku* ainda ajudaria a refletir por que animais, *nima*, são deuses, *karawara*; ou humanos, *jara*, possuem duplos celestes, *nima*, informando a pró-

---

80. Recusando o par *Indivíduo e Sociedade*, tomo de empréstimo a ideia de *socialidade* tal como formula Marilyn Strathern (2006, pp. 40-41), pensando os *indivíduos* não enquanto sociais, mas como pessoas conceitualmente ligadas às relações que as unem, pois elas *são integradas por relações* (Viveiros de Castro, 2007, p. 107); subprodutos e produtores de suas interações que, no caso dos Guajá, são estabelecidas com *e entre* seres de diferentes ordens, escapando à ideias de coesão social ou mesmo sociedade.
81. Da teia de relações guajá fazem parte animais, humanos, deuses; e também, fenômenos como o vento, alimentos como o mel, dentre tantos outros já apresentados aqui.
82. A saber, as formas de aliança e parentesco, alternativas a um modelo genealogista-terminológico, tal como antevisto nos trabalhos de Viveiros de Castro e consagrados em sua teoria da afinidade (Viveiros de Castro, 2002, p. 422).
83. Tal como aparece nos trabalhos de Descola (2006), Fausto (2001) e Gallois (1988).

pria zoologia ao considerar que algumas espécies, *jara*, são mais próximas de outras, *nima*. E todo ser, a partir desse mecanismo replicante e de infinita reprodução, tende e a se aproximar de outro ser. No plano local, o *riku*, essa *afinidade intensiva* (Viveiros de Castro, 2007) atua nas relações humanas; e o sistema de aliança guajá só poderá ser compreendido se entendermos esse verbo que, como vem mostrando esta etnografia, ordena tanto o parentesco quanto outras relações.

Devo salientar que iniciei minha pesquisa de doutorado interessado no sistema de parentesco que inclui categorias, regras e práticas guajá, porém, uma vez entre eles e ao segui-los, deparei-me com tais noções, o que colocou a discussão sobre parentesco como *ponto de partida*. Ou, sendo mais direto, dificilmente entenderemos o que é, por exemplo, o *casamento* aqui sem antes entendermos como as pessoas, *awatea*, concebem e constroem suas relações. E quando as penso aqui, passando de uma a outra, tenho a intenção de destacar o caráter multinatural e perspectivo presente nestas relações que, como já salientado por outros autores,[84] é fundamental para o entendimento de uma sociocosmologia como esta que estamos observando. O parentesco guajá seria uma dessas *teorias não biológicas sobre a vida*, como escreveu Viveiros de Castro em um artigo recente (2009). Isto significa que para apreendê-lo se faz necessário incorporar não só o *método genealógico*, mas também o conjunto de ideias que caracterizam os Guajá como um grupo diferente de, *por exemplo*, nós mesmos.

A ideia de um mundo repleto de entidades distintas entre si, relacionadas como *jara* e *nima*, cria relações que circunscrevem a humanidade e nas quais a tradução de *jara* nem sempre será "dono", mas sim "criador", "quem anda junto", "duplos", "cuidadores", como vimos aqui, é fundamental para o entendimento do sistema de aliança em questão. *Riku* é um conceito-chave tanto para o parentesco quanto para a socialidade mais ampla, que envolve a própria chefia Guajá sob a ideia de *tamỹa*, "um propiciador de ações", que "anda junto", tal qual um chefe clastreano,[85] como veremos no próximo capítulo. Por isso, sugiro que de alguma forma a noção de *dono*, com sua *maestria, familiarização* etc., tal como a utilizo, opere aqui como uma *imagem-guia, uma ficção antropológica* (Viveiros de Castro, 2002e, p. 123; Strathern, 2006, p. 36) que mobilizo para recolocar a questão do

---

84. Ver Viveiros de Castro, 1996, Lima, 1996.
85. Ver Sztutman, 2012, pp. 317-322.

parentesco e da *relação* entre os Guajá. Tal *ficção* incide no fato de tomarmos o *riku* como um conceito que nos permite compreender não somente as relações humanas de parentesco, mas também aquelas que chamamos ecológicas, tendo-se em vista que animais e plantas estão imbricados nesse universo relacional. Repetindo o que propus acima, não estou com isso advogando que fujamos da noção de *dono*, mas cuidando para oferecer um rendimento etnográfico ao conceito a partir de ideias propriamente guajá. Menos do que demonstrar a inaplicabilidade deste ou daquele conceito específico (Strathern, 1988, p. 12), meu objetivo aqui é deslocar a metáfora do dono de maneira a colocá-la em uma posição imanente às ideias etnográficas.

Ao fazer tal aproximação não estou sugerindo que as pessoas vejam animais domésticos, além de outros seres ou objetos *criados*, e esposas da mesma forma, mas que a produtiva relação *riku* produz efeitos diferentes em ambientes diferentes. E no que essa concepção se coaduna com as ideias de maestria, domínio e familiarização[86] ela também se afasta, uma vez que o *riku* propõe, sim, uma teoria da relacionalidade assimétrica entre seres ditos *jara* e *nima*, vulgarmente traduzidos por "donos" e "criaturas", o que, porém, não implicará obrigatoriamente *controle*. De *donos* e *mestres* controladores, tal como encontramos fartamente em parte da bibliografia etnológica,[87] os Guajá só mencionam um certo *dono dos queixadas* chamado Ma'ame Jara. Um ser bravo, de aparência humana, cujas franjas das penas do cocar ficam apontadas para cima, e não para baixo como no cocar dos humanos; que tem como esposa uma fêmea queixada; seus filhos, igualmente, são porcos do mato. Ma'ame Jara cria todos os queixadas como *nima* e se alimenta basicamente de capelães, caçando-os com arco e flecha. Durante uma caçada Ma'ame Jara pode virar na sua forma humana para quebrar flechas e despistar os caçadores. Em seguida volta para o céu. À parte isso, o mundo guajá, que é povoado por *jara* e *nima*, só o é devido à multiplicidade de pontos de vistas implicados nessas relações.

A complexidade dessa relação está no fato de não se desenrolar em um nível específico de realidade e, a despeito de seu caráter realista, ela ocorre em diferentes esferas da vida sem necessariamente reduzir uma à outra, afinal, "num mundo em que as relações sociais são objetos das transformações das pessoas entre si, vemos que aqui as

---

86. Tais ideias vêm sendo discutidas para a Amazônia por Fausto (2001 e 2008), Gallois (1988), dentre outros.
87. Por exemplo, Gallois, 1988; Descola, 2006; Fausto, 2008.

relações sociais só podem se transformar em (outras) relações sociais" (Strathern, 2006, p. 262). Trata-se, portanto, de um conceito capaz de articular ordens muito diferentes entre si: sexual, matrimonial, alimentar; animais e humanos; seres animados e inanimados, dentre outras. É um mecanismo replicador e de infinita reprodução, que faz com que seres se aproximem de outros seres atravessando as fronteiras que concebemos existir entre espécies. Certamente, a possibilidade sugerida aqui de encontrarmos relações em toda parte constitui um fato desconcertante (Strathern, 2014 [1995], p. 269), porém, de muitas maneiras a intenção desta reflexão é demonstrar como elas estão de fato por toda parte neste universo, ainda que em níveis de complexidade e escalas desiguais.

Tal conceito parece se aproximar de uma ideia guajá sobre a própria ideia de *relação*, na qual o casamento seria uma das formas em particular. Parafraseando Corsín Jimenez e Willerslev (2007, p. 537), minha etnografia sugere que o *riku* guajá pode ser entendido como a *reescrita do conceito euro-americano de relação* — definido aqui como a conexão entre dois seres, dois fenômenos ou duas grandezas. No caso em questão, pelo menos em um plano que envolve os humanos e um vasto grupo de seres, além de diversos objetos, *relacionar-se* é desempenhar ações que giram em torno da ideia de *criar*. Não que o parentesco, apresentado aqui a partir da aliança conjugal, seja projetado para o mundo natural, tal como no modelo animista, em que todas as relações refletem o parentesco, mas, ao contrário, ele é um caso particular de uma matriz relacional mais ampla. *Trata-se de uma teoria sobre a relação, por assim dizer, em que a conjugalidade é uma das relações possíveis.*

Por outro lado, ao defendermos a *relação*, este nosso *conceito de companhia* (Strathern, 2014, p. 08), corremos o sério risco de reificar, em algum lugar, alguma ideia de *sociedade* por outras vias, mesmo por associação (Strathern, 2014, p. 11), algo que este livro nunca pretendeu fazer. Se há uma intraduzibilidade na ideia de *riku*, o esforço aqui está em, antes de tudo, realizar uma tradução, correlacionando as ideias de criação e parentesco a fim de apresentar uma maneira nativa e criativa de se pensar o tema do parentesco.[88]

A socialidade aparece aqui por meio da *reescrita etnográfica* (Corsín Jimenez & Willerslev, 2007) de ideias como *relação*, *parentesco* e

---

88. Na última década diversos autores vêm sugerindo tal procedimento. (*e. g.* Carsten, 2000, p. 04).

termos congêneres, cuja intenção mesma está em torcer conceitualmente os termos, e não em inseri-los em nosso repertório conceitual pré-determinado. Daí, o esforço deste livro não está em associar diretamente esposas e maridos a *crias*, mas sim observar como de um campo se passa ao outro nesta (cosmo)lógica, estabelecendo conexões entre entidades que para o *Ocidente* são pouco prováveis (Strathern, 1995, pp. 15-16). Isto não significa que a relação esteja em toda parte — embora ela esteja em muitos lugares, como venho argumentando — mas que quase sempre aparecerá de certa maneira para alguém, impossibilitando a existência de um *espectador absoluto* (Lima, 2005, p. 88), quando penetra em diversos níveis de realidade por um processo de construção autossemelhante (Strathern, 2014 [1995], p. 278).

O conceito de *riku* deve ser observado não como um operador *intra-antropológico* capaz de explicar somente o casamento, mas sim como um *operador transontológico* que associa humanos e não humanos, tendo-se em vista que o humano não é mais uma essência para o parentesco (Viveiros de Castro, 2007, p. 107). Para conceber esse processo de produção de relações, o parentesco é retirado de sua zona de conforto terminológico e aparentemente pensado a partir de relações que foram denominadas como de *maestria*, o que nos obriga a repensar esta última. Em outras palavras, ao menos no caso dos Guajá, maestria e conjugalidade aparecem como metáforas uma da outra, instanciações de uma relação mais ampla, a *criação*, ou simplesmente *riku*.

Andar junto

Ideias que definem os Tupi como notáveis agricultores — beneficiadores de diversas espécies de mandioca, lavradores aptos ao cultivo das mais variadas culturas, da batata-doce ao fumo, passando pelo cará, milho, amendoim, banana, pimenta, algodão, urucum, jenipapos e até cabaças; produtores de farinhas e beijus; cauins fermentados e doces, dentre outros cultivos específicos — de forma alguma se aplicam aos Guajá.[1] A eles, como vimos em sua história e, por consequência, no seu leque de opções culturais, só restaram a caça de animais selvagens e a coleta dos frutos da floresta. A agricultura está em uma fase embrionária, e o resultado efetivo da incorporação dessa atividade no ciclo de vida das pessoas só deverá ser percebido de forma qualificada dentro de algumas décadas com o passar de, ao menos, mais uma geração. Enquanto isso, a caça, como sugeri até aqui, segue como fenômeno central. Em nome dela, muitas vezes estão dispostos a empreender um colossal investimento físico, psicológico e mesmo emocional, e todas as outras atividades como pesca, coleta de mel e frutos, parecem tributárias da caça. Muitos acontecimentos se desenrolam a partir da caça: extrair mel, coletar frutos (pequi, cupuaçu, bacuri, bacaba, inajá, dentre outros) e até mesmo *trabalhar* com a Funai são atividades passíveis de ser abandonadas ou transformadas em caçadas, ao menor surgimento de um rastro, indicação de um sonho ou mesmo pela pura *vontade* de comer determinada presa, como veremos mais adiante. O objetivo desse capítulo é discutir os aspectos mais técnicos, psicológicos e econômicos das atividades de caça e explorar o que seria, para os Guajá, essa atividade — como ela se inicia, o que é necessário para empreendê-la e outras questões semelhantes.

---

1. Para a relação entre os Tupi e a agricultura, ver os balanços de Laraia (1986) e Viveiros de Castro (1986).

Forline (1997), que realizou um estudo de alocação de tempo das várias atividades desempenhadas pelos Guajá, demonstra como a caça é, dentre todas as atividades, aquela com que os Guajá gastam mais tempo em seus dias, mesmo não sendo a carne de caça a principal fonte de nutrientes. Embora cacem com eficiência diversos animais, os Guajá são especialistas na captura de mamíferos arborícolas, em particular cinco espécies de primatas: o capelão,[2] macaco cairara,[3] macaco cuxiú,[4] macaco-prego,[5] e mão-de-ouro.[6] A técnica, que consiste em uma *emboscada aérea* dos animais, ainda contemplaria a captura de quatis, ouriços-caixeiros, e preguiças.[7] A pesca sempre foi tradicionalmente uma atividade residual, uma vez que os Guajá sempre viveram longe dos cursos de grandes rios, não possuíam canoa, tampouco uma técnica apurada para a captura de peixes. Tal como os Parakanã ocidentais, cujas proteínas ingeridas até o contato eram oriundas basicamente da caça, os Guajá também, durante o período pré-contato, quando viviam na floresta, consumiam muito pouco peixe. Passaram a consumi-los com mais frequência após sua redução aos postos da Funai, inclusive com o auxílio de linhas, anzóis e tarrafas fornecidos pela administração do posto. Mesmo *bater timbó*, como fazem hoje, aprenderam com os integrantes das primeiras frentes de atração. Embora os peixes não figurassem no topo das preferências alimentares, os rios e igarapés abasteciam as pessoas com a carne de uma espécie jacaré, *jakarea*, e de poraquês, *manakya*. Além desses, alguns quelônios como tartarugas e capiningas[8] são muito apreciados. Em geral, os peixes eram capturados com timbó ou flechas no auge da estação seca.

Com essa breve introdução, pretendo apresentar neste e no próximo capítulo o rendimento ontológico da caça no universo guajá. Mulheres que caçam, flechas que ganham vida, xerimbabos que guiam os humanos no mato, além das sortes e azares dessa atividade que, mais do que isso, é a definição da própria vida para essas pessoas. Veremos como a caça Guajá tem como resultado um profundo ma-

---

2. *Alouatta belzebul.*
3. *Cebus kaapor.*
4. *Chiropotes satanus.*
5. *Cebus apela.*
6. *Saimiri sciuerus.*
7. Tal como ocorre com outros animais que não são consumidos, ou são pouquissimamente consumidos, como a capivara e o tamanduá, as preguiças são abatidas sempre que os Guajá o conseguem.
8. *Trachemys adiutrix.*

nejo de espécies silvestres, em que o fato de não matarem os filhotes e os soltarem em sua idade jovem; o respeito ao hábito das espécies, escolhendo apenas algumas horas para os abater; e não destruírem árvores duras,[9] lembrando-se de que são elas os verdadeiros *habitats* dos animais, em oposição às árvores finas e moles,[10] demonstram não só um profundo conhecimento bioecológico, bem como constitui, de muitas maneiras, uma manejo particular sobre o ambiente, como veremos.

CAÇANDO COM AS MULHERES

Lembro-me, no ano de 2007, da primeira vez que fui convidado a acompanhar um pequeno grupo em uma caçada simples, de um único dia. Por ser uma caçada de pacas e cotias, saímos por volta das sete horas da manhã, um pouco mais tarde do que se fosse uma caçada de macacos, e voltamos um pouco antes do anoitecer. Era um grupo pequeno. Comigo, contávamos cinco: um casal, Wirahoa e Ajruhua, Juxa'a, o filho mais velho da mulher, com cerca de 16 anos, e o velho Takya. Ainda levamos duas cadelas, fundamentais para rastrear pequenos animais. E Ajruhua levou seu *kwixua*, "cuxiú", de criação, empoleirado em sua cabeça e que pulava de pessoa em pessoa, de galho em galho, e retornava às cabeças à medida que caminhávamos.

Logo no início, percebi algo que seria recorrente a todas as caçadas que eu iria presenciar: o fato de, se houver uma mulher adulta compondo o grupo, toda a comunicação com os cães é feita por ela. Seus gritos agudos são o sinal para que os cachorros, de longe, não parem de farejar e respondam aonde estão. Os cães são delas! Durante todo o tempo, as mulheres chamam pelos cães e eles, de longe, latem respondendo. E assim segue, até que se ouve um latido mais forte, pontuado por rugidos, acusando que encontraram a presa procurada. Nesse dia, após algumas horas de caminhada, as cadelas rastrearam uma cotia que, poucos metros à frente, se enfiara em um buraco. O terreno, muito acidentado, das serras que compõem os territórios Guajá é formado por uma rede de buracos feitos por tatus, pacas e cotias; muitos dos quais, ocultos, e que podem ser chamados, como vimos, de *akuti rakwaha*, o "domínio da cotia", — buracos e troncos de árvores apodrecidos, os *ocos de pau*, que só um olhar especializado

---

9. *Ira hatỹma'a*, "madeira dura".
10. *Ira memeka*, "madeira mole".

pode reconhecer. Ao encontrarem o esconderijo em que a cotia se embrenhara, os homens começaram um trabalho de escavação tão fundamental para a captura de cotias quanto de pacas e tatus durante o dia — para isso utilizam cavadeiras fornecidas pela Funai. Em um período de quatro horas e em um raio de cinco metros quadrados foram escavados sete buracos, alguns bem profundos.

Enquanto o jovem Juxa'a e o experiente Wirahoa escavavam as galerias subterrâneas atrás do astuto roedor, quem indicava onde fazê-lo — ouvindo a movimentação da pequena presa, se alinhando de barriga ao chão e enfiando a mão nas fendas aberta — era a mulher, Ajruhua. A cotia não se entregou facilmente: encurralada no final, após fugir pelo subterrâneo e ser reencontrada através de um novo buraco escavado pelos homens, o animal, mesmo sem saída, conseguiu se enfiar na terra de tal forma que não havia braços ou varas longas o suficiente para alcançá-lo. Nessa hora, Wirahoa junta alguns pedaços de palha seca de açaí, *jahara*, pega em seu mocó o isqueiro com que o presenteei semanas antes, ateia fogo nas palhas e, junto com Ajruhua, abana e assopra a fumaça tóxica para dentro do buraco. Essa fumaça *envenenará* a cotia, ele explicou, e a deixará bem *mole*. E foi isso o que aconteceu. Minutos depois de o buraco estar repleto de fumaça, a mulher conseguiu apanhar a cotia pelo pescoço — que saiu se debatendo com muita força. Uma vez fora do buraco, Ajruhua a domou, segurando as patas inferiores com bastante firmeza, enquanto que, com a outra mão, apertava a garganta até que o animal morresse por uma asfixia final. Enquanto isso, seu marido e filho estavam calmamente conversando e se limpando; cansados e aliviados.

Mataram a cotia sem disparar um tiro ou flecha sequer. E o animal morreu pelas mãos de uma mulher: fato muito corriqueiro, como pude, depois, constatar. Nessa ocasião, percebi, o que também é recorrente, que as mulheres não estão ali como *damas de companhia*, como se as caçadas fossem algo exclusivo de um apartado universo masculino. As mulheres Guajá problematizam a ideia de caçar como algo do universo masculino, ou um fenômeno fortuito, caso os homens não estejam presentes, como na descrição de Lima sobre a participação eventual das mulheres nas caçadas de porcos dos Yudjá (1996, p. 22). Ao contrário, aqui elas muitas vezes não só propõem as caçadas, como podem andar na vanguarda de um grupo, destacadas na frente, indicando para onde ir, comunicando-se com os cachorros, rastreando fezes, urinas, pegadas, penas; enfim, todos os tipos de vestígios, *ipopora*, que devem ser sequenciados para que haja uma caçada bem sucedida. Ajruhua é uma dessas mulheres. Seu marido, Wirahoa, em 2007 era o melhor caçador da aldeia Juriti — em termos absolutos, Wirahoa era o homem que trazia as maiores quantidades de carne para casa. Porém quando caçam juntos, durante todo o tempo ele a consulta sobre os caminhos a seguir e, muitas vezes, ela enxerga possibilidades que ele não havia percebido. Como da vez em que ela insistiu para andarmos um pouco mais, antes de desistirmos de uma vara de porcos que, segundo muitos, já estava longe. E eis que encontramos os porcos, após poucas horas de caminhada adiante. Enfim, ela tinha razão!

O fato de Ajruhua ser oito anos mais velha do que Wirahoa (ele tinha 29 anos em 2007, e ela, 36) pode ser um fator a se levar em conta; porém, outros casais com idades próximas dividem com maior ou menor intensidade o mesmo interesse pela caça: cada um de sua forma. Em uma tarefa considerada universalmente masculina, a caça, inserida em um universo como este, em que predar é o centro da vida, e não uma atividade a mais, às mulheres só resta se juntar a seus irmãos, pais, maridos e cunhados. Elas participam de todo o processo da caçada e podem, inclusive, sair sozinhas a caçar, uma mãe e sua filha adulta, por exemplo, principalmente cotias e pacas. Não é raro partirem de casa com facões e machados e retornarem à aldeia com uma bela refeição e, ao mesmo tempo, seus homens chegarem da mata, mas com as mãos vazias.

As mulheres desde muito jovens andam incansavelmente acompanhando também seus namorados. Jovens namoradas, por serem alvo de muito ciúme da parte de seus companheiros, não costumam ser deixadas sozinhas na aldeia enquanto eles estão caçando. Elas, desde muito jovem, carregam seus irmãos de colo ao acompanhar pais ou irmãos e, quando adultas, carregam seus filhos junto com pesados machados, cavadeiras, facões e outros instrumentos de metal. As mulheres ainda precisam dar conta dos mosquitos e outros insetos, como mutucas e moscas, que, principalmente na estação chuvosa, abusam da delicada pele dos bebês. Para afugentar essas ameaças, cada uma delas porta um abanador, *tata maka*, tal como leques, que passam abanando sobre os filhos na tipoia durante toda a caminhada. O leque, a tipoia, a saia, e o animal de criação, *haima*, adornando a cabeça compõem a indumentária feminina durante as longas caminhadas e caçadas.

Durante caçadas coletivas, ao encurralar algum animal, as mulheres podem dispor de uma das flechas do marido. Elas as enfiam no buraco ou entre as árvores, no intuito de ferir ou acuar a presa; se proteger ou ameaçar algum animal; e não há restrições quanto a uma mulher tocar nos arcos ou flechas de seus maridos. Muitas vezes, durante as caminhadas, se os homens estão muito carregados, suas esposas levam para eles seus feixes de flecha, arcos ou espingardas. Ao final de caçadas em que eu os acompanhava, as mulheres gostavam de posar para minhas fotos segurando os arcos e espingardas de seus maridos, bem como as caças abatidas por eles. Quando posavam, diziam em tom de brincadeira terem sido elas que mataram aqueles animais. E se cerca de uma década atrás as mulheres seguravam arcos e espingardas apenas para aliviar o peso dos homens, nos últimos anos, pelo menos em uma das aldeias, mãe e filha passaram a caçar com espingarda. Ao visitar pela última vez a aldeia Tiracambu, em 2014, alguns amigos relataram o fato de Ximirapia e Pinawãxika, mãe e filha, respectivamente, estarem caçando com uma espingarda que estava *sobrando* na casa de uma das duas, o que, definitivamente, me parece uma novidade nesse estilo de caça realizado pelas mulheres. Estariam elas matando inclusive macacos, algo até então nunca experimentado. Além disso, os Guajá relatam que em situações excepcionais mulheres confeccionam e utilizam arcos e flechas. Este é o caso das duas mulheres encontradas *isoladas* em 2015, a finada Jakarewãja e Amakaria, que tiveram que criar sozinhas o pequeno Wirahoa. No mato, uma delas fabricava arcos e flechas, caçava com eles e ensinou o menino a caçar até que ele pudesse fazê-lo também.

 É muito comum também as mulheres levarem às caçadas seus filhos com idade de até dois anos. Levam-nos na tipoia, *imymy menẽha*, que até o contato era feita com fibras das folhas tucumã, mas hoje se faz com tecido. Muitas vezes, devido às longas distâncias percorridas com as crianças na tipoia, uma mulher pode pedir a seu marido que carregue a tipoia com a criança por algumas horas. Nesse caso, ela mesma carregará a espingarda ou arco e flechas do marido, em uma cena atípica na literatura sobre caça, eu diria. Muitas foram as vezes em que os vi trocarem os pesos *masculinos* e *femininos* para aliviar o desgaste da mulher. Uma hipótese, que goza de longa história na antropologia, de que as mulheres não caçam pois estão *constrangidas, sobrecarregadas, ou imobilizadas presas aos cuidados infantis* (Noss & Hewlett, 2001, p. 1025), tal como apontada por alguns autores (Brightman, 1996; Noss & Hewlett, 2001), também não se confirmaria aqui.

Não existem caçadas de que uma mulher não possa participar junto com seu marido ou irmãos; é mesmo muito comum as meninas recém-noivas, ou *pegas*, como dizem todos, e que ainda moram na casa dos pais acompanharem os homens com quem irão se casar. Quase sempre, as primeiras carícias e descobertas do sexo são experimentadas nesses passeios de caça. Mesmo na caça de queixadas[11] as mulheres podem estar presentes, embora, nessas situações, elas não corram tanto nem se embrenhem com vigor entre espinhos e por áreas fechadas, tal como fazem os homens. Caso estejam na mata em companhia de seus maridos ou parentes do sexo masculino, as mulheres esperam em algum local seguro; ou, se a caçada se estender por muitas horas, simplesmente voltam à aldeia, sempre acompanhadas por algum homem destacado para isso. Mesmo na caçada de porcos, em que dificilmente elas participam diretamente da ação — tal como fazem na captura de outros animais —, uma mulher pode ajudar seu grupo a rastrear os queixadas e planejar estratégias de captura. Assim, de muitas maneiras um casal pode "andar junto", *wata pyry*, atrás de caça; e o interesse de uma mulher por caçar é considerado mais que desejável, uma vez que, como estamos vendo, durante muito tempo essa foi a "principal" atividade na vida das pessoas.

Para os Guajá, portanto, nada mais *natural* do que mulheres se envolverem nas caçadas. A partilha de interesse de uma mulher por essa atividade, quase sempre, só tem a acrescentar ao desempenho de seus maridos. Tenho, por suposição, que os melhores caçadores geralmente contam com uma ou mais esposas interessadas no assunto. Ou, em outras palavras, o sucesso na caça será consideravelmente superior para um homem quando a mulher se envolve, uma vez que ela entende como poucos as artimanhas dessa arte. Ajruhua e Amỹ Pirahỹa, por exemplo, quando saíam com um grupo grande — formado por filhos, maridos, irmãs e cunhados —, eram constantemente consultadas por homens para expressar suas opiniões e decisões a respeito de determinados *rastros* (penas, fezes, urinas, pegadas, tudo o que compõe a ideia de *ipopora*, "rastro.") e os caminhos a seguir. O mesmo pude ver na aldeia Tiracambu, onde um dos homens que mais

---

11. A mais desgastante e arriscada dentre todas as caçadas, pois os homens são obrigados a se separar, saem completamente dos caminhos e trilhas usuais, se embrenham entre espinhos e por áreas fechadas da mata — tudo isso correndo... correndo muito.

capturava, Maihuxa'a, tinha em sua esposa, Pakawãja, uma grande companheira de caça, muito interessada no assunto, e o casal, tal como Ajruhua e Wirahoa, participava de todo o processo de caçada, que consiste basicamente em rastrear, cercar e abater.

Uma ideia genérica de mulheres indígenas como coletoras de frutos ou produtoras de beiju não expressa o forte comprometimento que as Guajá mantêm com a atividade de caça. Além disso, muito do que é coletado o é feito pelos homens, principalmente a bacaba e o inajá, frutos que são apanhados por pessoas que têm que subir em suas árvores e que muitas vezes têm como resultado cortes e escoriações profundas. Pequi, babaçu, bacuri e cupuaçu realmente são possíveis de ser colhidos por mulheres e crianças, porém, na época da bacaba, entre dezembro e março de anos alternados, se não fossem os homens para apanhar os cachos, o consumo da fruta não seria sequer metade do que é. Quero com isso defender que, para os Guajá, a relação entre caça e coleta não está diretamente condicionada aos sexos masculino e feminino, pelo que homens *caçariam* e mulheres *coletariam*, tal como usualmente encontramos em textos sobre grupos caçadores, passíveis porém de uma necessária crítica. Brightman, por exemplo, argumenta que a generalização a respeito da ideia de *caça masculina* e *coleta feminina*, tão difundida na bibliografia etnológica a respeito de povos caçadores-coletores, obscurece variações específicas do modo de produção particular encontradas em cada sociedade em particular, já que em muitos contextos as caças menores são capturadas por ambos os sexos ou, em alguns casos, preferencialmente por mulheres (Brightman, 1996, p. 689).[12] Muito embora as mulheres não cacem como homens — uma vez que a diferença entre os sexos passa pela diferença tecnológica: os homens utilizam armas; as mulheres, não —, se aceitarmos que as caças menores, junto com os capelães, representam a maior parte da quantidade de proteínas consumida pelos Guajá,[13] podemos apontar que as mulheres são componentes fundamentais a essa atividade, e não meras substitutas ou colaboradoras. E mesmo o argumento tecnológico, tão definitivo para dar conta das assimetrias entre homens e mulheres na caça, em que mulheres não usam armas, *Ce n'est pas la chasse qui est interdite aux femmes, ce sont les armes*, "Não é a caça que é interdita às mulhe-

---

12. O trabalho em sociedades caçadoras e, mais especificamente, a contribuição das mulheres em caçadas é um tema bastante descrito na bibliografia acerca de povos caçadores-coletores. Ver Brightman (1996) ou Noss and Hewlett (2001).
13. Ver Forline, 1997.

res, mas as armas", [14] se nos basearmos pelas *mulheres caçadoras* que vivem em isolamento ou por Ximirapia e Pinawãxika, mãe e filha da aldeia Tiracambu que vêm caçando com espingarda, tal afirmativa parece não se aplicar totalmente no caso dos Guajá.

Por outro lado, em nenhum momento os Guajá defendem a floresta como um local seguro e prazeroso para uma mulher permanecer só, pois, mesmo sendo caçadoras, são sensíveis à violência natural da mata. Apesar de não excluírem as mulheres das caçadas, sendo, inclusive, desejável que participem, como estamos vendo, e muito embora defendam a presença de suas esposas, irmãs e filhas nessa atividade, os homens guardam cautela quanto à relação mulheres-mata. Mesmo sendo caçadoras[15] elas são desencorajadas por seus maridos em algumas situações. São-lhes sempre lembrados os riscos de toparem com uma onça-pintada, pois as sussuaranas e onças-pretas oferecem pouco perigo.

"Eu quero ver anta, veado, vamos andar-caçar, *wata*, meu marido!?", assim Wirahoa sintetizou-me as chamadas de sua esposa para irem caçar quase que diariamente. É uma atividade prazerosa para todos, e as mulheres gostam, *maparỹ*, da floresta como qualquer outro. Porém, mesmo diante dos clamores exortativos femininos, os homens guardam cautela à constante insistência delas para caçar, sejam acompanhadas pelos homens ou por outras mulheres. A pronta resposta masculina é, quase sempre, *não vá, pois é perigoso, a onça te comerá!*, ou outra coisa de ruim acontecerá. Em caso de encontro com as onças-pintadas, *jawaruhua* ou *jawarapeperemuhūa*, os homens lembram que conseguem se defender e correr melhor do que as mulheres. Além disso, Pakwa'ĩa, uma mulher, me explicou certa vez que as onças preferem comer a carne feminina à masculina, bem como uma criança a um adulto. Por essas e outras razões, uma mulher deve caçar de preferência junto com o marido, *wata pyry*, embora isso não ocorra na prática com a mesma frequência que é relatada no discurso dos homens. Devo acrescentar que o *fator cachorro*, como veremos neste capítulo, é fundamental para que as mulheres tenham autonomia suficiente para entrar sozinhas na mata; não só porque os cães espantam as onças e outro animais perigosos, proporcionando segurança, como também porque facilitam, em muito, o trabalho de

---

14. Tabet *apud* Brigthman, *op. cit.*, p. 705.
15. *Watama'a*, "caminhador".

captura de roedores e tatus que, ao lado dos quelônios, são animais facilmente capturados e abatidos por mulheres.

O fato de a floresta ser supostamente mais perigosa para uma mulher que para um homem parece ser, ao menos aparentemente, algo com que todos concordam; pois os homens, pelo fato de possuir armas, conseguir subir em árvores, aguentar mais peso, dentre outras vantagens técnicas, seriam, pelo menos dizem os Guajá, mais preparados para enfrentar a mata. É interessante notar que, apesar da ideia de ser a floresta um local perigoso para as mulheres, e do fato de os homens em geral se utilizarem de armas, e as mulheres não, em nenhum momento homens defendem que a caça é uma atividade *masculina* em oposição a outra atividade como a coleta que seria *feminina*. Evocando aqui a crítica de Marilyn Strathern (1980), o próprio par referente à *esfera doméstica*, representada pelos animais de criação, filhotes cujo manejo da vida depende das mulheres, e a *esfera selvagem* concebida quanto a animais de caça, em que os homens são agentes privilegiados dessa relação, deve ser visto com cautela, uma vez que os animais de criação que acompanham mulheres à mata ali estão não apenas como adereços para o corpo, como já tentaram sugerir). Em conexão com suas donas, macacos pregos e cairara, atentos às caminhadas, podem alertar com assobios e gritos sobre cobras e aranhas venenosas durante o trajeto (Diniz, 2014, p. 65). O mesmo pode ser visto, como observaremos mais à frente, com os cachorros. Desde a introdução desses animais nas atividades de caça, as mulheres passaram a andar com mais segurança no mato, com menos ameaça de serem atacadas por onça, e grupos de mulheres com seus cachorros costumam ser muito eficientes em caçadas. Se a floresta é um local perigoso para as mulheres, como os homens costumavam me dizer, com os cães os riscos são amenizados. Os animais de criação aqui, longe de serem exclusivos da aldeia, a *esfera doméstica*, em oposição à pura predação de uma suposta *esfera selvagem*, são importantes justamente na mata.

Sabemos há algum tempo que as diferenças entre mulheres e homens não estão necessariamente baseadas na divisão entre natureza e cultura, muito menos podem ser diretamente correlacionadas a uma oposição entre *doméstico* e *selvagem* (Strathern, 1980). Como já pontuado aqui, a questão de homens desaconselharem mulheres a entrar sozinhas na floresta e o fato de a caça acontecer na mata não podem ser reduzidos à ideia de que a caça seja uma atividade masculina por excelência, embora seja bastante desejável pelo mulherio, *awa wahykera*, que os homens cacem para as esposas, e muito do que as mais velhas almejam ao se casar com homens mais jovens é que eles caçarão para elas. Porém, nem por isso a caça é pensada como uma atividade exclusivamente masculina.

Para os Guajá, o selvagem, *ka'a*, e o doméstico, *tipa*, não parecem encontrar ecos automáticos em outras oposições (supostamente) manifestadas como masculino e feminino; humanidade e animalidade. Por isso, o problema aqui, mais uma vez, repousa na imposição de uma dicotomia analítica a situações em que ela não é apropriada (Strathern, 1988, p. 20). A *animalidade* de um animal de criação, muito provavelmente, em nada se conecta à animalidade de um animal selvagem que será caçado. Diferentes modos de relação recortam os animais em duas categorias distintas entre si: *hanima*, "meu animal de criação", e *ma'amijara* ou apenas *ma'a*, "presa", "caça", "bicho". Um animal que é tratado por presa nunca será de criação, e apenas os filhotes muito pequenos capturados serão vistos como "caças", *ma'amijara*. Os filhotes capturados devem ser muito pequenos, pois aqueles um pouco maiores são difíceis de amansar e ainda poderão, em algum momento, se vingar da morte de seus pais, atacando principalmente as crianças. Filhotes de macacos, queixadas, caititus, esquilos quatipuru, cotias, papagaios, quatis e macacos-da-noite são criados na aldeia, e quase todos acompanham suas donas em caçadas e incursões pela floresta. O fato de animais serem domesticados é o que, de muitas maneiras, colabora para que as mulheres cacem mais, com mais vigor e qualidade, e mais ainda as remete, com mais segurança, pois esse é um ponto importante aqui, para a floresta.

A VONTADE DE *QUERER VER*

Em sua teoria sobre a caça, os Guajá defendem que a vontade de matar um animal específico é fundamental a uma caçada produtiva. Certa vez, após passar um dia na floresta acompanhando Pira'ima'ã, voltamos para casa com as mãos vazias, reflexo do péssimo dia de caçada. Em nossa caminhada de retorno, Pira'ima'ã comentou: *axaku'uhy wari ikaha!*, sentença que pode ser traduzida por algo como "estou com muita vontade de matar capelães!". Isto indicava que o fato de não os ter matado poderia, inclusive, lhe fazer mal, já que aumentava cada dia mais essa vontade, que é chamada *xaku'uhy* e permite uma tradução como "querer ver".

De acordo com Magalhães,[16] *xaku'uhy* é um verbo que pode ser traduzido grosseiramente por "sentir falta" ou "ter saudade". Mas, analiticamente, ele pode ser segmentado em três partes: *xak* "ver"; *u'u*, um morfema encontrado em poucas palavras e que significa "desejar", "querer"; e *hy* um sufixo que indica a maior intensidade com que é empregada a palavra.[17] Dessa forma, "ver", *xak*, "querer", *u'u*, isto é, "querer ver", parece uma tradução satisfatória. No caso em questão, Pira'ima'ã estava com vontade, ou *saudade*, de comer capelães. Isso pode ser bom, pois promove novas caçadas; mas também pode ser ruim, pois a frustração acarreta problemas.

Por exemplo, em uma caçada há sempre uma predisposição para matar animais movida por uma vontade que não será saudável se for frustrada. Caso seja frustrada, deve ser sanada. Tal vontade pode ser produzida por algum evento: como um sonho, uma conversa, o conhecimento de um novo rastro e mesmo, obviamente, a fome.[18] As duas ou três refeições que os Guajá gostam de fazer em um dia são completadas por ceias menores, compostas por frutos, pedaços de carne, mel com farinha, hidromel, iguarias como fígados, língua e cérebro de alguns animais, bolachas e toda sorte de alimentos que estiverem ao alcance da mão. As crianças são capazes de passar os dias comendo, e são justamente elas e as mulheres que mais exigem comida. Em um belo relato sobre os Aikewara, Tupis do leste do Pará, Calheiros afirma que "um caçador, se for perguntado sobre os motivos que o levam a abandonar a sua rede e partir para a mata em busca de caças, responderá indicando uma mulher que vive junto dele: os solteiros dirão que caçam para suas mães e irmãs mais novas, os casados, que caçam para suas mulheres e filhas" (2014, p. 177); e essa *fome*, destaca Calheiros, mobiliza as comunidades e mantém os homens em movimento. Nas aldeias Guajá, crianças famintas ficam muito zangadas e, por isso, podem brigar entre si, chorar de forma desmedida, bater em xerimbabos e, mais comum do que possa parecer, arrancar os próprios cabelos em desespero. Os pais sempre que saíam para caçar diziam a mim, mesmo em português, *tenho que caçar, as crianças estão com fome!*. Por isso, a *vontade*, para ser aplacada, quase sempre nem será a própria vontade do caçador, mas a dele e a dos

---

16. Comunicação pessoal.
17. *I'ĩ* significa "ele falou" e *i'ĩ-hy*, "ele ralhou" ou "falou de maneira mais forte".
18. *Hajamyhỹ*, "estou com fome".

outros relacionados a si, como mulheres e filhos; o seu *pessoal*, para evocar a tradução dos Yudjá (Lima, 2005, p. 110).

Uma caçada frustrada, perdida, ou não realizada, pode criar um desejo de matar ainda maior, deixando os homens transtornados, *waky*, com raiva, *imahy*, acumulada, o que os obriga a ir para a floresta muitas vezes sozinhos e só voltarem quando a raiva tiver passado — o que só acontecerá após matarem o máximo de animais que conseguirem. Por outro lado, essa vontade, *xaku'uhy*, "querer ver", é umas das características que mobiliza os Guajá para a caça. A relação entre vontade e ação não tem um centro fixo de irradiação. Não há uma palavra de ordem que os mobilize para a caça ou qualquer outra atividade. E os eventos podem ocorrer como que por *vontade própria*.

Certa vez, após comermos muitos inajás, fiquei curioso para experimentar o coco desse fruto, pois, como se sabe, do inajá consumimos somente o fruto, cozido, assado ou na forma de mingau, e seu coco é normalmente descartado. Alguns me disseram que não comiam o coco do inajá pois a casca, além de muito dura e difícil de arrancar, escondia um coco muito pequeno, cujo esforço não valeria a pena. Nessa manhã, talvez por falta do que fazer, peguei emprestada a cabeça de um machado e um toco de pau a fim de abrir alguns cocos de inajá que abarrotavam o chão, em volta de um moquém, onde haviam sido cozidos. Ajudado por alguns meninos, comecei a atividade. Assim que abri o primeiro coco, logo me decepcionei, constatando que era preciso um esforço muito grande para retirar a casca e que o resultado era uma noz pequena e sem gosto, quando as pessoas me disseram em tom de galhofa: *kwaj kĩ mehẽ!*, "tá vendo!?" ou "não disse!?". De todo modo, prossegui na operação, abrindo mais cocos, mais por esporte do que por outra razão. Logo vi que estava sendo acompanhado por alguns garotos que faziam o mesmo. Minutos depois, boa parte das crianças da aldeia estava espalhada quebrando cocos de inajá para comer. Em seguida apareceu Pira'ima'ã, querendo amolar meu machado. E passou, ele mesmo, a quebrar cocos de inajá; chegou também sua mulher, Pakwa'ïa, e instantes depois, seu pai, o velho Pirama'ã, além de outras pessoas. Em menos de meia hora, um exercício inútil movido por uma tola curiosidade havia se transformado em uma ocupação que tomou dezenas de pessoas da aldeia Juriti. Da mesma maneira, muitas vezes os desejos, inclusive por uma caçada, podem se iniciar desta forma, meio que por contágio.

Por isso, há uma grande dificuldade por parte dos funcionários da Funai de arregimentá-los para os trabalhos da roça, pois palavras de mando não surtem o mesmo efeito que uma epidemia de vontades. É comum os funcionários marcarem uma colheita ou plantio para o dia seguinte e, na hora em que estão indo para a roça alguém anunciar um novo rastro de porcos ou um grupo de capelães; e então, todos abandonarem o *trabalho*, deixando os funcionários sozinhos na roça. Em outras diversas situações, quando um trabalho na roça ou no pomar não estava marcado, as pessoas muitas vezes se encaminhavam uma a uma, tal como no episódio do inajá, para trabalhar, deixando os funcionários do posto sem entender, já que isso não estava previamente *combinado*, isto é, não tinha havido palavras de mando. Simplesmente os Guajá começaram. Não se trata somente de a roça ser algo menos interessante do que a caça, o que é fato, mas a forma como se inicia uma atividade nem sempre é escolhida por todos. Simplesmente começam, como se fossem tomados por uma grande vontade mobilizadora, que defendo aqui ser o *xaku'uhy*, "querer ver", importante tanto para a caça quanto para a vida, de maneira geral.

Viveiros de Castro, como lembrou Fausto, *descreveu com elegância o caráter epidêmico das ações coletivas em uma sociedade sem chefia* (Fausto, *op. cit.*, p. 275):

Fruto menos de deliberações formais ou tomada de decisão de alguns em nomes dos outros, os atos concertam-se por um processo social de contágio. Ninguém diz a outrem o que deve fazer, mas sugere o que ele próprio fará. [...] é preciso, contudo, que alguém dê início à ação, tirando da inércia as disposições.

Fausto comenta como tal característica se presta à guerra Parakanã (Fausto, *op. cit.*, p. 275), e Viveiros de Castro, como tal *caráter desordenado e paulatino*, rege boa parte das ações dos Araweté (Viveiros de Castro, 1986, p. 300). A partir de noções específicas sobre as relações humanas, tal como *tenetãmõ*, "o que segue à frente", e *tãnã*, "o dono da aldeia", Viveiros de Castro observa que "toda e qualquer empresa coletiva Araweté supõe um *tenetãmõ*", e "uma coisa não começa se não houver alguém em particular que a comece".[19] O cognato Parakanã para o *tenetãmõ* dos Araweté é *tenotara*; na guerra, eram eles que iam à frente, eram os primeiros, dotados de uma grande capacidade exortativa (Fausto, *op. cit.*, p. 276). A ideia de *tãnã* Araweté,

---

19. Iidem.

que está baseada na aldeia, no componente espacial, encontra entre os Guajá o termo *tamỹa*. Por isso, aludem para o fato de Maira ser um *iwa tamỹa*, um líder nas aldeias celeste.

    Se o problema da liderança, mais do que chefia, como parece ser, é este de fazer aparecer um coletivo em que o líder é aquele que inicia, coordena ou mesmo captura uma ação (Sztutman, 2012, p. 316), os Guajá lembram que o *chefe*, sendo esta uma glosa indígena, é aquele que *puxa* uma ação coletiva. Uma ideia importante na política é aquilo que traduzem para o português por "puxar". *Myty*, "puxar", seria a principal atribuição de um *tamỹa*, o *chefe*; que vai na frente). *Myty ipamẽ* pode ser traduzido por "puxando juntos um ao outro", e os trabalhos na roça, caçadas e outros movimentos são sempre assim concebidos. Para todas as atividades, além de outros níveis da própria existência, as figuras de *tamỹa* ou *xipa tamỹa*, o "velho" ou "pai que lidera", são sempre evocadas. E apesar da complexa e, muitas vezes, categórica diferença entre "chefia" e "liderança", tão bem documentada em trabalhos como o de Sztutman (2012), a glosa guajá para essa figura do líder — o que toma a frente e mobiliza um coletivo — é sempre *chefe*, e mais recentemente *cacique*, como é o caso de jovens chefes de família que acumulam uma função no diálogo interétnico contemporâneo que, como bem mostrou Yokoi (2014) em sua dissertação sobre política guajá, ainda estamos vendo para onde levará a se mover a figura do *cacique*. Quando todos os chefes de família se pensam e são pensados como *tamỹa*, em situações de tradução como nas reuniões com a Funai ou SESAI, muitas vezes os jovens *caciques* dizem que não conseguem despertar o interesse de toda uma aldeia para uma atividade previamente acordada com o órgão; quando muito, eles o conseguem com suas famílias e aliados. Certa vez, o jovem Manã, da aldeia Awá, explicitou tal problema em uma conversa de *líderes* (leia-se jovens interlocutores) com a equipe de índios isolados da Funai, lembrando que tudo aquilo que eles estavam combinando ali, como mudança no jeito de fazer as roças, usos das torneiras da aldeia dentre outras importantes decisões; de nada adiantaria, pois quando ele voltasse para casa o combinado funcionaria melhor para seu grupo de parentes e amigos do que para os outros. A profusão das figuras de *chefia* nas aldeias maiores também é discutida por Yokoi, aludindo à conhecida diversidade de grupos locais nos diversos territórios, *hakwaha*, antes do contato. Com isso, *tãmya*, segundo o autor, "poderia ser considerado como o dono do espaço de circulação de seu grupo, tendo em vista a mobilidade Guajá em seus *hakwaha*.

[...] Como a aldeia Awá é uma reunião de vários grupos dispersos podemos encontrar muitos *tãmy* por lá, diria que, *tãmy*, são todos os homens com mais de trinta anos e que de certa maneira são ativos na vida pública da aldeia" (2014, p. 144). Ainda há uma relação direta entre chefia e xamanismo pois, como veremos no último capítulo, a figura do cantador, rezador e curador, encarnada pelo xamã, é ocupada também por todos os chefes de família e homens adultos quase que de forma geral. E nas palavras de Yokoi "[...] *tãmy* é ser xamã, é permitir e fazer com que o sopro e o canto dos *karawara* continuem dando a vivacidade e a alegria para que a abundância celeste seja presentificada aqui na Terra" (Yokoi, 2014, p. 146).

Devo lembrar que ao chegarmos a uma aldeia guajá os primeiros termos vocativos que ouviremos provavelmente serão *xipa* e *amỹ*, "pai" e "mãe", respectivamente, mas que ganham um espectro de aplicação bastante amplo. Ambos são termos que podem ser aplicados para homens e mulheres de uma ou mais geração acima e mesmo, na fala, entre cônjuges e irmãos, como já discutido aqui. Depois destes, *xipa tamỹa* aparece como um termo de referência muito recorrente. Todo chefe de família que já tenha tido um neto; pessoas não indígenas com cabelos grisalhos; e todos os homens que evoquem uma idade um pouco mais avançada ou mesmo a proeminência, devido a sua idade, sobre outros homens são chamados de *xipa tamỹa*. Esse último termo, portanto, encarna diversos papéis, como xamã, ancião, dono de atividade, dono de área de caça, *hakwaha*. Depois do fim das aldeias dispersas e a retomada da vida em grandes aldeias únicas, o que observamos são comunidades com muitos *chefes de aldeia*, cada um preocupado com sua sessão, sua área de caça e roça.

Parte do movimento é desencadeada pela vontade desses homens, muitas vezes, como se espera, um sogro, pai ou cunhado importante, e tal vontade, *xaku'uhy*, quase uma clarividência, é central em todo esse processo. Essa versão guajá do *tenetãmõ* Araweté, *tenotara* Parakanã, ou mesmo do *iju'a* Yudjá[20] é de fato próxima desses outros Tupi (Sztutman, 2012). E no mundo guajá e na caça, mais especificamente, essa forte vontade, *xaku'uhy* "querer ver", se coaduna a esses estopins iniciais que mobilizam um caçador e seus aliados para caçar. A

---

20. Trata-se de uma ação que permite o movimento de um coletivo, além de se dar de maneira contagiosa; propulsada por tal figura, porém sem palavras de mando; motivada por causas diversas, naturais ou extra-naturais.

vontade *xaku'uhy* é o motor da caça e produz, inclusive, uma raiva[21] que, se bem canalizada, será uma grande aliada durante as caçadas.

Caçadores mais experientes, mais velhos, conseguem controlar e canalizar essa vontade de matar, *xaku'uhy*, de uma maneira mais eficiente que os jovens. Esses últimos são literalmente tomados pela raiva quando estão vivendo seus anos iniciais como caçadores. E enquanto alguns conseguem se controlar outros sucumbem a uma total falta de controle. Por exemplo, um jovem, que em 2009 estava com 14 anos, havia abatido dois dos seis capelães que seu grupo, formado por seu pai, tio [FB] e outros aliados matara, e voltou para aldeia ainda muito excitado pelo feito. Terminada a caçada, ao retornar para casa, gritando e empunhando seu arco, começou a perseguir um galo que estava próximo. Por fim, conseguiu flechar a ave em um dos olhos para, na sequência, atirar flechas em panelas, cuias e outros objetos que encontrava pelo caminho. Não satisfeito, voltou a procurar galinhas para matar, até que sua mãe, muito calmamente, o aconselhou a ir tomar um banho no rio. Perguntei para seu pai o que estava acontecendo, e ele me disse, em português, ser *assim mesmo*; *o menino está com vontade de matar!*. Os homens adultos, mais experientes, ao contrário, são extremamente silenciosos durante e após uma caçada. Mesmo em caçadas gregárias, como a de capelães, podemos ouvir mulheres e crianças gritando muito em momentos de correria e abate, já os homens nada falam. Muito silenciosos, dizem que *os animais ouvem, nũ*, sobretudo as vozes dos caçadores, por isso não devem pronunciar muitas palavras nem ficar nervosos. Quando acabam uma caçada e voltam para casa, deixam a caça cair no chão, e normalmente se referem à esposa com frases do tipo: *kararuhu ajka harimirikoa*, "minha mulher, eu matei paca", ou *wari ajka harimirikoa*, "minha mulher, eu matei capelão". Não se trata de uma fala cerimônial, mas um *jeito* de falar[22] na volta das caçadas. Depois disso falam baixo e descansam muito. Só rompem o silêncio para narrar como foi o dia na mata, a captura dos animais ou indicar para quem pretendem dar um pedaço da carne. Por outro lado, muitos, porém não todos, dos jovens que começam a caçar por volta dos 13 anos, e algumas vezes bem antes[23] são bem descontrolados; voltam da mata

---

21. *Imahy*, " estar com raiva".
22. *A'e kĩa*, "é assim mesmo".
23. Entre os Guajá, um menino com nove ou 10 anos de idade já é capaz de capturar pequenos mamíferos, como cotias e tatus; pássaros que servem para a alimentação, como o juriti-gemedeira (*Leptotila rufaxilla*) e o juriti-pupu (*Leptotila verreauxi*), além

com raiva, *imahy*, causando grande alvoroço na aldeia, disparam flechas e proferem frases do tipo *eu vou matar você!* para os animais de criação, *nima*, sobretudo as galinhas, como já mencionado. Da mesma forma que entre os Parakanã, na impossibilidade de vingar um parente morto ou sair em guerra com outro grupo, os homens "matam animais domésticos, lançam flechas contra a palha da casa, dão tiros para cima. São formas de 'gastar' a raiva, que seria mais bem despendida pelo homicídio de um estrangeiro" (Fausto, *op. cit.*, p. 273). A excitação de um jovem caçador pode retornar durante vários dias, até que alguém o aconselhe a ir caçar, pois isso ainda é sua *vontade*[24] de matar animais falando por si. Enquanto isso, entre os caçadores experientes tal vontade, se bem controlada, é fundamental.

Ideia semelhante, relacionada à guerra, é discutida por Fausto para os Parakanã, quando é relatado *que sob o desejo de matar o inimigo há uma paixão poderosa: a raiva,* mirahya (Fausto, 2001, pp. 271–272). Os Parakanã chamam de *pirahy* um homem bravo, palavra cognata ao *imahy* guajá, sendo este último traduzível por "estar bravo", "estar ciumento" ou "estar nervoso"; um estado de descontrole que pode juntar raiva, ciúme, ódio. Como já coloquei anteriormente, uma tradução literal para *imahy* é "causar dor a si mesmo", já que o tema descritivo para "ter dor" é *ahy*, sendo o *m-* prefixo causativo (Magalhães, *op. cit.*, p. 57). Defendo que o mesmo *enfurecimento* que os Parakanã dizem ser necessário à guerra aparece no caso dos Guajá como motor da caça. A ideia de *xaku'uhy*, que traduzo por "ver-querer" — ou uma "vontade de ver" (para matar) — andará sempre junto com a raiva *imahy*, fator fundamental na psicologia de um caçador. Tal vontade, *xaku'uhy*, é despertada tanto pela vontade de comer, a fome de uma esposa ou filho, bem como outros fatores, como já coloquei. E tudo leva a crer que, durante uma caçada, quanto mais se mata mais se quererá matar.

Lembro-me de estar com um grupo retornando de um acampamento de caça, onde permanecemos por dois dias caçando porcos. Durante a longa caminhada de volta carregávamos seis *marakũa*, "sacolas de palha", repletos, contendo a carne moqueada de quatro queixadas; nosso grupo contava com oito pessoas adultas. Durante o trajeto, uma das cadelas que nos acompanhavam farejou uma cotia

---

de jabutis ou qualquer outro animal de pequeno porte que exija pouca complexidade técnica para sua captura.
24. *Xaku'uhy*, "querer ver".

dentro de um tronco seco, um *oco de pau*, e paramos para averiguar. Mesmo com toda aquela quantidade de carne, providencial para uma semana, paramos e devotamos cerca de três horas para capturar a pequena cotia. Hajmakoma'ã, o homem que a matou, disse estar com "vontade", *xaku'uhy*, de matar cotias e, por isso, se empenhou tanto em caçá-la.

CHAMAM-ME JAGUAR

Companheiros de caça e curiosos animais de criação, os cães, *jawara*, são parte vital na cinegética Guajá. Especialistas no rastreamento de diversos animais, eles são capazes de caçar sozinhos, por eles mesmos, cotias e pacas, além de tatus e outros animais menores, e são muito bem-sucedidos em descobri-los. A etnologia sul-americana já conta com algumas análises a respeito dos cães como animais domésticos (as *inquietas criaturas*, nas palavras de Vander Velden), de criação e caça, e seu devido lugar na vida das aldeias já foi também discutido.[25] Diferentemente de outros povos, para quem a convivência com os cães se remete a muitas décadas ou séculos, como no caso dos Jívaro, a presença de cães no cotidiano das aldeias Guajá é muito recente, tal como todas as introduções culturais advindas do contato: agricultura, casas, espingardas, dentre outros. Os cães da aldeia Juriti são vira-latas de pelos curtos, corpo esguio, pernas finas e musculosas, e muitos têm cabeças estreitas; são excelentes farejadores, cuja estatura e pelagem se assemelham, somente conferindo um paralelo, ao *terrier brasileiro*. Eles são capazes de pressentir suas presas graças a alguns cuidados dispensados pelos Guajá, e hoje são verdadeiros *hounds*, indispensáveis a muitas caçadas.

Os cães também ganharam o rótulo *karai nima*, "animal de criação dos não indígenas", e talvez por isso seus donos tenham por hábito lhes comunicar suas ordens apenas em português, língua que a maioria das pessoas da aldeia Juriti falava com desconforto: *Passa!*, a fim de os escorraçar; ou *Dentro!*, quando querem que avancem em um buraco; ou *Quieto, rapaz!*, muito utilizado quando estão latindo ou agitados — e tanto os cães quanto as cadelas são chamados de *rapaz*. Embora sejam designados *karai nima* de maneira apenas pró-forma,

---

25. Ver em especial o trabalho de Vander Velden, 2010; Barbosa, 2007; Descola, 1986; Kohn, 2013, pp. 131–150.

são considerados verdadeiros animais de criação.[26] Talvez por terem sido *inventados* pelos *karaia*, é como se fossem aptos a obedecer apenas seres que falem Português. Dentre todos os bens culturais introduzidos pelos *karaia*, talvez os cães, junto com a espingarda, sejam os seres pelos quais os Guajá mais nutrem interesse histórico: *como os karaia inventaram os cachorros?*; *como fizeram para que eles sejam assim?*; *desde quando eles existem?*; *você tem cachorro?*; *e ele é bom com você?*, eram perguntas que todos me colocavam. Acharam engraçado quando mencionei que o vira-latas que eu possuía na época tinha o dobro do tamanho e peso dos cães da aldeia e concluíram com isso que meu cachorro deveria ser muito feroz.

Durante minha permanência na aldeia Juriti, eram muitos os animais de criação: jacus, jacamins, mutuns, diversos macacos, quatis, cotias, jabutis, dentre outros; nenhum deles, no entanto, se incomodava com a presença humana; ao contrário, procuravam se aproximar de seus donos, sempre com a certeza de receberem comida, brincadeiras e afagos. De maneira oposta, galinhas e cachorros eram seres traumatizados pela experiência de viver entre humanos; enxotados por todos e privados de uma vida tranquila entre seus donos, praticavam uma dieta que, ao menos aos cachorros, oscilava entre a penúria alimentar e dias de boa comida — quanto às galinhas, estas se alimentam de baratas, pequenos insetos, além de restos de grãos e carnes.

Na aldeia Juriti havia pouquíssimos cães pois, de forma proposital, os Guajá de lá, que também eram poucos, cerca de 45 pessoas em 2010, não queriam que eles se proliferassem, como ocorreu na aldeia Awá. Pira'ima'ã disse que quando visitou seus parentes naquela aldeia tinha que andar pelo pátio com muita atenção, pois a todo momento poderia ser atacado. É fato que, por ser uma aldeia grande, os cães são contados às centenas na aldeia Awá, o oposto da aldeia Juriti em que, embora haja um interesse muito grande por cães, eles são em média um por casa — apenas sete entre 2007 e 2009. Durante minha estada na aldeia, todos eram cadelas; porém desde 2009, passaram a entrar filhotes do sexo masculino, o que modificou significativamente a demografia canina. O fato de a aldeia Juriti ser pequena ainda assim não justificaria a pouca quantidade de cães pois, como paralelo, uma pequena família Ashuar, povo que dedica significativa atenção à criação de cães, pode manter em uma única casa cerca de 20 cachorros, o que ocorre muitas vezes, fazendo com que uma parte sensível da

---

26. *Hanima*, "meu animal de criação".

produção diária de uma roça seja dedicada a sua alimentação (Descola, 1996, p. 317).

Embora os Guajá da aldeia Juriti sejam, tal como os outros Guajá, praticantes contumazes da domesticação animal, são muito comedidos quando o assunto é acumular dezenas de animais de criação em suas casas. Diferentemente dos Guajá de outras aldeias, como mostra Cormier, que enfatizam, quase que de forma mimética, a relação entre si e os capelães, e daí, a necessidade de domesticá-los como filhos;[27] os Guajá da aldeia Juriti reservam muitas críticas à domesticação dos capelães, pois, por serem mais sensíveis do que outros animais (como veremos adiante), os obrigam a fornecer uma dieta muito específica, em oposição a outros macacos (que comem qualquer coisa). Diferentemente de um animal de criação qualquer, podem morrer facilmente devido a falta de cuidados mais específicos. Muitas pessoas me diziam: *O capelão não presta para criar, é muito mole*; isso não significava que não houvesse mulheres com capelães de criação (durante os anos que frequentei a aldeia, apenas uma mantinha um capelão como cativo). Escrevo isso para justificar, retornando aos cães, que, mesmo sendo importantes animais de criação, não eram acumulados às dezenas, assim como nenhum outro animal. Estimo que o número de animais de criação na aldeia Juriti não superasse o de humanos, como foi descrito para a aldeia Awá.[28] Talvez a razão entre humanos e animais experimentasse um equilíbrio; ainda assim, a diversidade é grande, restando animais em poucos indivíduos de muitas espécies. Por isso, um número de sete cachorros em uma aldeia que, na época, tinha sete casas é, para os padrões da aldeia Juriti, razoável.

Todos os cachorros têm um dono, *jara*, e nem sempre será uma mulher. Porém, mesmo os cães sendo de seus homens ou até de um filho, as mulheres têm um talento especial para os controlar. Como já vimos aqui, durante uma caçada coletiva são elas que se comunicam com os cães, traduzem seus latidos e informam aos demais seus achados e suposições. Quanto mais um humano se comunicar com o animal, gritar, falar, assobiar, mais ele tentará se conectar com a caça, seguindo seus rastros e sentindo seu medo. Por isso, durante a caminhada deve-se alertá-lo a todo tempo, para que ele continue procurando sua presa sem se perder de seu dono. Os cães vão à floresta amarrados em coleiras feitas de cipó, *ipoa*, embiras, *iwira*, ou

---

27. *Idem.*
28. Ver Cormier, *op. cit.*

cordas velhas, e só serão soltos quando estiverem num ponto que sua dona ou dono considere adequado para soltá-lo. Em uma caçada de macacos, os cães ficam na base das árvores latindo enquanto as mulheres gritam, causando grande alvoroço e enchendo os macacos de pavor. Não há problema e é até desejável que os cachorros latam desmedidamente e sejam ferozes na mata; é para isso que estão lá, mesmo em alguns casos amarrando-os em coleiras para os controlar. Em geral, a violência e a balbúrdia canina são atitudes esperadas na floresta. E se os cães param de latir nas caçadas, isso quase sempre é um mau sinal, de que a presa foi embora, ele se machucou, ou mesmo está assustado. Esta liberdade na floresta contrasta com a vida no ambiente doméstico. Na aldeia, os cães são tratados sob forte repressão, seus latidos são abafados e seus rompantes de raiva são interrompidos pela mais dura violência. Os latidos noturnos ou durante as horas de sono, as brigas entre cães e os ataques a outros animais ou a pessoas são atitudes das mais condenáveis, reprimidas por todos. Tudo se passa como se, parafraseando Descola,[29] os cães pusessem sua selvageria a serviço das caçadas, ao mesmo tempo que devem manter os bons modos à casa, tal como um *hanima*, um perfeito animal de criação. O fato é que eles não são nem macacos domésticos, tal a posição que lhes sobra na aldeia, nem onças selvagens, como sugere o nome *jawara*, "onça", e seu lugar continuará sendo todos e nenhum.

Talvez uma das transformações mais significativas desde a introdução dos cães na aldeia Juriti tenha sido a autonomia de caça que as mulheres passaram a experimentar.[30] Os cães são os grandes companheiros de suas donas durante as caminhadas na floresta; quando elas estão sem os homens, que lhes oferecem a segurança necessária para embrenhar sozinhas na mata, são os caninos que lhes garantem proteção contra as onças; esses animais são quase que uma espécie de avesso do jaguar, pois sua grande selvageria é canalizável e domesticável. Não à toa, mesmo utilizando a tradução "cachorro" em português para se referir aos *jawara*, é comum as pessoas o chamarem de *onça*, como se atestando uma semelhança lógica. Há uma

---

29. 2006, pp. 111-112.
30. A relação entre uma caça feminina produtiva e a domesticação de cães já foi avaliada por outros autores, seja no contexto amazônico (Vander Velden, 2010) ou em outras regiões, como entre os Agta das Filipinas (Brightman, 1996), ou entre as mulheres caçadoras BaKola/BaGye, um povo da porção ocidental de Camarões (Noss & Hewllet, 2001, p. 1027).

característica particular a cães e onças que parece atribuir uma relação direta entre as duas espécies, como já observado por Descola (*op. cit.*). Tal como afirmam os Guajá para as onças que, conforme sua coloração, se orientarão para a caça de uma presa específica, os cães são melhores rastreadores de uma ou outra espécie animal de acordo com a sua cor. Vejamos melhor.

Desde minha chegada à aldeia Juriti, lembraram-me que a sussuarana, *jawaraporõ*, era um animal cujo alimento preferido era a carne de veados, e ela mesma tinha uma pele, além do gosto e consistência de sua carne, que se assemelhava à dos veados. Por isso, naquela aldeia, dentre os felinos era o único a ser consumido. As jaguatiricas, *jawamaraka'ĩa*, têm predileção por quatis, pacas, micos e porcos-espinhos; enquanto as onças-pretas, *jawapihũa*, embora se alimentem de porcos e outros animais, teriam uma predileção especial por antas e, assim me disseram, *carne de mulheres*. As onças-pintadas, *jawaruhua*, apesar de também gostarem de antas e capivaras, teriam uma predileção especial pela carne de queixadas e pela carne humana em geral, homens ou mulheres. Por isso, a onça-pintada seria mais letal do que a preta, pois esta ainda teme, de certa forma, os homens.

Tal como as onças, em que a espécie ou cor de cada uma denota uma qualidade, os cães são especialistas em determinadas presas, de acordo com sua coloração. Pira'ima'ã disse, certa vez, que tentaria conseguir com algum funcionário do PIN um cachorro malhado,[31] como uma jaguatirica, pois esses são bons em pegar pacas. Os cães pretos, da mesma forma, são bons para a caça de cotia, enquanto os pardos e creme são ótimos rastreadores de veados. Não saberia explicar o que justifica, para os Guajá, a aptidão de cada cão para a caça específica, porém, como fazem com todos seus animais de criação, tais conclusões são resultado do interesse e longas observações que prestaram aos animais. Quanto às qualidades cinegéticas presentes em caninos, felinos e determinadas, a partir de sua coloração e espécie, cães e onças são concebidos lado a lado como predadores naturais. Enquanto para os Guajá a variação entre as espécies de onças está associada diretamente às tonalidades de cor, as cores dos cães os especificam também como, se assim podemos afirmar, *espécies diversas*, de forma análoga à classificação das onças. Por essa lógica da predação, um cão pardo e uma sussuarana, por terem a mesma cor e

---

[31]. *Peperemuhũ*, "pintado".

predileções animais, possivelmente podem estar mais próximos entre si, como *espécie*, do que o mesmo cão pardo e outro de cor preta.

Ainda que decrépitos em sua aparência, alguns cachorros, principalmente os bons caçadores, são envoltos em cuidados. Não foi sem surpresa que, em minha segunda viagem à aldeia Juriti, encontrei o cachorro de Wirahoa e Ajruhua confortavelmente instalado em uma rede de pano, adequada a seu tamanho e amarrada entre duas traves da soleira de casa, muito junto à rede de um dos filhos mais velhos do casal. Pensava até então que o fato de cachorros dormirem com *e como* os humanos, tal como ocorre com outros povos como os Ashuar, era algo que não existia nas aldeias Guajá, sobretudo devido à aparente decrepitude dos cachorros. Porém, Wirahoa me explicou que aquela era uma *boa cadela, boa caçadora de cotias e pacas*, por isso ele a tratava assim. Não posso, contudo, sustentar uma *forma padrão* na relação entre os Guajá e seus cães, pois, como quase tudo que ocorre entre os Guajá, cada relação não parece ser traduzível em outra. Por exemplo, Hajmakoma'ã tem dois cachorros que lhe foram dados por Almir, um agente de saúde da SESAI. Ao lhe entregar os cães ainda filhotes, Almir disse que eles se chamavam *Sardinha* e *Piranha*, nomes muito bem recebidos por Hajmakoma'ã e sua família. Porém, quando perguntei a outros donos de cachorros o nome, *awirokaha*, de seus animais, todos disseram que não nomeiam os cães — assim como não se *põe nome* em nenhum outro animal de criação, *nima*, — e que somente os cachorros de Hajmakoma'ã ganharam os *nomes de Almir*. Ao perguntar a Juriximatÿa, um dono de cachorro *sem nome* e cunhado (zh) de Hajmakoma'ã, se ele não nomearia seu cão tal como os de Hajmakoma'ã, ele respondeu que se o Almir ou qualquer outro *karaia* quisesse dar um *nome* para seu cachorro ele aceitaria; porém que ele mesmo *não sabe botar nome em cachorros*, e *os Guajá só botam nome em crianças*, lembrou.[32]

---

32. Isso contrasta com a relação de onomástica que outros povos estabelecem com seus cães. De acordo com Barbosa, para os Aparai e Wayana, "dentre os animais domésticos, somente os cães recebem nomes próprios dados por seus donos. Os nomes são substantivos ou adjetivos em língua aparai ou portuguesa, escolhidos geralmente conforme alguma característica física ou comportamental do animal" (Barbosa, 2007, p. 115). Entre os Karitiana, Vander Velden observa o quanto é usual a nominação de animais de criação: "Dos animais de criação entre os Karitiana, macacos, quatis, araras, papagaios, cachorros, eqüinos, coelhos e a anta recebem nomes próprios" (Vander Velden, 2010, p. 206); quanto aos nomes próprios dos cães, especificamente, "habitualmente derivam de suas características físicas, comportamentais ou biográficas" (*idem*, p. 65).

A mesma variação de ideias ocorre com relação a dieta e atitudes. Os cachorros de Hajmakoma'ã apanhavam muito, principalmente de sua esposa, Panyxĩa, e só comiam quando conseguiam achar caça, o que os deixava quase sempre à própria sorte, revirando restos e ossos, uma vez que o ímpeto das pessoas para fornecer seus próprios alimentos aos animais é concentrado nos outros animais de criação — macacos, quatis, cotias, aves e outros *awa nima*, "animais de gente", e não nos cães, os *karai nima*, "animais de branco". Panyxĩa, a esposa de Hajmakoma'ã, me disse ser essa uma tática utilizada por ela para que seus cães sejam bons caçadores, pois a fome, sem dúvida, aguçaria o faro. Ao contrário dos cães de Hajmakoma'ã, a cadela de Wirahoa recebia diariamente porções de um mingau de farinha com água, além de pequenos pedacinhos de carne, principalmente as vísceras desprezadas e ossos carnudos. Mesmo com essa oscilação no tratamento dos cães, pois alguns donos são mais atenciosos que outros, e independentemente da quantidade de comida disponível para cada animal, a alimentação é dispensada de forma a garantir certo *equilíbrio* ou saúde dos cachorros, para que não se transformem em seres doentes e fracos, ou, ao contrário, bestas raivosas que atacariam seus donos. Para tanto, há alimentos permitidos e outros vetados à dieta canina, além de procedimentos a serem tomados visando a fortalecê-los. Além do mingau de farinha, as carnes, cruas ou não, vísceras e outras partes que são dadas aos cães só são permitidas de acordo com o efeito empírico desses alimentos no organismo do animal. Desde a incorporação dos cães à vida das aldeias, os Guajá, ciosos e interessados, observam o que faz mal e o que é inofensivo à saúde dos animais e assim conseguiram elaborar a dieta desses xerimbabos.

Antes de prosseguirmos nesse tema, algo que ainda não mencionei é que a dieta dos animais de criação em geral, *nima*, embora seja composta por muitos alimentos consumidos pelos humanos, não é completamente *livre*. Por exemplo, os capelães da aldeia Juriti se alimentam exclusivamente de frutos que comeriam na vida selvagem. Tidos como de saúde frágil, não podem comer arroz ou farinha constantemente; enquanto a carne é completamente vetada, pois os mataria. Já os outros macacos, prego, cuxiú e cairara, são "fortes", *hatỹ*, podem se alimentar de quase tudo o que os humanos consomem, inclusive carnes. A exceção é a carne de macacos da mesma espécie, que os transforma em seres extremamente violentos. Assim, embora isso não seja indicado, um macaco-prego pode se alimentar da carne de um cuxiú, mas não de outro macaco-prego. Lembraram-me que, por descuido de seus donos, macacos se alimentaram da carne de outros primatas da mesma espécie, e desde então atacaram crianças.[33] Muitas foram as vezes em que os vi abrirem a boca de seus macacos de criação para retirar a carne mastigada que, intrepidamente, tinham roubado de seus semelhantes, de uma vasilha ou mesmo do fogo. O grau de aprisionamento dos animais de criação variará conforme o risco que ele representa a sua própria saúde, à saúde das pessoas, e à de outros animais da aldeia. Há animais que nunca são presos, dormem inclusive nas copas das árvores em volta da aldeia, enquanto outros, "doidos", *waky*, ou "brabos", *imahy*, vivem atados pelo pescoço às casas de seus donos.

Os mesmos cuidados alimentares que dispensam aos macacos e outros animais de criação são observados para os cães. Vejamos alguns exemplos:

1. Os cachorros não podem se alimentar da carne de arraia ou jacaré, pois seus pelos cairiam, deixando-os com o couro, *ipirera*, semelhante aos desses animais, lisos. E, devido à falta de pelos, os cães morreriam comidos por moscas e outros insetos

2. Da mesma maneira, não podem comer a carne da tartaruga capininga, *jaxajhua*, pois faria com que se voltassem contra os próprios donos. Isso é explicado pelo fato de esses quelônios serem ditos *brabos*. Quando capturadas e amarradas com cipó titica, *ipo xixi*, ao serem carregadas até a aldeia as capiningas encontram força e personalidade para morder, com seus dentinhos, as costas da pessoa que as estiver carregando, diferentemente dos jabutis, que são calmos e medrosos. Se um cachorro comer da carne de capininga ele fará o mesmo com seu dono, morderá quem o cria

3. A carne de jabuti, *kamixa*, embora permitida, deve ser consumida em pequenas quantidades, pois o aparelho digestivo dos cães é muito sensível a ela. No entanto, se a comem em pouca quantidade, é bastante segura. Pira'ima'ã teve um cachorro que vomitou até morrer, e sua morte foi atribuída ao efeito da carne de jabuti

---

33. Há muitas crianças com cicatrizes provenientes do ataque de macacos. Cormier atribui os ataques ao fato de esses animais já estarem crescidos, outro fator que seguramente os torna violentos (Cormier, 2003).

4. Não podem comer bacaba, *pinawã*, pois ficam gripados e ofegantes. Não comem açaí, *jahara*, por ser muito parecido com sangue, *hawya*. E, segundo a teoria Guajá sobre o sangue, sua capacidade venenosa enfraqueceria os cães, fazendo-os emagrecer até a morte. Já o inajá, *inajã*, ao contrário, é um fruto recomendado, pois aguça o faro dos animais para caçar, especificamente os veados

Ao lado do inajá, outras substâncias produzem nos cães um faro aguçado, aprimorando suas capacidades cinegéticas. Por exemplo, sempre que matam um animal de grande porte, como antas e porcos, esfregam o focinho do cachorro na presa morta, gritando com ele para que *aprenda*[34] o cheiro e passe a caçar melhor. Quando em 2009 mataram uma anta, uma mulher, Panyxĩa, gritou muito com seu cão apertando-o pelo pescoço e esfregou seu focinho na presa para que o animal "segurasse", *pyhy*, o cheiro da anta e rastreasse outras para ela. Em outra vez que mataram uma sussuarana, *jawaraporõ*, depois de morta ergueram sua cara pelas orelhas, dando a impressão de que ainda estava viva, e fizeram com que os cachorros, latindo muito, se exaltassem e a atacassem mesmo depois de morta; tudo isso para que eles não tivessem medo das onças e sempre conseguissem farejá-las. Alguns cipós e folhas também são esfregados no focinho dos animais durante as caçadas para que *sintam* melhor as presas. Segundo os Guajá, cada planta aguçaria o olfato[35] dos cães. Apesar de eu não ter identificado tais vegetais, Juxa'a me mostrou uma erva chamada *akuxi tamykyrya* que estimula o olfato para a caça de cotias e pacas. Em outra ocasião, Pira'ima'ã bateu um cipó em uma pedra, que disse chamar-se "*taia*", em português, e depois de liberado o cheiro[36] o reteve por um minuto nas narinas de seu cão, que depois de solto estava completamente zonzo, esfregando seu focinho na terra como se ardesse muito. Pira'ima'ã contou-me que logo o animal estaria com o faro apurado.[37] Desta forma, um cão é muito valorizado pelas suas capacidade caçadoras, e tudo será feito para que continue hábil nessa atividade. É comum também os Guajá lembrarem de cada animal que um cão já tenha ajudado a caçar.

---

34. *Imarakwa*, "lembrar".
35. *Tũ*, "cheirar".
36. *Kaxỹ*, "cheiroso".
37. Descola menciona o cultivo de diferentes tipos de estramônios pelos Ashuar, destinados a "fortificar o caráter dos cães" (2006, pp. 103–104).

Além disso, os cães são animais dotados de considerável potencial de raiva, *imahy*, e o latido na aldeia é um sinal do descontrole do animal ou, mais, do descontrole do dono sobre ele. Wirahoa disse que sua cadela era muito brava e latia muito quando chegou à aldeia, porém acalmou-a fornecendo a ela um caldo de peixe com farinha e um caranguejo-do-rio[38] chamado *waha*, amassado. A partir daí ela parou de latir na aldeia, pois não estava mais brava. Wirahoa disse ter oferecido tal receita a seu irmão, mas este não se interessou, e por isso seus cães latem tanto.

A MORTE DE UM CÃO

Eu estava na aldeia quando a cadela de Wirahoa morreu devido à picada de uma cobra. Sua esposa, Ajruhua, chorou bastante, se debateu, gritou e arremessou para longe uma cotia e um jabuti de estimação, devido à tamanha tristeza que sentia. Wirahoa pediu-me para que, junto com seu cunhado Kaawi'ia, enterrássemos a cadela, pois ele iria ficar junto de sua esposa. Eu e Kaawi'ia abrimos a cova, depositamos o corpo do animal e o enterramos. Fizeram como os *karaia* da Funai lhe ensinaram a fazer, mas que até hoje não conseguem fazer direito com corpos humanos, precisam de alguma ajuda dos não indígenas. Os animais de criação, no geral, são soltos bem antes de morrer, uma vez que os anos passam e se tornam velhos e agressivos.[39] A domesticação de cachorros, animais domésticos por excelência e que não podem ser soltos na floresta, destoa, portanto, da domesticação de animais levada a cabo pelos Guajá, uma domesticação ameríndia, por excelência. A dor pela morte de um animal quase nunca é sentida, uma vez que, por esta ocasião, já estarão distantes, soltos na floresta. Como exemplo, em 2008 o quati de Ajruhua já estava adulto e fugia à noite, invadindo o galinheiro do posto para comer os ovos. Por isso tinha que ser solto na floresta, pois começava a causar problemas, principalmente entre os Guajá e os funcionários da Funai.[40] Wirahoa levou o quati de sua esposa para um ponto distante na floresta após meio dia de caminhada. Mas isso não foi suficiente, pois o animal encontrou o caminho de casa e retornou no dia seguinte, provocando

---

38. *Trichodactylus*.
39. Ver Cormier, 2003.
40. Os Guajá lembram até hoje de outro quati que, de tanto comer ovos no galinheiro do PIN, foi morto pelos funcionários e virou almoço para os brancos, *karaia*. Atitude que até hoje lembram com desconforto e tristeza por considerarem uma barbárie.

muitas risadas e certa alegria. Por isso, uma semana depois, Wirahoa levou-o amarrado para muito mais longe; dormiu na floresta e continuou andando até encontrar um ponto a partir do qual o quati não conseguisse retornar. Mesmo sentindo a perda da ausência, os Guajá soltam os animais ao atingirem certa idade, raramente um deles morre na aldeia.

Se soltam os animais de criação por motivos de agressividade ou velhice, acabam conseguindo, de alguma forma, burlar o mal maior que é a morte desse xerimbabo, não porque os Guajá sejam frágeis ao luto, mas por terem assim construído historicamente tal relação. Um cão, no entanto, não pode ser devolvido à mata, ou aos *karaia*, por isso permanecem com eles até o fim de seus dias. Porém, antes de morrer os cachorros são como que abandonados dentro da própria aldeia. Se um cão ficar doente por causa de sua velhice, ele é esquecido e dele se diz que *já vai morrer* e não adiantaria cuidar. Por exemplo, no ano de 2007, uma cadela decrépita, doente, tinha suas tetas completamente inchadas. O animal estava praticamente sendo comido vivo por diversos insetos e, sem força para caminhar, se arrastava de casa em casa, quando todos evitavam o contato com ela — não davam comida e ninguém mais se declarava *dono* dela. Por estar prestes a morrer, era um animal sem dono, algo que, como vimos, é incomum neste mundo, pois todo *nima* tem um *jara*. É como se iniciassem previamente a morte do animal, com ele ainda em vida. Isso seria um avesso do *riku*, se assim podemos definir, já que não se *cria* nem se *está junto*. Provoca-se um abandono deliberado, não na mata como os xerimbabos silvestres, mas na própria aldeia.

IRAPARA, «O ARCO»

Os arcos, *irapara*, produzidos na aldeia Juriti são menores do que a maioria dos encontrados na Amazônia. Mesmo se comparados aos produzidos nas outras aldeias Guajá, como a aldeia Tiracambu, em que, como já vimos, a distância histórica e social dos diversos coletivos Guajá produziu diferenças não só linguísticas e alimentares, mas também tecnológicas, os arcos produzidos na aldeia Juriti são menores. E se compararmos a outros arcos ameríndios, como os dos Sirionó, que alcançam mais de dois metros,[41] os dos Guajá são quase miniaturas.

---

41. Ver Holmberg, 1969.

Tecnicamente, são também similares aos de outros povos, tal como os Kaapor.[42] Retirado um pedaço do tronco da árvore pau-d'arco, *irapara*, a madeira é esculpida na forma de arco com o auxílio de um facão. O entalhe na madeira é feito de forma que a metade superior fique levemente mais larga que a metade inferior. Uma parte é chamada "cabeça", *jakỹa*, enquanto a outra seria as "nádegas", *hajkwara*, do arco. A única fibra utilizada pelos Guajá — tanto para a rede como para as saias das mulheres, para as tipoias e para pequenas superfícies, como tapetes, de uso cotidiano, além de cordas de arco e amarras de flechas — é a fibra de tucumã, *takamỹ ro'okera*. Ela é retirada das folhas novas pelas mulheres, após os homens arrancarem as folhas da palmeira, e dela é feita uma corda, *tekwira*. Tal fibra, de amplo uso na Amazônia, é realmente forte, não arrebenta, se comparada às de outras folhas de palmeiras. A corda do arco é chamada *irapymỹ*, "corda do pau", ou *ikyja'a*. Após ser amarrada às duas extremidades do arco, uma grande, e proposital, sobra é enrolada com várias voltas na parte inferior, tal como um punho, e é revestida com a cera *iratya*, a mesma utilizada nas flechas. O objetivo desse punho é dar firmeza, *hatỹ*, "duro-firme", à mão do caçador. Tanto flechas quanto arcos, portanto, são confeccionados pelos homens com cordas feitas pelas mulheres.

Os pequenos arcos da aldeia Juriti têm entre 1,50 e 1,55 centímetros de comprimento, e os Guajá defendem que seu tamanho é adequado ao tipo de caçada *área* que praticam: na copa das árvores, atrás de diversos tipos de macacos. Tal atividade exige um prático manuseio dos arcos nas copas das árvores, repletas de troncos, galhos e folhas, que seria dificultado com arcos mais longos, acima de 1,70 centímetros. Os arcos de maior comprimento, portanto, são mais indicados à perseguição de mamíferos terrestres, uma vez que, em solo, o caçador tem grande mobilidade e pode dispor de equipamentos maiores. Um arco longo, acima de 1,80 centímetros, imprime maior estabilidade à flecha, fazendo com que ganhe mais velocidade e tenha maior chance de acerto, ainda que o caçador atire de longe. Os arcos longos permitem uma distância segura diante de presas mais perigosas com maior poder de fuga [do que os macacos], como os porcos e as antas. Ainda com todas essas facilidades, boa parte das pessoas despreza

---

42. Balée aponta que os arcos Kaapor tem em média, 1,7 metro de comprimento, e corda trançada a partir da fibra da bromélia *Neoglaziovia variegata* (*op. cit.*, p. 54).

os arcos longos[43] além de considerar seu uso muito simples. No entanto, em geral, os Guajá produzem dois tipos de arcos: os longos, *irapamukua*, utilizados em caças de solo, e os curtos, *irapa japa'a*, para as caças arborícolas. Sobre este último caso, o cerco aos primatas (e aos mamíferos arborícolas em geral, como o quati) e o tipo de emboscada obrigam a que se abatam animais a curtíssimas distâncias, exigindo uma mobilidade com o arco, entre galhos e folhas, o que seria impossível caso utilizassem os de 1,70 ou de 1,90 centímetros, tal como fazem, não apenas os Sirionó da Bolívia, como sabemos, os próprios Guajá da aldeia Awá. Para alturas de mais de 15 metros, quanto menor o equipamento de caça, melhor a desenvoltura do caçador.

Existem vantagens e desvantagens nos dois modelos de arco, porém, para o tipo de caçada praticada aqui, os arcos menores, que por sinal exigem mais perícia técnica do que os longos, são os indicados. O arco curto é "duro", *hatỹ*, faz com que a flecha saia "doida", *waky*, descontrolada. Por ter a extensão do corpo menor, é mais teso, sendo necessário muita precisão para utilizá-lo; por outro lado, ele leva vantagem em seu tamanho, pois permite o uso em locais que dificultam a mobilidade, como a copa das árvores. Já o arco longo, por ser mais macio,[44] dizem, e não necessitar de tanta força ou técnica para disparar uma boa flecha, acaba por se enganchar nos galhos. O jovem Jui'ia me disse certa vez que *enquanto um arco longo é macio por toda sua vida, o arco curto nunca amolece*.

Pela maleabilidade e precisão que proporciona às flechas a distância, os arcos longos, provavelmente, são melhores para a guerra do que para a caça. E as pessoas sempre se lembram disso. Por exemplo, quando os Guajá fecham a estrada de ferro em manifestações contra a Vale, saúde ou outros males que os afligem, os homens se munem apenas de "arcos de guerra", como são considerados os arcos longos, chamados por muitos de *karai ikaha rapa*, isto é, "arcos de matar brancos". Um episódio curioso se deu em uma das minhas despedidas da aldeia Juriti. Pira'ima'ã presenteou-me com um arco de 1,77 centímetros de comprimento (longo para os padrões), porém, o fato de eu ser mais alto que a média das pessoas da aldeia pode ter sido levado em conta. Enquanto eu examinava meu presente, Pira'ima'ã e outras pessoas me cercaram, aconselhando-me a que eu deveria levar

---

43. *Irapamukua*, "arco comprido".
44. *Memeka*, "mole".

aquele arco para matar os "*karaia*, brancos brabos". Essa declaração de cuidado, além de me deixar lisonjeado, ainda que confuso, denota o tipo de uso reservado aos arcos mais longos entre os Guajá, a saber, a guerra.

ELA, A FLECHA

Na economia de recursos, a espingarda, *maka*, é hoje a principal arma de caça. Desde o primeiro contato, o *esforço* do Estado brasileiro em levar a agricultura aos Guajá não foi menor do que lhes mostrar uma forma mais eficaz de caçar: utilizando a arma de fogo. O chefe do Posto Juriti certa vez me declarou: "A primeira coisa que a Funai fazia quando contatava esses índios era botar uma espingarda na mão de cada um!" Disse-me com uma mistura de orgulho e dúvida, uma vez que nos dias de hoje, findada a condição de *isolados*, a Funai quase não tem recursos para comprar munição e muitas vezes necessita que, voluntariamente, alguns raríssimos funcionários, como é o caso do chefe de posto, façam grandes economias e até mesmo comprem munição com o próprio salário para que os Guajá não *morram de fome*, como ele costumava me dizer.

A espingarda é o bem mais escasso em uma aldeia Guajá e também um dos mais valorizados. Munições, óleo para manutenção, peças sobressalentes, dentre outros itens ligados à arma, são muito disputados. Na lista de pedidos das pessoas da aldeia à administração do posto, a munição e o reparo das espingardas são os itens que a encabeçam. Diferentemente de outros povos amazônicos e devido a seu encerramento em áreas descontínuas, cercada por povoados e invadidas por não indígenas (o que faz aumentar a forte tutela do Estado brasileiro sobre esse povo), os Guajá não contam com uma rede de colaboração e troca que lhes permita adquirir novas espingardas e munições, em câmbio de serviços e bens, tal como é comum, por exemplo, em todo o Noroeste e na Alta Amazônia.[45]

Na aldeia Juriti, quase todas as espingardas são de calibre 20,[46] e quem as utiliza são homens com menos de 35 anos. Por outro lado, nas aldeias Tiracambu e Awá, devido a um contato mais antigo, homens mais velhos, até 50 anos, também o fazem. Em uma grosseira divisão social do trabalho, podemos definir para a aldeia Juriti que os

---

45. Para um caso exemplar, ver Descola, 1996, pp. 312-313).
46. Existe uma de calibre 28.

jovens, até 35 anos, talvez um pouco mais, caçam com espingarda, e os mais velhos do que isso utilizam arco e flecha. Além das espingardas de cartucho, todas as aldeias contam com um grande número de espingardas *de soca*, conhecidas na região como *punheteira* ou *por fora*. São ferramentas rudimentares utilizadas em boa parte do interior do Brasil, em que chumbo e pólvora são inseridos, *socados*, pelo cano. Muito mais baratas que as espingardas de cartucho, essas, que os Guajá chamam de *makata majmẽ*, acabam sendo uma opção prática e barata para armas de fogo.

Apesar de serem de amplo uso nos dias de hoje, as pessoas tiveram que se acostumar com o barulho e a poluição trazidos pelas espingardas. Os projéteis guajá, basicamente flechas e tabocas, como veremos aqui, sempre foram lançados de maneira silenciosa, e o enorme barulho, *iau*, e cheiro de pólvora provocados pela introdução da espingarda é algo que não passou despercebido às pessoas. Em uma narrativa sobre o contato, Kamairua relembrou que seu falecido sogro, pai de sua atual esposa, nos primeiros anos que ganhou sua espingarda não se acostumou com a fumaça da pólvora e morreu. Esse homem é lembrado como um grande caçador, alguém que sabia muito sobre o assunto, mas era só *acostumado* a caçar com flecha, e seu corpo velho nunca tinha experimentado cheiro tão tóxico, vindo a sucumbir. A geração que durante o contato era mais jovem, na casa dos 20 anos ou menos, e hoje muitos já passam dos 50 anos, se *acostumou* — esse é o verbo empregado pelas pessoas — a caçar com espingarda, e uma das principais capacidades oriundas desse *acostumar*' é conseguir respirar aquela fumaça tóxica sem morrer.

Ainda assim, os tradicionais equipamentos de caça não têm um uso periférico, muito menos estão obsoletos. Na aldeia Juriti, no ano de 2009, entre dez homens adultos, líderes de uma seção residencial, casados e com filhos, apenas quatro caçavam com espingarda, ao passo que os outros seis utilizavam exclusivamente arco e flechas. Além desses, três jovens, que tinham uma média de 15 anos, utilizam as espingardas de seus pais ou cunhados e só caçam com essa arma. Quase todo o volume de caça grande, de queixadas, caititus e antas, é proveniente do abate com espingardas, porém, quando observamos as caças menores, os macacos, cotias, pacas, empenados, dentre outros, as flechas fazem um excelente serviço, ao lado de equipamentos como machados e cavadeiras. A caça é essa espécie de *jogo* em que as regras vão variar de acordo com a estação do ano, a quantidade de pessoas envolvidas, o terreno, o equipamento e, obviamente, o animal rastreado. Na floresta, muitos são os itens que se transformam em instrumentos indispensáveis à predação: cipós se transformam em cordas; troncos e tocos de madeira fazem as vezes de clavas; palhas secas viram tochas que jogam fumaça asfixiante nos buracos-esconderijos; e embiras enlaçam animais mortos. Ao lado de flechas e espingardas, uma gama de outros utensílios compõe a tecnologia de caça Guajá.

Apesar da contundência das espingardas, todos os homens, independentemente de serem jovens ou velhos, possuem um feixe de flechas e tabocas chamado *hawy'ya* "flecha dele" ou *hary'ya* "minha flecha". Daqui para frente, utilizarei o termo genérico para "flechas" como um epíteto ao que os Guajá denominam *wy'ya*; e por "tabocas" ao que chamam *kĩ*. Os nomes utilizados para as flechas e tabocas são os mesmos pelos quais os Guajá se referem às espécies vegetais que são parte da matérias-primas desses objetos. Portanto *wy'ya*, em tradução literal, é um tipo de "taquara"[47] empregada na base tanto das flechas, *wy'ya*, quanto das tabocas, *kĩ*. *Kĩ* é o nome pelo qual os Guajá se referem ao bambu-taboca (*Guadua weberbaueri*) e que fornece as pontas dessa última.[48] Ambas, *wy'ya* e *kĩ*, têm seus corpos confeccionados a partir de taquaras, *wy'ya*; o que difere entre elas são suas pontas, *hakwa*: uma ponta composta de uma madeira fina (chamada *irana'ya*, que não consegui identificar) que ocupa quase um metro do corpo da flecha, enquanto a outra é feita com bambu-taboca. A diferença entre as duas[49] é determinada por seu formato e utilidade: com a *wy'ya* se abatem os animais menores como macacos, pacas, cotias, tatus, veados fobocas, mutuns, inhambus, jacus, dentre outros; enquanto a *kĩ*, que traduzo por "taboca", tem por função matar as caças grandes como queixadas, caitius, anta e veados mateiros. Além disso, as tabocas aqui e em boa parte da Amazônia fazem parte do arsenal

---

47. Trata-se, como em vários contextos sul-americanos, das gramíneas usualmente utilizadas para fabricação de flechas.
48. A mesma taquara utilizada na base das flechas e tabocas Guajá foi identificada por Balée (1994, p. 56) para os Kaapor como *Gynerium sagittatum*, popularmente conhecida no Brasil por Flecha, Ubá, Cana-do-rio, dentre outros nomes. É ideal para a confecção de flechas, e na língua kaapor é chamada *u'ywa*, termo cognato (e quase idêntico) ao *wy'ya* Guajá.
49. Devido à nossa sintaxe, passo a me referir às palavras *wy'ya* e *kĩ*, utilizadas para "flechas" e "tabocas", respectivamente, por meio dos artigos definidos femininos *a* e *as*, associando-as deliberadamente ao gênero feminino, tal como determinado pelo substantivo *flecha* em português.

de guerra: uma flecha em si homicida, que opta pelo sangue humano, como veremos mais adiante, e apropriada ao assassínio dos inimigos.

As flechas e tabocas Guajá são, em muitos aspectos, similares a outras da Amazônia confeccionadas a partir de taquaras, resinas, penas e fibras de tucum. Uma das particularidades das flechas utilizadas para a caça de pequenos animais é a presença de um gancho, *itaĩ*, em sua ponta; algo como uma alça pontuda, exatamente como um arpão. E não existem flechas *wy'ya* sem esse vínculo — embora ganchos em ponta de flechas também não seja exclusividade dos Guajá. Os Guajá explicam que os macacos, principais alvos das *wy'ya*, são "inteligentes"[50] o suficiente para, ao serem alvejados, arrancarem a flecha encravada. Por isso, devido ao formato da flecha, quanto mais o animal puxar, mais ferido ficará, e caso não houvesse uma ponta de arpão, fugiria mais facilmente. Os galhos, *irata'ĩa*, que se transformarão nas longas pontas da *wy'ya* devem ter a ramificação adequada, como se brotasse outra ponta, no formato de um V invertido, para que se possa fazer uma flecha eficiente. Em uma classificação genérica, os Guajá, sempre que explicam a função dessas flechas, dizem ser *flechas para matar capelães*, ao passo que as tabocas são *para matar porcos* — os dois animais prototípicos e cobiçados, um, como *caça grande*, e outro, como *caça pequena*. As flechas com gancho na ponta, *wy'ya*, "flechas para matar capelão", podem ser traduzidas por "taquara", uma vez que *wy'ya* é o nome da espécie de taquara que compõe a base.

Variando de muitos povos amazônicos, os Guajá não confeccionam flechas com pontas de osso ou pedra, pequenas pontas de madeira adaptadas a um corpo maior da flecha; tampouco possuem setas macias, sem ponta, como as utilizadas para abater pássaros e outros animais, sem causar grandes estragos.[51] Não há grande variedade na tecnologia. A parte superior do corpo da flecha é chamada *inana'ỹma*, e a base inferior me foi dita ser *inimu huma*, termos que não consegui traduzir nem certifico estarem absolutamente corretos. O tamanho da ponta da flecha varia de metade a um terço de seu comprimento

---

50. *Kwa te*, "saber muito".
51. Balée observa que os Kaapor utilizam 13 espécies de plantas para confeccionar pontas de flechas e que o comprimento da flecha varia de acordo com a ponta utilizada. Além de variadas pontas de madeira, produzem pontas de metal, cujo uso, devido ao longo período de contato dos Kaapor, remonta ainda ao século XIX, além de pontas especiais para abater os pássaros que fornecem penas para a sua sofisticada plumagem (Balée, *op. cit.*, p. 54).

total. Como elas estão avaliadas, em média, em 1,50 metro, as pontas podem ter de 50 a 75 centímetros.

A madeira da ponta, *irana'ya*, é conectada à taquara de base, *wy'ya*, com o auxílio tanto de um breu escuro retirado da árvore Anani (*Symphonia globulifera*),[52] chamado *iratya*, "cera do pau", literalmente, quanto com a resina do tronco de maçaranduba, *mixiranỹhika*. As duas partes são presas, a conexão é envolta com fios de fibra de tucumã, *takamỹ tewera*, "palha de tucumã", e a junção é finalizada com a mesma resina *iratya* que lhe é aplicada ou, por vezes, com cera de abelha, *hairatya*, para que a amarra não se desprenda. As penas, *ipopora*, da base, duas, cortadas de modo a formar uma plumagem horizontal, que podem ser de gavião, *wirahoa*, urubú, *urua*, jacu, *jakua*, mutum, *mitũa*, e, mais raramente, de araracanga, *ararakỹa* — são primeiramente amarradas na extremidade da taquara e em seguida coladas com alguma das resinas acima, ou cera de abelha. Por serem muitos usadas, logo necessitam de reparos; para isso, os homens costumam manter um razoável estoque de penas em casa. Na verdade, além da muito difundida amarração das penas, os Guajá utilizam pelo menos duas técnicas de plumagem: em uma delas, a base da taquara e o raque da pena, a haste central, são furados para que a linha de tucum passe dentro da taquara e do raque. As pessoas costumam chamar isso de "pena furada".[53] No passado furavam com qualquer osso animal fino, hoje em dia utilizam agulhas de costura. No outro tipo, a pena é amarrada na taquara de maneira firme, e tal técnica é chamada "pena amarrada".[54] Notemos que, assim como em boa parte das flechas confeccionadas na América do Sul, a base da flecha é composta por duas penas, cada uma cortada ao comprido, restando apenas metade das barbas, uma para cada lado da base taquara, uma técnica de plumagem bastante conhecida não só na Amazônia, mas também na confecção de arco e flecha para esportes *ocidentais*, para que as penas de peru são as mais comuns

Os Guajá utilizam pelo menos onze madeiras diferentes para as pontas dessas flechas menores, *u'ya*. Tais pontas são chamadas genericamente de *irana'y*, "ponta de pau", e cada uma delas remete a

---

52. Tal espécie foi identificada por Balée, uma vez que os Kaa'por também a utilizam como adesivo. Referem-se à resina de Anani por *Iraty'y*, termo cognato ao *iraty* guajá. Balée observa que tal resina tem função idêntica, também, entre os Waimiri-Atroari (Balée, 1994, p. 56).
53. *Popo kytupyra*, "a pena que foi furada".
54. *Popo jamixĩpyra*, "a pena que foi amarrada".

algum ser ou elemento que a nomina, um *jara*, um "dono", por assim dizer.

▷ *Ka'i ry'ỹa*   Ponta do macaco-prego

▷ *Tapy ry'ya*   Ponta do rio/água

▷ *Ka'ihu ny'ỹa*   Ponta do macaco cairara

▷ *Maira ry'ya*   Ponta do bagre *maiá*

▷ *Tapi'i ry'ỹa*   Ponta da anta

▷ *Tamakarõ ny'ỹa*   Ponta do quatipuru

▷ *Akwana ny'ỹa*   Ponta do tucunaré

▷ *Makari ny'ỹa*   Ponta do peixe *makari*

▷ *Tamanawã ny'ỹa*   Ponta do tamanduá

▷ *Mata'y*   Ponta da árvore *mata'y*

▷ *Aparaty'ỹa*   Ponta não relacionada a nenhum ser, "apenas pau"

Apesar desta dezena de pontas, as bases tanto de flechas, *wy'ya*, quanto das tabocas, *kĩa*, são basicamente três. Dois tipos de taquara, chamadas, justamente, *wy'ya* e *iranimu'ya*, além do filamento central da folha do marajazeiro (*Bactris acanthocarpa*), também muito dinâmico e resistente, chamado *ju*. Este último é utilizado sobretudo na fabricação das tabocas, *kĩa*.

Se por um lado as flechas, *wy'ya*, são projéteis fabricados para "matar capelães", por outro as tabocas *kĩa* são os instrumentos mais letais que os Guajá já produziram. Pira'ima'ã contou-me que, antes do contato, um ou outro grupo podia possuir uma panela, *japupua*, velha ou uma faca, *takya*, desgastada. Esses utensílios eram encontrados, esporadicamente, em acampamentos abandonados, ou momentaneamente vazios, que haviam sido ocupados por madeireiros ou colonos. Porém, de um modo geral, as "lâminas" que utilizavam eram feitas de tabocas, dentes de paca e cotias, ou mesmo lascas de madeira mais grossas e resistentes. A taboca foi uma ferramenta de corte e, durante muito tempo, indispensável aos procedimentos de corte de vários povos amazônicos. No caso dos Guajá, o bambu-taboca era lapidado e amolado pelo preciso dente da paca, transformando-se numa cortante lâmina de caça. Era com ela que despelavam as caças, lhes abriam o ventre e as destripavam — tudo com essa *lâmina* de bambu, bem amolada. Segundo Wirahoa, a *faca no mato* era a taboca. Poucas coisas, com exceção dos dentes de um queixada e as unhas de uma onça, detinham tanto poder de cortar, no caso das onças, ou estraçalhar, no caso dos queixadas, quanto uma taboca *kĩa*, "amolada".

DO CORTE DAS TABOCAS

Um dos verbos utilizados pelos Guajá para se referir a "cortar" é *manõ*, como no exemplo: *jaha awa ajakara-manõ ta*, "eu vou cortar o cabelo das pessoas".[55] Além de *manõ*, o verbo *kĩxi*, que está associado diretamente ao uso de lâmina, pode ser usado para 'cortar'. Tudo que se relaciona ao corte com facas amoladas pode ser referido por *tiikĩ*, desde abrir o corpo de um animal morto até ferir-se com uma lâmina, dentre outros fatos. *Tiikĩ*, "cortar", *kĩa*, "taboca", e *takya*, "faca", são três palavras associadas, cuja tradução literal eu não conseguiria fornecer, mas que sugerem a taboca, *kĩa*, como um objeto extremamente cortante: a lâmina por excelência para a tecnologia Guajá. Nos dias de hoje, algumas pessoas produzem tabocas com pontas de metal, oriundas de velhos pedaços de faca que são moldados e amolados com limas até ganharem a forma de uma ponta; essas tabocas também são chamadas *kĩa*.

Os homens aprendem a confeccionar suas primeiras flechas ainda na infância. Pais e irmãos mais velhos, e muitas vezes até cunhados, fabricam pequenas flechas e ensinam as crianças a fazer, a partir de pequenas ripas de tabocas. Flechas e arcos para as crianças são feitos com finos pedaços desse bambu, e os meninos as utilizam para matar lagartos, passarinhos, *iramiria*, e, tal como ocorre a nossas crianças, as brincadeiras podem ter consequências tragicômicas. O — à época — pequeno Takwaria, por exemplo, foi punido por seu pai e proibido de utilizar seu pequeno arco e flechinhas, pois no meio de uma brincadeira atirou propositalmente em seu irmão mais novo causando-lhe um pequeno ferimento.

---

55. *Eu* mais *awa* mais *cabelo-cortar* mais *partícula de aspecto projetivo*. Ver Magalhães, *op. cit.*, p. 198).

ALGUNS DETALHES TÉCNICOS

Após o uso, muitas flechas são reparadas ainda na floresta, quando na primeira parada ou trégua da caminhada, antes mesmo de voltar para casa. Da mesma maneira, os cartuchos são preenchidos e recompostos. As avarias em uma flecha costumam se dar em suas extremidades, pontas e penas, que podem estar desfeitas, rachadas ou quebradas após o uso. Diante de qualquer estrago, as pontas, sobretudo, são rapidamente substituídas ou refeitas. Como veremos adiante, cada flecha é única e, mesmo com tantas flechas e/ou cartuchos disponíveis, nenhum deles é dispensável.

É certo que todos os homens conseguem fazer boas flechas, porém enganam-se os que imaginam que pessoas como os Guajá tenham em cada homem adulto um especialista completo em todos os ramos da tecnologia de caça, como se um caçador, exímio ou não, fosse obrigatoriamente um bom construtor de arcos e flechas; trançador de fibras; hábil no manuseio de um arco; bom rastreador de caças; conhecedor dos remédios da floresta e suas curas; dos hábitos animais; além de cantar e ser versado em cosmologia, xamanismo, etc. Se todos se interessam por caça e, em média, o fazem muito bem, alguns fabricam melhor os instrumentos que outros; o mesmo se aplica a outras áreas do conhecimento. No caso da confecção de um arco, às vezes pode ser difícil encontrar quem o tenha confeccionado. Tal atividade muitas vezes, como já afirmei, parece também não ter um centro irradiador nem mesmo um especialista absoluto. Por exemplo, o arco que Pira'ima'ã "fez" para me presentar teve a madeira, *irapara*, retirada por Takya, e a corda, feita por Hajmakoma'ã. Quando o questionei, com aquela maldade curiosa presente na relação entre etnógrafo e interlocutores, por que ele não faria a corda do arco que estava montando para mim — uma vez que ela consiste, ao menos eu entendia assim, em quase metade do trabalho de produzir um arco — Pira'ima'ã respondeu-me, tranquilamente, que nunca aprendera um bom jeito de fazer cordas para arcos tanto quanto Hajmakoma'ã. E seu pai, ele mesmo um grande trançador, sempre lhe disponibilizou todas as cordas de que necessitou. Arcos e flechas, muitas vezes, são feitos a várias mãos. Alguém, a pedido de alguém, consegue boas taquaras; outro faz as pontas e o corpo; um terceiro tem uma razoável quantidade de resinas e ceras para os acabamentos; outro homem possui um estoque razoável de penas; e a esposa, fibras de tucum (são sempre as esposas que fazem as linhas de tucum). No fim, a flecha *feita* por um homem é resultado de um processo que envolve cinco, até mesmo sete, pessoas diferentes. Isso não significa que as flechas em si, uma vez feitas, sejam de uso coletivo. Ao contrário, cada um conhece as suas e só utiliza as que lhe pertencem. O fato é que a forma de confecção desses artefatos (arcos e flechas) é reflexo do tipo de economia desempenhada pelos Guajá, a saber, de compartilhamento total da comida e, como vemos agora, dos serviços e matérias-primas. E todo o processo de trabalho acontece de forma muito leve, alegre e, por vezes, zombeteira.

Redes de troca de bens e serviços, tal como encontramos no Norte[56] e Noroeste amazônico,[57] é algo que os Guajá praticamente desconhecem. Porém, muitos disseram que antes do contato era comum trocarem, entre diferentes grupos locais, cocares e braceletes de pena de tucano, por arcos e flechas; porém não chegava a se constituir um sistema econômico de troca de bens, tal como ocorre, por exemplo, nas Guianas.[58] Aqui não havia grupos locais que eram exímios e exclusivos fabricantes de flechas, outros que produziam belos cocares etc., tal a divisão do trabalho que Descola observa para o piemonte amazônico. O que ocorria aqui era que, eventualmente, havia um ou outro excelente fazedor de arcos, flechas ou outro artefato que um grupo local ou outro poderia trocar. Além disso, o fato de todo homem ter centenas de flechas e alguns poucos arcos, em média, poderia incentivar essa troca ocasional.

MAKA

Hoje em dia os Awá caçam os mamíferos terrestres exclusivamente com espingarda. Porém, ao caçarem macacos, todos acabam tendo chances iguais.[59] São dois os tipos de cartuchos utilizados: os carregados industrialmente com chumbo 3T, que os Guajá batizaram de *kaapo* e chamados "*3T*", em português; e os de metal, a que denominam *jamykera*, "casca", preenchidos pelos homens com pólvora, *tywerera*, chumbo, *maka'ĩa*, espoletas, *tykyrymyty pykaha*, e selados com cera de abelha, a que se referem em português por "*cartucho*" (se carregado) ou "*casca*" (quando vazio). Os Guajá estabelecem entre os

---

56. Ver Barbosa, 2007.
57. Ver Descola, 2006.
58. Ver Barbosa, *op. cit.*
59. Embora a espingarda sempre leve vantagem por sua praticidade e pela quantidade de chumbos armazenados nos cartuchos que são lançados em um único tiro.

dois tipos de cartuchos a mesma diferenciação que empregam para as *kĩa*, tabocas, e *wy'ya*, flechas. Os cartuchos *3T* são mais robustos, próprio a presas maiores, enquanto os de metal carregados, por serem preenchidos manualmente, e pela pressão do chumbo e pólvora ser menor, devido à camada de cera de abelha, *cospem* o chumbo com menos propulsão que os primeiros e se destinam a presas menores. Os cartuchos recarregados podem até matar caças grandes; porém, uma vez alvejadas, elas conseguem escapar, devido à menor intensidade do ferimento, e acabam morrendo longe do local de caça, enquanto que o tiro com o *3T*, devido a sua força, mata a caça imediatamente. Certa vez, Wirahoa me disse em português, "o *3T* é a minha taboca!", pois com esse cartucho mataria os mesmos tipos de animais que outrora eram alvejados pelas tabocas, os porcos e antas.

A diferença fundamental entre presas *grandes* e *pequenas*, que, segundo nota Brigthman[60] (*op. cit.*; baseado em diversos povos caçadores), se mostra universal quando envolve povos nativos e predação animal e reverbera nas esferas de tecnologia, território, relações de gênero, interessa, em muito, aos Guajá como estamos vendo. Sua tecnologia de arco e flecha foi transformada pela adoção das espingardas; porém as ideias que orientam o ato de matar caças grandes ou caças pequenas continuam embasando as novas tecnologias de caça. Os problemas são os mesmos, e novas soluções são bem-vindas.

O barulho das espingardas, apesar de na prática não os incomodar muito, é algo que os Guajá tematizam, pois ele é resultado do tipo de pólvora utilizada. As diferentes aldeias se dividem quanto ao uso das pólvoras brancas e pretas. Na aldeia Juriti, utiliza-se apenas pólvora branca. É mais letal, por isso uma pequena quantidade é suficiente para fazer um grande disparo. Ao passo que as aldeias Tiracambu e Awá, até as últimas vezes em que lá estive, só utilizavam a pólvora preta, menos letal, mas, por ter que se utilizar em maior quantidade, torna o tiro dos cartuchos recarregados mais barulhentos.[61] Os caçadores da aldeia Juriti lembram que preferem utilizar a pólvora branca justamente para fazer seus tiros menos barulhentos. Dizem que nos primeiros anos muitas pessoas ficavam doentes com o susto pelos dis-

---

60. O autor mostra, por exemplo, como entre os povos caçadores, com raríssimas exceções, as caças maiores são de domínio exclusivo das caçadas masculinas; ao passo que as pequenas presas podem ser capturadas em caçadas mistas e, muitas vezes, exclusivamente por mulheres. Isso nos leva às mesmas questões de *gênero* que esbocei linhas acima.

61. *Po hamãj*, "tiro grande".

paros, a alma da pessoa se assustava, *hajtekera pinihĩ*, "princípio vital assusta-se", lembram os Guajá, devido ao tremendo barulho causado por cada tiro com pólvora preta. O tiro, chamado *po*, com a pólvora branca seria parecido com o do rifle, dizem os Guajá.

EU, A FLECHA

Assim como ocorre aos humanos durante a caçada, as flechas e tabocas também devem entrar em um estado de "raiva", *imahy*, para que funcionem de maneira adequada. Para que desenvolva "raiva" é necessário que os homens lhe forneçam dois elementos cruciais à saúde da flecha: "dor", *hahy*, e "sangue-veneno", *hawy*. Por isso, após confeccionada, uma flecha ainda não está pronta para o uso, pois requer um longo processo de "alimentação" e "envenenamento" de modo a se fortalecer e, com isso, aí sim, ser capaz de matar. "As flechas têm fome, por isso caçamos muito!", disse-me certa vez o velho Takya, um desses homens que caçam exclusivamente com arco e flechas. Uma flecha se alimenta fundamentalmente do sangue de suas presas. Uma vez um animal morto, os homens esfregam na carne cheia de sangue as pontas de diversas flechas para que, assim, a fome delas seja aplacada. O sangue animal é dito "alimento"[62] para as flechas, ao mesmo tempo que é o "veneno", *hawy*, que elas lançarão nas presas animais. O banho de sangue é a primeira etapa do processo de transformação da flecha objeto-em-si em uma arma mortífera, repleta de *dor* e *raiva*, que será despejada nas presas animais, causando sua morte. Uma nova flecha, após confeccionada, tem suas pontas revestidas de sangue e se zanga caso não se a alimente, o que pode fazer com que não funcione ou que vá contra a vida de uma pessoa; por isso, fornecem-lhes o sangue desejado, para que fiquem boas, *katy*. Certa vez, após uma caçada de macacos, um dos cuxiús estava derramando bastante sangue e, enquanto descansávamos antes de retornarmos à aldeia, Takya esfregava suas flechas no corpo ensanguentado do animal.

É comum os homens, enquanto estão limpando as caças, levarem junto algumas flechas para esfregar no corpo do animal após aberto, antes de destripá-lo e lavá-lo. Nessas ocasiões, eles podem, inclusive, conversar com as flechas, pedindo que elas voltem a matar e que, por isso, as está alimentando. Os homens também observam que as flechas não param de lhes pedir sangue. Caso não atendessem a

---

62. *Hami'ũa*, "comida dela".

esses incessantes pedidos, elas não matariam nenhum animal — se quebrariam ou não acertariam o alvo. Takya diz que *conversa* com suas flechas, pois elas mesmas lhe pedem sangue: "Me dá *hawykera*, 'sangue'", "eu quero *hawykera*, se você me der eu terei sangue-veneno para pegar mais carnes, matar mais bichos. Eu envenenarei outros animais para você!"; assim, segundo o velho Takya, suas flechas falariam. Questionei-o a respeito de como se dava essa *comunicação* entre caçador e flecha. Ele simplesmente respondeu-me que é uma coisa que "os Guajá sabem fazer", *awa kwa*.

Trata-se do único uso que fazem do sangue animal, dito extremamente venenoso.[63] Para as flechas, o sangue é como um remédio, *pohỹ*, enquanto que para os Guajá, ele é um veneno, me disse certa vez Wirahoa. Devido a tal capacidade letal, "sangue" e "veneno" são referidos pela mesma palavra na língua guajá, *hawy*; o veneno de uma cobra é chamado de *hawy*, bem como o sangue que escorre de uma ferida humana é *hawy*. Em uma taboca se passa o sangue de animais grandes, como caititu, queixadas e antas, e o desta última é extremamente benéfico, pois, de maneira mimética, produz na taboca uma *dureza* análoga à do couro de anta: quase indestrutível. Por outro lado, os animaizinhos pequenos, do tipo que os Guajá não caçam, como o esquilo caxinguelê, *tamakaja*, ou mesmo ratos, *awijỹa*, não são possíveis presas na perspectiva de uma flecha. Certa vez, de forma um tanto irreverente, um homem me afirmou que tais animais são *maka nimá*, *kĩ nima*, e *wy'y nima*, ou seja, animais de criação das espingardas, tabocas e flechas; por isso as armas não os matam.

As únicas restrições sanguíneas postas a uma flecha são o sangue de uma onça-pintada, *jawaruhua*, e o sangue humano, não só dos Guajá, mas qualquer humano: *awa*, *mihua*, *kamara* ou *karaia*. O sangue humano é altamente nocivo a uma taboca, e caso uma dessas flechas venha a matar algum humano ela deve ser imediatamente descartada, pois corre-se o risco de uma taboca se acostumar ao sangue dos humanos e passe a querer sempre mais.[64] Já o sangue da onça-pintada, alguns afirmaram, é inapropriado para uma taboca pois a enfraquece; nesses casos é necessário limpar as ponta da taboca antes de a colocar novamente em uso, mas não é necessário descartá-la. Essa regra não se aplica à sussuarana, ainda hoje considerada

---

63. As mulheres não podem sentir sequer o cheiro do sangue de alguns animais como o veado.

64. Voltaremos a esse ponto.

uma possibilidade alimentar, ou à jaguatirica, que não comem, cujos sangues também são alimento para as flechas e tabocas. Uma flecha só é jogada fora caso se quebre, se torne imprestável ou mate um humano.

O sangue, por ser um *veneno*, atuaria aqui como uma espécie de *curare*,[65] veneno utilizado nas pontas de projéteis de caça por diversos grupos ameríndios. No caso dos Ashuar, um povo que caça com zarabatanas, Descola observa que, ao preparar seu *curare* na floresta,[66] quando cozinham as plantas lentamente, longe das mulheres e da aldeia, os homens cantam alguns *anent*[67] para fortalecer o preparado. Tais encantamentos se dirigem diretamente ao *tseas* (*curare*) de maneira vocativa, eles lhe ordenam que beba o sangue dos animais contra os quais será empregado, e cada espécie de caça é nomeada, uma após outra (Descola, *op. cit.*, p. 310). A fabricação de *curares*, entre os Ashuar, por exemplo, exige um rigor: distância completa das mulheres; abstinência sexual; saída da aldeia e reclusão na floresta. Tal rigor é ausente no processo de *envenenamento* das flechas guajá. Porém, enquanto os Jívaro sustentam ser um envenenamento-encantamento com o curare durante a preparação das setas da zarabatana — uma vez que os encantos *anent* são fundamentais para o bom funcionamento dessas setas — os Guajá afirmam que o sangue[68] produz um mesmo envenenamento nas flechas. Muito embora não haja *encantamento*, como não há em coisa alguma na vida cotidiana e ritual, os homens também conversam com suas flechas enquanto as preparam. Essa conexão entre o sangue consumido e uma boa flecha ocorre mesmo no aprendizado do manuseio durante a infância. Certa vez o pequeno Makoraia, que na ocasião tinha apenas cinco anos, atirava em grilos e calangos que vivem pela área da aldeia e seu entorno as flechinhas feitas por seu irmão mais velho. Após matar os camaleões, duas de suas flechas ficaram com a ponta lambuzada de sangue, e ele comentou, rindo, que deixaria daquele jeito pois é assim que fazem os Guajá.

---

65. Curare é um termo genérico que se refere aos venenos de caça utilizados por diversos povos ameríndios e, dessa forma, "cobre uma multiplicidade de preparações tóxicas diferentes, geralmente à base de plantas do tipo *Strychnos*" (Descola, 1996, p. 309).
66. *Tseas*, entre os Ashuar.
67. *Anent* é uma encantação cantada, utilizada em todas as circunstâncias da vida cotidiana e ritual ashuar, a fim de alcançar algum resultado desejado ou conquistar os favores de um destinatário (Descola, 2006, p. 495).
68. *Hawy*, "sangue-veneno".

Quanto ao veneno de caça, a partir de um mito kachuyana sobre a origem do curare, (cujo veneno foi dado aos humanos pelo gavião-real; por isso, o cipó utilizado por esse povo para o produzir é chamado *flecha do gavião-real*), Lévi-Strauss argumenta que, nesse caso, o curare, utilizado basicamente para matar *macacos coatás*, é besuntado nas flechas com um pincel de pelos de capelão (Lévi-Strauss, 2004, p. 315). Lévi-Strauss mesmo, indagando o lugar sutil dos venenos de caça nas culturas ameríndias, indica que ele atua como uma *intrusão*, uma das raras situações em que a natureza se aproxima da cultura a ponto de quase determiná-la. Em uma linguagem musical, os venenos se dispõem em um curto intervalo cromático que, diferentemente de quase todo pensamento ameríndio, afeito aos grandes intervalos descontínuos e, portanto, diatônicos, faz com que um produto estritamente natural, o veneno, sirva a uma atividade cultural, a caça.[69] Penso que podemos incluir o sangue das flechas guajá nesse mesmo conjunto, pois, com exceção de seu envenenamento, o contato com o sangue é evitado em todas as situações devido a sua nocividade animalesca. Como se um elemento pertencente a uma *extrema* natureza, diferentemente da carne que é cozida e consumida enquanto o sangue é lavado e descartado, fosse desnaturalizado, ou mesmo culturalizado, e transformado em veneno.

༄

Após uma flecha ou taboca ser alimentada de sangue-veneno, ela deve tornar-se forte, dura, *hatỹ*. Para isso é posta em um jirau situado estrategicamente acima do moquém, preso às vigas do teto de um casa, para que o fogo seque o sangue e a defume, *tataxĩa*. Esse processo faz com que a flecha assuma uma tonalidade marrom, bem escura como pó de café, tendendo para o preto. Quando ela alcança essa cor é sinal de que está pronta para o uso, capaz de despejar *veneno* e *dor* em qualquer ser vivente. O objetivo da defumação das flechas é fazer com que fiquem repletas de *hahy*, "dor"; é isso que magoa a ferida e provoca, consequentemente, a morte das presas animais. Como acontece também com as flechas yudjá, para os Guajá "as flechas de caça devem ser sobredotadas do poder de causar dor: *Sem isso a flecha não mata nada!*" (Lima, 1995, p. 110). Tanto a taboca quanto a flecha se alimentam de sangue, fortalecem-se com ele; e a fumaça, *tataxĩa*, além de lhes dar firmeza, as envenena. Uma combinação explosiva.

---

[69]. Lévi-Strauss, *op. cit.*, p. 321. Ver também Descola, 1996, pp. 310–311.

É importante atentar para a relação entre a fumaça do fogo de cozinha e os usos benéficos desse elemento. A mesma fumaça que é fundamental no processamento da carne em alimento (pois a carne é defumada: assada pela fumaça) endurece e fortalece as flechas, colocando *dor* nelas. A fumaça do fogo de cozinha, dizem os Guajá, retira o sangue dos animais e endurece a carne para que os humanos possam comer. Ela tem uma função endurecedora, sendo essa, inclusive, uma das definições de *culinária* para os Guajá: o endurecimento da carne e eliminação do sangue. Ao mesmo tempo que endurece, ela fortalece, e os Guajá imputam tal propriedade à ação da fumaça. Por exemplo, quando um bebê começa a dar seus primeiros passos, seus pais e irmãos mais velhos, de forma muito carinhosa, realizam um procedimento chamado *kytykyty*, "esfregar", que consiste em "pegar" a fumaça produzida pela fervura de uma panela, ou da queima de uma lenha, e esfregar nos joelhos de um bebê, como se introduzissem a fumaça no corpo da criança para que suas articulações se enrijeçam,[70] tal como ocorre com a carne posta a moquear e com a flecha posta a endurecer. Aqui, a fumaça endureceria as flechas e os ossos, *ikaena*.[71]

O efeito dos projéteis, sejam flechas ou chumbo, sobre os animais, aquilo que os faz morrer após serem alvejados, se baseia na teoria guajá de que tais peças são carregadas de dor, *hahy*, e veneno, *hawy*. Enquanto o sangue a alimenta, envenenando-a para que lance esse veneno em suas presas, é a fumaça que insere *hahy*, "dor", na flecha. Tal procedimento faz com que um animal se fira gravemente e que a dor e o veneno da flecha sejam transferidos ou *cuspidos*, como dizem os Guajá, para ele. Após a presa ser alvejada, a dor que permanece na ferida chamada *ha'ina* — uma espécie de *bichinho*, me disse um amigo Guajá, é que faz o machucado doer, reforçando a tese de que a dor é sempre externa, algo que é posto de fora para dentro. Certa vez, alvejaram com espingarda uma cobra surucucu pico-de-jaca, *arikukua*. Abatida instantaneamente, ela foi *comida pelo chumbo*, um elemento que, tal como as flechas, é faminto por sangue e portador de muita dor.

O fator complementar e indispensável que torna as flechas seres completamente devastadores e replenos de desejo homicida é a plumagem escolhida. As penas utilizadas em uma flecha, ainda em sua

---

70. *Hatỹ*, "ficar duro".
71. Quando se está cansado, inclusive, são os ossos, *ikaena*, que estão cansados, doloridos, e por isso precisam descansar.

confecção inicial, devem ser preferencialmente de aves de rapina, diversas espécies de gaviões ou harpia, ou mesmo de urubus, porque, de acordo com a tecnologia Guajá, a plumagem dessas aves tem *hawy*, "sangue-veneno", já que seus portadores originais se alimentam de carne e sangue. Para além disso, os Guajá, de maneira a me traduzir e simplificar suas ideias, dizem que os gaviões, por exemplo, aceitam esse "acordo" com os humanos e gostam que suas penas sejam utilizadas para matar outros animais. Além das penas que gostam de sangue, ainda utilizam outras excelentes, como de jacu, mutum e até mesmo araras, embora, lembro-me, prefiram sempre as de gavião[72] que por si só são impregnadas de sangue-veneno, o que é tão saudável para uma flecha quanto o sangue espalhado em suas pontas.

É com uma dedicação exemplar que os Guajá cuidam de suas flechas, das espingardas e da montagem de seus cartuchos. Esses últimos, inclusive, também se distinguem em relação aos mais preferidos, tal como são as flechas, umas melhores que as outras. Uma flecha que tenha matado macacos-pregos, na caçada seguinte desses animais e após reparada, será certamente utilizada de novo. E assim sucessivamente. É como se os objetos fossem se especializando por eles mesmos. Como se a ação do objeto se manifestasse a partir de sua eficiência. Ao fazer suas flechas, é comum seu artesão já saber qual será a finalidade de cada uma, em que animal ele fará com que cada uma se especialize. Certa vez, o velho Pirama'ã confeccionava suas flechas, *wy'ya*, quando começou a conversar com Juwi'ia, um de seus netos mais velhos, e lhe mostrou o que faria com cada uma delas, sugerindo um caráter exclusivista na utilidade de cada uma. Ele dizia: "Esta vai para o capelão, esta outra para o inhambu, esta, para o macaco-prego, e esta, para o poraquê" — enquanto seu neto, que já era grande, ria e olhava atentamente, ao mesmo tempo que, para me incluir na conversa, repetia em português o que o avô estava dizendo. O falecido Pinawãxa'a certa vez mostrou-me um cartucho, *jamekera*, que, com ele, havia matado, com um único tiro, dois capelães de uma vez; e teceu vários elogios ao objeto. Em outra ocasião, Pirama'ã estava caçando capelães e, após atirar, *japi*, e errar, passou boa parte da tarde procurando pela flecha usada. "Era uma boa flecha", *wy'ya katy*, me disse, percorrendo uma grande área, até por fim encontrá-la. Mesmo com centenas de flechas em seus feixes, uma *boa flecha* não

---

72. *Wiraho popokera*, "penas do que foi um gavião".

pode ser desperdiçada, pois ela é fruto muitas vezes da antiga relação entre si e seu dono, *jara*.

Para se referir às espingardas e cartuchos, os Guajá recorrem às mesmas ideias que definem suas flechas, porém, com mais intensidade. Loucas, *waky*, raivosas, *imahy*, inimigas, *mihua*, dentre outros adjetivos, servem para definir as espingardas e os cartuchos. Os cartuchos são ditos incontroláveis. Diferentemente das flechas, eles matam tudo; até filhotes que se poderiam tomar por animais de criação. Antes de caçarem com espingardas, matavam-se muito poucos filhotes (ainda muito pequenos) de qualquer animal, pois as flechas gostam dos animaizinhos *nima*, como me disse certa vez Hajmokoma'ã. Por outro lado, os cartuchos são *doidos* e matam tudo. Certa vez, em uma caçada de capelães havia dois filhotes: um que sobreviveu intacto, e outro que, alvejado na perna, morreu antes de voltarmos para a aldeia. Todos disseram que foi o cartucho que o matara; que os cartuchos têm muito veneno e raiva; e são doidos, diferentes das flechas, que sabem, *kwa*, mais.

Outra vez, em uma das reuniões com membros do CGIIRC, quando os Guajá discutiam a necessidade de uma política a favor da compra e manutenção de armas de fogo, frente ao Estatuto do Desarmamento brasileiro, que a Funai aplica desde a Lei Nº 10.826 de 2003 quando se instituiu o Sistema Nacional de Armas no Brasil[73] —; ao tentar convencê-los dos perigos de caçar com espingarda, um representante da Funai argumentou que as armas, além de tudo, eram perigosas, pois as pessoas eventualmente podem matar umas às outras com elas, e os brancos, *karaia*, que se matam com armas, são a melhor prova disso. Um dos representantes guajá fez então uma breve fala; lembrou

---

73. Veja, no site do Planalto, o texto completo da Lei Nº 10.826. Um problema central em todas as aldeias é a falta clara de uma política para a compra de munição e a manutenção das armas de fogo entre este povo, cuja subsistência e economia simbólica é dependente da caça. De tempos em tempos seu debate volta à tona, com imagens que evocam um *faroeste*; sugerindo que os indígenas não teriam a competência ou preparo psicológico para utilizar armas de fogo. Visto que esses povos são, grosso modo, considerados um empecilho ao desenvolvimento, capazes de atacar colonos e frear o avanço da fronteira com seus arcos, flechas e bordunas, o uso de espingardas torná-los-ia ainda mais perigosos. Para outros, a introdução de novas tecnologias nas comunidades indígenas os *viciariam* ao ponto de incentivá-los a abrir mão de seus conhecimentos tradicionais, além de propiciar o rápido esgotamento dos recursos naturais em suas áreas. Não compartilho com nenhuma das duas posições, defendo que para um povo como os Guajá, a partir de uma série de pontos e reflexões que estamos vendo no decorrer deste livro, a caça com armas de fogo é uma alternativa sustentável e indispensável à vida deles, dado o ganho econômico oriundo de sua utilização.

que os brancos só morrem nas mãos das armas de fogo porque atiram um nos outros com elas, e que os Guajá, por não atirarem flechas uns nos outros, não morrem pela flecha, e muito menos isso aconteceria com as armas de fogo. Lembrou também que o uso que fazem de arma de fogo é, por incrível que possa parecer, ainda menos letal que o uso que fazem das flechas. Esse jovem líder, chamado Itaxĩa, enumerou um razoável conjunto de casos de pessoas que haviam sido atingidas por flechas desgovernadas ou que caíam no lugar errado, enquanto que com as armas de fogo acidentes como esse nunca aconteciam. Em poucas palavras, de forma perspicaz, ao menos para mim, Itaxĩa estava argumentando que, da maneira que os guajá utilizam suas armas de fogo, elas são menos perigosas do que flechas e tabocas.

A crise que os Guajá enfrentam hoje, pela falta de munição é concebida por eles como fruto de uma esquizofrenia política do estado brasileiro, em particular, da Funai. Todos conseguem relembrar a chegada das espingardas nas aldeias: do barulho, o estranhamento, o cheiro de pólvora e, sobretudo, o rendimento econômico que essa nova tecnologia proporcionou à "boa vida", *iku katy*, humana. As chamadas "*Vinte*" (espingarda de calibre 20) entraram na caça Guajá logo nos primeiros dias de contato, porém hoje as pessoas não podem comprar munição, muito menos novas espingardas, pois é proibido por lei. Os Guajá não entendem por que foram convencidos a escolher a espingarda no lugar de suas flechas há poucas décadas, ficando completamente dependentes da caça com armas de fogo, e a mesma Funai que lhes possibilitou essa transição diz que não podem mais possuir suas armas nem comprar a munição.

※

Passar sangue nas flechas, como estamos vendo, é um processo alimentar e de envenenamento. Hoje, os Guajá chamam essa operação de *lustrar*, em português. Da mesma forma que lustram suas espingardas com o óleo de máquina, lustram suas flechas com sangue. Tal como uma flecha tem fome de sangue, uma espingarda, *maka*, tem fome de óleo. O ato de lustrar a espingarda parece produzir na arma um efeito análogo ao alcançado quando lustram as flechas com sangue. Assim, para a arma, o óleo produz o mesmo efeito alimentar que o sangue produz nas flechas, fazendo com que fique forte e com raiva, ao mesmo tempo que aplaca sua fome. Lembro-me de, nos meus primeiros dias na aldeia Juriti, reparar que todos os homens passavam boa parte do dia desmontando as espingardas, até suas mínimas peças, e tornavam a montar, as limpavam e lustravam. Isto ocorria quase que diariamente, da mesma forma que os velhos fazem com as flechas; não só as reparam, mas também as alimentam e criam, *riku*, como garantem ser a relação de um caçador e sua flecha. Voltaremos a esse ponto.

De tanto montar e desmontar, as armas são repletas de remendos e adaptações e constantemente voltam a quebrar. Muitas vezes os defeitos são provocados por essa extrema manutenção diária, e não pelo uso intenso, propriamente. Isso gera comentários infelizes por parte de alguns funcionários do Posto Indígena, em um jogo de ataques e defesas entre os próprios funcionários. Alguns criticam que os homens são incapazes de possuir uma espingarda sem as quebrar ou que as armas só se quebram porque "mexem" muito nelas. Outros os defendem, dizendo que as espingardas se quebram porque seu uso é o *ganha-pão* deles; que eles precisam utilizá-las muito mais do que os *brancos*, e por isso elas se quebrariam tanto. O fato é que há uma total dependência dos Guajá em relação à Funai para a compra de munição e o reparo das espingardas, quando precisam de reposição de peças — o que nem sempre dá certo. A maior parte de minhas reservas financeiras foram repassadas para comprar munição, um artigo muito caro, e pagar reparos de espingardas, a pedido dos Guajá ou dos próprios funcionários da Funai.[74] Com suas espingardas quebradas, os homens ficam muito apreensivos, pegam emprestadas as armas de seus irmãos que, devido ao uso intenso, também podem se quebrar. E isso seria uma espingarda a menos na aldeia. As espingardas e principalmente a munição são o principal assunto entre os homens e os funcionários do posto. Para estes, os Guajá utilizam mal a espingarda, para os Guajá, os funcionários são sovinas, pois teriam acesso a uma grande quantidade de munição com os *karaia* das cidades, mas regulam e não a fornecem na quantidade adequada.[75]

---

74. No caso do reparo de espingardas, funcionários chegavam a me pedir ajuda, pois a administração da Funai dificilmente paga reparos.

75. Só para termos uma ideia, a munição foi a única exigência colocada pelos Guajá de todas as aldeias, quando solicitei autorização de pesquisa à Funai. Em 2007, ao chegar pela primeira vez na aldeia Juriti, por ter comprado a munição na companhia de um funcionário da Funai ele pediu-me que a deixasse com ele, pois os Guajá ainda tinham um pouco em suas casas, e se eu distribuísse tudo de uma só vez eles a consumiriam rapidamente. Argumentei então que daria ao menos uma parte para que as pessoas vissem que eu havia trazido o que elas me pediram. Foi o que fiz, sem maiores problemas. Ao me perguntarem se eu havia trazido mais do que aquela pequena quantidade que

Além do óleo, os homens me pediam que comprasse tinta de metal da cor preta para pintarem os canos e as partes de metal de suas espingardas. Segundo me explicou Wirahoa, nessa teoria Guajá sobre as armas e o metal, o cano da espingarda, originalmente metálico ou dourado, estando na cor preta, *enxergaria* melhor a caça, tal como ocorre com as flechas *defumadas* que, enegrecidas, aguçam sua *visão* e potência. Como vimos, após sangradas e defumadas, as flechas ficam escuras, como se fossem queimadas, e por não poderem fazer o mesmo com a espingarda (deixar em cima de um moquém), pois a estragariam; a tinta preta produziria o mesmo efeito, faria com que ela se tornasse mais eficiente.

OBJETOS INIMIGOS SÃO DOMESTICADOS

As tabocas e as flechas são ditas serem *mihua*, "inimigas", "selvagens", que, como vimos, é também o termo pelo qual classificam diversos grupos distantes, com os quais mantêm relações de inimizade em potencial, os "Guajá brabos", como costumam dizer. Wirahoa diz que no processo comunicacional entre as flechas e seus donos elas falam: "Me coloque no fogo quente!... Isso mesmo, mais quente, mais quente!... e agora me levem para matar porcos". Por isso, se forem bem defumadas matarão suas presas animais com mais facilidade, como se seu veneno-sangue, *hawy*, estivesse muito ativo. Ainda segundo Wirahoa, quando uma flecha está no arco, prestes a ser atirada, *japi*, é como se ela dissesse ao animal: "Eu sou *mihua*, 'braba', não sou seu *harapihiara*, "cognato", "parente próximo", não sou sua amiga, *aty*, eu só gosto dos *awa*, humanos, pois eles cuidam de mim, *riku*, me alimentam... por isso eu vou te matar!" Portanto, as flechas são inimigas, criadas para serem assim. Mas, por serem domesticadas

---

distribuía, informei-lhes que o chefe de posto havia retido uma parte da munição que eu havia levado para lhes dar em outra ocasião, quando precisassem novamente. Com isso, ficaram chateados comigo dizendo que, da próxima vez que eu os visitasse, desse toda a munição a eles, diretamente. Assim o fiz na minha segunda viagem, em 2008. Ao retornar à aldeia Juriti, comuniquei ao chefe do Posto que entregaria a munição diretamente aos homens, pois eles assim haviam me pedido. Um pouco contrariado, o funcionário aceitou minha proposta. Ao distribuir a munição aos homens eles me pediram que eu desse somente metade a eles e entregasse a outra metade ao chefe de posto, para que ele guardasse melhor e depois distribuísse mais um pouco. Eu insisti que não, que pegassem tudo, pois seria melhor para eles. No entanto, me asseguraram que ainda tinham alguma munição guardada em suas casas e que, por isso, era melhor armazenar esse excedente na sede do posto. Quando precisassem, solicitariam ao chefe de Posto.

pelos humanos, mesmo sendo "brabas" quase nunca os atacam, ao contrário do que ocorre com o chumbo, *maka'ina*, dos cartuchos, *jamekera*, que não obedecem a ninguém, são "doidos", *waky*.

Vimos no capítulo anterior que os Guajá desenvolveram uma forma de anulação da distância cognática, se assim podemos pensar, a partir da ideia-relação *riku*. Da mesma maneira que o *riku* funciona entre diversos seres, os muitos agenciamentos entre um caçador e suas flechas e tabocas são da ordem de uma relação *riku*. Fabricá-las é só um primeiro passo para as possuir. E ninguém possui uma flecha só porque a fabricou, pois possuí-las é obrigatoriamente "criá-las", *riku*. Muito embora essas armas de caça e guerra sejam feitas, como objetos, pelos humanos, têm uma autonomia a ponto de seus donos manterem com elas uma relação *riku*. Em outras palavras, como sempre me foi traduzido, os homens "criam" suas flechas, e criá-las implica basicamente confeccioná-las (obviamente, porém com as penas certas), alimentá-las e repará-las sempre que necessário — um processo constante e de longa duração. Por serem perigosas, *mihua*, somente a domesticação, *riku*, pode lhes proporcionar uma vida proveitosa (sem acidentes e tragédias), sendo que parte da destreza do caçador está na qualidade dessa relação estabelecida com seu feixe de flechas. As flechas e tabocas agem intencionalmente: se não desejarem funcionar não funcionam, mas quebram, erram o alvo, se perdem. Por isso elas estão no *hall* dos *seres domesticáveis*. Por agir com intenção e vontade, algumas flechas e tabocas se prestam a matar alguns animais de forma mais eficiente do que outras, e algumas delas são excelentes companheiras de caça. Em seu arsenal domiciliar, aqueles homens que não fazem uso de espingarda contam, em média, com 200 projéteis, entre flechas e tabocas.

Quando saem para a mata, carregam de 15 a 30 projéteis formados em um feixe, precisamente amarrados por um cipó e com as pontas em conjunto envoltas por uma folha larga de palmeira, tal como uma delicada embalagem protetora. Esse cuidado se justifica, pois garante que as pontas afiadas não trisquem em nada e não sejam avariadas durante as longas caminhadas. Firmeza, retidão, fio adequado, dentre tantos fatores técnicos, são levados em conta para que uma flecha esteja o mais próximo da perfeição. O velho Pirama'ã, um exímio arqueiro, uma vez na mata, antes de subir numa árvore atrás de capelães ou se embrenhar por um brejo à procura de um poraquê, seleciona, de seu feixe, as flechas que realmente lhe serão úteis: morde-as, entorta-as, confere a plumagem e... conversa com elas: tarefas importantes, feitas com concentração. No entanto, como quase tudo na vida cotidiana dos Guajá, essas ações ocorrem sem nenhum cerimonialismo. Ele apenas deve se certificar de que são as flechas certas para "estar com" ele, *riku*. As flechas são aproveitadas até se esgotarem. Só são descartadas quando se quebram completamente.

Embora eu não tenha coletado nenhum mito específico sobre a origem das flechas e seus usos, sei que, para os Guajá, Maira possuía flechas mágicas que, ao invés de tirar, davam vida aos seres. Como exemplo, após Maira ter transformado uma pedra na primeira anta, *tapi'ira*, ele atirou uma de suas flechas na anta-pedra e ela saiu correndo na forma de anta; e quando transformou um cupinzeiro no primeiro queixada fez o mesmo. Há, na verdade, duas interpretações para o procedimento de Maira nesses feitos magníficos. Um é que ele apenas gritou "Vá, anta!", *awyhy!*, "corra"; e o outro ao atirar flechas mágicas, também gritando "Vá, anta!" Com exceção de episódios como esse, não encontrei na mitologia guajá histórias específicas sobre flechas. No entanto, a mitologia ameríndia é repleta de episódios que as apresentam como seres-objetos repletos de desejo, intenção e autonomia: flechas especializadas em caças específicas e mesmo algumas que caçam sozinhas estão presentes, de uma forma geral (no último capítulo, veremos como são as flechas dos *karawara*, energizadas, com que caçam na Terra). Há um mito Karajá, apresentado por Lévi Strauss (M177), sobre um caçador que obtém a proteção de uma rã em troca de carícias ilusórias e que se torna "um caçador milagroso, graças a zagaias dadas por ela (a rã), 'uma para cada tipo de alimento', cuja força é preciso atenuar besuntando-as com um unguento, que equivale, portanto, a uma espécie de veneno de caça invertido" (Lévi-Strauss, 2004, p. 197). Veremos adiante como os *karawara*, de alguma forma, representam um certo ideal de caça guajá que prescreve tal exclusividade: de um tipo de caçador para um tipo de caça, tal como uma flecha específica para uma caça específica — como quis mostrar-me Pirama'ã (relacionando suas flechas aos animais que elas preferencialmente vão matar) e como encontramos na mitologia ameríndia.[76]

Em outros casos analisados por Lévi-Strauss, em dois mitos Toba (M212 e M213), sobre a "moça louca por mel", há uma referência a "flechas mágicas" lançadas por um pica-pau que, ao notar o sumiço de sua esposa, dispara-as em várias direções para que procurem a mulher

---

76. Ver M177 em Lévi-Strauss, 2004, p. 197.

desaparecida. As flechas não obtêm sucesso e voltam sozinhas até seu dono, assim, ele percebe que sua mulher não foi encontrada por suas flechas (em uma das versões, M212, uma flecha a encontra e as outras retornam ao dono). Há outros mitos sobre flechas muito precisas, que conseguem acertar o meio de um fino cipó; ou ainda, se lançadas ao alto, ao cair acertam em cheio o dorso de um animal; dentre outras. Há ainda um mito Waiãpi, coletado por Gallois (1988), sobre a origem das flechas e dos acidentes com flechas que sustenta que, antigamente, quando os caçadores lançavam suas flechas, eles diziam a elas: "volte flecha, pode voltar". Eis que as flechas falavam: "cuidado, se afaste eu vou descer". Hoje, as flechas não falam mais e podem acertar qualquer um. Isto posto, da mesma forma os Guajá gostam de pensar que cada uma de suas flechas tem predileção especial por determinado animal, nunca falado de forma explícita, mas na prática eles selecionam flechas com "histórico" de predações específicas. Pois, uma flecha que já matou muitos macacos-pregos continuará sendo utilizada para matar macacos-pregos; e assim sucessivamente, como se a ação fosse imanente ao objeto, independente do caçador.

Para finalizar este capítulo, em que busquei descrever aspectos técnicos das atividades de caça, lembro que se a mesma taboca que assassinou um humano for reutilizada em outra caçada, tempos depois, ela certamente desprezará o alvo e se voltará contra aqueles que estiverem ao redor do caçador, em busca de mais sangue humano. Por isso, uma taboca que já experimentou desse sangue deve ser inutilizada.[77] Algo semelhante ocorre com o próprio matador de guerra Guajá (bem como outros casos Tupi), que aqui absorve a raiva, *ha'aera*, (não o sangue) do inimigo e se torna perigoso à vida na aldeia, um quase-inimigo (como sabemos, a partir também do já clássico caso Araweté, Viveiros de Castro 1986). Por isso, tanto um matador quanto uma taboca assassina representam ambos uma ameaça real para toda a vida da aldeia e, por segurança, a taboca que se alimentou de sangue humano deve ser descartada, enquanto quem matou cumpre um resguardo.

Devo aqui lembrar que na Amazônia a taboca é parte constituinte (e central) de muitos arsenais de guerra; peça-chave em diversos

---

77. Isso faz lembrar o citado mito Karajá (M177, Lévi-Strauss, 2004a: 353) em que o caçador consegue flechas mágicas para destruir "uma raça de macacos canibais, da espécie guariba", porém as flechas são tão venenosas que o caçador precisa enfraquecê-las (desenvená-las) com o tal unguento mágico pois, caso contrário, ela se voltaria contra o próprio caçador.

contextos, sendo que para alguns grupos (como os Jívaro) eram armas exclusivas de guerra, e não de caça. Desta forma, de acordo com meus interlocutores, as tabocas, *kĩa*, têm uma especial predileção por sangue humano, pois são "naturalmente" propensas a gostar dessa qualidade de sangue, já que foram criadas para comer, matar os inimigos humanos (além, é claro, dos animais de grande porte). Por isso, caso uma taboca mate um humano, ela quererá envenenar (ou, ao menos, ferir) outros humanos com esse sangue; pois fica "doida", *waky*, e tudo fará a fim de experimentar novamente tal sangue enlouquecedor.[78] A flecha deve ser descartada no mato, pois ela é agora uma matadora de humanos e vai querer o sangue de outros Guajá. Não se quebra uma taboca, apenas joga-se fora.

Sabemos que um guerreiro homicida Araweté é aquele que mata, ou flecha, um inimigo em conflito e cuja barriga está, por isso, cheia de sangue (que deve ser vomitado e expelido), transformando esse guerreiro também em um íntimo e temporário inimigo, além de uma pessoa psicológica e permanentemente instável. Assim, ele permanecerá para sempre meio-inimigo, volúvel, propenso a rompantes de ciúme, violência, e mesmo homicídio, ainda que entre os seus — independentemente do que faça para se livrar dessa condição (Viveiros de Castro, 1986, p. 594). Do mesmo modo, as tabocas assassinas Guajá também se tornam inimigas, algo que em potência sempre foram e que, após um homicídio, se torna irreversível. Isso se dá porque, tal como para o homicida Tupi, a taboca, *kĩa*, Guajá penetra na carne e se alimenta do sangue de um inimigo, passando por um processo análogo ao do guerreiro Araweté, transformando-se em *mihua*, "inimiga", dizem os Guajá. O matador Araweté se torna um inimigo, "um devir-outro do guerreiro, uma traição à sociedade" (Viveiros de Castro, 1986, p. 593), cujo armamento deve ser dele afastado, pois, "sedento de vingança, inspira seu matador a um furor, uma vontade cega de prosseguir matando",[79] mesmo que isso implique matar parentes. Com alguns reparos, podemos afirmar o mesmo para a taboca Guajá, ela é uma "traição" a quem a fabricou, pois pode se voltar, inclusive, contra seu dono.

---

78. A relação entre o sangue e a loucura é mais uma variação da relação entre sangue e doença, como já foi mencionado. Além do sangue humano, não consomem um tipo de jacu, pois o sangue desse animal os enlouquece (na verdade, provoca ataques epilépticos) — "tal como a cachaça faz com Guajajara", me disseram.
79. *Idem*.

Assim é a taboca que experimenta o sangue humano. Ao ser reutilizada em uma caçada, quando for atirada, *japi*, poderá escapar e matar qualquer pessoa de um grupo de caça, tudo isso "intencionalmente", porque deseja matar de novo. Porém, por mais *atitude* que os Guajá possam atribuir a uma taboca, ela ainda é um objeto, que pode, e deve, nesses casos, ser descartado e substituído, tal como fazemos com qualquer outro objeto. Não se destrói uma "taboca doida", *waky kĩa*. Ela é simplesmente abandonada, devoluta. Não entendo o porquê, mas os Guajá afirmaram que ela não pode ser quebrada; somente jogada fora, no mato, tal como um corpo inimigo é abandonado após um homicídio. Se na Amazônia indígena animais e objetos podem ser "pessoas", eles o serão até o fim.

Por fim, mesmo sendo criadas e cuidadas, as flechas não contam com nenhum tipo de cuidado específico ou cerimonial; nenhuma evitação. Até as mulheres as manuseiam e eventualmente as utilizam como lanças em suas caçadas (sem atirá-las com o arco, é certo). Certa vez, ao cozinhar em uma panela, o jovem Juxa'a estava mexendo na água do cozido e pegando pedaços de carnes, com o auxílio de uma flecha que estava ao seu alcance. Utilizou a flecha como um garfo; e não se tratava de uma peça velha, que estivesse fora de uso, mas de uma "boa flecha", *katy*. Isto não quer dizer que as flechas recebam um cuidado ordinário. Ao contrário, elas são tratadas com muito esmero. Mesmo com tal desprendimento (correlato a toda ausência cerimonial que conduz a boa vida dos guajá) — e diferentemente de quase todos os outros objetos vulgares que existem espalhados pelo chão da aldeia Juriti (sapatos, roupas, panelas, talheres, crânios de animais, cachos secos de fruto, ferramentas, dentre tantas outras coisas), cobertos de pó e sujeira —, as flechas nunca são negligenciadas. Se forem velhas, as recuperam ou as deixam no mato (ou em qualquer lugar), perdidas ou abandonadas, para que "morram" sozinhas.

Manual de caça

WARIA

Os capelães são animais extraordinários. Ao menos aqueles que vivem nas matas do Pindaré, Caru e Turiaçu. *Waria*, é como os Guajá chamam esses animais que eles caçam, criam, cuidam, comem, enfim, pelos quais se interessam inteiramente. É no ciclo da lua cheia, sobretudo nos fins de tarde, que o rugido do capelão pode ser ouvido por toda a floresta, tão alto quanto as cigarras que cantam nos meses quentes. Os bugios,[1] inclusive, já foram considerados os animais mais barulhentos do mundo. Seu grito, um dos mais fortes da Terra, pode ser ouvido em uma área de mais de 16 quilômetros.[2] Diferentemente de outros animais (como queixadas, caititus, pacas e veados), que são mais precavidos e preferem andar na escuridão da lua nova, os capelães — tal como as corujas *waryta* — gostam do clarão noturno proporcionado pela "lua bonita", *jahy parahỹ*, que é como as pessoas chamam a lua cheia. Como veremos aqui, os capelães são animais com muitas capacidades, e a mais fascinante para os Guajá parece ser o fato de "cantarem". Dentre outros aspectos interessantes, na estação chuvosa as fêmeas cuidam dos machos, espremem-lhes os vermes (chamados *i'urua*) que brotam no corpo, praticam cuidados dignos de parentes afetuosos; os capelães, inclusive, são capazes de imitar o som de outros animais para ludibriar e viver em segurança — me disseram alguns caçadores. Cada bando desses primatas gera uma história para ser contada — depois de os abater, as pessoas, vendo os corpos no chão, adoram traçar genealogias, apontam quem era

---

[1]. Os primatas do tipo bugio compreendem diversas espécies do gênero *Alouatta*, presentes em todo o Brasil e partes da América do Sul. Este animal é popularmente conhecido no Brasil como "guariba", e em boa parte da Amazônia brasileira como "capelão". Os bugios encontrados nesta região são do tipo *Alouatta belzebul*, específicos da mata atlântica nordestina e da floresta amazônica (ver Emmons, 1997, pp. 137–138).
[2]. Os capelões, ainda hoje, são os mamíferos "mais barulhentos" do mundo. Veja a matéria "World's Loudest Animals — 'Power Saw' Cricket", disponível no site *National Geographic*.

casado com quem, cunhados que não se gostavam, filhos que estavam crescendo, machos que disputavam fêmeas, e toda a sorte de conexões genealógicas, tal como primatólogos interessados no comportamento animal. Certa vez em um acampamento de inverno, ao voltarmos para casa após uma longa caçada em que dezenas de capelães foram abatidos — e as crianças estavam felizes, as mulheres, aliviadas, dada a fartura de comida e o grande número de provisões que conseguiríamos moquear para levar de volta para os amigos e parentes que tinham ficado na aldeia —, percebi que um dos machos do bando estava com os lábios superiores destroçados. Hajkaramykỹa era meu anfitrião nesse acampamento, junto com seu cunhado Takamỹxa'a. Enquanto nos regozijávamos com a grande quantidade de carne que eles haviam acumulado na caçada, comentei que um dos capelães havia sido flechado na boca. Meus anfitriões, discordando, me explicaram que aquele ferimento era oriundo de um ataque de algum "parente distante", *hapihianỹ*, de algum bando rival. *Hapihiana xu'u*, "seu parente o mordeu", disse Hajkaramykỹa, explicando que era muito comum, após caçarem, encontrar capelães mutilados pois, eles mesmos, são animais "bravos", *imahy*, e brigam muito entre si.

Pequenos episódios marcam essa grandiosa relação que os Guajá desenvolveram com os capelães, e muitas vezes os animais levam a melhor. Em determinada ocasião, vi uma fêmea carregando seu filhote às costas e, num ato de desespero, tal como uma heroína, conseguiu escapar das flechas e tiros pulando do alto da copa de uma árvore alta para outra mais baixa, a uma altura de quase 10 metros de diferença. A fêmea, mesmo ferida durante a queda, conseguiu sobreviver e levar seu filhote em segurança para longe dos ataques humanos. Outra vez, um caçador ficou doente pois, na volta para casa, após ter abatido alguns capelães, foi picado por uma formiga tocandira (*Paraponera clavata*), chamada *takãja* que, como sabem os Guajá, é um ser de criação dos capelães. A picada dessa formiga — cuja dor é indescritível — foi encarada como um ataque do *ha'aera*, "vinganças-espectros", do bando de bugios mortos. Da mesma forma que, em outra vez, um jovem tomou um "coice" da espingarda ao disparar um tiro contra um bando de capelães e feriu a própria testa. Mais um "azar", *panemuhũ*, desses que aparecem em confrontações de caçada, em que a morte e a dor dão a tônica desta tensa relação, cujas presas quase sempre indefesas conseguem, por recursos fantásticos e ao menos algumas vezes, atacar ou se desvencilhar dos agressores humanos.

O interesse pelos capelães, ou guaribas, não passou desapercebido por outros pesquisadores que estiveram nas aldeias. Tanto Louis Forline quanto Loretta Cormier, cada um a seu modo, também atestam isso. O lugar diferenciado ocupado pelos macacos na vida das pessoas Guajá foi discutido por Cormier, sobretudo no que se refere a sua adoção como animais de criação (*pets*, nas palavras da autora); à importância deles no universo feminino; e ao papel especial que desempenham, se comparados a outros animais de criação (2003, p. 113). Cormier lembra que, embora não tenham um termo lexical para os macacos, os Guajá utilizam o termo em português *macaco*, para se referir a espécies de primatas em geral. Além desse, eles também classificam o jupará, *hajpaxia*, como "macaco", devido a sua cauda preênsil, embora estes últimos, ao contrário dos *macacos*, sejam indomesticáveis (Cormier, *op. cit.*, p. 93).[3] Na aldeia Juriti, o mesmo ocorria com as diferentes espécies de primatas, todas também referidas em português por *macacos*, principalmente aqueles três que as pessoas caçam sistematicamente para comer (macaco-prego; cairara e cuxiú), à exceção do guariba, ou capelão, que não seria um *macaco* propriamente, tal como os Guajá classificam o conjunto dessa espécie. E o guariba, em vez de *macaco*, é chamado em português por capelão, tal como os não indígenas da região se referem a esses animais. O macaco-da-noite, *aparikya*, pode ser chamado de *macaco brabo*, em português, enquanto que o sagui, *atamari'ia*, seria o *macaquinho* ou, quase sempre, *atamari'ia*. Nem o *atamari'ia* nem o *aparikya* são consumidos e, talvez por isso, sejam chamados *macaquinhos* e *macacos brabos*, respectivamente, em vez de *macacos*. Há ainda o macaco mão-de-ouro (ou macaco-de-cheiro), cuja incidência na região do rio Caru (aldeia Juriti) é pequena, mas que são muito caçados nas aldeias do Pindaré (aldeias Awá e Tiracambu) e que também, ao serem relacionados em português, são pensados como *macacos*.

Cormier já alertara que os Guajá consideram os capelães macacos diferenciados — já que encontram similaridades entre as duas espécies (humanos e capelães) — e consubstanciais aos humanos, nas palavras da autora *harapiháry*, "consanguíneos", ou *harypiana-te*, "afins", "verdadeiros" ou "próximos". Segundo a autora, isto seria atestado pela mitologia, uma vez que os capelães são ex-humanos transforma-

---

3. Só para termos uma ideia, se referiam ao jupará, *hajpaxia*, em português, como "macaco-brabo", um animal desprezado e que — nas histórias de assustar que contam à noite para as crianças — seria capaz de raptar e levar as crianças com ele.

dos em macacos por Maira; e pelo hábito dos capelães de "cantar", referindo-se à vocalização produzida pelos bandos de animais e que pode ser ouvida por uma extensa faixa territorial, Cormier observa que os capelães gastam de 3,4 a 34,6% de seu tempo vocalizando.[4]

Os macacos, em geral, também podem ser chamados *ka'ia*, e a primatologia guajá faz uma distinção categórica entre os *ka'ia*, "macacos" e *waria*, só "capelães" Macacos são os que eu citei (cuxiú; cairara; macaco-prego, sagui, macaco-da-noite e macaco-mão-de-ouro, ou macaco-de-cheiro), e nesse grupo não estão os capelães. O que os Guajá defendem é que "capelão é capelão" e "macaco é macaco". Embora *ka'ia* seja o termo específico para o macaco-prego, incidentalmente pode ser utilizado também como uma espécie de "definidor de espécie". Além da proximidade mitológica e musical, outras diferenças que envolveriam temperamento e hábitos são utilizadas para distinguir *macacos*, de um lado, e capelães (guaribas, bugios), de outro, em que os primeiros seriam culturalmente superiores aos outros, de uma forma geral. Os capelães encarnam muitos valores morais que são levados em conta nas caçadas.[5]

Vejamos abaixo algumas comparações.

1. A distinção inicial é a mesma colocada por Cormier (2003, p. 93). Os capelães "sabem cantar", *kwa janaha*, tal como os humanos. Quando íamos caçar, muitas foram as vezes que me pediram para levar meu gravador para gravar — *pyhy*, "pegar" — o "canto" dos capelães, pois queriam ouvir à noite e mostrar para seus filhos que ficavam em casa e não iam floresta

2. Se comparados aos capelães, os *macacos* são muito bagunceiros na floresta. Andam noite e dia fazendo balbúrdia e derrubando todos os frutos que encontram. Ao contrário, os capelães dormem à noite, andam de forma mais silenciosa, não são ávidos por comida como os *macacos* e "não mexem em tudo". Seguir os rastros de *macacos* é mais fácil do que de capelães, pois é só acompanhar o estrago e a bagunça que fazem pelo caminho, pois jogam folhas e frutos no chão

---

[4]. Ver Cormier, *op. cit.*, pp. 93 e 163.
[5]. Tal como Willerslev aponta para ursos, renas e alces caçados pelos Yukaghir (2007, p. 75).

3. Nos dias chuvosos, enquanto os capelães preferem ficar protegidos nas árvores, onde tomem menos chuva, os *macacos* podem sair desembestados, de galho em galho, sem qualquer preocupação com a chuva

4. Mesmo na vida aldeã, como já observei, os Guajá da aldeia Juriti defendem que a dieta dos capelães deve ser quase que exclusivamente a mesma que experimentam na floresta, com frutos de maçaranduba, goiabão, tatajuba, bacaba, copaíba, dentre outros; ao passo que os *macacos* podem se alimentar com uma dieta mais humanizada (arroz, farinha, carnes etc.). Embora na prática os capelães também possam comer arroz e farinha, eles são ditos mais sensíveis à dieta humanizada

5. Cheiros como os de repelente, óleo e gasolina fazem mal à saúde dos capelães e podem, inclusive, matá-los, enquanto não prejudicam a saúde dos *macacos*. Quando eu usava repelente, se algum macaquinho vinha para meu colo não havia problema; porém se algum guaribinha se aproximava de mim, eles o retiravam dizendo que o odor maléfico do repelente poderia matá-lo

6. Os filhotes de capelão (além dos macacos cuxiús) são sensíveis a fotografias. Apesar de não haver impeditivo para fotografar os pequenos animais de criação que vivem nas aldeias, as pessoas desaconselham fotografar os capelães e cuxiús de estimação

7. Outro ponto é que os capelães temem a espécie humana mais do que os *macacos*

De uma forma geral, diferentemente dos capelães os *macacos* são "salientes", disse-me em português, certa vez, um homem. Pira'ima'ã relatou-me que sua mulher criava um capelão, e se ele chegasse perto do animal vestindo uma blusa, o capelão não mais o reconhecia e se encolhia de medo. Disse ainda que os capelães preferem os Guajá sem camisa, de preferência nus, como andavam antes do contato. Os capelães têm medo de quase tudo o que vem dos *karaia* (brancos); enquanto que, para os *macacos*, nada disso é problema. Se o contato com os *karaia* foi, em muitos aspectos, ruim para os Guajá, para os capelães, mesmo os domesticados, foi pior — seriam eles, dentre todos os seres, os mais difíceis de se adaptar à nova (e por vezes infeliz) realidade da vida pós-contato. O fato é que os Guajá da aldeia Juriti consideram os capelães uma espécie *única*, diferente de *macacos*.

Essa distinção é muito presente para os Guajá, por não fazerem diferenciações intraespecíficas tão categóricas na classe dos *macacos* como fazem entre estes e os capelães. Podem, às vezes, dizer que os macacos-pregos, *ka'ia*, são mais nervosos ou bagunceiros; que os cuxiús, *kitxjú*, ou que os saguis, *atamari'ia*, são mais infantis e dengosos; ou que os macacos-da-noite são desconfiados; mas nada que os exclua de sua condição de *ka'ia* ou *macacos*, bem diferente dos capelães, vistos pelos Guajá como essa espécie *única*. E se a mitologia explica em parte a proximidade entre humanos e capelães, ela não explicaria totalmente, pois, dizem os Guajá, o macaco-prego, cairara e cuxiú, também são humanos transformados; e nem por isso têm o aspecto especial que os capelães apresentam.

Vejamos finalmente o assunto que (junto com o canto) mais interessa aos Guajá: a caça de capelães.

WARI PAPOPO

1. Em sua etnografia, Cormier observa que, atualmente, do total de proteína ingerida pelos Guajá, três alimentos despontam como os mais consumidos:

1. Os capelães caçados na estação úmida

2. Os peixes, durante a seca

3. E os queixadas, cuja caça é estável nas estações secas e úmidas[6]

Segundo Cormier (*op. cit.*) e Forline (1997) — que conseguiram mensurar as quantidades absolutas de alimentos ingeridos durante todo o período de um ano — a caça aos capelães é mais elevada ao final da estação chuvosa e início da seca. Este aumento está associado, também, ao aumento dos períodos de *trekking* consequentes ao final das chuvas. De acordo com a autora, uma família pode gastar até cinco vezes mais tempo em *trekking*, no final da estação chuvosa, do que no início da estação seca, quando a oferta de peixes é maior e as pessoas tendem a se sedentarizar, consumindo mais peixes e ficando menos tempo em períodos de *trekking*. Já iniciada a estação chuvosa, a partir dos mês de março inicia-se o ciclo conhecido como "capelão

---

6. Cormier, 2003, p. 40.

gordo", *wari ikira*, como já apresentei no capítulo 2, uma vez que a estação chuvosa fornece a maior parte dos frutos consumidos pelos capelães durante o ano.

    Se observarmos a caça, os capelães são para os Guajá animais de um realismo fantástico, e toda a técnica de caça aos primatas é dita ser tributária do conhecimento que detêm da caça aos capelães. Os Guajá caçam macacos como caçam capelães, e não o contrário. A flecha para caças menores, *wy'ya*, como vimos, são feitas especialmente para matar capelães, e não "pequenos animais", mesmo que elas sejam utilizadas fundamentalmente para caçar todos os animais pequenos. Durante uma caçada, os capelães são mais "inteligentes" do que os *macacos*, pois conhecem, *kwa*, melhores estratégias de defesa durante os cercos predatórios, dizem os Guajá. Os capelães não fogem desesperadamente dos caçadores tal como *macacos*, e, muito embora sejam pegos fugindo, tentam se camuflar o máximo que conseguem.

    Os capelães tomam aqui a forma de "caça preferencial" — tal como argumenta Hugh-Jones para um outro caso (1996). Mais que os *macacos*, os capelães são os animais nos quais — ao lado dos porcos queixadas — os Guajá depositam o maior interesse e empenham boa parte de seus esforços de caça. De acordo com Hugh-Jones,[7] são dois os fatores que explicariam a predileção pela caça de aves e macacos em diversos grupos amazônicos:

1. Tais animais arborícolas são encontrados, sendo por isso fáceis de matar (um fator ecológico-estatístico)
2. Assemelham-se bastante, embora não muito, com aqueles que os comem, devido a seu aspecto sociogregário (fator moral)[8]

Esses animais seriam diferentes da anta, que anda sozinha e não é comida por alguns povos; dos porcos, que são difíceis de matar; dos peixes, que são somente comida; e da onça, que é predadora. No caso dos Guajá, como vemos, a especificidade dos capelães como animais altamente sociais e a predileção dos humanos por sua carne parecem, corroborando o argumento de Hugh-Jones, estar de alguma forma conectadas.

---

7. *Idem.*
8. *Idem.*

A técnica de caça aos capelães envolve cerco e intimidação, e os Guajá a denominam *wari papopo*, "espantar o capelão". Após ser rastreado e perceber a proximidade do perigo, o bando de animais tende a se esconder nas partes elevadas da copa de uma árvore ou entre os ramos de difícil acesso. O cerco dos caçadores consiste em fazer com que esses escondidos, *imĩ*, fujam de seus abrigos e corram, para que sejam abatidos na fuga. Desta forma, um homem sobe, *iipii*, na árvore, onde supostamente se encontram os capelães, enquanto outros sobem em árvores ao redor, em um raio de 20 a 30 metros. Se a caçada for coletiva, como muitas vezes é, as mulheres com suas crianças de colo e algumas crianças maiores permanecem no solo.

Dentre as diversas habilidades necessárias para a caça do capelão, a primeira que deve ser desenvolvida é subir em árvores.[9] Como todos sabem, macacos (e o capelão ainda mais, devido a sua constituição física, dotado de uma longa e forte cauda de pelos curtos), após abatidos, muitas vezes permanecem presos, enganchados nos galhos no alto das árvores com o auxílio da cauda, e simplesmente não caem no solo. Os homens, com sua técnica apurada para subir em qualquer tipo de árvore, sempre alcançam as presas mortas, por mais presas que se encontrem. Até o contato, subiam usando uma corda trançada que confeccionavam com folhas de açaí, chamada *pina'ajna*. Esse instrumento é hoje feito com pedaços de corda que conseguem ou à moda antiga, a depender da matéria-prima à disposição. De forma circular, as cordas são encaixadas nos pés dando o suporte necessário para a subida. Tal recurso é indispensável para a caça de macacos, capelães e outros animais como quatis, ouriços, ou porcos-espinhos, e diversas aves. As mulheres não sobem em árvores; já os homens aprendem a técnica ainda na infância, treinando em pequenos troncos como brincadeira.

Lembro-me de diversas caçadas de capelão, algumas com poucas pessoas, outras com dezenas. Uma das primeiras vezes em que os acompanhei em uma caçada dessas foi ainda no meu primeiro período de campo (abril-julho de 2007), justamente no início da estiagem da estação chuvosa, final do mês de maio. Saímos em um grupo grande, cinco homens, três ou quatro mulheres e algumas crianças. Takya, um homem velho, havia encontrado indícios,[10] fezes, urina e pelos no chão e na vegetação, como já mencionei, de que havia um grupo de

---

9. *Ira iipii*, "subir no pau".
10. *Ipopora*, "rastros".

capelães em um ponto distante da mata. Deixamos a aldeia por volta de seis horas e meia da manhã e andamos por cerca de duas horas, até chegarmos ao ponto. Debaixo da árvore, não se percebia qualquer sinal da presença de capelães. Enquanto descansávamos e os homens preparavam suas flechas e espingardas para iniciarem a caçada, foram chegando mais dois ou três homens que saíram de casa um pouco depois e que sabiam exatamente em que local estaríamos. Enquanto mordia e torcia suas flechas, a fim de se certificar se eram os projéteis adequados para subir, *ipi*, com ele na árvore, Takya cantarolava, bem baixinho, quase gemendo, o tema musical de Juxa'a, "Gente-espinho-da-palmeira-marajá", um *karawara* caçador de capelães, como se isso fizesse parte de seu processo preparatório — caça e música estão intimamente articulados na vida guajá, como veremos no próximo capítulo. A canção insinua, de forma sussurrada, que os capelães serão mortos bem rápido e que quem está ali embaixo são grandes caçadores e comedores de capelão, tal como a gente Juxa'a. De acordo com meus interlocutores, isso faz com que os animais tremam de medo, *iriri*. Todos conversam alto. As mulheres ficam assobiando um ponto único, repetitivo, e pedem para que eu faça o mesmo. Os assobios, chamados *opia*, são emitidos para que os capelães se assustem com a presença humana. Explicam-me que é importante que os capelães saibam que os homens estão ali embaixo, pois assim ficam com medo, pensam tratar-se de "madeireiros" ou qualquer outro tipo de ser que lhes fará muito mal. Neste caso, isso é bom para os Guajá. Aos poucos, os homens — portando uma espingarda ou seu arco e flechas — se espalham em outras grandes árvores situadas estrategicamente em volta da árvore dos animais. Enquanto eles avançam silenciosamente pelas árvores — *ipi wate*, "subir para o alto" —, tomando cuidado para que os capelães não atentem para suas ações, Takya sobe o mais próximo que consegue da copa da árvore onde os animais se escondem.

Uma vez lá em cima, observa, mexe nas folhas e tenta encontrar algum vestígio ou esconderijo do camuflado grupo de bugios. Quando, finalmente, se certifica de que estão ali, inicia uma fala muito específica. No cerco que se inicia, ganha vida um processo comunicativo em que o animal é ameaçado, escorraçado de seu abrigo de folhas. Muitos gritos são dados, principalmente por quem está lá em cima, enquanto quem permanece no solo ajuda com berros e assobios. Com palavras soltas e gemidos idênticos ao dos capelães, incitando o bando a correr dali, Takya grita:

Corra capelão *rrrrrr, ah ah aaah*
Corra capelão
Rrrrrr, ah ah
Corra, *ah ah*
Corra mesmo para fora daí
Rrrrrr, ah ah
Saia realmente correndo
Dorra capelão, *rrrrrr, ah ah aaah*.[11]

Trata-se de uma impressionante forma de conexão entre caçadores e presas. E os capelães também começam a roncar seu som característico, a ponto de não sabermos qual é a voz humana e qual é o som do animal. A fala é pontuada por sons idênticos ao dos capelães e proferida até que surta algum efeito: que eles fujam em direção às outras copas de árvores onde encontrarão a morte pelas mãos de outros caçadores que os estarão esperando.

Na subida de uma árvore, é importante para quem for espantar os capelães estar preparado para o inesperado, pois os animais podem correr antes mesmo de o homem chegar; ou podem permanecer camuflados durante horas, entre as folhas mais altas da copa, onde o caçador não conseguirá alcançá-lo, pois corre o risco mesmo de cair de uma altura de até 30 metros. Por meio do silêncio e da camuflagem, que lhes fornece alguma segurança, os animais, muitas vezes, conseguem fazer com que os homens duvidem de que estejam lá, como muitas vezes ocorreu. Nessas horas, os capelães ficavam tão quietos que todos tinham dúvida se havia ou não animais escondidos. O processo pode durar muitas horas, e os animais podem, sim, vencer o caçador pelo cansaço. Nesse dia, especificamente, Takya passou cerca de 20 minutos "desafiando" os animais, que em dado momento se apavoraram com as palavras e fugiram. No momento imediato à fuga, escutei muitos tiros, misturados a gritos, zunidos de flecha e rugidos desafiadores. Após alguns segundos, os animais começaram a cair. Alguns morrem quando são alvejados, outros morrem na queda, e há aqueles que caem convulsionando, sangrando pela boca e emitindo sinistros rugidos de desespero. A estes últimos são reservadas pauladas na cabeça e no resto do corpo, dadas por crianças ou mu-

---

[11]. Representei o rugido gutural, semelhante ao do guariba, pela sequência de letras *r*, e os gritos graves por *ah*.

lheres que cheguem ao local. Um forte cheiro de urina empesteia o ar, como o cheiro de um zoológico, pois, como tantos outros animais, os capelães também urinam na hora da morte.

Neste bando havia sete capelães, sendo que cinco, contando um filhote não muito pequeno e portanto *imprestável* para criação, foram abatidos. Enquanto Takya gritava com os animais no alto da árvore, as mulheres em solo puxavam longos cipós que caíam até o chão, para chacoalhar a folhagem da árvore onde estavam escondidos os animais (muitas vezes, elas obtêm bons resultados com essa operação). Mulheres mais velhas, como presenciei em uma caçada na aldeia Tiracambu, podem, do solo, "espantar os capelães" proferindo as mesmas palavras que os homens, e auxiliam quem estiver no alto, *wate*, batendo palmas e assobiando. Desconfio que o verbo *papopo* tenha o nome *po* "mão" incorporado, atestando esses bateres de palma. Depois da caçada, todos se sentam para limpar suas espingardas, arcos e flechas; os mais jovens verificam os cartuchos, enquanto os velhos reparam suas flechas com a mesma preocupação que os jovens preparam novas cargas de munição. Neste dia, especificamente, Muturuhũ matou dois capelães com suas flechas; Wirahoa matou uma fêmea e seu filhote com sua espingarda; e o à época jovem Kaawi'ia, também com sua espingarda, matou um macho. Kamara se cortou bastante nos galhos, na descida de uma árvore. Ao final, todos avaliaram seus ferimentos e esperaram o suor secar, com uma conversa muito animada.

O *wari papopo*, "espantar o capelão", é uma técnica bastante eficiente e compõe o aparato de caça Guajá. Ainda assim, muitos animais conseguem furar o cerco montado pelos humanos, seja porque o caçador errou seu tiro — *ajapi jawy*, literalmente "errei o tiro" —, seja porque o animal conseguiu fugir por um ponto cego, onde não havia caçadores à espreita. Caso um capelão fure o meticuloso cerco de caça (como ocorre com frequência), todos os que estão envolvidos na ação se mobilizam ainda mais: as crianças correm, as mulheres gritam *eles estão aqui, não os deixem fugir!*, os cachorros latem e os homens, sempre silenciosos e controlados, descem das árvores e correm em direção às outras, para onde fugiram os sobreviventes. Mais um pouco, e podemos ouvir tiros e mais barulhos secos de corpos caindo de alturas de 15 a 20 metros sobre o tapete de folhas que compõe a floresta.

2. Como estamos vendo, trata-se de uma emboscada aérea. Os animais devem ser surpreendidos para que não possam escapar. Em seguida, devem ser espantados para que, ao fugir, literalmente se atirem contra os caçadores. Por isso, tais emboscadas são bem-sucedidas se realizadas nas primeiras horas do dia, quando os capelães ainda estão dormindo. Nenhum outro animal de caça — *ma'amiara*, "caça", "presa", "bicho" — tem essa prerrogativa como necessária, a não ser os capelães. Se os homens os rastreiam ainda pela manhã, a caçada se dá imediatamente. Porém, se ocorre de encontrarem seus vestígios no final da tarde, sabem que se instalarão em uma árvore para *cantar* e dormir, pois, diferentemente dos macacos, os capelães não saem à noite para caçar, *wata*, como "doidos", *waky*.

Ao identificar a árvore onde os bugios se instalaram, o homem que a achou volta para a aldeia — ou acampamento — onde estão seus companheiros e os chama para, no dia seguinte, os abater. Este indivíduo quase sempre poderá receber uma grande parte do todo abatido, por ter sido ele quem descobriu os animais. Ele é quem "puxa", *myty*, a caçada, o *tamỹ*, que toma a frente da empreitada e para quem, muitas vezes, um homem, por algum tipo de serviço como um *serviço da noiva*, estará caçando. Muitas vezes, os homens — aparentados diretamente ou não — podem ajudar um caçador que tenha encontrado um grupo de capelães sem que recebam qualquer animal em troca. Esse propositor da caça é o *tamỹ*, tal como já vimos aqui.

O mais impressionante da caça aos capelães e macacos em geral é que estes se locomovem pelas copas das árvores e, ainda assim, os humanos conseguem cercá-los e até persegui-los pelo alto. Boa parte do sucesso dessa caçada se deve às estratégias de emboscada aérea e ao domínio de subir em árvores e cipós, independentemente do grau de dificuldade que essas atividades impliquem. Os Guajá, por exemplo, nunca se conformariam em deixar um primata enganchado entre os galhos após o abate, por mais difícil que seja sua captura — como na cena descrita por Descola em que um Ashuar, conformado, deixa para trás um macaco-barrigudo preso no alto da árvore *para os urubus* (Descola, 2006, p. 155). Caso fiquem enganchados entre os galhos com seus rabos e membros, como é comum, e se a árvore for inacessível, sobem em outra próxima e tentam, pelas copas, chegar até eles. Cortam varas com até cinco metros para alcançar o corpo do animal enganchado, como se este desafiasse o caçador ainda depois de morto. Pude presenciar algumas situações em que pensava ser impossível que pudessem recuperar o cadáver resistente de um macaco ou capelão. E lá estava o caçador, surpreendendo-me, lançando galhos, subindo em outras árvores, pendurando-se em cipós. Tudo isso para que os primatas fossem para o moquém e não virassem "comida de urubus", *uru nimi'ũa*.

Gosto de pensar que a caça em geral, e a caça de macacos em particular, acaba por produzir uma crítica a noções caras a nós acerca de *animal* e *espécie*. A caça conecta *pessoas* e *animais* a partir de relações que ora passarão pela criação, ora pelo abate, mas que nunca serão concomitantes, tal como ocorre conosco em casos como a criação de bois e galinhas. Em outras palavras, tal como sabemos, o que se cria não se mata, o que se mata não foi criado, e isso pode não ser trivial. Certa feita, um amigo abatera um macaco-prego com um tiro na parte traseira do crânio. O cérebro do animal ficara exposto, e mesmo depois de horas após a caçada podíamos ouvir no pátio de nosso acampamento o bicho moribundo lutando para não morrer. Lembro que aquela cena me atormentou, acabei pedindo para que alguém terminasse de vez com o animal para aliviar a si próprio ou a mim de tanto sofrimento. Foi quando todos que me ouviram desataram a rir, não sem acatar os meus apelos. Sobre o animal, além de me mencionarem uma ideia que alguns Guajá defendem e que nunca entendi direito, a de que "bicho não sente dor",[12] o outro comentário que me fizeram, entre muitas risadas, era o fato de aquele macaco resistente ser parecido com os *brancos* e ser difícil de matar — de *morrer*, para ser mais preciso. Tal maneira de pensar macacos como animais de caça é estranha a mim, pois somos informados pela nossa primatologia, pelo nosso etno-conhecimento, de uma continuidade lógica e inseparável entre nós e os primatas, algo que os Guajá não compartilham. Meus amigos neutralizam isso muito facilmente retirando não só os macacos, mas todos os animais caçáveis dessa linha de continuidade interespecífica — do tipo ocidental *somos todos animais* —, o que faz tudo mudar. É como se, para os Guajá, a *caça*, como um modo de interação, em nada tivesse a ver com a *domesticação* de animais, como outro modo.

A tônica, portanto, não recairá na *espécie* tal como nós concebemos cachorros como um tipo de animal e jaguatiricas como outro), mas em distintas formas de relação; ou, podemos pensar, diferentes afecções. Como se os animais de um tipo (caçados) tivessem pouca relação com

---

12. *Nikaj hahyha*, "não sente dor".

animais do outro tipo (criados), mesmo sendo um da mesma *espécie* que o outro. A natureza das interações entre humanos e animais, na caça e na domesticação, são não apenas de universos diferentes, mas a própria ideia de *animal* pode não ser informada pela "animalidade" de certas espécies em oposição a "domesticidade" de outras, mas pela forma com que os Guajá se relacionam com esses bichos. Por exemplo, tal como outros povos amazônicos, os Guajá não têm uma palavra para *animal genérico*,[13] mas guardam uma para animal "caçável", *ma'amiara*, e outra para animal "criável", *hajma*. Por esta lógica, um macaco-prego na floresta pode vir a ser mais perigoso do que uma onça doméstica — e as pessoas lembram todo o tempo o quanto os macacos-pregos são agressivos e *doidos* —, não havendo um *a priori* de agressividade da espécie, embora os Guajá defendam que, no mato, uma onça [quase] sempre será mais perigosa que um macaco.

Se essas duas características são indissociáveis, como sabemos da caça amazônica, no caso dos Guajá uma se vincula diretamente à outra, em que a comida e a criação são condicionantes entre si, operando algo como um *duplo vínculo*, tal a célebre formulação de Gregory Bateson, pela qual, o que quer que se faça para se desvencilhar, não há como vencer (1956 [2000]): para os Guajá criarem precisam matar, para caçarem precisam cuidar. É comum ver homens que saem para o mato para caçar dizerem a suas filhas que trarão como regalo um filhote de macaco ou de cotia, produtos da caçada que farão. Também vemos meninas que desatam a chorar por não terem um animalzinho de criação serem consoladas por seus pais e mães que prometem lhe trazer um quando houver uma nova caçada. Os homens Guajá reclamam que suas crianças choram querendo filhotes de macaco e cotia para criar. Sendo assim, e como sabemos de tantos povos amazônicos, na mesma jornada que se produz comida na forma de caça são capturados os animaizinhos de estimação. Porém, diferentemente de concluir que a criação desses seres funcionaria como uma compensação pela morte de seus semelhantes caçados, como outros autores o fizeram, no que concerne a diferentes animais, comidos e criados, esse fenômeno parece recolocar a própria ideia de *espécie* como algo dado. Ao menos sob a perspectiva humana, parece que estamos diante de diferentes *tipos de animais*, por assim dizer, que aparecem, para os humanos, como efeito de relações. Não apenas o próprio bicho, mas o tipo de relação importaria tanto quanto a espécie do animal. É a

---

13. Ver p. ex. Vander Velden, 2012, p. 238.

relação, se assim posso colocar, que parece primária aqui, seja no tratamento cuidadoso dos animais criados, seja na forma *impiedosa* que reservam aos animais caçados. Neste caso, a própria noção de *espécie*, em debate há pelo menos 150 anos na biologia,[14] seria subordinada a esse *duplo vínculo*, não havendo a *espécie* em si, mas *agenciamentos* de caça e outros de criação. Para esta etnografia, são esses diferentes modos de relação que interessam, e não os bichos, espécies, gêneros, ordens ou classes em si.

ENTRE O RASTRO E O SOM: A POÉTICA DA PREDAÇÃO

Os Guajá dificilmente caçam os capelães no final da tarde, hora em que os animais estão *cantando*. Ao contrário, ao perceber os capelães cantando, param para ouvi-los, e, pelas vozes, conseguem distinguir quantos são fêmeas ou machos; adultos ou filhotes. E então traçam planos para o dia seguinte, quando os perseguirão. Certa tarde, eu andava com Pira'ima'ã na floresta quando ouvimos um grupo de capelães entoando seu som característico. Com o que ouviu, ele conseguiu todas as informações de que necessitava para o dia seguinte: tratava-se de uma fêmea solitária com dois filhotes em uma copa, enquanto o resto do grupo estava um pouco mais distante. Ele me explicou que o som emitido pelas fêmeas é mais delicado do que o do macho, que tem um *canto* grosso. Em outra situação, ao ouvir sons de capelães comentei com Ajruhua sobre o canto. Ela me respondeu que eram filhotes e que não estavam cantando, *jã*, mas sim, chorando, *ja'o*, pois quem cantava eram apenas os adultos da espécie. Escutar, *nũ*, o som-canto, *jã*, dos animais é fundamental para as caçadas, sobretudo de capelães. Sentenças como *vamos caçar capelães amanhã, pois alguém os ouviu cantar naquela direção!* ou *vamos sair para escutar os capelães!*, dentre tantas outras formas, associam o som-canto do capelão com a busca pelo animal. Em outras palavras: *é preciso saber escutar os capelães* [e demais presas] *para poder caçá-los*. Pelo canto dos capelães, sabe-se a quantidade e a diversidade do bando, tal como a pegada de um animal terrestre revelará seu peso, idade, sexo e outras informações relevantes.

Ouvir os capelães pode ser encarado como uma "estratégia de caça", mas sabemos há algum tempo que as "estratégias" de povos como os Guajá (caçadores, por excelência) não se resumem a um

---

14. Ver Haraway, 2003, p. 15.

jogo de sobrevivência e forrageio. Suas práticas de produção da vida estão longe de um aspecto comportamental ilógico, pois não podemos reduzir as atitudes dessas pessoas a um economicismo que tende a naturalizar (no sentido de colocar no plano da Natureza) as atividades de caça, coleta, dentre outras (Ingold, 2000, p. 58). Os Guajá, por exemplo, param para escutar os capelães independentemente de caçá-los ou não, pois (como sempre afirmam) "gostam", *maparahy*, do canto deles e sempre que podem elogiam a capacidade que tais animais detêm de "cantar bonito", *jã paryhỹ*. Para as pessoas da aldeia Juriti, eu sempre deveria gravar o canto dos capelães com a mesma assiduidade com que gravava o canto humano e com o mesmo objetivo: levar para São Paulo e mostrar aos outros brancos como os *awatea*, as "pessoas", mas também os capelães, "sabem cantar", *kwa janaha*. É claro que muitos animais conseguem cantar (os pássaros são o maior exemplo disso), mas os capelães eram os únicos que lhes interessavam gravar. Foram muitas as vezes em que pudemos ouvir, de muito longe, no final da tarde, capelães produzindo seus sons característicos. E sempre havia alguém pedindo para que eu gravasse seus rugidos. Eu, gentilmente, atendia ao pedido, mas apenas para mostrar que o sons da aldeia (crianças, galinhas, cachorros) e os sons da floresta (vento nos galhos, assobios de pássaros e outros animais) se interpunham entre o gravador e o canto dos capelães, o que não permitia que o canto, que estava longe, fosse bem registrado.

Sem dúvida, *ouvir* pode ser uma das melhores formas de conhecimento quando as pessoas vivem na floresta, como é o caso de diversos grupos amazônicos. Com o campo de visão limitado e a necessidade de não serem vistos, a espreita e a escuta são formas extremamente adequadas a essa realidade.[15]

Porém, os Guajá sugerem que a caça em si (como continuaremos vendo) oferece outras sensações aos humanos. E, por mais contraditório que isso possa parecer para a nossa tradição de pensamento, que tende a separar algumas espécies animais para se afeiçoar, enquanto outras são para consumir,[16] o fato de as pessoas gostarem da música dos capelães é o mesmo que os faz gostar de os matar. Criá-los e

---

15. Como escreve Cabral de Oliveira para os Wajãpi, "O ouvido atento é marca de um bom caçador" (2012, p. 97).
16. Ou, como observa Erikson: "*nous nous efforçons de séparer radicalement le familier et le comestible, alors que les Amazoniens sont pour leur part soucieux d'un juste équilibre entre les deux*" (Erikson, 1997, p. 03).

caçá-los não são aqui duas formas de relação tão diferentes entre si. Vejamos melhor esta suposição.

Talvez tenha sido Ingold quem melhor observou que, entre muitos povos não ocidentais, e em particular os chamados caçadores-coletores, "a diferença entre as atividades de caça e coleta, de um lado, e cantar, narrar estórias e mitos, de outro, não podem ser postas em termos de uma dicotomia entre material e mental, entre interações ecológicas *na* natureza e construções culturais *da* natureza" (Ingold, 2000, p. 57). Para o autor, "ao contrário, ambos os conjuntos de atividades são, antes de tudo, maneiras de habitar [no mundo], *dwelling*".[17] Trata-se de um "envolvimento poético" (nas palavras desse autor) que, no caso dos Guajá, sugere que caçar não é apenas conhecer (espécies e hábitos animais), mas se engajar com tais espécies, habitando um mundo em que a caça ganha elementos da *guerra* e os animais não são coisas destituídas de *alma* ou personalidade. Hugh-Jones observa que o idioma da guerra é utilizado por grupos do noroeste amazônico, sobretudo quando se referem a caçadas coletivas. De acordo com o autor, os queixadas naquela região encarnam a imagem do inimigo selvagem em ataque. E, "embora toda caça coletiva conote de uma maneira ou de outra a guerra, esse efeito é ampliado de acordo com o número de queixadas" (1996, p. 14). No caso guajá, encontramos também paralelos com essa ideia.

Os Guajá defendem que, ao emboscarem os capelães, os animais *falam* entre si: "vamos embora, pois estamos cercados por inimigos", *mihua*, e *inimigos*, nesse caso, deve ser entendido como uma *posição* ocupada pelos humanos, a partir do ponto de vista dos capelães, para evocar aqui a noção de *ponto de vista* discutida na etnografia yudjá (Lima, 1995, 1996, 2005). O tipo de inimigo, *mihua*, variará conforme o narrador da caçada e da situação. O importante nessa ideia é que os animais apreendem os humanos enquanto *inimigos*, podendo ser *madeireiros mihua* (madeireiros-brabos), *karai mihua*, "brancos-brabos", ou *awa mihua*, "gente-braba". Isto é indiferente, pois o efeito produzido na *mente*[18] dos animais é o mesmo. A ideia-imagem de *karaia*, "brancos", como sinônimo de inimigo, por exemplo, é recorrente quando comentam a relação entre a caça — *ma'a*, "presa" — e caçador — *watama'a*, literalmente "caminhador". Quando relatam

---

17. Para o sentido exato da ideia de *dwelling perspective* — um conceito central nas análises de Ingold —, ver Ingold, 2000, pp. 153-156.
18. Refiro-me à "mente" a fim de explicitar que os guaribas "pensam" — *imarakwa*, "pensar", "imaginar" — se tratar realmente de inimigos, tal como os Guajá definem.

que certo animal fugiu podem, em tom jocoso, dizer, modificando a voz, "corram, corram, os *karaia* estão doidos e estão vindo nos matar, corram", e todos caem na gargalhada.

Um termo que entrou definitivamente para o léxico da língua guajá é *índio*, que pode ser utilizado de diferentes maneiras. Na forma *positiva*, como sinônimo de *awatea*, "humanos", o utilizam quando se referem à terra indígena: *essa terra é nossa, é terra de índio*, ou quando queriam que eu entendesse a quantidade de pessoas que habitavam o céu, *iwa*, também diziam ter *muitos índios* (humanos). Porém, por ser uma ideia *importada* e bem maleável, também pode aparecer como sinônimo de *mihua*, "inimigo", e vir ou não acompanhada do adjetivo *brabo* ("*índio brabo*"). Por isso, durante as caçadas os capelães podem ser ditos *índios*; nesse caso, um sinônimo para "inimigo" e/ou "não semelhante". Uma das primeiras vezes em que ouvi se referirem desta forma foi durante uma caçada de capelães [que acompanhei], quando os animais se antecipiraram aos caçadores e conseguiram escapar, deixando todos muito tristes. Em seguida um homem veio falar comigo, "*índio wyhy*", "índio correu", e os *índios* em questão eram os capelães. Assim, para os capelães, os Guajá são *madeireiros, brancos, índios*, ou qualquer outro termo que ocupe a posição de inimigos, que irão matá-los, por isso fogem com seus filhotes.

Da perspectiva do animal predado, portanto, a caça é uma guerra em quem os humanos, *awa*, podem matar os animais — *ma'amiara*, "presa" —, e por isso eles enxergam os humanos como inimigos, *mihua*. O mesmo encontramos em exemplos paradigmáticos como na etnografia Araweté na qual "para os animais, os Araweté são *awĩ*, inimigos — exceto para a onça, que, ela é que é *awĩ*, e nós seus *hẽmĩnã*, 'presa'. É por isso que se dança sobre a morte de uma onça como sobre a de um inimigo" (Viveiros de Castro, 1986, p. 350). Entre os Araweté pode ser encontrado algo próximo — em conteúdo e forma — ao caso dos Guajá da caça aos capelães como uma caça extremamente sociável. Viveiros de Castro observa:

Os queixadas e guaribas, certamente devido a seu costume de viverem em bandos, são uma fonte rica de metáforas da sociedade para os Araweté, e sobretudo da relação de guerra entre sociedades. Assim, eles sempre comparavam a técnica de cerco kayapó com a que eles utilizavam contra as varas de porcos; e gostavam de arremedar o pânico dos guaribas e porcos quando atacados pelos caçadores; os bichos gritariam: '*awĩ, awĩ*!'. Os jabotis, por sua vez, são comparados a cativos de guerra, por ficarem presos nas casas até serem mortos e comidos. A associação entre caça e guerra é clara para os Araweté (como para os Wayãpi. *Cf.* p. Grenand, 1982, p. 208; 1980, p. 42).[19]

É importante observar que a caça guajá está baseada na ideia de que boa parte dos animais enxergam os humanos como inimigos, *mihua*. É isso que orientará as técnicas, pois os humanos caçam seres que [sabem] os percebem como inimigos. Mais do que isso, pois, se em linhas gerais podemos afirmar, parafraseando Lima, que *aquilo que os humanos apreendem como caça, os capelães*[20] *apreendem como guerra* (1996, p. 34); a perspectiva da guerra não pode ser relegada ao mundo animal, quando os humanos apenas *caçam* e os animais *combatem*. Os humanos precisam utilizar um arsenal simbólico-guerreiro para fins ecológicos-alimentares. *Caçar capelães*, portanto, além de se basear no ato de "espantar o capelão", *wari papopo*, é potencialmente uma atividade de *ha'a waria*, "enganar o capelão", e isso é feito de forma muito consciente, em que os humanos aproveitam o fato de serem vistos pelos animais como *inimigos*. Podemos pensar que, se durante uma caçada os humanos são vistos como inimigos, *mihua*, aos olhos dos animais, é porque também eles *se tornam capelães para caçar e guerrear com outros*, agora, ao menos para esse fim estratégico, parcialmente *iguais*. Muitas das caçadas guajá estão baseadas na imitação, gerada por um profundo conhecimento dos hábitos animais; os homens precisam falar a língua dos capelães para que eles pensem que se trata de algum tipo de ser próximo — não importa se um parente distante, *harapihianã*, ou um inimigo, *mihua*.

Parte da habilidade do caçador é apoiada nessa capacidade de *mimetismo*, tal o sentido que Willerslev (2007) empresta ao termo. Em sua etnografia sobre os Yukaghirs, um povo da Sibéria Oriental,[21] Willerslev introduz um problema análogo ao que encontro aqui, porém em uma paisagem etnográfica muito distante. De acordo com o autor, a caça de alces Yukaghirs propõe uma equação de difícil resolução, uma vez que, ao se passar por alces, os homens experimentam uma situação liminar, pois, se um caçador não é propriamente um alce, ele também *não é um alce*, ocupando *um estranho lugar entre as identidades humanas e não humanas* (Willerslev, 2007, p. 1). Pensando a partir dessa ideia, a imitação envolvida na cinegética Guajá funciona não

---

19. Viveiros de Castro, 1986, p. 209.
20. A autora se refere a *porcos*, e não a capelães.
21. Os Yukaghirs são caçadores de alces e renas, produtores de pele e detentores de uma técnica apurada para a caça desses animais, que, pelo uso de peles, gemidos e movimentos, se *transformam* em alce a fim de os caçar.

como uma forma de representação que os caçadores descobriram apenas para assustar os capelães, mas sim como uma forma de relação assimétrica cujo polo é marcado por um exercício de poder guerreiro, de caçadores sobre essa espécie, cujo objetivo final é a predação.[22] A fala do capelão é vista na boca humana, e se não acontece uma metamorfose de um no outro, humanos tentam transformar um tipo de perspectiva que os outros [capelães] têm sobre eles [humanos]. A questão, tal como discutido por Willerslev, é que os caçadores irão experienciar os animais como pessoas a partir de um ponto de vista similar, mas não idêntico ao deles [animais] (2007, pp. 98-99).

O autor não deixa de mencionar que o fato de um caçador ser como a presa faz dele, sem dúvida, uma estranha presa, pois — por mais semelhança que ele tente estabelecer com o animal a ser caçado (um registro sonoro, no caso dos Guajá; ou visual como no caso Yukaghir) — as diferenças reais entre caçador e presa continuam sendo incomensuráveis. Por mais que um caçador guajá queira (embora eles não queiram), nunca se parecerá inteiramente com um capelão, pois a identificação mimética entre um caçador e sua presa não é mesmo para ser *total*, porém *parcial*, e é justamente essa pequena diferença sobre o mundo representado que faz com que o caçador exerça poder sobre essa presa, pois, "sem diferença, imitador e imitado entrariam em colapso, um se tornaria o outro, tornando qualquer exercício de poder algo impossível" (Willerslev, 2007, p. 11).[23] Citando-se novamente o etnógrafo siberianista: "O caçador sabe, ou ao menos deveria saber, que o alce e ele não são exatamente os mesmos" (2007, p. 99). Além disso, tornar-se um outro animal é, como sabemos há algum tempo, uma das piores catástrofes que se podem abater sobre a pessoa, tanto ameríndia (Seeger *et al.*, 1979; ver também Viveiros de Castro, 2002, pp. 390-391) quanto na Sibéria (Willerslev, 2007, pp. 99-100). Trata-se, para a caça de capelães, de uma metamorfose corporal, porém de risco calculado, pois fica óbvio que os Guajá não colocam sua relação com os capelães em níveis simétricos. Ora os capelães são animais de criação, *nima*, ora são comida, *hami'ũa*. Antes de comida, caça, *ma'a*. E para que sejam caçados se tornam inimigos, *mihua*. Serão sempre relações que envolvem assimetria — termo mais adequado à paisagem amazônica do que "poder", como proposto por

---

22. Ver Willerslev, 2007, p. 11.
23. Essa também será a definição de Pendersen para *animismo*, formado por identificações análogas, ou parciais, e não totais (Pendersen, 2001 apud Willerslev, *op. cit.*, p. 24)

Willerslev para a Sibéria. Assim, fazer com que os capelães pensem ser o caçador um igual, ainda que inimigo (*like-me-but-not-me*, Willerslev, 2007, pp. 98–99), é um ponto de destreza ao mesmo tempo que uma condição da atividade de caça.

Ingold se reporta a uma "economia cósmica de compartilhamento" (*cosmic economy of sharing*), em que animais e plantas mantêm com os humanos uma relação de "parceria" — embora entre os Guajá estejam ausentes características de "devoção" à "mãe da caça" ou ao "espírito do vento" que propiciam uma boa caçada, como vemos em caso de caçadores do ártico e subártico, além de em outros casos amazônicos.[24] Para diversos grupos, observa Ingold, a caça deve ser "encarada não como uma manipulação técnica do mundo natural, mas como uma espécie de diálogo interpessoal, parte integrante de todo o processo da vida social em que pessoas humanas e animais são constituídos com suas identidades e propósitos" (Ingold, 2000, p. 49). O que encontramos aqui entre os Guajá é um certo "padrão amazônico" para caça, em que elementos de guerra são reais também para a atividade caçadora — no sentido de uma "confrontação coletiva", tal como prescreve Descola para os conflitos, sejam de caça ou de guerra, na Amazônia (1993, p. 171; 2005, p. 461), e que no caso Guajá envolve vingança, resguardo, dentre outros elementos que veremos aqui.

Além das habilidades e equipamentos necessários, conforme já demonstrado aqui, toda a caça de capelães e boa parte da lógica da predação animal Guajá está baseada em induzir a caça ao erro, "enganar a caça", *ma'amiara ha'a*, como afirmam os caçadores. Um bom caçador é aquele que, a partir das técnicas certas (silêncio, imitação, rastreamento), faz com que o animal caçado se confunda e cometa erros que não cometeria em uma situação de "equilíbrio" (como na ausência do caçador, por exemplo). Os Guajá imitam com perfeição grunhidos e assobios de diversos animais — muitos dos quais não são caçados —, e essas imitações aparecem para ilustrar de forma magnífica as narrativas noturnas sobre as caçadas, chamadas *mumu'ūha* "narração". Tais imitações, porém, extrapolariam a barreira estética (apesar de seu realismo e beleza) e são também uma forma de conexão com a presa, formando algo como uma *poética da predação*. O caçador Guajá é, nesse caso, uma espécie de influenciador que se disfarça entre as folhagens e, com assobios e gemidos caracterís-

---

24. Ver Ingold, 2000, p. 48 e Descola, 2005, pp. 459–496 para exemplos diversos; e Descola, 2006, p. 172, pra um caso amazônico.

cos de cada animal, consegue confundir a presa, atraindo-a para a morte, quando a faz pensar tratar-se de um semelhante. Para caçar é necessário que se comuniquem — *ma'i* "falar"; ou *hamakaj* "chamar" — com os animais por meio desses chamados específicos. Tal comunicação é chamada *ha'ỹ hanima*, "chamar o meu animal de criação", o que acena para uma relação, ao menos liminar, entre "animais de caça" e "animais de criação".[25] Neste caso, caçadores utilizam recursos miméticos para ludibriar suas presas, fazendo-as acreditar que, em vez de matadores, os sons são provenientes de seres de seu universo "familiar" (os *hapihiara*, "parentes próximos", diriam os Guajá; ou mesmo os *jara*, donos de animais de criação). Nesses momentos, as diferenças entre animais de criação — *hanima*, "meu animal de criação" — e de predação — *hama'a*, "minha caça" — estão suspensas, visando a melhor estratégia (guerreira) de caça. Uma presa *ma'amiara*, portanto, pode ser tratada, mesmo que por um momento, como um animal de criação, em um chamamento suave, um som confiável, feito para enganá-la. Aquilo que aos ouvidos dos animais é fala ou canto, *poética* é, por uma inexorável verdade, o prenúncio da morte, *predação*.

Para o veado, *arapaha*, emulam um gemido anasalado, "*mẽẽẽ*", idêntico ao que é produzido por este cervídeo. Assim, o animal pensa — *imarakwa*, "pensar-imaginar" — tratar-se de um outro de sua espécie. Para a cotia, *akwixia*, produzem um som aspirado, principalmente quando não a encontram ou quando o animal está em fuga. Ainda conseguem imitar o som de filhotes de cotia, para ludibriar adultos da espécie e os atrair. Quanto a esta última possibilidade, reescrevo um depoimento de Wirahoa que me foi concedido em 2008:

Ao encontrar uma cotia prestes a fugir, se a chamo, imitando o som de um filhote, ela pensará que os "brancos" — *karaia*, nesse caso sinônimo de "inimigos" — aprisionaram seu filhote. Ao ouvir o meu chamamento, a cotia bate suas patas no chão em desafio, como se pensasse, "o que esses *karaia* estão querendo ao aprisionar o meu filhote?". Com isso consigo deixá-la com dúvida, se questionando sobre a veracidade dos choros que está ouvindo. Enquanto ela está parada, "pensando", eu atiro e a mato. Então, ao morrer ela pensa, "não havia nenhum filhote aprisionado; foram os *karaia* que me enganaram, só para comerem minha carne".

---

25. *Ha'ỹ* é mais do que "chamar". Além de "imitar", o mesmo verbo é utilizado também com o sentido de "experimentar", "tentar" para quando querem comer uma comida nova ou tentar fazer algo que nunca fizeram. Um sentido mais geral para esse verbo, que englobe essas noções, pode ser algo do tipo "fazer igual".

Este exemplo é interessante também para notarmos que, de acordo com essa teoria guajá — que é, de muitas maneiras, perspectivista —, os caçadores nunca serão *awatea*, "gente", para os animais caçados. Se as presas pensam, e caso tomem os caçadores por algum tipo de humano, estes últimos encarnarão justamente os *karaia*, "não indígenas", justamente o tipo de gente que os Guajá, apesar de viverem próximos hoje em dia, tendem a evitar.

Antes de seguirmos para outro exemplo, lembro que, diferentemente dos capelães, que roncam, os outros *macacos*[26] contam não só com gritos estridentes que lhes servem de proteção, mas também com assobios, com os quais os indivíduos de um bando se comunicam. Embora a técnica de "espantar o capelão" possa ser utilizada para a caça de macacos em geral — como presenciei por diversas vezes, quando os bandos de macacos se escondiam na copa de uma árvore e os caçadores alcançavam o mesmo sucesso que obtêm com os capelães —, os assobios dos outros *macacos* também podem ser imitados pelos humanos. Enquanto com os capelães a técnica específica é o *papopo* (espreita e espanto), quando se trata de macacos os caçadores podem mimetizá-los de outras formas, sobretudo por meio dos "diálogos" assobiados que os diversos primatas, como os macacos-pregos, travam.

Na caça aos diversos tipos de macacos, os assobios característicos emitidos pelos primatas em sua comunicação são reproduzidos por um caçador a fim de os ludibriar, *ha'a*, e matar, *ika*, como ocorre com outras presas. Um dos momentos em que isso apareceu de maneira vívida foi durante uma caçada com Wirahoa. Nesse dia, ele me propôs: "vamos caçar!" — *are xiwata pyry!*, "vamos andar junto!". Saímos sem cachorro ou qualquer outra companhia. Somente nós dois, com um pouco de comida (algumas bolachas e um naco de fígado de jaboti assado) e a promessa de matarmos alguns macacos-pregos que seu irmão havia rastreado no dia anterior. A certa altura da caminhada, ouvimos um bando deles se comunicando. Nessa hora, Wirahoa pediu-me que ficássemos parados onde estávamos e começou a assobiar, *opia*, um silvo característico, a fim de chamar os animais. Enquanto assobiava, os macacos respondiam. Era verão, e Wirahoa me pediu para andar de forma leve, para que o barulho das folhas secas remexidas não espantasse os animais. Foi nessa hora que ele reforçou ser por isso que os Guajá caminham descalços na

---

26. Macaco-cairara, cuxiú e macaco-prego, ou *ka'ihua*, *kwixua* e *ka'ia* respectivamente.

floresta: para andar em silêncio (ao invés de descalço, eu calçava uma desajeitada botina que protegia meu "pé mole", *ipya memeka*, como me falavam os Guajá). Wirahoa me explicou que aqueles assobios fariam com que os macacos-pregos, *ka'ia*, pensassem se tratar de *harapianã*, "cunhados", parentes distantes que vieram encontrá-los e que, por isso, parariam para ouvir e até mesmo poderiam vir em nossa direção. Não foi sem surpresa quando chegou a meus ouvidos o som de folhas se remexendo na copa de uma árvore a alguns metros de distância de nós. E lá estavam os macacos, que continuavam "dialogando" com Wirahoa — agora um (*awa* que se comunicava com a voz de um) macaco-prego. Eles ali permaneciam, nos galhos, à vontade, como se a morte não fosse iminente. Por isso Wirahoa conseguiria matar confortavelmente um ou dois macacos, sem sequer "trepar no pau" — *irá ipi*, "subir na árvore". Quando os animais pressentiram que estavam sendo enganados, amedrontaram-se e fugiram pulando de galho em galho. Ainda os seguimos por um longo trecho, mas eles conseguiram sumir no meio da mata.

Além dos assobios, gemidos e ruídos, as pessoas confeccionam alguns apitos, com taquaras e outras plantas com formato tubular, para atrair caças. Esses objetos, chamados *hamakajha*, "instrumento de gritar", podem reproduzir, por exemplo, o som de uma anta (um silvo) ou de galináceos. No caso da anta, sabemos que os machos assobiam para atrair as fêmeas da espécie. Segundo os Guajá, ao utilizarem o *hamakaj* o animal pensa tratar-se de um parceiro, ou parceira, à procura da cópula — *iminũ*, "fazer sexo". Se a anta se dispersa, o caçador apita de forma encadeada, o que a faz parar, "pensando" se tratar de um parceiro. Pude presenciar tal situação ao lado de Juriximatỹa, um caçador que passou boa parte de nossa caminhada apitando seu *hamakaj*, pois seguia o rastro de uma anta. Ficamos muito próximos do animal, que não percebeu que o apito era assoprado por um humano, porém ela conseguiu escapar quando muitos homens se aproximaram. Em outra ocasião, voltando à noite de uma caçada com Pira'ima'ã, andávamos por uma trilha quando ouvimos um silvo de anta. Ele comentou: "Está ouvindo? É uma anta procurando fêmea para copular. Ela está vindo em nossa direção. Vamos esperar aqui para ver o que acontece!" Eu perguntei se era mesmo uma anta, já que estávamos em um *awa pea*, uma "trilha" aberta por humanos e evitadas pelos animais de caça. Então me respondeu em português: "parece que é!".[27] Instamos por algum tempo e, de longe, avistamos uma lanterna. O silvo se tornava ainda mais forte e percebemos se tratar do grupo de Hajmakoma'ã que — também voltando de uma caçada — ainda apitava, com a esperança de encontrar uma anta cujo rastro haviam encontrado na mata.

Logo na minha primeira ida a campo, comprei um violão em São Luís para que me acompanhasse na viagem. Junto com o violão comprei um diapasão de sopro que reproduz o som das seis cordas do instrumento. Ao conhecerem o afinador, alguns homens se mostraram muito interessados, principalmente pelas três notas mais agudas (Sol, Si e Mi) que, segundo alguns me explicaram, era um bom instrumento para atrair aves como o jacu, *jakua*, e o inhambu-galinha, *iramua*, devido à variação dos sons. Após alguns dias, Pira'ima'ã pediu-me para dar-lhe aquele *hamakaj*, "apito-chamador", que reproduzia muitos sons. Caso eu necessitasse afinar o violão era só lhe pedir "emprestado". E assim fizemos, com a condição de que ele me chamasse para suas caçadas quando fosse utilizá-lo. Devido a essa troca, pude vê-lo utilizar o apito muitas vezes em caçadas, porém sempre sem sucesso. Quanto ao mutum-cavalo, *mitũa*, que produz um som grave-anasalado, imitavam muito bem com a boca, enquanto para as pacas — um animal muito caçado — não existe som característico que possam imitar, já que ela só emite o bater de dentes nas coisas e outros grunhidos irreprodutíveis.

O PENSAR E A CAÇA

Para compreendermos os processos de caça Guajá temos que entender que, segundo a teoria Guajá e de acordo com um modelo ameríndio mais geral (Viveiros de Castro, 2002; Descola, 2005), vários animais contam com capacidade de raciocínio, tal como os humanos. Vale lembrar que *imarakwa* (termo já discutido anteriormente) é o verbo utilizado para se referir ao pensamento, propriedade que, neste caso,

---

27. Como já escrevi anteriormente, essa é uma expressão muito utilizada em português, "parece que é", e os Guajá raramente respondem uma pergunta com "sim" ou "não", mas com "parece ser". Na língua guajá, a partícula epistêmica similativa *rawỹ/ nawỹ* é muito utilizada. Indica algo que se supõe verossímil e pode ser traduzida como "aparentemente". O melhor exemplo está na pergunta "*o que é?*", que na língua guajá aparece como *ma'a nawỹ* e deve ser traduzido literalmente por "*o que parece ser?*" (para observar o funcionamento desta partícula na língua guajá, ver Magalhães *op. cit.*, p. 116).

transcende o humano. Podemos traduzir *imarakwa* por "pensar", "lembrar", "imaginar" e até mesmo "planejar", "arquitetar", "tramar" ou qualquer outra atividade que denote uma ação de um indivíduo baseado em reflexão prévia dessa ação (o que chamaríamos de "pensamento"). O *pensar*, como postula nossa tradição, é um processo mental e privilégio exclusivo dos humanos. Portanto, imputarmos tal capacidade a animais caçados, tal como fazem os Guajá, denota que "pensar" deve ser um outro processo que não o baseado na distinção mente e corpo, mente e mundo, etc. Tais capacidades comunicativas e miméticas passam por aquilo que os Guajá consideram como "conhecer". Isto é, a capacidade que os bichos têm de refletir, produzir significados, conhecer, etc. *Imarakwa* é um verbo que pode ser traduzido por "causar pensamento em si mesmo". Em uma linguagem "perspectivista", pode ser escrito como "ter consciência de si mesmo" (enquanto sujeito e em relação ao mundo). Talvez seja isso *o pensar* guajá, e não um processo isolado que ocorre exclusivamente na mente humana. Por isso, e desta forma, é possível entender por que os outros animais também "pensam". Trata-se de uma consciência de estar no mundo, atuando, interferindo. Os Guajá dizem que os animais que mais pensam são os mais difíceis de caçar e, ao mesmo tempo, são os mais cobiçados. Os macacos, capelães, galináceos, paca, cotia, veado — nessa classificação guajá — são animais que "pensam pouco", enquanto os porcos e as onças são tidos como "muito inteligentes". Não se quer dizer que outros animais, como as cotias e os capelães, como vimos acima, não tenham pensar, *imarakwa*. Longe disso! O ponto é que os queixadas e as onças teriam essa capacidade ainda mais apurada. Algo como uma *ecology of selves*, nas palavras de Kohn, em que a floresta e muitas vidas a ela relacionadas "pensam" (2013, pp. 78–81).

As possibilidades referentes ao conjunto das relações dos humanos são as mesmas que atuam entre não humanos. Nesta típica relação com o animal ocorre um fenômeno recorrente a um conjunto de povos (amazônicos e mesmo não amazônicos) que têm na caça uma atividade de prima relevância social, conectando-se ao que Viveiros de Castro denomina "economia simbólica da predação". Aí, "o protótipo da relação predicativa entre sujeito e objeto é a predação e a incorporação", sendo "as relações amazônicas de predação, apresso-me a sublinhar, intrinsecamente relações sociais" (Viveiros de Castro, 2002, pp. 165–167). No caso dos Guajá, isto fica evidente quando olhamos para sua principal atividade: a caça, de que podemos ver que, a todo tempo, um "jogo de simetrias" (para usarmos os termos de Lima, 1996, p. 36) é estabelecido entre humanos (guerreiros) e animais (não menos combatentes). Esse "jogo" ocorre com as presas preferenciais (como os capelães e os porcos — que ainda veremos), chegando, às vias de fato, inclusive, com os menores animais (como cotias e aves).

Podemos pensar também no modelo proposto por Descola, de uma "filosofia da predação, segundo a qual a apropriação junto a outrem — de substâncias, identidades e pessoas — é a condição necessária para a perpetuação do si", e "o que vale para a morte de um homem deveria valer *a fortiori* para a morte de um animal" (Descola, 1998, p. 35). A partir de um modelo sociológico que faz referência a diversas formas de relação entre humanos e animais na Amazônia — e que o autor dividiu em três sistemas de relações denominados "reciprocidade", "predação" e "dádiva"[28] —, podemos pensar que a relação dos Guajá com os animais (fundamentalmente modulada pela caça, tal como ocorre entre os Jívaro) é de predação generalizada, não havendo nenhuma compensação pela vida da caça — tal como encontramos nos (chamados pelo autor) sistemas que operam com a "reciprocidade" (os Desana, por exemplo) ou "dádiva" (tal como alguns grupos Aruaque que habitam o piemonte amazônico no Peru).[29]

Para finalizar este tópico gostaria de salientar que talvez tenha sido Lima, em sua etnografia sobre os Yudjá, quem esboçou a teoria sobre a relação caça, ou guerra, mais interessante para pensar os dados Guajá. De acordo com os Yudjá, se a caça incorpora a guerra (assim como o caçador Guajá deve incorporar o ponto de vista dos capelães), não deve se confundir com ela, uma vez que "a distinção humano/animal é plena de importância para um pensamento sempre pronto *também* a levar em conta a *animalidade específica* do animal que atua como Outro" (Lima, 1996, pp. 37–38). O fato de os Guajá manterem com tais animais um tipo de relação que envolve a relação entre sujeitos não significa que esqueçam da condição de presa, bicho, carne, *ma'amiara*, desses seres, que, no final, serão comida — *hanimi'ũa*, "minha comida".

A distinção humano e animal continua sendo válida neste universo "que se enuncia segundo uma lógica das qualidades sensíveis", de acordo com Viveiros de Castro (2002, p. 165), uma vez que na caça (diferentemente do xamanismo, por exemplo) não pode haver sime-

---

28. Tal modelo viria a ser revisto e atualizado anos depois — ver Descola, 2005.
29. Ver Descola, 1998, pp. 37–38; para o modelo revisto, ver 2005, pp. 459–496.

trias de perspectivas. A luta entre caça e guerra é travada para que uma perspectiva se sobreponha à outra (Lima, 1996). Um animal pode tanto morrer quanto capturar a alma do caçador — como no caso Yudjá —, ou lançar-lhe uma vingança, *ha'aera*, como ainda veremos aqui. Por isso, "o infortúnio do caçador é o resvalamento da caçada na guerra" (Lima, 1996, p. 38). "O que nos dizem os fatos diante dos quais nos encontramos é que caçadores combatem guerreiros".[30] Voltaremos a esse ponto, mas antes vejamos os riscos de uma caçada.

ALGUMAS DICAS SOBRE O *MATAKWA*

Desde a introdução das espingardas e lanternas, uma forma de caça desempenha um papel de destaque: trata-se das esperas noturnas de animais, chamadas *matakwa*, termo que pode ser traduzido literalmente por "saber parar".[31] Esperar [a caça], como os Guajá dizem em português, é algo que sempre fizeram. Porém, desde que tiveram acesso às espingardas e lanternas, as esperas noturnas são muito mais bem-sucedidas. Como sabemos, muitos animais têm hábitos noturnos, dentre eles, a anta e a paca que, ao lado do veado (que apesar dos hábitos diurnos também se alimenta à noite), são os mais cobiçados na espera. Fausto encontrou padrão semelhante entre os Parakanã Ocidentais, para quem a substituição do arco pela espingarda conduziria a uma intensificação da caça noturna e da de espécies arborícolas (Fausto, 2001, p. 166).

É bem provável que, tal como ocorreu com os Parakanã, a carne de veado fosse menos consumida antes do contato do que é hoje, tendo-se em vista as restrições e associações que os Guajá fazem com esse tipo de carne, como já vimos. Até poucos anos atrás, ao menos na aldeia Juriti, seu consumo era proibido às mulheres adultas, meninas que ainda não menstruaram e mulheres na menopausa poderiam comer. Porém, alguns fatores sugerem que a caça aos veados possa ter aumentado após o contato, pois encontramos:

1. O ganho técnico representado pela introdução da espingarda chamada *maka* e da lanterna (*kanẽa*, — um empréstimo do português "lanterna"), que possibilita excelentes resultados na

---

30. *Idem.*
31. *mata*, "parar" mais *kwa*, "saber".

"espera" noturna de diversos animais — incluindo-se as duas espécies de veados: veado-foboca (*arapaha'ia* [*Mazama nana*]) e veado-mateiro (*arapaha* [*Mazama americana*])

2. As grandes quantidades de carnes provenientes dos veados alimentam boa parte das pessoas da aldeia

3. Certo assédio por parte dos funcionários do posto, que recebem boas porções de carne de veado (e paca), muitas vezes como "presente" ou em troca de pequenos objetos que os Guajá demandam (desde copos, talheres e tecidos até munição)

A carne de veado é encontrada regularmente nos moquéns e panelas da aldeia Juriti. Mesmo assim, até bem pouco tempo atrás era um animal consumido com algum comedimento. Suas vísceras e, caso uma fêmea esteja grávida, fetos não são consumidos — diferentemente de com outros animais, como a anta, porcos e capelães. O cheiro das vísceras de um veado é tão nocivo quanto o de um quati, animal tido como *inamyhỹ*, "fedorento", "de um odor nocivo", e que, como outros animais, está associado aos seres-espectros *ajỹa*. Além do veado, são objeto das esperas noturnas, *matakwa*, antas, pacas, tatus e cotias. A cada floração de uma árvore é relembrado um conjunto de animais que serão caçados; os melhores pontos para *esperar* na mata; e quem irá esperar — normalmente, como em todas as caçadas, ganha preferência quem encontra os rastros e/ ou a árvore ou mesmo quem se habilita. Os homens escolhem a árvore da espera, a depender da quantidade de frutos e indícios, *ipopora*, recentes do animal, como fezes, pegadas e intervenções na paisagem.

Cormier observa o fato de o conhecimento botânico dos Guajá estar diretamente relacionado às atividades de caça, mais especificamente à caça de macacos. Enquanto as plantas consumidas pelos humanos são muito poucas, boa parte do conhecimento dos Guajá sobre folhas e vegetais está baseado nas que são consumidas pelos animais caçados; e os Guajá conhecem uma infinidade de plantas que servem como alimento para diversos deles. A autora formou sua coleção botânica visando a "avaliar os tipos de saberes que os Guajá detêm acerca de seu ambiente e, especificamente, à importância relativa deste conhecimento sobre as plantas consumidas pelos macacos. Os resultados demonstram que a etnobotânica Guajá é bastante direcionada aos macacos (*monkeyoriented*), e tal conhecimento sobre as plantas consumidas por estes é a chave para compreender a percepção Guajá sobre a floresta" (Cormier, *op. cit.*, p. 51). De acordo com Cormier, portanto, todo o conhecimento Guajá sobre a floresta é "funcionalmente integrado com seu modo de produção alimentar (*foraging mode of production*) que se concentra nos macacos como caça".[32] Além da caça aos macacos, toda a caça de espera noturna está baseada neste conhecimento relacionado às plantas e aos hábitos animais, como anteviu Cormier.

Maçaranduba, *mixiranỹkaha*, copaíba, *kapawa*, tatajuba, *taryka*, oití, *hixia*, andiroba, *hariroa*, dentre outras árvores, são locais frequentados por antas, veados, pacas, cotias e tatus, e por isso, pontos de espera dos caçadores. Embora as mulheres nunca saiam à noite para caçar com seus maridos, os meninos muito jovens que estão começando a utilizar espingarda costumam ir sempre, bem como os homens adultos. Após decidir em que local será a espera, o caçador sai de sua casa no final da tarde, antes de o sol se pôr, quase sempre sozinho ou na companhia de um segundo homem, que também se instalará em um árvore próxima que estiver frutificando. Quase sempre o homem toma um banho — *juhu 'ype*, "banhar-se no rio" — antes de ir para a mata, pois isso é importante para eliminar os odores de seu corpo que, se forem sentidos pela caça a espantarão. Antes de prosseguirmos, deixe-me delinear mais alguns pontos sobre os odores e sua relação com a caça.

Como mostrei no capítulo 3, há uma terapêutica específica guajá que envolve odores[33] e protege os humanos das doenças provocadas pelos espectros *ajỹ* e dos males que o "fedor", *iramyyhỹ*, de alguns animais (como o quati e a mucura, ou gambá) produz à saúde. Mas os cheiros também podem influenciar o desempenho de um caçador, uma vez que diversos animais caçados são hipersensíveis aos odores humanos. O "cheirar" é concebido por meio do conceito *tũ*. Os Guajá (ao menos para mim) usavam o verbo "sentir" em português como tradução da ideia de *tũ*, "cheirar", tal qual a nossa ideia de "sentir o cheiro". Essa capacidade de "sentir", *titũ*, portanto, é um mecanismo muito próximo ao *pensar*, *imarakwa*, dos animais — que *sentem e pensam* prevendo o perigo iminente da espera. Quanto

---

32. *Idem*. A amostragem de Cormier contou com 275 plantas úteis conhecidas pelos Guajá. Deste universo, 84% eram formados por plantas consumidas pela caça e 14,91%, consumidas pelos humanos. Do total das plantas consumidas pela caça, mais da metade (51,94%) era consumida pelos macacos (para maiores detalhes sobre a etnobotânica Guajá, ver Cormier, 2003, pp. 50-56).

33. Ver também Cormier [2005]; Overing [2006] — para outro caso etnográfico.

melhor sentem, mais inteligentes os animais serão, dizem os Guajá. Por exemplo, porcos e onças são animais muito desconfiados, que "sentem muito" a presença dos humanos — inclusive avaliam rastros. Por isso são animais que "sabem muito", *kwa te*, e são difíceis de caçar. Em contraste, os macacos "sentem pouco" e são bem fáceis de ser surpreendidos. Na teoria guajá sobre a caça, *cheirar* e *pensar* são ideias que atuam conjugadas, e esses verbos, embora difiram, aparecem muitas vezes juntos, no mesmo conjunto semântico.

Ao lado das ferramentas — facas, facões, terçados, machados, cavadeiras e limas —, munições, agulhas e linhas, roupas e calçados, o sabão em barra também é distribuído sistematicamente como provisão pelos funcionários do antigo PIN, atual Frente de Proteção. As pessoas da aldeia Juriti utilizam o sabão (*xapõa* é como pronunciam a palavra, sem nenhum termo correlato na língua guajá) basicamente para lavar suas roupas e se limparem ao banho. A qualquer hora do dia, podemos encontrar alguém na sede do posto requisitando um pedaço de sabão para o uso cotidiano da esposa, pais, filhos ou para si. As dezenas de barras de sabão compradas pela Funai são divididas em dois e até quatro pedacinhos que, segundo se exasperava o antigo o chefe de posto, "dura o mesmo tempo que se ganharem uma barra inteira". No trânsito entre aldeia e posto, sempre encontraremos alguém interessado em sabão e uma ou mais pessoas segurando um pedaço dessas barrinhas azuis ou verdes.

"*Xapõ, Xapõ*" foi uma das primeiras palavras que (ao lado do generoso *katy!*, "estar bem", e que os Guajá traduzem para o português como um simpático *tá bom!*) dirigiram a mim nos meus primeiros dias na aldeia Juriti, quando ainda estávamos nos conhecendo. Como demorei alguns dias para ver todas as pessoas da aldeia — já que alguns estavam vivendo na mata, enquanto outros simplesmente não queriam me conhecer —, quem me via pela primeira vez na área do posto indígena logo me pedia um sabão, tal como pedem cotidianamente. Rapidamente descobri que, além das munições e ferramentas que levei para os presentear, um bom estoque de sabão era algo que me ajudaria a quebrar a animosidade inicial entre nós. Em poucos dias pedi pelo rádio da Funai para que Antônio, um gentil agente de saúde que subia o rio, comprasse fiado algumas barras em São João do Caru, que eu pagaria assim que saísse da aldeia Juriti. Desde então, sempre que voltava àquela aldeia levava comigo uma quantidade considerável de sabão (pelo menos uma barra para cada indivíduo adulto), para, digamos, ajudar na nossa relação.

Devido à convivência com os *karaia* do posto indígena, além do sabão em barra os Guajá descobriram sabonetes, desodorantes, perfumes e até barbeadores, itens mais preciosos e que produzem cheiros mais poderosos; eventualmente eles os ganham ao pedir ou trocar caça com algum funcionário ou visitante.[34] Mesmo utilizando "tradicionalmente" plantas odoríferas (algumas até com cheiro mentolado) para aplacar a febre e expulsar a dor — pois o perfume, *kaxỹ*, exalado pelas folhas é fundamental ao processo terapêutico[35] —, e mesmo sendo entusiastas da sensação de limpeza e frescor do corpo proporcionada pelos odores de sabonetes, sabões e perfumes, nenhum cheiro é bem-vindo quando o assunto é caçar, muito menos na caça de espera noturna, *matakwa*.

Houve um final de tarde, no ano de 2007, em que eu estava na aldeia e fui tomar banho de rio na companhia de Pira'ima'ã e seu filho Juwi'ia. Após lavar algumas peças de roupa, peguei o sabão em barra utilizado na lavagem e utilizei-o também para me banhar. Olhando aquela cena, Pira'ima'ã perguntou-me sobre meu sabonete, se eu não o havia levado para o rio. Respondi que não, por estar lavando a roupa usaria o mesmo sabão. Mas disse a ele que se quisesse tomar banho com sabonete não haveria problema: quando saíssemos de lá eu lhe daria um pedaço de um dos meus sabonetes. Foi então que ele me disse que não poderia passar sabonete (nem mesmo sabão, como eu fazia no banho), porque dali a pouco iria se instalar no alto de uma árvore de tatajuba, *taryka*, para esperar algumas pacas, *kararuhua*, — uma vez que o chão estava repleto de florzinhas, *imytyra*, e a noite estava sem lua (pois, como se sabe, a pacas têm medo da lua cheia — *jahy parahỹ*). Caso se banhasse utilizando sabonete iria estragar sua "espera", *matakwa*, pois as pacas (assim como vários outros animais) *sentem* qualquer cheiro exalado pelos humanos e *pensam* "ah, os *karaia*, "brancos", estão aqui e querem me matar, é melhor eu ir embora!".[36] Do mesmo modo, deveríamos parar nossa conversa. Pira'ima'ã pediu para que parássemos de falar naquele assunto, pois os animais caçados conseguem "escutar", *nũ*, os planos humanos. Por isso, toda caçada deve ser planejada com cautela, sem muito alarde.

---

34. Quase sempre, ribeirinhos que procuravam a enfermaria do posto atrás de ajuda médica, além de lavradores contratados pela Funai para os ajudar nos trabalhos de roça.
35. Ver Cormier, 2005.
36. A eliminação de odores para a realização da caça também é observada entre os caçadores siberianos Yukaghir (Willerslev, 2007, p. 83).

Ao sair de suas casas no final da tarde, além de estarem limpos, os homens levam consigo uma rede (e as cordas para amarrá-la), facas, espingardas e alguma farinha. Quase sempre dormem à tarde para poder passar a noite em vigília. Levam também algum pano para se proteger do frio noturno. Tudo isso, bem amarrado às costas, segue com o caçador até o local da espera, em alguma das árvores já mencionadas.. Estando lá, nada na paisagem pode ser modificado; não se pode tirar uma folha de lugar. A floresta deve ficar o mais intocada possível. O caçador deve caminhar de leve pelo local para que as folhas não sejam espalhadas, as pegadas não marquem o chão e o mínimo de galhos secos seja quebrado. Uma vez escolhida a árvore para a espera, o homem amarrará sua rede no alto da árvore entre dois troncos firmes — subindo com a ajuda de caibros amarrados, tal qual um sistema de andaimes —, de modo que fique a uma altura de uns cinco metros do chão, o suficiente para, aliado à escuridão e ao silêncio, se camuflar. À noite, a floresta é repleta de sons, e durante a espera noturna o caçador precisa estar com os ouvidos bem atentos, pois junto com os passos dos animais ouvirá também o grave som do sapo *kapokapo*; o canto de cigarras e outros insetos; as folhas remexidas por macacos-da-noite, *aparikya*, e juparás, *haipaxĩa*. Ratos, gambás e outras criaturas da noite soltam seus gritos; o barulho do vento nas folhas das árvores também sonoriza o ambiente; além dos fantasmas *ajỹ*, que circulam por boa parte da floresta escura com seus assobios e batidas secas com pedaços de pau nas árvores.

A espera, *matakwa*, envolve um estado de completa atenção, que pode ser expresso por termos como *xa katy*, "olhar bem", *juanũ*, "ouvir-atentar", e *jamaka*, que traduzo por "prestar atenção".

E, em que consistiria uma *espera*, *matakwa*, bem sucedida? Para responder essa questão, listo abaixo os procedimentos e cuidados a serem tomados durante a *espera matakwa* que — mesmo não garantindo o sucesso na caça — são indispensáveis ao bom caçador.

1. Não se deve sair de casa suado, sujo, nem exalando qualquer odor, pois os animais sabem pelo cheiro, *kaxỹ*, que há um humano à espreita e fogem. O ideal é tomar um banho de rio antes, porém sabão, sabonete, desodorante ou outros produtos cheirosos dos brancos, *karaia*, não devem ser manipulados. Da mesma forma, estão vetadas as folhas-remédios, *pohỹ*, extraídas da floresta e que são utilizadas no tratamento de dores e doenças do corpo, já que seus odores também espantam as presas

2. Não se deve pisar em nenhuma fruta, folha ou galho depositado ao pé da árvore onde ocorrerá a espera, sob o risco de o animal que lá chegar perceber o rastro humano. Por isso deve-se caminhar sempre descalço. Os chinelos de dedo devem ser mantidos em casa ou na sacola, *marakũa*

3. Considerando-se que o caçador precisará construir um andaime para se *apoiar* e amarrar sua rede com tranquilidade na árvore, os caibros de madeira a serem utilizados devem ser retirados alguns metros antes do local da espera, já que nenhum barulho deve ser feito no entorno da árvore. Além do mais, não poderá haver mudança na paisagem. Esses caibros são amarrados entre duas árvores próximas, de modo a formar uma estrutura de três ou quatro níveis que possa dar acesso a uma altura de cerca de cinco metros do chão. Lá se amarrará a rede (a rede será amarrada nessas mesmas duas árvores onde se fez o andaime).

4. Uma vez o caçador instalado na rede, todos os movimentos devem ser executados de forma delicada e silenciosa, pois qualquer ruído pode espantar a caça; seja um leve mexer na sacolinha de munição ou um *clique* produzido pelo engatilhar do cão da espingarda.

5. A lanterna — ferramenta de grande valia na espera noturna — permanece amarrada à rede para ser sacada na chegada do animal. Ela é acesa instantes antes do tiro, apenas para o caçador encontrar a posição da presa com precisão. O tempo de iluminar a presa é o mesmo em que o animal percebe que está sendo observado e foge. Os Guajá lembram que ao "jogarem luz" na presa, antes da fuga (principalmente a anta, o veado e a paca), ela mantém-se paralisada por poucos milésimos, olhando a fonte de luz. É durante esse tempo que devem atirar.

6. Dormir está fora de cogitação

Um dos maiores riscos envolvidos nas esperas noturnas é o encontro com os *ajỹ*. Muitas vezes o *matakwa*, "espera", é mal sucedido, pois os *ajỹ* conseguem dispersar a caça. Os caçadores contam que muitas vezes os animais são dissuadidos pelos *ajỹ* de tomarem certa direção para que não morram. Os *ajỹ* espantam seus animais, dizendo: "não vão comer naquelas árvores, pois os *karaia* (não indígenas) estarão lá esperando vocês, eles estão escondidos e vão matá-los".

Karaia, nesse caso, pode ser uma das formas como os *ajỹ* enxergam os caçadores humanos, devido ao potencial assassino representado, principalmente, pela espingarda; além do fato de os humanos, do ponto de vista dos *ajỹ*, encarnarem a *diferença*, a "diferença pura",[37] uma pura diferença inimiga.

Em um caso semelhante, "donos dos animais" e "inimigos" é a forma pela qual os Araweté pensam os *Ãñĩ*, que, tal como os *ajỹ*, podem ser definidos como o "espectro terrestre do morto" (Viveiros de Castro, 1986, pp. 216-217). Para os *Ãñĩ* Araweté, os humanos são percebidos como queixadas. Tal como para os *ajỹ* Guajá, os humanos seriam não indígenas e/ ou inimigos. Para os *ajỹ*, os humanos podem ser tanto parentes distantes com os quais querem manter relações quanto, como vimos acima, inimigos (não indígenas, "índios brabos", dentre outros). As duas interpretações aparecem quando os Guajá falam dos *ajỹ*. Ora deve-se manter distância, pois eles querem levar os humanos para viver com eles; ora porque querem matá-los. A posição de diferença inimiga (expressa não só pela ideia de *mihua*, mas também de *karaia*) entre os humanos e os *ajỹ*, no entanto, aparece de forma bastante nítida quando observada a partir das atividades de caça. Caso um animal seja alvejado por um caçador e ainda consiga fugir com vida, são os *ajỹ* que cuidam de suas feridas e os advertem a terem mais cuidado com os humanos. Como já coloquei anteriormente, os *ajỹ* mantêm controle sobre algumas espécies de animais de caça (principalmente os veados, as pacas e os quatis), e são considerados *jara* desses animais específicos. Como também já discuti, a ideia de "dono dos animais" (pais ou mães da caça, etc.) não apresenta grande rendimento no caso dos Guajá, porém não significa que ela não opere determinadas relações, tal como a dos *ajỹ* com as pacas, veados, quatis, gambás, ou mucuras (talvez, seu principal avatar, pois também são chamados *ajỹ*), macacos-da-noite, além de pássaros como o acauã.

O fato de a paca e o veado se alimentarem à noite também está relacionado à "proteção", *riku*, dos *ajỹ* sobre esses animais, pois a floresta durante a noite — *pyha*, "noite"; ou *matarahỹ*, "escuro" — é mais segura para esses animais. Por exemplo, Pira'ima'ã me relatou que, certa noite, esteve frente a frente com uma paca, mas que sua espingarda "bateu" — *pehẽ*, "quebrar" — e não atirou. Em três tentativas de tiro, a espingarda "bateu", dando tempo suficiente

---

37. Ver AmaZone, 2010.

para que a paca fugisse. Pouco tempo depois, Pira'ima'ã disse ter ouvido de sua rede (na espera) assobios e barulhos de pauladas, o que indicava a proximidade dos *ajỹ*. O caçador ficou quieto, sentindo em seguida um arrepio por todo o corpo, seguido de calafrios... era este o sinal da proximidade dos espectros *ajỹ*.

Se hoje toda espera noturna é realizada com espingardas, só conseguirão realizar essa caçada os homens que manejam essa arma. Os mais velhos, cuja arma de caça é exclusivamente o arco e flecha, nunca realizam esperas, embora de alguma forma participem, indicando os bons locais de caça e dando outras dicas sobre os animais. Ainda assim, as caçadas noturnas — *wata matarahỹ*, "andar no escuro" — eram realizadas antes do contato, embora se configurassem mais ativamente como caçadas terrestres e emboscadas de animais. Naquele tempo, sem lanternas e espingardas, a possibilidade de esperar um animal com chance de acertá-lo era muito menor do que hoje. Tochas e lamparinas, feitas a partir de resinas, principalmente, da maçaranduba, *mixiranỹkaha*, jatobá, *itawa*, jutaí, *itai ihikira*, e amescla, *jawarakua*, sempre foram utilizadas como luz, *hawa*, noturna para iluminar os caminhos — *hape*, "meu caminho" —, nos anos em que viviam na floresta caçando ou mesmo fugindo. Ainda assim, conseguem se locomover à noite sem fonte de luz com bastante competência.

Em uma conversa com Wirahoa, ele me relatou que nasceu e cresceu fugindo dos Tenetehara; que seu pai morreu quando ele ainda era pequeno; e que sua mãe lhe contava muitas histórias sobre morte entre os Guajá e sobre a necessidade de seguirem fugindo dos inimigos *kamara* e (os não menos inimigos) *karaia*. Para tanto necessitavam fugir pelo escuro da floresta sem carregar qualquer fonte de luz — somente um tição em brasa — *ira tata*, "pau de fogo" — para acender fogueiras. Além de estratégia de sobrevivência, a caça noturna antes do contato só era possível devido à capacidade que os homens têm de se locomover à noite, sem luz. Essa capacidade é colocada em prática até hoje, durante a espera noturna. Nas "esperas", muitos animais são alvejados, porém alguns conseguem escapar, ainda que feridos. Caso percebam a proximidade de um caçador por causa de sua lanterna, fugirão ainda que esgotem todas suas forças nessa tarefa. Por isso, até hoje os animais são rastreados no escuro da mata. Por exemplo, em agosto de 2009, Hajmakoma'ã matou sua primeira anta. O tiro que ele desferiu não a matou prontamente. Ele teve de segui-la pelo escuro para capturá-la. Mas mesmo portando uma lanterna teve de mantê-la desligada, uma vez que a luz poderia pôr a perseguição a perder. Hajmakoma'ã explicou-me que se o animal enxerga a luz e, mesmo que esteja prestes a morrer, correrá até seu limite. Mas se não pressente a presença humana, para e descansa. É nessa hora que será morto pelo caçador, que estará invisível na escuridão.

Outras esperas   Além das esperas noturnas em que são utilizadas redes e lanternas, pequenas esperas em beiradões e igarapés, que também envolvem silêncio e atenção, são bastante realizadas, principalmente pelos mais jovens que estão se iniciando nas artes da caça. Estas costumam ocorrer próximas à aldeia e não exigem que o caçador passe uma noite inteira na mata — o que exigiria disciplina e força, que os mais jovens (e muitas vezes até os adultos) não querem ter.[38] Essa espera ocasional pode ser representada pela palavra *juanũ*, que traduzo por "atentar" — sendo que *nũ* é "ouvir", "escutar" —, e requer outros sentidos além da visão — como a audição — como garantia de sucesso na caça. Como muitos animais vão à noite para a beira do rio beber água — como a paca e o veado, ou o jacaré, que lá vive, e mesmo os tatus que vão "caçar" minhocas —, essas breves caçadas noturnas costumam deixar muito felizes os jovens de 15 anos (que já são hábeis no manejo de uma espingarda). O mais importante é que consigam caçar no escuro.

Outra forma de "espera" bastante utilizada e hoje adotada com algum entusiasmo é o chamado *badogue*. Um misto de atiradeira e armadilha — muito utilizadas pelos moradores que vivem no entorno da área indígena — que foi propagado entre os Guajá por eles e funcionários da Funai. Desde essas poucas décadas de contato, alguns homens já tiveram duas ou três espingardas pois, devido à utilização intensa da arma, seu tempo de vida é muito menor do que prevê o fabricante. Chuva, umidade, lama, quedas, além do feitiço dos animais contra esses objetos, vários são os fatores que fazem as espingardas se quebrar, muitas vezes sem chance de conserto. Quase sempre sobra a caixa com o gatilho e o cão, além do cano, pois a coronha, base do cano e parafusos se perdem quase que por completo. Quando é possível, os caçadores, com a ajuda de funcionários da Funai, esculpem novas coronhas, introduzem novas peças e as adaptam ao antigo cano. Porém, outras vezes os canos ficam sem utilidade e são readaptados

---

38. Lembro-me de alguns bons caçadores da aldeia recriminarem Pinawaxa'a pelo fato de ser um caçador incompetente, pois dormia durante a espera e ainda mantinha relações sexuais com a esposa, mesmo estando sem sorte na caça, *panemuhũ* "panema".

e utilizados na confecção dos badogues — arma de caça que consiste em uma estrutura de madeira talhada, na forma de uma coronha de espingarda, em que é adaptado um cano de espingarda fora de uso. No corpo da madeira fazem uma câmara conectada ao cano, onde será colocado o cartucho, e o disparo é feito por um forte tubo de borracha cirúrgica — o mesmo utilizado nas atiradeiras de crianças (ou badogues, bodoques, dentre outros nomes) que conhecemos — que aciona um prego cuja ponta, ao bater na espoleta do cartucho, provoca o tiro. Os badogues são colocados em locais onde se encontram rastros de animal e servem fundamentalmente para matar pacas, *kararuhua*. Um cabo (uma linha grossa, ou mesmo fibra de tucum) é esticado de modo a produzir o disparo assim que é rompido pelo animal, ao passar em frente ao badogue. Essas armas costumam dar bons resultados, ao mesmo tempo que (muitas) outras vezes falham, seja por falta de força da borracha ou porque a espoleta, mesmo provocada, não dispara; ou até pelo fato de o tiro ser dado, mas não atingir o animal, que estaria fora de alvo.

Outra forma de "espera" é a caça de tocaia, *takaja*, que consiste em uma espera diurna, em que o caçador fica protegido por uma estrutura de folhas e não é visto pelos animais. A *takaja* é um abrigo de floresta, formado por uma estrutura de troncos fincados ao chão, de forma circular, e envoltos por um grosso cipó que proporciona sustentação às folhas de babaçu ou açaí que revestem o abrigo. O principal objetivo do abrigo é ocultar totalmente o caçador em seu interior, além de protegê-lo de eventuais ataques de animais, por isso é totalmente revestida, do chão ao teto, e seu interior, completamente escuro. A pouca luz e o ar que recebe provêm de aberturas laterais muito pequenas, imperceptíveis externamente, e que auxiliam na visão. Ao passar perto desse amontoado de folhas, os animais não desconfiam da armadilha e são surpreendidos por um tiro ou flecha. Adultos e crianças armam *takaja*, sendo esta, inclusive, uma das formas com que um jovem se inicia nas caçadas. Meninos ainda muito jovens, entre oito e 10 anos, armam pequenas *takaja* na floresta, próximo à aldeia, e com auxílio de suas pequenas flechas e atiradeiras conseguem abater inhambus, mutuns-cavalos, jacus, jacamins, juritis e até mesmo pequenos mamíferos, como o quati-puru, *tamakaja*, e a cotia, *akwixia*.

Uma *takaja* pode ser construída tanto no solo (para a caça de animais terrestres) quanto no alto das árvores, quando o objetivo é caçar pássaros que se abrigam nas copas, como o tucano-de-bico-preto, *takỹna*, específico da região, e o araçari — *takyynihĩ*, "tucaninho" —, aves importantes cujas penas são matéria-prima para a confecção dos diademas e braceletes utilizados pelos homens. As *takaja* feitas no alto das árvores podem ser montadas a grandes alturas, de até 20 metros.

PALAVRAS NOTURNAS

Não poderia deixar de mencionar aqui as palavras noturnas que, ao final de um dia, consagram não só as caçadas, mas toda a vida. É à noite que as pessoas comentam sobre os acontecimentos do Posto Indígena; sobre a atitude de determinados funcionários; a preocupação com os invasores da área; e tomam decisões que levarão aos funcionários da Funai sobre determinado tema, tal como uma "política noturna" (nas palavras Peter Gow), que deve ser realizada cotidianamente. Além dos assuntos cotidianos, minha presença na comunidade alterava o teor das conversas, quando me sabatinavam sobre o mundo dos *karaia* com perguntas, como: se eu conhecia o então presidente Lula ou a liderança indígena Marcos Terena; se em São Paulo havia Guajajaras; se meu sogro não se zangaria por eu deixar minha esposa e filha sozinhas por tanto tempo; e mesmo se eu não estava pensando em me casar com alguma mulher da aldeia; — dentre tantas outras questões que eu respondia, buscando compensar minhas interpelações diárias e invasivas. Tudo ocorria sob o olhar atento das crianças, a desconfiança dos velhos e o vigor dos jovens ao perguntar, explicar, e tornar a perguntar. Além das caçadas, o tema que mais causa comoção nas conversas noturnas são os invasores da área, cujo impacto na vida das pessoas é óbvio. Os Guajá planejam ataques, ameaçam, puxam arcos e marretas enquanto falam, prontos a matar um inimigo que parece estar ao lado do narrador. Caça e guerra aparecem nas conversas noturnas. E as noites sempre eram mais animadas graças a essas narrativas.

Desde a volta do mato, quando chegam na aldeia, comentários e brincadeiras já começam a ilustrar aquele dia de caçada. Há um tipo de comentário bem-humorado feito quando alguém retorna, quase sempre proferido por outro que, em um primeiro momento não se beneficiará da comida, muito provavelmente um afim distante, assim: "Ah, você trouxe caça para mim meu irmão", ou "filho", *haxa'a*, "hoje eu vou comer muito bem meu irmão". Muitas gargalhadas são dadas, pois a caça em questão não é para a pessoa que comentou, tampouco ela tem esse grau de parentesco com o caçador. São piadas como essas ou cantos sobre determinado *karawara*, "caçadores", que marcam a chegada das pessoas nas aldeias. Porém, é à noite que as caçadas cotidianas são lembradas, e por vezes toda a assembleia de uma aldeia estava atenta a uma única pessoa, que contava os feitos do dia como se narrasse belos mitos. Essas falas podem ser chamadas *muumu'ũ*, "narrativas", ou, como outras conversas cotidianas, "falas", *ma'iha*. Uma das experiências estéticas mais fascinantes durante meu trabalho de campo foi poder ouvir pessoas narrando e comentando caçadas, em um ritmo pausado, marcado por silêncios e cadências que ressaltavam as situações, além de onomatopeias e imitações magistrais, tal como "imagens de sons" (Kohn, 2013, p. 36). Descola observa, para o caso Ashuar, que "graças às intermináveis histórias de caça que os homens gostam de contar, todo mundo também sabe qual foi o comportamento do animal antes de morrer: o medo, a tentativa de fuga abortada, o sofrimento, as manifestações de aflição dos seus companheiros. Em suma, ninguém pode ignorar de que maneira um ser vivo se torna comida" (Descola, 1998, p. 29). Entre os Guajá, não só os homens narram caçadas, mas é muito comum as mulheres serem ouvidas por todos, quando complementam seus maridos ou mesmo protagonizam, por falas exclusivas, seus feitos na mata. Os relatos — *ma'iiha*, "fala" — sobre as caçadas são ilustrados por imitações de sons de animais, batidas e movimentos de mãos e pés. A mesma capacidade que os Guajá têm para imitar os animais visando à predação é aqui utilizada para ilustrar realisticamente a experiência do caçador. Essas narrativas não seriam exclusivamente sobre "caçadas", mas remetem a uma experiência total, com referência à extração de mel, passagem por antigos acampamentos, ataques de *ajỹ*, dentre outros eventos — tudo o que estiver relacionado ao *wataha*, à "caminhada".

À noite, e mesmo durante alguns dias seguidos, um caçador pode se reunir com outros e contar suas proezas: vangloriar-se de como enganou uma paca; comentar sua paciência durante a espera de um veado; a boa estratégia na emboscada a um bando de capelães; a forma como o vento dificultou sua audição durante a perseguição a uma ave; a resistência a mordidas de muriçocas em uma noite quando esperava uma anta em um pé de pequi; a alegria de saber que o jacaré que mergulhou, após ser ferido de raspão, emergiu morto à superfície; o encontro com os *ajỹ* durante uma espera noturna, quando o caçador na madrugada fria soube manter a calma e não se apavorar, esperando os espectros se dissiparem, demonstração de grande coragem e sabedoria; a mordida de uma valente cotia que se escondeu no fundo de um buraco já devastado (mas lá resistia), e de como, mesmo ferido, o caçador aguentou a dor da mordida, agarrou-a pelo pescoço e conseguiu asfixiá-la; a flecha certeira, o tiro perdido, a pólvora molhada... tudo é lembrado à noite, à meia-luz, sob o embalo de comentários atentos, risonhos e curiosos.

Estes e outros acontecimentos — ora insignificantes, ora fantásticos — compõem a vida de um caçador. Seus momentos de embate, no entanto, não devem ser lembrados com remorso nem tristeza, ao contrário, com orgulho e regozijo. "Eu sou melhor do que uma onça, não tenho medo dela", disse-me certa vez Pira'ima'ã depois de, orgulhoso, me mostrar dois caninos de uma onça pintada que ele havia matado. "Se ela tem unhas, eu tenho a minha espingarda. Quando eu percebo uma onça no mato, eu a chamo bem alto, 'pode vir bicho, eu tenho uma espingarda e vou te matar!'" E a onça, vista como bicho — *hama'a*, "minha caça" —, se torna menos perigosa.

Ao iniciar minha pesquisa, não entendia de que se tratava aquelas conversas tão compenetradas. Nada fazia sentido. Somente quando passei a acompanhá-los nas caçadas pude perceber que elas sempre eram remontadas em fala, redramatizadas. Lembro-me de uma específica vez em que Hajmakoma'ã reproduziu o som de uma vara de porcos chegando ao longe, sua boca ainda fechada foi se abrindo aos poucos, o que dava a real sensação de que os animais estavam cada vez mais perto, se aproximando. Em seguida, surgiram sons de folhas remexidas, dentes e rugidos. À medida que ele narrava, novos sons apareciam, cada vez mais altos, até o momento em que imitou o som de um tiro certeiro que mata um animal, e o silêncio se restaura. É certo que eu não entendia nada daquelas conversas, pois nessas horas os Guajá falam muito rápido e com a ajuda de estalos, urros, gritos, assobios, como se a natureza do evento penetrasse na palavra. Lima aponta o mesmo espanto ao descrever as conversas yudjá que antecedem uma caçada de porcos: "em um instante já não posso compreender o que os caçadores dizem. Todos falando ao mesmo tempo, gritos estridentes, onomatopeias de explosões de tiros, flechas silvando, porcos batendo os dentes, porcos em correria. Todos têm casos para contar e mímicas para fazer" (Lima, 1996, p. 22).

Ao ouvir sobre as caçadas, as pessoas ao redor muitas vezes parecem não prestar atenção no que diz a boca do caçador. É comum o narrador parecer estar falando com ninguém, todos mais preocupados em comer, descansar, olhar para outro lado. Para participar da narrativa, as pessoas não têm de estar necessariamente paradas, absortas pelas palavras, olhando o narrador de forma fixa.[39] Trata-se de uma maneira de narrar, uma forma de falar e ouvir os acontecimentos da vida que, no início, dado meu despreparo etnográfico, cheguei a cogitar que fossem mitos, pois todos, adultos e crianças, estavam muito envolvidos, embora parecessem desatentos, juntos, como se aos mais jovens estivessem sendo narradas fábulas fantásticas, de lugares outrora vistos apenas por poucos seres no mundo e experiências que os humanos não mais conhecem. Mas os Guajá não narram mitos, como narram caças. Preferem falar das caçadas e mesmo de antigos eventos, a mitos. Discursos que versam sobre o desespero por terem perdido uma trilha, *pea*, e a alegria de reavê-la; o choque pelo encontro com uma onça ou fantasma e o alívio de retornar à casa, com saúde e comida. Histórias por si só prodigiosas e que, devido às formas poéticas, soavam ao etnógrafo como mitos. Os Guajá – e, penso, talvez, a maior parte dos povos ameríndios — não depositam na cosmologia e na mitologia algo como um repertório narrativo que deve ser proferido esporadicamente, como se isso salvaguardasse a *sociedade* e fosse uma transmissão de saber ou qualquer outra forma de *socialização* (nós, sim, fazemos isso!). O mundo — composto por viagens ao céu; caçadores celestes; fantasmas na mata; relações sociais entre os animais, dentre tantas outras características — é dessa forma, e não precisam lembrar a ninguém que ele é assim. Aqui as pessoas não passam seus dias falando sobre o céu e os mortos. Ao contrário, e ao menos para os Guajá, o que faz de uma conversa algo interessante são os episódios dramáticos da vida presente; que falem de comida ou do dia de caça que, por si só, já são extraordinários.

A narrativa é contínua à caça, e está diretamente relacionada às formas com que as pessoas atuam na floresta muito mais do que uma interpretação isolada de uma ideia abstrata de caça e caçada. Ao contrário, relata-se uma caçada específica, e não uma idealização. Tal como observa Ingold para as múltiplas produções de significado a respeito do espaço e atividades nele envolvidas (Ingold, 2000, p. 56) — e como já colocado anteriormente — em casos como o dos Guajá, separar a atividade de caça de atividades como narrar as histórias e cantar seria tirar tais narrativas que estão *no* mundo (produzindo-o,

---

[39]. Dispositivo discursivo análogo ao de um chefe ameríndio, cujas palavras nunca se transformam em voz de comando, tal como sublinhou Pierre Clastres.

inclusive) e as colocar como uma interpretação *da* natureza — algo que elas não representam; tal como sua ideia de *enskilment*, com que o autor nos mostra o quanto fazer e aprender são processos inseparáveis para muitos povos. No caso dos Guajá, ao passo que todos riem e ficam apreensivos com as narrativas de caça, também visualizam o tamanho do animal, a configuração da paisagem, as decisões do caçador, dentre outras informações que só aparecerão com a narrativa. As narrativas dos caçadores Guajá enfatizam quanto suas presas se desesperaram ao vê-los; *inimigos, mihua*, que eram, ao mesmo tempo tais narrativas consagram (lembrando os argumentos de Lima para a caça yudjá) a *vitória da perspectiva dos humanos* (que prescrevem a caça) sobre a perspectiva do animal caçado (que prescreve a guerra), pois o contrário será sempre desastroso, como veremos agora. Tudo se passa como se a caçada ainda não tivesse terminado. Aqui, "a palavra é caça" (Lima, 1996).

HA'AERA E PANEMUHŨ, «SOBRE ISSO NÃO SABEMOS»

A caça é uma atividade que envolve perigo, tanto em sua complexidade técnica (já que é extremamente desgastante, com o caçador sujeito a ser atacado por animais, machucar-se de várias formas e mesmo falecer) quanto pelo fato de muitos animais caçados serem dotados de *ha'aera* e, a partir disso, se vingarem dos humanos. O *ha'aera* é o mesmo princípio nocivo e raivoso que compõe a pessoa Guajá (como vimos no capítulo 2) e que, após a morte, se transubstancia no formato *ajỹ*. No caso dos animais, o *ha'aera* não se transforma em *ajỹ* — isso só ocorre com o *ha'aera* humano —, mas está próximo ao que a literatura etnológica sul-americana denomina como "vingança" (animal e/ou canibal) e termos congêneres.[40] No que concerne à caça, o *ha'aera* pode ser lançado aos humanos por animais mortos, pelos fantasmas *ajỹ* e até mesmo por humanos mortos. Assim me falou Wirahoa:

> Quando vamos matar os capelães, eles ficam muito aflitos, pois pensam que nós somos madeireiros. Após comermos sua carne, um deles vem durante a noite, enquanto estou dormindo, e me diz: *você me matou né, seu madeireiro? Agora vou jogar minha raiva (ha'aera) em você.*

---

[40]. Ver Lima, 1996; Hugh-Jones, 1996; Viveiros de Castro, 2008.

E, no dia seguinte, o homem pode acordar doente, com febre, indisposto. Mesmo que goze de alguma saúde, pode experimentar um completo estado de azar em sua vida. O *ha'aera* pode atingir mulheres e crianças. Nesse caso, quase sempre lhes causam doenças. Quando atinge e se aloja nos homens, pode ser chamado *panemuhũ*, termo que pode ser traduzido por "panema".

Em um sentido lato, a ideia de *panemuhũ* faz referência a um conjunto de circunstâncias e estados que vão desde um mal-estar — como uma indisposição, dores e cansaço excessivo —, passam por doenças mais graves e chegam até mesmo à perda do *haitekera*, o princípio vital. Uma vez *panemuhũ* — irritado, fracassado e sem paciência —, o homem deve permanecer só em sua rede até que as coisas melhorem. Os Guajá não gostam de conversar sobre o *paneemuuhũ*, tal como fazem com outros assuntos — como o *iwa*, os animais, ou mundo dos não indígenas. O assunto em si já deve ser evitado, e o mais comum quando falávamos sobre o tema era eu ouvir "É assim mesmo!" ou "Não sei não, eu não lembro!" ou ainda "Pergunte para outro!" Como se o fato de falar e admitir o *panemuhũ* fosse propiciá-lo. Por isso, as informações abaixo diferem de outras que constam neste trabalho; são fruto de pura observação e interpretação, e não de conversas animadas e interessantes, tais como as que mantive sobre outros temas.[41]

Em sentido estrito, o *panemuhũ* seria análogo à ideia de "panema", o *azar na caça* e outros infortúnios, tal como conhecido por diversas comunidades tradicionais do Norte brasileiro (Galvão, 1976; Matta, 1973; Wagley, 1988; e para um caso ameríndio, Clastres, 1995), tendo sido discutido recentemente por Almeida (2007). Mesmo os Guajá podem se referir a seus "azares" pelo termo *panema*, em "português", tal como aprenderam com os *karaia* nesses anos de contato, que traduz de forma muito satisfatória o (termo cognato) *panemuhũ*. É muito comum um homem voltar calado da floresta e, ao chegar em casa, comentar em português "*Tô panema!*", como se dissesse que a caçada foi improdutiva, ou mesmo como um sinal de que algo pior havia acontecido. Mas, o que ocorre de fato nessas situações? O que, além da morte, pode ocorrer de tão ruim a um caçador na floresta?

---

[41]. Algo muito parecido foi observado por Clastres em relação aos Guayaki. O autor informa que seus interlocutores tinham "pouca prolixidade" quando tratavam do *pane*, termo cognato ao *panemuhũ* Guajá: "O que é *pane*? Sob aparência anódina, essa pequena palavra perigosa designa de fato a pior das coisas que pode acontecer a um índio: a má sorte na caça" (Clastres, 1995, p. 19).

O estado *panemuhũ* que acomete um caçador é, quase sempre, no cotidiano o resultado de uma *vingança* animal, isto é, uma descarga de *ha'aera* oriunda de algum animal abatido. Os *ajỹ* também, decerto, podem lançar o *ha'aera* em um humano, deixando-o doente e/ou *panemuhũ*. Veados, macacos, antas, capelães, porcos, cotias, tatus, dentre outros animais, são dotados de um *ha'aera* violento. Desta forma, com uma formulação simples, o *panemuhũ* seria um estado circunstancial que um caçador (mas não só um) experimenta após o ataque de um *ha'aera*, seja ele produzido pelos animais abatidos ou ex-humanos *ajỹ*.

Além disso, há um conjunto de atitudes e pequenos eventos que podem produzir uma exclusiva má sorte na caça e que nem sempre está relacionado ao potencial assassino do *ha'aera*. Em outras palavras, *panemuhũ* pode ser tanto um sintoma grave de um ataque espectral e assassino, relacionando-se à saúde e composição de uma pessoa, quanto um azar momentâneo resultado da quebra de uma regra ou prescrição menor (algo como uma "quebra tabu"). Existiriam, como em tudo na vida, graus de azar... e sorte, coragem, medo, alegria, tristeza... Da mesma forma, Clastres observa que o *pane* entre os Guayaki era evocado "a propósito de circunstâncias ora graves, ora fúteis de sua existência cotidiana" (Clastres, 1995, p. 18).

Se um homem permanece durante sucessivas caçadas matando apenas pequenos animais (tal como aves menores, tatus, roedores) ou mesmo capturando apenas jabutis, ele deve se preocupar, pois pode estar *panemuhũ*, uma vez que as grandes caças podem ter desaparecido. Assim, podem provocar o *panemuhũ*:

1. Um acesso de raiva (ou a raiva contida)

2. Tristeza ou aborrecimento de uma esposa em relação a seu marido

3. Saudade e lembranças de alguém

4. Qualquer outro sentimento que altere o humor do caçador ou de alguém para com o caçador, tornando-o "triste", *kije* — notem que *kije* é um termo cuja tradução pode ser medo e/ou tristeza, sentimentos que neste contexto são experimentados de maneira simultânea a partir da ideia de um "medo-tristeza"

5. Cócegas, *kiinihĩ*, feitas por uma esposa ou filhos nas axilas de seu marido, ou pai, pois ele perderia a firmeza no arco ou na espingarda, seus braços ficariam "moles" e ele se tornaria *panemuhũ*

6. Caçar após o nascimento de um filho, pois esse pai, além de não matar nada, pode enlouquecer; caso um homem vá caçar no período de resguardo do nascimento do filho, um calor intenso se apossará do seu corpo, um prenúncio da loucura

7. Em alguns casos (como as caçadas de espera noturna), anunciar que está indo à mata pode causar panem, pois os animais "ouvem", *nũ*, e, por isso, sabem, *kwaa*, que serão caçados

8. Alguns sonhos, como os cobras, também podem deixar o caçador sem sorte

Além destas, há várias prescrições de ordem sexual e de atitude que engrossam esta lista. Em linhas gerais, quando um homem está *panemuhũ* ele tem dificuldades de encontrar animais para caçar (embora os animais não alterem seu ciclo), e é muito comum ele caminhar durante todo um dia e não encontrar presa alguma; caso encontre, é bem provável que não a mate. Os bichos simplesmente "desaparecem". É um estado que, tal como uma doença, a pessoa que a contraiu sente. Nesses casos, ele deve voltar para casa, falar com sua esposa o que está havendo e descansar, pois quando o *panemuhũ*, ou *ha'aera*, é de um tipo fraco ele tende a passar.

Trata-se aqui de "um conceito altamente abstrato, como gravidade", como observa Almeida sobre a complexidade da ideia de "panema" entre seringueiros do Acre — uma ideia que envolve mecanismos e regras particulares que, por sua vez, põem em relação uma ontologia diferente da "nossa ontologia naturalista que distingue domínios naturais e domínios morais", constituindo-se uma "economia ontológica da caça":

(Panema) é um estado que é sentido no corpo, assim como sentimos um peso; [...] Panema, exatamente porque é tão generalizado como a gravidade, e tão difuso como a honra pessoal, é algo que se confirma a todo o momento pela experiência. Tudo se passa, de fato, como se panema fosse parte do mundo. (Panema é um componente generalizado da ontologia de caçadores da planície amazônica; e é confirmado-corroborado por encontros pragmáticos cotidianos. Para meu pai, que na infância viveu na mata com meu avô seringueiro, e depois tornou-se bancário de carreira, assim como para o líder político e sindical Osmarino Amâncio, panema nada tinha a ver com superstição, ou com religião, que ambos rejeitavam por razões diversas. Panema era um fato do mundo, que a experiência confirmava.)[42]

Um "fato do mundo", confirmado pela experiência, também me parece uma excelente definição para o *panemuhũ* awá-guajá, uma vez que tal estado é sentido e experimentado por todos em um ou outro momento, em diferentes situações de vida.

NEM TUDO É AZAR

Embora me faltem elementos suficientes, gostaria de lembrar que, assim como alguns eventos e fatores desestimulam uma boa caçada, outros podem ajudar. Desta forma, alguns sonhos são propiciatórios, como sonhar com onças; já que, segundo Pira'ima'ã, a onça é um grande predador, e vê-la em sonho pode ser sinal de que o caçador, ele mesmo, vá matar muitos animais. Não sei se é uma regra geral, mas, ao menos para Pira'ima'ã, sonhar com onças é um dos melhores prenúncios para uma boa caçada.

Muitas vezes os Guajá abatem fêmeas prenhas e, em todos os casos, os fetos são consumidos como iguarias. Fetos de cotia, de capelães, além de porcos e de antas são muito apreciados. No caso de quase todos os grandes animais fêmeas em adiantado estágio de gestação (principalmente antas, queixadas e caititus), as pessoas lavam a mão no líquido amniótico da placenta, ao retirar o feto morto. No caso da anta, obtive duas explicações pare esse procedimento: primeiro, que o líquido chamado *imymy tekwera*, "líquido da criança dela", "educaria" a mão do caçador para que ele mate mais antas; depois, que ele fortaleceria o corpo de quem lava as mãos, uma vez que o couro da anta é bem duro. Em todo caso, me justificaram que lavam a mão no líquido amniótico de outros animais como um procedimento propiciatório, e que isso atrairia mais caça. Pode-se lavar as mãos no líquido amniótico de diversos animais, porém isso quase nunca ocorria quando matavam caças pequenas (capelães, macacos, cotias). Era mesmo um "procedimento propiciatório ocasional" (já que os Guajá, avessos a cerimônias, não praticam ritos de caça ou caçadas rituais).[43]

---

42. Almeida, 2007, pp. 08–09.
43. É importante enfatizar que, embora apreciem comer carne de "vitelas", os Guajá não têm predileção especial por matar fêmeas grávidas; ao contrário. Foi com pesar

Em outra ocasião que também envolvia a caça de uma anta, após chegar ao local onde Pira'ima'ã havia matado o animal horas antes, seu amigo Pinawaxa'a deu alguns tiros no corpo do animal morto, gritando "venha anta, venha que eu vou matar você". Pouco depois outro homem, Kamara, chegou ao local e flechou por várias vezes a anta com uma taboca. Disse que era para dar sangue para sua flecha e pela vontade — *xaku'uhy*, "ver-querer" — que também sentia de matar antas. De certa maneira, embora estejamos falando sobre caça, isto remete a uma passagem de Descola sobre a guerra ashuar, quando diz que "a morte de um inimigo é assunto coletivo: assim que um membro do grupo dá o tiro mortal, todos descarregam as espingardas sobre a vítima abatida e se tornam, por esse ato, coassassinos solidários, de modo que os jovens ainda inexperientes começam desde muito cedo a acumular façanhas" (Descola, 2006, p. 346). Talvez seja por isso que eu não mais me surpreendia quando chegava à aldeia, voltando de uma caçada junto com determinado grupo (todos nós carregando aves, macacos, pacas, cotias e, por vezes, quilos de carne moqueada), e quem estava no pátio (e não havia estado na floresta) me rodeava para ver o que eu trouxera, perguntando "o que *você* matou, Uirá?", embora eu não tivesse dado um tiro sequer; ou à noite, quando estávamos comendo, me incluíam como responsável pela morte do animal que estávamos consumindo. Nas caçadas de que eu participava, mesmo não matando uma presa sequer, eu era tido como um responsável, com se eu fosse — parafraseando Descola — um cocaçador solidário. No início pensava tratar-se de apenas um gesto de generosidade, do tipo "nós aceitamos você aqui!"; porém, aos poucos fui percebendo que assim acontecia com outras pessoas. Por isso mesmo, talvez uma das maiores indelicadezas que alguém possa cometer é se vangloriar de ser melhor caçador do que outro; ou se vangloriar de feitos que, todos sabem, são coletivos. Quando um homem vai mal na caça, não é por uma incapacidade "natural" como "falta de talento" — tal como nós justificamos nossas habilidades e a falta delas — mas porque deve estar fazendo as coisas de forma equivocada, já que se as fizer da maneira correta poderá ter sucesso. Era assim com um finado amigo

---

que, certa vez, Wirahoa recebeu a notícia de que a anta que seu irmão Hajmakoma'ã matara estava prenha e o filhote, prestes a nascer. O filhote já estava bem formado e até malhado, com são os filhotes de anta. Disseram-me que, em casos como esse, retiram logo o filhote da mãe recém-morta para os tomar como animal de criação. Como aquela foi a primeira anta que Hajmakoma'ã matou, ele não teria tido a habilidade necessária para salvar o filhote.

da aldeia juriti, considerado um "mau caçador" por muitos. Não que ele não soubesse caçar, ao contrário; mas é porque ele quebrava diversas prescrições fundamentais ao bom caçador — por exemplo, mantinha relações sexuais de forma desmedida (mesmo que à força) com muitas mulheres da aldeia e em seguida queria caçar; mesmo estando doente, ia para a floresta; dormia na espera; não cuidava bem de suas armas de caça — muito mais do que seria um caçador sem talento; para os Guajá, um "mau caçador" é aquele que não obedece as regras do jogo.

HA'AERA, «AQUI TUDO É AZAR»

Voltemos porém ao *ha'aera* que, ao que tudo indica, é a principal causa de *panemuhũ*.

Um dos principais e mais devastadores efeitos do *panemuhũ* é o poder de desconectar a pessoa de seu princípio vital, de sua "vitalidade", o *hajtekeera*. Uma clássica "perda da alma", em termos xamânicos amazônicos, já foi bem discutida por alguns autores (para um balanço, ver Viveiros de Castro, 2002, pp. 345-399). É esse mal que a vingança dos animais, *ha'aera*, e dos *ajỹ* produz nos seres humanos. Se pensarmos o *panemuhũ* a partir da fisiologia da pessoa, awá, da relação entre os elementos *hajtekeera*, "princípio vital", *ha'aera*, "raiva", e *ipirera*, suporte físico, "corpo-pele", veremos que pressupõe um enfraquecimento, muitas vezes um abandono do *hajtekera* (o princípio vital), devido a algum trauma — como um susto ou uma grande dor — sobre o *ipirera*, o corpo, ou mesmo um elevado acúmulo de *ha'aera*, "raiva", no corpo, provocado por mau-humor — *imahy*, "braveza" — ou tristeza — *kije*, "medo-tristeza". Desta forma, um dos piores males a acometer um caçador (e em consequência, sua família) é ele receber uma grande dose de *ha'aera* como vingança de uma presa abatida, capaz, inclusive, de expulsar seu *hajtekera* do corpo e deixar em troca o *panemuhũ*. Em linhas gerais, um homem se torna *panemuhũ* e ou doente quando se distancia de seu princípio vital (seu *hajtekera*). Se imaginarmos o *panemuhũ* a partir da fisiologia da pessoa guajá — da relação entre *hajtekera*, "princípio vital", *ha'aera*, "raiva", e *ipirera*, suporte físico, "corpo", como vimos no capítulo 3 —, os Guajá sugerem que o *panemuhũ* pressupõe um enfraquecimento e, muitas vezes, abandono do *hajtekera* devido a algum trauma no *ipirera*, o corpo, ou mesmo a um elevado acúmulo de *ha'aera* no corpo (já que todos têm uma taxa mínima de *ha'aera*).

Como vimos no capítulo 3, os *ajỹ* são puro *ha'aera* — quase que de forma condensada. Esta é sua matéria autêntica, e eles a emitem a um caçador, impossibilitando-o de caçar. Em alguns casos, o *ha'aera* é provocado pelo fato de o homem ter passado por locais frequentados por esses fantasmas, como um antigo acampamento, que pode ser hoje a aldeia dos *ajỹ*. Passar em lugares como esse é se expor aos *ajỹ*. Como já observei para os *ajỹ*, a eficácia e penetração do *ha'aera*, emitido à noite pelos animais, são comparadas ao grau de penetração que os odores e gases encerram. Por isso explicaram-me ser este princípio algo como o "gás do meu lampião" ou "o aerosol de meu repelente" — algo invisível e espectral, porém dotado de grande penetração. Em uma tradução geral, podemos afirmar que o *ha'aera* são agentes patogênicos, lançados aos humanos por algum ser externo, como ataque ou vingança, e que causam doenças e morte.

Quem ataca os humanos é o próprio *ha'aera* do animal, uma parte dissociada da presa morta que se transforma em espectro. Ele é liberado pela presa após sua morte e pode se instalar no corpo de qualquer um. De acordo com a fala de Wirahoa que destaquei acima, o *ha'aera* seria uma parte do capelão — por isso e ao mesmo tempo, ele próprio. No meio da noite, o caçador e — a depender da potência do golpe — toda sua família podem acordar doentes. Muitos animais encerram um *ha'aera* perigoso: capelão, paca, cotia, veado, anta. Após serem consumidos, seu *ha'aera* pode voltar à noite, à casa do caçador, e atacá-lo. Se o *ha'aera* for suficientemente forte, pode se abater sobre mais pessoas.

Além do *ha'aera*, muitos animais teriam um *haitekera* (um princípio vital) que, em alguns casos e após sua morte, se encaminharia para um determinado *iwa*, "céu", — não exatamente o dos humanos —, enquanto seus *ha'aera* permaneceriam na Terra para se vingar dos humanos. Sobre o destino dos *haitekera* das presas, como já disse, as informações variam. Alguns disseram que existem céus específicos, outros, que ascendem aos muitos *iwa* dos humanos e lá passam a ter uma existência diferenciada. Alguns preservam sua forma animal, porém com a pele ligeiramente avermelhada (como muitos seres e coisas do *iwa* — a água celeste vermelha e os capelães celestes vermelhos, por exemplo). Outros se tornam humanos e vão viver em patamares longínquos, onde os Guajá que visitam o *iwá* nunca os conseguirão alcançar.

Wirahoa estava com um abcesso na testa, algo como uma grande espinha, dura, inchada e que já lhe doía há meses. Sem querer espremer para retirar o pus, estava tomando anti-inflamatórios que lhe eram fornecidos pelos auxiliares de enfermagem. Certo dia, relatou-me que estava cansado das dores em sua testa e decepcionado com os remédios dos *karaia* que, segundo ele, deveriam expulsar aquele "chumbo de espingarda" que se alojara em sua testa e que lhe fora, meses antes, lançado por um tatu que sobreviveu a um tiro seu. Ele contou que depois de avistar um tatu, durante uma caminhada na mata, atirou no animal. Por causa de sua carapaça, o tatu conseguiu fazer com que o chumbo do tiro retornasse na direção de Wirahoa e se alojasse (exatamente) em sua testa (por isso ela estava inchada daquele jeito) e em seus braços (por isso vinha errando tantos tiros durantes suas caçadas). Com ajuda de Almir, um auxiliar de enfermagem que à época trabalhava no posto, Wirahoa teve seu rosto lancetado por um bisturi, o que liberou uma grande quantidade de sangue e pus: "venenos" que estavam em seu corpo. Após limpar o ferimento, o funcionário suturou com alguns pontos, e dias depois Wirahoa já estava bem de novo. Inicialmente, Almir se recusou a drenar o abcesso de Wirahoa porque, devido à grande inflamação, o exsudato poderia demorar a sair, mas disse que com os remédios que lhe administrara o inchaço desapareceria. Mas o homem insistiu com o auxiliar de enfermagem. Não se conformava, pois sabia que o que estava em seu rosto era um pedacinho de chumbo que o tatu lhe mandara de volta. Após esse episódio, me explicaram que até animais de pequeno porte, como as cotias e os tatus, podem apresentar perigo e jogar-lhes *ha'aera*. O perigo do tatu está no seu "couro duro", *ipire hatỹ*, segundo os Guajá. Ele pode sobreviver aos tiros, além de fazer pedaços de chumbo voltarem para o caçador e se alojarem de forma invisível em seus corpos. Por isso mesmo, a carne de tatu é recomendada ao consumo quando alguém está com cortes, luxações, entorses, dentre outros sofrimentos físicos que os atingem a todo o tempo.

As espingardas, que apresentam muitos problemas, principalmente em suas molas e parafusos; várias vezes são avariadas por forças invisíveis contidas nos animais caçados — muitas vezes chamadas *ha'aera* (mas também "faquinhas", "flechinhas", "foguinho", dentre outros nomes em português). Por esse mesmo motivo, o poraquê, *manakya*, é um animal cuja caça não pode ser realizada com espingarda, somente com flechas. O porquê, por ter energia, *tata*, emite uma descarga na espingarda do caçador, fazendo-a escangalhar-se. Pira'ima'ã me relatou que isso ocorreu diversas vezes, até perceberem que a energia do porquê atingia suas espingardas. É bom lembrar que, hoje em dia, os Guajá preferem caçar qualquer animal com suas espingardas, mesmo pássaros pequenos são pegos com esta arma e cartuchos que são recarregados, muitas vezes, com excesso de pólvora e chumbo. Isso faz com que ele se parta, além de destroçar partes do animal que seriam consumidas ou o destruir quase por inteiro, como no caso de pequenos pássaros. É muito comum encontrarmos pedaços de chumbo em meio a pedaços de carne enquanto comemos. Matar os porquês atirando-lhes com espingarda era uma decisão bastante aceitável, tendo-se em vista o gosto dos Guajá por essa arma.

O cerco ao porquê envolve absoluto silêncio e paciência. Horas antes de chegar aos brejos e igapós, que habitam, deve-se permanecer quieto, pois, caso contrário, o peixe "ouve" as pessoas e foge. Em volta da lagoa, o silêncio é absoluto. De quando em quando o porquê emerge à superfície e, rapidamente, volta a submergir. É em uma dessas subidas que ele deve ser abatido. O animal é acompanhado pelo caçador, que fica atento a seu movimento. Assim, o caçador deve prever quando e onde será a próxima emersão. Juriximatỹa me contou que certa vez caçava com seu cunhado em uma lagoa e conseguiram matar um porquê, enquanto outro que lá havia conseguiu escapar. Depois de voltar para casa, sua espingarda subitamente parou de funcionar; estava "batendo", isto é, o cão estava sem a força necessária para disparar a espoleta (algo que acontece com frequência). Segundo Juriximatỹa, o porquê que sobreviveu, durante sua fuga, conseguiu jogar *tata*, "energia", em sua espingarda que, então, ficou "mole", *myny*, — *manaky maka myny*: "o porquê amoleceu a espingarda". Gostaria de lembrar que antigamente, *imỹna*, não havia porquês, até que Maira jogou um de seus arcos mágicos no rio e este se transformou em porquê. O arco de Maira, tal como sua flechas, eram dotados de energia, por isso ele era um grande caçador. E a mesma energia do arco de Maira se manteve no porquê. Perigoso como um arco energizado, ele deve ser caçado com muito cuidado. Por isso mesmo, hoje em dia, quase sempre na estação seca, todo o porquê consumido na aldeia Juriti é caçado por homens velhos, que não manejam espingarda, mas que sabem que suas flechas e arcos são imunes a esses ataques. Vemos que, além dos humanos, seus objetos também podem receber o poder destruidor do *ha'aera* dos animais.

Se um homem vai à floresta desconfiado ou amedrontado, estará mais suscetível a ataques de *ha'aera* e à consequente perda do seu *hajtekera* — caso extremo, porém, que atinge todo caçador e seu equipamento de caça, que pode se tornar imprestável. Para melhor apresentar esse tema gostaria de retomar de forma mais substancial um caso que apresentei no capítulo 2, o do ataque por *ajỹ* sofrido pelo jovem Kaawi'ia. Para tanto, irei, somente dessa vez, reproduzir um trecho de um de meus diários de campo:

Ontem Kaawi'ia foi mordido por uma espécie de lagarta que eu nunca tinha visto e que chamam de "rabo de veado", *arapaha rawaraira*, pois de fato parece um rabo de veado. Outro nome que me deram para essa lagarta foi "formiga veado", *arapaha taninīa*. Hajmakoma'ã, seu cunhado (MB), estava muito assustado e foi até a enfermaria, na sede do posto, junto com o abatido Kaawi'ia que, além de uma aparência péssima, estava assustado. O braço esquerdo de Kaawi'ia, o mesmo que tomou a picada, estava muito inchado, e a auxiliar de enfermagem administrou-lhe um anti-inflamatório e uma pomada. Desde ontem, quando saiu da enfermaria, Kaawi'ia está em casa, na sua rede. Passou boa parte do dia de hoje limpando sua espingarda e seus cartuchos — com medo de que a doença lançada em seu corpo tenha se lançado também em seu equipamento de caça, acredito. Hoje à noite, Panypinuhũa me disse que parte dos relâmpagos no céu eram a *hajtekera* de Kaawi'ia cantando no céu, e que estava com vontade de voltar para casa. Sua hajtekera fugiu devido à dor, ao susto e ao medo pelos quais Kaawi'ia passou.

Panypinuhũa disse: *hajtekera jã wate!*, a "*haitekera* (dele) está cantando lá no céu!" por causa da doença de Kaawi'ia. Vim a saber que o que ocorrera à Kaawi'ia fôra um ataque bem sucedido dos *ajỹ*, que deixou o rapaz com tanto medo e dor que sua *haitekera* fugiu para o céu.[44] Ela se desvencilhou de seu corpo e lá permaneceu cantando.

Observando o episódio, tive a impressão de que um ataque de *ajỹ* pode não só prejudicar o caçador atacado, como também suas flechas, arcos e espingardas. Esses instrumentos, aliás, parecem ser tão vulneráveis a ataques de *ha'aera* dos animais e fantasmas quanto o são os humanos, e por isso os objetos também podem perder suas potências e ficar "azarados", *panema*. Talvez por isso Kaawi'ia, mesmo doente pelo ataque, em casa manteve-se desmontando e limpando obsessivamente sua espingarda, como se estivesse verificando, ou mesmo garantindo, que ela não ficasse *panemuhũ*.[45]

Medo, *kije'*, é uma palavra que definitivamente não pode figurar no léxico de um caçador. Os animais devem ser abatidos sem remorso, e o momento da morte das presas, mesmo que relembrado nas falas

---

44. *Wate*, "longe para cima".
45. Aldeia Juriti, 13 de agosto de 2009, caderno de campo nº 8.

noturnas, deve ser em seguida esquecido. Explicara-me que, para que eu fosse um bom caçador, eu não poderia ter pena. Fica o feito heroico; porém as preocupações, angústias e medos, que todos podem sentir, não devem ser rememorados. Boa parte dos riscos de uma vingança animal são eliminados quando o caçador simplesmente não se importa em matar suas presas ou esquece as situações em que as mortes ocorreram. Por essas e outras, os Guajá sempre gostam de lembrar que "bicho não sente dor". E caso as lembranças negativas de caçadas sejam sistematicamente relembradas (como o engasgue ou falha de uma espingarda; o corte profundo no pé; o rompimento da corda do arco, ou qualquer outro evento desastroso), as coisas podem ficar perigosas. Não que a lembrança em si crie o problema, mas ela acentuará o que já está errado: os erros e azares que um homem pode estar tendo. A frieza de um caçador é sua melhor arma. Por isso, os jovens caçadores, como Kaawi'ia, são mais suscetíveis a ataques de "almas", *ajỹ*, e outros *ha'aera*; e por vezes perdem o controle ao voltar da aldeia (como já discutido). Esquecer a dor e o momento da morte do animal é imprescindível. Esquecendo-se do bicho, a raiva, *ha'aera*, dele não se aproxima, ou tem menos chance de se aproximar, dos humanos.

Lembro-me de nossas primeiras conversas sobre os *ajỹ*, quando me explicaram não haver seres assim nas florestas próximas à aldeia Juriti; que os *ajỹ* viviam próximos às outras aldeias dos Guajá. E o mesmo era dito do *ha'aera*. Muitas vezes diziam desconhecer o assunto. Outras vezes, que os animais não lançam mais *ha'aera*. Mas, às vezes, escapava uma ou outra declaração que comprovava o perigo. É como se os Guajá dissessem: "Eu não acredito em vocês, vocês não me atingem, pois não existem". Dizem que quando uma paca é morta seu *ha'aera* fica no buraco onde ela vivia até ir embora. O mesmo ocorreria com os tatus e cotias, cujos *ha'aera* ficam no buraco; ou os capelães, cujo *ha'aera* permanece na copa da árvore. A lembrança, *imarakwa*, é sempre um componente perigoso. É assim com os mortos, que devem ser esquecidos, e é assim também com os animais abatidos que, mesmo depois de mortos, podem ser perigosos.

Vejamos mais dois episódios.

***Ha'aera* de anta** Diferentemente de outros povos amazônicos, os Guajá não costumam caçar de dentro de canoas. Como vimos, eles nunca navegaram, e seu território ancestral era desprovido de grandes rios. No entanto, nos dias atuais a geração jovem, principalmente, tem-se utilizado de canoas — recentemente incorporadas à vida social —, para fazer esperas noturnas à beira do rio e igarapés, a fim de caçar animais que porventura lá apareçam. O episódio seguinte transcorreu em uma dessas esperas de rio.

Em uma noite no verão de 2008, Juwi'ia, Kaawi'ia e Juma'ã foram caçar. Inicialmente tudo transcorria bem. Estavam em uma canoa à beira do rio e de dentro dela conseguiram matar uma paca. Passado esse pequeno feito, satisfeitos, seguiram descendo o rio ainda de canoa e, com a ajuda de uma lanterna, acharam os rastros de uma anta que andava por ali. Estrategicamente, pararam a canoa um pouco abaixo, na direção que lhes levavam os rastros, para tentar ouvir e esperar o animal. Como tiveram sorte, não demoraram a avistá-la; tudo se encaminhava para uma caçada bem-sucedida. Porém, ao contrário do que esperavam, um pequeno desastre ocorreu. O jovem iluminou a anta e em seguida levantou a espingarda para desferir o tiro. Devido à força do movimento, o cano se desprendeu do corpo da arma e bateu sobre a lanterna, que se quebrou na hora, que escapuliu para o fundo do rio. O jovem Juwi'ia, crescido o suficiente para matar diversos animais, porém jovem demais para aguentar todos os riscos e consequências de uma caçada, retornou a sua casa tremendo, sentindo calafrios; em pânico. Todos ouviram sua história e ficaram no mais absoluto silêncio. Sua mãe aconselhou-o a descansar, e seu pai, o dono da arma, ficou desolado. Na manhã seguinte, pediram ajuda a um funcionário do posto para levá-los de barco a motor até o ponto onde Juwi'ia perdera o cano da espingarda, e fomos todos rio abaixo procurá-lo. Enquanto isso, o pai de Juwi'ia, Pira'ima'ã, permaneceu na aldeia e se lamentava, afirmando que nunca mais encontraria o cano de sua espingarda, que não poderia mais caçar, e que seus filhos morreriam de fome — e outros exageros do tipo que os Guajá proclamam (muito bem, eu diria) em situações de dificuldade e desespero. Ao final, após quase uma hora de mergulhos, o cano foi encontrado, para alívio do rapaz que o perdeu, de seu pai e de todos nós.

Como já mostrei, as espingardas dos Guajá são cheias de engates e adaptações, pois, mais do que o recomendado pelo fabricante, eles limpam, lustram, montam e desmontam essas armas compulsivamente — assim como amolam e amolam suas facas. Por isso, penso, elas estariam sujeitas a se desmantelar com mais facilidade, por causa de um parafuso mal apertado ou uma peça mal ajeitada. Esta, inclusive, foi segundo minhas *crenças*, devo enfatizar, a interpretação momentânea que encontrei para o ocorrido. Porém, sabemos que para os Guajá, cujas *crenças* diferem sobremaneira das minhas, eventos trágicos não acontecem *à toa*, e esse foi um desses, posso garantir! Ajruhua, a mãe do jovem, se mostrava preocupada com o filho e disse que o cano só se soltara da base da espingarda porque a anta que ele rastreava lançou-lhe *ha'aera*. Depois do episódio Juwi'ia ficou dois dias em sua rede sentindo muitas dores nas costas... sem sorte e doente.

FAQUINHAS DE QUEIXADAS

Porcos, como todos os Guajá sabem, são animais que preferencialmente devem ser caçados quando o caçador estiver com muitas pessoas, em grandes grupos. A caça de queixadas é a mais coletiva entre todas: quantos mais homens, melhor. Se um homem for sozinho e quiser matar mais de um animal, ele deve contar com um conjunto de variáveis que vão desde a direção em que os animais vão correr, passando pelo acerto ou não do tiro, da espingarda ou taboca, até a condição para transporte até a aldeia. Se alguém vai sozinho atrás de porcos, ele será incapaz de emboscar os animais; além disso, pode ser atacado pela vara, que, segundo os Guajá, devoram até onças. A única chance de uma caçada de porcos ser produtiva para um solitário caçador é quando existe uma quantidade de porcos tamanha, a ponto de poucos tiros derrubarem alguns animais. Por isso, sempre que um homem encontra o rastro, *ipopora*, de uma vara de queixadas, *xahoa*, costuma dar um jeito e chamar por outros na aldeia. Outras vezes o caçador rastreia sozinho até os encontrar, conseguindo eventualmente matar um ou dois. Em situações como esta, o queixada morto pode ficar amarrado dentro do rio para que sua carne se conserve por pelo menos uma noite e o homem volte à aldeia para convocar companheiros para a caça, enquanto outros retornam à casa levando os animais já abatidos.

Apesar das advertências, homens experientes como Kamara podem, muitas vezes, caçar porcos sozinhos.

A história aconteceu na aldeia Juriti, durante o *verão* de 2008, em um quente mês de novembro. Kamara, excelente caçador, procurava na mata por um grupo de capelães, *waria*, [Alouatta belzebul], cujo característico som gutural (o *canto*, dizem os Awá) tinha sido ouvido ao longe na tarde anterior. Enquanto caminhava, ele se deparou com o rastro de porcos queixada, *xahoa*;[46] porém, por estar relativamente longe da aldeia e não estimar com precisão a que distância estariam os animais, resolveu seguir sozinho ao encalço da vara. Tratava-se de uma atitude não usual, pouco recomendada para uma caçada como aquela, cuja tendência é ser preferencialmente coletiva, com o maior número possível de homens, e por vezes mulheres.

Após andar alguns quilômetros de maneira silenciosa, sobre o barulhento chão de folhas secas que preenchem a superfície da floresta àquela época do ano, ouviu ao longe um som muito parecido com o coaxar do sapo *warakaka'ĩa*, que não consegui identificar. Atento, continuou sua caminhada seguindo a trilha e, ao se aproximar daquele *coaxar* familiar, percebeu não ser o tal sapo, porém o "choro", *ja'oo*, dos filhotes de queixadas, *xahoo mymyra*, o que renovou sua confiança na caçada. Logo em seguida, o homem pôde avistar toda a vara, porém na mesma hora um jacupemba, *jakuua*,[47] ao vê-lo, se assustou e levantou voo, acusando a presença humana ali e espantando os queixadas para mais alguns quilômetros à frente, pois, como lembram os Awá, os porcos são medrosos[48] e se assustam por qualquer movimento ou som. O caçador caminhava sozinho e era persistente, por isso, mais alguns quilômetros adiante voltou a alcançar os animais. Ao se aproximar novamente da vara que comia distraidamente em um cocal, uma cotia, *akwixia*, gritou e correu, fazendo com que os animais saíssem outra vez em disparada. O caçador, no entanto, estava preparado e em boa posição, com condições de acertar alguns porcos. O homem armou sua taboca no arco, puxou a corda com retidão, mas no exato momento do disparo a corda arrebentou.

Aturdido, sentiu o chão estremecer ao assistir à passagem de uma grande quantidade de queixadas; controlando a ansiedade e mantendo calma, nosso caçador tentava remendar inutilmente a forte trança de fibras de tucumã que dava forma à corda do arco. Quando enfim a reparou, os porcos já se encontravam longe. O caçador perdeu os porcos, a caçada, a saúde... a sorte, e retornou para casa triste e doente.

Depois desse episódio, Kamara passou muitos dias em sua rede sem caçar; comia pouco, e sua pele, que é muito branca, parecia estar ainda mais pálida. Juriximatỹa me disse que os porcos haviam jogado

---

46. Tayassu pecari.
47. *Penelope superciliaris*.
48. *Iriri*, "tremem de medo".

suas *faquinhas* contra ele, e foram tais faquinhas, *taky mixika'ĩa*, que cortaram a corda do arco. Elas são invisíveis, só os porcos as veem. As *faquinhas* ainda teriam entrado no corpo de Kamara, por isso ele estava *panemuhũ* e deveria permanecer em sua rede, descansando, sem dormir e comendo pouco, pois seu organismo, principalmente *ipia'a*, "fígado", mas também "ossos", "coração", estava fraco e sensível a diversos alimentos. E por causa dessa caçada mal sucedida Kamara sonhou[49] enquanto passava os dias em sua rede. Seu sonho, ele narrou.

Eu andava pela floresta e encontrei os rastros de uma vara de porcos. Caminhei bastante e, ao segui-la, fui surpreendido por inimigos *karaia* [madeireiros invasores] que, ao me ver, me deram um tiro e me mataram.

Ao acordar se sentia ainda mais doente. Por isso, foi à enfermaria do posto pedir analgésicos. Após tais eventos e depois de ter restabelecido a saúde, Kamara passou a utilizar outro arco que já tinha consigo e aposentou temporariamente o que foi atingido pelas *faquinhas* dos queixadas. Tal como a caça aos capelães, os porcos podem ser oponentes difíceis, por isso é desejável caçá-los em conjunto, com outras pessoas. Como os capelães, os queixadas também veem os humanos como inimigos, atacando-os com o seu *ha'aera*, aqui chamados de *faquinhas*.

Os Awá lembram que nas caçadas os queixadas feridos pelos humanos e que conseguem escapar são tratados por suas *esposas*, *irmãs* e parentes próximos ao chegar em casa. A glândula dorsal encontrada nesta espécie[50] libera uma secreção branca com odor forte, definida pela biologia como uma forma de os indivíduos do mesmo bando demarcarem o território e se comunicarem em situações de perigo; uma substância leitosa chamada pelos Awá de *xahoo pohỹ*, "remédio dos queixadas", que os animais carregariam para passar uns nos outros, caso fossem feridos por inimigos como os Awá, vistos pelos porcos como caboclos, *karaia*, "não indígenas", ou madeireiros. Vemos aqui que nosso caçador foi atrás de porcos, mas foi atingido por eles, e ficou doente, como se em vez dos porcos ele mesmo tivesse se transformado em presa para os animais — um reverso da caçada, uma possibilidade real na vida de caçadores especializados como os Awá.

Desta vez, tal como fazem os porcos entre si ao sobreviverem a uma caçada, de forma paralela um humano teve que procurar medicação

---

49. *Ipuhuj*, "sonho dele".
50. *Tayassu pecari*.

para se curar do ataque de porcos, e não o contrário, como agem sempre os porcos, que têm como recurso sua glândula dorsal. Além disso, após o infortúnio na caça, nosso caçador sonhou com inimigos, foi morto por eles e acordou ainda mais doente.

Desta forma, o sonho, *muuhi*, de Kamara é algo próximo do embate de perspectivas entre caçador e presa, tal como propõe Lima para a caça de porcos yudjá, mais do que somente uma analogia com a vida dos humanos, tal como propõe Descola para o caso Ashuar. Os sonhos, lembra Descola, desempenham um papel muito particular na cinegética ashuar. Os chamados *kuntuknar*, espécies de sonhos premonitórios:

> Constituem augúrios favoráveis à caça e seu significado latente se interpreta por uma inversão, termo por termo, do seu conteúdo manifesto. Um sonho é geralmente definido por *kuntuknar* quando põe em cena seres humanos agressivos ou particularmente inofensivos, enigmáticos ou muito numerosos, desesperados ou sedutores.[51]

A partir disto o autor apresenta diversas situações em que "sonhar com uma mulher de carnes fartas, que convida para o coito exibindo o seu sexo; ou sonhar com uma multidão de gente tomando ruidosamente banho num rio, indica um encontro com queixadas", dentre outras correlações que associam o sonho à caça de animais.[52] Para Descola, tais interpretações baseiam-se:

> Em discretas homologias de comportamento ou aparência: a vulva bem aberta simboliza a carcaça estripada do porco-do-mato; uma atitude belicosa evoca o temperamento batalhador desses animais; enquanto as brincadeiras aquáticas de uma multidão lembram o tumulto provocado por um bando de animais ao atravessar o curso d'água.[53]

Tantas outras *homologias* ainda ajudariam os Ashuar a interpretar e planejar a caça de macacos-barrigudos, capelães, emplumados, a pesca, dentre outras presas. Esse dispositivo é também referido por Descola como um *asselvajamento do mundo humano*, um *processo de naturalização metafórica da humanidade* que, para se sustentar, deve lançar mão de ideias como *propriedades do inconsciente* (fazendo aqui uma clara correlação freudiana entre o sonho e o inconsciente), de forma a estruturar o pensamento, segundo:

---

51. Descola, 2006, p. 136.
52. *Idem.*
53. *Idem.*

Regras de conversão que supõe uma correspondência entre setores da prática, ou conjuntos de conceitos, aparentemente inconciliáveis: os humanos e os animais, o alto e o baixo, o aquático e o aéreo, os peixes e as aves, as atividades dos homens e das mulheres. [...] Cada sonho torna-se assim a expressão de uma das relações que o sonhador pode experimentar em seu estado consciente.[54]

Penso que o caso dos Guajá se apresenta de forma alternativa ao caso Ashuar. Se a caça humana é vista pelos capelães e pelos porcos, como venho observando, como *guerra*, o encontro em sonho de Kamara com seus inimigos queixadas que lhe alvejaram com faquinhas, além de ter sido curiosamente *pós-monitório* (e não pré-monitório, como os sonhos ashuar), está mais próximo à forma como os Yudjá associam sonho e caça. De acordo com Lima:

O sonho é o plano privilegiado da comunicação entre os humanos propriamente ditos e as mais diferentes espécies animais (e outras categorias ontológicas, como os ogros e os espíritos). Aí, o animal não apenas se toma por, mas, sob certas condições, se transforma em humano para alguém; é identificado como pessoa por outra pessoa, e os dois travam (ou não) uma aliança mais ou menos durável (isto é, que pode ser experimentada em diferentes noites de sonho).[55]

E a pergunta se impõe novamente. Teriam sido aqueles porcos que quebraram o arco do caçador inimigo? Ou os inimigos com os quais o caçador sonha, naquela mesma noite, são porcos? Penso que não se pode pensar a proposição *os porcos lançaram faquinhas que cortaram a corda do arco de kamara*, somente como uma metáfora criada para dar conta das inúmeras variáveis envolvidas na caça de porcos, isto é, para explicar um infortúnio. Mesmo que se valham de metáforas, minha questão talvez seja a mesma de Lima, que pergunta: que tipo de "mundo é este em que metáforas desse tipo são operativas?" (Lima, 1996, p. 30).

Ao observarem que os queixadas *jogaram faquinhas* que só os queixadas veem, os Guajá sugerem que a caça, tal como experimentada pelos queixadas, é um evento que ocorre para estes de forma paralela à que ocorre para os humanos. Os capelães, animais inteligentes e abusados, da mesma maneira costumam jogar caroços e pedaços de frutas nos humanos que estão em seu encalço. Tais projéteis, dizem os Guajá, também são "flechas" para os capelães. Por isso podemos

---

54. Descola, 2006, p. 137.
55. Lima, 1996, p. 28.

pensar que se os porcos realmente ensaiam outra perspectiva sobre a caçada, a caça só é caça para os humanos, e para esses animais é uma guerra que, por vezes, conseguem vencer. No caso acima, o humano perdeu: seu arco quebrou; ele adoeceu; e ainda sonhou para se afundar mais na doença. Ou, ainda, segundo Lima:

> A caça dos porcos não põe em cena uma mesma realidade vista por dois sujeitos, conforme nosso modelo relativista. Pelo contrário, ela põe um acontecimento para os humanos e um acontecimento para os porcos. Em outras palavras, ela se desdobra em dois acontecimentos paralelos (melhor dizendo, paralelísticos), *humanos caçam porcos humanos são atacados por inimigos* que

são também correlativos, e que não remetem a nenhuma realidade objetiva ou externa, equiparável ao que entendemos por natureza. Um é o referente do outro. Diremos, pois, que a caça apresenta duas dimensões, dadas como dois acontecimentos simultâneos que se refletem um no outro.[56]

O que houve com Kamara, portanto, me parece que foi um infortúnio provocado, nas palavras de Lima, pelo resvalamento de sua caça na guerra dos porcos, bem como o infortúnio dos porcos seria o resvalamento de sua guerra na caça dos humanos.

Desta forma, defendo aqui que o *panemuhũ* guajá pode ser entendido como o resultado dessa vitória do ponto de vista das presas animais (sobretudo as *inteligentes*, como os porcos ou as onças, tal como argumentam os Guajá) sobre os humanos, e se filia não a ideias como *má-sorte na caça*, embora também apareçam, mas a outros temas muito ameríndios como a perda da alma, a fraqueza do corpo por agentes patogênicos provenientes dos animais, além de outros males que acometem os humanos, uma vez que, pelo *ha'aera*, estes têm seu *hajtekera* prejudicado, o que pode, inclusive, levá-lo à morte. Assim me foi explicada a morte de um homem da aldeia Juriti no ano de 2007. Ele faleceu subitamente, dormindo, enquanto estava na cidade de Santa Inês, a caminho de uma expedição de contato com os Guajá isolados. Sua morte foi diagnosticada como ataque cardíaco. De acordo com os Guajá, o coração pode parar de bater por medo, tristeza, saudade ou outro sentimento melancólico, mas também por um excesso de *ha'aera*, esse ataque patogênico desencadeado por um ou mais animais. Alguns homens disseram depois que, semanas antes de falecer, o homem passara muitos dias caçando dezenas de capelães, e muitos lançaram-lhe *ha'aera* que, como ainda não falei,

---

56. Lima, *op. cit.*, p. 35.

enfraquece principalmente o coração, *ja'aena*, local da vitalidade do *haitekera*, como apresentado no capítulo 3. Quando o falecido foi para a cidade, seu coração já estava fraco pelo *ha'aera*, segundo me declarou um interlocutor.

Em uma linguagem fisiologista, o *panemuhũ* poderá ser tanto um pequeno *sintoma* quanto uma *doença* adquirida. Sintoma de alcance superficial é o sinal sem grandes consequências da quebra de uma regra sexual, alimentar ou habitual, e pouco *nocivo*, como uma *quebra de tabu*, digamos assim. Esta ideia se aproximaria aqui do conceito de *panema*, difundido em boa parte da Amazônia.[57] Porém, quando se apresenta como doença — e, então, muito perigoso — acarreta risco ao *hajtekera* que, como já vimos, é a própria existência, a vitalidade da pessoa. Neste caso temos uma versão propriamente ameríndia, e particularmente guajá, para o *azar na caça*, que se filia menos a um *complexo atitudinal* e mais aos *embates de perspectivas* que ocorrem em diversos regimes de conhecimento ameríndio, como a caça, o xamanismo e a guerra. Em outras palavras, em um mundo em que humanos e não humanos compartilham, em alguns níveis, um sistema de ação que para nós é exclusivo dos humanos, como vemos no mundo dos Guajá, o *azar na caça* é fruto de uma atuação animal intencional, e não mero descuido de caçadores. Mesmo os mais cuidadosos podem se tornar *panemuhũ*.

Curiosamente, após o episódio do ataque de queixadas a Kamara, as pessoas me disseram que, enquanto o homem voltava doente para casa, os porcos estavam reunidos em suas casas[58] comendo os frutos da palmeira marajá, além de andiroba e mandioca, e se curavam das feridas, felizes por não terem morrido nas mãos de um "madeireiro".[59]

---

57. Ver Almeida, 2007.
58. *Wynipape*, "na casa deles".
59. A caça de porcos é uma tarefa envolta em cuidados, pois esses, apesar de serem muito desejados, são perigosos. Em sua etnografia, Willerslev discute como a caça de alces, renas e ursos na Sibéria são "problemáticas", pois, ao mesmo tempo que são os animais mais desejados, são os que mais matam os humanos em ataques (2007, p. 78), algo similar ao que vimos aqui para a caça de porcos.

«karawara»

> Se eu morrer, minha pele fica na Terra, as pegadas do meu pé ficam na Terra. Minha pele torna-se *ajỹ*. Meu coração, minha alma e minha carne vão para o céu. Ficam vivas. Ficam no céu, tornam-se *karawara*. Ficam cantando, dançando, transformados em *karawara*. As penas brancas e as vermelhas (que adornam os *karawara*) ficam no céu.
>
> IRAKATAKOA, aldeia Awá, 2006[1]

Os *karawara*, como mencionado em outras partes do livro, são uma complexa classe de seres que povoam os patamares celestes e atuam na Terra de diversas maneiras. São caçadores infalíveis, ao mesmo tempo que espíritos auxiliares no xamanismo; são o destino de todo ser humano, *awatea*, após a morte, porém têm uma existência independente, desvinculada da morte terrena. Os *karawara* são "gente", *awa*, dizem os meus amigos, humanos de verdade, *awatea*, porém uma gente que vive no céu; são relacionados a pequenos mamíferos, sapos, insetos de todo tipo, plantas, fenômenos naturais, objetos, plantas cultivadas, como a macaxeira, mas sobretudo a aves. Pombas, gaviões, rolinhas, beija-flores, pica-paus, socós, juritis, dentre outros, são gente no céu, e cada *karawara* ganha na Terra um *correspondente*, que são como suas extensões terrenas. Nos patamares celestes, *iwa*, se conformam como diferentes tipos de gente como uma Gente-pica-pau, Gente-juriti, Gente-tucano, papagaio, siricora, sabiá, várias borboletas, marimbondo, Gente-taquara, dentre outras plantas e bichos, também referidos como *jara*. Por serem exímios caçadores e embora vivam no céu, *iwa*, mantêm um trânsito constante com a Terra, para onde descem a fim de buscar, basicamente, caça, água, mel e, por

---

1. *Amanõ xi, ikwẽ ha pirera wype, ha pyporera wype. Ha pirera iko ajỹ neme. Ha ja'ajna, ha ritekera, ha'okera oho iwape. Ikwẽ. Iku iwape, iku karawa neme. Jã ika, panỹ ika, oho karawa neme. Hawiju, japakwa iku iwape.* Coletado e traduzido por Marina Magalhães, 2006.

vezes, fogo, produtos essenciais ao desenrolar da vida celeste. Têm uma imagem humana celestial definida: bem adornados com cocares e braceletes, habitantes de um lugar limpo e agradável, caçadores infalíveis, cantores magníficos e falantes de uma outra língua, uma fala celeste[2] cuja prosódia é o canto, *jãnaha*. Uma gente-celeste cujas carcaças animais[3] seriam suas formas terrenas. Em poucas palavras, seriam *eles*, ao mesmo tempo, caçadores e xamãs magníficos.

Ao descerem à Terra para caçar, extrair mel ou buscar água, os humanos não os encontram, pois, além de serem rápidos em suas caçadas, como veremos adiante, as realizam em locais e matas distantes, onde os Guajá não alcançam. Se perguntarmos a uma pessoa das aldeias Juriti, Awá ou Tiracambu sobre "o que é" um *karawara*, provavelmente teremos respostas como: *awa parãhy*, "são humanos belos"; ou *awaete*, "são gente-de-verdade"; ou *awa katy*, "são pessoas boas"; ou ainda, *karawara wate*, "os *karawara* estão lá em cima". E mesmo em português, quando queriam me fazer entender, falavam "*mesminho eu, mesminho eu!*", algo como "são exatamente como nós somos!" Além disso, os *karawara* são sempre referidos como "*parentes*", quando falam em português, uma ideia que englobaria todas as acima. Ao mesmo tempo, como veremos, os *karawara*, mais do que *entidades celestes*, são princípios de ação xamânica e cinegética que desafiam a lógica de nosso entendimento metafísico, não podendo ser enquadrados apenas como seres (ou substâncias) ou apenas como fazeres ou procedimentos. No decorrer do livro já mencionei os *karawara* algumas vezes, porém neste capítulo gostaria de apresentá-los mais detalhadamente e buscar algumas conexões com o que já escrevi até aqui, principalmente no que se refere às ideias de *jara*, *nima* e *riku*.

Termos correlatos a *karawara* aparecem na bibliografia etnológica; vejamos rapidamente alguns casos.

VARIAÇÕES TUPI

A ideia do *karowara* é recorrente entre os povos Tupi da Amazônia, algo como uma *imagem-espírito antropofágica onipresente* em diversas

---

2. *Iwa ma'iha*, "fala do céu".
3. *Ipopokera*, as "pegadas".

dessas cosmologias (Calheiros, 2014, p. 265).[4] Por exemplo, entre os Parakanã, *karowara* aparece como "uma categoria de espíritos com características canibais, ligados à produção da doença e associados amiúde ao anhanga, ser antropofágico das cosmologias tupis". Entre este povo, o *karowara* atua como um princípio canibal que deve ser domesticado pelos curadores (Fausto, 2001, pp. 338-339). Esses agentes-objetos são passados a um homem por meio de um sonho com o "senhor dos *karowara*" ou "arrancador de *karowara*", e quando isso ocorre é sinal de que o sonhador tem grande propensão para a feitiçaria. Aos feiticeiros, os *karowara* são "transmitidos" em sonho e absorvidos pela boca, que os faz ter "o gosto-odor de sangue na boca". Ao lado dos *topiwara*, os *karowara*, formam um grupo de espíritos, *karowara*, e objetos, *topiwara*, patogênicos que introduzem doenças no corpo de alguém; e só os homens que os controlam os podem retirar. A diferença entre *karowara* e *topiwara* é estabelecida pelo nível de domesticação de cada um, embora ambos sejam controlados pelos xamãs e utilizados em suas curas; somente os *topiwara* são "xerimbabos bem domesticados", quase "filhos adotivos" daquelas pessoas que têm poder xamânico (Fausto, 2001, pp. 339-340).

Para os Akuáwa Asurini, os Asurini do Tocantins, Andrade define os *karowara* como *substâncias-forças* cujo controle constitui a principal característica do xamanismo desse povo, já que os *karowara* são a *fonte do poder do pajé* (Andrade, 1992, p. 84). De maneira geral, são forças potentes que podem atacar os humanos lançando-lhes doenças e que devem ser controladas pelo pajé ou ainda por outros homens que o saibam fazer. O *karowara* dos Akuáwa Asurini também pode penetrar no corpo dos humanos, quando atirado por um espírito chamado *takwitimasa*, dessa vez, provocando-lhes doenças. Tais seres, que podem assumir a forma de uma abelha ou a forma humana, quando lançam *karowara* nos humanos, se aparentam como homens baixos, da estatura de uma criança de nove, 10 anos (Andrade, *op. cit.*, p. 128.) — exatamente como os Guajá definem os *ajỹ* (tal como vimos no capítulo 3).

Tanto os *karowara* atirados na mata pelos *takwitimasa* dos Akuáwa Asurini quanto os "agentes patogênicos" notados por Fausto entre os Parakanã estariam próximos àquilo que os Guajá denominam

---

4. Encontram-se referências tanto em trabalhos clássicos, como Wagley e Galvão (1961), Nimuendajú (1915), Ribeiro (1996), passando por Laraia (1986), Viveiros de Castro (1992), Andrade (1992), Fausto (2001) até trabalhos recentes, como Garcia (2010) e Calheiros (2014).

ha'aera, a "raiva", um agente patogênico, lançada por animais ou *ajỹ* aos humanos que caminhem na floresta, e outras situações, como já vimos. Originalmente, os Guajá afirmam que o *ha'aera* é o *karawara* desses animais e dos *ajỹ*. Enquanto os homens, esses fazem suas curas com a ajuda dos *karawara*, manipulando o "ar celeste" a partir desse princípio (como veremos a seguir); as doenças lançadas aos humanos por esses inimigos da floresta, na forma de *ha'aera*, são vistas, do ponto de vista desses animais inimigos, de maneira semelhante à qual os homens enxergam os *karawara*, isto é, um fundamento de cura. Os Guajá, ao adoentarem devido a ataques de fantasmas ou por vingança animal, diferentemente do que ocorre com os Asurini, não afirmam ser esse um ataque de *karawara*, mas sim, como já vimos, do *ha'aera* de determinado ser. Um "*karawara* reverso", pois só o é da perspectiva de quem o lançou, seja um animal ou um *ajỹ*).

Segundo Müller, para os Asuriní do Xingú *karovara* são xamãs míticos que outrora viveram na Terra e que, desde a separação dos mundos, habitam o patamar celeste. Eles descem à Terra durante o ritual do *maraká* e se instalam na casa onde ocorre a cerimônia. Os Asurini mencionam três tipos deles: os *karovara* do céu, *karovara* da água e *karovara* de *tivá*, que vivem nos rios e florestas. Além de participarem dos rituais, os *karovara* também podem lançar doenças nos humanos, caso esses últimos ignorem certos cuidados, como por exemplo "pronunciar o nome de *karovara*, próximo à água: o *karovara* entra no corpo da pessoa, corta-o por dentro, provocando vômito e defecção de sangue" [...] (Müller, 1993, p. 169). A doença por *karovara* é uma das muitas que pode acometer um humano e é extraída por um procedimento chamado *petymbô*, instituído durante o ritual do *maraká*.[5] Por outro lado, os *karovara*, por serem xamãs primordiais, auxiliam os xamãs Asurini em suas curas, fornecendo-lhes *ynga*, "princípio vital", que será transmitido aos pacientes na cura de doenças (Müller, 1993, pp. 169–170). Os *karovara* dos Asurini vivem no patamar celeste e de alguma maneira (ao lado dos seres chamados *tivá* e os *apykwara*) reproduzem a humanidade nesse outro mundo.

Em um trabalho recente, Calheiros discute etnograficamente o tema trazendo novos elementos a partir dos Aikewara, em que sofistica proposições como a de Laraia, que defendia, como uma de suas duas hipóteses, os *karovara* como seres que vivem nas grutas, entida-

---

5. Ver Müller, 1993, pp. 168–174.

des ligadas diretamente ao xamanismo (Laraia, 1986, p. 239). No caso Aikewara, a partir da etimologia da palavra, Calheiros propõe uma definição mínima para *karuwara* como *aquele que come*, tal o verbo *karu*, "comer", amplamente difundido em línguas tupi-guarani (Dooley, 1982) e que no caso guajá aparece como *'u, u'u* na forma lexicalizada. De acordo com o autor, trata-se de "um povo de seres-espíritos, caçadores magníficos que, hoje, vivem em uma aldeia encravada nas rochas do alto da Serra das Andorinhas" (Calheiros, 2014, p. 266), um povo de gigantes que ostentam corpos nus e pintados, adornados por um estojo peniano e diademas com penas de gavião real:[6]

> O ponto é importante para os Aikewara, eles (os *karuwara*) não são "aqueles que se foram", eles não são seus mortos, seus ancestrais, eles são outros, são seus inimigos, falam, inclusive, uma outra língua, incompreensível aos ouvidos de um Aikewara médio, uma língua que somente os *se'engara'e* dominam. E mesmo que pudessem despi-los de suas pinturas, mesmo que falassem sua língua, os Aikewara não os reconheceriam como semelhantes [...].[7]

Dentre as formas aqui apresentadas, encontramos um ar de família entre os *karuwara* Aikewara e *karovara* Asurini em relação aos *karawara* Guajá, como continuaremos vendo, com a ressalva de que, no caso dos Guajá e diferentemente dos Aikewara, virar esses *outros* é o destino de todo ser vivente.

De certa maneira, a partir desses breves exemplos podemos afirmar que a literatura etnológica, a depender do contexto etnográfico, sempre apresentou a ideia do *karowara* (para utilizarmos a notação de Laraia) a partir de duas definições. Ora, associados ao *feitiço* e *agentes patogênicos* nocivos à saúde humana, causadores de doença; ora, associados a entidades do tipo *xamãs míticos*, especialista em cura e de uma vida celeste magnífica, tal como o caso Asurini do Xingu, ou ainda como seres necrófagos que enxergam a humanidade como animais dos quais costumam se alimentar, tal o caso Aikewara. Entre os Guajá, como veremos agora, tal ideia aparece bastante transformada, pois os *karawara* são, sim, seres-espíritos, muitos dos quais perigosos à humanidade, ao passo que outros tantos são auxiliares dos humanos em ações de cura, o mesmo tempo que possuem uma existência como entidades do tipo "xamãs míticos", definindo o que de mais próximo seria algo como o "xamanismo" nesse lugar, uma

---

6. *Idem.*
7. Calheiros, *op. cit.*, p. 266.

vez que aqui também estamos diante de mais um desses povos com *xamanismo* e sem *xamãs*, se assim é possível colocar (Lima, 1995, p. 151; Pedersen, 2011). Esses seres *são karawara* e *fazem karawara*, como veremos agora.

PEGADAS NO CAMINHO

Os *karawara* são caçadores!.[8] Como me lembrou, certa vez, Tatuxa'a: "são caçadores bons mesmo"! Cada um desses seres-espíritos é especializado em um tipo de caça ou atividade, como o *karawara* Pu'uwa jara, "Gente-pássaro-carretão", que é um caçador de macacos-pregos; o Makaroa, "Gente-pomba-galega", um grande caçador de porcos, cujo canto de caça é bastante apreciado pelos humanos; o Xakara jara, "Gente-gavião-caracoleiro" e "Gente-gavião-peneira", um caçador de capelães; o Taky jara, "Gente-tucano-de-bico-preto", que se alimenta de bacabas; o Wahaa jara, "Gente-caranguejo-do-rio", um caçador de veados; e o Hajra jara, "Gente-irara ou papa-mel", que desce à Terra para coletar grande quantidade de mel. Quando as pessoas encontram uma colmeia seca na floresta, foi *Hajra jara* que desceu à Terra e coletou o mel, não deixando nada para eles. Cada *karawara* é "comedor", *i'uhara*, de determinado tipo de alimento: caçam e comem especificamente um único tipo de caça. Como discutirei aqui, eles têm uma dieta exclusiva, como, por exemplo, as entidades comedoras 'ã, encontradas entre os Araweté (Viveiros de Castro, 1986, p. 233), que também comem alimentos específicos. Algumas plantas, como a bacaba e o inajá, também têm uma forma humana celeste, *karawara*. Por exemplo, *Inaja jara*, "Gente-inajá", é um grande caçador de capelães, e Jawo'ĩ jara, "Gente-palmeira ubim", é um caçador de saguis, *atamari'iia*.

Em relação aos *karawara* há uma correlação entre a ideia de *jara* e a de *humanidade celeste*, por assim dizer, por isso opto por chamá-los de "gente" acrescido do tipo correspondente (animal ou outro) que compõe seu *rastro* na Terra. Mais do que nomes próprios, os *karawara* são uma multiplicidade, portanto, sempre estaremos falando em "karawaras", no plural. Por exemplo Axu jara, os *karawara* cujo duplo terreno é uma ave do tipo cuco, conhecida como "alma-de-gato";[9] são portanto um tipo de "Gente-pássaro-alma-de-gato",

---

8. Watama'a, "caminhadores".
9. *Piaya cayana*.

que provavelmente terá como chefe, *tamỹ*, um Axu jara *principal*, mas sua família, sua mulher, seus parentes são todos dessa mesma "gente" Axu Jara. Basicamente uma gente-do-céu, *awa iwapahara*, como afirmam os Guajá, em contraste com eles mesmos, que são *awa wypahara*, gente-da-Terra, ou mesmo, como foram durante muito tempo, *awa ka'apahara*, "gente-da-floresta".

Também estamos vendo aqui que os *karawara* são pensados como *jara*. Por exemplo, Inaja Jara, para o qual uma tradução possível seria "dono dos inajás", é concebido não em razão do que supostamente *criaria*, frutos de inajá, mas sim quanto ao que efetivamente caça: capelães, no caso. Inaja Jara, diferentemente de um "dono dos inajás", aparece como um tipo de gente múltipla que habita o céu, homens, mulheres, crianças; a Gente-*inaja jara*, cujo alimento são capelães; e assim será com todos os outros *karawara*. A ideia de *jara*, nessas circunstâncias, se aproximaria de outras ameríndias, tal como a noção marubo de *vaká*, algo como duplos "cuidadores" ou "protetores" (Cesarino, 2010, p. 152). Aqui, os correspondentes terrenos, as plantas e animais, por exemplo, não seriam seres de criação de donos celestes, mas verdadeiras encarnações dessas potências ou, nas palavras guajá, *ipopokera*, isto é, "pegadas".[10] Na Terra habitada pelos humanos, *wya*, a maioria dos pássaros, insetos, peixes, alguns mamíferos, plantas, minerais e mesmo fenômenos naturais, como o vento ou o trovão, são definidos pela cosmologia *awa* como *pegadas*, rastros dos *karawara* no mundo dos humanos. Em outras palavras, a ecologia aqui é diretamente informada por esses seres-espíritos; a floresta e os animais são, de diversas formas, os *karawara* e suas pegadas. O mundo natural se conecta a outro espaço-tempo, uma vez que os *karawara* são viventes em um tempo e um mundo algo do passado e algo do porvir, com seres-espíritos atuando no mundo sob a forma de uma paisagem habitada que, como sugerem diversos autores, sempre integrará tempo e espaço (Ingold, 2000, p. 208), e neste caso específico sugere diversas temporalidades. Uma das hipóteses aqui sustentada é a de que os *karawara* informam e traduzem a própria ideia de *ecologia*, para evocar a definição de Davi Kopenawa para o termo.[11] A paisagem como algo

---

10. *Ipopo*, "rastro", "pegada" mais *kera*, sufixo de atualização nominal retrospectiva).
11. "Desde o início dos tempos, *Omama* (o herói criador) tem sido o centro do que os brancos chamam de *ecologia*. Isso é verdade! Muito tempo antes destas palavras existirem e eles falarem tanto sobre isso, elas já estavam em nós, embora não as nomeássemos da mesma maneira. Para os xamãs, estas têm sido palavras provenientes dos espíritos para defender a floresta. Se nós tivéssemos livros como eles têm, os

inacabado e em eterna construção, um "*going on*", nas palavras de Ingold (2000, p. 172), é aqui determinada por uma *ecologia* que só será entendida se pensarmos em conjunto com o conceito de *karawara*. Parafraseando Kopenawa, na floresta, os *karawara* seriam a própria ecologia.

Os pássaros na Terra não seriam animais de criação, mas partes terrenas de uma versão celeste. "Rastros terrenos" dos *karawara*, dizem os Guajá; a palavra é *ipopokera*, algo como as "pegadas" dos *karawara*. São um tipo de "gente", *awa*, antes de tudo, "parecido comigo", *a'e rawỹ jahaa*, afirmam os Awá. Além disso os Guajá estão muito mais preocupados com o que os *karawara* caçam e comem do que com o que eles supostamente "criam", por isso, como veremos aqui, não os associo a "donos dos animais". Por isso o *karawara* Tapa'ya, Gente-formiga-correição, é um grande caçador de antas, cuja eficiência na captura do animal é muito superior à humana. Ele também pode ser chamado de "comedor de antas", *tapi'ii 'uhara*, e seu canto é chamado "canto do comedor de antas", *tapi'ii 'uha janaha*, e não "canto de Tapa'ya". A sua extensão terrena, o seu *nimaa*, "ser" ou "duplo de criação", é uma frágil formiga chamada *tapa'ya*, "formiga-correição", ao passo que a versão *karawara* no patamar celeste, *iwa*, não seria o "dono das antas", mas sim um tipo de "dono" que caça antas.

Vimos no capítulo 6 que a relação *riku* é aquela estabelecida de forma assimétrica entre um *jara* e um *nima*. Porém, nem sempre a ideia relacionada a esse verbo deve ser de *controle* ou *domínio*, e a própria tradução que os Guajá dão para o termo, "criar", embora envolva assimetria, não denota necessariamente "controle", mas sim algo como uma proximidade cultural, em um sentido amplo. Da mesma maneira, os polos dessa relação — *jara* e *nima* — podem sofrer traduções que não sejam obrigatoriamente "dono", "mestre" (de um lado) e "criatura" (de outro), embora tais acepções também estejam presentes com os Guajá, mas não sempre. Seres terrenos que têm versões celestes ou, ao contrário, seres celestes que tenham versões terrenas são ditos *jara* de suas versões, *nima*, terrenas, suas *pegadas*, porém nessa relação não há controle, apenas uma associação, digamos, consubstancial. Os *karawara*, como consubstanciais hu-

---

brancos poderiam ver quão antigas estas palavras são! Na floresta, nós, seres humanos, somos a ecologia. [...] As palavras da ecologia são nossas palavras antigas, dada por *Omama* aos nossos ancestrais no início dos tempos" (Kopenawa & Albert, 2013, p. 393, livre tradução).

manos (celestes) de diversos seres que conhecemos na Terra e que aqui podem ser considerados *duplos*, são concebidos, portanto, como *jara* desses *nima* terrenos, suas *pegadas*. Se por um lado podemos simplificar e afirmar com isso que, para os Guajá, os *donos* estão no céu, as pessoas não pensam esses sujeitos-espíritos como seres do tipo *donos*, ou controladores. Eles estariam mais próximos a parentes distantes,[12] como sempre me falavam em português.

É importante relembrar que a relação entre um duplo celeste, *jara*, e seu *nima* terreno não implica necessariamente uma relação de controle. Lembremos também que a relação entre um *jara* e um *nima* é aquela tida por "parentes próximos", *harapihiara*: é assim entre as mulheres e seus animais de criação;[13] entre os diversos seres no mundo que se enxergam como *jara* e criam seus *nima* (por exemplo, a relação entre um capelão e a formiga tucandeira); e é assim também entre um *karawara* e seu correlato terreno. Mais do que *super-donos*, por viverem no céu em uma espécie de *plenitude cultural*, os *karawara* seriam correlatos celestes de seres terrenos. São *potências animais* de uma fauna e flora muito particulares; seus *nima* são as criaturas mais improváveis que, no céu, alcançam um estatuto de magnificência humana. Trata-se de uma *fauna* menor, composta por insetos, borboletas, plantinhas, passarinhos e pequenos animais, além de palhas de palmeira, folhas e mesmo sementes, que em suas versões celestes são caçadores infalíveis e guerreiros bravos. Os principais *karawara* não seriam grandes animais ou animais de caça, mas, ao contrário, pequenos insetos e passarinhos que na Terra são aparentemente insignificantes, enquanto que no *iwa* tomam forma e vivem como grandes caçadores e chefes. Os animais de caça, por sua vez — todos os que vimos até o momento, dos macacos aos porcos, dos veados aos tatus —, continuam sendo presas, *ma'a*, tanto para os humanos quanto para os *karawara*.

Assim como os Guajá não fazem uma associação direta entre os nomes, *hawirokaha*, e os animais e plantas que os nominam, *nima*, também não correlacionam diretamente os *karawara* e seus animais correspondentes. Por exemplo, certa vez estávamos ouvindo o canto do Makaroa, "pomba-galega", e eu já sabia que no *iwa*, "céu", essa Gente-Makaroa (além de próxima aos *karaia*, "brancos", do céu) é formada por magníficos caçadores de porcos. Porém, quando questio-

---

12. *Harapihianã!*, "são *parentes!*".
13. Ver Cormier, 2003.

nei a um homem se a pomba-galega que ouvíamos cantar era o *nima* do Makaroa que vivia *wate*, "no alto", "no ceú", ele fez questão de enfatizar que se tratava de coisas diferentes, *amõa makaroa*, "outro *makaroa*"!, É como se dissesse: "esse aqui é um *makaroa* diferente do *makaroa* celeste!" Eles estariam associados, *riku*, mas não são a mesma coisa, tampouco exercem controle um sobre o outro, tal como nas relações "donos" e "criaturas". Em outras palavras, o interesse pelos *karawara* está no que eles *caçam*, e não no que *criam*, por isso a ideia de *riku*, como "criar", parece passar longe desta classificação. Embora o *riku* seja uma relação fundamental e os *karawara* sejam ditos *jara* de seus correspondentes terrenos, os Guajá não têm nenhuma teoria especial sobre a relação *riku* (no sentido de "criar") para os *karawara* e seus *nima* terrenos — diferentemente do que defendem para a relação conjugal ou para as flechas, como vimos. O mais importante dos *karawara* são seus cantos, curas e capacidades cinegéticas.

Mesmo sendo todos os *karawara* pensados como *jara*, "duplos", muitos contam com nomes idênticos aos de seus *nima* terrenos; outros contam com o designador *jara*, enquanto outros ainda são referidos por nominadores como *xa'a*, "parente próximos". Alguns são mais "falados" pelos Guajá do que outros, como o *karawara* chamado Makaroa, que é um dos seres celestes mais lembrados por ser um exímio caçador de queixadas e falar bem a língua dos brancos. Fisicamente eles se parecem com os humanos, porém são adornados com braceletes, *jamakwa*, e pequenos cocares, *jakỹ ita*, confeccionados com as penas de araçari e tucano, *takỹna*, enquanto as mulheres vestem saias trançadas com as mesmas penas. Um detalhe interessante é que, ao longo dos últimos anos, eu ouvi de diferentes amigos e interlocutores que os *karawara* têm os cabelos encaracolados, *jakỹra papanihũ*, como muitos humanos, *awa*, também os têm. Os homens *karawara* ainda têm aplicadas as penugens brancas da harpia e/ ou urubu-rei, em rosto, pernas, braços, tórax e abdômen. Enquanto os Guajá da Terra se adornam dessa forma somente para as cantorias na *takaja*, os *karawara* mantêm-se assim constantemente. Os humanos se consideram netos, *hamiarua*, dos *karawara*, da mesma forma que são também netos de Maira. Os *karawara* dormem em redes, *kaha*, trançadas a partir de uma fibra clara, quase branca — de que os Guajá da Terra não sabem o nome e que só existiria no *iwa*, "céu". E vivem em tapiris, *tapãja*, construídos a partir de uma estrutura de madeiras muito clara chamada *ira nynỹ*, que também só existem nos patamares celestes, como apresentado no primeiro capítulo. Como já mencionei em algumas passagens, os *karawara* são grandes caçadores e coletores de mel e frutos na Terra, enquanto outros têm funções específicas, como produzir arcos ou casas, tapiris.

Esses seres gostam de cantar tanto quanto de caçar, e caçam tão bem quanto cantam. São caçadores pois, antes, são "comedores", *i'uhara*, a caça[14] é sua comida. E os *karawara* são lembrados (pelo menos pelos Guajá) sobretudo pelos animais de que se alimentam; o tipo de gente-celeste que são parece menos importante. São especialistas na caça, ou coleta, de determinado tipo de alimento justamente por adotarem uma dieta exclusiva. Os *karawara* não são caçadores genéricos, pois não são consumidores genéricos; seu paladar tolera somente um ou outro alimento. Por exemplo, os *karawara* chamados Makaratỹ Jara[15] são antes referidos como *tatu 'uhara*, "comedores de tatu-canastra", sua dieta exclusiva. A canção desse *karawara* fala justamente sobre seu gosto por caçar e comer esses mamíferos.

Para eles, a Terra é um local sujo, repleto de podridão, doenças e perecimento, habitado por criaturas desprezíveis a seus olhos, como os animais de criação dos brancos, principalmente os cachorros — cuja palavra na língua *karawara* é *karory'ỹma*, sinônimo para "lixo" —, além de galinhas, bovinos e porcos domésticos, que fazem da camada terrestre, *wya*, um local onde não se deve pisar. Por isso mesmo, toda a atividade de caça terrena dos *karawara* é realizada sem que pisem em solo terreno — *wype*, "na Terra"; caçam de cima das árvores, *wate ira rehe*, da copa e dos galhos, e de lá matam suas presas, *ma'a*, para retornarem ao céu. Sempre fizeram assim, desde a época em que viviam junto aos humanos, *awa*. Os *karawara* sentem tanta fobia pela sujeira terrena que quando voltam para sua morada passam um tempo cuspindo no chão — *jaru*, "cuspir" —; liberam a sujeira pela saliva a fim de se purificarem, da mesma maneira que os Guajá fazem na Terra ao limpar vísceras, lidar com sangue, carne podre ou qualquer outro odor fétido que impregne seus corpos. Há inclusive alguns *karawara*, como *Inamẽxa'a* (gente-pássaro-saurá [*Phoenicircus carnifex*]) e *Inamẽtyxa'a* (gente-pássaro-anambé-azul [*Cotinga cayana*]), que, apesar de serem comedores de tucano, sequer

---

14. *Ma'a*, "bicho", "presa".
15. Os duplos terrenos dos Makaratỹ Jara seriam pica-paus dos gênero *Dryocopus* e *Campephilus*, como o pica-pau-de-banda-branca e o pica-pau-de-topete-vermelho, e por isso podem ser descritos como "Gente-pica-pau" (ou um *Dryocopus-Campephilus* similar).

descem à Terra, pois a consideram extremamente suja.[16] Kopenawa também lembra que os *xapiri*, que povoam o universo Yanomami e andam por caminhos de luz, também consideram a Terra suja e nunca pisam no solo, que é repleto de folhas podres (Kopenawa & Albert, 2013, pp. 56-63).

Como caçadores, alguns poucos utilizam espingardas; a maioria emprega arcos e flechas. Tanto a munição das armas quanto as flechas são constituídas por *tata*, "energia", "fogo", o que faz com que seus disparos sejam certeiros, pois um brilho é lançado e o animal morre sem qualquer ferimento e, principalmente, sem derramar sangue. Os *karawara* têm pavor de sangue. Depois que a presa é abatida, amarram suas pernas com embira, *iwira*, levam-na para o *iwa*, e todo o processo de limpeza, *hape*, e cozimento, *miihĩ*, da carne é realizado lá no céu. Algumas pessoas também me disseram que o que é levado aqui da Terra é "só um pouquinho", *mixika'ĩ*, da carne do animal, e já sem sangue. Como os *karawara* conseguem carne na quantidade que desejam, nunca a estocam — *wapy manã*, "guardar" — moqueada em suas casas, tal como fazem os humanos. Ao contrário, eles comem tudo até que se acabe, e a cada refeição carregam para suas moradas novas carradas de carne da Terra e do céu. E da mesma madeira branca, *ira nynỹ*, que só existe nos patamares celestes, constroem os moquéns onde assam suas comidas — *karawa nimi'ua*, "comida de karawara".

No passado, muitos *karawara* subiram ao céu como que desapontados com a humanidade, ao mesmo tempo que legaram muitas coisas aos humanos: deram-lhes, por exemplo, o fogo, como fez Majhu Jara "Gente-jiboia", ensinaram-lhes a comer carne de queixada, como fez o *karawara* Panỹxa'á, "Gente-borboleta-azul"; e mesmo o jacu que, no mito, alerta Majira e seu irmão Mukuxa'á, "Gente-gambá", ou Mucura, sobre que eles estavam sendo enganados pelas onças, era um *karawara*, Jaku Jara, "Gente-jacupemba".[17] Nesse tempo o céu era mais baixo, e lá não havia caça, todos caçavam na Terra. Quando os animais abatidos chegavam no céu, o sangue que escorria deles, ao cair no chão, virava caça. Por exemplo, o sangue que escorria dos pedaços de queixada, ao cair no chão do céu era transformado

---

16. De acordo com os Aikewara estudado por Calheiros, os espíritos lá chamados *karuwara* também não pisam na Terra: "Os *karuwara* não vivem no mesmo mundo que os *awaeté* segundo os cantores aikewara, seus pés sequer tocam o solo da Ywyeté (a Terra) — por isso eles não deixam pegadas (Calheiros, 2014, pp. 267-268).

17. *Penelope superciliaris*.

em queixadas, por um processo em que os *karawara* cantavam, e os animais saíam correndo pelo *iwa*, os "patamares celestes". Assim ocorreu com todos os animais de caça, e hoje os *karawara* também têm animais no céu, muitos caçam no céu. Nos dias atuais, quando descem para caçar esses espíritos preferem o alto das serras do Tiracambu e da Desordem, pois lá não serão vistos pelos Guajá.

Uma das principais marcas da relação entre os *karawara* e os humanos talvez esteja encontrada na onomástica, como já discuti. Todos os nomes de humanos são nomes do céu,[18] e os *karawara* emprestam seus nomes para os humanos. Um rapaz chamado Takwaripinihĩ ganhou, portanto, o nome de uma Gente-taquara celeste, também chamada Takwaripinihĩ. Por serem tão próximos e tão distantes, podemos dizer que se mantém uma ambígua relação cooperação e desprezo. Cooperam ao ajudar na caça, escolher nomes, ensinar cantos, trazer curas e se relacionar mesmo como parentes — e muitos Guajá têm cognatos, parentes muito próximos, tal como irmãos, entre os *karawara*. Ao mesmo tempo, sobretudo pelos costumes atuais, os homens Guajá que vão ao céu dizem receber muitas reprimendas dos *karawara*, seja porque estão saindo muito da aldeia, porque estão comendo comida de branco, ou porque têm ido menos ao céu durante as cantorias na *takaja*.

Lembrando esse tempo antigo, sempre referido como *imỹna*, "antigo", diversas são as histórias que colocam os *karawara* como os primeiros humanos que habitavam a Terra, antes mesmo da existência dos brancos e dos Guajá, tal como são hoje; e os animais e toda a sorte de seres povoavam como humanos na floresta. Nessa época viviam esses seus "avós" que, por motivos diferentes, a depender da história, subiram ao céu e não voltaram mais. Takwa jara, "Gente-taquara", por exemplo, é um exímio caçador de antas que há muito tempo vivia entre o céu e a Terra e tinha muitos amigos humanos. Certa vez desceu a fim de caçar para uma mulher; sua intenção era mesmo se casar com ela. Caçou tanto capelães quanto antas, pois é um notável caçador. O pai da jovem, no entanto, não quis que ela se casasse com Takwa jara, e ele, extremamente aborrecido, virou as costas para a vida terrena e nunca mais voltou. No caso do *karawara xakara*, "Gente-gavião-peneira", e "Gente-gavião-caracoleiro", um desentendimento com seu irmão ciumento, que tinha medo que este lhe roubasse a esposa, fez com que se transformasse em gavião e

---

18. *Iwa rawirokaha*, "nomes do céu", literalmente.

fosse viver como Gente-gavião-caracoleiro no céu. Muitas foram as situações que fizeram com que os *karawara* se aborrecessem com os humanos e desistissem da vida terrena. Vejamos um desses mitos.

A traição dos xerimbabos   Antes Tapa'ya, "Gente-formiga-correição", vivia aqui, na mata. Nessa época os brancos não existiam. Tapa'ya morava no chão, na Terra. Vivia aqui na mata com os *kamara*, "outros indígenas não guajá". Os *kamara* nunca gostaram de gente *awa* — os próprios Guajá recordam o quanto morreram na mão de diversos *kamara*. Ainda assim, Tapa'ya era um *awa* que os *kamara* temiam. Tapa'ya vivia com eles, *andava no mesmo caminho deles* e tinha-os como seus seres de criação. Os Guajá dizem que, Tapa'ya é o "dono dos *kamara*", *kamara jara*. Esses *kamara* eram seus cativos, seus seres de criação.

Tapa'y estava em busca de uma mulher para casar. Ao sair de sua casa, onde criava os *kamara*, andando pela floresta, escutou vozes que pareciam ser de uma pequena aldeia, um grupo de pessoas que também vivia na mata e era *awa*, como ele. Nessa aldeia viviam muitas mulheres *novinhas* com quem ele poderia se casar. Ao se aproximar deles, propôs caçar para um homem cuja filha era solteira. Junto com o irmão de sua pretendente, Tapa'ya foi caçar e trouxeram para casa duas antas, partidas e alocadas em grandes *marakūa*, cestos de carregar nas costas trançados com folhas frescas. As antas eram bem grandes. Ao chegar em casa dispuseram os enormes *marakūa*, repletos com pedaços de carne, encostados pela casa, nas vigas que sustentavam o tapiri, a casa, para que todos vissem tamanha quantidade de carne de anta tinham conseguido. O caçador dividiu a carne de modo a satisfazer a família da jovem; ela achou muito bom e foi se aproximando de Tapa'ya. Depois disso, Tapa'ya retornou a sua aldeia onde também moravam seus cativos *kamara*, mas prometeu à mulher e às outras pessoas que voltaria para caçar mais para eles, afinal, ele queria se casar.

Ao voltar para casa, Tapa'ya preferiu não dizer aos *kamara* onde estivera, afinal eles não gostavam de gente *awa* e poderiam fazer alguma coisa. Logo o gaviãozinho *tawatoa*, "falcão-relógio",[19] começou a chamar pelos *kamara*: — *Tóóóói, tóóóói, tóóóói*. É importante lembrar que o canto do gavião *tawatoa* avisa aos caçadores Guajá quando há porcos do mato, queixadas, por perto. As pessoas quando ouvem seu piar, *tóóóói, tóóóói, tóóóói*, sempre esperam encontrar uma vara de queixadas. Os *kamara*, índios diferentes dos *awa*, criados por Tapa'ya, como ocorria com todos os *kamara* da época, detestavam a gente do tipo *awa*, e quando ouviram o canto do falcão-relógio, foram informados não sobre queixadas, mas sobre a presença de gente *awa* por perto. Sua caça seria a gente *awa*, e não porcos. E o *tawato* chamava pelos *kamara*: — *tóóóói, tóóóói, tóóóói*, "tem índio aqui!", dizia *tawató*! E os *kamará* pensaram: *tem índio por aqui mesmo!* Eles estão lá no babaçual, vamos

---

19. Micrastur semitorquatus.

até lá. Enquanto caminhavam, sem avisar a seu dono, Tapa'ya pensou que estivessem indo atrás de queixadas pois também ouvira o piar do falcão-relógio; porém, ao ver a direção que tomavam os *kamara*, percebeu que estes iriam encontrar o grupo *awa*, seus amigos e, agora, afins. Então disse: — O falcão-relógio está dizendo que os porcos não estão para esse lado, estão para o outro lado, vocês estão pegando a direção errada. Vocês devem ir por lá, e não por aí. Voltem e mudem a direção, a caça está para lá! Por temerem Tapa'ya, os *kamara* o enganaram, dizendo: — Tá bom, eu vou por aqui mesmo!

Ao se afastarem da casa de Tapa'ya, se perguntaram: — Para onde nosso dono foi ontem? O que será que tem para lá? Encontraram então o caminho, a trilha desses *awa* na mata, e seguiram em direção à pequena aldeia onde viviam. Lá chegando, a cercaram em uma emboscada e mataram todas as pessoas da aldeia. Na manhã seguinte Tapa'ya se dirigia à aldeia de seus amigos e, no caminho, encontrou um grande rastro de sangue: É muito sangue!, Tapa'ya pensou. — Será que minha mulher morreu? Quando chegou à aldeia estavam todos mortos, furados pelas flechas, e os *kamara* ainda estavam lá. Tapa'ya viu a cena, chorou, chorou, chorou. Chorou muito. E viu os *kamara* lá sentados. Um *kamara* falou com ele: — Vamos voltar juntos para nossa aldeia! Tapa'ya já estava muito bravo e não quis falar com os *kamara*. Apenas perguntou: — Por que vocês mataram minha mulher? Essa era a minha mulher! Tapa'ya logo parou de chorar, pegou sua taboca e começou a flechar os *kamara*, seus seres de criação que, visivelmente, haviam escapado a seu controle. Os *kamara* morreram junto com aqueles *awa*. Foi uma vingança imediata de Tapa'ya. No meio da carnificina, Tapa'ya encontrou uma menina, ainda no fim da infância, bem novinha, que estava escondida em uma rede e pensou: — Essa não morreu não! Nosso herói pegou-a e levou-a para o céu, onde passaram a viver. Depois desse episódio Tapa'ya ficou no céu, *iwa*, e não voltou mais.[20]

Tapa'ya, "Gente-formiga-correição", vive no céu e continua criando os *kamara* por lá. Esse *karawara* é temido pelos *kamara*, e a canção de *tapa'ya* tem versos como: *awata kamara rapepe*, "eu ando no caminho dos *kamara*". A principal característica desse *karawara*, além do fato de ser um exímio caçador, ou comedor, de antas — *tapi'i 'uhara*, "comedor de antas" —, é o controle que exerce sobre os *kamara*, "outros indígenas não *awa*", que vivem nos patamares superiores. Para Tapa'ya, os *kamara* são como suas "galinhas", *xamakaja*, tamanha a quantidade desses cativos criados.

---

20. Narrado por Tatuxa'a, 2013.

UM FALAR DIFERENTE

Se os *karawara* são a epítome do caçar, *watama'a*, sua expressão e modo de comunicação é o canto. Uma das diferenças entre os *karawara* e os *awa* é o fato de os primeiros falarem uma língua diferente — *amõa i'ĩha*, "outra fala" — e, em linhas gerais, enquanto "humanos" na língua guajá é *awa*, na língua celeste — *iwa 'ĩha*, "falar do céu" — será *karawara*. De acordo com os Guajá, a tradução para *karawara* é simplesmente "humano", porém em outra língua, uma língua falada pelos *awa* que estão no céu, e lá, no falar deles, sua autodenominação é *karawara*. A língua dos *karawara*, uma vez operada pelos humanos, é um meio de cura de doentes, além de ser ela que conecta os diferentes mundos, tão enfatizados pela cosmologia guajá. Podemos simplificar que, apenas da perspectiva humana, o falar dos *karawara* é a linguagem do xamanismo guajá, pensando-o como um conjunto de procedimentos de cura e conexões de mundos sensíveis: vivos e mortos, céu e Terra. Ao mesmo tempo deve ser mais do que isso, ao menos para os *karawara*, é a sua própria língua.

Assim, o que na língua guajá é chamado *jawaruhua*, "onça-pintada", na língua dos *karawara* se chama *ma'amija rawỹpini*, ou, como já vimos, enquanto na língua dos humanos da Terra a palavra para "cachorro" é *jawara*, a mesma para "onça", na língua *karawara* a palavra é *karory'ỹma*, que pode ser traduzida por "lixo", tamanho o desprezo que os *karawara* têm pelos animais de criação dos brancos. E aquilo que na língua dos humanos é chamado *karaia*, "não indígenas" ou "brancos", os *karawara* chamam *jawarymỹ*. Por exemplo, os *karawara* chamados Makaro Jawyxa'a, "Gente-pomba-galega", ou simplesmente Makaroa, são lembrados por falar a língua dos brancos e, como vimos, no céu os brancos são chamados *jawarymỹ*, em vez de *karaia*. Em outras palavras, esses *karawara* sabem falar português, e os Guajá das aldeias se identificam com eles, dizendo: "nós somos parecidos com Makaroa, *a'e rawỹ Makaroa*, pois nós também vivemos com os brancos e sabemos o jeito deles!". Tatuxa'a e Irakatakoa, da aldeia Awá, me disseram certa vez: — Makaroa é um grande caçador de porcos e amigo dos *karaia*, "brancos". Makaroa fala a língua dos *karaia* e sabe como funciona o jeito deles (dos brancos). Da mesma forma que Makaroa, os humanos conhecem bem a língua dos brancos e sabem, por exemplo, como falar com a Funai, comer arroz e farinha. O fato de eles morarem em aldeias, e não mais no mato, faz com que sejam também bem próximos dos *karaia* e encontram no *karawara*

Makaroa uma metáfora interessante do que seriam suas próprias vidas. Por isso, os Guajá até hoje não entendem e ficam furiosos, pois os brancos não percebem como eles estão modificados e não são mais gente-da-floresta, *awa ka'apahara*. Não à toa, *makaroa* é o *karawara* mais falado e mais cantado, não por ser o mais importante ou algo assim, mas porque os Guajá que vão ao céu se identificam com ele. O canto desse *karawara* tem frases como "nós ficamos perto dos brancos". Abaixo, a mesma frase nas variantes linguísticas dos Awá e dos *karawara* e também em português:

▷ **Karawara**   Oho *jawaramỹna* pyry!
▷ **Guajá**   Oho *karai* pyry!
▷ **Português**   Foram para perto dos *brancos*!

Os *karawara* têm "outra boca", *amõa irua*, como dizem os Guajá. Em outro exemplo, o canto dos *karawara*, chamado Juxa'a, "gente-espinho-da-palmeira-marajá", diz:

> *Eu sou um comedor de capelães da floresta*
> *eu sou um comedor.*[21]

A partir desse exemplo podemos ver que, na língua guajá, a palavra para "capelão" é *waria*, enquanto os *karawara* chamam os mesmos animais de *tawamỹna*. Além disso, a floresta, que é *ka'a* na língua guajá, é chamada *iraropy* no falar dos *karawara*. O mesmo para o verbo comer e a palavra *comedor*: enquanto na língua guajá se diz *i'uhara* ou *u'uhara* — "comedor", *u'u* é o verbo —, no léxico dos *karawara* a mesma palavra aparece com *me'ehara* — *me'e*, o verbo "comer". O detalhe mais importante desse falar dos *karawara* reside no fato dessas palavras serem como *descrições* dos animais a partir de uma ou mais característica. Como exemplo, o que os humanos chamam de "paca", *kararuhua*, os *karawara* chamam de "caça listrada", *ma'amijaperemuhũa*.[22] Ou enquanto os humanos se referem ao veado-mateiro por *arapaha*, os *karawara* chamam esse animal de nomes como *ma'amijarapymukua*, "caça de pescoço comprido",[23] ou mesmo *ma'amijarapyjaharamãja*, "caça de pescoço e do olho grande".[24] E de forma poética os mesmos *karawara* chamam o

---

21. No original: *Iraropy tawamỹna me'ehara jaha/ Me'ehara jaha.*
22. *Ma'amija* "caça" mais *peremuhũ*, "listrada".
23. *Irapya*, "pescoço", *imuku*, "comprido".
24. *Irapya*, "pescoço", *hajaha*, "olho", *hamãj*, "grande".

capelão (*wari*, para os Guajá) com nomes como *tawamỹna*, "o falecido flecha reta" ou *irarawyxa'amỹna* "sangue na flecha",[25] ou mesmo *irarawaxa'amỹna*, "o que mora na árvore", em livre associação entre os animais e a maneira que devem ser caçados, primordialmente com flechas, ou por viverem no alto da floresta. Quanto a nós, não indígenas, chamados *karai* pelos Guajá, os *karawara* depositam, me parece, certa dose de desprezo, chamando-nos *jawaramỹna*, "cachorro morto". Quanto aos cães, conhecidos como *jawara* pelos humanos, os *karawara* simplesmente os chamam de *kararo'ỹma*, "lixo" ou "o que não presta", tal tradução que me forneceram.

Vejamos abaixo um pequeno inventário com diferenças existentes entre palavras nas variantes linguísticas *awa* e *karawara*, como gostam de dizer os Guajá, *awa'pahara hawiro kĩa*: "as pessoas de lá [do céu] denominam assim". Esta relação me foi fornecida por diversos interlocutores que vivem nas aldeias da TI Caru (dentre eles Tatuxa'a, Warixa'a, Irakataoa, Petua, Hajkaramakỹ, Maihuxa'a e Akamatỹ). Seguem na tabela a forma descritiva de alguns nomes.

---

25. *Ira*, "pau" mais *hawy*, "sangue" mais *xa'a*, "sufixo de nome próprio" mais *mỹna*, "falecido".

DIFERENÇAS LEXICAIS ENTRE AS VARIANTES TERRENA, *AWA*, E CELESTE, *KARAWARA*, DA LÍNGUA

- **Cantar (eu canto)** *Ajã* → *Aimyry*
- **Cantoria/ canção** *Janaha* → *Aimyryraha*
- **Comer** *U'u* → *Me'e*
- **Comedor** → *U'uhara/ i'uhara* → *Me'ehara*
- **Queixada** *Xohoa ou xahua* → *Ma'amijamõmuxiri*, "caça que grunhe e bate o dente"
- **Não indígena (brancos)** *Karaia* → *Jawarymỹ*, "cachorro morto"
- **Anta** *Tapi'ira* → *Ma'amija ramãj*
- **Veado-mateiro** *Arapaha* → *Ma'amija rapy*
- **Papa-mel** *Hairara ma'amijarawajrara*, "caça do rabo grande"
- **Tamanduá** *Tamanawã* → *Ma'amijarawajrara*, "caça do rabo grande"
- **Tucano/ araçari** *Takỹna* → *Iratara*, "o que fica na árvore"
- **Onça-pintada** *Jawaruhua* → *Ma'amijarawỹpinĩa*, "caça pintada"
- **Gato maracajá** *Jawaraca'ĩa* → *Ma'amijarawỹpinĩa*, "caça pintada"
- **Madeira/ Pau/ Tronco de árvore** *Ira* → *Iraramãja*, "árvore grande"
- **Floresta** *Ka'a* → *Iraropya*, "dossel da floresta"
- **Cachorro** *Jawara* → *Kararo'ỹma*, "o que não presta"
- **Diversos pássaros como jacamim, jacu, inhambu, mutum, dentre outros** Diversos → *Irapapoa*, "pássaro de assa"
- **Cotia** *Akwixía* → *Ma'amijarikwarajua*, "caça da pelagem amarela"
- **Paca** *Kararuhua* → *Ma'amijaperemuhũa*, "caça listrada"
- **Macaco capelão** *Waria* → *Tawamỹna*, "o falecido flecha reta"; *Irarawyxa'amỹna*, "sangue na flecha"; *Irarawaxa'amỹna*, "o que mora na árvore"
- **Cuxiú-preto** *Kwixua* → *Ma'amijarawỹjamata*, "caça que parece barbuda"; *Ma'amijajamata*, "caça barbuda"
- **Meu território** *Harakwaha* → *Hapunua*
- **Tatu** *Tatua* → *Ma'amijawykwahara*, "caça que é do buraco do chão"; *Ma'amijawykwajaxa'amỹna*, "caça que é dona do buraco do chão"; *Ma'amijajamekera*, "caça que tem casco"
- **Mel** *Haira* → *Ira'i*, "pauzinho"; *Ira'ixa'amỹna*, "aquilo que morreu no pau"
- **Jaboti** *Hamixa* → *Ma'amijajape*, "caça com casco"
- **Minha esposa** *Harimirikoa* → *Haparowa*
- **Meu filho(a)** *Hamymyra* → *Haparowa*

Alguns animais diferentes têm a mesma denominação na variante dos *karawara*, como as onças e os gatos maracajá; ou o papa-mel e o tamanduá, por exemplo. Isso provavelmente ocorre pelo fato dos *karawara* serem *comedores exclusivos*, como já mencionado, e um caçador, por exemplo de tatus como Maniõxa'a, "gente-pássaro-*makaripy*", chama sua caça de *caça do rabo grande* do mesmo jeito que um caçador celeste de papa-mel como o *karawara Merowỹ*, "gente-mosca", o faz. Há uma forma usada pelos *karawara* quando retornam de uma caçada, de porcos, por exemplo, que costumam dizer *ma'amijamõmuxiri ajka, haparowa*, "eu matei porcos, esposa!",[26] tal uma sentença que usarão independente de estarem se referindo à esposa ou não.

Além de lexicalmente distinto, a *língua* dos *karawara* se distingue pela forma dos enunciados, pois os humanos celestes só se comunicam cantando. Trata-se de um falar-cantar. Enquanto os *awa* "falam"[27] os *karawara* "cantam".[28] Como me falou certa vez Irakatakoa: *Janaha pepe!*, literalmente, "pelo canto" ou "por meio do canto". No céu "não se fala", *ni'ĩri*, só se canta *janaha pepe*; é *por meio do canto* que esses seres-espíritos se comunicam. É necessário ouvir os cantos para, com ajuda e explicações dos Guajá, atentar para as diferenças lexicais entre a fala terrena e a celeste. Muitas vezes meu trabalho de campo era entendido pelos meus amigos como *awa janaha pyhy*, "pegar a cantoria humana". Se a fala dos *karawara* é cantada, foi só ouvindo os cantos que consegui me aproximar desse falar. E tais cantos são utilizados para curas e caça, pois os *karawara* ajudam os humanos nas caçadas também. Por exemplo, um homem pode cantar o canto do *karawara* Arapio durante a noite. Esse *karawara* é um caçador de veados-mateiros, um *arapaha'uhara*, "comedor de veados". Sabendo disso — e todos sabem —, a esposa do cantor, e mais quem ouvir, saberá que no dia seguinte seu marido irá caçar veados-mateiros. Esse mesmo canto *propiciatório* pode ser entoado nas noites de verão quando fazem a *takaja*, ou ainda ser cantado à noite para uma criança doente, quando o homem cantor traz o *karawara* à Terra para ajudá-lo em suas curas. Caça, xamanismo e canto estão diretamente relacionados.

---

26. Enquanto os Guajá chamam esposa de *harimirikoa*, os *karawara* falam *haparowa*.
27. *I'iha*, "fala".
28. *Janaha*, "canto".

«KARAWARA»

KARAWARA	AWA	PORTUGUÊS
Hatakwaria ariku jaha	Hatakwaria ariku jaha	Eu estou com, ou crio a minha taquara
Hakĩa ariku jaha	Hakĩa ariku jaha	Eu estou com, ou crio a minha flecha-taboca
Hatakwaripe **amẽa**	Hatakwaripe **ajka**	Com a minha taquara eu **mato**
Hakipe **amẽa**	Hakipe **ajka**	Com a minha flecha taboca eu **mato**
Ma'amijamõmuxiri amẽa hatakwaripe	**Xahua ajka** hatakwaripe	O **queixada** eu **mato** com a minha taquara
Ma'amijarapy anỹ amẽa hatakwaripe	**Arapahaa** anỹ **ajka** hatakwaripe	O **veado-mateiro** também, eu **mato** com a minha taquara
Ma'amijarapy amẽa hatakwaripe	**Arapaha ajka** hatakwaripe	O **veado-mateiro** eu mato com a minha taquara
Hakipe **amẽa**	Hakipe **ajka**	Com a minha flecha taboca eu **mato**

Para observarmos melhor a diferença nos falares *awa* e *karawara*, vejamos a tradução do canto do *karawara* Takwarihuxa'a, uma Gente-taquara, caçadores-comedores de queixadas[29] e veados-mateiros.[30]

TAKWARIHUXA'A, «A GENTE-TAQUARA»

No que concerne à tradução deste canto, fiz uma aproximação para o português, mas cumpre observar que, primeiro, curiosamente não me foram fornecidas palavras para flechas, tabocas e taquaras no léxico *karawara*; depois, que embora a estrutura gramatical (morfologia e sintaxe) das versões *karawara* e *awa* sejam as mesmas, as palavras para "queixada", "veado-mateiro" e "matar" são diferentes.

---

29. *Tayassu pecari.*
30. *Mazama americana.*

PORTUGUÊS	GUAJÁ	KARAWE
Queixada	*Xahua* (ou *xoho*)	*Ma'amijamõ muxiri*
Veado-mateiro	*Arapaha*	*Ma'amijarapy*
Matar	*Ika* (*ajka*, "eu mato")	*Mẽa* (*amẽa*, "eu mato")

Voltaremos a abordar os cantos mais à frente, quando for discutida a *takaja*. A melhor maneira de entendermos os *karawara*, no entanto, é apresentando-os. A lista abaixo, que contém o nome de 111 destes seres, não é fechada — como quase nada seria nos mundos amazônicos. Ela reflete o momento histórico e interesses da população atual. Os seres *karawara* que apresento abaixo são os que mais foram comentados comigo, e alguns pude conhecer *pessoalmente* durante as noites que participei das cantorias na *takaja*. A lista foi montada de forma gradual e é resultado das conversas, observações e principalmente da minha participação direta nas atividades rituais durante a pesquisa de campo. Infelizmente não tenho como assegurar se a listagem abaixo é extensa ou pequena, se comparada à diversidade dos *karawara* que existem nos patamares celestes. Quando me falavam sobre os *karawara*, gostavam de dizer: "É muita gente!"; e coisas como "tem mais gente no céu do que em São Paulo", para que eu dimensionasse o tamanho do problema. Se os *karawara* são muitos, é porque a variedade de seres anda junto com uma grande quantidade de cada um desses espíritos ou, como preferem os Guajá, essa *gente* celeste. Kopenawa observa que há tantos marimbondos na Terra quanto imagens (espíritos *xapiri*) deles (Kopenawa & Albert, 2013, p. 20). Tal ideia também deve ajudar a dimensionar o caso dos Guajá, pois provavelmente existam tantos beija-flores balança-rabo-de-bico-torto (*Glaucis hirsutus*), chamados *manimya*, quanto karawara desses beija-flores. Os *karawara*, assim como os xapiri, parecem ser essa *multiplicidade de imagens similares* (Kopenawa & Albert, 2013, p. 61), incontáveis.

Se o *iwa* é um local hiper povoado por uma multiplicidade de seres *karawara*, os que apresento abaixo se referem a uma pequena amostragem desse todo; porém são esses os karawara mais presentes na vida dos humanos, como pude perceber e como os próprios Guajá mencionam. Como os karawara são muitos, e por isso passíveis de diferentes recortes[31] a maioria dos que me foram mencionados são aqueles que frequentam a Terra, *wya*, e nela caçam, coletam ou descem para cantar e curar durante o momento ritual da *takaja*. Quanto à lista apresentada, ressalto que:

1. Transcrevo os nomes dos seres em letras maiúsculas, pois os trato como nomes próprios

2. Doravante, quando me referir a *nima* na listagem que segue, a tradução que o leitor deve fazer é "duplo", "pegadas", *ipopokera*, e não, "ser de criação", como sugeri em outras passagens

3. Embora trate cada espécie de karawara no singular, lembro que existem muitos de cada tipo

4. Em negrito destaco o nome do karawara e o seu correspondente animal em português, possibilitando que se faça uma associação direta

5. Quanto aos pássaros, eles foram identificados a partir do *Guia de campo de aves da amazônia brasileira*, 2008, de Tomas Sigrist

As informações foram coletadas com pessoas diferentes, em três aldeias, ao longo de 9 anos de pesquisa; a listagem, portanto, não se pretende definitiva, é uma apresentação apenas parcial.

Eis os karawara:

MAKARO JAWYXA'A (OU MAKAROA) "Gente-pomba-galega". Trata-se de uma gente karawara cujo canto é muito apreciado pelos humanos, *awa*. Ele é um grande caçador de porcos e o faz com o auxílio de sua espingarda, *maka*, cujos cartuchos são dotados de *tata*, "energia". Seu *nima* terreno é o pássaro *makaroa*.[32] Makaroa é muito lembrado por ser amigo dos *karaia*, não indígenas, do céu. Fala sua língua, e sua esposa é uma mulher branca.

---

31. Podem ser caçadores ou não caçadores; descem à Terra ou nunca descem; perigosos ou mansos; dentre outras diferenciações.
32. Pomba-galega, *Patagioenas cayennesis*.

TAKWA JARA "Gente-taquara". É um comedor de antas. Trata-se de um dos *karawara* mais lembrados, pois tentou viver como humano. Certa vez desceu à Terra para caçar. Sua intenção era se casar com uma mulher humana, caçar para ela. Em sua epopeia, caçava antas e capelães para uma moça solteira comer. O pai da moça não quis que ela se casasse, e o *karawara* voltou para o céu ressentido com a humanidade.

PU'UWA JARA "Gente-pássaro-carretão". *karawara* muito importante por ser praticamente um epíteto do caçador de capelães. Seu canto é o mais lembrado durante uma caçada de capelães, por exemplo. Sempre que o assunto são os bugios, Pu'uwa Jara é lembrado de alguma forma. Sua flecha é pequenina, do tamanho de *canetas*, e sua técnica de caça com tais *flechinhas* é única no mundo. Outro detalhe desse *karawara* é que ele é inimigo dos *kamara*, "outros indígenas", celestes. Seu *nima* terreno é o pássaro *pu'uwaky*, carretão.[33]

TAKWARIROXA'A "Gente-folha da taquara". Além de caçar porcos e tamanduás com suas flechas de taquara, *wy'ya*, ele abre caminhos, *pea*, do céu à Terra para que outros *karawara* venham buscar água. *Takwariroxa'a* sabe fazer um "caminho firme", *pe hatỹ*, "como cimento", me disseram certa vez. *Takwariroxa'a* é o próprio crepúsculo. As marcas vermelhas que eventualmente aparecem no céu durante o pôr-do-sol são a trilha feita por *Takwariroxa'a*, e é por ela que os *karawara* passam levando água da Terra para os patamares celestes. O duplo terrestre desse *karawara* são as folhas de uma taquara chamada *takwari ruy*.

JAPU JARA "Gente-japu". Como vimos no mito que explica a criação-separação entre os mundos, os humanos pediram ao pássaro *japua*, japu — humano naquela época —, que distanciasse o céu da Terra, o que deu origem à atual cosmografia. Até hoje Japu Jara controla os patamares celestes, *iwa*, mantendo-os em distâncias seguras uns dos outros para que não se afastem nem se aproximem muito da Terra. Além disso esse *karawara* caça jabotis na Terra. No *iwa*, sua esposa tem capelães como animais de criação. Ele é, junto como o *karawara* chamado Japini'i Jara, o responsável por fazer os tapiris

---

33. *Compsothraupis loricata*.

do céu. Isso se explica em parte, pois seu *nima* na Terra é o pássaro *japua* — Japu, Psarocolius decumanus —, famoso por construir nas árvores grandes ninhos pendentes que mais parecem grandes bolsas.

MAJHU JARA "Gente-jiboia". Trata-se da *jiboia*, *majhua*, celeste. No céu, ele tem a aparência de um *karawara*, mas ao descer para caçar se transforma em jiboia e come animais como o veado, cotia e até mesmo porcos. Quando ainda vivia na Terra, *wya*, junto com os humanos, Maihu Jara foi o responsável por roubar o fogo dos urubus e passá-lo à humanidade[34] Sempre que os Guajá da Terra matam uma jiboia, sabem que não se trata de Maihu Jara, pois esse *karawara* caça em outras matas, distante dos humanos.

KAAPAPANYXA'A "Gente-marimbondo-caba". Um grande caçador de queixadas e antas. Esse *karawara* tem os *kamara* (outros indígenas como os Tenetehara) que vivem no *iwa* como animais de criação, xerimbabos. *Kaapapanyxa'a* mantém os *kamara* presos pelo pescoço, em cordas, amarrados em árvores perto de sua casa. É um *karawara* muito bravo. Seu duplo na Terra é também uma espécie de *marimbondo-caba*, *kaa*.

JAMUKUNI JARA "Gente-gavião-de-penacho". É um caçador de nhambus, macacos-pregos e mutuns. Seu duplo é o gavião *jamukunia*, gavião-de-penacho (Spizaetus ornatos).

PIRIRIXA'A "Gente-pássaro-suiriri". No céu são como chefes, muito agressivos e controladores. Seu duplo na Terra é o passarinho *piriria*, suiriri (Tyrannus melancholicus).

WY'Y JARA "Gente-flecha". São caçadores de capelães. Como sabemos, *Wy'ya* são as flechas feitas para matar capelães, e são também os duplos terrenos de Wy'y Jara.

TAKỸ JARA "Gente-tucano-de-bico-preto". Alimentam-se de bacabas. Extraem seus alimentos das bacabeiras celestes e também descem à Terra para as colher. Seu duplo na Terra é um tipo de tucano chamado *takỹna* — tucano-de-bico-preto, Ramphastos vitellinus.

---

34. Ver anexo de mitos.

MANIÕXA'A "Gente-pássaro *makaripy*". É um *karawara* horticultor que carrega peso e no céu consome farinha de macaxeira (só céu só tem farinha branca de macaxeira). É capaz de carregar uma anta inteira nas costas, tal como os humanos fazem com os queixadas, o animal mais pesado que carregam. As pessoas costumam cantar a canção de *Maniõxa'a* na noite anterior ao trabalho de roça para que fiquem fortes — *hatỹ*, "duros". *Maniõxa'a* se alimenta, além de farinha de macaxeira, de tatu canastra. É um caçador de tatu peba e tatu-canastra — *tatu ikahara*, "matador de tatus". Seu duplo na Terra é um pássaro que não consegui identificar.

KAMARAJUXU'A "Gente-*kamara*". São versões celestes dos *Kamara*, "outros povos indígenas". São grandes guerreiros e têm os *karaia*, os "não indígenas", como inimigos. *Kamarajuxa'a* é um caçador de antas e veados. Caça com auxílio de lanterna no sistema de espera, *matakwa*, e utiliza escopeta calibre 12.

MUKUXA'A "Gente-gambá". É um caçador de antas e caça com uma espingarda calibre 28. Seu *nima* é a mucura, ou gambá (do gênero *Didelphis*).

ITAXA'A "Gente-pedra" (também pode ser chamado de "dono da pedra"). Caçadores de anta. Não à toa, a primeira anta, criada por Maira, foi feita a partir de uma pedra.

WUTUXA'A OU WUTU JARA "Gente-vento", ou "dono do vento". Um *karawara* que é o próprio vento, *wutua*. No *iwa* ele é humano e desce à Terra para quebrar galhos e mexer nas folhas. O vento que derruba as árvores é o canto de *Wutuxa'a*. O que é visto pelos *awa* como vento é percebido por *Wutuxa'a* como canto.

AMARA'YXA'A "Gente-chuva" ou, simplesmente, "dono da chuva". Quando esse *karawara* canta no céu, a chuva cai na Terra.

AXU JARA "Gente-pássaro-alma-de-gato". É um daqueles *karawara* que não gostam de humanos, *awa*. Axu Jara são feiticeiros que jogam encantamentos, *ma'akwa*, e dor, *hahy kera*, nos humanos. O feitiço é realizado basicamente por enterrar objetos das pessoas, como roupas velhas e cabelos. Seu *nima* na Terra é o pássaro *axu*, alma-de-gato (*Piaya cayana*).

KAXA'Y "Gente-pássaro-estalador-do-norte", "Gente-pássaro-abre-asa-da-mata". Também é um *karawara* feiticeiro que não gosta dos humanos. Seu *nima* terreno são os pássaros estalador-do-norte (*Corytophis torquatus*) e abre-asa-da-mata (*Mionectes macconnelli*).

WARAJUXA'A "Gente-borboleta". Um *karawara* muito importante, cujo canto é um dos mais apreciados pelos Guajá. Alimenta-se de mel que aqui extrai. Seu duplo terrestre é uma espécie de *borboleta*, *panỹ*.

WARAJU "Gente-borboleta". Diferente de Warajuxa'a, esse *karawara* chamado Waraju (um é variação do outro) é agressivo e mata os *karaia*, os "não indígenas" dos patamares celestes.

PINAWÃXA'A "Gente-bacaba". São caçadores-comedores, de capelães.

JAHAROXA'A "Gente-jussara-açaí". Caçam e se alimentam de saguis.

JAKARE JARA "Gente-jacaré". Caçadores-comedores de paca.

PUKU JARA "Gente-pomba-trocal". É um coletor-comedor de jabotis. Esse *karawara* sabe cantar canções dos brancos, *karai janaha*, "canto dos brancos". Seu duplo terreno é a ave *pukua*, pomba-trocal (*Patagioenas speciosa*).

MARAJUXA'A "Gente-fruto-da-palmeira-marajá". São caçadores de macacos-pregos e macacos mão-de-ouro. Seu *nima* terreno é o frutinho *marajua*, "marajá", próprio do marajazeiro (*Bactris maraja*).

JUXA'A "Gente-espinho-da-palmeira-marajá". São caçadores de capelão. Seu *nima* na Terra são os espinhos do marajazeiro (*Bactris maraja*).

INAMẽXA'A "Gente-anambé". Um caçador de tucanos. Esse *karawara* vem à Terra para olhar, *xa*, as esposas e as crianças. Quando um homem vai caçar, seu duplo celeste, *nima*, envia *Inamẽxa'a* à Terra para vigiar a esposa e os filhos de seu *jara* que permaneceram em casa e se certificar de que estarão bem e que nenhum homem vá ficar com sua mulher. De certa forma, *Inamẽxa'a* são os "olhos dos marido" — *imeena xakaha*, "visão do marido", disseram — que, quando vai ao *iwa* através da *takaja*, conversa com *Inamẽxa'a*. Seu *nima* na Terra são os pássaros *inamẽ* (dois tipos de *anambé*: anambé-branco-de-bochecha-parda *Tityra inquisitor*; e anambé-branco-de-rabo-preto, *Tityra cayana*).

INAMẽ PAPA'ỹ "Gente-pássaro-caneleiro-preto". São *karawara* que criam capelães no céu. Seu duplo na Terra é o pássaro *Inamẽ papa'ỹ*, caneleiro-preto (*Pachyramphus polychopterus*).

TAPA'Y "Gente-formiga-correição". São caçadores de anta. "São como policiais no céu", me disse certa vez um amigo, pois protegem os *awa karawara*, "Gente-do-céu", dos *karawa mihua*, "Gente-brava e selvagem do céu".

ARATURAXA'A "Gente-corujinha-do-mato". Seu duplo na Terra é a coruja *arakwari'ia*, corujinha-do-mato (*Megascops choliba*).

KAPITỹ JARA "Gente-gavião-de-cauda-curta". É um caçador-comedor de nhambus — *iramu* na língua guajá e *irapoxikamỹna*, na língua dos *karawara*. Seu duplo na Terra é o gavião *kapitỹ*, gavião-de-cauda-curta (*Buteo brachyurus*).

XAKARA JARA "Gente-gavião-caracoleiro" e "Gente-gavião-peneira". São caçadores de capelão. Seu *nima* são os gaviões do tipo *xakara*, caracoleiro (*Chondrohierax uncinatus*) e gavião-peneira (*Elanus leucurus*).

PANỹXA'A "Gente-borboleta-azul". É um caçador de queixadas.

JAWATARAXA'A   "Gente-lontra", "Gente-ariranha". São caçadores-comedores de jacaré. Seu duplo terreno é o animal *jawatara*, lontra ou ariranha (*Pteronura brasiliensis*).

MAKARATỹ JARA   "Gente-pica-pau" (dos gênero *Dryocopus* e *Campephilus*, como o pica-pau-de-banda-branca e o pica-pau-de-topete-vermelho). São comedores de tatu, mel e larvas que vêm buscar na Terra. Seu *nimá* são essas espécies de *pica-pau*.

ARIRA JARA   "Gente-morcego". Caçadores de caititus. Seus *nima* terrenos são os *morcegos arira*.

MANAKY JARA   "Gente-poraquê". É um *karawara* que nunca desce à Terra. Ele é famoso por manter centenas de animais de criação celestes (macacos, mutuns, jacus, nhambus, dentre outros). Seu *nima* terreno é o *poraquê, manakya*.

PIRA JARA   "Gente-araçari". É um caçador de nhambus. No céu, esse *karawara* cria muitos animais (quatis, pacas, macacos diversos), e seu *nima* na Terra é um araçari (do gênero *Pteroglossus*) chamado *takynihĩ*.

KATEXA'A   "Gente-uru-corcovado". Seu duplo terreno é o uru-corcovado (*Odontophorus gujanensis*), chamado *urua* na língua guajá.

WATARAWYXA'A   "Gente-palha-do-babaçu". São caçadores de porcos queixadas, e seus duplos terrenos são a palha, ou folha, da palmeira babaçu (*Orbignya phalerata*).

KAMIXA TUWIRA   "Gente-jaboti". *Karawara* caçador de capelão. Seu *nima* terreno é o *jaboti, kamixa*.

JAXAJHU JARA   "Gente-capininga". Tal como o *karawara* "jaboti" acima, Jaxajhu Jara também é um caçador de capelães. Seu *nima* terreno é a tartaruga de água doce *jaxajhua* (capininga, *Trachemys adiutrix*).

PAKWA'ĩ JARA   "Gente-(pássaro) rolinha". *Karawara* caçador de capelães. Seu duplo terreno é o pássaro *Pakwa'ĩa*, um tipo de *rolinha*.

JURIXU JARA "Gente-juriti". Um caçador de capelães. Seu duplo terreno são os pássaros *jurixua* (três tipos de juriti: *juriti-pupu*, *Leptotila verreauxi*; *juriti-gemedeira*, *Leptotila rufaxila*; e *juriti-vermelha*, *Geotrygon violacea*).

KIRIPIXA'A "Gente-ubim" (a palmeira *Geonoma deversa*). É um caçador de saguis, *atamari'ia*, tido como o "chefe do céu". Seu *nima* na Terra é a palmeira *kiripia* (palmeira ubim, *Geonoma deversa*).

AMỸ KIRIPI literalmente, *mamãe kiripi* (o *karawara* acima), ela se alimenta de jabotis que outros *karawara* lhe fornecem.

WY'Y POKAXA'A um *karawara* caçador de saguis, *atamari'ia*. Seu *nima* terreno é um tipo de taquara, *wy'y*, mais fininha.

AMỸXA'A PINIHỸ trata-se de uma mulher que tem macacos-cuxiús como animais de criação e se alimenta de capiningas. Seu *nima* na Terra é um pássaro que não consegui identificar chamado *wamaxĩa*.

KIRIMIXIXA'A um marimbondo que não pica. Esse *karawara* caça tatus. O mais importante desse *karawara* é o fato de ser ele o responsável por ressuscitar os humanos ao chegarem no céu após a morte terrena (veremos a relação entre a morte e os *karawara* mais adiante).

HAJRA JARA "Gente-papa-mel". Trata-se de uma versão celeste do animal chamado *hajrara*, "papa-mel". Este *karawara* desce à Terra para coletar grandes quantidades de mel.

JUA'I JARA um *karawara* cujo duplo terreno é um sapo chamado *jua'ia*.

WARA KAKYJỸ um *karawara* cujo duplo também é um sapo.

KARA PYRANA'I "Gente-cará". Ao lado da macaxeira, é o único *karawara* cujo duplo é uma planta domesticada, o *cará*, *kara*. Este *karawara* não caça e é próximo aos *karaia* celestes.

MAKAXIXA'A "Gente-macaxeira". Um *karawara* caçador de porcos. Seu *nima* terreno é a *macaxeira, makaxia*.

JJRAHYXA'A é um caçador de capelães. Esse *karawara* não tem nenhum correspondente terreno; só existe no *iwa*.

TAKWARI PINUHŨXA'A um *karawara* caçador de antas. Seu *nima* terreno é um tipo de *taquara* escura.

WY'YRARA um caçador de veados. Seu *nima* terreno é um tipo de *taquara, wy'ya*.

TAKWARI um *karawara* caçador de antas. Seu *nima* terreno é um tipo de taboquinha (finos bambus).

JAWAJUXA'A "Gente-raposa". Um caçador de cotias e quatis. Seu *nima* terreno é a *raposa*, ou *cachorro-do-mato* (*Cerdocyon thous*), chamada *jawajua*.

WAHA JARA "Gente-carangueijo-do-rio". Um *karawara* caçador de veados. Seu *nima* terreno é o *carangueijo-do-rio, waha*.

IRAPA JARA "Gente-pau d'arco". É uma espécie de *dono do arco* celeste. Irapa Jara faz arcos de caça sem qualquer ferramenta: molda-os com as mãos e em seguida distribui aos outros *karawara*. Tem a árvore *pau-d'arco* como *nima* terrestre.

AJRUHU JARA é um *karawara* caçador de porcos. Seu duplo terreno é uma espécie de *papagaio*.

MAKARAXA'ĨA "Gente-picapauzinho-anão". Alimenta-se de mel. Seu *nima* terreno é a ave *Makaraxa'ĩa*, picapauzinho-anão (*Veniliornis affinis*).

XXAPEJ JARA "Gente-garrinchão". Um *karawara* caçador de macacos-pregos. Seu *nima* terreno é o pássaro *txapej xoxo* (garrinchão-pai-avô, *Pheugopedius genibarbis*).

HOA'Ĩ JARA   "Gente-coco de babaçu". É um caçador de macacos-pregos. Seu *nima* terreno é o coco do *babaçu*.

INAJA JARA   "Gente-inajá". Um *karawara* caçador capelães. Seu *nima* terreno é a palmeira inajá, *inajã*.

TALWARIHUXA'A   um *karawara* caçador de porcos e veados mateiros. Seu *nima* terreno é também um tipo de taquara ou taboquinha, que não consegui identificar.

KAKỸ JARA   "Gente-gralhão". É um *karawara* muito bravo, *imahy*, que vem à Terra matar os *karaia*. Seu *nima* terreno é o pássaro *kakỹa* (gralhão, *Ibycter americanus*).

WIRAHO JARA   "Gente-harpia". Um caçador de preguiças, diversos macacos e capelães. Seu *nima* terreno é o gavião-real (*Harpia harpyja*).

TAPEREMỸXA'A   um *karawara* cujo *nima* terreno é um *papagaio* chamado *taperemỹ*.

JAPINI'I JARA   "Gente-xexéu". Tal como Japu Jara, esse *karawara* constrói tapiris para a população celeste. Seu *nima* na Terra é o pássaro *japini'ia* (*xexéu, Cacicus cela*), famoso por construir seus grandes ninhos pendurados nas árvores.

PANY'ĨA   "Gente-borboleta". Um *karawara* caçador de porcos. Seu *nima* é uma *borboleta* chamada *paramuhua*.

KIRIPO JARA   um caçador de jabutis. Não consegui identificar seu *nima* terreno.

HAKO JARA   "Gente-socó". Um *karawara* pescador, que só se alimenta de peixes. Seu *nima* é o pássaro *hakoa*, dois tipos de socó: socó-boi-baio (*Botaurus pinnatus*) e socoí-vermelho (*Ixobrychus exilis*).

AKYRY JARA   "Gente-maçariquinho". Um caçador de antas. Seu *nima* na Terra é uma espécie de maçarico chamado *akyry*, Batuíra-de-coleira (*Charadrius collaris*).

IMYKYRIAMA JARA "Gente-gaivota". Um *karawara* que só vem à Terra beber e buscar água. Seu *nima* é uma espécie de gaivota chamada *imykyriama*, "gaivota-alegre" (*Larus atricilla*). Tal gaivota é comum na bacia do Amazonas, principalmente na ilha de Marajó. Os Guajá, embora estejam relativamente distantes da região endêmica dessa ave, disseram que a conhecem.

URU JARA uma espécie de "dono dos urubus". De aparência humana, vive no céu dos urubus, *uru iwa*, que fica próximo à Terra, *wya*. Esse *karawara* desce até aqui para beber e buscar água.

Y'IRARA *karawara* caçador de veados (não consegui identificar seu *nima*).

WIWI JARA "Gente-tiriba". Um caçador de saguis. Seu *nima* terreno é o pássaro *wiwia* (*tiriba-de-hellmayr, Pyrrhura amazonum*).

MIXIRAKA'Ĩ "Gente-inhambu-preto". Um caçador de veados. Seu *nima* na Terra é o pássaro *mixiraka'ĩa* (*inhambú-preto, Crypturellus cinereus*).

MANIMY JARA "Gente-beija-flor". Esse *karawara* tem porcos como seus animais de criação no *iwa*. Seu *nima* terreno é um tipo de *beija-flor* chamado *manimya*.

HAKURA JARA "Gente-bacurau". Um *karawara* caçador de porcos. Seu *nima* é o pássaro *hakura, bacurau* (*Nyctidromus albicollis*).

HAKAWỸ JARA "Gente-acauã". Um *karawara* que caça cobras para se alimentar. Seu *nima* na Terra é o pássaro *hakawỹa, acauã* (*Herpetotheres cachinnans*).

HAXIMIXA'A "Gente-lagarto" ou "Gente-calango". São caçadores de onça-pintada, *jawaruhua*.

JARITEA URU "Gente-urubu-rei". Um *karawara* que nunca desce à Terra. Seu *nima* é o *urubu-rei* (*Sarcoramphus papa*).

MEROWỸ "Gente-mosca". Um caçador de macacos-pregos, preguiças e papa-mel. Seu *nima* terreno são várias *moscas*, *merua*.

TAKAWARI PINI "Gente-taquara". Um *karawara* temido pelos *tapỹna* do céu. Seu *nima* é um tipo de taquara.

PANANỸNAWHY JARA "Gente-(pássaro) Martim-Pescador". Um *karawara* pescador. Alimenta-se de peixes. Seu *nimá* é o pássaro *pananỹnawhya*, martinho (*Chloroceryle americana*).

ARAPIJỸ JARA "Gente-(pássaro) ariramba". Um *karawara* cujo *nima* é o pássaro *arapijỹa* (ariramba-de-cauda-ruiva, *Galbula ruficauda*).

TAKANIHĨ JARA "Gente-araçari". *karawara* que desce à Terra para colher açaí e bacaba. Seu *nima* é um tipo de araçari chamado *takanihĩa* (provavelmente, trata-se do araçari-de-bico-branco, *Pteroglossus aracari*).

JAMUKUNI JARA "Gente-gavião". Um caçador de nhambus e macacos-pregos. Seu *nima* é um tipo de *gavião* chamado *jamukunia* (que não consegui identificar).

MAKARAI trata-se de um *karawara* próximo aos *karaia*. Sua antiga esposa o trocou por seu irmão, fazendo com que ele se casasse novamente com uma mulher *karaia* celeste, passando a ter, por isso, uma relação de afinidade muito próxima com os não indígenas do *iwa*.

JURỸXA'A seu duplo terreno é uma *madeira espinhosa*. É um caçador de capelães. Alguns *karawara* estão em patamares distantes e nunca descem à Terra, enquanto outros, se a visitam, é apenas através da *takaja* ou em caçadas muito breves. Vejamos quais seres vivem muito distantes da Terra, *wya*:

ARAKU JARA "Gente-saracura". *karawara* caçador de porcos. Vive em patamares longínquos. Esse *karawara* habitava os patamares próximos à Terra, aqueles que os humanos conseguem alcançar. Porém, após ser desprezado por sua esposa, fugiu para longe, sozinho, a fim de procurar outra mulher. Sempre que esse *karawara* desce à *takaja* é com a intenção de olhar as mulheres humanas na tentativa de raptar alguma para o céu, por isso ele deve ser espantado assim que aparecer para cantar nas noites de *takaja*. Seu *nima* terreno é o pássaro *arakua*, "saracura-três-potes, (*Aramides cajanea*).

ARARAKỸ JARA "Gente-araracanga". Um *karawara* que se alimenta exclusivamente de pequi. Seu *nima* é a arara *ararakỹa*, "araracanga" (*Ara macao*).

JAWA KA'APARA "Gente-onça". É um *karawara* onça, *jawara*. Ele desce à Terra para caçar humanos e porcos. Esse *karawara* vem à noite, por isso é muito perigoso estar na mata. Também desce para cantar na *takaja*, mas deve ser espantado quando isso ocorre e enviado de volta para o *iwa*.

JAWARUHU JARA outro *karawara-onça* cujo nome pode ser traduzido por "onça-pintada celeste". No *iwa* tem uma aparência humana, porém seu corpo é todo pintado como de uma onça, e seus dentes são grandes. Desce à Terra transformando-se em onça para se alimentar de porcos. Diferentemente de *Jawa Ka'apara*, não come humanos.

TAPI'I JARA "Gente-anta". Trata-se de um dos poucos animais de caça que têm correspondente *karawara* no céu. Seu duplo é a anta, são herbívoros e gostam muito de caju do mato.

TAMANAWÃ JARA "Gente-tamanduá-bandeira". Um *karawara* que nunca desce à Terra, habitante de patamares muito longínquos, nunca encontrado pelos homens que vão ao *iwa*. Seu *nima* na Terra é o tamanduá-bandeira, *tamanawã*.

Além destes, há um grupo de animais de caça que os humanos dizem ter duplos celestes, *nima*, porém não têm certeza quanto a isso; apenas supõem que existam. Além dos que estariam em patamares muito mais afastados e devido à quentura e à grande distância, são impossíveis de ser alcançados. Os *karawara* são: Arapaha Jara, "veado", Akwixi Jara, "cotia", Wari Jara "capelão", e Ka'i Jara, "macaco-prego". Se esses seres são mesmo *karawara* (como algumas pessoas afirmaram), não fazem parte do grupo com que os humanos se relacionam diretamente, e os Guajá sabem muito pouco sobre eles. Esses *jara* não descem à Terra (nem na *takaja*, nem para caçar) e se alimentam de frutos (como a andiroba e a tatajuba), que colhem em árvores celestes.

Ainda existem dois *karawara* que vivem no patamar subterrâneo e lá caçam e fazem curas, tal como os que vimos aqui. Sobre esses consegui muito pouca informação, só sei que não sobem à Terra, pois a *takaja* não permite tal procedimento, ela só transporta humanos e *karawara* entre os patamares superiores e a Terra:

PIRA'IXA'Á "Gente-peixe". Caçadores de cotias, tucanos e inhambus. Têm macacos, cotias e quatis como animais de criação.

'Y JARA pode ser traduzido como "dono das águas" ou mesmo "Gente-das águas". Caça porcos com flechas de taboca e taquara, tal como os humanos, e, diferentemente dos *karawara* celestes, suas flechas não são energizadas.

Poderia sugerir que esses dois seres *jara*, Pira Jara e 'Y Jara, são do tipo *donos*, controladores-provedores de suas criaturas, ou ideias do tipo; no entanto os humanos não defendem isso e os consideram tal como *karawara*. São figuras conhecidas nas cosmologias sul-americanas, à diferença de não serem seres selvagens nem canibais (como é o "Senhor da Água" Araweté, por exemplo). Além de defini-los como caçadores-magníficos, tal como grande parte dos *karawara*, podemos os conceber como "potências aquáticas" (potência-peixe e potência-água), isto é, versões humanizadas desses elementos, tal como o são os *karawara* celestes.

Além dos 101 *karawara* listados acima, há outros menos mencionados e que não pude identificar com precisão, seja o *nima* terreno desses seres ou o lugar que ocupam na cosmologia:

MAKAPIRAXA'A um *karawara* caçador de porcos (os caça com tabocas). Não consegui identificar seu *nima* terreno.

MANIAPYXA'A tem como animais de criação no patamar celeste os macacos-pregos.

JAMUKUNE JARA não caça na Terra, mas se alimenta de macacos-pregos e nhambus.

XIWAKWAKWỸ JARA um *karawara* caçador de capelães.

TAWATOI' JARA um *karawara* cujo duplo terreno é o gavião *Tawato'ia* chamado falcão-caburé (*Micrastur ruficollis*).

MA'ARAWY caçador comedor de cuxiús.

MAREWA'YXA'A caçadores de macacos.

XAKOKÕJ JARA é um caçador-comedor de macacos-pregos.

HARARAMUKUXA'A um *karawara* que pega penas de urubu.

AWIHIXA'A as pessoas disseram desconhecer qual é o duplo terreno desse *karawara*. Trata-se de um caçador-comedor de papa-mel, tamanduá, onça-pintada e gato-maracajá.

Além dos nomes acima, há seres que não são propriamente *karawara*:

MAIRA Dispensa maiores comentários, o demiurgo vive no *iwa* até os dias de hoje, e é dito *tamỹ* do *iwa* (um termo que já discuti), isto é, um *líder* ou *dono das aldeias* celestes, aquele que as iniciou.

TAPỸNA   há dois tipos de *tapỹna*. Um deles em que se é velho, com barbas longas e que nunca desce à Terra. Os Guajá dizem que os *karaia* são "netos", *hamijarua*, destes, tal como os Guajá são "netos" de Maira. Esses *tapỹna* foram os responsáveis por criar os *karaia* depois que morreram de fome e desapareceram do mundo (pois viviam em uma mata pequena). Outro tipo é o *Tapỹna Mixika'ĩ, Tapỹna pequeno*, composto de seres pequenos, do tamanho de um toco de árvore (ou um "sapo gordo", ou ainda um "menino pequeno", como explicaram), com pintas vermelhas e que vivem espalhados pelo *iwa*. São os responsáveis pelos estampidos dos trovões que aqui ouvimos. E os *karawara* tentam controlar esses seres para que não fiquem muito bravos. Raios e trovões têm origens diferentes: um é produzido por esses *tapỹna* e o outro, pelas flechas dos *karawara*.

AWY JARA   é uma espécie de raposa celeste de cor avermelhada que desce à Terra para devorar os humanos. Caso um Guajá encontre com esse ser, não adianta atirar, pois ele não morre com tiros nem flechas.

༄

Karawa ripa wate, "a casa dos *karawara* é lá no alto", no céu; são uma "gente-do-céu", *iwa pahara*. O nível de detalhamento que os Guajá fornecem sobre os *karawara* é de grande sofisticação. Além da dieta exclusiva, cada um deles conta com gostos e histórias de vida, e muitos se relacionam entre si e com os humanos via casamento; parte dessa complexidade é refletida nas próprias canções. Por exemplo, o *karawara Piririxa'a*, "Gente-pássaro-suiriri" (*Tyrannus Melancholicus*), é tido como *tamỹ*, "chefe", de outro *karawara*, "Gente-pássaro-tesourinha" (*Tyrannus savana*). Esses *karawara* vivem juntos no céu. Notemos que essa espécie de pássaro, o suiriri, é muito agressiva[35] e, assim como o bem-te-vi, pode atacar outros pássaros; muitas vezes vive sozinho com a fêmea, com quem também é agressivo.[36] Não à toa, o *karawara* correspondente é uma espécie de *chefe* no céu, também agressivo e que tem outros *karawara* como seus *cativos*. Encontramos essa homologia em outros casos de nossa lista, como o *karawara* que constrói tapiris, *Japini'i Jara*, "Gente-xexéu" (*Cacicus cela*), tal como o pássaro xexéu, que é *construtor* de ninhos

---

35. O suriri é encontrado em todo o Brasil e desde os Estados Unidos até quase toda a América do Sul.
36. Veja o verbete "Suiriri" no site *WikiAves*.

em forma de colônias penduradas em árvores; os Kaapapanỹxa'á, "Gente-marimbondo-caba", são extremamente violentos, mantém presos pelo pescoço seus cativos *kamara*, "outros indígenas".

É difícil definirmos qual é o estatuto da relação entre *awa* e *karawara*. Diferentes *awa* mantêm contatos com diferentes *karawara*. Alguns sabem mais, e outros, menos. Os velhos são os que podem falar melhor sobre sua relação com os *karawara*, das mulheres e filhos que tiveram no céu e das caçadas em que os *karawara* lhes ajudaram. Neste ponto muita gente concorda: os *karawara* ajudam os humanos, como já mencionei. Se a caça está difícil, um homem pode cantar para pedir ajuda aos *karawara* para a encontrar, o pode inclusive se for uma caçada noturna, de espera, em que o espírito fica junto a seu corpo, pois esses seres só encontram os humanos à noite. Muitos Guajá também contraíam casamentos com mulheres *karawara*, mas hoje os jovens dizem que não sabem mais fazê-lo, é coisa de velho. Tatuxa'a, por exemplo, sempre mencionava seus *irmãos*[37] que encontra no *iwa*; germanos oriundos do casamento de seu pai, Ximira, com uma mulher celeste, antes mesmo de ele nascer, quando o pai vivia nas cabeceiras do Igarapé do Presídio.

É importante observar que os *karawara* não seriam exatamente seres do tipo pacifista e humanista. Muitos não gostam dos *awa*, como vimos na lista acima, e mantêm relações de hostilidade entre si. O canto de Makaratỹ, uma "Gente-pica-pau", é entoado sempre contra outro *karawara*, chamado Iraparapỹ, um tipo de "Gente-arco" do qual eu soube pouca coisa, a não ser que é muito bravo, *imahy*. Esses Iraparapỹ brigam com os humanos, *awa*, quando vão ao céu e podem, inclusive, matá-los. Eles não querem humanos nos patamares celestes. Meu amigo Irakatakoa revelou que, uma vez, ao retornar do céu pela *takaja*, voltou com o nariz sangrando, pois Iraparapỹ o havia agredido com um arco, batendo-o em sua cabeça. Os mundos celestes, *iwa*, e os *karawara* também são potências perigosas. A figura do "chefe" dos *karawara* é muito acionada, como vimos na lista acima. Muitos são considerados chefes, líderes, *tamỹ*, ou donos, *jara*, de outros *karawara* ou seres celestes. Pelo que os Guajá descrevem, a vida dos brancos e dos outros indígenas que vivem no céu é de privação, lugar onde esses seres são "de criação", *nima*, de diversos outros. O céu, apesar de ser um mundo porvir, tem algo de caótico e violento; não fossem esses *karawara* "chefes", *tamỹ*, a população

---

37. Harapihiara, "germanos".

celeste viveria em brigas, batendo-se com arcos e prendendo umas às outras.

Embora outros povos possuam termos cognatos ao *karawara*, como já demonstrei — e ainda os Asurini do Xingu (Müller, 1993) que identificam seus *karovara* como *xamãs míticos*, ideia que certamente se conecta aos *karawara* Guajá —, tais entidades podem ser bem entendidas se compararmos a outra categoria de seres muito bem apresentada na etnografia sul-americana; refiro-me aos Maï Araweté.[38] Parafraseando Viveiros de Castro, em um paralelo quase idêntico (em forma e conteúdo), uma ventania pode ser interpretada pelos Guajá somente como uma ventania, *wutu ete*, "vento mesmo", ou como efeito de Wutu Jara. Esse, no entanto, não seria um "dono do vento", responsável pelas ventanias, independentemente de quando ocorrem, mas sim uma causa-*karawara*, isto é, a manifestação de um ser celeste cuja forma de relação com o mundo é quebrar os galhos e mexer nas folhas.

Assim como os Maï, os *karawara* são os seres que se foram da Terra na *separação original* (Viveiros de Castro, 1986, p. 214). Desta forma, para os casos Guajá, temos em Maihu Jara, a Jiboia, um ex-humano que vivia na Terra e enganou os urubus roubando-lhes o fogo para que a humanidade deixasse de comer cru; ou Japu Jara, um tipo de *xexéu*, que foi o responsável por fazer a separação dos mundos, como vimos no mito descrito no capítulo 2, dentre outros.

Os *karawara* designam as entidades que vivem nos patamares celestes, como estamos vendo até aqui, e esses são inúmeros. Além disso, representam a perfeição (super) humana, da mesma forma que os Maï se encarnam aos Araweté. Na descrição de Viveiros de Castro:

> [...] seres semelhantes aos Araweté, mas mais altos, mais fortes, de grandes barbas brancas, aspecto brilhante e esplêndido, decoração corporal profusa e elaborada, gosto pelos perfumes (o céu é perfumado), posse de muitas aves de estimação; sexualidade e vitalidade abundantes; mestria do canto; potência xamânica no mais alto grau (capaz de elevar o firmamento, ressuscitar os mortos e dispensar a labuta agrícola); e, acima de tudo, capacidade ou ciência do rejuvenescimento perpétuo: os Maï são imortais.[39]

---

38. Lembro aqui que existe entre os Araweté a ideia do *Karoã*, que Viveiros de Castro traduz por "Senhor dos Morros" (tal como o exemplo Suruí de Laraia), retomado de maneira muito original por Calheiros (2014). Tal ser tem grandes plantações de taboca de flecha e é um feroz canibal (Viveiros de Castro, 1986, p. 244).

39. Viveiros de Castro, 1986, p. 212.

Das características acima, várias delas me foram descritas para os *karawara*: mais altos; mais fortes; decoração corporal profusa e elaborada; mestria do canto — o canto é dos *karawara*; potência xamânica no mais alto grau (os humanos curam com sua ajuda); e a capacidade de rejuvenescimento perpétuo atestando também a imortalidade dos *karawara* (como veremos adiante).

Se as semelhanças são evidentes, as diferenças também são muitas. Ao contrário dos Maï, os *karawara* (todos *jara*) parecem ser hipóstases de espécies animais, vegetais etc. Não como "senhores", como encontramos em outras cosmologias, Tupi e não Tupi, mas como "duplos", cuja existência transcende a relação entre donos e xerimbabos. A noção de *jara*, como já vimos, é problematizada pelos Guajá uma vez que uma tradução correta, para o caso dos *karawara*, é duplo, e não dono. Ou ainda, como discutirei adiante, *aquele que detém o ponto de vista*. Além disso, como já coloquei, os *karawara* estão relacionados a uma "fauna-menor" (em tamanho e importância terrena), uma *antifauna* propriamente, e também por isso podem ser interpretados como "antidonos", pois os Guajá sabem mais sobre o que os *karawara* predam, *ika*, do que o que eles criam, *riku*. Tudo se passa como se os animais de caça fossem sempre tratados como presas, *ma'a*, bichos, para os humanos e os *karawara* comerem. Para uma interação sociocósmica preferem os pequenos animais.

Todos esses *karawara* são seres "comedores", como defendem os humanos a partir da ideia de *'uhara*, "comedor". A predileção dos *karawara* por determinados animais se explica, pois, diferentes dos humanos, os espíritos não sabem comer todos os animais. À diferença de outras cosmologias, os seres espíritos não são trazidos à Terra para comer, como ocorre no xamanismo araweté (e Parakanã, Asuriní do Xingú, dentre outros). Os Guajá não exercem uma culinária diversificada e incrementada por cultivares, como ocorre com vários outros povos Tupi, e por isso estão ausentes de suas práticas gastronômicas e rituais alimentos e substâncias do tipo "xamanizáveis", como cauins, mingaus, beijus e tabaco. Mesmo o mel, que faz parte do xamanismo de diversos desses povos, não é "oferecido" aos *karawara*, pois — além do fato de os Guajá não oferecerem coisa alguma para os *karawara*, com exceção da *takaja* para cantar — os próprios *karawara*, como vimos acima, descem à Terra para extrair mel, sem furar ou derrubar as árvores. Quando íamos coletar mel e encontrávamos pouca quantidade, ou caso ele estivesse oxidado, as pessoas diziam *karawara oho iwape*, "os *karawara* levaram (o mel) para o céu".

São também "comedores", *i'uhara* ou *me'ehara*, pois são "caçadores", *wata ma'a*, caçam somente aquilo que comem e comem quase sempre um animal ou vegetal específico, como vimos na listagem acima. Uma das características mais interessantes atribuídas a essa população celeste é a caça ultra-especializada à qual se dedicam. Cada *karawara* enfatiza um único (e, às vezes, mais que um) animal de caça. Esse que me parece ser um tema recorrente na Amazônia é enfatizado sobremaneira pelos Guajá. O conteúdo dos cantos de cada *karawara* (como veremos) se refere às presas caçadas, mais do que ao próprio *karawara* em si. Por exemplo, ao ouvir da boca de alguém um canto muito entoado, como o do *karawara pu'ua*, pergunto: *ma'a karawa jã?*, "O que este *karawara* está cantando?" A resposta, inevitavelmente, será *wari ikaha janaha*, "é o canto para matar os capelães", ou ainda, *wari janaha*, "é o canto dos capelães". "Canto dos capelães", nesse caso, significa o *canto de caça aos capelães*, já que, como vimos na listagem acima, o *karawara pu'ua* seria a epítome de um caçador de capelães. Para que eu soubesse qual *karawara* cantava determinado canto, precisava antes saber qual animal ele caçava. Algo parecido com as flechas e outros objetos mágicos que caçam sozinhos, cada um especializado em um tipo de caça, lembrado por Lévi-Strauss em alguns mitos: como do caçador Karajá que, ajudado por uma rã, ganha zagaias milagrosas, uma para cada tipo de alimento. Há também um mito que se refere a um caçador especializado, como o mito Warrau M241, que conta a saga do herói Haburi, caçador exclusivamente de aves que um dia erra seu alvo; e, a partir daí, sua vida se complica até ele virar uma rã, que até hoje coaxa dentro dos troncos (Lévi-Strauss, 1996, pp. 196–197). São temas recorrentes em diversas sociedades ameríndias e que os Guajá enfatizam e atualizam sobremaneira na cosmologia.

Muitos desses *jara* celestes comem o mesmo alimento que seu *nima*, "duplos", terrestre, como alguns *karawara* que são "Gente-tucano" e se alimentam de bacabas; ou uma "Gente-pica-pau", que ingere larvas. A grande maioria dessas entidades, no entanto, não mantém uma dieta correlata com seus *nima*; ao contrário, como vimos, são caçadores e se nutrem de carne, *ha'okera*, que caçam em grandes quantidades.

A maioria dos Maï, observa Viveiros de Castro, são também "comedores" de alimentos, oferecidos pelos Araweté. Ainda assim, na especiação dos Maï, tal como dos *karawara*, eles aparecem como "comedores" de alimentos exclusivos. Viveiros de Castro não consegue explicar a quase nunca clara (em suas palavras) "relação entre as divindades 'comedoras' e seus alimentos". O que os Araweté sabem sobre essas divindades passa diretamente pelo discurso do xamã se cristalizando na cosmologia da comunidade; por isso quase nunca há uma conexão óbvia entre os Maï e seus alimentos, ou ainda, se comem ou não — já que nem todos são comedores (Viveiros de Castro, 1986, pp. 251–252):

> Todas as cerimônias coletivas Araweté são organizadas sob essa forma: um banquete místico dos deuses e mortos, ao qual se segue a refeição humana (pois os deuses tomam do alimento, "mediante o poder xamânico", deixando intacta sua substância).[40]

Exceto pelas cantorias da *takaja*, os Guajá não praticam outras cerimônias coletivas, e na relação entre os humanos e os *karawara* não está estabelecida a possibilidade de oferendas e/ou sacrifício, como encontramos entre os Araweté e em outros povos Tupi. Se os Maï Araweté são *deuses comedores* (de alimentos partilhados pelos vivos), os *karawara* Guajá são "deuses caçadores"; e enquanto seres como os Maï descem à Terra para comer o que foi caçado pelos humanos, os *karawara* não gozam de tal privilégio, eles mesmos devem produzir sua comida, em outras palavras, caçar.

Todos carregam suas presas abatidas, *ma'a*, para o *iwa* e lá realizam as refeições. E, com exceção de alguns *karawara*, como a "Gente-onça", que comem carne crua, em geral eles descem à Terra apenas para caçar, e não para comer. Os *karawara* não gostam da Terra, *wy*, por isso suas caçadas são rápidas. Para eles, como já coloquei no primeiro capítulo, a Terra é um local sujo[41] e feio, *mynyhỹ*, uma versão quase decadente do *iwa*. Não há poeira no céu.

A CAÇA É MÚSICA

Em 2008, quando o pequeno Majakatỹ, que na época tinha cerca de um ano, começou a formar suas primeiras palavras, sua mãe falava feliz: *Kwy, Majakatỹ jã!*, algo como "Nossa, Majakatỹ está cantando!", *Jã mixika'ĩ*, "está cantando um pouquinho" (pode ser como se referem às primeiras palavras de uma criança). Por incrível que possa parecer, muitas crianças, além de tentar falar, fazem um esforço incondicional para cantar em seus primeiros anos, acompanhando seus irmãos e

---

40. Viveiros de Castro, 1986, p. 234.
41. *Pinuhũ*, "sujo", "preto".

parentes mais velhos. Os Guajá gostam tanto de cantar que podemos afirmar que cantam em todas as situações: antes do amanhecer, ao nascer do sol, quando avisam a uma seção residencial que o sol irá raiar; à noite, para embalar as crianças no sono; nas caçadas, bem baixinho para que não sejam ouvidos; ou bem alto, ao voltar para casa com a caça abatida. Os cantos, *jã*, também manifestam alegria, prazer sexual e a condição de estar junto. Canta-se também em momentos de tristeza, principalmente de doenças, pois os cantos e a *takaja* são as únicas matérias concretas do xamanismo guajá. Cantam mesmo até sem qualquer motivo aparente, só pelo prazer de soltar a voz. Uma das coisas que as crianças mais apreciavam de mim eram os cantos de *karai*: *karai janaha*. O canto é uma forma utilizada em diferentes contextos, são dezenas de formas vocais, e às vezes parecia que, devido ao minimalismo guajá em sua cultura material, tecnologia e culinária, canalizaram todo seu potencial estético para a caça e música vocal. Um minimalismo radical que permeia uma complexa arte cuja representação é somente verbal.

Parafraseando Viveiros de Castro (*op. cit.*, p. 530) em relação aos Maï, entre os Guajá o canto é "o modo de manifestação essencial" dos *karawara*, tal como veremos no momento ritual da *takaja*. Quem ensinou os cantos para a humanidade foram os *karawara*. Cantar à noite para uma criança dormir bem, sem pesadelos, por exemplo, é algo que os *karawara* aconselham aos humanos até hoje. Os *awa* cantam as canções dos inúmeros seres, e todas revelam seus aspectos mais essenciais: as comidas que comem, as formas que caçam e outros detalhes de sua existência. Quando cheguei à aldeia Juriti com dois gravadores (um analógico e um digital), todos só queriam gravar os cantos, por isso acabei reservando o gravador digital para meu uso pessoal e registrava basicamente entrevistas. Quanto ao analógico, os jovens passaram a manuseá-lo transferindo-o de mão em mão, para gravar e ouvir seus próprios cantos. A cada viagem que eu fazia para o campo levava comigo uma nova carga de fitas cassetes, que nunca eram suficientes. Gravamos cantos individuais, coletivos, na *takaja*, na mata ou na aldeia, de dia e de noite. Era muito comum, durante minha estada de campo, quando as antigas fitas terminavam, as pessoas pedirem para gravar novos cantos por cima de cantos já gravados. E assim eles faziam. Apenas no final da pesquisa de doutorado acumulei 61 fitas cassetes com diversos tipos de canto, além das muitas horas nos gravadores digitais que levei nos últimos anos. Se eu tivesse levado o dobro dessa quantidade, tenho certeza de que estaria também preenchido. Em resumo, os Guajá adoram cantar, e, podemos dizer, assim como Davi Kopenawa revela sobre os *xapiri*, há tantas canções quanto são os *karawara* (Kopenawa & Albert, 2013, p. 58).

Tatu-canastra, tatu-canastra, tatu-canastra
Eu sou comedor de tatu-canastra
Tatu-canastra, tatu-canastra, tatu-canastra
[O tatu-canastra] vive pela noite, vive pela noite
Ele é do buraco, ele é do buraco.[42]

Cantos como esse são entoados na língua dos *karawara* e guardam frases curtas e repetitivas com uma dicção que foge completamente à fala. Não são falas recitadas com passagens míticas ou narrativas de episódios, quaisquer que sejam, mas são canções que se apoiam em algumas frases, intercaladas por longos períodos de vocalizes, melodias sem letra. Os cantos são chamados de *janaha*, que podemos traduzir por "cantoria" ou "cantação" em uma tradução literal. Para além da tradução, os Guajá destacam a ideia de *Janẽ*, que seriam as melodias, literalmente. São os recursos melódicos que preenchem os cantos cuja sonoridade é baseada em poucas ou, muitas vezes, nenhuma palavra.

Traduzir os cantos foi algo que nunca consegui fazer de maneira satisfatória e sempre me colocou dois desafios. O primeiro era entender o conteúdo de tais cantos, uma vez que ao ouvi-los a fala é bem diferente do léxico cotidiano. Isso se confirmou, como vimos acima, ao perceber que realmente a linguagem dos cantos é baseada em outra variante da língua — outra "fala", dizem os Guajá —, que incide basicamente em diferenças lexicais, como vimos aqui. Tomando como exemplo o canto acima, *Mamijajape*, não é a forma que os humanos se referem ao tatu-canastra — *tatuhua*, na língua humana —, mas o léxico celeste. Mesmo para os Guajá, ajudar na tradução dos cantos era uma tarefa que demandava muita atenção, e muitas pessoas tinham interpretações diferentes sobre uma frase, e só ouvindo diversas vezes conseguiam traduzir com maior precisão. O segundo desafio diz respeito a um aspecto que escapa à fala. Os cantos são

---

42. Do canto de Makaratỹ Jara, Gente-pica-pau. No original: *Mamijajape, Mamijajape, Mamijajape/ Mamijajape me'ehara jaha/ Mamijajape, Mamijajape, Mamijajape/ Ame iwamutũ ripi, iwamutũ ripi/ Ikwarapahara, ikwarapahara.*

muito mais cantados, com sons do tipo *Janẽ* "só canto", do que preenchidos por um discurso. Intercaladas às frases, encontramos longos períodos melódicos, a "cantoria" propriamente *Janẽ*. A duração de cada cantoria varia de poucos minutos a muitas horas, sempre emendando um canto a outro.

Todo canto é uma pequena narrativa, às vezes composta por uma única frase sintética, repetida diversas vezes para realçar algum aspecto ou episódio da vida dos *karawara*. O canto é a principal matéria da relação entre os humanos e o mundo celeste. Ao ouvir as primeiras notas de qualquer canção que seja, já reconhecem o cantor e qual *karawara* é personificado. Ao indagar a um dos meus amigos que me ajudou a entender os cantos, Tatuxa'a, sobre como ele conhecia todos aqueles cantos e quem os tinha ensinado, ele respondeu que os cantos se aprendem mesmo no céu. Os cantos são dos *karawara*, e os humanos aprendem em suas viagens celestes. Por isso, como vimos no canto acima, os humanos cantam a perspectiva dos *karawara*: vestem-se como *karawara* e cantam enquanto tais. Os cantos podem ou não narrar histórias. Mas, para além disso, de maneira monótona e repetitiva, são a própria comunicação entre céu e Terra; a principal forma de comunicação dos humanos com o *iwa*, "patamar celeste". Em um mundo sem plantas cultivadas — e, portanto, sem tabaco, sem alucinógenos, psicotrópicos, e mesmo sem chocalhos —, o canto é o principal entorpecente. É o veículo de comunicação entre humanidade e sobre-humanidade. Cada *karawara* tem sua canção na qual a letra é só mais um detalhe, e a maneira de cantar de cada *karawara* — um canta mais forte, outro mais fraco, por exemplo — é tão importante quanto o conteúdo do canto.

O trabalho com os cantos é algo que todos remetem aos "velhos", *tamỹ*; são eles que sabem sobre isso. Se os cantos funcionam como conectores entre os humanos e os *karawara*, são os anciãos quem melhor conseguem conectar cantos e seres. O velho Xipoha, da aldeia Awá (falecido em 2015), era um desses que se relacionavam desta forma com muitos seres *karawara*, a ponto de as pessoas não conhecerem muitos dos seus cantos. Desses seres os humanos pouco ou nada conhecem sobre o canto, a não ser gente velha como Xipoha. Certa vez estava ouvindo gravações do velho Xipoha cantando, eu, acompanhado de um de seus filhos que me ajudava na compreensão, e pudemos identificar Wutu Jara, "Gente-vento". Porém, em outro canto que apareceu na gravação, ninguém pôde me ajudar, pois simplesmente nenhum jovem na casa dos 20 ou 30 anos o conhecia, apenas Xipoha o sabia, pois o escutara no céu. Vim a saber depois, pelo próprio Xipoha, que se tratava do canto de *Awarijã*, um *karawara* caçador de capelães. Seu duplo terreno é o pássaro *awaraura*, que não consegui identificar, e na letra da música apareciam passagens como: "eu sou Awarijã, eu sou Xipoha (o cantor), eu sou *Awarijã*...", como se revelasse um diálogo entre cantores humanos e *karawara*. Tais conexões, no entanto, são resultado dos arranjos feitos pelos próprios homens em sucessivas idas ao céu. Nestas idas aprendem novos cantos, escolhem os nomes de seus filhos e podem até se casar com mulheres celestes, como o caso do velho Ximĩ, também da aldeia Awá, que é famoso por ter toda uma família no céu (mulher, filhos e sogro). É importante observar que em todas estas viagens celestes os homens se comunicam no céu também por meio de cantos. Todo seu diálogo com os *karawara* é do tipo *Janẽ*, "apenas canto". Este é o idioma do *iwa*, "patamar celeste", um mundo onde não existe fala. Os temas musicais, portanto, são a principal forma de conhecimento e afecções na cosmologia guajá, conectando os *awa* e os *karawara*.

Cantar também pode ser perigoso, a depender do motivo. Em um momento de tristeza, por exemplo, a pessoa pode cantar tanto e ir para o céu tantas vezes que morre. Se o canto é a principal forma de ligação entre céu e Terra e o meio pelo qual o *hajtekera*, o "princípio vital", se desloca pelos mundos, deve-se ter muito cuidado. Xipaxa'a, que vivia na aldeia Awá, morreu assim. Ele estava em uma depressão profunda, pois havia perdido dois filhos e o seu terceiro, Parajua, estava desenganado, diagnosticado com um problema no pulmão. Xipaxa'a passou dias cantando, dizendo que queria ir para o céu, pois estava muito triste. Ele cantava durante o dia, mesmo durante o sol quente, algo que não é usual nem saudável, pois só quem canta o tempo todo (dia e noite) são os mortos. As pessoas dizem que ele cantou até morrer. Ao deitar em sua rede, após uma longa cantoria, não mais acordou. Se alguém canta muito durante o dia, pode estar interessada em, por exemplo, ir para o céu, e isso não é necessariamente bom. Cantar muito de dia nunca é bom, é sinal de preocupação. Tatuxa'a disse certa vez que quando vê algum parente cantando de dia pede para parar, pois pode estar expressando um desejo de morrer — algo muito comum entre os vivos em momento de luto. Além disso, as canções parecem ganhar força durante a noite. "Nós cantamos na noite", muitos Guajá costumam falar.

Os cantos que executam na Terra são os mesmos que os *karawara* cantam no céu. Os temas vão variar de acordo com o *karawara* — cada qual possui seu tema específico. Existe um ideal de "cantar bonito", *jã paryhỹ*, em que a duração e a força do som são muito valorizadas. *Jã hatỹ*, "cantar duro", "forte", é como preferem. Quando alguém começa a cantar, pode permanecer por 40 minutos na mesma ação. Por isso, quando me pediam para cantar, nossas curtas canções populares deviam ser repetidas dezenas de vezes para que (principalmente os pequenos) a compreendessem como "música", *janaha*. Quando eu me encaminhava de uma aldeia para outra, o que mais queriam saber de mim era sobre os cantos das outras pessoas. Pediam para que eu gravasse e levasse de um lugar para outro suas canções. Todos ouviam com atenção os parentes distantes e comentavam sobre determinados temas e interpretações. Perguntavam-me sobre a aparência física do cantor e queriam saber detalhes sobre sua vida. Principalmente os homens, quando ouviam mulheres cantarem de forma encantadora, ficavam muito animados e interessados, já que *jã parahỹ*, "cantar bonito", é uma das características mais apreciadas na estética da sedução *awa*. A música, tanto para nós quanto para os Guajá e tantos outros coletivos humanos, além de ser resistente ao tempo, à morte e à velhice — a música parece ficar mais forte com o tempo — é o principal elo de afecções e relação entre os diferentes seres no mundo: os humanos cantam, os *karawara* cantam e os animais também. Aprender a falar seria, antes, aprender a cantar. O piado, rugido ou gemido de um animal será ouvido pelo animal como canto — em uma teoria *awa*, deveras perspectivista. A vida, aqui como nos mitos, também parece ser comparável a uma "grande partitura" (Lévi-Strauss, 1964, p. 23).

AULA DE CANTO

Os cantos são referidos diretamente à presa que o *karawara*, dono do canto, caça. Por isso são também cantos de caça, entoados pelos humanos quando vão caçar baixinho, para não serem ouvidos, e principalmente quando retornam, bem alto, para que todos saibam qual animal abateram. Piraima'ã certa vez voltou de uma caçada entoando o canto de Waha Jara — um caranguejo celeste, caçador de veados; e, de longe, todos comentavam que ele estava trazendo um veado para casa. Por limitações musicais e linguísticas, ainda não consegui realizar a tarefa de traduzir muitos cantos, em geral me contentei em entender o teor, intenções e, sobretudo, efeitos das cantorias.

As pouquíssimas traduções aproximadas que realizei foram em forma de "aulas de canto" que recebi visando a minha participação nos rituais da *takaja*. Nessas aulas, aprendi um pouco sobre o teor das canções, mas nada que me permita tirar qualquer conclusão qualificada ou, menos ainda, produzir uma antropologia da música Guajá. Há cantos, como o dos *karawara Makaro*, um caçador de porco, *Pu'uwa*, um caçador de capelães, e *Waraju*, um coletor de mel, que são mais cantados do que outros, embora haja dezenas (talvez centenas) de cantos.[43] As letras versam sobre detalhes de como alvejar e sangrar um animal caçado; sobre a perspicácia do caçador; dentre outras possibilidades.

Vejamos alguns exemplos. O canto abaixo, de *Tapi'i Jara*, "Gente-anta" me foi traduzido diretamente da linguagem dos *karawara* para o guajá.

> *Eu ando [caço] atrás de tatajuba*[44] *à noite*
> *Eu como minha comida à noite*
> *Eu como a minha comida*
> *Eu ando [caço] à noite*
> *Eu como caju do mato*
> *Eu ando ([caço] pelo escuro.*[45]

O canto do karawara Pu'uwa, *Pu'uwa Janaha*, "O canto de Pu'uwa", eu traduzi de forma aproximada:

> *Eu sou dono dos capelães, eu mato capelães*
> *Eu não erro minha flecha quando atiro em um capelão*

---

43. As minhas tentativas de tradução com intérpretes sempre foram mal sucedidas. No início, como num rompante etnocêntrico (dentre tantos outros que experimentei no campo), achava que se tratava de má vontade do tradutor, já que perdíamos, por vezes, horas e não saíamos do lugar. E, numa perspectiva totalmente ocidental, pensei que adiantaria se "pagasse" pelo serviço (com meus objetos e coisas que tinha guardadas comigo, como facas, cordas, isqueiros e o que mais eu tivesse). Mas mesmo "pagando" não houve diferença na (pensava eu) "má vontade" dos tradutores. Foram tantas as confusões semânticas que decidi parar com as traduções formais. Para que eu traduzisse algumas canções, foi necessário realizar traduções internas à língua, do formato musical para o oral, e depois tentar traduzir para o português.
44. Trata-se da árvore da família *Bagassa guianensis*.
45. No original: *Awata taryka pyha/A'u hanimi'ũa pyha/A'u hanimi'ũa/Awata pyha/A'u akaju/Awata matarahỹ nipe.*

> *(depois de morto) As moscas zanzam em volta dele*
> *O capelão está escondido, eu não o vejo (pois ele está com medo).*[46]

Tais estrofes são repetidas dezenas de vezes, acompanhadas de muitas vocalizações, de forma ritmada.
Outras partes ainda dizem:

> *Os Capelães cantam, mas não como eu.*
> *Eu canto usando cocares e braceletes, por isso vou matar capelães.*

Muitas canções são parecidas na forma, o que muda são os conteúdos. A depender dos *karawara*, a pouca letra que existe varia. Enfatizam o quanto o *karawara* é um bom caçador, a rapidez com que ele mata a presa, o gosto que tem por determinado alimento. O canto de Takỹ Jara, por exemplo, uma "Gente-tucano" que se alimenta de bacabas, enfatiza ideias como *os humanos não sabem comer bacaba [como ele come]* e *eu sei comer bacabas muito bem*. Lembro aqui que os humanos gostam muito de bacabas. As árvores são contadas na floresta, as pessoas consomem em grandes quantidades e sua época de frutificar é esperada durante muitos meses — já que sua sazonalidade é bienal. Porém, segundo o canto, quem valoriza realmente a bacaba é o *karawara* Takỹ Jara, sugerindo certa incompletude dos humanos[47] enquanto os *karawara* estão próximos de uma perfeição social. Os humanos parecem cantar como caçadores celestes, assim o fazem quando abatem suas presas, ou mesmo quando realizam um cerco a um grupo capelães. Não cantam *para* os *karawara*, mas sim *como* os *karawara*. Tornam-se *karawara* para cantar. Entoam o ponto de vista desses caçadores infalíveis que vivem no céu; e ao fazê-lo estão o mais próximo que conseguem de alcançar um ideal de caça.

---

46. No original: *Jaha wari jara, ajka waria/ Jaha naiauykĩ waripe/ meerua pu'y ipe/ wari imĩ, naxaki wari.*
47. Neste sentido, caçadores incompletos, consumidores incompletos, extratores de mel incompletos.

Kamarajuxa'a são versões celestes dos inimigos *kamara*, porém no *iwa*, sob a forma *karawara*. São inimigos dos *karaia*, os "não indígenas", e não dos outros *karawara* que lá vivem. O canto desses *Kamarajuxa'a* é algo que podemos denominar como "canções de guerra". Esse é o canto do inimigo, *kamara*, e desse os Guajá se lembram em situações de conflitos com os não indígenas. Como aqui não há separação entre cantos de guerra, cotidianos ou rituais — ao contrário, todos são canções de *karawara*, utilizados também durante a *takaja* e no xamanismo —, a canção de *Kamarajuxa'a* não tem como destino único ilustrar ou refletir conflitos. Vejamos:

Eu tenho raiva dos karai, *"não indígenas"*
Os karai *são medrosos*
Os urubus vão comer os karai
A taquara sangra no chão
O sangue da taquara é grande
[Ela] gosta do sangue dos karai
Os karai *são assim mesmo [têm medo].*[48]

Kamarajuxa'a também é um grande caçador de antas. E outro canto seu reforça essa ideia. Vamos vê-lo, agora na língua dos *karawara*:

Ela está com medo da minha arma
Por que será que eu a procuro e não a acho? Onde é que a anta[49] *está?*
Para que lado ela está? Ela tem medo de sangrar por dentro
Tem medo de sangrar pelo nariz.[50]

Da mesma maneira, o canto dos *karawara* onças são formados por frases como: "Eu não crio porcos", "eu mato porcos de maneira muito rápida", "a minha taquara gosta do sangue dos porcos", e versos do gênero. Vejamos agora como o canto relaciona diretamente a vida da Terra com a do céu.

---

48. No original: *Ajmahy karaipe/ karai iriri/ uru karai u'u/ takwari hawy wype/ takwari hawy hamãj/ maparỹ hawy karai/ karai kĩje".*
49. A anta é chamada *ma'amiaramãij* pelos *karawara*.
50. No original: *Ikije axamỹ ria/ Majpo hakani mĩ ajpo ra'a/ Ma'a ma'amiaramãja mõ xipe?/ Majpo hakoroaxini minapahara?/ Kĩje muxi hawy ria/ Japijawã hawy ta ria.*

TAKAJA

Além dos Guajá, outros povos montam *tocaias* para a realização de diferentes rituais.[51] Apesar das diferenças entre elas — que variam, em formatos, usos e propósitos, tanto quanto são diversificadas as cosmologias desses povos —, tais espaços se caracterizam por serem locais onde espíritos e divindades celestes se instalam ao visitar a Terra, seja para se alimentar, cantar, dançar ou curar. A tocaia guajá, chamada *takaja*, também tem características e propósitos semelhantes. Ela é a única matéria desse "ritual" (que os Guajá chamam *janaha*, "cantoria", "cantação"; ou "brincadeira", em português) cujo objetivo é aproximar os mundos e trazer *karawara* para cantar na Terra, permitindo também que os homens viagem para cantar no *iwa*. Assim que as chuvas cessam, lá pelos meses de junho-julho, as pessoas iniciam os cantos da *takaja*, realizando-o por todo o verão.

No início de julho de 2007, a chuva era cada vez mais escassa e sequer podia ser equiparada ao montante de abril, o mês de maior incidência pluviométrica na região. Neste ano de 2007, Hajmakoma'ã tinha 20 anos; casado com Panaxĩa, filha (ZD) de sua irmã Amỹ Pirahỹa (D), e pai de Mana'ĩa, que estava com apenas um ano. "Hamô", como é chamado, seguia em direção a uma capoeira próxima à aldeia para retirar folhas de babaçu e me convidou para acompanhá-lo. Vamos os três, pois Juxa'a, seu sobrinho com quase a mesma idade, 18 anos, também vai ajudá-lo. Cortamos e empilhamos dezenas de palhas, o que tornou a tarefa de carregá-las bastante desgastante. Foram necessárias duas viagens entre a aldeia e a capoeira para que conseguíssemos transportar todas as folhas (e, obviamente, a quantidade que eu mesmo carreguei foi a terça parte do que foi carregado por Hamô e Juxa'a. Afinal, como todos me lembravam durante meus períodos de campo, eu era *ipy kata*, "mole", "frágil", "fraco"). Chegando à aldeia, as palhas foram utilizadas na construção da cabana, *takaja*, onde ocorreria uma cantoria em que os homens sobem ao *iwa* para encontrar os *karawara*. Hamô iria "puxar a cantoria", *aju, xa'a, iwape!*, "vamos, parente, para o céu!", ele disse.

---

51. Os Asurini do Xingu, Asurini do Tocantins, Aikewara e Parakanã são exemplos bem documentados.

Como apresentei no capítulo anterior, das diversas modalidades de caça conhecidas entre os Guajá, existe a caça de tocaia, *takaja*, praticada por adultos e crianças. A *takaja* é um abrigo de caça cujo principal objetivo é ocultar totalmente o caçador em seu interior, além de protegê-lo de eventuais ataques de animais, e pode ser construída tanto no solo quanto em cima de árvores. O propósito de Hajmakoma'ã, quando esteve na capoeira extraindo folhas de babaçu, era também o de construir uma *takaja*, mas nesse caso uma *takaja* "ritual", para os *karawara*. Ao chegar na aldeia, o jovem Hajmakoma'ã construiu sozinho o que viria a ser essa *takaja*, e naquela noite os homens subiriam para o céu — *wate*, "para o alto".

O abrigo ritual tem uma diferença crucial, se comparado às *takajas* de caça. Enquanto nas de caça as palhas se encontram na parte superior (a fim de ocultar a pessoa que esteja no interior) e haja orifícios laterais de onde provêm o ar e a pouca luz que auxilia na visão interna, nas *takajas* rituais o teto é vazado — esta tem abertura para o céu e não conta com orifícios laterais. Em outras palavras, enquanto na *takaja* de caça o caçador olha para frente (ou para a mata), na *takaja* ritual o homem-xamã-cantador olha para cima ou para o céu. É pela abertura superior da *takaja* que os homens conseguem se transportar até o *iwa*. São colocadas várias camadas de palha, de forma que quem esteja na parte exterior não tenha qualquer contato visual com o interior, e vice-versa. A entrada e a saída dos homens é propiciada por uma abertura frontal, também bem fechada por palha entrelaçada.

A construção da *takaja* Guajá não obedece a nenhuma prescrição ritual ou regra de conduta, diferente, por exemplo, da "*tokasa*" dos Asurini Akuawá. Andrade observa que para os Asurini "a colocação das folhas é feita de tal forma que o construtor termina a tarefa dentro da *tokasa*. Ele só pode sair de dentro após cantar a *música da tokasa* [...]. Caso a canção não seja logo executada (pelo construtor ou outra pessoa que a saiba), o construtor pode morrer" (Andrade, 1992, pp. 99-100). Se o evento noturno é de pouco cerimonialismo e marcado por grande informalidade, como veremos, a construção da *takaja*, então, se parece com uma atividade ordinária, quase sem importância. Eu mesmo fui instado diversas vezes para entrar e conhecer a *takaja* por dentro (sempre durante o dia, pois à noite tudo é diferente). Ainda que seja construída de uma forma um tanto deslustrada (sem prédica, cerimônia, ou um mínimo cuidado ritual), a construção da *takaja* é algo que produz grande alegria a todos, principalmente às crianças que inserem o abrigo ritual em suas brincadeiras diurnas, entrando e saindo livremente de lá; ou ainda às mulheres, que fazem questão de varrer o entorno, antes e depois de ela ser erguida, e assim passam varrendo durante todo o verão. A *takaja* na aldeia, nos meses de seca, é algo que os Guajá apreciam bastante, até guardam certo orgulho por tê-la ali. Porém é um orgulho que não parece diretamente relacionado ao cerimonialismo ou qualquer tipo de sermão, mas a algo de outra natureza — que eu não saberia precisar —, como que relacionado à boa vida do verão e ao prazer que os homens cultivam em ir ao *iwa* e cantar com os *karawara*. Na aldeia juriti, a takaja fica exatamente no centro da aldeia, mas nem sempre foi assim. Os Guajá se lembram que, quando viviam na mata, construíam a tajaka sempre em um canto da aldeia, a caminho da floresta. Assim ela é feita na aldeia Awá (TI Caru) na última sessão residencial, já a caminho de uma capoeira. A *takaja* não funciona como uma "casa cerimonial" em um pátio central, que congregaria homens e deuses; ela é um elemento bem mais discreto e minimalista, assim como é todo o investimento ritual dos humanos, *awa*.

Descrever a *takaja* dos Guajá é quase que descrever um não ritual. Algo como expor apenas "negatividades" em uma interminável lista de "elementos rituais" que não encontramos lá. Na composição desse ritual — que também podemos chamar de "cantoria", *janaha*, como fazem os próprios Guajá —, o ambiente da aldeia em nada se modifica durante as noites em que ele ocorre: nada é levado ao pátio; nenhuma reza é realizada; comidas não são preparadas cerimonialmente; e nem mesmo a caça de animais específicos está prescrita, isto é, não há caças rituais. Além disso, não há flautas, cigarros, mingaus, bebidas fermentadas, danças com animais; nem distinção entre "alimentos cotidianos" e "alimentos rituais",[52] até porque não existem alimentos no ritual. Observo que, se antes a ideia de *awa janaha*, "cantoria humana", expressava o momento ritual da *takaja*, mais recentemente, sobretudo, os Guajá da TI Caru — onde há um trabalho de parceria com o CIMI — têm também se referido a ela por meio de ideias como "ritual" e "cultura"; ou ao menos a estão, assim, explicando para os interlocutores não indígenas, como a Frente de Proteção da Funai. É interessante, pois a primeira tradução em português que encontrei para a ideia de "cantar na *takaja*", ainda na aldeia Juriti, foi a de "brincadeira" ou simplesmente "brincar" (*pirika*, na pronúncia Guajá).

---

52. Sobre ocorrências em outros povos, tais como os Parakanã, ver Fausto, 2001, p. 422.

Todos os homens, inclusive os velhos, vinham falar comigo sobre "*pirika*", que eu no início entendia como "brigar", nos dias que cantariam na *takaja*. Essa tradução fora-lhes fornecida pelas pessoas das Frentes de Atração e funcionários do posto que se referiam ao "*karawara*", tal a forma que os brancos denominam a *takaja* guajá, pelo mesmo termo que outras festas maranhenses, como o bumba-meu-boi, todas elas, no Maranhão e em boa parte do Brasil, chamadas popularmente de *brincadeira* — *brincar o boi*, como se fala no Maranhão. Mais recentemente, ao menos nas aldeias Awá e Tiracambu (na TI Caru), a ideia de *brincadeira* está cedendo lugar a *ritual* e *cultura*.

À exceção da *takaja*, a única preparação especial está no fato, desde alguns dias antes de sua montagem, de que algumas pessoas se mobilizam para capinar e limpar todo o mato acumulado durante o inverno no centro da aldeia. Uma vez o pátio limpo, pode-se começar a montagem da *takaja*, que é erguida em pouco tempo: cerca de 40 minutos. No início da noite, os homens começam a entoar seus cantos de maneira muito potente. E, aos poucos, começam a se adornar. Suas esposas os ajudam a se paramentar. Quando um homem é solteiro, ou sua esposa ainda é criança, recebe o auxílio de sua irmã, cunhada, ou até mesmo de outro homem. A ornamentação consiste em braceletes com penas de tucano, chamados *jamakwa*, e um cocar formado com as mesmas penas, chamado *jakỹ ita*. No corpo — coxas, virilha, torço, braços, rosto e em volta dos pulsos, como um bracelete — e nos cabelos são afixadas penugens brancas da harpia, gaviões ou urubu-rei. Estas são presas com resina cheirosa de dois tipos de amescla (breu-branco), chamadas *jawarako*[53] e *uhuka*, que não identifiquei). Tais resinas, além de fixar as penas, exalam um odor muito agradável, mentolado, que é o próprio cheiro dos *karawara*. Os braceletes de penugem branca podem ser feitos de duas formas: as penugens são coladas diretamente no pulso com a resina; ou são amarradas na fibra de tucum, como uma pulseira atada ao punho. Uma vez paramentados, podem ir para o céu.

A noite já se instalou, e a partir de agora quanto menos luz perto da *takaja*, melhor. Enquanto se adornam, os homens cantam, e uma vez prontos se dirigem ao abrigo cantando e dançando com passos específicos: as duas mãos entrelaçadas sobre o peito e, sem mudar a postura das mãos, levantam e abaixam o corpo como os movimentos

---

53. *Trattinnickia burseraefolia*.

de uma ave a ciscar o chão. Esta é uma das danças[54] executadas pelos *karawara* no céu e imitadas pelos humanos na Terra. A única luminosidade em volta da *takaja* vem de uma casa em que um fogo queima bem baixinho para espantar o frio. A escuridão é uma das marcas desse momento ritual. Os *karawara* só descem à Terra na escuridão, pois, mesmo vindo caçar durante o dia, não gostam da luminosidade terrena. É importante lembrar que toda cantoria na *takaja* é noturna, e podiamos pensar que, assim como para os *xapiri* do mundo Yanomami, nossa noite é o dia para os *karawara*.[55] Os humanos, por isso também, nunca cantam ou dançam cerimonialmente durante o dia; tampouco existem festas que durem dias seguidos. Se a *takaja* for feita durante noites seguidas (o que varia muito), tudo é interrompido na madrugada. Nesse caso, no dia seguinte todos voltam a suas atividades cotidianas, e à noite uma nova sessão é iniciada.

A cantoria e a dança se iniciam enquanto, um de cada vez, os homens adentram para cantar na *takaja*. No início, o clima é de grande informalidade. Enquanto algumas pessoas estão completamente envolvidas na cantoria, outras vêm e vão ainda procurando uma refeição para fazer. Pessoas que não estejam diretamente envolvidas conversam bem alto como se nada de mais especial estivesse ocorrendo. As crianças correm em volta da *takaja*, fazendo algazarra, enquanto os adultos estão compenetrados em cantar. No entanto, nenhum desses acontecimentos afeta a dinâmica do evento. Lembro aqui que, no falar dos *karawara*, cantar é *myry* e não "*jã*" como na língua guajá. E na *takaja*, ao menos nas canções, é observada a língua celeste, que pode ser traduzida também como uma "linguagem ritual". Nesse caso, no falar dos *karawara*, fala-se *imyry ta iwapepe jaha*, "eu vou cantar no céu".[56]

Uma vez dentro, o homem inicia uma sucessão de cantos que são entoados com toda força, quase sempre se iniciando com o *Makaro janaha*, "canto do (*karawara*) Makaró", que, como já mencionei, é quase que uma epítome de um grande caçador de porcos e do que sejam os próprios humanos hoje em dia. Do lado de fora da *takaja*,

---

54. *Panỹ*, "dançar".
55. Kopenawa e Albert, 2013, p. 55.
56. Sobre os *karawara* falarem outro idioma, Calheiros também observa algo semelhante nos "*karuwara*" Aikewara: "[...] eles (os *karuwara*) não são "aqueles que se foram", eles não são seus mortos, seus ancestrais, eles são outros, são seus inimigos, falam, inclusive, uma outra língua, incompreensível aos ouvidos de um Aikewara médio, uma língua que somente os *se'engara'e* (xamãs) dominam (Calheiros, 2014, p. 266).

homens, mulheres e, por vezes, nos momentos iniciais da noite, crianças, seguem cantando. É possível perceber o som da voz masculina no interior da *takaja* se deslocando de um lado para outro, já que o homem que se encontra dentro está dançando em movimentos circulares. De repente ouve-se o barulho de um salto e um silêncio mortal no interior do abrigo: o homem foi para o céu; "*oho iwa*", alguém comenta. Nessa hora, a esposa, irmã ou qualquer outra mulher ligada ao viajante celeste inicia um canto frenético. É só a partir daí que podemos enxergar a importância das mulheres durante a cantoria, pois sem elas dificilmente os homens conseguiriam voltar para casa — *iwy*, "voltar". Após subir ao céu, um homem pode permanecer lá por um tempo relativamente longo que, até onde presenciei, pode variar de 15 minutos até algumas horas, embora a média talvez seja de meia hora, enquanto o momento ritual em si pode durar desde duas até seis horas, ou mais.

Wirahoa me explicava que se as esposas não cantassem aqui na Terra, o marido que estivesse no céu não conseguiria encontrar o caminho de volta para casa, pois, devido à vastidão do lugar e aos diversos céus que ele visita em sua viagem, seria muito fácil se perder por lá. O canto das esposas é o único elo que permite a conexão do céu e da Terra. Enquanto seus maridos estão na viagem celeste, as mulheres cantam daqui e são ouvidas por seu duplo celeste, *nima*. Os solidários duplos celestes das esposas falam ao homem: "volte para a Terra, *ajwy wype*, volte para ouvir sua esposa cantar, ela está te chamando!" Por isso, todo canto feminino durante as noites de *takaja* é uma espécie de chamamento para que o homem volte para casa. Para que não morra no céu.

Em uma madrugada, já muito tarde, Muturuhũa havia restado sozinho na *takaja*. Todos já haviam cantado bastante e — depois de muitas idas e vindas ao céu — foram dormir. Muturuhũa foi o último a entrar na *takaja* e, aparentemente, não havia ninguém para cantar para ele, pois sua esposa Amỹ Pirawãja estava deitada na rede. Assim que o homem entrou na *takaja*, a mulher sequer abriu os olhos ou mudou de posição, mas mesmo deitada em sua rede iniciou um canto baixo e constante, o suficiente para que seu marido fizesse uma boa viagem. É claro que outras e outros podem cantar (irmãs ou irmãos, cunhadas ou filhas); nada o impede. Porém, é muito comum que a esposa cante para o marido. Ela, portanto, é fundamental em todo o processo de "ida para o céu", *oho iwape*. Sem ela não há viagens celestes nem o momento ritual na *takaja*. A conjugalidade pontua todo esse processo, pois são as esposas celestes que cantam, "lá em cima", *wate*, o canto das esposas terrenas. São elas que ouvem as mulheres da Terra, que para elas são *hapihiara*, seus "duplos", e informam o caminho de volta aos Guajá que estão no céu e, sobretudo, que é hora de voltar. Minha hipótese é que não podem existir viagens ao céu (e portanto xamanismo) sem que os homens estabeleçam algum tipo de relação conjugal com mulheres *karawara*. Essas esposas celestes, muitas vezes, descem à *takaja* a fim de procurar por seus maridos terrenos, como aconteceu certa vez em que Wirahoa estava ausente da aldeia (talvez estivesse no caminho de volta de uma caçada). Sua esposa Ajruhua foi chamada por outras pessoas para perto da *takaja*, pois a esposa celeste, *iwa nimirikaa* — assim me foi dito "a esposa" e não "uma esposa" — estava querendo ouvir-lhe cantar. Mas, como todos os *karawara*, ela voltou rapidamente para o céu. Quando conversei depois com Ajruhua sobre a situação, ela respondeu muito tranquilamente: "é a mulher do céu, ela veio procurar o marido dela, mas ele tá caçando!" O "marido" em questão era seu próprio marido.

Enquanto seus pares cantam em volta da *takaja*, um homem, ao adentrá-la, permanece no interior ainda por alguns minutos, cantando e dançando até que consegue subir. Assim como acontece nos sonhos, *imuhy*, o *ipirera*, "couro", o corpo da pessoa, permanece no interior da *takaja*, despossuído de seu *hajtekera*, "princípio vital". É, portanto, o *hajtekera* que se desprende do *ipirera*, do corpo, e viaja até o céu, *iwa*. Chegando ao *iwa*, depois de muito subir, o homem encontra o primeiro patamar onde só há daquela água quente, '*ya haku*, e que, à época das chuvas, inunda a Terra na forma de grandes temporais. Durante o verão, quando ocorrem os cantos da *takaja*, o nível de água nesse primeiro patamar é muito baixo, a lama toma o lugar das águas e o grande lago de águas borbulhantes e vermelhas lá existente está praticamente vazio — esse patamar, também chamado *iwa*, não tem nenhum nome em especial. A única condição para se fazer a *takaja* é que o período das chuvas já tenha terminado.

Para chegar à aldeia dos mortos e dos *karawara* é necessário atravessar este céu intermediário. Uma vez neste primeiro patamar, o viajante celeste não deve permanecer muito tempo, pois além das águas borbulhantes — que já mataram muitas crianças *karawara* acidentalmente caídas nesse lago — lá vivem jacarés, *jakarea*, grandes e famintos, que, segundo algumas versões, comeriam os humanos que lá chegam. Por isso, deve-se subir novamente e, agora sim, alcançar a morada dos *karawara*, também chamada *karawa ripa*, "aldeia dos *karawara*", local onde estão os *harapihiara* (parentes próximos, cognatos) e *harapihianã* (parentes distantes, não cognatos), pois os Guajá defendem fervorosamente uma semelhança direta entre eles e os *karawara*. A partir daí, os cosmonautas podem acessar outros muitos patamares celestes, que são incontáveis. Além disso, como escrevi no primeiro capítulo, o "céu intermediário" das águas quentes não é justaposto aos outros *iwa*, mas se encontra deslocadamente abaixo. A terra dos *karawara* estaria mais para cima e para frente, bem distante da *wy*, a Terra. O céu que podemos observar, estando na Terra, é somente este céu intermediário, a primeira parada dos homens quando estão em trânsito.

Subir é perigoso, sempre. É uma atividade ultra especializada. Os *karawara* convidam insistentemente os homens para que subam ainda mais, a outros céus, para que comam banquetes magníficos em outras aldeias; para que adquiram outras esposas celestes; conheçam outros seres; ouçam outros cantos e vejam outras danças. Os humanos, no entanto, sabem que isso implicaria sua morte, já que, devido à distância, não ouviriam mais suas esposas cantando e se perderiam para sempre. Não se deve andar, *wata*, muito no *iwa*. O canto das mulheres terrenas é ouvido como um canto de procura, e os homens falam para os *karawara*: "estão ouvindo a minha esposa cantar na Terra?, ouçam, ela está me procurando, por isso está cantando, tenho que voltar". Os *parentes* celestes ainda perguntam sobre as mulheres terrenas, pois nutrem grande interesse por elas. Os humanos devem explicar que elas ficaram na Terra, pois não podem subir, mas os *karawara* insistem para que os humanos as levem até lá. Uma vez, ao serem indagados por mim sobre a possibilidade de as mulheres irem ao *iwa*, foram taxativos dizendo que elas não podem ir, pois não saberiam como chegar, além de serem cobiçadas pelos *karawara* celestes. Em outras palavras: elas morreriam. Estamos vendo então que, por baixo de um verniz de bem-aventurança e satisfação, há também morte e disputa por mulheres, envolvidas na relação entre *awa*, "humanos", e *karawara*, cabendo aos humanos administrar esta tensa e delicada relação. Quando as pessoas mencionam essa comunicação melódica entre mulheres na terra e homens no espaço celeste, afirmam que o canto das mulheres não são apenas um canto de referência para os homens ouvirem desde o céu, mas se trata de um diálogo como certa vez Wama'axia (uma mulher da aldeia Tiracambu) me revelou. Ouvindo uma gravação de áudio de quando seu pai Akamatÿa estava no céu e sua esposa, Pinawãxika, cantava na terra, ela explicou que naquele canto a mulher falava ao homem "volte para casa" "você já comeu?", e em paralelo o marido cantava "eu já comi guariba" e "agora eu cheguei aqui no chão" (voltei do céu). Essa comunicação entre esposas que cantam da terra e homens que as escutam do céu é, além de poética, metafisicamente complexa, pois os homens podem, só pelo fato de responderem à esposa, voltar à terra imediatamente. Imagino que, se tirarmos por esse caso específico, a própria palavra de uma mulher pode produzir a volta do marido. As evidências são sempre baseadas em fragmentos como esse acima, pois assim também o é o estilo vocal Guajá, cheio de cortes, repetições e paralelismos (com duas pessoas cantando em paralelo em "diálogo" ou não).

    A visita dos humanos ao *iwa*, durante a *takaja*, é, lá nos patamares superiores, marcada por canto, *janaha*, dança, *panyha*, e comensalidade, *i'uha*. É disso que tratam os encontros celestes, uma vez que caçar (e comer) e cantar é o que marca boa parte da vida humana. Os diversos *karawara* entoam seus cantos característicos e o fazem sempre de uma forma mais bela que os visitantes humanos; e ainda pedem para que os humanos cantem. Os *karawara* ainda dançam com suas flechas energizadas nas costas, coreografias repletas de brilho; são as mesmas flechas que utilizam para caçar na Terra e que matam suas presas sem lhes causar ferimento. Os raios do céu, principalmente aqueles que aparecem à noite, são o resultado das flechas com energia, *tata*, desses *karawara*, e quando alguém olhar para o céu e notar os raios, certamente exclamará: "*karawara panỹ!*", os "*karawara* estão dançando!" Por isso, na Terra, outra forma de os homens dançarem fora da *takaja* é colocarem cera de maçaranduba ou jatobá na ponta de uma taquara, ou outra madeira fina, acender e dançar com ela apoiada sobre os ombros, tal como os *karawara* com suas flechas, o que causa um efeito visual fantástico. Há ainda dois *karawara* chamados Japu Jara, "Pássaro Japu", e Japini'i Jara, "Xexéu", que, por serem construtores de tapiris no céu, lá dançam com palhas sobre as costas. Por isso os homens, ao cantar seus temas na *takaja*, dançam segurando palhas secas nas costas, como esses *karawara*.

    Quanto à comensalidade, ela parece ser uma espécie de "oferenda às avessas", diferente de outros povos Tupi que preparam rituais com banquetes específicos para suas entidades sobrenaturais que aqui descem para se alimentar, como já expus anteriormente. Entre os Guajá, são os *karawara* que lhes oferecem comida. Como já sugeri, há grande fartura no *iwa*, já que os caçadores magníficos que lá habitam conseguem carnes com tanta facilidade que nem sequer as estocam. Além disso, a farinha é branca e quase doce, *hee'ẽ*, de tão gostosa, os frutos são maiores e as quantidades de mel, descomunais. Desta forma os *karawara* disponibilizam toda essa fartura para os humanos que lá conseguem chegar, quase que um oposto do que vemos em outras formas de xamanismo, em que são os deuses que descem para comer. Os homens que alcançam o céu são unânimes ao lembrar que os *karawara* tentam prendê-los lá pela fartura e abundância das refeições.

Assim, uma vez no *iwa*, um homem encontra seus parentes, canta e come com eles, escutando seus conselhos, desde a escolha de um nome, notícias sobre caçadas, sobre a cura de enfermos (quando existem), e até mesmo bens são disponibilizadas pelos *karawara*. Wirahoa confirmou já ter trazido alguns cartuchos (de espingarda calibre 20) que ganhou de presente dos *karaia* celestes. Pessoalmente, tive o prazer de presenciar a preparação dos caçadores para uma caçada de porcos, cujo rastro da vara aparecera no dia seguinte a uma noite de cantoria na *takaja*. Wiraho me disse com tranquilidade que havia pedido para seus *parentes* mandarem os animais para que fossem caçados. Nunca encontram Maira no *iwa* durante a época em que sobem, pois o verão, *kwarahy mehẽ*, é a época em que Maira (além de alguns *karawara* que não saberia apontar) se ausenta para longe e vai para a "casa de seus sogros". Durante as noites de *takaja*, os Guajá só se encontram com os parentes mortos (tornados *karawara*, como veremos logo adiante), além dos *tenetehara*, dos *karaia* celestes e dos diversos *jaras* que já elenquei.

ARU KARAWARA, «TRAZER OS *KARAWARA*»

Uma das coisas mais impressionantes no momento ritual da *takaja*, tanto quanto a subida dos homens ao céu, é a descida dos *karawara* para ali cantar e dançar. Uma vez que um homem vai para o céu, o silêncio reina no interior da *takaja*; só é ouvido o som da cantoria externa, sobretudo das mulheres. Esse estado permanece por longos minutos (10, 15 ou mais). Todavia, passado algum tempo as folhas da *takaja* tremulam de cima abaixo e ouve-se o barulho de um pulo: dois pés pisaram o chão simultaneamente, o que indica que algum visitante celeste veio à Terra, *wya*, cantar. Quando sobem, seu *ipirera* (corpo) fica no interior da *takaja*, vazio, utilizado como uma pele pelos *karawara* (sejam, onça, gavião, pássaros, marimbondos, *karaia*, *tenetehara* e a infinidade de seres que vive no *iwa* e desce para cantar). Para quem sobe ao céu é dito que "traz os *karawara*", *ru karawara*; uma vez no *iwa*, ele diz aos seres de lá: "Desçam, vão ver seus parentes na Terra!" Alguns são bem-vindos, outros (como as onças celestes) devem ser espantados. Para isso, uma criança, se alguma ainda estiver acordada, uma mulher ou um homem bate com vigor nas paredes de folha da *takaja*. Um pedaço de pau, *wira*, é utilizado para bater, visando a enviar o visitante indesejado de volta para o céu. A *takaja* é um local perigoso, pois é aberta a diversos tipos de seres, inclusive a alguns que intentam levar esposas da Terra, ou mesmo sair da *takaja*. Por isso, os homens que os trazem devem se entender bem com eles e, em alguns casos, as pessoas os devem espantar de volta, batendo nas paredes. Durante a cantoria, não é permitida a entrada de nenhuma mulher ou criança no abrigo.

A *takaja* Guajá, tal como ocorre com outros povos, como os Parakanã (Fausto, 2001, p. 281) e Asurini do Xingu (Müller, 1990, pp. 151–154), seria algo como um "aprisionador ou receptáculo de espíritos" (Fausto, 2001, p. 281), tal uma transformação do maracá, como pontua o autor:

A ideia de que os espíritos se manifestavam através dos maracás porque estavam dentro dele é expressa por autores que consolidaram o material quinhentista: 'o maracá, instrumento sagrado dos tupinambás, possuía uma função definida nos rituais, parecendo fora de dúvida que estava nele o espírito envocado (Fernandes, 1970, pp. 75–76); 'o maracá servia de receptáculo ao espírito' (Metraux, 1979, p. 60). O maracá seria, pois, uma tokaja, que atrai e contém os espíritos, os quais só os pajés eram capazes de ouvir.[57]

A *takaja* aqui, tal a analogia de Fausto a partir do material quinhentista, pode ser pensada como esse grande objeto atrator e aprisionador e parece operar como um grande instrumento musical, uma grande caixa de ressonância para os *karawara* que descem à Terra para cantar.

Cada *karawara* detém especificidades em seus cantos, de modo que todas as pessoas que estão do lado de fora da *takaja* sabem exatamente qual ser está em seu interior. E todos descem à *takaja*: onça, *jawara*, papa-mel, *haira*, jiboia, *majhua*, jacaré, *jakarea*, gavião, *wirahoa*, pererecas, poraquê, *marakya*, dentre outros. Além desses, os *karaia* e *kamara* celestes também descem. Os *karawara* que descem

---

57. Fausto, 2001, p. 281.

do céu, além de cantar, emitem os sons característicos de seus duplos terrestres, sugerindo que, sim, os *karawara* são versões humanas e celestes — isto é, duplos — de animais terrenos. Os Guajá dizem que quem emite os rugidos e cantos de animais são os filhos dos *karawara* que os acompanham à *takaja*, pois esses, por serem crianças, ainda não sabem cantar. Desta forma, é possível ouvir a onça e seu rosnado; o som gutural de porcos; o canto do gavião; e até mesmo um improvável morcego, *arira*, que aqui veio cantar. Alguns seres animais, como os Jakara Jara, que vivem no patamar alagado, e Wri Jara, um capelão agressivo de cor vermelha, também vêm para a *takaja*.

À medida que os homens saem da *takaja* para cantar do lado de fora, quem está ali são os próprios *karawara*, que param em frente as mulheres e crianças, cantam-lhes, sopram-lhes e por meio das canções contam suas epopeias, falam sobre a saudade de uma Terra e um tempo distante ou cantam as maravilhas que há no céu. Nas noites de *takaja*, as aldeias ficam repletas de *karawara*. Esses *karawara* se relacionam diretamente com aquele homem específico, como parceiros ou mesmo "espíritos auxiliares". Cada homem se relaciona com um conjunto de espíritos específicos no céu, e são eles, da confiança dos humanos, que descem à Terra. Após algum tempo no *iwa*, é o momento de o homem retornar. A descida, como me foi relatada por Hajmakoma'ã, é suave e pode ser comparada à queda de uma "folha". Esta seria mais uma razão para os meninos jovens não irem ao *iwa*: eles não saberiam como descer, poderiam cair na descida e morrer. É muito comum, nas primeiras tentativas de ida para o céu, jovens de 15 anos tentarem subir e, mesmo paramentados, se frustrarem em tentativas de alcançar o céu. São necessárias muitas sessões iniciais até que os jovens aprendam. Houve noites em que os homens tiveram que ser breves, com uma duração ritual muito curta (cerca de duas horas), pois o *iwa* naqueles dias estava insuportavelmente quente, e os humanos não aguentaram permanecer por lá. Em todo caso, é esse *iwa rakuha*, "calor do céu", que os *karawara* trazem na descida à Terra, sopram nas esposas e crianças do seu parceiro e que tem funções terapêuticas.

O processo de cura consiste basicamente em trazer o "calor do céu", *iwa rakuha*, esse ar terapêutico que é soprado pelo homem-xamã em diversas partes do corpo da pessoa. Esse calor, tanto atua de forma preventiva, fortalecendo o corpo, como pode curar um enfermo, se administrado em doses mais intensas. O que os *karawara* fazem na

Terra é, primeiro, "cantar", *jã*, e, depois, "soprar", *pyy*; hoje em dia, muitas pessoas da TI Caru têm chamado isso de "rezar", em português. A ideia do sopro é que as pessoas fiquem bem, sem doença: *a'e kĩja*: "ficar assim todo tempo", sem doença. Essa é uma das funções do sopro, "*iku katy*", "ficar bem". Os *karawara* entram no corpo do seu parceiro, "irmão", *hapija perera*, "pele do irmão", como que se vestindo com sua pele, *ipirera*, para atuar na Terra. Outra forma de mencionar essas curas é *ru iwa janaha*, "trazer a música do céu". Os *karawara* e a cura estão diretamente relacionados. É pelo canto que os homens se comunicam com os *karawara* que lhes auxiliam nas curas. O canto é quase um bem material, algo externo produzido pelos *karawara* e utilizado pelos humanos.

Quando os *karawara* descem do céu vestindo a pele dos humanos e saem da *takaja* em direção a suas esposas e filhos para soprá-los, *pyy*, sempre haverá uma mistura entre *karawara* e humano — é como se o homem o trouxesse junto com ele. E só quem vê os *karawara* são os homens que cantam e curam. Em outra interpretação, os *karawara* ficariam dentro da *takaja*, e quem sai seria o próprio homem para soprar. Segundo me informou Wirahoa, os *karawara* "falam" com os Guajá de dentro da *takaja*. Ideias como *xá iwa*, "olhar o céu", *takaja janaha*, "o cantar da *takaja*", *ru karawara*, "trazer *karawara*", e *ru hakuha*, "trazer o calor", são todas sinônimos para "curar". Enquanto os *karawara* estão em Terra eles sopram os vivos e tiram as doenças. Trata-se de um "xamanismo padrão", acessível a todos os homens (quase como uma imposição de gênero), e está longe de ser um conhecimento especializado. Se perguntarmos a qualquer um, na aldeia Juriti, quem lá saberia "tirar" ou "soprar" doenças — *hahy*, "dores" —, todos os homens adultos serão apontados, pois todos conseguem ir para o céu e trazer o "calor", o que não quer dizer que todos tenham o mesmo nível de excelência. Por isso, Xiparamyxa'a, um homem mais velho, é considerado o melhor curador da aldeia. Muitos homens recorrem a ele quando eles mesmos não conseguem curar seus parentes próximos. Lembro ainda que não encontrei um termo na língua Guajá para o especialista em cura.

As doenças, como já vimos, têm causas variadas, e a terapêutica Guajá mistura os cantos e os remédios tradicionais. Houve uma ocasião, enquanto trabalhávamos na roça, em que encontramos um pequeno veado foboca, *arapaha'ia*, que logo fugiu. Na mesma tarde, o jovem Juxa'a, que estava conosco na roça, caiu doente com muita febre e calafrios. Sabemos que os veados são animais de criação dos *ajỹ*, por isso lançou-lhe *ha'aera*, "raiva". Naquela mesma noite, seu padrasto teve que tirar-lhe a doença, *hahy*. Tratava-se de um mês de inverno, e nas chuvas os homens não sobem ao céu pela *takaja*, trazem os *karawara* para dentro de seus corpos com o canto, o único agente concreto do xamanismo guajá.

Os Guajá não utilizam tabaco nem as bebidas fortificantes que seriam consumidas pelo curador. O máximo que utilizam são os remédios da floresta como auxílio da cura, porém o básico é o canto, *jã*, e o sopro, *pyy*: o canto, para trazer o *karawara*, e o sopro, para tirar a doença. Além da *takaja*, há pelo menos uma forma de trazer os *karawara* à Terra. São esses cantos noturnos, em casa, na rede, quando o homem abandona seu corpo e traz o *karawara* para curar quem quer que seja. Quando um homem canta, o *karawara* se instala em seu peito que lhe comunica os procedimentos. É isso que orienta os homens nas curas, tal como espíritos auxiliares. E o homem canta ainda mais alto. Essas curas são chamadas simplesmente de *karawara* ou *ru karawara*, "trazer *karawara*", tal qual a acepção comum de *feitiço* que vimos em outras paisagens. Os *karawara* Guajá se conectam parcialmente com essa ideia de feitiço e contra-feitiço, mas que não podem ser traduzidos literalmente assim, pois, antes, são seres que dominam a cura, a qual também é chamada *karawara*. O agente terapêutico, chamemos assim, soprado pelos homens, o calor do *iwa*, serve para tirar o agente patogênico, *ha'aera*, do corpo das pessoas. Por isso, para os animais, o *ha'aera* é visto como *karawara*. O *ha'aera* é o *karawara do capelão*, repetindo o que alguém me disse certa vez.

A cura feita sob orientação dos *karawara* consiste em que o homem-xamã molhe com saliva seus dedos indicadores e imprima pequenos pontos úmidos nos braços, troncos, pernas, ou outra parte que esteja dolorida ou doente. Após essas marcas serem feitas, deve-se soprar bastante, além de cantar com intensidade. O sopro, tanto na *takaja* quanto durante a época das chuvas, nessas seções privadas, é feito nos braços e na cabeça. Cada braço é soprado, ao fim de cada sopro passa-se a mão, e o processo termina com um sopro forte na cabeça; repete-se isso diversas vezes, interrompendo-se apenas para cantar. Esse é o procedimento básico para tirar o *ha'aera* de alguém que foi atacado por esses princípios mortais. A saliva é dita esfriar o corpo, *ipirera*, da pessoa que estiver com febre. Se o fígado (órgão destacado como de grande importância vital) estiver ruim, por exemplo, imprimem pontos de saliva na barriga e costas; o mesmo ocorre com o coração, dores nas juntas, musculares, cabeça, ou qualquer outra parte magoada. Eu não saberia explicar a função da saliva nesse processo, mas ela parece oscilar entre um antitérmico, condutor do sopro e uma espécie de abridor de poros por onde o sopro entraria. De forma análoga, descrevendo uma sessão xamânica, Fausto destaca que na cura Parakanã, aquele que controla e sonha com os xerimbabos oníricos, além da fumaça do cigarro e do sopro, esfrega sua saliva no corpo do enfermo a fim de lhe imprimir a devida cura (Fausto, 2001, p. 373).

~

Para finalizar esse tópico, o rodízio de homens que entram na *takaja* segue uma "ordem" estabelecida de acordo com a situação. Se participam cinco homens, o primeiro a entrar será o primeiro a reentrar na *takaja*, depois que todos seus companheiros já o tiverem feito. À medida que um homem sai da *takaja*, outro entra imediatamente, ela não permanece vazia nem por um minuto. Depois de outro período, entra um terceiro, e assim sucessivamente. A ordem inicial parece aleatória, porém, quando o último homem a entrar sai da *takaja*, o que iniciou o processo retorna a ela, e a mesma ordem é obedecida. Na aldeia Awá (TI Caru) acontecia também de entrarem dois homens ao mesmo tempo. Depois de duas ou três entradas na *takaja* (e algumas boas horas de cantoria), já é alta madrugada, o relógio marca três horas da manhã, e à medida que os homens saem do abrigo ritual, voltam para suas casas levando o calor do céu para soprar em seus filhos e esposas. A "brincadeira" (para evocar uma tradução indígena) acaba gradativamente. O silêncio vai nublando a aldeia. Em seu pátio central, só restará uma mulher, solitária, cantando para que seu marido retorne em segurança do *iwa*, para, então, poderem dormir em paz naquela noite.

RITORNELO

"Depois que morre, vira *karawara*!", é o que muitos diziam quando conversávamos sobre a morte. Ao falarem sobre a morte, empregam como sinônimo o verbo "subir", em português. Além disso, na língua Guajá morrer, *manũ*, é referido como *oho iwape*, "ir para o céu", a mesma ideia utilizada para descrever o momento ritual da *takaja*; ou ainda *ikwẽ iwape*, "permanecer no céu". Além dessas, outra forma pela qual se referem à morte, *manũ*, é *karawara pyhy*, literalmente, "os *karawara* pegaram". Os Guajá não gostam de conversar sobre a morte e sobre os detalhes da nova vida que um dia todos experimentarão no *iwa*. "Eu não sei não, Uirá!", era o que me respondiam quando eu perguntava mais sobre os *karawara* (a quantidade de animais que esses seres caçavam; como carregavam os animais para o céu; como tiravam embira para amarrá-los; como ajudavam nas curas etc.); ou mesmo quando se tratava de discorrer sobre a morte em geral.

Existe um *karawara* chamado *Kirimixixa'a* que é o responsável por ressuscitar o morto quando este chega no *iwa* (cujo duplo terreno é um tipo de marimbondo que vive na beira de rios e igarapés e, segundo os Guajá, "gosta de cavucar a terra"). Lembremos que, após a morte, é o *hajtekera*, o "princípio vital", que vai para o *iwa*. Portanto, é essa parte da pessoa que renasce no *iwa*, em forma de *karawara*. Quando um morto chega ao *iwa*, *Kirimixixa'a*, que é uma espécie de xamã celeste, habitante de um patamar distante, é avisado por seu filho. Então, ele desce até os patamares inferiores, que é onde chegam os mortos. As feridas do morto são limpas com aquela mesma água vermelha e quente, '*y rakua*, que só existe no *iwa* e que os humanos não podem pisar, nem os *karawara* podem beber. Trata-se de uma água curativa capaz de cicatrizar qualquer ferida e esquentar um *hajtekera* que jaz frio.

Deitado, desfalecido, em uma rede de fibras brancas, a pessoa é soprada, *pyy*, por *Kirimixixa'a*. Este é o sopro que auxilia na cura das feridas e no alívio das dores. Além do sopro e da água ressuscitadora, esse *karawara* lança-lhe *tata hatỹma'a*, "fogo-energia saudável-forte", a mesma energia brilhante produzida pelas flechas mágicas dos *karawara* quando dançam, que são vistas como raios, ou caçam, que matam a caça sem a ferir, e ainda compõem os cartuchos dos *karawara* que caçam com espingarda. Uma energia brilhante, como o *flash* de minha máquina fotográfica, constituinte de vários fenômenos do *iwa*. Após esses cuidados, *Kirimixixa'a* adorna o recém-chegado tal como um *karawara*: se for um homem, com as respectivas penas e cocares; caso seja uma mulher, com a saia de penas de tucano confeccionada por sua esposa. Após adornado e curado, *Kirimixixa'a* envolve o morto na rede, *ikaha*, em que está deitado — tal como um casulo. Após abrir a rede, o morto está ressuscitado como um *karawara*.

Quando acordar no *iwa*, o recém-chegado tem vontade de voltar à Terra para rever sua esposa e os filhos. Mas os *karawara* não deixam que isso ocorra. Em pouco tempo, o morto passa a guardar poucas lembranças, *imarakwaha*, de sua vida terrena, até esquecer completamente que um dia foi humano. A vida como *karawara* facilmente suplanta a vida como *awa*. Após a morte de Pinawataxa'a, em 2009, seu irmão, Wirahoa, me disse que o encontrou no *iwa* na ocasião de uma *takaja*, passados poucos meses após sua morte. Nessa ocasião, Pinawataxa'a, o recém-morto, se recordava muito pouco de seu irmão que ia lhe visitar no céu. Wirahoa me explicou que, por haver muita comida, mulheres e belezas no *iwa*, é fácil esquecerem a vida na Terra, *wya*. É por esse mesmo motivo que os humanos devem esquecer completamente o morto, tal como um processo de duplo esquecimento: em que os mortos — estando lá — esquecem os vivos; e os vivos — estando aqui — esquecem os mortos. Quanto à "vida eterna" — *ikwẽ iwape*, "permanecer no céu" —, ouvi tanto que os *karawara* nunca envelhecem quanto que têm o dom do rejuvenescimento eterno e são tornados jovens a cada vez que envelhecem, pelo mesmo processo energético de *Kirimixixa'a*.

Se morrer é subir, como me relataram inúmeras vezes, o momento ritual na *takaja*, também dito subir, ou *oho iwape*, "ir para o céu", é uma pequena experiência de morte. Os homens que vão para o *iwa* durante essa cerimônia chegam vestidos como mortos*karawara*, com vestes idênticas às que utilizarão um dia, após lá renascerem como *karawara*. Os homens, tal como xamãs (embora essa função entre os vivos não seja explícita), experimentam em vida — com suas vestes, canções e viagens ao céu — as sensações que são vivenciadas plenamente após a morte. Uma vida cheia de dança, canto e abundância.

Os *karawara* se realizam enquanto ação pois existem como entidades, e vice-versa. Pensá-los, porém, em termos identitários e afirmarmos algo do tipo "Os *karawara* são desta ou daquela forma!" não é o que sugiro aqui. Como vimos, eles são seres do tipo entidades celestes, destino dos vivos, ao mesmo tempo que agem como agentes noogênicos, do tipo substâncias extra naturais que realizam curas e trazem saúde. Assim, os *karawara* também parecem recolocar em outros termos a relação *riku* que — se pelo entendimento da conjugalidade e da propriedade (como no caso das flechas) é traduzida por "criar" — a relação dos *karawara* com seus *nima*, "versões", "duplos", terrestres não sugere "domínio", nem "controle" ou mesmo "criação"; mas, sim, "estar associado a". A relação *riku*, por isso, pode ser pensada como aquela que relaciona e associa seres, não somente logicamente, mas consubstancialmente, e que, ora é uma relação de "criação", ora de "associação", isto é, de "estar com". O *riku* é um processo de cognação entre diferentes seres do mundo: maridos e esposas; pais e filhos; mulheres e animais de criação; caçadores e suas flechas; humanos e duplos celestes; *karawara* e duplos terrenos; *ajỹ* e animais; nomes e pessoas; animais *jara* e seus *nima*, como a relação entre um veado e uma paca; e tantas outras relações que vimos aqui. E essa "teoria da relacionalidade generalizada" (para recolocarmos os termos de Viveiros de Castro), cujos polos são denominados *jara* e *nima*, nem sempre implicará controle ou domínio, como sugere o exemplo dos *karawara*.

A caça, como um ponto importante na vida dos Guajá, articula muitas relações, como vimos, porém o objetivo deste livro, mais do que tirar qualquer conclusão generalista, é explicitar e pôr em relação diferentes aspectos da vida dos Guajá. Um mundo onde haja caça abundante é fundamental, tanto para os Guajá, quanto para os *karawara*, caçadores que vêm caçar na Terra. Nas aldeias Guajá, nos dias de hoje, sem dúvida, o que mais preocupa as pessoas é a depredação ambiental que acarretará, todos afirmam, o fim da floresta e, consequentemente, o fim da caça, da comida e, portanto, da vida. Como parece ter ficado claro durante nosso percurso até aqui, o cenário onde esse drama se desenrola é uma das regiões mais desmatadas da Amazônia, e talvez do planeta. Os Awá estão vivendo um momento crítico de sua história. A desintrusão da TI Awá em 2013-2014 revelou uma terra devastada; na TI Caru temos o mesmo quadro, porém este é agravado pelo impacto da Estrada de Ferro Carajás (EFC) em que duas aldeias estão quase à margem da ferrovia, separadas apenas pelo rio, e cuja duplicação será feita em breve. Os Guajá sempre foram muito generosos comigo, e penso que diversas vezes me pouparam do grande descontentamento e desilusão que sentem pelo mundo dos *karaia* — o meu mundo — que em menos de duas décadas transformou radical e perversamente sua forma de vida. Os fatos que mais lhes causam tristeza são a derrubada das florestas para a abertura de roças e a exploração ilegal de madeira, tal como ocorre hoje, principalmente na área indígena Awá. Isto, no entanto, não implica somente a morte da vida da floresta e o fim da vida de caçador, mas interfere na ecologia dos *karawara* pois, como vimos, eles também precisam das matas para caçar.

É quase inevitável que hoje em dia um etnógrafo que trabalhe, seja na Amazônia ou em qualquer outro contexto etnográfico onde existam abusos e ataques a direitos básicos da vida das pessoas, destruição ambiental e nenhuma salvaguarda a esses direitos, não seja sensibilizado por esses problemas e arremate suas reflexões teóricas apontando para um futuro desanimador às pessoas que tanto lhe ensinaram. É difícil escrever sobre tais temas, quanto mais quando vimos a força e a vitalidade desse coletivo humano que, sem dúvida, foram as pessoas mais especiais e encantadoras que conheci em toda minha vida. Ainda assim, os Guajá, eles mesmos, me atentaram para algo que vários povos ameríndios nos vêm alertando há tantas décadas — e até mesmo séculos — isto é, o mal que o "homem branco" tem causado à Terra, sem ao menos tentar compreender quais serão as consequências de suas atitudes. A "versão Guajá" para essa "queda do céu" diz respeito à bem-aventurança dos *karawara*. Explicando melhor, os *karawara* estão vivos ajudando os humanos, porque os humanos estão se relacionando com os *karawara*, e mais, com a floresta; mantendo a caça abundante sem destruir o ambiente. A possibilidade de vida na Terra é a mesma que propicia a vida no céu, pois sem a caça, o mel e a água terrena os *karawara* morrem. O equilíbrio ecológico e cósmico é dado nessa relação; afinal, como vimos, é um *karawara*, Japu Jara, que controla as distâncias entre os diversos *iwa* e a Terra, as mantém em uma boa distância e controla os níveis do universo. O fim da vida celeste devido à penúria alimentar é o fim da vida no cosmos. Os Guajá nunca defenderam diretamente uma teoria fatalista oriunda do desmatamento, mas sugeriram, em diversos momentos, o descontentamento dos *karawara* para com o fim da floresta; e isso acarreta apreensão e tristeza aos humanos. Os *karawara* são os mais interessados em que as florestas fiquem em pé, pois seu mundo está em uma relação de continuidade com o nosso. Os próprios *karawara* conhecem bem a Terra, *wya*, pois aqui já viveram antes da grande separação e, como vimos, nunca deixaram de "estar junto", *riku*, a nós.

Agradecimentos

Este livro é uma versão modificada de minha tese de doutorado, intitulada *Karawara: a caça e o mundo dos Awá Guajá*, defendida em 2011 no Programa de Pós-Graduação em Antropologia Social da Universidade de São Paulo (PPGAS-USP), e muitos são os responsáveis pela sua concretização.

Agradeço à Fundação de Amparo à Pesquisa do Estado de São Paulo (FAPESP), pelas bolsas de doutorado, pós-doutorado e o auxílio à publicação que possibilitaram a realização desta obra.

Ao PPGAS-USP onde cursei mestrado e doutorado. Ao Departamento de Antropologia da UNICAMP que me recebeu durante o pós-doutorado. E ao Departamento de Ciências Sociais da UNIFESP, onde atualmente trabalho e encontrei um ambiente excelente para ensino e pesquisa.

A Luísa Valentini e à Hedra, em especial a Jorge Sallum, pela extrema confiança e pelo convite para que eu publicasse.

À minha família, Ana Maria, Januário, Aruan, Tainá e Raoni que sempre me apoiaram em tudo.

Ao longo do tempo, professores, colegas, funcionários e amigos contribuíram, cada qual de uma forma, para realização deste livro. Como são muitos nomes, sem intenção de hierarquizar as contribuições, coloco-os aqui em ordem alfabética. Muito obrigado a Ana Cláudia Marques, Aristóteles Barcelos Neto, Beatriz Perrone-Moisés, Beto Ricardo, Bruce Albert, Carlos Jardim, Carlos Travassos, Ciça Avenci Bueno, Clarisse Jabur, Dominique Gallois, Eduardo Marques, Eduardo Viveiros de Castro, Felipe Sussekind, Felipe Vander Velden, Fernanda Guimarães, Gabriel Barbosa, Guilherme Orlandini Heurich, Igor Scaramuzzi, Joana Cabral, Jorge Villela, Júlia Sauma, Juliana Rosalen, Leandro Mahalen, Luis Roberto de Paula, Madalena Borges, Maíra Bühler, Majoí Gongora, Manuela Carneiro da Cunha, Marcelo Yokoi, Marcos Rufino, Maria Fernanda Silva Jardim, Marina Vanzolini, Marta Amoroso, Mauro Almeida, Miguel Palmeira, Mylena Mandolesi, Orlando Calheiros, Paride Bolletin, Pedro Augusto Lolli, Renato

Sztutman, Rosana Diniz, Rogério do Pateo, Rui Murrieta, Salvador Schavelzon, Valéria Macedo, Vânia Maria Ferro, Vicente Sampaio, Vinícius Jatobá e Ypuan Garcia.

Abro uma exceção agradecendo alguns nomes pontualmente.

A Fany Ricardo, Tiago Moreira dos Santos e ao ISA pelos mapas que aparecem no livro.

A Domenico Pugliese e Sebastião Salgado pelas fotos.

No Maranhão, agradeço a Patriolino Garreto, Riba Rocha, Maria Dalva, Zé Almir (SESAI), Antônio (SESAI), Gaúcho da Funai, Sr. João Cantú e Dona Sueli (e toda sua família que me recebeu em Roça Grande e em São Luís), e toda a equipe da Frente de Proteção Etno-Ambiental Awá Guajá.

No Rio Pindaré, em Alto Alegre, agradeço a Júnior (da Funai) e sua mãe D. Josa. No rio Caru, um agradecimento especial ao Seu Cajú e toda a sua família, em especial ao seu filho Chico, que me deu muitas caronas de barco. Em São João do Caru agradeço ao Sr. Zé Belo e família pelo suporte permanente em seu hotel. E a Agostinho de Carvalho, profundo conhecedor das artes da floresta, muito obrigado por todos os ensinamentos dentro e fora da mata.

A Ana Letícia Silva, que caminhou junto comigo durante tantos anos, esse livro também é seu.

A Marcio Silva, meu orientador de mestrado e doutorado, e hoje amigo, com quem aprendi muito. A Vanessa Lea que me recebeu na Unicamp, e foi uma interlocutora interessada e atenciosa.

A Tânia Stolze e Marcio Goldman, mestres e amigos, que há tempos atrás, em um Rio de Janeiro distante no passado, me incentivaram a vir para São Paulo, e durante todos esses anos foram os meus interlocutores mais próximos.

A Marina Magalhães, grande estudiosa da língua guajá, a quem recorri por e-mail diversas vezes para tirar dúvidas, além de me ceder narrativas inéditas traduzidas, que muito enriqueceram este trabalho. Sem sua pesquisa e seu auxílio o trabalho não seria o mesmo. A Louis Carlos Forline, que me levou para os Guajá e me apresentou à comunidade Juriti.

A Fabiana Maizza, que nos últimos anos foi a pessoa com quem mais troquei ideias e *insights* a respeito deste livro, e que de muitas maneiras, mesmo sem perceber, me ajudou a escrevê-lo por inteiro.

A Rita e Tomé.

Por fim, eu não saberia como agradecer a cada pessoa de cada comunidade em que trabalhei. Fruto desse meu encontro com os

AGRADECIMENTOS

Guajá, este livro não escapará da parcialidade típica das etnografias, e algumas vozes — além da minha — aparecerão mais do que outras. Tenho muito a agradecer à aldeia Juriti, onde tive tantos aprendizados, e todos me receberam de maneira muito generosa, abrindo suas casas e suas vidas. Apesar deste livro ser dedicado aos Guajá, dedico-o em especial a um grupo de jovens, filhos de muitos amigos, que eram crianças quando cheguei pela primeira vez naquela aldeia. Hoje adultos, eles mesmos se tornaram grandes amigos me tornando *avô* de seus filhos. Não sei por que, alimento a ideia de que foram eles que, com carisma, *amoleceram* todos os outros que me receberem tão bem. Obrigado a vocês Aparanỹa, Takwaria, Jui'ia, Aparana'ia, Kawui'ia, Kiripi'ia, Jumã'ã, Panăpinuhũ e Iauxa'a.

Nas aldeias Tiracambu e Awá, onde me instalei por mais tempo durante o pós-doutorado agradeço a Xiparẽxa'á, Wa'amãxũa, Hajmakoma'á, Makaritỹa, Kamajrua, Ximirapia, Maihuxa'á, Pakawãja, Karapirua, Takwariroa, Manimya, Manãxika, Mihaxa'a, Amiria, Jakara'yra, Makarikarỹa, Tatuxa'á, Parapijỹ, Hajkaramỹkỹ, Arakari'ĩa, Xiwikwajỹa, Irakatakoa, Aparikya, Maijhuxa'á, Takamỹxa'a, Piranẽxa'a, Itaxĩ, Amiria, Petu e Warixa'á.

Sem a amizade e a confiança de cada um de vocês esse livro não seria possível!

Referências bibliográficas

ALBERT, Bruce. "O ouro canibal e a queda do céu: uma crítica xamânica da economia política da natureza". In: *Série Antropologia, 174*. Brasília, 1995.

ALBERT, Bruce & MILIKEN, William. *Urihi A: a terra-floresta Yanomami*. São Paulo: ISA-IRD, 2009.

ALMEIDA, Mauro W. B. *Caipora e outros conflitos ontológicos* (mimeo). Conferência Quartas Indomáveis, São Carlos, 2007.

AMAZONE, Projeto. *A onça e a diferença*, 2010.

ANDRADE, Lucia M. M. *O Corpo e os Cosmos: Relações de Gênero e o Sobrenatural entre os Asurini do Tocantins*. Dissertação de Mestrado. São Paulo: Universidade de São Paulo, 1992.

ÅRHEM, Kaj. *La red cósmica de la alimentación*. In: DESCOLA, Philppe & PÁLSSON, Gísli. México: Siglo XXI, 2001.

ASAD, Talal. "The Concept of Cultural Translation in British Social Anthropology". In: CLIFFORD, James & MARCUS, George E. (eds.). *Writing Culture. The Poetics and Politics of Ethnography*. Berkley: University of California Press, 1986.

BALÉE, William. *Culturas da floresta: apontamentos críticos sobre a ecologia cultural na Amazônia*, trabalho lido no Simpósio ABA/ANPOCS, 1987.

_____. "O povo da capoeira velha: caçadores-coletores das terras baixas da América do Sul". Trabalho apresentado na Conferência Amazônica da Fundação Memorial da América Latina, 25 mar. 1992.

_____. "People of the Fallow: A historical Ecology of Foraging in Lowland South América". In: REDFORD, Kent H & PADOCH, Christine (orgs). *Conservation of neotropical forests: working from traditional resource use*. New York: Columbia University Press, 1992.

_____. *Footprints of the forest: Ka'apor ethnobotany: the historical ecology of plant utilization by an amazonian people*. New York: Columbia University Press, 1994.

_____. "Language, law, and land in Pre-Amazonian Brazil". In: *Texas International Law Journal* vol. 32, n. 1, 1997.

_____. "The Sirionó of the Lanos de Mojos, Bolívia". In: DALY, Richard & LEE, Richard (orgs). *The Cambridge Encyclopedia of Hunters and Gatherers*. Cambridge: Cambridge University Press, 1999.

_____. "Antiquity of traditional ethnobiological knowledge in Amazonia: the Tupí-Guaraní family and time". In *American Society for Ethnohistory*, Tulane University, 2000.

_____. *Cultural Forests of the Amazon. A Historical Ecology of People and their Landscapes*. Tuscaloosa, Alabama: The University of Alabama Press, 2013.

BARBOSA, Gabriel Coutinho. *Os Aparai e Wayana e suas redes de intercâmbio*. Tese de Doutorado. São Paulo: Universidade de São Paulo, 2007.

BATESON, Gregory. "Toward a Theory of Schizophrenia". In: *Steps to na ecology of mind*. Chicago/London: The University of Chicago Press, 1956 (2000).

BECKERMAN, S. & VALENTINE, P. (eds.). *Cultures of Multiple Fathers: The theory and practice of partible paternity in South America*. Gainesville, University of Florida Press, 2002.

BIRD-DAVID, Nurit. "The Giving Environment: Another Perspective on the Economics System of Hunter-gatherers". In: *Current Anthropology*, 31, 1990, p. 183-96.

BONILLA, Oiara. "O bom patrão e o inimigo voraz: predação e comércio na cosmologia paumari". *Mana. Estudos de Antropologia Social*, 11(1), 2005, p. 41-66.

BRIGHTMAN, Marc. "Creativity and control: property in Guianese Amazonia". *Journal de la Societe des Americanistes de Paris*, 96(1), 2010, p. 135-167.

BRIGHTMAN, Robert. "The Sexual Division of Foraging Labor: Biologt, Taboo, and Gender Politics". *Comparative Studies in Society and History*, v. 38, n. 4, 1996, pp. 687-729.

BROCHADO, J. P. *An ecological model of the pread of pottery and agriculture into Eastern South America*, ph.d. dissertation, University of Illinois at Urbana-Champaign, Ann Arbor UMI, Inc, 1984.

CABRAL, Joana. *Entre plantas e palavras. Modos de constituição de saberes entre os Wajãpi (AP)*. Tese de Doutorado, Universidade de São Paulo, 2012.

CALHEIROS, Orlando. *Aikewara: Esboços de uma sociocosmologia tupi-guarani*. Tese de Doutorado. Rio de Janeiro: Museu Nacional/UFRJ, 2014.

CARNEIRO DA CUNHA, Manuela. *Os mortos e os outros: uma análise do sistema funerário e da noção de pessoa entre os índios Krahô*. São Paulo: Hucitec, 1978.

CESARINO, Pedro. ONISKA: *A poética da morte e do mundo entre os Marubo da Amazônia ocidental*. Tese de Doutorado. Rio de Janeiro. PPGAS, Museu Nacional, 2008.

_____. "Donos e duplos: relações de conhecimento, propriedade e autoria entre os Marubo". *Revista de Antropologia*, 53(1), 2010, p. 147-197.

CIMI- Conselho Indigenista Missionário. "Ameaçados, Awá Guajá isolados aceitam contato no Maranhão", 2015.

CLASTRES, Hélène. *Terra sem mal: o profetismo tupi-guarani*. São Paulo: Brasiliense, 1978 (1975).

CLASTRES, Pierre. "Entre silêncio e dialogo". In: *L'arc Documentos- Lévi-Strauss*. São Paulo: Editora Documentos, 1968.

_____. *Crônica dos índios Guayaki: o que sabem os Aché, caçadores nômades do Paraguai*. Rio de Janeiro: Editora 34, 1995 (1972).

_____. *A sociedade contra o Estado – pesquisas de antropologia política*. São Paulo: Cosac & Naify, 2003 (1974).

_____. "A economia Primitiva". In: *Arqueologia da Violência. São Paulo: Cosac & Naify*, 2004 (1976).

_____Coelho de Souza, Marcela. "Parentes de sangue: incesto, substância e relação no pensamento Timbira". In: *Mana. Estudos de Antropologia Social*, 10(1), 2004, p. 25-60.

REFERÊNCIAS BIBLIOGRÁFICAS

COLLIER, Jane & YANAGISAKO, Sylvia. "Toward a Unified analysis of gender and kinship". In: COLLIER, Jane & YANAGISAKO, Sylvia (eds.). *Gender and Kinship. Essays toward a Unified Analysis.* Standford: Standford University Press, 1987.

CORMIER, Loretta A. *The ethnoprimatology of the Guajá indians of Maranhão, Brazil.* Doctor Thesis. Department of Anthropology – Tulane University, 2000.

_____. *Kinship With Monkeys: The Guajá foragers of eastern Amazonia.* New York: Columbia University Press, 2003.

_____. "Um aroma no ar: a ecologia histórica das plantas anti-fantasma entre os Vuajá da Amazônia". In: *Mana. Estudos de Antropologia Social,* 11(1), 2005, p. 129–154.

CORSÍN JIMENEZ, Alberto & WILLERSLEV, Rane. "An anthropological concept of the concept: reversibility among the Siberian Yukaghirs". *Journal of the Royal Anthropological Institute* (N.S.), 13, 2007, p. 527–544.

COSTA, Luiz Costa. "Alimentação e comensalidade entre os Kanamari da Amazônia Ocidental". *Mana. Estudos de Antropologia Social,* 19(3), 2013, p. 473–504.

CUNHA, Péricles. *Análise fonêmica preliminar da língua Guajá.* Dissertação de Mestrado. Universidade de Campinas, 1987.

DA MATTA, Roberto. *Ensaios de Antropologia Estrutural.* Petrópolis: Vozes, 1973.

_____. *Um mundo dividido: a estrutura social dos índios Apinayé.* Petrópolis, Vozes, 1976.

DAL POZ NETO, João. *Dádivas e Dívidas na Amazônia – parentesco, economia e ritual nos Cinta-Larga.* Tese de Doutorado. Campinas: Unicamp, 2004.

DESCOLA, Philippe. *La nature domestique: symbolisme et praxis dans l'écologie des Achuar.* Paris: Maison des Sciences de l'Homme, 1986.

_____. "El determinismo raquítico". In: *Etnoecológica,* v. 1, n. 1, abr. 1991.

_____. "Societies of nature and the nature of society". In: KUPER, A. (org.). *Conceptualizing society.* Londres: Routledge, 1992, p. 107–126.

_____. "Les affinités sélectives: alliance, guerre et predation dans l'ensemble jivaro". In: DESCOLA, P. & TAYLOR, A.-C. (orgs.). *La remontée de l'Amazone: anthropologie et histoire des sociétés amazoniennes. L'Hommme,* 126–128, 1993, p. 171–90.

_____. *La Selva Culta: simbolismo y praxis en la ecologia del los Ashuar.* Quito: Abya-Yala, 1996.

_____. "Estrutura ou sentimento: a relação com o animal na amazônia". In: *Mana. Estudos de Antropologia Social,* 4(1), 1998, p. 23–45.

_____. *Par-delà nature et culture.* Paris: Gallimard, 2005.

_____. *As Lanças do Crepúsculo: Relações jívaro na Alta Amazônia.* São Paulo: Cosac & Naify, 2006 (1994).

DESCOLA, Philippe & PÁLSSON, Gísli. "Introduction". In: DESCOLA, Philippe & PÁLSSON, Gísli (orgs.). *Nature and Society: Anthropological Perspectives.* London: Routledge, 1996.

DODT, Gustavo. *Descripção dos Rios Parnahyba e Gurupi. Brasiliana,* Série 5ª, 138. São Paulo: Companhia Editora Nacional, 1939.

DOOLEY, Robert A. *Vocabulário do Guarani.* Brasília, DF: Summer Institute of Linguistics, 1982.

DUMONT, Louis. "The Dravidian Kinship Terminology as Expression of Marriage". *Man*, art. 54, 1953.

ERIKSON, Philippe. "De l'apprivoisement a l'approvisionnement: chasse, alliance et familiarisation en Amazonie amérindienne". In: *Techniques et cultures*, 9, 1987, p. 105–140.

FAUSTO, Carlos. *Os Parakanã: dravidianato e casamento avuncular na Amazônia*. Museu Nacional, dissertação de mestrado, 1991.

_____. "De primos e sobrinhas: terminologia e aliança entre os Parakanã (Tupi) do Pará". In: VIVEIROS DE CASTRO, Eduardo (org.). *Antropologia do Parentesco – Estudos Ameríndios*. Rio de Janeiro: Editora UFRJ, 1995.

_____. *Inimigos fiéis: história, guerra e xamanismo na Amazônia*. São Paulo: EDUSP, 2001.

_____. Donos demais: maestria e domínio na Amazônia. *Mana. Estudos de Antropologia Social*, 14(2), 2008, p 329–366.

FELD, Steven. "From Ethnomusicology to Echo-Muse-Ecology: Reading R. Murray Schafer in the Papua New Guinea Rainforest". In: *The Soundscape Newsletter*, n. 8, jun. 1994.

FERNANDES, Florestan. *A Organização Social dos Tupinambá*. São Paulo: Difel, 1963 (1949).

FORLINE, Louis Carlos. *The persistence and cultural transpormation of the Guajá indians: foragers of Maranhão State, Brazil*. Doctor Thesis. University of Florida, 1997.

GALLOIS, Dominique Tilkin. *O movimento na cosmologia Waiãpi: criação, expansão e tranformação do universo*. Tese de Doutorado. PPGAS/USP. São Paulo, 1988.

_____. "Gêneses waiãpi, entre diversos e diferentes". In: *Revista de Antropologia*, v. 50, n. 1, 1988.

FORLINE, Louis Carlos & GARCIA F. Uirá. "Awá Guajá: perspectivas para o novo milênio". In: RICARDO, Fany & RICARDO, C. A. (orgs.). *Povos indígenas no Brasil*. São Paulo: ISA, 2006.

GARCIA, Uirá. *Karawara: a caça e o mundo dos Awá Guajá*. Tese de Doutorado, Universidade de São Paulo, 2010.

_____. "Ka'á Watá, 'andar na floresta': caça e território em um grupo tupi da Amazônia". *Mediações – Revista de Ciências Sociais*, 17(1), 2012a, p. 172–190.

_____. "O funeral do caçador: caça e perigo na Amazônia". *Anuário Antropológico* (II), 2012b, p. 33–55.

_____. "Sobre o poder da criação: parentesco e outras relações awá guajá. *Mana. Estudos de Antropologia Social*, v. 21, 2015, p. 91–122.

GELL, Alfred. *Art and Agency: an Anthropological theory*. Oxford: Claredon, 1998.

GOLDMAN, Marcio. "Alteridade e experiência: antropologia e teoria etnográfica". *Etnográfica – Revista do Centro de Estudos de Antropologia Social*, v. 10, n. 1, 2006, p. 161–173.

GOMES, Mércio Pereira. "O povo Guajá e as condições reais para sua sobrevivência". In: *Povos Indígenas no Brasil 1987/88/89/90*. São Paulo: Centro Ecumênico de Documentação e Informação – CEDI, 1991.

REFERÊNCIAS BIBLIOGRÁFICAS

GONÇALVES, Marco Antonio. *O mundo inacabado: ação e criação em uma cosmologia amazônica*. Rio de Janeiro: Editora UFRJ, 2001.

GOW, Peter. *Of Mixed Blood: kinship and history in Peruvian Amazonia*. Oxford: Clarendon, 1991.

———. "O Parentesco como consciência humana: o caso dos Piro". In: *Mana. Estudos de Antropologia Social*, 3(2), 1997, p. 39–65.

GRENAND, Pierre. *Ansi Parlaient nos Ancêtres: Essai d'Ethnohistoire Waiãpi*. Paris: ORSTOM, 1982.

Haraway, Donna. *The Companion Species Manifesto: dogs, people, and significant otherness*. Chicago: Prickly Paradigm Press, 2003.

Havt, Nadja. *Representações do ambiente e territorialidade entre os Zo'e/ PA*. Dissertação de Mestrado. São Paulo: PPGAS/USP, 2001.

HAWKES, Kristen; HILL, Kim & O'CONNELL, James F. "Why Hunters Gather: Optimal Foraging and the Aché of Eastern Paraguay". In: *American Ethnologist*, v. 9, n. 2, Economic and Ecological Processes in Society and Culture, maio 1982, p. 379–398.

HECKENBERGER, Michael, NEVES, Eduardo G. & PETERSEN, James B. "Como nascem os modelos? As origens e expansões Tupi na Amazônia Central". In: *Revista de Antropologia*, v. 41, 1998.

HILL, K., & HAWKES, K. "Neotropical hunting among the Ache of eastern Paraguay". In: HAMES, R. B. & VICKERS, W. T. (eds.). *Adaptive responses of native Amazonians*. Academic Press, 1983, p. 139–188.

HOLMBERG, Allan R. *Nomads of the long bow – the Siriono of Eastern Bolivia*. New York: The American Museum of Natural History – The Natural History Press, 1969.

HUGH-JONES, Stephen. "Bonnes raisons ou mauvaise conscience? De l'ambivalence de certains Amazoniens envers la consommation de viande". *Terrain*, 26, 1996, p. 123–48.

HUXLEY, Francis. *Selvagens amáveis: um antropologista entre os índios Urubus do Brasil*. Rio de Janeiro: Companhia Editora Nacional, 1963.

INGOLD, Tim. "Editorial". In: *Man – The Journal of the Royal Anthropological Institute, New Series*, v. 27, n. 4, dez. 1992.

———. "The optimal forager and economic man". In: DESCOLA, Philippe & PÁLSSON, Gísli (orgs.). *Nature and Society: Anthropological Perspectives*. London: Routledge, 1996.

———. *The perception of the environment: essays in livelihood, dwelling and skill*. London: Routledge, 2000.

———. "A Evolução da Sociedade". In: FABIAN, A.C. (org.). *Evolução, Sociedade, Ciência e Universo*. Bauru: Editora da Universidade do Sagrado Coração, 2003.

———. *Lines: a brief history*. London: Routledge, 2007.

INGOLD, Tim; RICHES, David & WOODBURN, James (orgs.). *Hunters and gatherers 1: history, evolution and social change*. Washington D.C: Berg, 1988a.

———. *Hunters and gatherers 2: property, power and ideology*. Washington D.C: Berg, 1988b.

JARA, Fabíola. *El camino del kumu: ecología y ritual entre los Akuriyó de Surinam*. Quito: Abya-Yala, 1996.

KOHN, Eduardo. "Animal masters and the ecological embedding of history among the ávila Runa of Ecuador". In: FAUSTO, Carlos & HECKENBERGER, Michael (orgs.). *Time and memory in indigenous Amazonia: anthropological perspectives*. Gainesville: University Press of Florida, 2007,p. 106–129.

_____. *How forest think. Toward na Anthropology beyond the Human*. Berkeley/ Los Angeles: University of California Press, 2013.

KOPENAWA, David & ALBERT Bruce. *The falling sky: Words of a Yanomami shaman*. Cambridge, MA: Harvard University Press, 2013.

KRACKE, Waud. *Force and Persuasion: Leadership in na Amazonian Society*. Chicago: The Universtity of Chicago Press, 1978.

LARAIA, Roque. *Tupi: Índios do Brasil Atual*. São Paulo: FFLCH, Universidade de São Paulo, 1986.

LATOUR, Bruno. *Jamais Fomos Modernos: Ensaio de Antropologia Simétrica*. São Paulo, Editora 34, 1994 (1991).

LEA, Vanesa. *Riquezas intangíveis de pessoas partíveis: os Mebêngôkre (Kayapó) do Brasil Central*. São Paulo: Edusp, 2012.

LEACH, Edmund. *Edmund Leach* (coletânea de artigos). DA MATTA, Roberto (org.). São Paulo: Ática, 1983.

LEE, Richard & RICHARD, Daly (eds.). *The Cambridge encyclopedia of hunters and gatherers*. Cambridge: Cambridge University Press, 1999.

LÉVI-STRAUSS, Claude. *O pensamento selvagem*. São Paulo: Companhia Editora Nacional, 1970 (1963).

_____. *História de Lince*. São Paulo: Cia. das Letras, 1993.

_____. *O cru e o cozido*. São Paulo: Cosac & Naify, 2004 (1964).

_____. *Do mel as cinzas*. São Paulo: Cosac & Naify, 2004 (1966).

LIMA, Tânia Stolze. *A parte do Cauim: etnografia Juruna*. Tese de Doutorado. PPGAS – Museu Nacional/UFRJ. Rio de Janeiro, 1995.

_____. "O dois e seu múltiplo: reflexões sobre o perspectivismo em uma cosmologia tupi". In: *Mana. Estudos de Antropologia Social*, 2(2), 1996, p. 21–47.

_____. "Para uma teoria etnográfica da distinção natureza e cultura na cosmologia Juruna". In: *Revista Brasileira de Ciências Sociais*, v. 14, n. 40, jun. 1999.

_____. *Um peixe olhou para mim – O povo Yudjá e a Perspectiva*. São Paulo: ISA/ editora Unesp/ NUTI, 2005.

LUCIANI, José Antonio Kelly. "Fractalidade e troca de perspectivas". In: *Mana. Estudos de Antropologia Social*, 7(2), 2001, p. 95–132.

MACEDO, Valéria Mendonça. *Nexos da Diferença: Cultura e afecção em uma aldeia guarani na Serra do Mar*. Tese de Doutorado. São Paulo: Universidade de São Paulo, 2010.

MAGALHÃES, Marina Marina Silva. *Aspectos Morfológicos e Morfossintáticos da Língua Guajá*. Dissertação de Mestrado. Universidade de Brasília, 2002.

_____. "Pronomes e Prefixos Pessoais do Guajá". In: RODRIGUES, Aryon Dall'Igna & ARRUDA, Ana Suelly (orgs.). *Novos estudos sobre línguas indígenas*. Brasília: Editora UNB, 2005.

_____. *Sobre a Morfologia e a Sintaxe da Língua Guajá (Família Tupi-Guarani)*. Tese de Doutorado. Brasília-DF: Universidade de Brasília, 2007.

_____. *Fala de Irakatakôa*. Manuscrito inédito, 2010.

_____. Levantamento da documentação existente sobre o povo indígena Awá Guajá e registro e sistematização de informações sociolinguísticas e demográficas atuais. Relatório, CGIIRC-Funai/ GIZ, Brasília, 2013.

MAIZZA, Fabiana. "Sobre as crianças-planta: o cuidar e o seduzir no parentesco Jarawara". In: *Mana. Estudos de Antropologia Social*, 20(3), 2014, p. 491–518.

MARTINS, Marlúcia Bonifácio & OLIVEIRA, Tadeu Gomes de (orgs.). *Amazônia Maranhense: diversidade e conservação*. Belém: Museu Paraense Emílio Goeldi, 2011.

MÜLLER, Regina Pólo. *Os Asuriní do Xingu: história e arte*. Campinas: Ed.Unicamp, 1990.

NIMUENDAJÚ, Curt. "The Guajá, by Curt Nimuendajú". In: STEWARD, Julian Haynes (org.). *Handbook of South American Indians v. 3*. Washington: Govt. Print. Off, 1948.

_____. *As lendas da criação e destruição do mundo como fundamentos da religião dos Apapocúva-Guarani*. São Paulo: Hucitec/Edusp, 1987 (1914).

NEVES, Eduardo Góes. "O Velho e o Novo na Arqueologia Amazônica". *Revista USP*, Brasil, v. 44, 1999, p. 87–113.

NOELLI, F.S. "As hipóteses sobre o centro de origem e rotas de expansão dos Tupi", *Revista de Antropologia*, 39(2), 1996, p. 7–53.

O'DWYER, Eliane Cantarino. *Laudo antropológico – área indígena Awá*. Fundação Nacional do Índio (Funai), 2001.

_____. *O papel social do Antropólogo*. Rio de Janeiro: Laced/ e-papers, 2010.

OVERING, Joanna. "O Fétido odor da morte e os aromas da vida. Poética dos saberes e processo sensorial entre os Piaroa da Bacia do Orinoco". In: *Revista de Antropologia*, v. 49, n. 1, 2006.

OVERING-KAPLAN, Joanna. *The Piaora – a People of the Orinoco Basin: A Study in Kinship and Marriage*. Oxford: Claredon Press, 1975.

PISSOLATO, Elisabeth. *A Duração da Pessoa: mobilidade, parentesco e xamanismo mbya (guarani)*. São Paulo: Editora Unesp, 2007.

RAMOS, Alcida R. "Ethnology Brazilian Style". *Cultural Anthropology*, v. 5, n. 4, 1990, p. 452–472.

RIBEIRO, Darcy. *Uirá sai à procura de Deus: Ensaios de Etnologia e Indigenismo*. Rio de Janeiro: Paz & Terra, 1980.

_____. *Diários Índios – Os Urubu-Kaapor*. São Paulo: Companhia das Letras, 1996.

RIVAL, Laura M. "The Growth of Family Tress: Huaorani Conceptualization of Nature and Society". *Man*, 28(4), 1993, p. 635–52.

_____. "Androgynous parents and guest children: the Huaorani couvade". *Journal of the Royal Anthropological Institute*, 4(4), 1998, p. 619–42.

_____. "Introduction: South America". In: LEE, Richard & DALY, Richard. *The Cambridge encyclopedia of hunters and gatherers*. Cambridge: Cambridge University Press, 1999.

_____. *Trekking Through History – the Huaorani of Amazonian Ecuador*. New York: Columbia University Press, 2002.

RIVIÈRE, Peter. *Marriage Among The Trio: A Principle of Social Organization*. Oxford: Clarendon Press, 1969.

RODRIGUES, Aryon Dall'Igna. "Relações internas na família linguística Tupi Guarani". São Paulo: *Revista de Antropologia*, 1984-85, p. 27–28.

ROOSEVELT, Anna C.R. "Ancient and Modern Hunter-Gatherers of Lowland South America: An Evolutionary Problem". In: BALÉE, William (org.). *Principles of Historical Ecology*. New York: Columbia University Press, 1992, p. 190–212.

ROSALEN, Juliana. *Aproximação à temática das DST junto aos Wajãpi do Amapari. Um estudo sobre malefícios, fluidos corporais e sexualidade*. Dissertação de Mestrado. Universidade de São Paulo, 2005.

SAHLINS, Marshall. "O 'pessimismo sentimental' e a experiência etnográfica: por que a cultura não é um 'objeto' em via de extinção (parte I)". *Mana. Estudos de Antropologia Social*, v. 3, n. 1, abr. 1997a.

_____. "O 'pessimismo sentimental' e a experiência etnográfica: por que a cultura não é um 'objeto' em via de extinção (parte II). *Mana. Estudos de Antropologia Social*, v. 3, n. 2, p. 103–150, out. 1997b.

_____. "What kinship is (part one)". JRAI (NS), 17, p. 2–19. "What kinship is (part two)", JRAI (NS), 17, p. 227–42, 2011.

SANTOS, Rosana de Jesus Diniz. *Awa Papejapoha: um estudo sobre educação escolar entre os awá guajá/MA*. Monografia de especialização em Desenvolvimento e relações sociais no campo: diversidade e interculturalidade dos povos originários, comunidades tradicionais e camponesas do Brasil, Universidade de Brasília, 2015.

SCHNEIDER, David M. *American kinship: a cultural account*. Chicago: The University of Chicago Press, 1968.

SCHROEDER, Ivo. *Política e parentesco nos Xerente*. Tese de doutorado, Universidade de São Paulo, 2006.

SEEGER, Anthony. *Nature and Society in Central Brazil: The Suyá Indians of Mato Grosso*. Cambridge, Mass.: Harvard University Press, 1981.

SEEGER, Anthony; DA MATTA, Roberto A. & VIVEIROS DE CASTRO, Eduardo. "A construção da pessoa nas sociedades indígenas brasileiras". *Boletim do Museu Nacional*, 32, 1979, p. 2–19.

SERVICE, Elman R. *Os caçadores*. Rio de Janeiro: Zahar Editores, 1971 (1966).

SIGRIST, Tomas. *Guia de Campo: aves da Amazônia Brasileira*. São Paulo: Avisbrasilis, 2008.

SILVA, Márcio Ferreira. "Sistemas Dravidianos Amazônicos: o caso waimiri-atroari". In: VIVEIROS DE CASTRO, Eduardo (org.). *Antropologia do Parentesco – Estudos Ameríndios*. Rio de Janeiro: Editora UFRJ, 1995a.

_____. *Sistemas de aliança na América do Sul Tropical: modelos e práticas*. Manuscrito inédito, 2005.

SILVERWOOD-COPE, Peter L. *Os Makú: povo caçador do noroeste da Amazônia*. Brasília: Editora UnB, 1990.

SPONSEL, Leslie E. "The Human Niche in Amazonia : Explorations in Ethnoprimatology". In: KINZEY, Warren G. (org.). *New World Primates: Ecology, Evolution, and Behavior*. New York, NY: Aldine de Gruyter, 1997, p. 143–165.

STEARMAN, Allyn MacLean. *Yuquí: Forest Nomads ina a Changing World*. San Francisco: Holt, Rinehart & Winston, 2001 (1989).

_____. "Neotropical Indigenous Hunters and tehir neighbors. Sirionó, Chimane, and yuquí Hunting on the Bolivian Frontier". In: REDFORD, Kent H & PADOCH, Christine (orgs.). *Conservation of neotropical forests: working from traditional resource use*. New York: Columbia University Press, 1992.

STRATHERN, Marilyn. "No Nature, no culture: the Hagen case". In: MACCORMACK, C. & STRATHERN, M. (eds.). *Nature, Culture, and Gender*. Cambridge: University of Cambridge Press, 1980, p. 174–222.

_____. *The Gender of the Gift: Problems with Women and Problems with Society in Melanesia*. Berkeley: University of California Press, 1988.

_____. *The relation: issues in complexity and scale*. Cambridge: Prickly Pear Press, 1995a.

_____. "Necessidade de Pais, Necessidade de Mães". In: *Revista de Estudos Feministas*, v. 3, n. 2, 1995b.

_____. *Property, substance and effect: anthropological essays on persons and things*. London: The Athlone Press, 1999a.

_____. "No limite de uma certa linguagem (entrevista)". In: *Mana. Estudos de Antropologia Social*, 5(2), p. 157–175, 1999b.

_____. *O Gênero da Dádiva – Problemas com as mulheres e problemas com a sociedade na Melanésia*. Campinas: Editora da Unicamp, 2006 (1988).

_____. "From Papua New Guinea to a UK Council on Bioethics: fieldwork at the beginning and end of an anthropological lifetime". Mimeo, Opening lecture for XII GEC ('students in the field') conference, São Paulo, USP, 2014a.

_____. Reading relations backwards. *The Journal of the Royal Anthropological Institute* (n.s.), v. 20, p 3–19, 2014b.

SZTUTMAN, Renato. *O profeta e o principal*. São Paulo: Edusp, 2012.

TAYLOR, Anne-Christine. "Remembering to forget: identity, mourning and memory among the Jívaro". *Man*, 28(4), p. 653–78, 1993.

_____. "The Soul's Body and it's States: An Amazonian Perspective on the Nature of Being Human". In: *The Journal of the Royal Anthropological Institute*, v. 2, n. 2, p. 201–215, 1996.

_____. "Wives, Pets and Affines: Mariage among Jivaro". In: RIVAL, Laura & WHITEHEAD, Neil L. (orgs.). *Beyond the Visible and the Material – the amerindization of society in the work of Peter Rivière*. Oxford: Oxford University Press, 2001.

TORAL, André. "Caminhando só: Comentários sobre o filme Serra da desordem (2006), de Andréa Tonacci". In: *Facom*, n. 17, 2007.

TRAUTMANN, T. R & BARNES, R. H. "Dravidiam, Iroquis ans Crow-Omaha in North American Perspective" In: GODELIER, M. Trautmann & TJON SIE FAT, F. E. *Transformations of Kinship*. Washington: Smithsonian Institution Press, 1998.

VANDER VELDEN, Felipe Ferreira. *Inquietas Companhias: sobre os animais de criação entre os Karitiana*. Tese de Doutorado. Campinas: Universidade de Campinas, 2010.

VAZ, Antenor. "Isolados no Brasil – Políticas de Estado: Da tutela para a Política de Direitos – Uma Questão Resolvida?". In: Informe 10, IWGIA. Brasília: Grupo Internacional de Trabalho sobre Assuntos Indígenas, 2011.

_____. "Povos Indígenas Isolados e de Recente Contato no Brasil – A que será que se destinam?". In: Le monde Diplomatique Brasil, ago. 2014.

VIVEIROS DE CASTRO, Eduardo. "Bibliografia etnológica básica tupi-guarani". In: Revista de Antropologia, v. 27/28. São Paulo: USP, 1984/85.

_____. Araweté: os deuses canibais. Rio de Janeiro: Ed. Jorge Zahar, 1986.

_____. From the Enemies Point of View: Humanity and Divinity in an Amazonian Society. Chicago: The University of Chicago Press, 1992.

_____. "Alguns aspectos da afinidade no dravidianato amazônico". In: VIVEIROS DE CASTRO, E. & CUNHA, M. Carneiro da (orgs.). Amazônia: etnologia e história indígena. são Paulo: NHII-USP/ FAPESP, 1993, p. 150–2010.

_____. "Os pronomes cosmológicos e o perspectivismo ameríndio. In: Mana. Estudos de Antropologia Social, 2(2), 1996, p. 115–144.

_____. A inconstância da alma selvagem – e outros ensaios de antropologia. São Paulo: Cosac & Naify, 2002.

_____. "Filiação Intensiva e Aliança Demoníaca". In: Revista Novos Estudos, Cebrap, 2007.

_____. "Xamanismo transversal: Lévi-Strauss e a cosmopolítica amazônica". In: CAIXETA DE QUEIROZ, Ruben & NOBRE, Renarde Freire (orgs.). Lévi-Strauss: leituras brasileiras. Belo Horizonte: Editora UFMG, 2008.

_____. "The Gift and the Given: three nano-essays on kinship and magic". In: BAMFORD, S. & LEACH, J. (orgs.). Kinship and Beyond: the genealogical model reconsidered. Oxford: Bergham Books, 2009.

WAGLEY, Charles. Lágrimas de Boas Vindas: os índios Tapirapé do Brasil Central. São Paulo: Itatiaia/USP, 1988 (1977).

WAGLEY, Charles & GALVÃO, Eduardo. Os índios Tenetehara: uma cultura em transição. Rio de Janeiro: MEC, 1961.

WAGNER, Roy. A invenção da cultura. São Paulo, Cosac & Naify, 2010 (1981).

WILLERSLEV, Rane. Soul Hunters: hunting, animism, and personhood among the siberian yukaghirs. Berkeley, Los Angeles, London: University of California Press, 2007.

YOKOI, Marcelo. Na Terra, no céu: os Awá Guajá e os Outros. Dissertação de Mestrado. São Carlos: Universidade Federal de São Carlos, 2014.

TRABALHOS ACADÊMICOS REFERENTES OS AWÁ GUAJÁ CONSULTADOS

BALÉE, William. Culturas da floresta: apontamentos críticos sobre a ecologia cultural na Amazônia, trabalho lido no Simpósio ABA/ANPOCS, 1987.

_____. "O povo da capoeira velha: caçadores-coletores das terras baixas da América do Sul". Trabalho apresentado na Conferência Amazônica da Fundação Memorial da América Latina, 25 mar. 1992.

REFERÊNCIAS BIBLIOGRÁFICAS

_____. "People of the Fallow: A historical Ecology of Foraging in Lowland South América". In: REDFORD, Kent H & PADOCH, Christine (orgs.). *Conservation of neotropical forests: working from traditional resource use.* New York: Columbia University Press, 1992.

_____. *Footprints of the forest: Ka'apor ethnobotany – the historical ecology of plant utilization by an amazonian people.* New York: Columbia University Press, 1994.

_____. "Language, law, and land in Pre-Amazonian Brazil". In: *Texas International Law Journal*, v. 32, n. 1, 1997.

_____. "Antiquity of traditional ethnobiological knowledge in Amazonia: the Tupí-Guaraní family and time". In: *American Society for Ethnohistory.* Tulane University, 2000.

BEGHIN, François-Xavier. *Les Guajá.* Letter to Darcy Ribeiro, 15 jul. 1950.

_____. "Les Guajá". *Revista do Museu Paulista* (n.s), 5, p. 137–39, 1951.

_____. "Relation du premier contact avec les indiens Guajá". *Journal de la Société des Américanistes* (n.s.), XLVI, p. 197–204, 1957.

CARDOSO, Guilherme Ramos. *Uma leitura sobre identidade e etnicidade na literatura sobre os Awá Guajá.* Dissertação de mestrado. Universidade Federal Fluminense, 2013.

CORMIER, Loretta. *Kinship With Monkeys.* New York: Columbia University Press, 2003.

_____. "Um aroma no ar: a ecologia histórica das plantas anti-fantasma entre os Guajá da Amazônia". In: *Mana. Estudos de Antropologia Social*, 11(1), p. 129–154, 2005.

CUNHA, Péricles. *Análise fonêmica preliminar da língua Guajá.* Dissertação de Mestrado. Universidade de Campinas, 1987.

FORLINE, Louis Carlos. *The persistence and cultural transformation of the Guaja Indians: Foragers of Maranhao state, Brazil.* Tese de doutorado. University of Florida, Gainesville, 1997.

_____. *Por uma Síntese Biocultural: relatório preliminar sobre as comunidades Guajá dos Postos Indígenas awá, Tiracambu, Juriti e Guajá.* Reno: Universidade de Nevada, 2007.

_____. "The body social and the body private: fine tuning our understanding of partible paternity and reproductive strategies among amazonian indigenous groups". In: *Proceedings of the Southwestern Anthropological Association*, v. 5, p. 1–8, 2011.

HERNANDO, Almudena et al. "Gender, Power, and Mobility among the Awá Guajá (Maranhão, Brazil)". In: *Journal of Anthropological Research*, v. 67, 2011.

HERNANDO, Almudena & BESERRA COELHO, Elisabeth (org.). *Estudos sobre os Awá – caçadores-coletores em transição.* São Luís: Edufma, 2013.

MAGALHÃES, Marina Silva. *Aspectos Morfológicos e Morfossintáticos da Língua Guajá.* Dissertação de Mestrado. Universidade de Brasília, 2002.

_____. "Pronomes e Prefixos Pessoais do Guajá". In: RODRIGUES, Aryon Dall'Igna & ARRUDA, Ana Suelly (orgs.). *Novos estudos sobre línguas indígenas.* Brasília: Editora UNB, 2005.

_____. *Sobre a Morfologia e a Sintaxe da Língua Guajá (Família Tupi-Guarani).* Tese de Doutorado. Universidade de Brasília, 2007.

_____. *Fala de Irakatakôa*. Manuscrito inédito, 2010.

NIMUENDAJÚ, Curt. The Guajá. In: *Handbook of South American Indians*, v. 3. Washington, D.C.: U. S. Government Printing Office, p. 135–36, 1949.

OLIVEIRA, Silviene Fabiana de et al. "The Awá Guajá Indians of the Brazilian Amazon. Demographic Data, sérum Protein Markers and Blood Groups". In: *Hum Hered*, 48, 1998, p. 163–168.

O'DWYER, Eliane Cantarino. *Laudo antropológico – área indígena Awá*. Fundação Nacional do Índio (Funai), 2001.

_____. *O papel social do Antropólogo*. Rio de Janeiro: Laced/e-papers, 2010.

PRADO, Helbert Medeiros. *O impacto da caça versus a conservação de primatas numa comunidade indígena Guajá*. Dissertação de Mestrado. Universidade de São Paulo, 2007.

PRADO, Helbert Medeiros; FORLINE, Louis Carlos & KIPNIS, Renato. "Hunting Practices among the Awá Guajá: Towards a long-term analysis of sustainability in an Amazonian indigenous community". In: *Bol. Mus. Para. Emilio Goeldi. Cienc.Hum.*, Belém, v. 7, n. 2, p 479–491, maio-ago. 2012.

RUBIAL, Alfredo González; HERNANDO, Almudena & POLITIS, Gustavo. "Ontology of the self and material culture: Arrow-making among the Awá hunter-gatherers (Brazil)". In: *Journal of Anthropological Archeology*, 2010.

RUBIAL, Alfredo González et al. "Domestic Space and Cultural Transformation Among the Awá of Eastern Amazonia". In: BAR *International Series 2183/ Archaeological Invisibility and Forgotten Knowledge: Conference Proceedings*, Łódź, Poland, 5–7 set. 2007.

DOCUMENTOS OFICIAIS CONSULTADOS

1961 Decreto nº 51.026 de 25/7/61, Cria a Reserva Florestal do Gurupi e dá outras providências. Jânio Quadros (Presidente do Brasil).

1973 Funai – *Relatório da viagem ao alto rio Carú e igarapé da Fome para verificar a presença de índios Guajá*. Valéria Parise. São Luís.

1973 Funai – *Relatório de viagem – frente de atração Guajá 6ªDR do Maranhão*. João Fernandes Moreira.

1973 Funai – *Proposta para Interdição da Área Awá/Guajá 4ª SUER Maranhão*. Fiorello Parise.

1980 *Parecer sobre o processo Funai/ BSB/ 5044/ 79, referente aos índios Guajá do Estado do Maranhão*. Mércio Pereira Gomes.

1980 *Relatório sobre o contato e a necessidade de transferência de 27 índios Guajá do Igarapé Timbira, município de santa Luzia, para a Reserva Caru, Município de Bom Jardim, estado do Maranhão. E da necessidade de se criar um novo posto para esses e outros Guajá que se encontram na Reserva Caru, e da Implementação de uma Política indigenista própria para esses índios para que se possa evitar seu declínio populacional*. Mércio Pereira Gomes.

1980 Centro Ecumênico de Documentação e Informação (CEDI) – *Ficha sobre a situação atual das populações indígenas no Brasil*. Carlos Ubbiali.

1980 *Carta de Mércio Pereira Gomes ao CEDI (Beto Ricardo e Fany Ricardo)*.

REFERÊNCIAS BIBLIOGRÁFICAS

1981 Funai – *Relatório Preliminar sobre a Situação de Grupos Guajá que se encontram fora de Reservas Indígenas e que precisam de uma solução em caráter de urgência*. Mércio Pereira Gomes. São Luís.

1982 Funai – *A problemática Indígena no Maranhão, especificamente nas áreas de influência imediata da ferrovia Carajás: reserva Turiaçu, reserva Caru e reserva Pindaré*. Mércio Pereira Gomes.

1982 Comissão Pró-Índio do Maranhão – *Nota de Repúdio*. Elizabeth Maria Beserra de Coelho.

1982 *Resposta ao Del. da 6ª DR-Funai com acusações em relação ao tratamento que a Funai dispensa aos Guajáe outros povos* – MA. Mércio Pereira Gomes.

1983 Funai – *Relatório de viagem da frente de atração Guajá no período de 03/06/82 e 12/06/82*. Fiorello Parise. Funai.

1983 Funai – *Relatório anual 1983 – Postos de Vigilância/ Frente de Atração Guajá*. Cornélio Vieira de Oliveira.

1984 Funai – *Relatório sobre debelação de invasão*. Chefe de posto Guajá e Alto Turiaçú.

1984 Funai – *Relatório sobre a Frente de Atração*. José Araújo Filho.

1984 *Carta ao Exmo. Senhor Dr.Nelson Marabuto, Presidente da Funai/ Programa Awá*. José Porfirio Fontenele de Carvalho.

1985 *Certificado do cartório de Carutapera*. Januário de Sena Loureiro.

1985 Funai – *Memorial Descritivo de delimitaçãoo – Área Indígena Awá*. Autor desconhecido.

1985 Funai/CVRD – *Relatório sobre os índios Guajá Próximos à ferrovia Carajás – Km 400*. Mércio Pereira Gomes.

1985 Funai – *Relatório do reconhecimento da área da Serra da desordem*. José Carlos dos Reis Meirelles Júnior.

1985 Funai – *Relatório de viagem*. Sérgio de Campos (Eng. Agrimensor).

1985 Funai/CVRD – *Programa Awá – relatório Inicial*. Mércio Pereira Gomes.

1985 Funai/CVRD – *Relatório antropológico sobre a área indígena Guajá (Awá Gurupi)*. Mércio Pereira Gomes.

1985 Funai/ CVRD – *Área indígena Awá Gurupi. Estudos e proposta*. José Carlos Meirelles Júnior e Mércio Pereira Gomes.

1985 CVRD – *Nota para a imprensa*.

1987 Funai – *Parecer nº 171/87 – GT.Interministerial – DEC. nº 94.945/87. Área Indígena Awá*. Romero Jucá Filho et al.

1987 Funai – *Descrição do Perímetro. Anexo Área Indígena Awá/Guajá*. Fiorello Parise.

1987 CIMI – *Parecer sobre os Awá* . Paulo Mahado Guimarães.

1987 SUER/ SPAG – *Convênio Funai/CVRD. Relatório de atividades de agosto, setembro e outubro de 1987*. Fiorello Parise.

1987 Funai – *Carta referente a criação do Sistema de Proteção*. Fiorello Parise.

1987 Funai – *Relatório de atividades junho/ julho de 1987*. Fiorello Parise.

1987 Funai – *Relatório de atividades de junho a dezembro de 1987*. Domingos Faria Pereira.

1987 Funai – *Área indígena Awá (Declaração de Ocupação Indígena)*, ref: PROC. Funai/BSB/2582/85. Itagiba Christiano de O.C. Filho.

1987 Funai – *Portaria nº 3.767, de 13 de novembro de 1987*. Romero Jucá Filho.

1987 Funai – *Memorial descritivo de delimitação, Área Indígena Awá*. Cornélio Oliveira, Artur N. Mendes e Reinaldo Florindo.

1987 CEDI – *Campanha Guajá*.

1988 Funai – *Parecer nº 197/88 – GT Interministerial – DEC.nº. 94.945/87*. Romero Jucá Filho et al.

1988 *Portaria Interministerial n° 076 de 03 de maio de 1988, de posse permanente da área Awá*. João Alves Filho; Jader Fontenelle Barbalho.
1988 *Portaria Interministerial n° 158, de 08 de setembro de 1988.*
1988 Funai – *Carta de Santa Inês*. Sidney Possuelo, et al.
1988 Funai – *Relatório de atividades do programa Awá Guajá, convênio Funai/ CVRD, novembro, dezembro/ 87 e considerações finais*. Fiorello Parise.
1988 Funai – *Relatório de atividades meses janeiro e fevereiro/ 88*. Fiorello Parise.
1988 Funai – *Relatório de atividades do Convênio Funai/CVRD, referente ao 1°trimestre de 1988*. Idalércio de Andrade Moreira.
1988 Funai – *Relatório de viagem às ADR's do Estado do Maranhão*. Leda Aparecida Câmara de Azevedo & Marta Luciana de Sá Pinto Barbosa.
1988 Funai – *Relatório de atividades meses janeiro e fevereiro/ 88*. Fiorello Parise.
1988 Funai – *Assessoria de índios isolados da 4ª Suer – junho 88*. Fiorello Parise.
1988 Funai – *Relatório de Atividades da Assessoria de Índios Isolados*. Dinarte Nobre de Madeiro.
1988 Funai – *Relatório de atividades da Assessoria de Índios Isolados da 4ª SUER referente ao mês de junho*. Fiorello Parise.
1988 Funai – *Relatório de Atividades do Sistema de Proteção Awá Guajá*. Dimas Valente.
1988 Funai – *Relatório final de atividades de 1988, e panorama sobre a situação da área de índios isolados da 4ª SUER*. Fiorello Parise.
1988 Funai – *Relatório de atividades do mês de outubro/88 do sistema de proteção Awá/Guajá*. Dimas Valente.
1988 Funai – *Comunicação – índios Guajá sem contato na sede do PINC*. Sabino Francisco Conceição Neto.
1989 Funai – *Relatório sobre aspectos gerais do PIN Guajá e algumas sugestões de trabalho*. Egipson Nunes Correia.
1989 Funai – *Parecer sobre o relatório sobre aspectos gerais do PIN Guajá e algumas sugestões de trabalho*. Samuel Vieira Cruz.
1989 Funai – *Relatório de levantamento da área indígena Caru e Alto Turiaçu*. Fiorello Parise et al.
1989 Funai – *Situação do Sistema de Proteção Awá/Guajá*. Samuel Vieira Cruz.
1989 Funai – *Viagem à Terra Sem Lei – relatório de levantamento da AI Awá: equipes n° 02 e 03*. Fiorello Parise.
1989 Funai – *Proposta de trabalho para a vigilância da área awá*. Samuel Vieira Cruz.
1990 Funai – *Viagem ao Sistema de Proteção Awa/Guajá*. Fiorello Parise.
1990 Funai – *Apresentação de relatório, PIN Guajá*. Egipson Nunes Correia.
1990 Convênio CVRD – Funai. *Missão do Banco Mundial – PAPP/ MA*. Cornélio Vieira de Oliveira.
1990 Funai – *Informações sobre o grupo Miri-Miri, da área Awá Guajá*. Samuel Vieira Cruz.
1990 Funai – *Relatório de atividades do sistema de proteção Awá/Guajá no exercício de 1990*. Renildo Matos dos Santos.
1999 *Relatório Final – Assessoria Antropológica junto aos Awá Guajá*. Funai/ CVRD. Nadja Havt Bindá.
2000 *Assessoria Antropológica – Relatório Final*. Funai/ CVRD. Nadja Havt Bindá.
2001 *Laudo antropológico*. Processo judicial no 95.353–8. 5a Vara da Justiça Federal do Maranhão. Eliane Cantarino O'Dwyer.
2001 *Diagnóstico sócio-econômico e geoambiental das Terras Indígenas do Pindaré, caru, Awá e Alto Turiaçu*. Elizabeth Maria Beserra Coelho, Rogério Tavares Pinto e Kátia Núbia Ferreira Correa.

REFERÊNCIAS BIBLIOGRÁFICAS

2002 Funai – *Relatório Awá Guajá 2002*. Mércio Pererira Gomes & José Carlos Meireles. Petrópolis.
2002 Universidade federal de são Paulo/ Escola Paulista de Medicina. *Descrição das precariedades atuais relativas à saúde e necessidades dos índios Guajá*. João Paulo Botelho Vieira Filho.
2006 Funai – *Relatório de Atividades Awá Guajá, maio de 2006*. Maurício de Lima Wilke.
2009 Expedição da Funai confirma a existência de índios isolados no Maranhão. Site da Funai.
2013 Funai – Relatório de Incursão à Campo – Programa Awá Guajá. Nelson Cesar Destro Junior.
2013 Funai – Relatório sobre viagem para a TI Awá. Felipe V.M. Almeida.
s/d Funai – *Relatório sobre a Frente de Atração Awá Guajá*. Domingos Faria Pereira.
s/d Funai – *Carta a Sidney Possuelo*. Domingos Faria Pereira.

FILMOGRAFIA

2006 Tonacci, Andrea. *Serras da Desordem*. Longa Metragem.

Índice dos capítulos

Introdução, *por Uirá Garcia*..11
   Caminhando com os Guajá: trajeto e pesquisa........................ 14
   awa: parentesco, caça e cosmologia................................ 17
   Etnografia..19
Como ler as palavras guajá.. 23
   Vogais... 23
   Consoantes...24

CRÔNICAS DE CAÇA E CRIAÇÃO................... .25
Fuga e transformação....................................... 27
   caçadores... 29
   povo do cocal.. 33
   ecologia e ferrovia...36
   breve histórico.. 41
   contato e resistência.. 45
   wytyra, «as terras altas»... 51
   trabaio, «trabalho»... 55
Habitar... 61
   palmeiras selvagens...61
   Tamỹkoa e a origem do verão 64
   na água..73
   sob a sombra da floresta 77
   wata, «andar, caçar».. 86
   japo, «fazer»...91
   ka'ape, «na mata»... 94
   tocata e fuga..99
   wari rakwaha, «lugar de macaco» 104
   cosmografia 108
   iwa..110
   o avesso da terra.. 112
Existir.. 117
   awa mỹna, «a gente-antiga» 117

awatea, «gente-de-verdade» 126
viver, morrer 128
o *hajtekera* 133
donos de nome 140
ipirera, «seu corpo» 146
ja'aena e *ipia'a*, «os órgãos vitais» 150
modos à mesa 155
comida 159
ha'aera e *ajỹ*, «morte» e «fúria» 166
caboclinho 174

Humanidades 179
distâncias 179
proximidades 181
das formas de existência 183
comida 187
amõ awa, «os outros» 194
mihua, «a gente-do-mato» 199
quase humanos 203
a família de takwarẽxa'a 207
kamara e tenetehara 212
hoje em dia 218
kamara, kamaras 221

Alianças, parentes e outras relações 229
simetrias e assimetrias 233
terminologias 234
hawirokaha kīa 238
casamentos 242
casamentos, separações e outros afetos 244
casar 250
o verbo e o ato... criando cônjuges 252
doçura e amizade 256
«a critique of the study of kinship» 259
variações tupi: maridos e esposas 265
a relação 268
entre humanos 271

«Riku» 277
criando seres 278
os méis dos animais 302
interlúdio: outras relações possíveis 309
andar junto 312

ÍNDICE DOS CAPÍTULOS

familiarização, criação 323
a ficção do dono 327

Andar junto 337
caçando com as mulheres 339
a vontade de *querer ver* 347
chamam-me jaguar 355
irapara, «o arco» 365
ela, a flecha 368
eu, a flecha 378
objetos inimigos são domesticados 387

Manual de caça 393
waria 393
wari papopo 398
entre o rastro e o som: a poética da predação 407
o pensar e a caça 417
algumas dicas sobre o *matakwa* 420
palavras noturnas 431
ha'aera e panemuhũ, «sobre isso não sabemos» 435
nem tudo é azar 439
ha'aera, «aqui tudo é azar» 441

«*karawara*» 455
variações tupi 456
pegadas no caminho 460
takwarihuxa'a, «a Gente-taquara» 475
a caça é música 497
aula de canto 502
takaja 506
aru karawara, «trazer os *karawara*» 515
ritornelo 520

Agradecimentos 525

Referências bibliográficas 529
Trabalhos acadêmicos referentes os Awá Guajá consultados .. 538
Documentos oficiais consultados 540
Filmografia 543

Índice dos capítulos 545

COLEÇÃO «HEDRA EDIÇÕES»

1. *A metamorfose*, Kafka
2. *O príncipe*, Maquiavel
3. *Jazz rural*, Mário de Andrade
4. *O chamado de Cthulhu*, H. P. Lovecraft
5. *Ludwig Feuerbach e o fim da filosofia clássica alemã*, Friederich Engels
6. *Hino a Afrodite e outros poemas*, Safo de Lesbos
7. *Præterita*, John Ruskin
8. *Manifesto comunista*, Marx e Engels
9. *Rashômon e outros contos*, Akutagawa
10. *Memórias do subsolo*, Dostoiévski
11. *Teogonia*, Hesíodo
12. *Trabalhos e dias*, Hesíodo
13. *O contador de histórias e outros textos*, Walter Benjamin
14. *Diário parisiense e outros escritos*, Walter Benjamin
15. *Don Juan*, Molière
16. *Contos indianos*, Mallarmé
17. *Triunfos*, Petrarca
18. *O retrato de Dorian Gray*, Wilde
19. *A história trágica do Doutor Fausto*, Marlowe
20. *Os sofrimentos do jovem Werther*, Goethe
21. *Dos novos sistemas na arte*, Maliévitch
22. *Metamorfoses*, Ovídio
23. *Micromegas e outros contos*, Voltaire
24. *O sobrinho de Rameau*, Diderot
25. *Carta sobre a tolerância*, Locke
26. *Discursos ímpios*, Sade
27. *Dao De Jing*, Lao Zi
28. *O fim do ciúme e outros contos*, Proust
29. *Pequenos poemas em prosa*, Baudelaire
30. *Fé e saber*, Hegel
31. *Joana d'Arc*, Michelet
32. *Livro dos mandamentos: 248 preceitos positivos*, Maimônides
33. *Eu acuso!*, Zola | *O processo do capitão Dreyfus*, Rui Barbosa
34. *Apologia de Galileu*, Campanella
35. *Sobre verdade e mentira*, Nietzsche
36. *Poemas*, Byron
37. *Sonetos*, Shakespeare
38. *A vida é sonho*, Calderón
39. *Sagas*, Strindberg
40. *O mundo ou tratado da luz*, Descartes
41. *Fábula de Polifemo e Galateia e outros poemas*, Góngora
42. *A vênus das peles*, Sacher-Masoch
43. *Escritos sobre arte*, Baudelaire
44. *Cântico dos cânticos*, [Salomão]
45. *Americanismo e fordismo*, Gramsci
46. *Balada dos enforcados e outros poemas*, Villon
47. *Sátiras, fábulas, aforismos e profecias*, Da Vinci
48. *O cego e outros contos*, D.H. Lawrence
49. *Imitação de Cristo*, Tomás de Kempis
50. *O casamento do Céu e do Inferno*, Blake
51. *Flossie, a Vênus de quinze anos*, [Swinburne]
52. *Teleny, ou o reverso da medalha*, [Wilde et al.]
53. *A filosofia na era trágica dos gregos*, Nietzsche
54. *No coração das trevas*, Conrad
55. *Viagem sentimental*, Sterne

56. *Arcana Cœlestia* e *Apocalipsis revelata*, Swedenborg
57. *Saga dos Volsungos*, Anônimo do séc. XIII
58. *Um anarquista e outros contos*, Conrad
59. *A monadologia e outros textos*, Leibniz
60. *Cultura estética e liberdade*, Schiller
61. *Poesia basca: das origens à Guerra Civil*
62. *Poesia catalã: das origens à Guerra Civil*
63. *Poesia espanhola: das origens à Guerra Civil*
64. *Poesia galega: das origens à Guerra Civil*
65. *O pequeno Zacarias, chamado Cinábrio*, E.T.A. Hoffmann
66. *Um gato indiscreto e outros contos*, Saki
67. *Viagem em volta do meu quarto*, Xavier de Maistre
68. *Hawthorne e seus musgos*, Melville
69. *Ode ao Vento Oeste e outros poemas*, Shelley
70. *Feitiço de amor e outros contos*, Ludwig Tieck
71. *O corno de si próprio e outros contos*, Sade
72. *Investigação sobre o entendimento humano*, Hume
73. *Sobre os sonhos e outros diálogos*, Borges | Osvaldo Ferrari
74. *Sobre a filosofia e outros diálogos*, Borges | Osvaldo Ferrari
75. *Sobre a amizade e outros diálogos*, Borges | Osvaldo Ferrari
76. *A voz dos botequins e outros poemas*, Verlaine
77. *Gente de Hemsö*, Strindberg
78. *Senhorita Júlia e outras peças*, Strindberg
79. *Correspondência*, Goethe | Schiller
80. *Poemas da cabana montanhesa*, Saigyō
81. *Autobiografia de uma pulga*, [Stanislas de Rhodes]
82. *A volta do parafuso*, Henry James
83. *Ode sobre a melancolia e outros poemas*, Keats
84. *Carmilla — A vampira de Karnstein*, Sheridan Le Fanu
85. *Pensamento político de Maquiavel*, Fichte
86. *Inferno*, Strindberg
87. *Contos clássicos de vampiro*, Byron, Stoker e outros
88. *O primeiro Hamlet*, Shakespeare
89. *Noites egípcias e outros contos*, Púchkin
90. *Jerusalém*, Blake
91. *As bacantes*, Eurípides
92. *Emília Galotti*, Lessing
93. *Viagem aos Estados Unidos*, Tocqueville
94. *Émile e Sophie ou os solitários*, Rousseau
95. *A fábrica de robôs*, Karel Tchápek
96. *Sobre a filosofia e seu método — Parerga e paralipomena* (v. II, t. 1), Schopenhauer
97. *O novo Epicuro: as delícias do sexo*, Edward Sellon
98. *Sobre a liberdade*, Mill
99. *A velha Izerguil e outros contos*, Górki
100. *Pequeno-burgueses*, Górki
101. *Primeiro livro dos Amores*, Ovídio
102. *Educação e sociologia*, Durkheim
103. *A nostálgica e outros contos*, Papadiamántis
104. *Lisístrata*, Aristófanes
105. *A cruzada das crianças/ Vidas imaginárias*, Marcel Schwob
106. *O livro de Monelle*, Marcel Schwob
107. *A última folha e outros contos*, O. Henry
108. *Romanceiro cigano*, Lorca
109. *Sobre o riso e a loucura*, [Hipócrates]
110. *Ernestine ou o nascimento do amor*, Stendhal
111. *Odisseia*, Homero
112. *O estranho caso do Dr. Jekyll e Mr. Hyde*, Stevenson

113. *Sobre a ética — Parerga e paralipomena (v. II, t. II)*, Schopenhauer
114. *Contos de amor, de loucura e de morte*, Horacio Quiroga
115. *A arte da guerra*, Maquiavel
116. *Elogio da loucura*, Erasmo de Rotterdam
117. *Oliver Twist*, Charles Dickens
118. *O ladrão honesto e outros contos*, Dostoiévski
119. *Sobre a utilidade e a desvantagem da história para a vida*, Nietzsche
120. *Édipo Rei*, Sófocles
121. *Fedro*, Platão
122. *A conjuração de Catilina*, Salústio
123. *Escritos sobre literatura*, Sigmund Freud
124. *O destino do erudito*, Fichte
125. *Diários de Adão e Eva*, Mark Twain
126. *Diário de um escritor (1873)*, Dostoiévski
127. *Perversão: a forma erótica do ódio*, Stoller
128. *Explosao: romance da etnologia*, Hubert Fichte

COLEÇÃO «METABIBLIOTECA»

1. *O desertor*, Silva Alvarenga
2. *Tratado descritivo do Brasil em 1587*, Gabriel Soares de Sousa
3. *Teatro de êxtase*, Pessoa
4. *Oração aos moços*, Rui Barbosa
5. *A pele do lobo e outras peças*, Artur Azevedo
6. *Tratados da terra e gente do Brasil*, Fernão Cardim
7. *O Ateneu*, Raul Pompeia
8. *História da província Santa Cruz*, Gandavo
9. *Cartas a favor da escravidão*, Alencar
10. *Pai contra mãe e outros contos*, Machado de Assis
11. *Democracia*, Luiz Gama
12. *Liberdade*, Luiz Gama
13. *A escrava*, Maria Firmina dos Reis
14. *Contos e novelas*, Júlia Lopes de Almeida
15. *Iracema*, Alencar
16. *Auto da barca do Inferno*, Gil Vicente
17. *Poemas completos de Alberto Caeiro*, Pessoa
18. *A cidade e as serras*, Eça
19. *Mensagem*, Pessoa
20. *Utopia Brasil*, Darcy Ribeiro
21. *Bom Crioulo*, Adolfo Caminha
22. *Índice das coisas mais notáveis*, Vieira
23. *A carteira de meu tio*, Macedo
24. *Elixir do pajé — poemas de humor, sátira e escatologia*, Bernardo Guimarães
25. *Eu*, Augusto dos Anjos
26. *Farsa de Inês Pereira*, Gil Vicente
27. *O cortiço*, Aluísio Azevedo
28. *O que eu vi, o que nós veremos*, Santos-Dumont
29. *Poesia Vaginal*, Glauco Mattoso

COLEÇÃO «QUE HORAS SÃO?»

1. *Lulismo, carisma pop e cultura anticrítica*, Tales Ab'Sáber
2. *Crédito à morte*, Anselm Jappe
3. *Universidade, cidade e cidadania*, Franklin Leopoldo e Silva

4. *O quarto poder: uma outra história*, Paulo Henrique Amorim
5. *Dilma Rousseff e o ódio político*, Tales Ab'Sáber
6. *Descobrindo o Islã no Brasil*, Karla Lima
7. *Michel Temer e o fascismo comum*, Tales Ab'Sáber
8. *Lugar de negro, lugar de branco?*, Douglas Rodrigues Barros
9. *Machismo, racismo, capitalismo identitário*, Pablo Polese
10. *A linguagem fascista*, Carlos Piovezani & Emilio Gentile
11. *A sociedade de controle*, J. Souza; R. Avelino; S. Amadeu (orgs.)
12. *Ativismo digital hoje*, R. Segurado; C. Penteado; S. Amadeu (orgs.)
13. *Desinformação e democracia*, Rosemary Segurado
14. *Labirintos do fascismo, vol. 1*, João Bernardo
15. *Labirintos do fascismo, vol. 2*, João Bernardo
16. *Labirintos do fascismo, vol. 3*, João Bernardo
17. *Labirintos do fascismo, vol. 4*, João Bernardo
18. *Labirintos do fascismo, vol. 5*, João Bernardo
19. *Labirintos do fascismo, vol. 6*, João Bernardo

COLEÇÃO «MUNDO INDÍGENA»

1. *A árvore dos cantos*, Pajés Parahiteri
2. *O surgimento dos pássaros*, Pajés Parahiteri
3. *O surgimento da noite*, Pajés Parahiteri
4. *Os comedores de terra*, Pajés Parahiteri
5. *A terra uma só*, Timóteo Verá Tupã Popyguá
6. *Os cantos do homem-sombra*, Mário Pies & Ponciano Socot
7. *A mulher que virou tatu*, Eliane Camargo
8. *Crônicas de caça e criação*, Uirá Garcia
9. *Círculos de coca e fumaça*, Danilo Paiva Ramos
10. *Nas redes guarani*, Valéria Macedo & Dominique Tilkin Gallois
11. *Os Aruaques*, Max Schmidt
12. *Cantos dos animais primordiais*, Ava Ñomoandyja Atanásio Teixeira
13. *Não havia mais homens*, Luciana Storto

COLEÇÃO «NARRATIVAS DA ESCRAVIDÃO»

1. *Incidentes da vida de uma escrava*, Harriet Jacobs
2. *Nascidos na escravidão: depoimentos norte-americanos*, WPA
3. *Narrativa de William W. Brown, escravo fugitivo*, William Wells Brown

COLEÇÃO «ANARC»

1. *Sobre anarquismo, sexo e casamento*, Emma Goldman
2. *O indivíduo, a sociedade e o Estado, e outros ensaios*, Emma Goldman
3. *O princípio anarquista e outros ensaios*, Kropotkin
4. *Os sovietes traídos pelos bolcheviques*, Rocker
5. *Escritos revolucionários*, Malatesta
6. *O princípio do Estado e outros ensaios*, Bakunin
7. *História da anarquia (vol. 1)*, Max Nettlau
8. *História da anarquia (vol. 2)*, Max Nettlau
9. *Entre camponeses*, Malatesta
10. *Revolução e liberdade: cartas de 1845 a 1875*, Bakunin
11. *Anarquia pela educação*, Élisée Reclus

Adverte-se aos curiosos que se imprimiu este livro na gráfica Meta Brasil, na data de 3 de maio de 2022, em papel pólen soft, composto em tipologia Minion Pro e Formular, com diversos sofwares livres, dentre eles LuaLaTeXe git.
(v. b619aaf)